中国现当代文学制度史

国家社会科学基金重大项目最终成果

丁帆——主编

作家出版社

图书在版编目（CIP）数据

中国现当代文学制度史 / 丁帆主编. -- 北京：作家出版社，2020.10

ISBN 978-7-5212-0914-3

Ⅰ．①中… Ⅱ．①丁… Ⅲ．①中国文学 – 现代文学史 – 文学史研究 ②中国文学 – 当代文学 – 文学史研究 Ⅳ．① I209.6

中国版本图书馆CIP数据核字（2020）第059094号

中国现当代文学制度史

作　　者：丁　帆
责任编辑：向　萍
装帧设计：孙惟静
出版发行：作家出版社有限公司
社　　址：北京农展馆南里10号　　　　邮　　编：100125
电话传真：86-10-65067186（发行中心及邮购部）
　　　　　86-10-65004079（总编室）
E-mail:zuojia@zuojia.net.cn
http://www.zuojiachubanshe.com
印　　刷：中煤（北京）印务有限公司
成品尺寸：170×240
字　　数：651千
印　　张：41
版　　次：2020年11月第1版
印　　次：2020年11月第1次印刷
ISBN 978-7-5212-0914-3
定　　价：98.00元

主编　丁帆

撰稿人

《绪言》及全书统稿:丁帆

第一编:施龙、倪婷婷

第二编:王爱松

第三编:黄发有

第四编:张光芒、王冬梅、杨有楠

第五编:第一章至第五章:赵普光

第五编:第六章:何同彬、陈舒劼、韩松刚、李旺

第六编:傅元峰、顾星环、林颖慧、李婷、李倩舟

第七编:刘俊、马泰祥、杨荣庆、朱云霞

目　录

第五编　二十世纪八九十年代:文学制度的重建与衍变

绪　言

　　毋庸置疑,任何一个时代和任何一个国家都会有自己的文学制度,它是有效保障本国的文学运动按照自身规定的轨迹运行的基础,因此,文学与制度的关系应该是一种互动的循环关系。当然,它可以是良性的,也可以是恶性的,这就要看这个制度对文学的制约是否有利于其发展,所以,在很大程度上取决于制定文学制度者是如何操纵和驾驭这一庞大机器的。

　　美国批评家杰弗里·J.威廉斯在《文学制度》一书的"引言"中说:"从各种意义上说,制度产生了我们所称的文学,或更恰当地说,文学问题与我们的制度实践和制度定位是密不可分的。'制度'(institution)一词内涵丰富,而且往往带有贬义。它与'官僚主义'(bureaucracy)、'规训'(disciplines)和'职业化'(professionalization)同属一类词语。它指代的是当代大众社会与文化的规章与管理结构,和'自由''个性'或'独立'等词语正好处于相反的方向。从一个极端来说,它意味着文学的禁锢……更普遍的说法是,它设定了一些看似难以调和的国家或公务员官僚机构……我们置身其中,我们的所作所为受其管制。"①毫无疑问,这种管制是国家政权的需要,也是一种对文学意识形态的管控,我们将其称为"有形的文学制度",它是由国家的许多法规条例构成的,经由某一官方机构制定和修改成各种各样的规章与条例,用以规范文学的范畴,以及处理发生的各种文学事件,使文学按照预设的运行轨道前进。在一定程度上,它有着某种强制性的效应。

　　还有一种是"无形的文学制度",正如杰弗里·J.威廉斯所言:"'制度'还有一层更为模糊、抽象的含义,指的是一种惯例或传统。根据《牛津现代

---

① ［美］杰弗里·J.威廉斯:《文学制度》,李佳畅、穆雷译,南京大学出版社2014年版,第1—2页。

英语用法词典》所载,下午茶在英国文化中属于一种制度。婚姻、板球、伊顿公学亦然。而在美国文化中,我们可以说棒球是一种制度,哈佛也是一种制度,它比位于马萨诸塞州剑桥市的校园具有更深刻的象征意义。"①也就是说,一种文化形态就是一只无形之手,它所规范的"文学制度"虽然是隐形的,但是其影响是巨大的,因为构成文化形态的约定俗成的潜在元素也是一种更强大的"文学制度"构成要件,我们之所以将各种各样的文化形态称为"无形的文学制度",就是因为各个时代都有其自身不同的文化形态特点,大到文化思潮,小至各种时尚,都是影响"无形的文学制度"的重要因素。

　　我们的百年文学制度史,尤其是二十世纪后半叶以来的两岸文学制度史往往是以文学运动、文学思潮、社团流派乃至会议交流等形态呈现出来的,它们既与那些"无形的文学制度"有着血缘上的关联性,又与国家制定的出版、言论和组织等规章制度有着不可分离的联系。它们之间有时是同步合拍的互动关系,有时却是呈逆向运动的关系,梳理二者之间的作用与反作用的历史关系,便是我们撰写这个制度史的初衷。因此,我们更加重视的是整理出百年来有关文学制度的史料。

　　基于这样一种看法,我们以为,在中国近百年的文学制度的建构和变迁史中,"有形的文学制度"和"无形的文学制度"在不同的时空当中所呈现出的形态是各不相同的,对其进行必要的厘清,是百年文学史研究不可或缺的一项重要任务。从时间的维度来看,百年文学制度史随着党派与政权的更迭而变迁,1949年前后的文学制度史既有十分相同的"有形"和"无形"的形态特征,也有不同之处。从空间的角度来看,地域特征(不仅仅是两岸)主要是受那些"无形的文学制度"钳制,那些可以用发生学方法来考察的文学现象,却往往会改变"有形的文学制度"的走向。要厘清这些纷繁复杂、犬牙交错的文学制度变迁的过程,除了阅读大量的史料外,更重要的就是必须建构一个纵向的史的体系和横向的空间比较体系,但是,将这样的体系结构统摄起来的难度是较大的。

　　在决定做这样一项工作的时候,我们就抱定了一种客观中性的历史主义的治学态度,也无须用"春秋笔法"进行阐释,只描述历史现象,不做过多评判。后来发现,这也是国外一些文学制度史治学者共同使用的一种方法:

①　[美]杰弗里·J.威廉斯:《文学制度》,李佳畅、穆雷译,南京大学出版社2014年版,第2页。

"我们必须采取更加直接的方式以一致立场来审视文学研究的制度影响力,不要将其视为短暂性的外来干扰,而要承认它对我们的工作具有本质性影响。与此相关,我们需要不偏不倚地看待人们对制度的控诉;制度并不是由任性的妖魔所创造出来的邪恶牢笼,而是人们的现代组织方式。毋庸置疑,我们当前的制度所传播开来的实践与该词的贬义用法相吻合,本书的许多章节都指出了制度的弊端,目的在于以更好的方式来重塑制度。布鲁斯·罗宾斯(Bruce Robbins)精明地建议,我们必须'在断言制度化(institutionalization)一词时抛开惯有的刻薄讽刺,要区别对待具体的制度选择,而不是一股脑地对其谴责(或颂扬)'。"① 其实,我们也深知这种治史的方法很容易陷入一种观念的二律背反之中,当你在选择陈述一段史实时,选择 A 而忽略了 B,你就将自己的观念渗透到了你的描述中了。所以,我们必须采取的策略是,尽力呈现双方不同的观念史料,让读者自行判断是非,让历史做出回答。

按照《文学制度》第一章撰写者文森特·B.里奇《构建理论框架:史学的解体》的说法:"建构当代理论史有五种方式。关注的焦点既可以是领军人物,或重要文本,或重大问题,也可以是重要的流派和运动,或其他杂类问题。"②

毫无疑问,构成文学制度的前提要件肯定是重要文本,没有文本当然也就不会产生与之相对应的许许多多围绕着文学制度而互动的其他要件。就此而言,我们依顺历史发展的脉络来梳理每一个时段的文学制度史的时候,都会凭借每个历史时期文学制度的不同侧重点来勾勒它形成的重要元素。虽然它们在时段的划分上与文学史的脉络有很多的交合重叠,但是,我们论述的重心却落脚在"有形文学制度"和"无形文学制度"是怎样建构起来并支撑和支配着文学史的发展走向的。

中国自封建体制渐入现代性进程以来,无疑是走了一条十分坎坷的路径。我们认为,不管哪个历史时段发生的制度变化,都是有其内在因素的,于是,我们试图从其变化的内在肌理来切分时段,从而描述出它们发展的脉络。

十九世纪末与二十世纪初的世界格局带来了中国的大变局,与之相应

① [美]杰弗里·J.威廉斯:《文学制度》,李佳畅、穆雷译,南京大学出版社 2014 年版,第 3—4 页。

② 同上书,第 19 页。

的中国文学制度便开始有了现代性的元素。清末拉开了中国社会转型的序幕,文学在其中扮演了至关重要的角色,当然,就现代文学制度而言,这一时期还只是新的文学制度的萌芽期。现代文学制度之所以于此时浮出水面,一方面得益于文学观念的转型,另一方面,更在于相关结构性要素渐趋成熟并建构起一个相对完善的文学、文化运作系统。

无疑,北洋政府对建立文学制度是起着十分重要的作用的,而真正将其现代性的元素进行放大,甚至夸张的,还是新文化运动的兴起。"文学革命"最终完成了文学观念的转型,与此相应,文学制度的相关结构性要素也在民国成立之后得到了飞速发展,并形成了一个较前更趋复杂严密的体系。当然,民国的文学制度及至后来所带来的负面效应也是不可否认的。

抗战时期,中国版图上存在着多股政治势力,国土分裂成了多个碎片化的地理政治空间。以广义的国统区、解放区、沦陷区而论,每一政治空间的政治势力都在追求各自的文化领导权,都在推行各自的文化与文学政策。在这种众声喧哗的情势下,文学制度的有效性是发生在不同的时空之中的,当然,最有影响的还是延安的文艺政策,它深刻地影响着以后几十年文学制度的建构。

在共和国的文学制度史中,之所以将"十七年"作为一个时段,就是因为这个时段的文学制度的建立对以后几十年的文学运动和文学创作有着至关重要的作用。最有特点的是,从此开始,文艺政策的制定与调整,文学机构的创建与改革,文学领导层的人事安排,几乎都是通过会议来实施的。在历次文代会和作代会之中,第一次文代会具有特殊的历史意义。在某种意义上,这次会议奠定了中国当代文学制度的基本框架。解放区文艺被确立为文学的正统,全国文联和全国文协宣告成立,来自解放区、国统区的作家们在不同的工作岗位上各安其位,创办了全国文联、全国文协的机关刊物《文艺报》《人民文学》。在此基础上,各大区、各省市纷纷召开区域性的文代会,成立区域性的文学机构,创办地方性的文学刊物。第一次文代会是当代文学制度建设的奠基石。

文学制度发展演变至二十世纪六十年代中期,出现了一种极其奇特的现象,即:一方面,相对于中华人民共和国成立前的旧文学制度而言,"十七年"的文学制度在各个层面上业已发生了巨大的变革,制度之变与体制之新已经令很多作家深感"力不从心";另一方面,相对于意识形态的要求而言,

"十七年"文学制度则已经远远落后于时代,成为不得不革除的陈旧落后的体系。这种"新"与"旧"的巨大错位和反差,充分反映了文学制度史的时代复杂性及其独特规律。在这种强烈的"制度焦虑"的驱使下,"十七年"文学制度成为"旧制度"从衰落到崩溃,"新制度"建设则紧锣密鼓、大刀阔斧地开展起来。

经历了十年"文革"之后,中国"十七年"间确立和完善的文学制度也被摧毁。几乎所有的文学建制都失去了应有的功能,文学的机构(包括出版传播、文学生产、文学评奖等)都因为高度的集权而趋于凝滞。因此,随着"文革"的结束,文学制度面临着恢复和重建的迫切任务。在此重建过程中,文学的新的方向——为人民服务、为社会主义服务的"二为方向"得以最终确立。恢复和重建之后的文学制度,成为使党和国家文艺政策得以贯彻执行的重要保障机制。随着文艺政策的摇摆与起伏,文学制度也发生着微妙的变化。

无疑,二十世纪八十年代是文学制度恢复、波动、起伏最活跃的年代,而1984～1985年之交召开的中国作协第四次代表大会是文学组织和体制的又一次调整,这一组织化、体系化的调整对此后一段时间里的文学创作、批评,乃至文学制度都产生了一系列的重大影响。

重建文学制度,首先亟须恢复和重建的是文学机构——文联与作协。文联和作协最高层面的机构组织是中国文联和中国作协,各省市地区都恢复和建立了相应的组织建制,全国一体化的、具有隶属关系的各级文联与作协成为文学制度有力的执行机构。这两个层级化的组织机构是整个文学制度的核心。有了这个机构,所有的体制内的作家就会以不同的级别而成为每一层级的文学干部,从而处于文学制度这一庞大机器中齿轮与螺丝钉的地位,使文学创作的动员与组织就成为一种常态性的运作。

当然,二十世纪八十年代随着对"文革"及"十七年"期间的回顾、总结、反思的不断深入,文学创作中开始突破原来既定的政治方向和范围,偶尔出现挑战禁忌或者溢出体制边界的某些倾向。一方面,文学媒体为这些作品提供了发表的平台;另一方面,媒体也成为党进行文学性质的宣传、方向的引导、批评的展开的重要阵地。

二十世纪九十年代是个意味深长的年代。它尚未远去,但已经成为当代思想文化讨论中一个难以绕开的源点,许多问题可以溯源于此。无疑,消费文化的大潮席卷而来,这对中国的文学制度而言是前所未有的新挑战,中国日益深入世界市场的竞争之中,知识生产和学术活动已经成为全球化过程的一个部分。"人文精神大讨论"骤然兴起表明了人文知识分子共同感觉到了问题的压迫性,而它无法导向某种具体价值重建的结局,也拉开了一个认同困惑的时代帷幕。二十世纪九十年代的人文知识分子面对的问题的复杂性超出了他们所熟悉的历史和知识范畴,许多意想不到的社会与文化的思潮,凸显出了让人措手不及的尖锐矛盾。文学在这次文化变异的激烈冲突与重组中被抛到了边缘,文学制度也在悄然发生着深刻的变化,大众文化、消费文化的兴起催发了文学制度的重构,自由写作者的出现和网络文学的出现,也给文学制度的重构带来了新的难题和挑战。

进入新世纪以来,文学制度是呈悄然渐变状态的。在新世纪第一个十年中,中国大陆基本的格局是继续对"中国特色的社会主义"文化制度的加强、完善和延伸,尽管出现了新的现象和特征,但并未出现一条明显的文化分界线。在二十世纪末,公众文化领域和国家政策层面都涌动着一种"世纪末"的总结趋势,但就具体文化发展来看,一种文化裂变的嘉年华并未出现,各项政策法规和文化制度跟随经济变革平稳推进,文学生态环境未发生明显变更。但文学制度有了新的发展,在二十世纪九十年代文学制度的基础上,呈现出深化和复杂化特征。新世纪的文学机制正在悄然发生变化:随着文学网站和文学社区的构建,网络文学日益成为一种重要的文学形式,网络文学产业化的运行、监管制度的建立,对网络文学的稳健发展都具有必要性。随着影视业的发展,影视制作与作家之间形成了新的关系,影视改编将文学接受置入一种新的格局之中,对当代文学生态产生着重要影响。民间刊物已经成为当代诗歌得以流传的重要形式,民刊官刊化、民刊弥补体制内文学制度的不足,都成为值得关注的话题。在当前的文学评奖中,官方奖项的评选和颁发过程亟待调整,民间奖项需要通过文学观念的调整获得更大的公信力。从文学激励角度来看,调整后的两者都将大大有助于文学创作质量和积极性的提高。

毋庸置疑,台港百年来的文学制度史与大陆文学制度史既有重叠之处,更有相异之处。二十世纪台湾文学制度受着殖民化和"民国化"延展的影响,到1987年解严之后,又发生了质的变化。而香港的文学制度却是在历经殖民化的过程中,在1997年才悄悄发生了变化。

在文学制度的研究当中,对于文学社会化过程的考察是必要的。由此,在不同的时空场域下来考察不同地域文学活动背后的无形之手——文学制度的运作,也必须贴近、还原适时的文学活动具体情况。日据时期台湾的文学制度具有自己的独特性,尽管在大的新文学传统范围里面,台湾文学传统与大陆文学传统相互呼应,但不可否认的是,由于地理位置的"孤悬"、文化受容的"多元",日据时期的台湾文学在发展样貌上有着自己的地域特性。"文学制度"的概念引入,以及对文学制度在形成、发展全过程中诸方面特色的描述,乃至对文学制度诸多组成要素,如文学教育、文学社团、出版传媒等方面的勾勒,可以给予读者一个相较以往文学史之单线描述而言更加复杂、参差的立体文学生态景观,使其得以窥见在文学史复杂表象背后更具棱角,并影响着文学制度建构之另一面。

综上所述,我们在撰写这部制度史的过程中,尽力试图将文学史的发生与制度史的建构之间的关系勾连起来分析:外部结构是法律、规章、出版、会议、文件等大量的制度"软件系统";内部结构则是文学思潮、现象、社团、流派、作家、作品等"硬件系统"。只有在两者互动分析模式下,才能看清楚整个制度史发展走向的内在驱力。虽然付出了努力,但囿于种种原因,比如尚不能看到更多解密的文件资料,这会影响我们对某一个时段的文学制度做出更加准确的判断,我们只能做到这一步。尽管有遗珠之憾,但我们努力了。

第一编

晚清及"五四"：现代文学制度之创立

第一章　清末：现代文学制度萌芽期

　　清末拉开了中国社会转型的序幕，文学在其中扮演了至关重要的角色，当然，就现代文学制度而言，这一时期还只是新的文学制度的萌芽期。现代文学制度之所以于此时浮出水面，一方面得益于文学观念的转型，另一方面，更在于相关结构性要素渐趋成熟并建构起了一个相对完善的文学、文化运作系统。就前者而言，王国维借鉴西方学术、哲学思想而产生的对文学的新的认知颇为关键，特别是他慧眼独具地提出了"古雅"说，为现代文学制度的建构奠定了理论基础；就后者而言，清末相关出版法规的陆续出台、"印刷资本主义"的渐趋发达，以及因为新式社会分工造成的文人生活方式、文学团体组织方式的变化，则以合力缓缓造就了现代文学制度的雏形。

第一节　文学独立性地位的确认

　　现代文学制度是在晚清文学观念变革的基础上逐渐发展成形的。盘点清末的文学主张，确已出现许多区别于传统的新观念，不过大都只言片语，如鲁迅曾很早指出文学的根本特征在于"增人感"①，吉光片羽虽然让人耳目一新，但应该说，并没有撼动古典美学的根基，更无从谈到重建。从这个意义上讲，王国维的《红楼梦评论》以系统的眼光、严密的逻辑剖析文学的性质、功能，摧陷廓清，具有突破性的历史价值。本节即以王国维与其《红楼梦

---

① 　许寿裳：《亡友鲁迅印象记》，人民文学出版社1959年版，第27页。

评论》为中心,系统陈述文学的性质、功能、对象等相关内容,适当延及后来的白话文学实践,讨论王国维的文学观对后来逐步成形的现代文学制度提出的要求与预设的限制、提供的理论资源等问题。

一、文学的性质对现代文学制度的限制

从系统的文学批评的角度看,文学在中国文化史上就一直缺乏应有的独立地位。从《典论·论文》所谓"经国之大业,不朽之盛事"的名利论,到《文心雕龙》"原道心以敷章,研神理而设教"的道统论,再到韩愈的"文以明道"和周敦颐的"文以载道"的赤裸裸的工具论,占主流的一直是这种功利的、附庸的、实用的文学观,虽偶有屈原、陶渊明、杜甫、苏轼这样的"大诗人"出现,但"纯粹美术上之著述,往往受世之迫害,而无人为之昭雪",难怪王国维有这样的感慨,"美术之无独立之价值也久矣"①。王国维之于中国文学的贡献,在于其高超精深的识见奠定了此后中国文学的新的范式(paradigm),包括文学内在的质的规定性和外在的相应的制度架构。

《红楼梦评论》②(以下引文未标出处者皆出于此书)初稿刊于 1904 年,次年收入《静安文集》出版。王国维采用叔本华哲学、美学思想观照,以系统的眼光、严密的逻辑研究《红楼梦》,直接肯定了其文学的审美本质。王氏认为,"红楼梦之精神""在描写人生之苦痛与其解脱之道,而使吾侪冯生之徒,于此桎梏之世界中,离此生活之欲之争斗,而得其暂时之平和"。人生于世,感到自身的不足、缺憾而有各种欲望,又为保存自己与种姓计,欲望无止境而甚难一一满足,故生活的性质是痛苦的。为求解脱,人类知识逐渐发达,然而知识亦不过满足部分愿望而已,人的欲望则水涨船高,永难餍足。因此,能够使人暂时忘却痛苦、心态得以平复的"美术",必然是与人没有利害关系的,"可爱玩而不可利用者是已"③。所谓"美术之为物,欲者不观,观者不欲"是也,当此之际,人实际上就处于一种精神上的解放、自由、自在的境况。

---

①　王国维:《论哲学家与美术家之天职》,徐中玉主编:《中国近代文学大系·文学理论集一》,上海书店 1994 年版,第 216 页。

②　王国维:《红楼梦评论》,徐中玉主编:《中国近代文学大系·文学理论集二》,上海书店 1995 年版,第 356—376 页。

③　王国维:《古雅之在美学上之位置》,徐中玉主编:《中国近代文学大系·文学理论集一》,上海书店 1994 年版,第 219 页。

　　文学之美有两种表现形态：一曰优美，一曰壮美。①优美、壮美作为相对的两个美学范畴，其实有相对应的两种人生状态，这就是尼采所谓日神精神与酒神精神，或洪堡所谓散文人生与诗性人生。这两种人生状态以及相应的两种美学形态，本无高下之别，但在晚清积弱积贫因而穷则思变的氛围中，后者得到了较多肯定，其中的代表就是鲁迅的《摩罗诗力说》。《摩罗诗力说》晚《红楼梦评论》两年出，鲁迅虽与王国维在文学本质观念方面一致，但特重"伟美之声"，"震吾人之耳鼓者"。②当然，两者更重大的差别，在于王国维较为偏于形而上，鲁迅则比较倾向于在形而下的意义上与王国维做出同样的判断。这也可以窥见鲁迅后来的创作何以在总体上亲近"为人生"的文学（当然还有其他因素）。五四时期的"人的文学"，在胡适将"人的文学"阐释为"主张'人情以内，人力以内'的'人的道德'的文学"时③，有的创作"情感水平滑到了伪参照系之下；在这个意义上，这种文学更类似于意识形态语言的和更日常形式的运行"④，其实偏离了《红楼梦评论》确立的文学审美立场，而他们和王国维之间其实也形成了一种断裂。这或如王国维所论，"个人之汲汲于争存者，决无文学家之资格"⑤，而这种在理论与创作两方面都重"人"轻"文"的状况⑥，要到二十世纪三十年代及以后的一批独立作家（如沈从文、老舍、张爱玲等）那里，才有较大改观。他们的生活和写作方式，使自由写作成为可能，当然也就更能体现、表达审美世界中的自由况味。

　　客观地说，"五四"及以后的众多作品在美学境界上大概接近王国维所谓"古雅"。古雅"存于艺术而不存于自然"，指的是那些"决非真正之美术品，而

---

　　①　王国维认为："今有一物，令人忘利害之关系，而玩之而不厌者，谓之曰优美之感情。若其物直接不利于吾人之意志，而意志为之破裂，唯由知识冥想其理念者，谓之曰壮美之感情。然此二者之感吾人也，因人而不同；其知力弥高，其感之也弥深。"参见王国维：《叔本华之美学》，徐中玉主编：《中国近代文学大系·文学理论集一》，上海书店1994年版，第205页。

　　②　鲁迅：《摩罗诗力说》，《鲁迅全集》第1卷，人民文学出版社1981年版，第69页。

　　③　胡适：《〈中国新文学大系〉建设理论集·导言》，《〈中国新文学大系〉建设理论集》，上海良友图书印刷公司1935年版，第30页。

　　④　[英]特里·伊格尔顿：《沃尔特·本雅明或走向革命批评》，郭国良、陆汉臻译，译林出版社2005年版，第164—165页。

　　⑤　王国维：《文学小言》，徐中玉主编：《中国近代文学大系·文学理论集一》，上海书店1994年版，第224页。

　　⑥　白话文学兴起以后，启蒙已经是一个强势"传统"。时人乃至局中人对此也有清醒的认识。例如周作人在《小河·诗序》中对他个人所作诗歌的自我评判："或者算不得诗，也未可知；但这是没有什么关系。"参见俞平伯：《诗底自由和普遍》，《新潮》1920年第3卷第1号。

又非利用品者。又其制作之人，决非必为天才，而吾人之视之也，若与天才所制作之美术无异者"。①相比于优美、壮美的先天性、普遍性和必然性，古雅是后天的、经验的、偶然的，所以对它的判断取决于时代、环境、人种等因素。现代文学中绝大多数的作家作品都属于这一层次，虽然，也自有其作用，因为古雅虽然从美学上看不及优美、壮美，"然自其教育众庶之效言之，则虽谓其范围较大成效较著可也"②应该强调，这里的"教育众庶"不是一般意义上的启蒙，而是普及美育。另外需要指出的是，现代文学中真正的"美术者"也须有古雅之修为。这从现象上看，"书有陪衬之篇，篇有陪衬之章，章有陪衬之句"是无法避免的，而"此等神兴枯涸之处，非以古雅弥缝之不可"③，所以自然要借修养之功力。在这一方面，鲁迅表现得甚是显著——显然，这么说不会贬低他作为"大诗人"的天才。所谓"文学者，不外知识与情感交代之结果而已。苟无敏锐之知识与深邃之感情者，不足与于文学之事"④，对纯粹知识的敏锐洞察和对微妙感情的深邃体察，正是鲁迅表现于外的最重要的两个特点。

由上面的论述可知，真正的文学是天才的事业，其实与具体的文学制度无关，而谈文学制度，所关涉的美学层次应该主要限于所谓古雅，即中智之人通过内在的修为并倚赖外在的条件所能达到的境界。文学制度研究所能做到的，不过是对文学常态的一种系统化外在分析，这是文学的本质对此一研究的限制，但反过去立论，其实也不难推想出它对文学制度的类似于"消极自由"的要求：既然真正伟大的文学如羚羊挂角不可寻踪，那么进行制度设计——这主要是指"看得见的脚"对文学的规训、管制与借由"看不见的手"所自然形成的对制度系统之缺陷的调整等主观因素——时，就应该尽量宽松，使之具有相当的弹性。这样，起码可以促成较多的能够提升民族审美能力、培养国人爱美习性的古雅之作出现，也许就可以间接催生文学大家。

二、文学的功能为现代文学制度提供的理论资源

《红楼梦评论》本诸叔本华美学理论，认为悲剧实有三种："第一种之悲

---

①　王国维：《古雅之在美学上之位置》，徐中玉主编《中国近代文学大系·文学理论集一》，上海书店 1994 年版，第 219 页。

②③　同上书，第 223 页。

④　王国维：《文学小言》，《中国近代文学大系·文学理论集一》，徐中玉主编，上海书店 1994 年版，第 225 页。

剧，由极恶之人，极其所有之能力，以交构之者。第二种，由于盲目的运命者。第三种之悲剧，由于剧中之人物之位置及关系而不得不然者；非必有蛇蝎之性质与意外之变故也，但由普通之人物，普通之境遇，逼之不得不如是；彼等明知其害，交施之而交受之，各加以力而各不任其咎，此种悲剧，其感人贤于前二者远甚。"《红楼梦》中宝黛之爱情悲剧，乃"通常之道德，通常之人情，通常之境遇"所致，所以称得上"悲剧中之悲剧"。人生悲剧要么己身经历，要么旁观而来，这二者恰恰就是王国维所认为的从生活的痛苦中解脱出来的两种途径：其一为"观他人之苦痛"，其二为"觉自己之苦痛"。虽然二者殊途同归，境界却有高下之别：后者的解脱"由于苦痛之阅历"，属痛定思痛后的"疲于生活之欲"所致，是被动的、"他律的"；前者的解脱则"由于苦痛之知识"，为洞察人生本质以后的彻底决绝，是主动的、"自律的"。在《红楼梦》中，惜春、紫鹃的解脱出于"觉自己之苦痛"，是神秘的超自然力量造成的宗教性质的解脱；宝玉则出自"观他人之苦痛"，是自然的人性导致的人生悲剧。

　　文学可以使人从生活的痛苦中解脱出来，而这种解脱"仅一时之救济，而非永远之救济"[①]。然而更有甚者，这就是《红楼梦评论》所称之"眩惑"。眩惑是"使吾人自纯粹知识出，而复归于生活之欲"的一种美学"原质"，所以它与优美、壮美是一种"相反对"的关系。王国维具体论述如下：

　　　　眩惑之于美，如甘之于辛，火之于水，不相并立者也。吾人欲以眩惑之快乐医人世之苦痛，是犹欲航断港而至海，入幽谷而求明，岂徒无益，而又增之。则岂不以其不能使人忘生活之欲及此欲与物之关系，而反鼓舞之也哉！眩惑之与优美及壮美相反对，其故实存于此。

　　王国维认为，文学的"材料取诸人生，其理想亦视人生之缺陷逼仄，而趋于其反对之方面。如此之美术，唯于如此之世界、如此之人生中，始有价值耳"。眩惑之作在美学价值上甚低，即在于它们对实际人生的夸饰，或者相反，太过"汲汲于争存"，淹没了文学不可或缺的自由理念、精神。

　　真正的文学与眩惑之作在美学、伦理意义两方面的反差，凸显了对文

---

　　① 王国维：《叔本华之美学》，徐中玉主编：《中国近代文学大系·文学理论集一》，上海书店1994年版，第205页。

学功能的两种不同的认识:前者是精神的、理想的、超越的,而后者则是实际的、工具的、现世的。而事实恰在于眩惑之作充盈历史,比如"诗歌之方面,则咏史、怀古、感事、赠人之题目,弥满塞于诗界,而抒情、叙事之作,什百不能得一"①。何以如是?这就涉及王国维对国民性的评判。在他看来,"吾国人之精神,世间的也,乐天的也,故代表其精神之戏曲小说,无往而不著此乐天之色彩:适于悲者终于欢,始于离者终于合,始于困者终于亨,非是而欲餍阅者之心,难矣"。此种议论,是晚清文化、学术、思想界反思中国文化、探究民族性的总体思潮当中的一种。王国维对《红楼梦》主题以及文学本质的探求,也仍然不脱离当时的文化思想背景,而国民性批评主题则在文学革命以后被继承下来,并在以鲁迅为代表的启蒙文学中得到进一步发挥。

正因为如此,"人情以内,人力以内"的"人的文学"虽较王国维的立场有所后退,但作为同质的优美、壮美之初阶又介乎不同质的美与眩惑之间的古雅之作,在新文学实践中居于主流就绝非偶然,而这样的古雅之作如果和眩惑之作相比,其意义无疑是积极的。理解这一点,有助于厘清早期白话文学的脉络。以最重要的理论家周作人为例,他从"人的文学"到"平民的文学"再到"人生的文学",就表现出从迹近于眩惑到古雅再向纯粹美靠拢的审美变迁史。周作人后来自陈"学问根柢是儒家的"②,因而《人的文学》所谓"人类正当生活,便是这灵肉一致的生活",是一种"人间本位主义"③,原没有形而上学倾向,而大有儒家的入世意味,所以不管其政治上如何正确,在美学立场上有眩惑之疑;"神性""兽性"或者"大的方面"之"人类"与"小的方面"之"我"作为人性、人心的两个侧面,各趋于两极而难以沟通。于是周作人很快就提出"平民文学"试图弥补其间的罅隙,力图在"人"与"人类"之间架一座桥梁。平民文学是"以普通的文体,写普遍的思想与事实",是"以真挚的文体,记真挚的思想与事实",根柢在于"研究平民生活——人的生活",目的是"想将平民的生活提高,得到适当的一个地位"④,这差不多处在古雅这一

①　王国维:《论哲学家与美术家之天职》,徐中玉主编:《中国近代文学大系·文学理论集一》,上海书店 1994 年版,第 216 页。

②　周作人:《两个鬼的文章》,止庵校订:《过去的工作》,河北教育出版社 2002 年版,第 90 页。

③　周作人:《人的文学》,《新青年》第 5 卷第 6 号,1918 年 12 月 15 日。

④　周作人:《平民的文学》,止庵校订:《艺术与生活》,河北教育出版社 2002 年版,第 4—5 页。

美学层次，也正是白话文学兴起以后占主流的现实主义文学的普遍水准。不过，周作人的悟性与学力必然让他可以在时过境迁以后超脱出来。在"自己的园地"中，他站在"文学"的立场上，在《贵族的与平民的》一文中对"平民文学"作了一番修订。他认为"在文艺上可以假定有贵族的与平民的这两种精神，但只是对于人生的两样态度，是人类共通的，并不专属于某一阶级"，而"平民的精神可以说是叔本华所说的求生意志，贵族的精神便是尼采所说的求胜意志了"，就文学来说，"我想文艺当以平民的精神为基调，再加以贵族的洗礼，这才能够造成真正的人的文学"。①"贵族的洗礼"是平民文学转为真正的人的文学亦即古雅升华为纯粹审美的最关键的因素。

因此，从文学的基本功能来看，王国维指出"古雅"这一美学范畴，不仅为文学革命之后的创作实践奠定了理论基础，也为文学制度的建构提供了理论资源。"古雅"的积极功能主要在"美育"："故古雅之位置，可谓在优美与宏壮之间，而兼有此二者之性质也。至论其实践之方面，则以古雅之能力，能由修养得之，故可为美育普及之津梁。"②另外，又因古雅本身之"判断亦但由于经验"③，因而易于理解、传习，所以更适合初学者模拟、学校里讲授、期刊上传播，对文学制度的形成有着举足轻重的作用。陈寅恪在1931年还曾断言"国文则全国大学所研究者，皆不求通解及剖析吾民族所承受文化之内容，为一种人文主义之教育，虽有贤者，势不能不以创造文学为旨归"④，可以认作是王国维此处判断的一个注脚。

三、文学的主体对现代文学制度的要求

王国维认为文学有"二原质：曰景，曰情"，"前者以描写自然及人生之事实为主，后者则吾人对此种事实之精神的态度也"。⑤这就是说，知识与感情

---

① 周作人：《贵族的与平民的》，止庵校订：《自己的园地》，河北教育出版社2002年版，第15、16页。

② 王国维：《古雅之在美学上之位置》，徐中玉主编：《中国近代文学大系·文学理论集一》，上海书店1994年版，第223页。

③ 同上书，第222页。

④ 陈寅恪：《吾国学术之现状及清华之职责》，《金明馆丛稿二编》，生活·读书·新知三联书店2009年第2版，第362页。

⑤ 王国维：《文学小言》，徐中玉主编：《中国近代文学大系·文学理论集一》，上海书店1994年版，第225页。

乃文学两种性质不同的对象、内容，然而"一切景语皆情语也"，所以文学的对象就是"一己之感情"乃至"人类全体之感情"。①这感情表现于外当然具有一定的风格，用郁达夫的话来讲，就是"情调"："批评作品的好坏的标准，是'情调'两字。只教一篇作品，能够酿出一种'情调'来，使读者受了这'情调'的感染，能够很切实的感着这作品的氛围气的时候，那么不管它的文字美不美，前后的意思连续不连续，我就能承认这是一个好作品"。②"调"是由"情"自然派生的，归结起来，核心与关键还是"情"。这用王国维自己的话表述，就是"故无高尚伟大之人格，而有高尚伟大之文学者，殆未之有也"。③因此，文学的对象（内容）最终必然诉诸文学主体，即作家本身。

文学家（美术家）毫无疑问应具有独立性，但历来往往"自忘其神圣之位置与独立之价值，而蒀然听命于众"，从而沦为道德、政治之工具，"正使其著作无价值者也"。④当时王国维提出这一命题，所面临的现实是相当尴尬的：一方面，文学的自觉意识逐渐发达，但在民族危机的背景中，许多人常常援引传统，突出其教化功能并强调文学的泛文化、泛政治意义；另一方面，中国的社会结构发生重大变化，士人从"居庙堂之高"变为"处江湖之远"，逐步在政治上边缘化，而与商品市场的关系日益密切。当此之际，真正的"美术家"就必然面临下述密不可分的两方面问题：其一是作家个人在社会现实中如何保持独立，与之相关且极为重要的，是如何涵养自由的精神气质；其二，怎样才算是文学的"独立之精神，自由之思想"，如何、因何得以体现？一虚一实两个问题，分别指向现实与理论。

从理论上来说，王国维观点很明确，纯粹的文学"之所志者，真理也"⑤，所以相应的态度就应该如蔡元培所言，"循思想自由主义"，而从文学制度着眼，真正的问题在于前者，即作家的独立地位如何保持、保障。这里面又涉及两方面的问题，一是作家本人如何保持自由，二是社会如何保障作家的自

---

① 王国维：《人间嗜好之研究》，徐中玉主编：《中国近代文学大系·文学理论集一》，上海书店1994年版，第209页。

② 郁达夫：《我承认是"失败了"》，《晨报副镌》1924年12月26日。

③ 王国维：《文学小言》，徐中玉主编：《中国近代文学大系·文学理论集一》，上海书店1994年版，第225页。

④ 王国维：《论哲学家与美术家之天职》，徐中玉主编：《中国近代文学大系·文学理论集一》，上海书店1994年版，第217页。

⑤ 同上书，第215页。

由，而二者有些要素是重合的。

首先是生活资源。作家如欲独立行世，自足的经济能力是首要的条件，而这需要现代社会分工所提供的工作机会。就一般情况而言，如果文学是志业，基本上也是职业，不过单纯以写作为生的作家数量极少，对绝大部分现代作家来说，他们多数还有其他兼职，这样，就不可避免地和现代社会的科层体制发生关联，其中最重要的是学校、报社、出版社等文教团体。这些现代的社会分工一方面为作家提供了人格独立所必需的基本生活资源；另一方面，这些职业又必然地使作家难逃相应的"职业病"，也对他们的精神状况有很大影响。单单从文学生产的角度看，现代文学制度无疑也应该对这一层面予以详细考察。

其次是社会声名、地位。一个作家能否为社会承认并具有相应的名气、地位，会直接影响到其在社会中活动的方式，当然包括文学创作。对众多现代文学作者来说，名望是非常实际的问题，如丁玲，遭国民党政府囚禁而终于重获人身自由，就得益于其声名。而从制度方面着眼，自然也是有利有弊，弊端在于排斥乃至压制他人，有益之处在于若干文坛佳话成就了许多有才华的作者，如胡适对沈从文的提携，再到后来沈从文对萧乾的指点、帮助。不过，这一点之于文学制度有随机性，取决于不同的个人，似可作为软性的文学制度对待。

与此相关的，是介于作家个人与社会之间的大小不一的社团，主要指文学社团，也包括以血缘为纽带的宗法关系、以地缘为纽带的乡里关系、以同学为纽带的师友关系等组织联络而成的社会团体。就文学社团而言，"五四"时期的同人社团较为理想，成员之间关系平等而能够自由切磋，后来二十世纪三十年代以刊物为纽带的组合体（如《现代》作者群）以及四十年代以卡里斯玛式人物为中心的聚合体（如"七月派"）似不可与之同日而语。

第二节　现代文学制度结构性要素的萌芽

晚清时期，文学希图有功于危局，的确具备较为坚实的基础。最为重要的基础之一，就是所谓印刷资本主义。印刷资本主义改变了其时中国思想文化的消费格局，颇为类似西方大众消费兴起时的状况："现代社会的文化改造主要是由于大众消费的兴起，或者由于中低层阶级从前目为奢侈品的东西在社会上的扩散。在这一过程中，过去的奢侈品现在不断地升级为必需品。"①中国的特殊性在于其"早有一个统一的思想意识市场，恰起着商品市场在近代西方的作用"②，文学作为思想意识的重要组成部分和载体之一，在文人士子借力于现代传媒的积极推动下，于此时在社会的中低层阶级中间扩散。这一扩散的后果之一，是催生了此后新文学发生、发展的若干必要条件，并趋向于缓缓形成现代文学制度的结构性规则。

现代文学制度的结构性规则涵盖诸多层面。就晚清的具体情况而论，文学观念的变革是"软件"，相应的"硬件"设施则有同文馆、译书院、新闻和出版机构等与现代印刷、传媒业息息相关的各种官、民事业单位，前者如上节所论，王国维所谓"古雅"因"教育众庶之效"③而与文学制度至为相关，牵连文学教育、文学活动的方式等内容，后者则构成了现代文学制度的具体条块，涉及文艺政策、出版的政策法规、文学的社会组织形式等，两者多有交叉。本节拟从文艺政策与出版法规、文学出版、文学阅读、文学团体的组织形式等几个方面勾勒现代文学制度在萌芽、形成阶段的基本面貌。

一、文艺政策与新闻、出版法规

清廷统治涉及今天所谓文学的政策法规，据 1901 年刊行的《大清律例增修编纂集成》所载，《刑律》"盗贼类"有"造妖书妖言"条："凡造谶纬妖书妖言，及传用惑众者，皆斩（监候，被惑人不坐。不及众者，流三千里，合依量情分坐）。若（他人造传）私有妖书隐藏不送官者，杖一百，徒三年。"妖书妖言"惑众"和"不及众"两者颇有分别，而二者之间的界限其实不甚清楚，"惑众"及其程度更难界定，要之以是否影响实际统治为标准予以人为裁定，具有较大的随意性。其中与文学关联最为密切的条款，如"因事造言，捏成歌曲，沿

---

①　[美]丹尼尔·贝尔：《资本主义文化矛盾》，赵一凡等译，生活·读书·新知三联书店1989年版，第113页。

②　罗志田：《乱世潜流：民族主义与民国政治》，上海古籍出版社2001年版，第194页。

③　王国维：《古雅之在美学上之位置》，徐中玉主编：《中国近代文学大系·文学理论集一》，上海书店1994年版，第223页。

街唱和，及以鄙俚亵嫚之词，刊刻传播者，内外各地方官，即时察挈"，又如"凡坊肆市卖一应淫词小说"，"务搜板书，尽行销毁"，涉事人皆严酷对待之。①清朝的文化控制虽自鸦片战争以来随着地方势力的壮大、民间社会的发展而渐渐减弱，但如兴文字狱，如1903年的"苏报案"，判决时均援引此律。

清廷涉及文学时以危及统治为前提设置严刑峻法，是刚性的制度安排，而对之作褒奖，虽也有相应的机构定期报送并由礼部乃至皇帝亲自行文嘉奖，但无疑是弹性极大的"软制度"，在很大程度上也以是否有利于统治作变通处理——显而易见，两种办法都是以政治需要而取舍、转移。后一方面的批示、嘉奖令等类似民元以后各级文艺主管部门关于文学的政策、纲领，多是从政治角度着眼的陈词滥调，故此处略去不提。晚清时期，真正与文学有莫大关系的，是新闻、出版方面的带有现代性质的各种法规。

1906年，清廷商部、巡警部、学部共同制定《大清印刷物专律》；次年，《大清报律》由商部草拟、巡警部略加修改，12月由民政部、法部会奏，宪政编查馆议复，进而颁行；1910年，《大清著作权律》颁行。值得注意的是，这三部专法都是律令，立足点仍然是自上而下的统制，但从援引刑律解决思想意识领域中的问题，发展为制订专门的法令处理相关问题，是一个巨大的进步。此外，从前两部专法基本只有处罚而无保护的种种规定，发展为后一部专法权利、义务基本对等，也是一个明显的进步。

从理念上看，《大清著作权律》完全是一部现代意义的法律，奠定了中国版权法的基础，并为北洋政府、国民政府制定版权法提供了蓝本。虽然该法颁布不久，革命爆发致其不能实际贯彻，但民国成立之后仍在一定限度内援引该法处理版权问题，直至1915年北洋政府的《著作权法》正式颁行才告结束。这就是说，它不仅具有理论价值，也发挥了实际效用。该律规定，"称著作物者，文艺、图画、贴本、照片、雕刻、模型皆是"，"凡称著作物而有重制之利益者，曰著作权"，管理此项权益的部门为民政部。还分别就权利期限、呈报义务、权利限制一一具文规定，而权力限制一章所涉"禁例""罚例"数则，均从民事、商业的角度作出细腻的剖解，是典型的着眼于梳理利益关系而服务于社会的法律，完全改变了印刷物专律、报律处处防范戒备的心态，表现出鲜明的现代意识。

---

①　《大清律例》，张静庐辑注：《中国近代出版史料初编》，上海书店出版社2011年版，第311—312页。

综上所述，从一贯的文艺政策来看，清廷即使到其最后关头应该说也没放弃维护其专制统治的意图，而晚清三部与文学的传播、流通息息相关的律令也表现出差不多同样的企图，但也应该看到，晚清政府关于印刷出版的律令毕竟走上了法制化、规范化的道路，而且后一部较之前两部也都有所改进，特别是著作权律，表现出贴合现代社会管理的服务意识，实属难能可贵。当然，彼时的文学观的变化较为缓慢，要到文学革命时才有全面突破，而与之相关的传播、流通体系，因社会形势逼迫，则可谓不得不然。

二、文学出版市场

晚清时期，中国危机加深而成为一个"失去重心的时代"，"思想上规范人伦的经典开始失范"（这表现为传统的经学因无力解释世变而边缘化），同时科举废除之后四民之首的"士"不复产生，人心思变，学术思想被"赋予它以前经典所行使的功用"。①简言之，天下"无道"则"处士"横议而已。这是晚清文学出版、传播的最重要的背景。

梁启超《过渡时代论》(1901)一文至为真切地勾勒出中国"深顽厚锢之根据地，遂逐渐摧落失陷"的情形："语其大者，则人民既愤独夫民贼愚民之政而未能组织新政体以代之，是政治上之过渡时代也；士子既鄙考据词章庸恶陋劣之学而未能开辟新学界以代之，是学问上之过渡时代也；社会既厌三纲压抑虚文缛节之俗而未能研究新道德以代之，是理想风俗上之过渡时代也。语其小者，则例案已烧矣而无新法典，科举议变矣而无新教育，元凶处刑矣而无新人才，北京残破矣而无新都城。"②梁氏此等描述典型地反映了其时智识阶层对现实的忧虑，故群情汹汹，相率"横议"。

十九世纪下半叶，中国人自办的报刊开始出现，到梁启超写作此文开始的清末十余年，情形更趋热烈，而文学（主要是小说）期刊大量涌现，文学书籍的出版也较前发达。据统计，"如果说1890年代，我国的文学出版业基本上还属于零散发展阶段，并以出版古典小说为主，那么，到1900年代，一个面向同时代作家、规模化的文学出版平台已经浮出水面"③。这一局面的形

---

① 罗志田：《近代读书人的思想世界与治学取向》，北京大学出版社2009年版，第20、11页。

② 梁启超：《过渡时代论》，《饮冰室合集·文集之六》，中华书局1989年版，第29—30页。

③ 邓集田：《中国现代文学出版平台（1902—1949）》，上海文艺出版社2012年版，第31、33页。

成,得力于现代印刷技术的广泛应用,得益于现代稿酬制度的建立和职业作家群落的形成,更受惠于现代文学市场的日益成长。

　　晚清文学出版的增长和文学市场的成长之间相互依存,差不多以废除科举的 1905 年为界,分前后两期。前期情形可从夏颂莱主持的开明书店 1902 年在南京、1903 年在开封的售书活动窥得其时出版市场一斑。①夏颂莱 1902 年赴金陵应试而不忘经营,携诸种新书售卖,从销售结果看,"以历史为最多",其他种类则除外交而外,销量均欠佳,在在照见一般读书人关心时变、世变而不得门径研究之状态。"历史"一类中与文学密切相连者为传记:"传记数种,销数特高,此其原因,由所传所见者确系人人所欲知之事,而饮冰室主人锐利之笔锋,亦大张其焰者也。"而小说之不销,在于"笔墨不足副其宗旨,读者不能得小说之乐趣也",作者深为惋惜,且从"为贤者责"的角度出发提倡"词章",所述成功案例即梁启超"得力于词章"而"为海内所叹服"。王维泰效法夏氏作《汴梁卖书记》,所述中原士子购书情态多类金陵而更见其人质实。阿英《陵汴卖书记》一文认为《金陵卖书记》《汴梁卖书记》两书"从'生意眼'的一点上以见运动的进展及其缺陷",可贵之处在于"能使后来的人可以看到当时文化方面的部分情形"。②上述种种,的确可以照见其时阅读市场的普通情形:趋新的读书人以东南沿海省份居多,内陆省份则多受主政者倾向影响(如两湖),而新书市场之不活跃,实因一般读书人仍以科举为务;文学类书籍市场反响不佳,即在趋新士子那里也不受欢迎,乃在于其时作为文学市场主要新式读物的翻译作品多粗制滥造,实难算得上文学。

　　1905 年清廷废除科举制度,加之民间文化活动的兴起,使得读书风气大变,有研究表明,"晚清的新教育改革、启蒙运动的提倡以及图书馆的兴起,三种制度化的转变,对于近代图书事业的发展有着重要的影响"③。中国传统图书市场是以文人为主要对象的经史子集类图书和以社会民众为主要对象的通俗书刊的二元结构,但两类图书的读者有很大程度的重叠,即主要还是传统的士子。例如,十九世纪中后期,石印平版印刷术的普遍采用降

---

　　①　参见公奴:《金陵卖书记》,王维泰:《汴梁卖书记》。两书分别见张静庐辑注:《中国现代文学出版史料甲编》,上海书店出版社 2011 年版,第 384—402 页,第 403—414 页。

　　②　阿英:《陵汴卖书记》,张静庐辑注:《中国现代文学出版史料甲编》,上海书店出版社 2011 年版,第 413 页。

　　③　李家驹:《商务印书馆与近代知识文化的传播》,商务印书馆 2005 年版,第 209 页。

低了古籍出版成本,不仅翻印传统典籍受到应试士子的欢迎因此获利甚丰①,而且翻印古典小说也蔚然成风,上海书局、文宜书局、理文轩、珍艺书局、图书集成局等在 1891 年至 1898 年间出版通俗小说 280 种(其中石印本237 种)②,而科举废除后,石印业因为读者市场骤然趋于消失而覆灭,更适合排印今人著作的铅印出版业由此转向拥有更多读者的同时代人的著述。有力地冲击乃至改变了此前的出版、阅读格局的力量,是数量激增的新式学堂学生。清末新式学堂已有相当发展,"1895—1899 年,全国共兴办学堂约150 所……估计全盛期学生总数达到万人",而"戊戌兴学的意义,不在于直接招收了多少学生,而是最终以朝廷名义正式确立西式教育的趋向,向社会预示了学堂科学取代旧学教化的前景,从而进一步增强士林对科举制的离心力"。1905 年以前学生"最多不过 258 873 人",而科举废除后两年,"学生人数成倍递增,达到 1 024 988 人。1908 年至 1909 年,在高基数上,仍以每年净增 30 万人的速度扩大,达 1 638 884 人。到 1912 年,跃升为 2 933 387人",加上未经申报立案的各级公私学堂和军事学堂学生,"总计辛亥时国内学生在 300 万人左右,几乎是 1905 年的 12 倍"③,这就产生了对新式教材和其他新式读物的庞大需求。

　　稍后的统计材料如是陈述:"科举废除后,正式教科书遂相继出现,有由学堂自编应用者,有由私人编辑者,有由书商发行者,有由日本教科书直译而成者。自学部公布审查制度,除审查合格各书外,又有部编教科书。在商务印书馆未成立以前,以文明书局出版之教科书为最多,广益书局等次之。光绪二十九年(一九〇三年)以后,各学堂教科书,大多数出于商务印书馆。"④就商务印书馆而言,张元济是关键人物。张氏仕途受挫而投身教育,于 1901 年获邀入股商务,持"吾辈当以扶助教育为己任"⑤之理念,主持编

　　① 贺圣鼐:《三十五年来中国之印刷术》,张静庐辑注:《中国近代出版史料初编》,上海书店出版社 2011 年版,第 269—270 页。
　　② 参见汪家熔:《近代出版人的文化追求》,广西教育出版社 2003 年版,第 244 页。
　　③ 桑兵:《晚清学堂学生与社会变迁》,广西师范大学出版社 2007 年版,第 37—38、138—139 页。
　　④ 《教科书之发刊概况(一八六八—一九一八年)》,张静庐辑注:《中国近代出版史料初编》,上海书店出版社 2011 年版,第 220 页。
　　⑤ 张元济:《东方图书馆概况·缘起》,商务印书馆编:《商务印书馆九十五年》,商务印书馆1992 年版,第 21 页。

译所，使得商务的经营业务由印刷转为出版，在成功抢滩中小学教科书业务之后，迅速向社会科学、人文艺术领域垦殖。据 1950 年的统计，商务印书馆1902 年至 1910 年间共出社会科学类出版物 279 种 825 册，文学类出版物220 种 639 册，这两类遥遥领先于其他各种出版物。①

晚清人文社科类书刊的风行表明其时国内新式智识阶层主导的新文化出版、阅读市场已经初具规模。新文化出版在传播、接受方面的具体统计虽难以确切知晓，但它在晚清趋新的文化空气中，无疑更进一步营造了这种"舆论的气候"②，这就为更年轻的一代知识人完成观念转型提供了更为充分的条件。

三、晚清文学阅读状况

晚清时期文学阅读的基本情形是：文坛主流创作并不受读者市场追捧，仍以小圈子的方式传播，且日趋萎缩，而经过初步、有限的现代化洗礼之后，中国的"印刷资本主义"同样"照顾"大众的文化需求，通俗文学日趋蓬勃；只有传统典籍因不同阶层的读者均多，仍获出版机构青睐，但也远远无法与通俗文学比肩。故晚清文学阅读格局较此前各时期的最大变化，在于雅文学进一步收缩而俗文学则以超常速度发展，双方之间的比例或如出版市场所表明的那样，呈进一步扩大的趋势。"大传统与小传统之间的差异在中国虽然不是完全不存在，但显然没有西方那么严重"③，雅、俗两类读者还是共同分享传统的诸多思想意识，甚至他们之间的界限也未必壁垒分明，如俞樾修订《七侠五义》为《三侠五义》之类案例就表明知识精英和社会大众在阅读趣味方面存在一定形式的对流，但有一个前提，那就是传统典籍居间起到了勾连作用。晚清的特殊性在于，翻译文学渐趋强势，对这一文学阅读格局构成了重大冲击。

中国在历史上自然也曾受到过外来文化的影响，但从未遭到真正的挑战。例如，佛教对中国本土文化只是构成了有限度的冲击，其最终结果是被中国传统文化所吸纳，并与后者的某些特定组成部分合流。晚清则不同，西

---

① 参见《商务五十年——一个出版家的生长及其发展（未定稿）》，商务印书馆编：《商务印书馆九十五年》，商务印书馆 1992 年版，第 775 页。

② "舆论的气候"（Climate of Opinion）是一个 17 世纪的名词，怀特海在 20 世纪初恢复采用，本指"那种在广义上为人们本能地所坚持的先入为主的成见、那种 Weltanschauung（世界观）或世界模式"。参见［美］卡尔·贝克尔：《启蒙时代哲学家的天城》，何兆武译，江苏教育出版社 2005 年版，第 5 页。

③ 余英时：《从价值系统看中国文化的现代意义》，《中国思想传统的现代诠释》，江苏人民出版社 2003 年版，第 5 页。

方对中国的影响是全方位的持续作用,国人因此产生"立国于世界"的危机意识。梁启超 1902 年在《新民说》中提出:"凡一国能立于世界,必有其国民独具之特质。"①"立国""立民"二者本来互为条件,甚至前者取决于后者,稍后则发展为必于二者中择一而处的决绝对立,尤其是立国的紧迫性完全压倒立民,折射出"中国对'世界'而言也更多是'化外'的"之舆情②,因此,向代表"世界"的西方学习就成为当务之急,是故翻译文学横空出世。1899年,林译《巴黎茶花女遗事》出版后大受欢迎,此后翻译小说大兴,以至于达到了"著作者十不得一二,翻译者十常居八九"③的盛况。据徐念慈统计,1907 年一年之间,商务印书馆、小说林社、新世界小说社、广智书局、作新社等 15 家出版机构共发行创作小说 121 部,翻译小说占比约六分之五,而《扫迷帚》《卖解记》《徐锡麟》等 20 余部之中,翻译兼改写的情形也比较普遍。④这是根据公开的数据得出的文学出版的基本情形:翻译全面压倒创作。由此统计可以看到,晚清书面文学读者的雅俗二分局面在翻译文学(小说)发达的背景下迁道趋向统一:一个人的阅读兴趣或雅或俗,而且在很多情况下可能还是排斥对立趣味的,但无疑都是阅读(起码是接触)一些翻译之作的——正如他或主动或被动、或有意或无意总要触及传统典籍。这一状况说明翻译作品已经开始部分取代传统典籍,成为维系社会各知识阶层思想意识统一的中介,如果从较长时段来看,则是价值来源。

创作的阅读情形较之可能有相当的不同。

在翻译小说最为风行的 1906 至 1908 年,创作小说的呼声渐高,许多人以为"不可不自撰小说,不可不择事实之能适合于社会之情状者为之,不可不择体裁之能适宜于国民之脑性者为之"⑤。虽然此等呼吁"潜伏着重新走

---

① 梁启超:《新民说》,《饮冰室合集·专集之四》,中华书局 1989 年版,第 6 页。
② 罗志田:《近代读书人的思想世界与治学取向》,北京大学出版社 2009 年版,第 48—49 页。需要指出的是,鲁迅对其时"国民"和"世界人"之间的二选一舆论并不认同,认为以"白心"为方式、途径进而"起人之内曜"方为根本,这是他后来主张"立人"的出发点。参见鲁迅:《破恶声论》,《鲁迅全集》第 8 卷,人民文学出版社 1981 年版,第 26—27 页。
③ 觉我:《余之小说观》,《小说林》第 9 期,1908 年。
④ 参见东海觉我:《丁未年小说界发行书目调查表》,张静庐辑注:《中国近代出版史料二编》,上海书店出版社 2011 年版,第 265—275 页。
⑤ 天僇生:《中国历代小说史论》,《月月小说》第 1 卷第 11 号,1907 年 11 月。

向自我封闭的危险"①，但也的确道出了翻译小说盛极而衰的实情。"小说界革命"提出之后，小说的重要性在士人那里逐渐得到认同，陆续创刊的各种小说刊物虽然无不标明"著译各半"，但创作小说始终难敌翻译小说，此时，创作小说在贴合"中国国情"的呼吁下方始有抬头之势。当然，这里的节点其实是1905年。科举制度废除后，大批文人被迫加入卖文为生的群体，使得这一年之后的文学出版有显著增长，"如在1902—1909年间创刊的53种文学期刊中，前四年(1902—1905)仅创刊14种，后四年(1906—1909)则创刊39种，后者占74%；同时期出版的约750种小说书籍中，前四年仅出178种，后四年则出版了572种"②。被迫转入文学写作借以谋生的士子数量众多，而通外语者可谓少之又少，考虑到这一点，就可以明白此时创作呼声增高的缘由。

从阅读的角度看，读者之所以对创作发生兴趣，在相当大的程度上还是因为他们对中国社会的认知与创作者较为接近，即希望通过阅读创作小说来了解现实。当时有人公开引导如何阅读新小说，有结论云："要而言之，旧小说，文学的也；新小说，以文学的而兼科学的。旧小说，常理的也；新小说，以常理的而兼哲理的……读新小说，须具万法眼藏，社会的作社会观，国家的作国家观，心理的作心理观，世界的作世界观。"③如此拆分之后，文学简直成了百科辞典，还有所谓新小说吗？连梦青为《官场现形记》作序，将之认作"论世者所谓若辈之实据"，并有如是陈词：

> 仆尝出入皁郿龌龊之场，往来奔竞夤缘之地，耳之所触，目之所炫，五花八门，光怪万状，觉世间变幻之态，无有过于中国官场者。而口讷讷不能道，笔蕾蕾若钝椎，胸际秽恶，腕底牢骚，尝苦一部《廿四史》不知从何处说起。今日读南亭之《官场现形记》，不觉喜曰：是不啻吾意中所出。吾一生欢乐愉快事，无有过于此时者。盖吾辈嫉恶之性，有同然者。④

---

① 陈平原：《二十世纪中国小说史·第一卷(1897—1916)》，北京大学出版社1989年版，第39页。

② 邓集田：《中国现代文学出版平台(1902—1949)》，上海文艺出版社2012年版，第35页。

③ 无名氏：《读新小说法》，《新世界小说社报》，1906年第6、7期。转引自徐中玉主编：《中国近代文学大系·文学理论集二》，上海书店1995年版，第283页。

④ 连梦青：《官场现形记序》，徐中玉主编：《中国近代文学大系·文学理论集二》，上海书店1995年版，第269页。

非常典型地说明了读者的阅读心态,也正是谴责小说成为一时风气的社会现实。

　　阿英曾根据作者的倾向性将他们分为"极其顽固的守旧党""主张种族革命的新人""立宪党""只从事反迷信、反缠足、反吸食鸦片"的知识分子,对一切幻灭的作者,作品中科玄成色各异的作者,"只会讲嫖经说爱情的人"等类,认为"形形色色,充分的表现了一种过渡期的现象。但几乎是全部的作家,除掉那极少数顽固的而外,是有着共通的地方,即是认为除掉兴办男女学校,创实业,反一切迷信习俗,和反官僚,反帝国主义,实无其他根本救国之道"①,与之相对应,读者大概也可以作如是分类。从这一点来看,晚清文学创作的读者就总体而言毋宁说是社会问题的关注者。

　　长期以来的一个说法是,近现代以来市民阶层的兴起造成了通俗读物的流行。这就整体背景来说当然不错,但更实际的情形可能还是在于四民之首的"士"在社会中失位而沦落底层,横议之"处士"才是一般新出版物的最大读者(新式学堂学生追逐新学理则是另一回事)。而从他们的阅读心态来看,这些最主要的读者与众多的知识精英一样,也将文学当作一种工具,不论是翻译还是创作,关注的是它们所承载的内容。差别在于,翻译作品多取其指向未来的理念,创作作品则多取其反映现实的问题。至于它们的文学性,或如夏曾佑所言,"不必再以小说耗其目力",许多人轻轻放过了,故夹杂传统评点的小说刊发形式在晚清颇为普遍实在不为无因。

四、文学团体的社会组织形式

　　中国传统文学如依雅、俗分类,则两者的社会组织形式是截然不同的:就前者来说,因为其作者多属士大夫阶层,生活资源并不出自文学,所以他们或是私相授受,或是定期不定期地雅集,或是刊刻文集分寄友好,经由血缘(包括姻亲)、地缘、学缘等私人情谊结合成一个文学趣味大体相近的文学圈子;就后者来说,其作者多为民间的底层读书人,他们受教育程度不等,对文学的认知也不尽相同,少量创作之外,往往就近取材,将流转在身边的带文学意味的各种形式的片段收集、整理、修订或改写,然后卖与书商换取生活费用,故品质常常参差不齐(另外也可能由接近他们的人以口耳相传的方

---

①　阿英:《晚清小说史》,东方出版社 1996 年版,第 7 页。

式散播开去,构成文学的民间生产、传播形式,由于一个文学母题多人改写,常常衍生出不同版本,最后经大众趣味筛选,往往产生一个最广为流行的版本),不过,这些作者之间缺乏有效的联系途径,个体之间差异较大。从制度史的角度着眼,中国传统文学中的小传统即俗文学的社会组织形式要隐晦复杂得多,似应较多从文化人类学的层面加以考察,而大传统即雅文学则可以在显性层面得到体认。①

戊戌变法前后,士大夫之间的社会联系已不限于传统方式,如强学会作为全国范围内士大夫阶层的一个松散的联合体,组织就突破了传统限制,《中外纪闻》《强学报》等新式报刊成为知识人"合群"②的重要手段,不过他们之间的文学关系主要还是私人之间的有机结合。晚清最大的文学社团南社其实同样如此。南社正式结社之前,若干主要分子均有组织或参加文学社团的经历,如陈巢南、刘季平、吴癯安、柳亚子、高天梅之组织神交社,黄人、庞树柏之组织三千剑气社,高吹万之组织寒隐社,这些社团虽均与革命团体如中国教育会、爱国学社等有联系,但所谓革命也不过是一种号召,与康有为组织强学会之强调维新并无太大区别。南社成立后,以传统雅集的形式为聚合方法,同人之间文学观分歧较大且相互关系率多文人意气③,从总体看,当然不是新式文学社团。与南社相关或属其分支的若干社团,较为倾向革命的有淮南社、辽社,粤、湘、越、闽等地分社差不多也是像南社一样的"文酒高会"。民国建立后成立的酒社、消夏社、消寒社、梨社、鸥社、云社等虽与南社在人事上有重叠,多是国事不堪之中的自娱,更难说是正规的社团了。客观地说,晚清的士大夫阶层不管是在生活方式还是在思想观念方面都很难完全融入现代工商文明开创的社会体系之中,他们的文学活动不管挂何招牌,基本都是文士的风流自赏,即或以社会组织的面目发生一定的社会影响,也很难说是因为文学的缘故。

从制度史的角度看,现代文学社团是职业作家作为社会人自觉组成的以文学活动为中心的一种社会中介组织,其最重要的特征在于社会中介性。

---

①　如徐雁平考察世家大族与文学传承的关系,屡屡涉及清代作家的组织形式问题。参见徐雁平:《清代世家与文学传承》,生活·读书·新知三联书店 2012 年版,第 62—72 页。

②　张之洞《上海强学会序》开篇有云:"夫挽世变在人才,成人才在学术,讲学术在合群。"参见舒新城编:《近代中国教育史料》,中华书局 1928 年版,第 143 页。

③　参见郑逸梅:《南社丛谈:历史与人物》,中华书局 2006 年版,第 36—54 页。

文学社团作为一种社会组织,是在写作作为一种特殊的社会职业融入现代社会体系的条件下,以团体之力有意识地推动文学作为精神产品为大众承认、接纳的作家聚合体,由是成为连接作家的精神独创性和社会普及性的必要桥梁。这就是说,文学组织的社会化是和作家身份的职业化,和文学趣味的大众化,紧密联系在一起的,其中的关键,在于前述所谓印刷资本主义。

印刷资本主义给文学的生产和传播、接受带来两种变化:第一,晚清以来现代出版、传媒业日趋繁荣,读者、作者日多,而1905年科举制度废除后大量文人涌入相关行业,情形更趋激烈。在这一背景下,小说取代诗词歌赋成为"文野智愚咸欢迎之者"①,小说期刊大量创立,销售行情逐日见涨,主其事者固然得利,小说作者也得益于日渐完善的稿酬制度,创作谋生成为一种可能。第二,与这一进程相表里,公共媒介开始成为文学发表、传播、接受的渠道,从而成为连接精英的私人文学品味和大众审美趣味的中介,文学期刊推动了一个社会范围内的文学意识形态的重建过程。从这两方面来看,晚清时期文学的社会组织形式最常见的类型,应该说也是最可能的形式,就是围绕小说期刊而形成的带有文学社团性质的市场化聚合群②。

自1902年《新小说》创刊到1912年民国成立,先后出现大小文学期刊至少60余种,剔除存在时间过短的刊物,按办刊主体的百分比估算,起码有一半左右的刊物系文坛圈内人独立创立③。围绕刊物而形成的文学期刊社,影响比较大的有新小说社、绣像小说社、新新小说社、小说世界日报社、月月小说社、新世界小说社、小说林社、中外小说林社、扬子江小说报社等。所有这些文学团体有一个共同特征,那就是他们对待作品,不再以文士圈子内部的评判作为检验文学成色的唯一标准,未经谋面的普通读者成为文学考量的日益重要的因素。需要强调的是,启蒙文学论者从

---

① 觉我:《余之小说观》,《小说林》1908年第9期。

② 陈平原指出:"新小说并非先有了大致相同的文学主张和艺术趣味,然后组织文学社团,再由文学社团创办杂志作为发表阵地;而是以小说杂志为中心,不断吸引同道,也不断寻求自己独立的文学道路。"参见陈平原:《二十世纪中国小说史》(第1卷),北京大学出版社1989年版,第19—20页。其实,文学社团的形成应该可以是两种方式中的任一种(或兼而有之),前者如新月社,后者如文学研究会,二者虽非绝对典型,起码说明了它们的现实可能性。

③ 据邓集田统计,晚清民国时期4 194种文学期刊中,出版机构创办的占总数32%,文学社团创办的占42%,其他主体尚有报社、政治机构、图书馆、宗教团体等。这些办刊主体在人事上互有渗透,而文学期刊无疑以文学圈内人为主,故文学社团创办的文学期刊数量应可占半数左右。参见《中国现代文学出版平台(1902—1949)》,上海文艺出版社2012年版,第98—99页。

移风易俗的角度固然重视读者，但主要从顺应读者心理着手；而已经出现了这样的文学期刊社，他们看重作为文学之"高格"的"审美之情操"①在社会大众中的效应。

这方面的代表是小说林社。之前的小说林社有其文化宗旨②，也是曾朴赴沪创业失败之后携手同人转入文化市场的一次尝试。《上海出版志》如是叙述小说林社：

> 1904年曾朴、徐念慈、丁芝孙、朱远生等合资创办，先于上海棋盘街设立发行所，旋又买下东亚印书馆为印刷所，并于对门赁屋设立编辑部。由曾朴任经理，徐念慈任编辑部主任，广罗人才，编译小说。1907年7月增设宏文馆、美术馆，合称为"小说林宏文馆有限合资会社"。自此，专以小说林名义出版文艺书刊，而以宏文馆、美术馆名义出版学校参考用书、工具书，并兼售文具等。后因为销售不畅而停业，存书以3 000元盘售有正书局。③

小说林社从1904年合资创立到1908年初停业，共出版各类新小说120余种，其间发行有三种杂志，最有名者即为1907年创刊的《小说林》。黄人的这番话颇能反映《小说林》发行之后的小说林社文化、商业的二重性："盖谓《小说林》之所以为《小说林》，亦犹小说之所以为小说耳。若夫立诚止善，则吾宏文馆之事，而非吾《小说林》之事矣。"④依黄人的个性看，这番话应是率性而谈，但落实以后无疑也可以树立杂志特立独行的市场形象，正所谓歪打正着：作为一份直面读者市场的小说期刊，编辑应该具有区别于流俗的文学眼光，但并非不需要注意顺应市场需求。

简而言之，围绕《小说林》所形成的带同人性质的文学团体是晚清时期较为注重小说的文学价值且对当时的创作潮流有所影响的文学团体，其若干举措也是出版市场蓬勃之际士子转入商业经营活动的一次文化试水之

---

① ④　摩西：《小说林发刊词》，《小说林》1907年创刊号。

②　曾虚白提到，曾朴在上海"真切地认识了小说在文学上的特殊地位，因此想要打破当时一般学者轻视小说的心理，纠集同志，创立一家书店，专以发行小说为目的，就命名叫小说林"。参见曾虚白：《曾孟朴年谱》，魏绍昌编：《孽海花资料》（增订本），上海古籍出版社1982年版，第167页。

③　《上海出版志》编纂委员会：《上海出版志》，上海社会科学院出版社2000年版，第230页。

举,故从现代文学社团的角度来看,其历史意义不容低估。

从文学本位角度看,小说林社在主观上自觉区别于晚清改良群治的文学风气,同人之间均较为注重文学的审美价值并有推动相关创作实践的举措。刊物主要负责人徐念慈认为小说是"合理想美学、感情美学而居其上乘者",并引述黑格尔美学观,从自然化、个性化、形象性、理想化、科学性五个方面论述小说的特征①,虽受时代影响而不无瑕疵,但对当时过分强调文学的社会功用的论调无疑是一种反叛。而黄人对晚清"出一小说,必自尸国民进化之功;评一小说,必大倡谣俗改良之旨"的现象颇为不满,讥讽那些自称"不屑屑为美,一秉立诚明善之宗旨"的作品"不过一无价值之讲义、不规则之格言而已",认为"小说者,文学之倾于美的方面之一种也"。②毋庸讳言,小说林社同人(其他尚有曾朴、包天笑、吴梅等人)也经常不自觉地提及文学的教化功能,但他们较为一致的偏重审美的文学观可谓独树一帜,与少数个人如王国维、周氏兄弟遥相呼应。

与此相联系,小说林社有造就一种文学潮流的意图。徐念慈认为翻译小说大行于世有一实际原因:"抑或译书呈功易,卷帙简,卖价廉,与著书之经营久,笔墨繁,成本重,适成一反比例,因之舍彼取此,乐是不疲与。"徐氏视此为"藉不律以为米盐日用计者",故殊少"植一帜于文学界者",言下之意,是有深望于创作,故而从形式、体裁、文字、旨趣、价值五个方面进行展望。③从《小说林》的栏目设置看,翻译为主以及社会小说、科学小说、侦探小说等小说类别的设置与同时期的其他小说刊物并无太多不同,真正体现杂志独特性的,在于"短篇小说"栏。《小说林》计发表创作短篇小说 17 篇:卓呆《入场券》《买路钱》《乐队》《温泉浴》,饮椒《地方自治》《平望驿》,紫崖《吃大菜》《白绫巾》《戕弟案》,天笑《三勇士》,陶报癖《警察之结果》,邵粹夫《停车场》,不因人《青羊褂》,醉茗《觚剩》,涵秋《穷丐》,陈铗侠《西装之少年》,HSY《俄罗斯之报冤奇事》。短篇小说栏承袭《月月小说》而来,作品亦不无传统的滑稽列传的影子,但较好的篇章已经能够选取某一横截面加以描写,表现出明显的向西方短篇小说学习的痕迹。这

---

① 参见觉我:《小说林缘起》,《小说林》1907 年创刊号。
② 参见摩西:《小说林发刊词》,《小说林》1907 年创刊号。
③ 参见觉我:《余之小说观》,《小说林》1908 年第 9 期。

与周氏兄弟翻译《域外小说集》输入"异域文术新宗"①的意图不谋而合，可能还多走了一步，开始实践短篇小说的创作了。总而言之，小说林社可以说是一个始终面向读者市场而能够保持自身特色，并重视改造读者趣味的文化出版机构。

从社团的组织结构和运作方式看，小说林社是同人社团和商业期刊社的混合，不过这一混搭方式的另一种面目，说得直白点，是同乡人合伙做文化生意。从这一角度看，小说林社带有明显的过渡时代的特征。曾朴和常熟同乡共同出资从事出版事业，在文化抱负之外，当然谋求经营上的成功，本身无可厚非，但这些文化人很难说熟悉商业管理和运作。小说林社中，曾朴是经理，只是名义上的总负责，主要经营业务由股东会共同决定，他并没有多大的发言权，至于该社先后创办的三份刊物，事实上是各自为政：《女子世界》与《理学杂志》更多属于小说林社大股东之一丁祖荫（芝孙），他负责两个刊物的稿件、编辑和发行；《小说林》杂志是曾朴和徐念慈分工合作，曾负责创作、徐负责翻译，但实际上徐念慈起主要作用。客观地说，文化人最擅长的还是创作和编辑，前者自不待言，就后者来说，小说林社的几篇文章，最有名的像徐念慈《余之小说观》《丁未年小说界发行书目调查表》对小说著译、出版、发行等实际情况的研究，均表现出相当的专业水准；而从商业组织角度看，曾朴作为经理既无兴趣且事实上也不谙商业规则，缺乏有效的手段协调各部门之间的关系，没有经营方面的通盘考虑和长远规划，这是一个明显的短板，股东之间因熟人社会而结成的种种复杂人事关系，也影响到经营的运作和决策，最终导致小说林社停业。就后者而言，这是晚清时期围绕期刊聚集而成的文学团体的共同问题，而专业的出版机构刊行的文学刊物因资金雄厚且经营、发行由职业经理人承担，故相对成功。

但不能因此否认小说林社初步的现代特质。如前述，知识阶层在科举废除之后最有可能聚集的场域在出版传媒业，他们已经开始适应并运用现代规则探求文学在工商社会结构中的合理存在形式，就此而言，《小说林》的稿酬制度值得关注。此前，诸多小说期刊都曾发布有偿征稿的启事，但稿酬标准不明，《小说林》则明确胪列稿费等级："甲等每千字五圆；乙等每千字三

---

①　鲁迅：《〈域外小说集〉序言》，《鲁迅全集》第 10 卷，人民文学出版社 1981 年版，第 155 页。

圆;丙等每千字二圆。"①稿酬标准的明确,的确产生了明显的效果,来稿显著增加。包天笑回忆道:"小说林登报征求来的稿子,非常之多,长篇短篇,译本创作,文言白话,种种不一,都要从头至尾,一一看过,然后决定收受,那是很费工夫的事。"②这就在一定程度上改变了《小说林》的作者人员构成。本来,《小说林》的基本撰述人员是由小说林社前期经营活动造就的,金松岑、包天笑、吴步云、陈鸿璧、蒋维乔、徐卓呆等人均与曾、徐、黄有深浅不一的私人关系,稿费制度建立以后,圈子之外的新人通过商业关系与之发生联系,也就使得社团的结构方式产生新变。此后,《小说时报》《小说月报》等纷纷跟进,陆续明确稿酬标准,对小说的繁荣产生了重要的推动作用。

当然,从商业角度看,小说林社不能说成功,杂志在最好时期的销量,约每月两千份③,应该是亏本的④。而作为一个初具现代商业团体特征的文学刊物,基本编撰人员之组织方式虽未全然摆脱传统关系,毕竟已经采取了一定程度的现代手段,表现出由传统向现代过渡的趋势,预示出未来文学的社会组织形式的某种可能。更重要的是,它对文学基本品格的揄扬,也显示出印刷资本主义条件下文学与读者之间的纠结关系:文学需要读者、市场的接纳,但又不能完全顺应,而必须保证自身的品质。

---

① "募集小说",《小说林》1907 年创刊号。以后刊载的同类启事增添了"丁等每千字一圆"条目。

② 参见包天笑:《钏影楼回忆录》,山西古籍出版社 1999 年版,第 416 页。

③ "戊申正月第九期小说林报招登新年广告",《小说林》1908 年第 7 期。

④ 包天笑回忆说:"以前上海办杂志,以能销三千份为一个本位,倘然第一版能销三千份,就可以不蚀本了,他们的支出与收入,也作三千份计算,假使超出了三千份,那就要算赚钱了。以后越销得多,便是越赚钱,因为他们既打好了纸版,倘使添印,所有稿费、排工,都不必计算在内了。"

第二章 "五四":现代文学制度草创期

"文学革命"最终完成了文学观念的转型,与此相应,文学制度的相关结构性要素也在民国成立之后得到了飞速发展,并形成了一个较前更趋复杂严密的体系。在北洋政府统治时期,现代文学制度已经初步成形:从文学的社会管理角度看,北洋政府不仅出台了若干文化政策,也设有专门的常务管理机构;就作者层面看,新文学作家进入新式社会分工体系,文学的组织、活动方式一改私人性质,成为现代工商文明的重要一环;从文学生产、流通的角度看,各种出版机构日趋繁荣,专事新文学出版的书店也如雨后春笋般出现,为新文学的繁荣奠定了物质基础;从文学接受角度看,新文学读者日渐增多,且在"五四"和国民革命这两个时期有着明显的增长,他们与新文学作家之间互动频密,也对新文学创作产生了显著影响。需要强调的是,北洋政府时期毕竟仍是一过渡时代,现代文学制度的发展也曾受到多方力量的影响而陷入停滞,而这些影响也就此进入现代文学制度,成为制约其日后发展的重要因素。这是社会转型期的中国赋予现代文学制度的一份沉重的遗产。

第一节 北洋政府的文化管理机构与文化政策

民国成立之初,南京临时政府内外交困,并无余裕顾及文化事业,仓促之间公布的"暂行报律"因有"钳制舆论"的嫌疑且程序不合法,受到"全国报界俱

进会"的质疑和反对①，旋生旋灭，几乎没有影响。北洋政府时期，《出版法》
（1914 年 12 月）、《著作权法》（1915 年 11 月）陆续颁行，相应的文化管理机构
也在两法的施行过程中逐渐明确，并在此后陆续推出了若干具体的管理规则、
章程、办法，一套趋新且不乏本土色彩的外部干预机制由此进入新的文学体制
之中，并逐渐发展成为文学制度极为重要的组成部分。需要补充的是，民国时
期特别是北洋军阀统治时期，实权人物对文学的偶发性干预又是频繁出现的，
从一个较长的时间段来看，这一点无疑也是文学制度重要的构成要素之一。

　　北洋政府的文化、文学理念基本停留在晚清梁启超等人的文学移风易俗
的层次，较多的管制往往指向所谓有伤风化的通俗作品，而对新文学并没有太
多介入。②从"临时约法时期"到北伐落幕，北洋政府的文化管理及政策的变迁
大致可分三个阶段："临时约法时期"和"新约法时期"（1912—1916），即袁世凯
当政时期，初步确立文化管理的格局，内务部、教育部，特别是前者扮演了重要
角色；"法统争执时期"（1916—1924），出台若干文化管理细则，形成通俗教育
研究会劝导与京师警察厅查禁两种手段、方式交相为用的管理制度；"法统放
弃时期"（1924—1928），即段祺瑞执政和北京军政府时期，常规的文化管理几乎
不复存在，这时实权人物的个性、好恶等不确定因素起到了较多作用。③总体说
来，在新文学生产、传播和相应的文化市场尚未展开之时，北洋政府的文化管
理也是比较粗疏的，一个常规性的管理机构，是教育部的"通俗教育研究会"。

一、教育部与通俗教育研究会

　　教育部分设普通教育、专门教育和社会教育三司，此后几经改制而结构
不变，其中与文学关系密切的是社会教育司。社会教育司是首任总长蔡元
培有鉴于西方国家社会教育之发达而增设的，下设图书博物科与通俗科，主
要职责是施行民众教育。最广为人知的事实，是鲁迅曾担任"社会教育司第
一科"即图书博物科科长。鲁迅所作之《拟播布美术意见书》第四方面的内

---

　　① 　参见张静庐：《中国近现代出版史料·近代初编》，上海书店出版社 2011 年版，第 324—
325 页。

　　② 　需要说明的是，北洋政府查禁了较多与"过激主义"相关的书报，而所谓"过激主义"的认定，
则以实际政治的需要为转移。"过激主义"显然与新文学、新思想有相当多的交叉，这就涉及政治与文
学的关系问题，不过此处难以全面展开，只在必要时涉及。

　　③ 　这里的时期划分和命名参见钱端升等：《民国政制史》，上海人民出版社 2008 年版。

容"播布美术之方",所涉种种几乎是该科具体事务的最赅要的说明①,而他负责的若干工作,如迁移京师图书馆、筹办历史博物馆、与内务部交涉文津阁《四库全书》等,即为该科之具体职能。通俗科的职能与图书博物科有交叉之处,而与现实中的文化活动关系更为直接、密切。晚清以来,小说、戏曲等传统民间文学样式的重要作用逐渐得到舆论认可,士人的"观风俗"与民众的"听故事"产生交集②,催生了大量通俗作品,其中就包含了众多"过甚其辞,以合时人嗜好"③的所谓"不良"作品。通俗科的职责是全面评估这种状况,并负责提出处理办法,像《教育部禁止出版伤风败俗小说杂志的通告》(1915 年 1 月)即是其具体行为。不过,通俗科乃至社会教育司的工作,后来在很大程度上被 1915 年 9 月 6 日成立的通俗教育研究会所取代。

　　1915 年 7 月 16 日,时任教育总长的汤化龙呈文,拟设通俗教育研究会④,两日后大总统即批复"准如所拟办理",并拨出 15 400 元作为开办和活动经费。不同于此前的中国通俗教育会的是,通俗教育研究会隶属于教育部,会长由教育部次长兼任,会员则由京师各有关机构选派,是一个正式的官方行政机构。该会下设小说、戏曲、讲演三股,讲演股以法律、卫生、教育等为内容组织全国范围内的主题演讲,向民众(主要是市民)宣传现代社会常识,承担了本来意义上的社会教育的最主要工作,而小说、戏曲二股则主要负责小说、戏曲、评书等新旧文学的审核、奖掖、劝导、改良、查禁等工作,与文学最为相关。从通俗教育研究会的性质、宗旨、职能看,"这个名为研究'通俗教育'的官方组织,实际上有点类似一个图书杂志审查机关,不过其职权范围比后者要大得多"⑤,下面即按照其关涉文学的上述几种最重要的职能分述之:

----

　　①　参见鲁迅:《拟播布美术意见书》,《鲁迅全集》第 8 卷,人民文学出版社 1981 年版,第 48—49 页。

　　②　陈平原:《二十世纪中国小说史·第一卷(1897—1916)》,北京大学出版社 1989 年版,第 16 页。

　　③　鲁迅:《中国小说史略》,《鲁迅全集》第 9 卷,人民文学出版社 1981 年版,第 282 页。

　　④　此前的"中国通俗教育研究会"(有时亦称"通俗教育研究会")1912 年 4 月 28 日成立于南京,是一个旨在灌输常识、培养公德的民间团体。由于参加者往往是政府官员和社会名流、地方实力派,故经常影响到教育部以及社会教育的决策和行为,后出于人员流动、经费支绌等原因,中国通俗教育研究会很快于无形中湮灭。参见施克灿、李凯一:《江湖与庙堂:北洋政府时期社会教育的路径选择——以通俗教育研究会为考察对象》,《清华大学教育研究》2012 年第 5 期。

　　⑤　沈鹏年:《鲁迅在"五四"以前对文坛逆流的斗争——关于他和通俗教育研究会的一段史实》,《学术月刊》,1963 年第 6 期。

第一，审核。鲁迅在 1915 年 8 月 3 日和教育部同僚共 29 人奉部命加入通俗教育研究会，且在同年的 9 月 1 日被指定担任小说股主任，后于次年 2 月底辞去主任职务，改任审核干事。在鲁迅主持小说股期间，讨论通过了小说股进行办法、办事细则以及《审核小说之标准》《编译小说标准》《奖励小说章程》《查禁小说议案》等。根据小说股第一次会议记录所载，小说分教育、政事、哲学与宗教、历史地理、实质科学、社会情况、寓言及谐语、杂记八类，按一定的标准分三等，"上等之小说宜设法提倡；中等者宜听任；下等者宜设法限制或禁止之"。①据正式章程，区分的标准是，"宗旨纯正，有益于国家社会者；思想优美，有益于世道人心者；灌输科学知识，有益于文化发达者；文词优美，宗旨平正者"为上等，宜提倡、奖励，"宗旨乖谬，妨碍公共秩序者；词意淫邪，违反良风善俗者；思想偏激，危害国家安全者"为下等，宜限制、禁止。②参照《通俗教育研究会审查戏剧章程》的审核标准，大体而言，小说、戏剧的奖励标准并无不妥，而从之后的图书、杂志的查禁事实来看，禁止的标准也没有太大的问题（参见第二部分）。

至于审核的程序和办法，小说股基本采用鲁迅的意见：其一"先由通俗图书馆之小说着手，由第一号起陆续审核"，"一方就由图书馆已经取来登簿之小说审核，再将图书馆新买尚未编号之小说审核，双方并进"，分员在限定时间内完成；其二，因为"报纸所载小说为多，即不妨先就报纸设法禁止"，具体方法"宜分两项：一为书肆发行及贩售之禁止；一为报纸登载之禁止"。③

第二，奖掖。《奖励小说章程》提出："自撰之小说经本会审核认为有裨益于人心风俗者，得受领甲种褒状；移译外国人旧著或新撰之著名小说，经本会审核认为可补助我国人之道德智识者，得受领乙种褒状；采辑古今中外之杂事琐闻汇为一书，有类札记，经本会审核认为有益于社会者得受领丙种褒状。"④经小说股审核，教育部以部令的形式先后公布约百余种小说予以褒奖，且发出咨文，推荐各级图书馆、学校广为采购。这批受到褒奖的小说，如《块肉余生述》《黑奴吁天录》《冰雪因缘》《鲁滨逊漂流记》等林译小说，绝

①③　《小说股股员会议事录（一）》，《教育杂志》1915 年 12 月 15 日第 7 卷第 12 期。

②　参见《通俗教育研究会审核小说杂志条例、标准与奖励章程》，中国第二历史档案馆编：《中华民国史档案资料汇编》第 3 辑，江苏古籍出版社 1998 年版，第 152 页。

④　转引自沈鹏年：《鲁迅在"五四"以前对文坛逆流的斗争——关于他和通俗教育研究会的一段史实》，《学术月刊》，1963 年第 6 期。

大部分属于乙种,而从中表现出对妇女、儿童、黑奴弱势群体苦难处境和奋斗精神的揄扬,可以看到民国成立以后,政治主流和行政主体对人道主义等西方现代思想的肯定和接纳。

第三,劝导与改良。通俗教育研究会的宗旨即在于"改良社会,普及教育",对符合这一宗旨的带文学性质的著述本有褒扬、提倡的职责,劝导与改良不过是沿袭文学移风易俗的古典传统并受晚清以来文坛舆论影响而顺理成章产生的一种举措,如《通俗教育研究会改良戏剧议案》认为戏剧对社会风化至关重要,"故在今日,欲改良社会,非改良戏剧不为功"①。问题在于,来自当政者主观意图的劝导有否效力实在成问题。《通俗教育研究会关于不再编写黑幕一类小说致作家函》《通俗教育研究会关于编写提倡勤朴艰苦美德小说致作家函》等函告,良苦用心一望可知,但日益受读者趣味左右的作家总能找到最贴合市场选择的路径,民初"鸳鸯蝴蝶派"的流行就是一个最好的说明。

当然,这一方面的工作也往往受部、司主脑人物的政治立场和主观倾向的影响。张一麐1915年10月接任教育总长,在通俗教育研究会第二次全体会员大会上演说,认为"中国社会自游牧时代进入宗法时代,而宗法社会遂为中国社会之精神,一家之人咸听命于其家长,孝悌贞节,皆为美德",且要求"编辑极有趣味之小说,寓忠孝节义之意,又必文词情节在在能引人入胜,使社会上多读",望"本会会员""戮力同心,进行不懈"。②就事情本身来看,张一麐的这番言论不过是民国老派政治人物"中学为体,西学为用"思想的重复,但在客观上却与袁世凯复辟帝制的舆论导向相贴合,虽然他与那些迎合袁世凯而鼓吹"忠君""尊孔"的一班人不无区别。

第三,查禁。北洋政府《出版法》沿袭此前公布的"命令式之法律"《报纸条例》的精神,第十一条对查禁内容作如下规定:

> 文书图画有左列各款情事之一者,不得出版:一、淆乱政体者;二、妨害治安者;三、败坏风俗者;四、煽动曲庇犯罪人、刑事被告人或陷害刑事被告人者;五、轻罪重罪之预审案件未经公判者;六、诉讼或会议事

---

① 《通俗教育研究会改良戏剧议案》,中国第二历史档案馆编:《中华民国史档案资料汇编》第3辑,江苏古籍出版社1998年版,第170页。

② 转引自沈鹏年:《鲁迅在"五四"以前对文坛逆流的斗争——关于他和通俗教育研究会的一段史实》,《学术月刊》1963年第6期。

件之禁止旁听者；七、揭载军事外交及其他官署机密之文书图画者，但得该官署许可时，不在此限；八、攻讦他人阴私，损害其名誉者。

张静庐作为亲身经历者，指出这十一条"与报纸最有关系，动辄得咎，非常危险"①。其中与通俗教育研究会最有关系的一点，即所谓"败坏风俗者"。

这里的"败坏风俗"可以有两种解释。其一，有损社会道德基准的内容，如《通俗教育研究会审查戏剧章程》载明查禁的内容，"一、情节淫秽，有伤风化者；二、凶暴悖乱，足以影响人心风俗者；三、剧情荒谬，显悖人伦道德者；四、倡论邪说，意图煽惑者"②，凡此种种，无不对正常社会应有的良风善俗造成恶的影响，所以对这一类书刊的查禁是合理的（其实，在对人性有更多、更深了解的今天，对此相对宽容，虽非全面禁止，但也限制分级）。北洋政府时期，列为"下等"而遭到查禁的文学类书刊，基本属于这一类，就此而论，通俗文学研究会是极为中正地履行了自己的职权。

举一书一刊为例。1916 年 9 月 7 日，小说杂志《眉语》被禁。《眉语》1914 年创刊，以文化消遣、娱乐为宗旨，是较早的鸳鸯蝴蝶类刊物。其所刊载的小说，在卿卿我我之外，其实不乏宣扬男女平等、恋爱自由之作，但为了吸引注意往往加倍夸饰，所以劝百讽一，几乎全为"眩惑"之作，比如主编高剑华就曾特意选取"裸体美人语"这种耸人耳目的题名。所以当时教育部颁布的咨文称，"经本会查得有《眉语》一种，其措辞命意，几若专以抉破道德藩篱、损害社会风纪为目的，在各种小说杂志中实为流弊最大……亟应设法查禁……并令停止出版，似于风俗人心不无裨益"③，实在不为无因。1923 年，《通俗教育丛刊》第 18 辑载有 57 种小说的审查意见，其中列为下等应予查禁的有 22 种，其中包括《荷花大少爷》。通俗教育研究会对此书的具体意见是："是书自序谓惟荷花大少爷不独不受妓愚，反能赖妓之债，且能使之无从索讨，其手段又高出妓女一筹矣云云，因而历述其手段，不啻以欺诈之术导人，且专以欺诈之术施之妓女，直是下流无行矣。"这一评判极为中肯。

———————————

①　张静庐：《中国近现代出版史料·近代初编》，上海书店出版社 2011 年版，第 326、330 页。

②　《通俗教育研究会审查戏剧章程》，中国第二历史档案馆编：《中华民国史档案资料汇编》第 3 辑，江苏古籍出版社 1998 年版，第 166—167 页。

③　《教育公报》1916 年第 3 卷第 11 期。转引自沈鹏年：《鲁迅在"五四"以前对文坛逆流的斗争——关于他和通俗教育研究会关系的一段史实》，《学术月刊》1963 年第 6 期。

其二，主要针对"淆乱治安""妨害治安"的"过激主义"书刊，它们主要由内务部和京师警察厅负责，而通俗文学研究会呈报查禁的书刊①，则基本不涉及这一类。

从上述通俗研究会及教育部相关部门的结构、组织、权限、行为来看，北洋政府设置的这一文学监管、审查部门所制定的褒奖惩处的标准的确体现了政府对文学移风易俗的良好主观期待，而从查禁事实来看，也主要指向那些在当时看来有伤风化的书刊。此外，小说股、戏剧股成员均为兼任，个人精力有限，所以审核的范围其实相当有限，因而对文学的影响也不宜夸大。1923 年，通俗教育研究会的工作无形停顿，北洋政府时期常规的文学管理亦不复存在。

二、内务部与京师警察厅

北洋政府时期，通俗文学研究会审核列为下等的书刊，需经教育部核准，然后咨行内务部，并由其下辖的警政司批转京师警察厅及各地方警察厅予以查禁。而从现象上看，与文学相关的书刊审核、评骘、查禁等事宜也均与内务部下属的京师警察厅相关：其一，通俗文学研究会系政府各机构抽调人员组成，警察厅也在其中，因之决策固然包含了警察厅的若干主张；其二，凡有书刊查禁，经常是以京师警察厅的名义发布公告，因而舆论不免将之认作"元凶"。当然，社会舆论的看法其来有自。在官方的通俗文学研究会成立之后，京师警察厅不止一次地单独查禁了一批带有文学性质的书刊。据《京师警察厅为请转咨查禁不良小说致内务部呈》（1916 年 5 月 8 日）所载，京师警察厅呈报内务部转咨教育部的这一呈文列出业已查禁的小说达 63 种之多。②虽然这批小说绝大部分是淫秽的低俗作品，如《风流太守》《妻妾吃醋》《姐夫戏小姨》《房中奇术》《灯草和尚》之类，的确应予查禁，但京师警察厅毕竟有违背程序之嫌，以致通俗文学研究会通过教育部、内务部向其索要查禁书目，委婉地表达了一种不满。其实，京师警察厅虽然常常以主体身份发布公告，但不过是接受内务部及其他上级部门的指令行事，一般不作为

---

① 参见吴效刚：《民国时期查禁文学史论》，中国社会科学出版社 2013 年版，第 19—23、221—227 页。

② 参见《京师警察厅为请转咨查禁不良小说致内务部呈》，中国第二历史档案馆编：《中华民国史档案资料汇编》第 3 辑，江苏古籍出版社 1998 年版，第 185—194 页。

行政主体制订有关管理条例①。它作为北洋政府社会管理可以凭借的常规强制力量，主要是一个执行机关。从北洋政府的组织架构看，文学管理的真正常设机构是内务部。

通俗教育研究会在相当一段时期内代行内务部的文学管理职权，但由于其系各相关机构选派人员兼职组建，各成员自有本职工作，事权集中的优势便为人员分散、各不相属的组织劣势所抵消，事实上效率并不高。而且更关键的问题在于，它虽然负责常规的文学管理，其实只是一个临时性的增设机构，内务部只要觉得有必要，就有足够的法理依据绕开它而指令京师警察厅单独行事。

内务部是与社会各方面关系最为密切的行政部门，初设民治、职方、警政、土木、礼俗、卫生六司，举凡地方行政、选举、赈恤、救济、慈善、感化、入户、土地、警察、著作、出版、土木工程、宗教及卫生事务，几乎无所不包，虽然后来机构屡有调整，而职能基本不变，大体相当于清末的民政部和国民政府时期的内政部。就总体状况而言，内务部和京师警察厅一般不直接插手纯粹的文学事务，它们重点关注的是上引《出版法》第十一条前两项的内容——"淆乱政体"和"妨害治安"——这类与现实政治相关且可能对执政基础形成冲击的书、报、刊。

1915 年 9 月，内务部以"妨害治安"为名查禁《甲寅》《正谊》两种杂志。章士钊在"二次革命"失败之后避居日本，于 1914 年 5 月创立《甲寅》月刊，在日本共出 4 期，屡有脱期，第二年 5 月起改在上海由亚东图书馆印刷、发行，至第 10 期遭禁。《甲寅》以政论为主，对袁世凯独裁统治及复辟帝制活动多有批评，更重要的是它在知识人中间激起较为广泛的共鸣②，产生了较大的社会反响，以是被禁。其实，《甲寅》第 10 期被正式取缔之前，第 9 期因发表《帝政驳议》，邮局已经停止寄送。与《甲寅》一样，《正谊》亦以政论为主，其《发刊词》申明刊物宗旨，对政府是"希望其开诚心，布公道，刷新政治，纳入共和立宪之轨道"③，这就不可避免地与袁世凯主导的北洋政府发生冲

---

① 这当然不是绝对的，比如 1925 年 4 月曾有《京师警察厅公布管理新闻营业规则令》。

② 参见孟庆澍：《〈甲寅〉杂志略考》，《汉语言文学研究》2010 年第 4 期。该文考察杂志的销量时提及："除了京津沪等各大商埠，《甲寅》还可以顺利发行到中国腹地，无论是湖南长沙还是四川成都，一个月内都可以看到东京出版的《甲寅》。"

③ 谷钟秀：《发刊词》，《正谊》1914 年 1 月 15 日第 1 卷第 1 号。

突，以至于 1915 年 6 月即被迫停刊。两份刊物被禁以后，两位主编章士钊、谷钟秀也遭政府通缉。①

如果说《甲寅》《正谊》是因其主编及各撰稿人涉及实际的政治活动从而遭禁，是打击政治敌对面，那么差不多同时其他文化、文学类书刊被禁的名目，诸如"诬诋政府""妨害治安""与时局甚有妨害""宗旨悖谬""宣传过激"等，无一不与民国成立以来在知识界获得愈来愈多认同的新思潮有关，个中关键，也在于是否与反对当时政府的实际活动相关。因为牵涉到实际政治，所以不仅内务部和京师警察厅，而且国务院及其他相关各部门，如交通部、邮政总局，都不免参与其中。在 1924 年以前，反对袁世凯复辟帝制运动和"五四"运动前后是新思潮书刊、社团受到压制较为集中的两个时期，尤以后者为甚。

与"五四"运动直接相关，内务部以"与现时风潮大有关系"为名查禁了《北京大学学生周刊》、直隶省长公署以"与时局甚有妨害"为名查禁了《北京女高师半月刊》。此外，《进化》月刊在 1919 年 5 月被交通部查禁，名目是"鼓吹无政府主义"。"进化社"由民声社、实社、平社、群社等四个无政府主义小团体联合而成，根据《进化》月刊首期刊发的宣言，是追求"从根本上""扫除"包括"现在社会的政治、宗教、法律、资本家"等在内的所有"阻止人类全体的自由的幸乐"各种"强权"，所以主张"革命"②，虽然只是纸面的主张，但以无政府主义在"五四"前后的声势，自然不能为政府容情。此后，京师警察厅也以同样的名义查禁了《光明》杂志。

这些查禁行为有时到了风声鹤唳的程度。1920 年 9 月 6 日，京师警察厅查禁了北京师范学校一些学生组织的社团"觉社"出版的半月刊《觉社新刊》。此前北京市行政处给上级的呈文称："查《新刊》内容主张改革社会、妇女解放、铲除阶级等，其《磨面的工人》一诗尤近煽惑劳工，拟查禁。"觉社成立于 1920 年初，宗旨是"本互助精神，研究学术，做实现真理社会的运动"，发表言论的标准，"趋重在教育方面"，是一个志在实行工读以推广国民教育从而达到改造

---

① 《吴虞日记》1915 年 10 月 22 日记载："晚马光瓒来谈，言《国民公报》登有政事堂来电，通饬缉捕章士钊、谷钟秀，谓其荂言乱政也。"参见吴虞：《吴虞日记》(上)，四川人民出版社 1984 年版，第 233 页。

② 凌霜：《本志宣言》，《进化》1919 年 1 月 20 日第 1 卷第 1 期。转引自张允侯等编：《五四时期的社团》(四)，生活·读书·新知三联书店 1979 年版，第 185 页。

社会目的的学生团体①。以师范生即一般中学生的眼光打量"五四"前后的中国社会并提出改造办法,其实是极为平和的。像白涤洲,其时在校就读并成为觉社的骨干分子,是一个"很精明,但不掏出手段;他很会办事,多一半是因为肯办,肯认真办"②的人,主张"工学主义":"照这样实行起来,由于工作的生产,便可以与家庭脱离经济的关系。再发达起来,生产完全能抵补消费,便连公费都不用,完全自食其力,营独立的生活。然后更普及到各学校,普及到社会,人人作工,人人求学。那么,'工学主义'普遍实现的希望便可以达到,人生最快乐的生活也可以出现了。"③这种民间自发改造社会的动向其实并不触及政权基础,却很少为当权者接受。《觉社新刊》遭查禁的重要原因之一,是有"煽惑劳工"之嫌的《磨面的工人》。其诗如下:

> 我见你:
> 穿着破烂的衣裳,吸着不洁的空气!
> 为养那不劳而食的寄生虫,没昼没夜的拼命做活计!
> 可能养你的父母、妻子、姊妹、兄弟?
> 你做出来的面本是雪白的,为什么反吃那粗劣的棒子面?
> 你曾想到:吃你磨的面的人,不知你的饭粗、衣烂、工作不得闲?
> 就是知道、看见,也不过像"过眼云烟"?

这首诗与刘半农的《相隔一层纸》比较,不过是在模拟的基础上增添了反问,是否这就是"煽惑"不得而知,但的确可以照见北洋政府草木皆兵的心态。

总之,以政权稳定为目的,以内务部为首的北洋政府相关部门对新文化、新文学的管理难免杯弓蛇影,而作为中央政府的文化分管机关,内务部还是注重社会舆论的,总的行事原则在于师出有名,很少捕风捉影。相形之下,地方政府特别是其主脑人物就很少有这方面的顾虑了。

---

① 参见《发刊的旨趣》,《觉社新刊》1920 年 4 月 15 日第 1 期。转引自张允侯等编:《五四时期的社团》(四),生活·读书·新知三联书店 1979 年版,第 115 页。

② 老舍:《哭白涤洲》,《老舍文集》第 14 卷,人民文学出版社 1989 年版,第 33 页。

③ 涤洲:《实行"工学主义"与师范生》,《觉社新刊》1920 年 4 月 15 日第 1 期。转引自张允侯等编:《五四时期的社团》(四),生活·读书·新知三联书店 1979 年版,第 119 页。

三、行政长官的意志

民初主持新式文化事业(如报馆、出版社)的多为晚清以来的高层开明人士,他们受西方民主社会观念的影响,又有相当的声名、地位和社会资源,对相关律令中不合理的部分往往能够据理力争,如 1914 年 4 月颁布的"报纸条例"因多设禁忌遭报界抗议,不久即废止。但在更多时候,行政当局首脑因为拥有采取强制措施的权力,所以他们的个人意志往往占据上风。这里需要强调的是,这种官、民对立情形反映了民国以后"由开明人士转型而来的自由知识分子和青年学生,与由士绅支撑的正统秩序始终无法谐和,只好再度竞逐较量"的"新知识界与旧士绅的分离对立倾向"①。北洋政府时期有关文化、文学的重要事件,其实都有这一社会背景,而地方实权人物的横加干涉虽然并不能算多,但无疑加大了这一裂痕,以至于新文化界相信"运动后面都有政治的意味,都有人物的背景"②,形成了"走向政治的趋势:他们因主张文学的表述形式与思想社会有关,就走向思想革命和社会改革;因假想对立面有政治背景,也就越来越往政治方面着眼"③。

举两个 1924 年之前的例子。早在民国成立之初的 1912 年 1 月始,广东代理都督陈炯明就因报纸登载裁撤民军的消息先后查禁《国事报》《总商会报》《公言报》和《陀城日日新闻》,主持报纸的陈听香后来也被陆军法务局以军法条例判处死刑。陈炯明力主枪毙陈听香,事实是后者涉及为非作歹的民军叛逆之事④,在当时虽得到士绅的普遍支持,但被报界渲染为压制舆论。今天看来,这一段历史公案的是非曲直已经清楚,问题在于陈炯明是否可以有更好的选择:报纸业已查封,相关人等也已控制起来,是否有必要采取极端手段?

1919 年 12 月初,国务院下令查封《浙江新潮》,"立予禁止刷印邮寄,毋俾滋蔓,以遏乱萌"。⑤《浙江新潮》周刊的前身是《双十》半月刊,是浙江一师等在杭数个中等学校学生联合组织的杂志社所创办的刊物,志趣在于介绍新思潮,所以第三期起改名,而改为周刊之后,施存统在第二期上发表了《非孝》一文,在当时引起了轩然大波。国务院通令全国"随时严密查察",实是

① 桑兵:《清末新知识界的社团与活动》,生活·读书·新知三联书店 1995 年版,第 295 页。
② 周作人:《现代散文选序》,《苦茶随笔》,北新书局 1936 年版,第 106 页。
③ 罗志田:《乱世潜流:民族主义与民国政治》,上海古籍出版社 2001 年版,第 113 页。
④ 参见赵立人:《泼向陈炯明的污水》(上),《南方都市报》2014 年 8 月 20 日。
⑤ 《国务院致各省密电稿》(1919 年 12 月 2 日),张允侯等编《五四时期的社团》(三),生活·读书·新知三联书店 1979 年版,第 143 页。

源于浙省首脑人物的呈文。时任浙江督军的卢永祥、省长齐耀珊此前密电北京中央政府云：

> 近来杭州发现一种周刊报纸，初名《双十》，改名《浙江新潮》，通讯处为第一师范黄宗正。大致主张社会改造、家庭革命，以劳动为神圣，以忠孝为罪恶。其贻害秩序，败坏风俗，明目张胆，毫无忌惮。稍有知识者，莫不发指眦裂。已令警务处禁止刷印邮寄，并饬教育厅查明通讯之人于该学校有无关系，呈复核办……惟查谬论流传，本非始于浙省，以全国推仰之北京大学，尚有《新潮》杂志专肆鼓簧；此外如《新社会》《解放与改造》《少年中国》等书以及上海《时事新报》，无不以改造新社会、推翻旧道德为标帜，掇拾外人过激言论，迎合少年浮动心理，将使一旦信从，终身迷惘……若辈韦心背谬，自外生成，敢为叛道之莠言，即是人类之公敌。此等书报，有在内地发行及在租界外转售者，究应如何办理之处，伏乞训示遵行。①

这份电文汇集了文化守旧者的意见，此外亦有省议会多名议员联名致电大总统请予严办，不过在其中起关键作用的还是代表士绅阶层的浙省当局。"五四"运动以后，在校长经亨颐的主持下，"一师请来了几位新教师，其中陈望道、刘大白、李次九和原有的夏丏尊被称为新文化运动的'四大金刚'"②，且定下了两种改革方针，"一种是文学改革，一种是学生自治"，后来"学生差不多全体都用白话作文"，"学生自治会也成立了"③，学校于是成为浙江新文化运动的中心，但也正因为如此，招来守旧派的敌视和当局的不满，而后者正要寻找机会改变局面。虽然后来"一师易长风潮"的结果尚属差强人意，但实权人物的强力干预，毕竟改变了文化格局，影响到了卷入其中的施存统、沈乃熙（夏衍）、宣钟华（宣中华）、赵平复（柔石）等人后来的政治选择、文学选择。

以上两例，一个涉及军事，一个涉及社会，都很难说是涉事行政首脑的政治选择，但都产生了实际的政治后果，足以影响文化、文学的走向。反倒

---

① 《卢永祥致大总统等密电》(1919 年 11 月 27 日)，张允侯等编：《五四时期的社团》(三)，生活·读书·新知三联书店 1979 年版，第 142—143 页。

② 傅彬然：《回忆浙江新潮社》，张允侯等编：《五四时期的社团》(三)，生活·读书·新知三联书店 1979 年版，第 149 页。

③ 《〈浙江新潮〉被禁之由来》，《时事新报》1919 年 11 月 28 日。

是真正的政治行为,如对中共相关报刊的查禁,因为限于政治,而在社会上的震动不大——起码不像后来共产党人的回忆所描述的那样。北洋时期武夫当国,许多人其实修养不错,再不济也讲究个江湖义气,所以真正胡来的情况比较少见,但问题在于眼界不高,所以这些实权人物的主观意志、态度、倾向、行为之于文学发展虽然是偶然的、间歇的,但加上"警厅却尚不只挟持出版法的条文以钳制言论自由,并且逾越出版法的条文以摧残言论自由"①(着重号为原文所有)的做派,若干起事件层累叠加,居然形成了影响文学生产、传播、接受的方式,进而波及文学发展方向的长时段稳定力量。因此,在中国社会转型期,从文学制度的角度看,它要比那些成文的制度构成要素重要得多。

"三一八惨案"发生后,段祺瑞执政府下令通缉徐谦、李大钊、李煜瀛、易培基、顾兆熊五人。惨案固然事出有因,但执政府屠杀学生毕竟削弱了政权的道义基础,同时,社会上还流传着一份约五十人的名单②,加深了知识界的恐慌。而执政府倒台后,奉系控制了北京并在其后成立了军政府,其间邵飘萍、林白水被杀,情形更趋严峻。在此背景下,知识界人士纷纷南下,至此中国的文化格局开始重组,重心也转移到了以上海为中心的南方地区。

北洋政府的文化、文学管理举措,是以内务部这一政府部门为常设总理机构,教育部从旁做业务辅助,而以二部人员为主要分子组成通俗文学研究会对文化、文学事业进行常规管理,遇有需强制执行的事项,则由京师警察厅按照指令照办的一个系统。从实际效果看,这套系统运行不够流畅,结果也与预期相差甚远,但也正因为如此,才有了新文化运动倡导的文化转型之功。

第二节　文学社团的组织结构及运转

民国初年,中国大陆出现了一定数量的、不同组织程度的政治社团和政

---

① 雪:《北京的言论自由》,《现代评论》1925 年 1 月 17 日第 1 卷第 6 期。
② 参见鲁迅:《大衍发微》,《鲁迅全集》第 3 卷,人民文学出版社 1981 年版,第 575—581 页。

党,这明显区别于晚清时期以启蒙为核心的观念认同而形成的民间文化学社。①个中原因,在胡适看来,关键是辛亥革命"这个政治大革命虽然不算大成功,然而它是后来种种革新事业的总出发点"②。可以说,没有辛亥革命缔造的中华民国这一初步的现代民主国家及由此奠定的相关法理基础,新人物、新思想、新组织都不会出现③。民国初年,在十多年的宪政学说的影响下,出现了若干政党,统一党、共和党、统一共和党等,虽然它们很难说是现代意义上的政党,也存在明显的投机意图,因而很容易被具体的政治势力利用,但不可否认,这是政治对结社自由的肯定。之所以强调这一点,是因为"凡是不准政治结社的国家,一般结社也极少"④,而正是有了这些面目、用心各异的政党活动的存在,文学社团这样的"一般结社"现象才会出现并得到滋养,进而得以持续发展。

当然,强调"民国"是新文学社团发生、发展的条件,并不是否认新文学社团所受到的传统结社的影响。事实上,那些"经由模仿成功有效的制度和习惯所做出的选择"而形成的制度,即"与传统紧密相连并受传统制约"的习惯性做法,才是最有生命力的。⑤"五四"前后,中国大陆自发形成了为数甚多的文学社团,而它们差不多都是作家基于大致相同的文学观或存在共同的文学师承而聚合,又因同学、乡谊等关系而强化联系,进而形成的一种较为稳固的亚社会同人团体。这些文学社团在组织方式、组织架构、组织运行等方面既明显吸纳了传统文化社团的某些要素,保留了较多的传统色彩,也在民国所奠定的法理意义上的自由空间和逐步发展的新型社会结构中有所创新。

这里有一点需要注意,那就是为了突出个性解放,"五四"时期有一种打破社会中间组织的舆论。周作人曾在 1920 年年初的一次演讲中提及,"所

---

①　晚清时期读书人结社现象颇多,文章切磋、清议干政既是其成因,也是其运作方式,更是其期待目标或实际效应,因此仍属传统的文化学社,而非现代的社会团体。

②　胡适:《〈中国新文学大系·建设理论集〉导言》,《中国新文学大系·建设理论集》,上海良友图书印刷公司 1935 年版,第 16 页。

③　参见丁帆:《新旧文学的分水岭——寻找被中国现代文学史遗忘和遮蔽了的七年(1912—1919)》,《江苏社会科学》2011 年第 1 期。

④　[法]托克维尔:《论美国的民主》,董果良译,商务印书馆 2006 年版,第 645 页。

⑤　[英]弗里德利希·冯·哈耶克:《自由秩序原理》,邓正来译,生活·读书·新知三联书店 1997 年版,第 68、71 页。

以现代觉醒的新人的主见，大抵是如此：'我只承认大的方面有人类，小的方面有我，是真实的'"①。胡适也有与其大致不差的观点，原因说得可能更清楚。他在《非个人主义的新生活》里说："试看古往今来主张个人主义的思想家，从希腊的'狗派'（Cynic）以至十八九世纪的个人主义，那一个不是一方面崇拜个人，一方面崇拜那广漠的'人类'的？主张个人主义的人，只是否认那些切近的伦谊，——或是家族，或是'社会'，或是国家，——但是因为要推翻这些比较狭小逼人的伦谊，不得不捧出那广漠不逼人的'人类'。所以凡是个人主义的思想家，没有一个不承认这个双重关系的。"②这样一种个体的"人"直接从广漠的"人类"获取存在支撑，同时否定束缚人的自由的若干"切近的伦谊"的言论，是"重新估定一切价值"的"打孔家店"的"五四"时代特有的"思想的空气"③，而究其实际，无论新旧，"切近的伦谊"还是必需的，条件是它促成而不是束缚人的自由。新文学社团作为文学个体与文坛整体的中介环节，是现代文学制度中极为重要的组成部分，对其作为文坛中间组织的关注，无疑可以推进对现代文学制度早期形态的认知。

本节以文学研究会、创造社和新月社这三个本时期最有代表性的文学社团为例，做一种提纲挈领的整体研究，具体做法是撷取最能反映它们组织、运作特色的几个关键语词从而串联起相关现象，探究它们的组织结构与运作方式出现的新特征。

一、"宣言"与社团成员的身份定位

大凡一个社团成立都有正式的"宣言"（包括宣言性质的论文、创立或主办之刊物的发刊词、同人之间的通信等），对中国人来说，这是一个源远流长的"必也正名乎"的传统。从晚清民初各种社团的运作情况来看，宣言的重要性要远远超过具体章程，因为章程往往流于纸面，对每一个人的约束极为有限，而宣言则基本能说明其观点、立场。肇因于文学观念的演变，新文学社团在宣言中隐含的对作家的身份定位或期许，主要有两点区别于此前的文学社团：其一是突出作家作为"平民"的"人"的自觉，其二则是体现了现代

---

① 周作人：《新文学的要求》，《艺术与生活》，上海群益书社1931年版。

② 胡适：《非个人主义的新生活》，《新潮》1920年2月第2卷第3号。原载1920年1月15日上海《时事新报》。

③ 雁冰：《文学家的环境》，《小说月报》1922年11月10日第13卷第11号。

社会分工所形成的知识分子的社会责任意识。

第一点其实无须多论。传统的文人社团无论如何标榜，骨子里总摆脱不了精英的庙堂意识。成立于 1909 年的南社极为典型。南社同人在陈述文学观时，往往直接套用"朝""野"对立的官民二元叙述模式，其所提倡的"布衣之诗"(柳亚子)、"草泽文学"(胡朴安)也在立意上没有摆脱这种思维模式，相应的创作内涵也限于古典文学的审美范畴①。这种文人心态、思维实际是一兴一废的传统治乱史观在文学领域的投射，因此"史""野"的文学品格判别是相对的，成王败寇，依据作者的政治—社会地位而定。新文学社团成员则不同。他们出身于所谓"破落户"家庭，很少得益于传统的身份地位及相应的社会资源，相反，绝大多数进入现代工商文明所造就的社会分工之中，成为编辑、记者、作家等，已经自觉将文学视为社会事务之一种了。《文学研究会宣言》认为"治文学的人也当以这事为他终生的事业，正同劳农一样"②，便是明证。虽然他们"在文化心态、道德模式等方面依然保持着中国传统的不少特点"③，但毕竟不再自居"四民"之首，而在新的社会结构中已有或正在寻觅自己的位置，自我身份认知发生了明显的改变。

第二点其实是第一点的延续，这里面的关键在于自我身份明确后，理应产生一种"边界"意识，意识到"群"与"己"之间必当有别。作家作为现代社会分工之组成分子，不再高呼"吾曹不出如苍生何"，主动舍弃了修齐治平的宏大志愿，而在社会责任方面宁可采取一种有限责任的姿态。有论者指出，"文学研究会一系列文学倡导的意义即在于，他们明智地减弱了文学之于社会政治的作用力，将文学从纷繁复杂的社会政治关系的纠结中析离出来，取得了一定意义上的文学独立"，而且力辩《文学研究会宣言》所谓"治文学的人也当以这事为他终生的事业，正同劳农一样"，指的是"文学职业化"，而非人们惯常理解的文学"为人生"④。细读周作人起草的"宣言"，这一分析应该是很有说服力的，退一步讲，作为一种解读思路，对于后人研讨文学研究会发起人最初对作家的社会定位也是颇有启发的。当然，周作人 1923 年以

① 参见孙之梅：《南社研究》，人民文学出版社 2003 年版，第 381—384 页。
② 《文学研究会宣言》，《小说月报》1921 年 1 月 10 日第 12 卷第 1 号。
③ 许纪霖：《20 世纪中国六代知识分子》，《中国知识分子十论》，复旦大学出版社 2004 年版，第 83 页。
④ 朱寿桐：《中国现代社团文学史》，人民文学出版社 2004 年版，第 81、82 页。

后的文学选择最有说明性。不过文学研究会的这一立场只是大而化之的态度,虽有建立公共图书馆和著作工会的动议,其实很难落实,所以只能听任创作主流受社会思潮影响而产生"偏至",形成"己"过多介入"群"的态势、局面。

这方面貌似反其道而行之的是创造社,但细察郭沫若那些代为发刊词的诗或郁达夫采用极为形象化的语句作成的序跋,凸显的不过是以"群"的面目出现而其实是一"己"的那些大而无当的激烈态度①,然而,他们在社团的具体操作层面则已然被纳入现代社会分工的体系之中。成仿吾在《一年的回顾》中道及与几个书店的交涉便是其中一例。②因此,创造社同人是被动地在现代工商文明社会中寻觅作家的自我角色,观其后来发展,顺应者如郁达夫,后来的游记散文卓有建树;颉颃者如郭、成,则从"文学革命"转为"革命文学",投身实际政治活动了。

相比于文学研究会的不够自觉和创造社的被动无奈,新月社在相当程度上是适应作家的现代社会角色的。新月社主要是一批英美留学生在"聚餐会"基础上发展起来的沙龙、俱乐部性质的现代文人群落,"各有各的思想路数,各有各的研究范围,各有各的生活方式,各有各的职业技能。彼此不需标榜,更没有依赖"③,最为一致的特点是在术业有专攻之外,保有对文学、文坛在内的各种社会事务的批评热心。他们曾公开表明:"我们办月刊的几个人的思想并不完全一致的,有的是信这个主义,有的是信那个主义,但我们的根本精神和态度却有几点相同的地方。我们都信仰'思想自由',我们都主张'言论出版自由',我们都保持'容忍'的态度(除了'不容忍'的态度是我们不能容忍以外),我们都喜欢稳健的合乎理性的学说。"④新月社作为个人的聚合体,个人是完全独立、自由的,每个人就其所关心的事务发言

---

①　这里面也有浓厚的传统文人"名士气"的影子。参见倪婷婷:《"名士气":传统文人气度在"五四"的投影》,《文学评论》1999年第6期。

②　成仿吾:《一年的回顾》,《创造周报》1924年5月9日第52号。

③　梁实秋:《忆新月》,《文星》1963年1月1日第11卷第3期。转引自方仁念选编:《新月派评论资料选》,华东师范大学出版社1993年版,第14页。"新月派"是在新月书店和《新月》月刊出现以后时人对参与其事的若干人的统称,但其实并非有组织的团体,而在许多方面延续了新月社的作风。许多论述以为"新月派"可以向前追溯到"新月社",其实反过来说似乎更有道理,"新月派"不过是"新月社"一个自然的延伸,只是在1930年前后的政治文化语境中被赋予了特别内涵。本节以新月社总称这两个阶段。

④　《敬告读者》,《新月》1929年9月第2卷第6、7期合刊。

立论,也对之负全部责任①,这正是胡适所谓"真的个人主义"或"健全的个人主义"②。不难看出,这种行事风格就是今天所谓"有机知识分子"。

总之,创造社较多保留传统文人习气,作风接近才子、名士,而文学研究会成员多数因为在新的社会结构中占有一个相对稳定的职位,所以偏于温柔敦厚一路,二者之间的差异虽不能说是庙堂与江湖之别,但把它们的对立、纷争看成传统的朝野之争在新条件下的延续,似乎可以成立。新月社显然超越了前二者关切的中心问题,其成员大都出身颇有资财的诗礼之家,放洋后受西方风气熏染,在中学西学两方面虽各有侧重,但大体均能持平,加之回国后也往往拥有相当不错的职业和社会地位,所以自然"只求平庸,不出奇"③了。扩大一点说,这里的"平庸"其实是新月社同人所认识到的那些维系常态社会正常运转的各种要素,置于"民国"视阈之中,恰恰涵盖"中华"之传统要素与"民国"之革新要素两面。

二、"社章"与社团的实际组织结构

中国公开活动的各种社团订立的章程施行力度及对成员约束力之轻微,大概人所共知。就三个文学社团而言,文学研究会在成立之初就有"简章",创造社则是在1926年底借处理出版部问题、进行内部整顿之际推出"社章",新月社则始终不脱俱乐部性质,从来就没有明确的规章。在这种情况下,传统的社团结构要素,如血缘、地缘、学缘,这些熟人社会的关联纽带在其中扮演了重要角色,而且共同的特点在于,它们的组织结构方式其实相差不大,都是分别围绕几个核心人物建构起来的。

文学研究会的成员主要来自浙闽苏这三个东部沿海省份。在12个发起人中,周作人对新文学的理论阐述影响重大,但若论社团组织,当属郑振铎、沈雁冰二人④。文学研究会本是要办一种文学杂志而组织起来的,刚刚受命担任《小说月报》主编的沈雁冰,成为"以个人名义,答应为他们任撰著

---

① 梁实秋如是回忆他与左翼文坛的论战:"我是独立作战,《新月》的朋友并没有一个人挺身出来支持我,《新月》杂志上除了我写的文字之外没有一篇文字接触到普罗文学。"参见梁实秋:《忆新月》,方仁念选编:《新月派评论资料选》,华东师范大学出版社1993年版,第14页。
② 胡适:《非个人主义的新生活》,《新潮》1920年2月第2卷第3号。
③ 《"新月"的态度》,《新月》1928年3月10日创刊号。
④ 茅盾后来回忆说,当时"郑振铎与我被视为'把头'"。参见茅盾:《革新〈小说月报〉的前后》,贾植芳等编:《文学研究会资料》(中),河南人民出版社1985年版,第808页。

之事"的文学研究会诸成员的枢纽①,在某种意义上也可以说是最重要的一个终端。至于郑振铎,社交能力和处理实际事务的能力都强,"各方面联络接洽,他费力最多,成立会上,他当选为书记干事,以后一直由他经管会务"②,此后接替沈雁冰担任《小说月报》主编,更是发挥了双重作用,成为文学研究会贯穿始终的灵魂人物。

　　创造社成员大都为当时的留日学生。在前期的重要社员中,灵魂人物自然是具有领袖气质的郭沫若,而社中其他几位元老,均有不可替代的作用。陶晶孙"尝研究过创造社之解剖学说",认为"沫若为创造社之骨,仿吾为韧带,资平为肉,达夫为皮"③,成仿吾操持具体事务,张资平专事创作,郁达夫则以佯狂的姿态传达出"创造社不是一个组织,乃是一个运动"④的狂飙突进气质,吸引了为数众多的文学青年。及至成立出版部,有了自己的实体机构,社员增多,成分也稍稍复杂,创造社作为一个文学社团才真正在形式上得到完善,但旋因几个元老活动转向而风流云散。

　　新月社成员大都是英美留学生(或有此背景)。它以胡适为精神领袖,居间组织的关键人物是徐志摩。徐志摩性格"轻快磊落","他的善于座谈,敏于交际,长于吟诗的种种美德,自然而然地使他成为一个社交的中心"⑤,更重要的是,在欧美留学的经历使其滋生"合群"意识,对英美式结社行为产生了浓厚兴趣,因而促成了新月社这一现代中国文人俱乐部的成形。及至谋划创立新月书店和《新月》月刊,徐志摩为弥合同人间的罅隙,起到了至关重要的作用,而作为朋友之间黏合力量的徐志摩死后,新月社也无形中解散。

　　由上可知,虽然几种组织方式在三个社团的建构过程中都是紧密缠绕在一起的,但还是各有侧重,如文学研究会较为倚重地缘,创造社和新月社较多凭借学缘。当然,后二者也存在差异:创造社由于孤悬海外,边缘人的

---

　　①　参见《文学研究会会务报告(第一次)》,《小说月报》1921年2月10日第12卷第2号。

　　②　叶圣陶:《略叙文学研究会》,《文学评论》1959年4月25日第2期。转引自贾植芳等编:《文学研究会资料》(中),河南人民出版社1985年版,第790页。

　　③　陶晶孙:《记创造社》,《牛骨集》,上海太平书局1944年版。转引自饶鸿兢等编:《创造社资料》(下),福建人民出版社1985年版,第777页。

　　④　周毓英:《记后期创造社》,《申报月刊》复刊1945年5月16日第3卷第5期。转引自饶鸿兢等编:《创造社资料》(下),福建人民出版社1985年版,第791页。

　　⑤　郁达夫:《志摩在回忆里》,《郁达夫文集》(3),花城出版社、三联书店香港分店1982年版,第185页。

心态得到强化,加之创刊的过程中遭逢国内出版界的势利眼,所以封闭排外的倾向较为明显;新月社则因成员大都人生较为顺利,所以较为开放。客观说来,从血缘到地缘再到学缘,社团组织方式的些微变动也折射出中国社会的重要变迁①。民国成立以来,新的政治派别争权夺利、尚未奠定稳固的政治秩序之时,现代工商业逐步发展,乡土社会结构随之改变,人际交往方式亦不得不变。就文学社团来说,虽实际组织结构沿用传统方式为多,但就主观意图而言,都是力图适应这一新的社会发展趋势的。

《文学研究会简章》第三条有云,"凡赞成本会宗旨,有会员二人以上之介绍,经多数会员之承认者,得为本会会员",而其宗旨则是笼统的"介绍世界文学,整理中国旧文学,创造新文学"。②创造社后出的"社章"更是显得襟怀广阔:"创造社不分性别,凡志愿加入本社,努力文化运动,依时缴纳社费者,均得为本社社员。"③两者都表现出超越乡土熟人社会运作模式的努力,而对比两社的社章还可以看到,文学研究会集中于社团本身的组织方面,没有明确涉及会员的权利、义务,创造社虽则同样注重组织机构的说明,但对会员的权利有所规定,这不能不说是观念上的重要进步。现代社会是一个陌生人依据一定规则相互交往的结构体,维持其正常运行的关键,是权利和义务的对应、对等,而这些不仅都得到了民国成立以后陆续推出的众多法律的肯定,也在这一过程中影响到众多知识人的言行。

显而易见,新月社成员无疑是最为熟悉,也是最为适应这种交往方式和组织形式的。如前所述,他们大都对"一种以人的整个性质和特征都取决于他们存在于社会之中这样一个事实作为出发点",而完全不是对"一种以孤立的或自足的个人的存在为预设的"④英美式个人主义颇为倾心,在具体事务方面,有明显的经验主义、实验主义倾向。徐志摩自认作"恭维英国政治的一个",感佩于"他们那天生的多元主义的宇宙观与人生观真配干政

---

① 费孝通认为,"血缘是身份社会的基础,而地缘却是契约社会的基础",并且指出,"从血缘结合转变到地缘结合是社会性质的转变,也是社会史上的一个大转变"。参见费孝通:《乡土中国 生育制度》,北京大学出版社 1998 年版,第 74—75 页。

② 《文学研究会简章》,《小说月报》1921 年 1 月 10 日第 12 卷第 1 号。

③ 《创造社社章》,《洪水周年增刊》,1926 年 12 月 1 日。

④ [英]F.A.冯·哈耶克:《个人主义:真与伪》,《个人主义与经济秩序》,邓正来译,复旦大学出版社 2012 年版,第 6 页。

治"①，各行其是而又兼容并蓄，差不多是新月社同人共同的态度和行为特点。从早期的政客、学者、作家组成的俱乐部演变到中期徐志摩主持《晨报副刊》时的文艺团体，新月社人员进出频繁，社内社外的界限并不森严，到新月书店创立后的后期，社团组织相对明朗化，有较为清楚的责权划分，虽然内部也发生过争执，但气氛还是比较融洽的。比如，《新月》创刊时，社长、主编的人选问题引起了一场小波澜，而相关人等都保持一种绅士风度，所以结果尚令人满意：

> 后来上沅又传出了消息，说是刊物决定由胡适之任社长，徐志摩任编辑，我们在光旦家里集议提出了异议，觉得事情不应该这样的由一二人独断独行，应该更民主化，由大家商定，我们把这意见告诉了上沅。志摩是何等明达的人，他立刻接受了我们的意见。新月创刊时，编辑人是由五个人共同负责，胡先生不列名。志摩是一团热心，不大讲究什么办事手续，可是他一团和气，没有人能对他发脾气。胡先生事实上是领袖人物，但是他从不以领袖自居。②

各人均循之前的成例处理事务，涉及社团之事则公开讨论并由众人共同决定，新月社的风气是民主的。

综上所述，这三个文学社团均依赖一二核心人物的积极活动得以成立、成形，在结社的过程中，传统的社团结构方式发挥了重要作用，但应该承认，它们都努力适应现代社会发展趋势，意图以民主、平等的方式处理社内人事，如文学研究会的领导机构成员称"干事"，创造社的权力机构成员称"委员"之类。当然，从实际运作来看，新月社内部最为民主，而文学研究会和创造社不同程度地存在领导机构成员替代普通成员发声的包办作风。这里面的原因很复杂，其中一条，可能与各个社团的成员距离现代社会组织的远近特别是因之产生的立场、态度有关，而对作家来说，最为关键的就是对个人文化、文学理想与文学刊物及其背后以书局为代表的现代出版机构之间的边界、关系把握方面不够自觉。

---

① 志摩：《这回连面子都不顾了》，《现代评论》1924 年 12 月 20 日第 1 卷第 2 期。
② 梁实秋：《忆新月》，方仁念选编：《新月派评论资料选》，华东师范大学出版社 1993 年版，第 13 页。

三、"期刊"与社团的常规活动方式

从现象上来看,定期或不定期的聚餐、茶会等形式往往是新文学社团成员之间交流的最普遍的方式。这里需要强调的是,其实这一点不分古今。新文学社团有别于传统的文人学社的关键,在于新文学社团以文学期刊为媒介,与现代工商文明发生了密不可分的联系。当然,从作家个体来看,许多人早已进入现代社会分工之中,从事种种新式职业,成为现代社会组织的一分子,而且随着时间的推移,比例只会愈来愈高,而从整体来看,文学社团的现代特质集中体现为围绕刊物而展开的系列活动。因此,基本可以这样认为,如果说雅集是传统文学社团最常见的活动、组织方式,那么作为定期出版物的期刊则是现代文学社团的中心,成为其展开常规活动的基本方式。

民国成立以来,同人社团常被后人津津乐道。典型如"新青年同人群落",他们的影响在"五四"前后的"文化真空"时期得到放大。当他们声明自《新青年》第 4 卷第 1 期起"所有撰译,悉由编辑部同人公同担任,不另购稿"①,自信、从容无以复加。这种状态或如陈独秀所言:"凡是一种杂志,必须是一个人一个团体有一种主张不得不发表,才有发行底必要;若是没有一定的个人或团体负责任,东拉人做文章,西请人投稿,像这种'百衲'杂志,实在是没有办的必要,不如拿这人力财力办别的急着要办的事。"②陈独秀心目中理想的同人杂志之两大特征,即一是"有一种主张不得不发表",一是"有一定的个人或团体负责任","后者指向同人杂志的形式,前者则凸显同人杂志的精神"③,也都在文学研究会、创造社和新月社的活动中得到充分体现。无须赘言,这三个文学社团在它们存在期间都有较为稳固的骨干成员和基本一致的文学主张,所以,它们在文化理念上是趋近于同人社团的。

问题在于,三个文学社团的组织活动都和它们各自主办或主导的文学刊物的兴衰同一走向:文学研究会在《小说月报》消亡后无形中解散(虽然"文学研究会丛书"继续刊行至 1941 年);创造社在《创造》季刊和《创造周报》先后停刊后,作为文学社团已不复具有积极影响;新月社则在《新月》停刊后消散。如上所述,这三个文学社团都有较为稳固的成员和一致的"主

---

① 《本志编辑部启事》,《新青年》1918 年 3 月 15 日第 4 卷第 3 期。

② 独秀:《随感录七十五·新出版物》,《新青年》1920 年 1 月 15 日第 7 卷第 2 号。

③ 陈平原:《触摸历史与进入"五四"》,北京大学出版社 2005 年版,第 61 页。

张",因而都有自办杂志的愿望和努力,但实际情况却都不那么令人满意。文学研究会起初因为经济关系,因利乘便地借用商务印书馆的《小说月报》作为社团的发表阵地,但它们之间的歧义显而易见,社团注重发抒同人的文学见解,书店关心的自然是刊物的商业价值,所以二者的关系一直不够平顺。创造社更是如此。他们在创立社刊的过程中受到大书局的冷遇,及至与赵南公和泰东图书局合作的蜜月期,也是一种相互利用的关系①,所以从"人办杂志"变成了"杂志办人":"办杂志的确不是什么干脆的事情,在起初的时候大家迫于一种内在的要求,虽然是人办杂志,但弄到后来大都是弄到杂志办人去了(完全是营利性质的,当然又当别论)。"②郭沫若所谓"杂志办人",多半是抱怨同人的劳碌,但如用来说明文化理想在市场法则面前的"碰壁"似更精彩,今天看来也许更准确。③新月社也不例外。他们集资办起了书店固然避免了书商的盘剥,但同人各有职业和抱负,"对书店经营热心程度有限、也不内行,更多'玩票'性质……新月书店一直采取委托经营的方式,大多数同仁未有实际介入"④,所以很难长期维持,而《新月》月刊的消亡,原因差不多同此。由此可以看到,三个文学社团随着介入市场的程度渐次加深,愈来愈感觉到市场之于文学期刊、文学社团的实实在在的决定性影响,同人社团之"义"在商业法则之"利"面前受挫。

当然,这种情况与当时中国的形势有关。国民党当局自 1927 年完成形式统一之后,虽内忧外患不断,而其实在国计民生方面均取得重要成就,此时至抗战全面爆发的这一时期也被后人称为"黄金十年"。进入这样一个较为稳定的时期,人们不再像"五四"前后那样容易为一两个口号激动,文学趣味也趋于常态的多元化,所以同人社团风光不再。当此之际,"彼此思想投契的结合"之同人社团主导的同人刊物就不得不让位于"办公司的结合"⑤之市场化的文学期刊,而文学社团的组织活动方式也随之而变。

文学社团的新模式在 1930 年代以"《现代》作者群"为代表。"一·二

---

①　郭沫若后来有言道:"我们之为泰东服务,其实又何尝不是想利用泰东。"参见郭沫若:《学生时代》,人民文学出版社 1979 年版,第 167 页。

②　郭沫若:《关于〈创造周报〉的消息》,《晨报副刊》1925 年 5 月 12 日。

③　具体论述参见刘纳:《创造社与泰东图书局》,广西教育出版社 1999 年版,第 190—223 页。

④　刘群:《饭局·书局·时局——新月社研究》,武汉出版社 2011 年版,第 250 页。

⑤　《钱玄同致胡适》,中国社会科学院近代史研究所中华民国史组编:《胡适来往书信选》(上),中华书局 1979 年版,第 122 页。

八事变"之后，上海文化出版业有待恢复，现代书局出于商业考虑，"但望有一个能持久的刊物，每月出版，使门市维持热闹，连带地可以多销些其他出版物"①，推出了走中间路线的《现代》，主编施蛰存也因此特别在《创刊宣言》中反复强调刊物"不是同人杂志"②。虽然"许多人看惯了同人杂志，似乎不能理解文艺刊物可以是一个综合性的、百家争鸣的万华镜"，施蛰存也"没有造成某一种文学流派的企图。但是，任何一个刊物，当它出版了几期之后，自然会有不少读者，摩仿他所喜爱的作品，试行习作，寄来投稿"③，因而不期而然地形成某种文学潮流，"现代派"诗歌即是其中影响最大的一支。

平心而论，"《现代》作者群"至多可以视作一个准文学社团，但其运作模式却是现代工商社会条件下文学社团活动方式的一个可资借鉴的成功案例。首先，作家（包括编辑者）与资方权责分明，不是理念上的合则留不合则去的名士做派，而是遵守约定行事。这与创造社和泰东图书局之间的"类似友情的主奴关系"④相比，体现了一种现代契约精神。其次，施蛰存和他青年时代几位朋友的文学趣味固然对读者、作家有相当影响，但主观上并无同人社团的野心，而是真正做到了兼容并包，不管是用"百纳""办公司""万花镜"或是其他什么概念来定位《现代》，它都适应了努力通往民主之路的民国社会的多元化发展趋势。最后，《现代》的作者起初较为分散，与文学研究会相比都显得零散，却逐渐形成了一个多元而有中心的格局，如同哈耶克所谓"自生自发秩序"（Spontaneous Order），显示出一种渐次通向自由社会的活力。民国赖以建立的理念是虚的，建立在这些观念基础之上的实体才更能展现它们的价值。"《现代》作者群"的出现，是"五四"时期文学社团的延续，更是一种有意义的发展和完善。

从文学研究会、创造社和新月社这三个初期最有代表性的文学社团的

---

① 施蛰存：《〈现代〉杂忆》，《沙上的脚迹》，辽宁教育出版社 1995 年版，第 28 页。

② 《创刊宣言》，《现代》1932 年 5 月 1 日创刊号。

③ 施蛰存：《〈现代〉杂忆》，《沙上的脚迹》，辽宁教育出版社 1995 年版，第 28、34 页。

④ 郭沫若曾如是表明创造社与泰东图书局的关系："泰东老板对我们采取的是'一碗饭，五羊皮'的主义……我们不曾受过他的聘，也不曾正式地受过他的月薪。我们出的书不曾受过稿费，也不曾算过版税。他以类似友情的主奴关系来羁縻着我们。我们所受的恩惠虽是有限，而所尽的义务却没有可言满足的一天……这些正是我们那时候还受着封建思想束缚的铁证，并不是泰东能够束缚我们，是我们被旧社会陶铸成了十足的奴性。"参见郭沫若：《学生时代》，人民文学出版社 1979 年版，第 136—137 页。

组织形式、结构模式、运作方式等方面的情况来看，"宣言"折射出新文学作家的个人主义本位的现代社会身份定位，"简章"凸显出他们意图采用现代规范处理人事关系的努力，"期刊"及其背后的现代出版业则作为工商文明运作法则的一个具体场域，引导他们逐步适应民国所奠定的理论上的、其实也在实际中缓缓成形的现代社会。

从"民国"视角看新文学社团可以看到，文学期刊作为现代社会运行规则在文学领域一支突出的触角，对新文学社团意义重大。早期以文学研究会、创造社和新月社为代表的新文学社团大都抱有同人社团的文化理想，即使在进入到日趋成熟的现代工商社会时期也是如此，但他们以期刊为媒介、方式介入现实之后，却屡屡碰壁，发现不得不受制于市场规则。这对受"五四"风气熏染的新文学作家来说是一种深刻的触动。在社会情势改变和文化理想主义精神消退以后，更能适应现实的是切实建立在民国赖以成立的现代社会理念之上的真正新式的文学社团。

第三节　新文学的出版与流通

北洋时期的文化、文学管理是较为粗疏的，即或存在相应的制度化手段，主要指向影响社会稳定的狭邪之作和所谓激进主义，而非特别针对新文学，所以对具体创作只存在轻微的影响。可以说，就其与政治的关系而论，新文学更多受到一些偶发的人为因素的影响，而这些此起彼伏的政治强权行为恰恰在一段时期内成为影响新文学发展的制度性要素。在文化的政治约束相对宽松的情况下，问题的另一面就得到了凸显，那就是新文学必须得接受市场的检验。中华民国成立以后，与政治体制相匹配的商品经济体制也在法理层面得到确认，但现代商品经济的发展、成熟有赖于经营主体具体运营经验的点滴累积。北洋时期，新文学传播延续此前就已开始的商品化路径发展并有所深化，新文学出版和流通逐渐发展成为现代文学制度的重要组成部分，此后在1930年代发挥了至关重要的作用。

此外，作为现代传媒特供的一个文学平台，报纸的文学副刊也是新文学传播格局相当重要的组成部分。与专门的文学期刊相比,文学副刊因是报纸的附属,所以较多受到传媒本身若干特质的影响,总体而言,它的意义在于放大新文学的影响,并将这一影响扩展至市民阶层。现代文学制度流通层面理应包括这一环节。

一、新文学书刊的生产

中华民国成立后的出版格局大体是晚清时期奠定的官营、民营、同人①三分天下态势的延续②,但也发生了较大变化。晚清时期,官营出版商有政治和资金的双重支持,一度声势逼人,但由于意识形态守旧,不得不让位于同人出版商。在晚清求新求变的思想背景中,引领舆论风潮的士子得到富有资财的个人之关注和同情从而获得资助,通过出版聚合若干思想相近的同志进而形成同人群体,这种士子与私人资本结合并主导资本的个体出版行为,大抵重“义”轻“利”,所以同人出版商称为同人出版者可能更为合适。处于夹缝之中的民营出版商,则致力于在中下层民众中扩大影响以获取商业利益。就晚清政治、思想、市场等元素参差错位的出版格局而言,同人出版占据舆论制高点,社会声势最大,从文化史的角度看,它事实上是思想与市场并立而以前者为主导的二元格局③。进入民国时期,受袁世凯复辟、“二次革命”、军阀混战等政治形势的影响,出版在一段时期内在相当程度上延续了晚清格局,同人出版行为继续发挥重大影响,构成了“五四”时期同人社团、同人报刊盛行的重要背景,但应该看到的是,晚清流布的若干现代理念在政制鼎定之后已经获得合法性地位,故不再那么激动人心,而政治又沦为“你方唱罢我登场”的乱局、闹剧,于是人心日渐思定,社会生活本身重返中心,所以商品市场成分在文学出版

---

①　陈平原曾提及晚清民初报刊业“商业报刊、机关刊物、同人杂志三足鼎立的局面”,其实从出版的角度看,前者属民营,后二者同属同人出版行为。参见陈平原:《触摸历史与进入“五四”》,北京大学出版社 2005 年版,第 53 页。

②　三者而外,尚有教会出版。教会出版有特定的内容、渠道、对象,但应该承认,从甲午战争以后其影响开始扩大,由教会系统延及一般社会,不过因主要限于上层人士且甚少涉及新文学,故此处存而不论。

③　罗志田有一个很有意思的说法:“殊不知中国早有一个统一的思想意识市场,恰起着商品市场在近代西方的作用。”参见罗志田:《乱世潜流:民族主义与民国政治》,上海古籍出版社 2001 年版,第 194 页。

中的比重逐日攀升，民营出版日益壮大①。

北洋时期，同人出版延续了晚清的态势，差不多仍是文人与资本的结合。这里需要辨明的是，以《新青年》创刊前后崛起的一批知识人为代表，士人逐渐转换为现代知识分子，他们"不再走学而优则仕的传统士大夫老路，在新的社会结构中已经有了自己的独立职业"，"但在文化心态、道德模式等方面依然保存着中国传统的不少特点"②。现代知识分子因"有一种主张不得不发表"③才与出版发生联系，不过其具体办法一如晚清，是寻求同情者的援手。陈独秀预备出版《新青年》，首先寻求的就是和他关系密切的亚东图书馆老板汪孟邹的帮助，只因亚东存在困难，才由汪孟邹介绍给群益书社，"商定每月编辑费和稿费二百元，月出一本"④。群益书社老板与陈独秀有多重情谊，所以慨然出版《新青年》⑤，但他们毕竟是商人，意在图利，所以当杂志北迁且同人作者日趋稳固时，因销量不佳，出版商曾提出中止出版，鲁迅在 1918 年 1 月 4 日致许寿裳的信中曾明确提及此事及其解决："《新青年》以不能广行，书肆拟中止；独秀辈与之交涉，已允续刊，定于本月十五日出版云。"⑥不过《新青年》的此次危机也带来了转机：1918 年 1 月，《新青年》第 4 卷第 1 期改版（使用白话文、采用新式标点），陈独秀在北大的同事参与编辑（这种同人编辑形式最为人津津乐道的是第 6 卷的六人轮流主编），杂志"发生由思想学术刊物向文学杂志的变化"⑦，因而更加贴近知识青年的阅读兴趣，此后"销数也大了，最多一个月可以印一万五六千本了（起初每期

---

①　有论者在 1932 年根据教科书出版数量各方所占比重，认为"在光绪三十年（1904 年）左右出版业的重心已由教会和官书局移到民营的出版业了"。这是根据单项统计作出的推论，虽不中亦不远，很能说明民营出版蒸蒸日上的态势。参见李泽彰：《三十五年来中国之出版》，张静庐辑注：《中国现代出版史料丁编》（下），上海书店出版社 2011 年版，第 385 页。

②　许纪霖：《20 世纪中国六代知识分子》，《中国知识分子十论》，复旦大学出版社 2004 年版，第 82—83 页。

③　独秀：《随感录七十五·新出版物》，《新青年》1920 年 1 月 15 日第 7 卷第 2 号。

④　汪原放：《陈独秀与上海亚东图书馆》，陈木辛编：《陈独秀印象》，学林出版社 1997 年版，第 168 页。

⑤　群益书社起初对陈独秀、《新青年》应该算是较为宽容的，这可从傅斯年盘点《新潮》时所说的"我们当时若托一家书店包办发行，赔赚不管，若《新青年》托群益的办法，一定可成"这句话中得到印证。参见傅斯年：《〈新潮〉之回顾与展望》，《新潮》1919 年 10 月第 2 卷第 1 期。

⑥　鲁迅 1918 年 1 月 4 日致许寿裳，《鲁迅全集》第 11 卷，人民文学出版社 1981 年版，第 345 页。鲁迅又在同年 5 月 29 日一信中涉及《新青年》销量问题："《新青年》第五期大约不久可出，内有拙作少许。该杂志销路闻大不佳，而今之青年皆比我辈更为顽固，真是无法。"参见同书第 350 页。

⑦　王烨：《新文学与现代传媒》，学林出版社 2008 年版，第 19 页。

只印一千本)"①。借助出版,知识分子践行文化理想的同时商人获利,如此局面,皆大欢喜,但理想是可变且多变的,当 1919 年年底第 7 卷第 1 号陈独秀恢复主编,《新青年》表现出明显的政治倾向的时候,出版商因担心政治禁忌问题与陈独秀之间矛盾增多,终于在第 7 卷第 6 号"劳动节纪念号"的出版问题上全面爆发,双方结束合作②。平心而论,"以出版为手段而达到赚钱的目的;和以出版为手段,而图实现其信念与目标而获得相当报酬者,其演出的方式相同,而其出发的动机完全两样"③,知识人、出版商二者各自的选择都是必然的,问题在于如何达成一种平衡。

如果说陈独秀等《新青年》同人另有生活来源,还不是"以出版为手段,而图实现其信念与目标而获得相当报酬",那么北京时期的北新书局则显然开创了一个出版与文学相得益彰的新时代。当然,北新书局有其得天独厚的优势:北新者,北大新潮社之简称,书局继承了新潮社、"新潮文艺丛书"与新文学作家之间基于相近的文化信念而发展起来的良好合作关系④。北新在筹划阶段,恰值《语丝》创刊,书局主持人和周刊关键人物孙伏园同为新潮社成员,所以北新书局与《语丝》的合作乃天时、地利、人和使然。在《语丝》同人及不断增多的同道者的支持下,北新书局陆续推出"乌合丛书""未名丛刊""北新小丛书""文艺小丛书"等丛书,出版有徐志摩的第一部散文集《落叶》(1926)、沈从文的第一部合集《鸭子》(1926)、王鲁彦的第一本小说集《柚子》(1926)、冯至的第一部诗集《昨日之歌》(1927)等创作集,不仅书局业务得以迅速拓展,也使得新文学的影响逐日增大。这种出版与新文学创作双赢的局面,首先来源于双方共同的文化信念,而这一点深植于"五四"。鲁迅与北新书局在 1929 年有过版权纠纷,但他对"却还有点傻气"⑤的李小峰仍旧欣赏,对北新书局继续支持:"我以为我与北新,并非'势利之交',现在虽

---

① 汪原放:《回忆亚东图书馆》,学林出版社 1983 年版,第 32 页。
② 汪原放回忆:"只记得陈仲翁认为《新青年》第七卷第六号'劳动节纪念号'(1920 年 5 月 1 日出版)虽然比平时的页数要多得多,群益也实在不应该加价。但群益方面说,本期又有锌版,又有表格,排工贵得多,如果不加价,亏本太多。我的大叔(指汪孟邹)……想来想去,实在无法再拉拢了。"参见汪原放:《回忆亚东图书馆》,学林出版社 1983 年版,第 54 页。
③ 张静庐:《写在后面》,《在出版界二十年》,上海杂志公司 1938 年版,第 4 页。
④ 参见陈树萍:《北新书局与中国现代文学》,上海三联书店 2008 年版,第 30—36 页。
⑤ 鲁迅 1927 年 12 月 26 日致章廷谦,《鲁迅全集》第 11 卷,人民文学出版社 1981 年版,第 605 页。

然版税关系颇大,但在当初,我非因北新门面大而送稿去,北新也不是因我的书销场好而来要稿的。所以至去年止,除未名社是旧学生,情不可却外,我决不将创作给与别人。"①不过,交情而外也得谈利益,北新书局除对鲁迅、周作人这样的大家另眼看待,对一般作者也是颇为优容。它的版税、稿费政策相对优厚:"当时所定的版税率一般按定价抽百分之二十,鲁迅先生等的著译则为百分之二十五,其时商务、中华一般是百分之十二,最高百分之十五。"②出版商与新文学作家之间是一种"亦要钱亦要管情面"的关系③,即在冰冷的现代商业规则里面添加一些温暖的人情因素。北新书局之所以能够成为"新文艺书店老大哥"④,一个很重要的原因就是对这一定位在总体上把握得较为得当,而泰东图书局与创造社之间的结合则在"钱"和"情面"两方面都不能说是愉快了。

创造社结社最关键的事项便是寻找一家愿意出版他们的同人文学刊物的出版社,在几经碰壁之后,他们因一个偶然的机会遭逢亟欲转换经营方向的泰东图书局及其老板赵南公。赵南公是"马虎不过的人",泰东的工作人员、编辑人员"报酬是很菲薄的。一个月没有一次整数发薪的事,总是络络续续在柜上碰到有的时候随便拿三元五元",老板"既不讲定版权问题,又不规定每天的工作时间",所以他们"很自由地跑进跑出",管理相当松散。⑤在郭沫若编定诗集《女神》、翻译《茵梦湖》、改编《西厢记》并出版后,赵南公致送 100 元钱和一只价值四五十元的金镯子,大抵是报酬与馈赠的结合,总之名义很含糊,而这正是赵南公和创造社合作的方式。创造社同人因"当时只有这一家小书店还表示愿意跟我们合作"而忍受"赵南公的江湖式的办法"和"超额剥削"⑥,当赵南公为了追逐可靠的利润而优先出版教科书导致创

---

① 鲁迅 1933 年 1 月 2 日致李小峰,《鲁迅全集》第 12 卷,人民文学出版社 1981 年版,第 137 页。

② 李小峰:《鲁迅先生与北新书局》,《出版史料》1987 年第 2 期。北新稍后降低了版税:"抽版税办法:创作及翻译等,作者得定价百分之十至廿;标点及编集之书,作者得百分之十至十五之版税。卖版权办法:创作及翻译,每千字自一元至五元,由作者与本局商定之。"参见《北新书局新订书稿酬金章程》,《语丝》第 140 期,1927 年 7 月 16 日。

③ 鲁迅 1927 年 12 月 26 日致章廷谦,《鲁迅全集》第 11 卷,人民文学出版社 1981 年版,第 605 页。

④ 张静庐:《在出版界二十年》,上海杂志公司 1938 年版,第 123 页。

⑤ 同上书,第 95—96 页。

⑥ 郑伯奇:《忆创造社》,饶鸿兢等编:《创造社资料》(下),福建人民出版社 1985 年版,第 852—853 页。

造社同人刊物延期出版或停刊的时候,双方就无可挽回地决裂了①。泰东和创造社同人之间本来是一种直接明白的现代契约关系,但前者缺乏管理现代商业的理念、方法和后者耻于言利的文人习性使得这种关系走入江湖人情的牢笼,双方的权限因此模糊,这才导致老板赵南公的上下其手,并引发了郭沫若等人对其之积怨的总爆发。从这个角度看,商务印书馆这样的大书局虽然"气焰万丈"②,条件较为苛刻,但经营有方,无疑更为适应现代商业社会,因而也能够和新文学维持一种长期稳定的关系。

商务印书馆很早就介入文学出版,如 1903 年创立《绣像小说》半月刊、出版林译小说多种,不过应该强调的是,这只是商务经营多元化的一种策略而已。进入民国,这家老牌的民营出版机构一如既往地注重市场,总体的编辑方针差不多就是盼望"尽一点灌输新知识的责任"的青年学生指责《东方杂志》所说的"上下古今":"忽而工业,忽而政论,忽而农商,忽而灵学,真是五花八门,无奇不有。你说他旧吗?他又像新;你说他新吗?他又不配。"③由于忽视新文化思潮的发展,商务"各种杂志的销路逐年减少"④,1919 年"点算历年滞销的图书和杂志总码洋超过 100 万"。⑤商务高层意识到困局因而进行了大幅度改革,包括改组编译所、撤换多种杂志主编、注意出版新知识读物。在此背景下,茅盾 1920 年 11 月接任主编。他弃用编辑部积留的"礼拜六派"创作,于次年推出以新文学创作为主的第十二卷第一号,"改组的《小说月报》第一期印了五千册,马上销完,各处分馆纷纷来电要求下期多发,于是第二期印了七千,到第一卷末期,已印一万"⑥。尽管如此,商务也并未放弃通俗文学市场。王云五就任编译所所长后,另创《小说世界》(1923 年 1 月)⑦,刊物既有王统照的《夜读》等新文学创作,也有"包天笑、李

---

①　具体过程参见刘纳:《创造社与泰东图书局》,广西教育出版社 1999 年版,第 205—220 页。

②　鲁迅 1929 年 3 月 23 日致许寿裳,《鲁迅全集》第 11 卷,人民文学出版社 1981 年版,第 662 页。

③　罗家伦:《今日中国之杂志界》,《新潮》第 1 卷第 4 号,1919 年 4 月。

④　一个佐证:茅盾在接任《小说月报》主编之前参与编务,注意到"这半年来,《小说月报》的销数步步下降,到第十号时,只印二千册"。参见茅盾:《革新〈小说月报〉的前后》,贾植芳等编:《文学研究会资料》,知识产权出版社 2010 年版,第 776—777 页。

⑤　吴永贵:《民国出版史》,福建人民出版社 2011 年版,第 113 页。

⑥　茅盾:《革新〈小说月报〉的前后》,贾植芳等编:《文学研究会资料》,知识产权出版社 2010 年版,第 783 页。

⑦　周作人月底有批评文章《意表之中的事》,斥曰"商人、文氓的终极目的都是赚钱"。参见张菊香、张铁荣编著:《周作人年谱》,天津人民出版社 2000 年版,第 224 页。

涵秋(黑幕小说《广陵潮》的作者)、林琴南、卓呆、赵苕狂的'大作'",从经营角度看,倒的确把"封存的许多《礼拜六》派的来稿和林琴南的译稿都利用上了,为商务省下一笔钱"①。《小说月报》虽可视为文学研究会的代用刊物,但它首先是商务面向市场的一份文学杂志,"最忌的是得罪人,任何一个人;略带战斗性的文字便不能在刊物上发表了"②,所以郑振铎等人才在稍后依附《时事新报》创办同人性质的《文学旬刊》。至于"文学研究会丛书",在当时并不算成功,所以商务意兴阑珊③,仅只维持,保持一种可进可退的姿态而已。其实,商务与新文学之间也是一种相互利用的关系,前者意图利用后者增添声誉、开拓市场,后者则力争借重前者因利乘便地维持并扩大影响,但客观地说,双方因为权责界限相对清晰,故虽有摩擦,终没有到泰东与创造社同人那样彻底决裂的程度。当然,其时商务也正处在王云五主持的管理、经营的改革计划之中,文学研究会几个核心人物与商务之间的关系还不免有人情在内,这要到1930年代诸如现代书局和其出版物《现代》的主编施蛰存之间明明白白的"雇佣关系"④才算真正完成转型。

北洋政府时期的新文学出版一方面继承了晚清时期的同人出版方式,表现出鲜明的文化理想主义色彩,另一方面也开始正面面对文化市场的商品本性。版税从出版商"你不提""我也不提"的"情面"关系⑤发展到"熬得很久了,前天乃请了一位律师"⑥,要求"还我版税和此后书上要贴印花两条,其实是非'照'不可的"⑦,和北新迁移到上海以后,在"到处都是商人气"

———————————

① 茅盾:《复杂而紧张的生活、学习与斗争》,贾植芳等编:《文学研究会资料》,知识产权出版社2010年版,第793页。

② 徐调孚:《〈小说月报〉话旧》,贾植芳等编:《文学研究会资料》,知识产权出版社2010年版,第762页。

③ 对新诗等难以畅销的创作更是如此。刘大白曾就《旧梦》(商务印书馆1924年版)的遭遇抱怨:"从付印到出版,经过了二十个月之久;比人类住在胎中的月数,加了一倍。这在忙着'教育商务'的书馆中一定要等到赶印教科书之暇,才给你这些和'教育商务'无关的东西付印,差不多是天经地义,咱们当然不敢有异议。"参见刘大白:《〈邮吻〉付印自记》,萧斌如编:《刘大白研究资料》,天津人民出版社1982年版,第133页。

④ 施蛰存:《〈现代〉杂忆》,《沙上的脚迹》,辽宁教育出版社1995年版,第28页。

⑤ 鲁迅1927年12月26日致章廷谦,《鲁迅全集》第11卷,人民文学出版社1981年版,第605页。

⑥ 鲁迅1929年8月17日致章廷谦,《鲁迅全集》第11卷,人民文学出版社1981年版,第682页。

⑦ 鲁迅1929年10月16日致韦丛芜,《鲁迅全集》第11卷,人民文学出版社1981年版,第687页。

的氛围中"也大为商业化了"①，都是情势所致，不得不然。对后者而言更重要的是，从《语丝》时期"一个带点同人性质的新型出版社"②蜕变为《青年界》时期意识到"杂，本是杂志的特征"③的市场化民营出版机构，书局主持人已然完成转变，成为文人与商人结合而以后者为主导的新型出版商了。

新文学作家对出版的商品化转变可谓爱恨交加。沈从文在1935年以"过来人"的身份提及新文学遭逢日渐成熟的现代商业的利弊："新文学同商业发生密切关系，可以说是一件幸事，也可以说极其不幸。如从小说看，二十年来作者特别多，成就也特别好，它的原因是文学彻底商品化后，作者能在'专业'情形下努力的结果。至于新诗，在文学商品化意义下实碰了头……因之新诗集成为'赔钱货'，在出版业方面可算得最不受欢迎的书籍。"④作家们一方面对文学出版过度市场化的"偏至"倾向深怀不满，另一方面也不得不承认现代出版的诸多便利，毕竟"出版利用技术、资金和发行网络将语言符号的文学作品物化为一种纸质媒介形式，实现向社会的传播，成为一种社会存在物"⑤。

二、新文学书刊的流通

书刊出版之后进入流通渠道。在初期，新文学书刊的流通恰如其出版，依赖路径在于亲缘、地缘、学缘等前现代关系纽带。《新潮》的传播方式是一个典型：

> 《新潮》初刊时，代销处也只限于本校，北京的一些高等学校及书报摊。外埠由于：一则不登广告，只靠同道的几个杂志互相介绍，知道的人不多；再则，《新潮》同《新青年》一样，被一般守旧派视同洪水猛兽，一般书店就是知道也不敢代销；因此只有原来发行《新青年》的几家书店经销，如上海的群益书社、亚东图书馆等。当时《新潮》的主要推销员倒是青年学生，他们自己看过杂志之后，借给同学看，寄给朋友看，送给兄弟姊妹看，如此一传十，十传百，由近及远，从北到南，作义务的宣传员、

---

①　鲁迅1929年8月20日致李霁野，《鲁迅全集》第11卷，人民文学出版社1981年版，第684页。

②　萧乾：《萧乾自述》，大象出版社2003年版，第77页。

③　《编辑者言》，《青年界》1931年3月10日创刊号。

④　沈从文：《新诗的旧账》，《沈从文全集》第17卷，北岳文艺出版社2002年版，第97页。

⑤　王本朝：《中国现代文学制度》，西南师范大学出版社2002年版，第88页。

推销员,《新潮》的读者就这样越来越多,遍及到全国。①(着重号为引者所加)

从上引文字特别是加上着重号的几句话中可知,"同道"的"青年学生"的义务宣传、推销是新文化、新文学书刊初期销行的主要方式。对新文学来说,这一书刊流通形式的不足在于范围太过局限②,读者基本是接受新式教育的青年学生,对大众并无多少影响。所以客观地说,新文化、新文学书刊从出版到流通差不多可以认为是新文化运动范围内的知识循环,但若从长远来看,这一知识内循环为新文学奠定了读者基础,因为"人数的多寡或许并不要紧,换一个角度看,读者的稳定、忠诚,其实是一个新的文学场域获得自足性的关键"③。

此后,"五四"运动的巨大影响迫使许多著名的出版商不得不作出反应,因此介入新文学生产,新文学流通格局也因之改变,但这有一个过程,到"民十二三年间,新书的销行,才渐渐抬起头来了"④。负责新潮社出版事务的李小峰也有类似的认知:"尤其在《呐喊》(新潮社1923年8月初版)出版以后,外地来批书的就渐渐多起来,因此而建立了往来关系。这时的行销情况同《新潮》初刊时,有了显著的不同,代销的已不再都是个人、学校、报刊、教育机关……而主要是正式的书店,因为新文学已风行全国,为社会所公认,代销已不用负担什么风险了。"⑤以现代商业流通模式逐渐取代个体信息传递方式,表明"著作人的精神的产品商品化了"⑥,新文学书刊于此正式进入

---

① 李小峰:《新潮社的始末》,中国社会科学院近代史研究所编:《"五四"运动回忆录》(续),中国社会科学出版社1979年版,第209页。

② 需要说明的是,传播方式、范围的局限并不等同于发行数量的有限。事实是,在当时,特别是相较于其他新文化刊物,《新潮》的发行量还是比较可观的。据罗家伦回忆,"这个杂志第1期出来以后,忽然大大的风行,初版只印1 000份,不到十天要再版了,再版印了3 000份,不到一个月又是三版了,三版又印了3 000份。以后亚东书局拿去印成合订本又是3 000份"。参见罗家伦:《北京大学与"五四"运动》,全国政协文史资料委员会办公室编:《"五四"运动亲历记》,中国文史出版社1999年版,第60页。

③ 姜涛:《"新诗集"与中国新诗的发生》,北京大学出版社2005年版,第52页。

④ 张静庐:《在出版界二十年》,上海杂志公司1938年版,第122页。

⑤ 李小峰:《新潮社的始末》,中国社会科学院近代史研究所编:《"五四"运动回忆录》(续),中国社会科学出版社1979年版,第239—240页。

⑥ 胡怀琛:《上海著作人公会缘起》,张静庐辑注:《中国近现代出版史料·补编》,上海书店出版社2011年版,第268页。

现代市场体系。

新文学书刊既然逐渐成为一种商品，那么它的传播即在市场上的流通就得依照商品销售的一般流程，依赖于广告宣传、发行渠道和方式等现代市场构成要素。从一般的商品市场流通角度看，其中最重要的是发行渠道和方式。上海在晚清时期就已成为出版中心，进入民国时期，其中心地位得到进一步强化，《新青年》《新潮》等新文化、新文学期刊在北京编辑，却在上海的书店印刷、发行，即为明证。

民国时期的出版机构有一个特点，那就是"所有出版社几乎都承担了书籍从手稿到售卖的整个流通过程"①，集出版、印刷、发行三种职能于一体。例如商务印书馆，它从印刷起步，业务逐渐拓展至出版、发行，终至于成长为囊括上述三种业务的图书报刊业巨头。商务总部在上海，随着业务的拓展，从1903年设汉口分馆起，陆续在东部各省会城市和重要的口岸开设十八家分馆，民国成立后增设十四处，包括香港和新加坡，此外随着形势的发展，武昌、大同等地也开设新馆。这些分支机构的职能，主要是加强与当地教育界的联系，推销教科书和大型图书，另一方面是附设门市，直接面对读者，参与书刊零售业务。直销的优点是贴近读者，可以直观地感受到读书市场的变化，并由此推动编辑方针和发行策略作及时调整。

与商务的"分馆皆由总馆派人前往经营，事事听总馆指挥"的"集权政策"不同，对资金不够庞大的出版社如中华书局而言，最经济的发行渠道是"就各地士绅，与之协定，开设分局，性质定于合资"②，差不多就是代销。具体方法是："外地书店在预先向出版者交纳部分保证金后，便有权挂起'某某书局某地特约经销处'，甚至是'某某书局某地分店'的招牌，享受着某一特定区域内该社所有图书的营业独占；出版者在给予特约经销店上述特权的同时，也对其每年的本版图书销售额，有着数量上的硬性要求与规定。"③就这种模式而言，出版商与代理商的权利和义务大致对等。有时候出版机构的分店也做代销业务，像光华书局北平分店在1928年七八月间设立后，"不

---

① ［法］戴仁：《上海商务印书馆1897—1947》，李桐实译，商务印书馆1996年版，第3页。

② 蒋维乔：《创办初期之商务印书馆与中华书局》，张静庐辑注：《中国近现代出版史料·现代丁编》（下），上海书店出版社2011年版，第399页。

③ 《申报》1935年12月26日。转引自吴永贵：《民国出版史》，福建人民出版社2011年版，第333—334页。

仅出售光华本版书,也代售南方其他书店出版的各种新书刊,因此在开业之后,生意也很兴旺"①。代购代销业务其实赚取的是批发的差价,也包含本版书之外的部分流通费用。

对中小型出版社来说,情形可能要倒过来,一定基数的"账底"差不多是必然的。何谓账底? 其实是赊销的业内通俗说法:

> 一家书店有一家书店的发行路线;等于说某一种书店自有某一种书店的发行路线。比如泰东,它是出版《新华春梦记》一类小说书的,它已经将推销《新华春梦记》一类书的发行网布定了,书店的营业是靠"放账"的,出版的书,委托各地贩卖书店代售,卖出还钞,很多的卖出了也不还钞,于是乎有了"账底"。这"账底",也可以说是"千年不还,万年不赖"的长期欠账。一家书店要先有了一层"账底",然后逢节逢年,在"账底"以外的欠款项内,收到了三五成已经卖掉了的书款。(自然,大资本的书店有了自己直接的分店支店,这痛苦就可以免掉了。)②

赊销是民国时期绝大部分小书店的发行方式。

此外常见的销行方式有预售和邮购。北新初成立时,因资金有限,惯用预约销售:"分量较大的书总是先搞预约手续,一般的书则于出版后卖特价,尽量吸收现款作为印数费用。像《苦闷的象征》卖特价,初版一二个月就卖完,成本很快就收回;后出的《寄小读者》《彷徨》等书,先搞预约,预约收入之款足够付印刷费。"③至于邮购,因为是先款后书,所以各书店均很重视,这以 1925 年成立的生活书店为代表。

本时期尚没有出现大型的专门书刊批发商,所以直销、代销、赊销及预售、邮购等种种发行方式是诸多出版机构书刊营销的常见手段,也是影响新文学流通的常规因素。就新文学书刊发行的实际情形看,"上海的新书业真是贫弱得可怜,新书的产量固然很少,就是每一种的印量也是非常的少。可

---

① 沈松泉:《关于光华书局的回忆》,宋原放主编:《中国出版史料·现代部分》(上),山东教育出版社 2000 年版,第 349 页。
② 张静庐:《在出版界二十年》,上海杂志公司 1938 年版,第 92—93 页。
③ 李小峰:《鲁迅先生与北新书局》,《出版史料》1987 年第 2 期。

以销行的,一版印上二三千本,普通五百本一版、一千本一版也很多"①,这就是张静庐、李小峰等人所说的新书业发展势头较好的 1924 年前后的情况。虽然新文化、新文学书刊的流通形势在全国范围内仍不容乐观②,但一个明显的发展趋势是,随着新式教育的扩展,新文学拥有了相对稳定且不断增加的读者,新文学书刊的销售市场逐日成长,并在 1928 至 1936 年间臻于鼎盛③。

新文学书刊流通的一个非常规因素是政治局面、形势。张静庐提到,国民革命高潮时期,"有门市发行所的,买书的主顾确实增多了,就是向来对于新书不感兴味的工商界也要为明了三民主义或共产主义而读书了。就使过去不易销去的新书,这时候也连带的比较平时多销去几本了"④。在政治形势的刺激下,张秉文的太平洋印刷公司、黄长源的大中书局都凭借敏锐的嗅觉出版与革命相关的小册子大发其财,新书业也从中分得一杯羹。与张静庐同到南昌的沈松泉看到"南昌竟没有一家出售新书的书店,决定在南昌设立光华书局分店",然后"写信给上海,要卢芳迅速寄出一大批光华的本版书和其他书店出版的新书,并派一个得力的店员来管理业务。等到第一批书寄到,我们就开起张来。果然一开门店堂里就挤满了读者,我和静庐忙于接待顾客,第一批书一下子被抢购一空。接着第二批第三批书寄到,也都供不应求"⑤。当然,这里的"新书"并不专指新文学书刊,但以光华的主营方向而言,文学实是占了相当比例。

政治形势变动当然不能算是影响新文学传播的常规要素,但正如北洋政府在各种律令之外实权人物意志往往是决定书刊命运的制度性要素一样,社会局面因其对新文学书刊流布的决定性影响,也成为现代文学制度极为重要的一个组成部分。纵观 20 世纪中国书刊的发行史,像鲁迅的作品在1949 年之后长时期、大面积的传播这样的特殊事件其实就凸显了这一制度要素。需要强调的是,政治形势所带来的其实是社会科学类书刊的畅销,而

---

① 张静庐:《在出版界二十年》,上海杂志公司 1938 年版,第 127—128 页。

② 张静庐 1926 年冬到南昌,发现"新文化运动虽有七年的历史了,这样重要的省会似乎都还没有被普及到。我们⋯⋯在许多新式的旧式的书店里居然找不出一本'新'的书籍和杂志"。参见张静庐:《在出版界二十年》,上海杂志公司 1938 年版,第 133 页。

③ 参见邓集田:《中国现代文学出版平台》,上海文艺出版社 2012 年版,第 292 页。

④ 张静庐:《在出版界二十年》,上海杂志公司 1938 年版,第 128 页。

⑤ 沈松泉:《关于光华书局的回忆》,宋原放主编:《中国出版史料·现代部分》(上),山东教育出版社 2000 年版,第 347—348 页。

在北洋时期，新文化和新文学实为一枚硬币的两面，新文化书刊的销行即使没有带来新文学书刊的流行，起码也在观念层面为其流布奠定了读者接受的舆论基础。

三、新文学副刊与新文学流通

如果说新文学进入市场之后就是一种商品，那么在遵循一般商品的流通规律的同时，作为一种精神产品，它还有一个特殊的流通渠道，即报纸的文学副刊。新文学副刊诞生于"五四"运动之后。"五四"之前，民国的"文坛方面，充满着南社的势力"①，同时也是"'礼拜六派'最活跃时代"②，即在文学革命发生以后，报纸副刊也差不多是"鸳鸯蝴蝶派"创作点缀以文人诗词唱和等各种零碎的文字游戏的格局，徐枕亚等人编辑的《民权报》副刊、严独鹤主编的《新闻报·快活林》、姚鹓雏主持的《申报·自由谈》是其时最著名的三种。然而，"以'雅文'状'俗事'"③的底里是"其俗在骨"④，这些副刊顺应新思潮的模式化创作掩盖不了其艺术趣味的平庸。"五四"运动使得社会舆论和文坛风气陡然一转，形成了新文学因新思想而获得普遍认可、新思想则借新文学得以广泛流布的传播格局。

"在新文化运动中，杂志虽然打了头阵，抢了头功，但是如果没有报纸支持，收效还是有限。因为报纸天天出版，读者多，只要登高一呼，声势自然很大"，而报纸中"立大功的，不是掌报社大旗的言论栏，而是被认为报屁股，敬陪报纸末座的'副刊'"⑤。当知识青年为"五四"运动唤醒而谋求一种快捷的声气相应的交流渠道之时，报纸也注意到了学生运动所引发的这一社会动态而有所反应⑥，二者里应外合，遂使得文艺副刊的地位日渐重要，因为正如沈从文所述，"社会理想和文学观"即新思想和新文学的结合之于新文

---

① 秋翁：《三十年前之期刊》，宋原放主编：《中国出版史料·现代部分》（上），山东教育出版社2000年版，第403页。

② 张静庐：《在出版界二十年》，上海杂志公司1938年版，第34页。

③ 陈平原：《二十世纪中国小说史》（第一卷），北京大学出版社1989年版，第140页。

④ 同上书，第133页。

⑤ 曾虚白：《中国新闻史》，台湾政治大学新闻研究所1969年版，第317页。转引自吴静：《〈学灯〉与"五四"新文化运动》，中国书籍出版社2013年版，第1页。

⑥ 参见[美]周策纵：《"五四"运动：现代中国的思想革命》，周子平等译，江苏人民出版社1999年版，第185页。

学传播至关重要。可以说,新文学副刊的出现乃是"五四"运动推动新文学的影响从文坛、知识界扩展至社会的一个必然结果,而新文学副刊在兴起之后,因为其现代媒介属性,又对新文学传播起到了至关重要的作用。

如果说新文学从知识界走向社会大众凭借的是报纸及其文学副刊,那么必须追问的是,吸引大众的是否就是新文学本身。作为身历其事者,胡适1922年所作之《五十年来中国之文学》,将新文学、新思想分开叙述,态度值得玩味:

> 民国八年的学生运动与新文学运动虽是两件事,但学生运动的影响能使白话的传播遍于全国,这是一大关系;况且"五四"运动以后,国内明白的人渐渐觉悟"思想革新"的重要,所以他们对于新潮流,或采取欢迎的态度,或采取研究的态度,或采取容忍的态度,渐渐的把从前那种仇视的态度减小了,文学革命的运动因此得自由发展,这也是一大关系,因此,民国八年以后,白话文的传播真有"一日千里"之势。①

彼时若干种"态度"表明国人基本停留在观望层面,而胡适谨慎的措辞显然在提醒后人,同样受"五四"运动推动,新思想和新文学在社会传播方面毕竟不宜混同。

客观地说,新文学和新思想在当时是有主次之分的:"文学革命不过是我们的工具,思想革命乃是我们的目的。"②个中道理或如傅斯年所论,"以思想的力量改造社会,再以社会的力量改造政治"是一种"根本改革"之法,故"真正的中华民国必须建立在新思想的上面";而"新思想必须放在新文学的里面",因为"文学的功效不可思议:动人心速,入人心深,住人心久;一经被他感化,登时现于行事","若是彼此离开,思想不免丢掉他的灵验,麻木起来了。所以未来的中华民国的成长,很靠着文学革命的培养",又在文学和政治之间建立起关联。③总而言之,"你主张'改造思想'而轻视文学,是大不然的。思想不是凭空可以改造的,文学就是改造他的利器"④。最容易受文学感染的知识青年对新文学尚有如是认知,更不要说国内一般知识阶层了。

---

① 胡适:《五十年来中国之文学》,《胡适全集》第2卷,安徽教育出版社2003年版,第339页。
② "通信"(罗家伦复张继),《新潮》1919年12月第2卷第2号。
③ 参见傅斯年:《白话文学与心理的改革》,《新潮》1919年5月1日第1卷第5号。
④ "通信"(傅斯年复顾诚吾),《新潮》1919年4月1日第1卷第4号。

此时知识阶层的情态，或如十来年后傅斯年对包括他本人在内的新知识人的一个整体描述："我们的思想新，信仰新；我们在思想方面完全是西洋化了；但在安身立命之处，我们仍旧是传统的中国人。"①具体到这里说，"五四"前后一般知识阶层当然没有这样透彻，但思想趋新而个人趣味则较为保守是肯定的，所以他们是在接纳新思想的同时不再对作为载体的新文学如鲠在喉罢了。然而，即此已经足够支撑报纸文学副刊的运营，《时事新报》《民国日报》《晨报》的副刊均在此前后改版，且日益偏重文艺创作及相关讨论实在不为无因。

第一，北洋时期的新文学副刊之于新文学流通的第一重意义，在于它基于报纸的传媒属性采取"综合性"的编辑方式，围绕时人关切的多种问题设置栏目，而其实注重投合国人的趋新心理，实际是偏重新思想，于无形中扩张了新文学的影响。其实新文学发生以来，除了像《文学旬刊》《莽原》周刊这种约等于期刊的文学"附刊"，作为真正报纸附张的文学副刊大都栏目设置繁复多变，注意满足不同读者的多方面需求，然后出于因缘际会，才形成以新思想与新文学并重的局面，新文学乃以此推开社会之门。

第二，民国时期的报纸不仅注重新闻，而且特重评论，一般每期或定期刊发主笔或特邀嘉宾的重头社论，如果说以社论为代表的报纸评论代表了"社会中枢（即各专家）"这样的知识精英的意见，那么副刊的言论栏目则代表了报纸"容纳舆论"②，即尽量接纳社会反馈意见的倾向，报纸的正张和附张之间在言论方面存在一种良性互动。就其与新文学相关性而言，作为日报的附张，文艺副刊之于作者来说，是"发表便捷"；之于读者来说，则因其设有名目不同的言论栏，是"反响及时"③，作者与读者之间的交流方便而频繁，他们是以副刊为平台、以编辑为中介而实现了社会范围内的思想与情感的对流。其中，各种形式的文学论争的结果是为新文学广泛传播奠定了认知条件。

第三，新文学副刊在促成杂文、游记等散文文类渐趋完善之外，更借文学评论向与文学较少发生关联的普通读者推介新文学创作，有力地拓展了

---

① 胡适 1929 年 4 月 27 日日记，《胡适全集》第 31 卷，安徽教育出版社 2003 年版，第 371 页。
② 张东荪：《新闻纸与舆论》，《时事新报》1921 年 2 月 23 日。
③ 郭武群：《打开历史的尘封——民国报纸文艺副刊研究·绪论》，《打开历史的尘封——民国报纸文艺副刊研究》，百花文艺出版社 2007 年版，第 4 页。

新文学的影响。此时大型文艺期刊较少,故副刊成为作家首选,其实单就发表创作而言,报纸副刊实难与专门的文学期刊相比。因为受到报纸价值倾向、整体风格以及版面、出版时间等因素的限制,副刊能够刊发的创作大都较为简短,主要是"除了批评以外,还有如不成形的小说,伸长了的短诗,不能演的短剧,描写风景人情的游记,和饶有文艺趣味的散文"①,像"《凤凰涅槃》把《学灯》的篇幅整整占了两天",连作者都承认"要算是辟出了一个新记录"②。

新文学副刊的主要价值,还是在促进新文学流通方面。其中,沟通作者与读者、介于界内与界外的文学评论意义尤为重要。

第四,新文学副刊推出合订本也是新文学扩大社会影响的一种重要渠道。副刊本以刊载短小精悍的文章为长,但事实上即使"问题极其狭小,也不能只用数百字乃至千数字便说得圆满",除了"稍微耐点性子,一天天的往下看去"③之外,最有效的手段无疑是合订本。合订本的优势在于既克服了文艺副刊随日报逐日(或定期)发行不易保存的缺陷,同时又满足了新文学爱好者渴望完整品读长篇和收录重要创作及相关文献的心理。此外,合订本在二次传播以外,因类似书刊而便于邮购,对不方便订阅日报的读者来说颇为便利,所以在一定程度上突破了新文学传播的地域限制④。

四大副刊均有合订本,《觉悟》1922年2月即已推出,其他三家陆续跟进。孙伏园主编《晨报副镌》时很注意合订本的营销。1922年6月15日,《晨报副镌》有"本刊特别启事"一则:"(一)一二三月份的副刊合订本均已售完。对于购阅诸君,除将邮票寄还以外,特此通告。(二)二三月份,不知有肯割爱者否,托本社代为征求者甚多,如愿出让,请交送报人带回,至发行部领取原价。(三)四五月份尚有数本余存,购者请从速。"启事是否属实并无关系,关键在于紧扣读者心理的推销广告十分成功。一年之后,《晨报副镌》当年7月的合订本声称"每月销数,竟达一万份之多",语或浮夸,但以其暂停"一切无条件的交换广告"且收取商业广告费用的举措来看,也可以认定

---

　　① 孙伏园:《理想中的日报附张》,《京报副刊》1924年12月5日第1号。转引自张静庐辑注:《中国近现代出版史料・现代甲编》,上海书店出版社2011年版,第221页。引言中所谓"批评"不仅指文学、艺术的批评,也包括对于社会、学术、思想、书刊等的评介。

　　② 郭沫若:《我的作诗的经过》,《郭沫若论创作》,上海文艺出版社1983年版,第204页。

　　③ 孙伏园:《编辑闲话三则》,《晨报副镌》1922年11月11日。

　　④ 《晨报副镌》1922年2月3日的中缝广告有这样的说明:"外埠代派,不折不扣,零售时准其酌加邮费。"寄售方式的出现是邮购的延伸,也反映出内地市场逐渐以开拓。

与事实相去不会太远。孙伏园转去《京报副刊》后，由于副刊是随报纸免费奉送，故在发行方面尤为重视合订本，将之视作书刊予以经营。到1925年10月，《京报副刊》在北京有北新书局等13家代售处，外埠则除东部城市之外，更深入到重庆、成都、昆明，代售处达45家之多。当然，副刊合订本代销处的增多、销量的增加，都反映了新文学日益为社会大众广泛接受，所以最后有必要强调，副刊合订本是在新文学已经拥有一定数量的固定读者的条件下出现的。它"改变了副刊日刊原有的报纸属性而变更为杂志、书籍属性"①，表明新文学社会传播的主渠道从读报到看杂志的转变，预示了1930年代大型文学期刊的出现和新文学读者群的成熟。

　　总体而论，北洋时期的新文学生产（发表、出版）和流通（书刊、文学副刊）的基本情形是，因为文化市场尚处于发育阶段，专门的文学生产、流通欠发达，因为社会、政治形势变动，"五四"以后一段时间和"北伐"前后形成两个高峰，新文学在非常规因素的推动下得到了较为广泛的传播。就新文学传播的常规力量而言，综合性的文学副刊发挥了至关重要的作用。它不仅在发表新老作家作品、培养新进作者、培育新文学文体等与文学相关的方面意义显著，更因其现代传媒属性，将新文学触角延伸至社会，在文学圈之外的读者群中缓缓发生影响，从而不断拓展新文学受众的边界，为其奠定了愈来愈广博的社会基础。

第四节　新文学读者的结构变迁

　　新文学读者群的发展壮大和新文学社会影响的逐日增大其实是一个问题的两种说法，不过文学的社会影响只可以在一定限度内作定性分析，而从读者角度出发，就可以在定量分析的基础上做出较为准确的定性分析。就总体而言，新文学的影响从知识青年到一般知识阶层再到普通民众的渐次

---

①　陈捷：《民国文艺副刊合订本的出现及其文化意义——以〈京报副刊〉为例》，《杭州师范大学学报（社会科学版）》2010年第1期。

拓展,是从学校、知识界等相对封闭的机构、系统等的"内循环"模式逐渐为社会大众所认可进而形成一种"外循环"模式的社会化过程;而就局部来看,每一类新文学读者群在不同阶段各有其独特的结构特点,并深度参与到新文学意义生成的过程中去。本节从后一视角出发,按时序解剖知识青年、一般知识阶层和社会大众的组成,力图详尽勾画出读者与新文学的互动关系。

一、知识青年读者群

新式知识人自晚清新式学堂出现而逐渐壮大,主体是青年学生,但即使到"五四"前后,数量也相当有限。据统计,当时北京"聚集了中高等以上学生 25 000 人"①,而这 25 000 人来自全国各地,所以即使加上各通商口岸新式学堂的学生,数量上并不会增加太多。若具体到文学阅读,情形更不容乐观。一位读者在 1922 年对新文学读者状况有所观察、推测:"现在读《小说月报》的是些什么人呢? 是学界以外的人多呢? 还是学界中人多呢? 据我所知道的,还是学界的人多,以外的人占很少数,至多不过十分之一。——或者连十分之一,还不到。"②值得注意的是,这里所谓"学界"主要指教育界(也包括活跃在出版界、报界等领域而与教育界联系密切的知识人),大体包括两类人,一是得风气之先的中年一辈知识人,二是承风气之后的青年学生。鲁迅关于前一类人物的说法众所周知,晚清的社会风气以为"读书应试是正路,所谓学洋务,社会上便以为是一种走投无路的人"③,时移势易,当青年学生把前一辈知识人的被动选择当成一种可靠的落脚点的时候,可能更深刻地说明了知识人的进一步边缘化。

罗志田指出,边缘知识分子因为"在社会变动中上升的困难"而"更迫切需要寄托于一种较高远的理想,庶几可以为社会上某种更大事业的一部分,故其对社会政治的参与更为强烈"④。在"五四"运动的推动下,知识青年较早表现出作为新文学读者的群体性文学趣味,即注重文学的思想性、追求文

---

① 桑兵:《晚清学堂学生与社会变迁》,广西师范大学出版社 2007 年版,第 4 页。
② "通信"(李抡元致沈雁冰),《小说月报》1922 年 10 月 10 日第 13 卷第 10 号。同期另一位署名"允明"的"普池青山"读者亦提及当地情形:"《小说月报》的势力在我们这一方几乎全等于零。"两位读者的住地,尚待考证。
③ 鲁迅:《呐喊·自序》,《鲁迅全集》第 1 卷,人民文学出版社 1981 年版,第 415 页。
④ 罗志田:《乱世潜流:民族主义与民国政治》,上海古籍出版社 2001 年版,第 188 页。

学的泛政治化。例如，"五四"运动使得学生活动引得国人注目，施存统就曾致信《新潮》诸位先生"表明这一情形："就是'文学革命'一块招牌，也是有了贵志才竖得稳固的。（因为《新青年》虽早已在那里鼓吹，注意的人还不多。）"信中同时提及的是："敝校（第一师范）近来倒有改革的气象。同学关于新文学新思想也极注意。大概看过《新青年》和《新潮》的人，没有一个不被感动；对于诸位，极其信仰。学白话文的人，也有三分之一。"①正因为如此，罗家伦在"五四"之后将牛津大学的一本杂志"《牛津的眼光》*The Oxford Outlook*"认作"我们的兄弟"，即因为后者标明是"一种文学的政治的杂志"。②

在知识青年群体内在的政治倾向和外在的现实政治风潮的激荡下，文学的泛政治化成为阅读主流可谓毫不意外，而在校青年学生作为早期新文学读者的主体，不仅受这一阅读风尚影响，也以群体之力强化了新文学的这一倾向。知识青年在心智渐趋成熟的过程中，很容易受到相同年龄层次同伴的影响，这在心理学上已是常识，上引施存统的通信即已有所证明，此处不赘述，而在直接的击鼓传花式的传播、接受方式而外，更为重要的，是知识青年关于新文学之所以为新的基本共识——这或如一位"五四"时期的知识青年所言，"所谓真白话文学，必须包含三种质素：第一，用白话做材料；第二，有精工的技术；第三，有公正的主义；三者缺一不可"③——发展成为一种"舆论的气候"④，无形中左右着后来者对于文学的认知与接受。这种半是主动、半是被动的选择、接受方式，可以用郭沫若《女神·序诗》里的句子作一个形象化的转述："《女神》哟！／你去，去寻那与我的振动数相同的人；／你去，去寻那与我的燃烧点相等的人。／你去，去在我可爱的青年的兄弟姊妹胸中，／把他们的心弦拨动，／把他们的智光点燃吧！""心弦"的"振动数"与"智光"的"燃烧点"相同、相等的人声气相求，又强化了弥漫于知识青年中间

---

① "通信"（施存统来信），《新潮》1919 年 12 月第 2 卷第 2 号。

② 志希：《欢迎我们的兄弟——牛津大学的新潮》，《新潮》1919 年 10 月第 2 卷第 1 号。

③ 傅斯年：《白话文学与心理的改革》，《新潮》1919 年 5 月 1 日第 1 卷第 5 号。

④ "舆论的气候"（Climate of Opinion）是一个 17 世纪的名词，怀特海在 20 世纪初恢复采用，意指"那种在广义上为人们本能地所坚持的先入为主的成见、那种 Weltanschauung（世界观）或世界模式"。参见［美］卡尔·贝克尔：《启蒙时代哲学家的天城》，何兆武译，江苏教育出版社 2005 年版，第 5 页。

的"思想的空气"①,进而形成一种"社会情绪"②,如此循环往复,以至于创作中出现了所谓"新文艺腔"。"新文艺腔"是早期新文学创作特征的一种放大,客观上反映出知识青年接受新文学并进而模仿之的趋势。

"五四"时期学界内部以青年学生为主体的读者群对于新文学的较为一致的认知及相应的与新文学创作的互动只是新文化运动的一种"内循环",这也就是说,新文学起初只在部分趋新的在校知识青年中有着较为稳定的影响。虽然这一局面要待以"四大副刊"为代表的新文学副刊广泛流布才大有改观③,但应该看到,人数的多少其实并非最重要的元素,最重要的是读者的稳定性与忠诚度,知识青年读者由是成为新文学最具有决定意义的读者群。

如果说"五四"时期的知识青年读者主要是在校学生④,那么"五卅"事件前后的知识青年读者则主要是时代青年——这当然是因为"五四"时代的学生陆续从各级学校毕业进入社会,与沉沦在民间、底层的各式知识青年因在境遇上逐渐接近而产生思想共鸣,且在"五四"运动的巨大声威和惯性作用下认识到集体的力量从而嘤其鸣矣、求其友声。事实上正是这样,"五卅"作为一个爆发点,激荡起来的正是在"认清敌人"的同时"纠结同伴"⑤。

时代青年大都于初、高中毕业之后进入社会,这一年龄阶段正是他们"兴趣还是向认识社会一方面发展,喜欢读的书,年多一年"⑥的时期,故在"同伴"的影响下,最容易形成稳定的群体阅读趣味和风气。与此相关的是,国内方兴未艾的国民革命思潮及其促成的社会科学书刊的广泛流布则强化了知识青年的这一阅读选择。如以光华的主营方向而言,文学在"新书"中实是占了相当比例,而考察光华在此前后的本版书,穷愁之作占有相当高的比例。

知识青年读者对穷愁之作产生共鸣,当然并不能说明他们全部倾向于当时鼓吹甚力的革命文学、普罗文学,闻国新、周开林、张寿林等一批在《晨

---

　　①　雁冰:《文学家的环境》,《小说月报》1922 年 11 月 10 日第 13 卷第 11 号。

　　②　瞿秋白:《〈灰色马〉与俄国社会运动》,《小说月报》1923 年 11 月 10 日第 14 卷第 11 号。

　　③　参见本章第三节"新文学的出版与流通"。

　　④　比如沈从文 1926 年提及《语丝》的"销路约三千份左右,以京内学生界订者为多"。参见沈从文:《北京之文艺刊物及作者》,《沈从文全集》第 17 卷,北岳文艺出版社 2002 年版,第 17 页。

　　⑤　圣陶:《"认清敌人"》,《文学周报》1925 年 7 月 5 日第 180 期。

　　⑥　徐锡龄编著:《儿童阅读兴趣的研究》,民智书局 1931 年版。转引自李文海主编:《民国时期社会调查丛编二编·文教事业卷》第 4 卷,福建教育出版社 2014 年版,第 190 页。

报副镌》活跃的文学青年并不如此,而当国民革命高潮过后,南京国民政府基本稳定社会秩序,文学进入平稳发展期,新文学读者也在此时发生更为明显的分化。一方面,一般民众开始较多阅读新文学作品,绝对数量有明显增长(参见本章第三部分),另一方面,知识青年虽仍然是文学阅读的主力,但其结构及阅读结构较"五卅"前后发生了重要变迁。

1930年前后,知识青年读者结构产生如下分化:

第一,知识青年读者中最为激进的成员被中共领导的革命团体吸纳而与相对单纯的文学传播、接受拉开相当的距离可以存而不论,较为激进的人员则加入"左联"等左翼文学团体及其外围组织,受"关门主义"倾向影响,他们的创作成为自己人内部的知识对流,虽对巩固团体有效,但较难吸引一般的知识青年读者。这是一个虽有人员出入,但相对封闭的小圈子。

第二,就非左翼的知识青年读者而言,在校学生在知识青年中占据多数,他们的阅读兴趣与社会中的知识青年读者较为接近,共同表现出明显的多元化趋势,不过,两类人群之间又有一定差异。下面以蒋成堃1934年发表的《成人阅读兴趣与习惯之调查及研究》①为据予以辨析。

《成人阅读兴趣与习惯之调查及研究》设计两种问卷:"甲种问卷,系以一般大学生、学术文化机关的工作人员以及一般从新式学校出身之成人为对象","乙种问卷,系以一般农友、工友、学徒、军警以及一般民众学校学生,或由旧式私塾出身之成人为对象"。调查区域涉及20省区,计收得有效答卷577份,其中甲种答卷201份,乙种376份,涉及年龄层次从12岁到55岁(以男性居多,未婚者比例在50％上下,女性未婚者明显超过男性),而从"青年"之年龄分层来看,如集中于14—30岁这一区间,计503人,占比87％强,如限定在16—28岁,共430人,占比75％弱,故此一调查表具有相当的代表性与较为充分的说明性。

调查表主要就报纸、杂志、书籍三项予以统计,下面援引相关结果分别予以陈述。1.报纸。大学生较多养成读报习惯,青睐趋新的报纸,而一般民众"天天看报"的百分比不及大学生,且多数集中于地方性报纸。就报纸中与文学最相关的版块——副刊而言,大学生在对副刊的关注度方面排名靠

①　蒋成堃:《成人阅读兴趣与习惯之调查及研究》,《教育与民众》1934年6月第5卷第10期。转引自李文海主编:《民国时期社会调查丛编二编·文教事业卷》第4卷,福建教育出版社2014年版。相关论述非特别注明,均出此文,因引用较多,具体出处恕不一一注明。

后,但在耗时方面则仅次于国内、教育,位居第三;民众虽然表示对副刊较有兴趣,耗时则在国内、社会、国外板块之后,位居第四位。2.杂志。大学生或一般民众都首举《东方杂志》为日常所爱看的杂志。就专门的文学期刊看,一般民众多看《文学》《现代》,而大学生则较为喜爱《论语》;此外值得注意的是,"即有好多种本是早已'归了道山'的东西(如《生活》《语丝》之类),但他们的音容色相还居然为人所记忆,而且被列举出之结果仍占据相当的位置"。3.书籍。大学生和一般民众平常喜欢的书籍中以小说为最多,新文学作品中占位最前者是《呐喊》,列第九,自第十二位《子夜》以下,《母亲》《春蚕》《彷徨》《华盖集》等间隔出现,不过读者均不甚多。一个颇有意味的现象是,不论文学之新与旧,民众读者的人数均超过在校学生。从上述若干统计结果可以得出如下结论:大学生兴趣较广,他们对文学的兴趣,较多出自中学教育的惯性及身心易受社会风气影响的年龄特性①,较少表现出阅读的自主性;而社会中的知识青年则不同,他们对社会较为关心,保持文学阅读习惯的人往往是根据自己的兴趣自由地选择读物,中外、雅俗、新旧以及激进保守之间并无明显界限,表现出相当的开放性。

　　总之,知识青年读者群从"五四"时期以在校学生为主,到"五卅"时期以激进的时代青年为主,再到1930年代前后以开放的社会青年为主,新文学创作也从泛政治化、左翼化逐渐形成自由自在发展的势头。与读者结构表现出较大的弹性相表里的,则是新文学读物及选择的进一步多元化。"五四"时期中经1923年前后知识界的分化进入"五卅"时期,新文学在前一时期激昂、在后一时期低沉,而均肯定文学的社会意义并以之为改造现实的利器,表现出文学观念的单质性;迈入1930年代,新文学在接受新文化熏陶而

---

　　①　当时的一项调查表明:第一,中学生"差不多可以说把文艺读物视为课余唯一的伴侣",调查统计文艺读物142种,"每人平均竟有4本之多,可知文艺读物之普遍性";第二,"从数量比较起来,爱读新文学为最多,旧文学次之,文艺杂论又次之",调查者以为是"时代思潮所演成必然的趋势,尤其在文化荟萃之区的上海,文化灌输是很便利最容易受新潮的影响而转变的";第三,在众多文艺读物中,"中学生最爱读的是《爱的教育》《给青年的十二封信》《石炭王》《屠场》和《彷徨》《呐喊》六种",前两种针对青少年故而受到特别欢迎可以存而不论,调查者以为《石炭王》《屠场》是普罗文学的名著,是现在革命青年最爱读的读物",而《呐喊》《彷徨》"已经到了'死了阿Q时代',在文坛上的全文已经丧失掉"。参见陈表:《中学生读书问题之实际探讨》,《中华教育界》1930年11月第18卷第11期。转引自李文海主编:《民国时期社会调查丛编二编·文教事业卷》第4卷,福建教育出版社2014年版,第273页。

成长起来的知识青年那里不过是阅读的一种选择,而非唯一选择,极为真实地反映了文学风气之变。

二、知识阶层读者群

"文学革命"之前的民国文坛,南社和"礼拜六派"二者大致构成雅与俗的分野,读者也相应地分作两类:知识阶层与民众。"文学革命"以后的一段时期内,这一阅读格局并无多大改观:从严肃文学层面看,白话文学不过极为有限地构成了对南社等旧文学流派的冲击;至于通俗文学层面,不仅北洋时期,应该说整个民国时期都不乏大量读者,而通俗文学流行恰是文学接受格局的一个最基本现象。故"五四"运动之前新文学接受的基本状况,是一种可以料想到的格局:"'创作'不仅不如'翻译',更比不上'标点的旧小说',这暗示了'新文学'在新文化阅读中尴尬处境。"①就社会全体而论,这一格局在北洋政府统治时期可谓文学阅读的常态,而旧派文人在其中扮演了重要角色。

这里所谓旧派文人,指的是"早年受过系统、良好的国学训练","但为变法图强之故,已经十分重视西学的价值"的由晚清进入民国的一批持"中体西用"观念的各行各业的知识人②。旧派文人的上层是梁启超、章太炎、王国维等名师宿儒,下层则主要是在教育、新闻、出版、报刊等领域活动且差不多成为各行各业中流砥柱的一批文人,且也包括从事其他职业而因教养原因也对文学保有兴趣的各色人等。他们的文学观念较为保守,对中国传统文化、文学有较深的感情,且在新文学兴起过程之中,或公开地与新文学有过争论,或私下里表达过对新文学的不满。旧派文人数量庞杂,且相关议论纷纭零碎,欲全面梳理他们与新文学之关系为不可能之事,故此处以胡适与他们的白话文学交往为例,一窥旧派文人作为新文学读者的基本特点。

胡适因提倡"文学革命"而"暴得大名",之后出于学术、职业、社会身份等方面的缘故与旧派人士过从频密,他和旧派各式文人的文学交往有一个

---

① 姜涛:《"新诗集"与中国新诗的发生》,北京大学出版社 2005 年版,第 51 页。
② 许纪霖:《20 世纪中国六代知识分子》,《中国知识分子十论》,复旦大学出版社 2004 年版,第 82 页。

有趣的现象,那就是经常刻意地采取白话写诗作文。需要强调的是,胡适强调"有意的主张",以此为白话文学和"死文学"争"文学正宗"①,所以在关于白话文学的各种"答辩"之外,较多"主动出击"。北美留学期间,他以咄咄逼人的气势与同学诸君展开讨论;归国后,他以专业素养折服北大学生的同时,也以斩截的口吻陈述个人关于文学的主张。但面对较为年长的旧派文人,则策略有所更改,以"天下没有白费的努力"之信念而从不放弃"卖膏药"的机会,争取"同情的理解"。

胡适曾有戏答沈玄庐的诗《醉与爱》(1920 年 1 月 27 日),但最早的应景之作大概应首推 1920 年 8 月 24 日游玄武湖之时,应王伯秋之请所作的《湖上》一诗,其较多的应酬之作多收于《尝试后集》。《尝试后集》收胡适 1922年以后三十余年间的一百多首诗作,有很多唱和、赠答、送别、祝寿、题画(扇)之作,而这些应酬诗作不乏旧体格调,许多迹近打油,文学价值并不高,但胡适抛开岸然道貌而肯半真半假做此游戏,其实可以照见其处处留心的精细。他的酬酢对象较少单纯的文坛人物,主要包括章士钊、董康、王克敏、钮永建、马君武、高梦旦、陈光甫、林行规、汪惕予、张丹斧、刘海粟、陈明庵、唐瑛、胡健中、丁文江、陈垣、陈寅恪、杨联陞等人,涉及政治、经济、艺术、学术等各界人士,显示胡适交游之广,若细细辨析,约有如下几种情况:其一,并不认同新文学而能理性对待者。在胡适几个留学时期的朋友之外,首推章士钊。章在胡适眼中"是一个时代的落伍者,但他的气度很好,不失为一个 gentleman[绅士]"②,所以《题章士钊、胡适合照》一诗意图建立"统一战线":"同是曾开风气人,愿长相亲不相鄙。"在旧文坛和学术界活动的人士差不多都是这一立场。其二,对新文学并不心服而能态度折中者。胡适 1923年 4 月下旬离京南下考察、休养,在沪杭等地与诸多旧派文人有所往还,与汪精卫相处颇为相得。胡适在汪精卫离杭之后的 1923 年 9 月 29 日作有《烟霞洞杂诗》,两天后将诗作寄汪,汪约在一个星期以后回信,与胡适就白话新诗进行商榷。汪精卫在信中提出的"一个见解",是旧体诗、新体诗"谁

---

① 胡适:《建设的文学革命论》,《胡适全集》第 1 卷,安徽教育出版社 2003 年版,第 59 页。
② 胡适 1923 年 10 月 8 日日记,《胡适全集》第 30 卷,安徽教育出版社 2003 年版,第 65 页。

也替不了谁"，且特别称赞"那首看山雾诗"①，"觉得极妙"，但又搬出自己从前所作之旧诗《晓烟》作比，似在不动声色回敬胡适。不难看出，汪精卫回信语气虽至为委婉，"到底是我没有读新体诗的习惯呢？还是新体诗不是诗，另是一种好玩的东西呢！抑或是两样都有呢！这些疑问，还是梗在我的心头"②，也还有揶揄胡适的意思在内。此外，像与胡适本人有多重情谊但本人几乎对新文学无甚兴趣的马君武、陈光甫以及其他政经界人士，差不多也可归入这一类。其三，对新文学并不了解但不厌亲近者。应该承认，这一类人之所以接近新文学，不得不归功于胡适的"暴得大名"，而且愈到后来愈是这样，而胡适对此用力之勤也是常人难以想象的，不仅书赠名媛（《写在赠唐瑛女士的扇子上》），有时连小孩子过生日都能写上几句（《孙骥十岁生日》）。这一类人多是第二类人的亲朋好友，于宴饮酬酢之间附庸风雅亦是意料中事。以今度之，这些行为既是胡适对自己白话文学祖师爷形象的用心维护，也是一种有意识的乃至故意冒犯性质的试探和检验，用以观察白话文学在"全国学究"③那里能产生什么样的实际影响。

那么，胡适这些文学交游的效力如何？其实，旧派倒也很难忽略这种"有意的主张"，影响所及，那位"和亮畴（即王宠惠）向来都是反对白话文"的政治人物罗文干居然"发愤作了一篇白话文，约六千字"④，但更为真实的情形，是新旧两派多数仍然各行其是。可以想见的是，旧派文人之"顽固"主要还是因为积习难改："文学革命"发生时是于情不解，后来白话文学成为文坛主流则是于势难争，所以索性"故步自封"。比如柳亚子，他在1917年左右致杨杏佛的信中对胡适的文学主张表示不满⑤，25年后，则"认定新诗一定要代替旧诗"，但自己"还是做我的旧诗，这完全是结习太深不易割舍的缘故"⑥。故不管怎么说，胡适都通过个人交往增强了新文学在旧派人物那里

---

① 胡适当日日记所载《烟霞洞杂诗之一》为并不出色的旧体诗："我来正值黄梅雨，日日楼头看山雾；才看遮尽玉皇山，回头已失楼前树！"而《尝试后集》中的同首诗则改为白话："我来正碰着黄梅雨／天天在楼上看山雾；刚才看白云遮没了玉皇山／我回头已不见了楼前的一排大树！"虽未见当行，倒也本色。胡适寄给汪精卫的"看山雾诗"，当是后者。

② 胡适1923年10月7日日记，《胡适全集》第30卷，安徽教育出版社2003年版，第63—64页。

③ 陈独秀：《文学革命论》，《新青年》1917年1月1日第2卷第5号。

④ 胡适1924年1月7日日记，《胡适全集》第30卷，安徽教育出版社2003年版，第150页。

⑤ 胡适：《留学日记》，《胡适全集》第2卷，安徽教育出版社2003年版，第579页。

⑥ 柳亚子：《新诗和旧诗——柳无忌〈抛砖集〉代序》，《怀旧集》，耕耘书店1947年版（上海书店1981年影印），第14—15页。

的影响,而且事实上也产生了较为显著的效应①。

三、社会大众读者群

新文学自发生以来不能说没有大众读者,但其数量之少不难想见,所以有青年赴"通、宁、锡、苏"等处参观教育,发现"到处可以看见什么'礼拜六''快活''半月'""等等的恶魔"而"迷住着一般青年"之后发出呼吁,请《小说月报》"评论"栏"当作与一切黑暗势力奋斗的战场"②。此时的关键,在于《小说月报》革新前后的读者群发生分化而形成了"两大阵营:以《小说月报》为中心的'新文学阅读圈'渐渐养成;置身圈外的则是数量庞大、名称尚不统一的'鸳鸯蝴蝶—《礼拜六》派'刊物,因其适应了转换最慢的民间阅读口味而得以绵延不绝"③。

调查报告显示,民国时期一般民众"以 16 岁到 25 岁为重要学习时期"④,部分知识青年读者对革新不断礼赞、充满信心,认为"看改革后的月报的人""并非看因其有十多年历史的月报",并且"敢武断说一句,改革名称之后,不但不阻碍发行;还可以帮助发行哩"⑤,预示了知识青年读者群对新文学奠定社会基础至关重要。在另外一面,《小说月报》的原先忠实读者也明白表达了对革新的不满,沈雁冰在 1921 年致周作人的一封信中就提到"一位老先生(?)巴巴的从云南寄一封信来痛骂""印这些看不懂的小说,叫人看一页要费半天功夫,真是更不经济"⑥。在新文学个中人(提倡者和读者)眼中,这种差异是因为民众的阅读习惯需要缓缓改造,"若想叫文学去迁就民众——换句话说,专以民众的鉴赏力为标准而降低文学的品格以就之——却万万不可"⑦。这是新文学发生、发展初期趋新的知识人对民众作

---

① 胡适是一贯的。他晚年居台,在旁观者眼里还是"提倡白话不放弃任何机会",而让人佩服的是,收效极好,因为"事情一沾上胡适,大家就不好意思使用文言"。参见王鼎钧:《文学江湖》,尔雅出版有限公司 2009 年版,第 211、212 页。

② "通信"(王桂荣来信),《小说月报》1922 年 8 月 10 日第 13 卷第 8 期。

③ 丁文:《新文学读者眼中的"〈小说月报〉革新"》,《云梦学刊》2006 年 5 月第 27 卷第 3 期。

④ 范同曾:《成人学习意见的调查》,《中华教育界》1935 年 7 月第 23 卷第 1 期。转引自李文海主编:《民国时期社会调查丛编二编·文教事业卷》第 4 卷,福建教育出版社 2014 年版,第 755 页。

⑤ "批评创作的三封信"(谢立民来信),《小说月报》1922 年 6 月 10 日第 13 卷第 6 期。

⑥ 沈雁冰 1921 年 9 月 21 日致周作人,《茅盾全集》第 36 卷,人民文学出版社 1997 年版,第 32 页。

⑦ "通信"(沈雁冰复张侃),《小说月报》1922 年 9 月 10 日第 13 卷第 9 期。

为新文学读者的基本判断。不过,以新文学论者观之,不喜欢新文学的读者作为"老先生"之"老",是"不全然是不懂'新式白话文',实在是不懂'新思想'"[1],事实当然并非如此。西风东渐,略为通晓世事的国人无不趋新,程度不一的大小知识人均在其中,谓其有"新""老"之别,不过反映了新文化、新文学论者在文化上的意识形态壁垒。

有别于以知识青年为主的"新文学阅读圈"的另一个阅读圈,即趋奉流行读物的社会大众读者群,则在"通俗知识分子"的引领下,阅读的私人性和自由选择化"出乎意料地实行着期盼良久的民主社会改革:把阅读能力广泛地普及大众"[2]。当然,大众通过印刷文化得到启蒙只是蕴藏着一种可能,如社会无大变迁,他们的阅读将一如其旧,但20世纪中国屡有变故,在国民革命的影响下,开始主动接触可能会影响到他们实际生活的新事务,并由此真正大规模介入新文学。

社会大众早已通过报纸的文学副刊大量接触到新文学[3],但反应并不积极。待到国民革命高潮时期,"有门市发行所的,买书的主顾确实增多了,就是向来对于新书不感兴味的工商界也要为明了三民主义或共产主义而读书了。就使过去不易销去的新书,这时候也连带的比较平时多销去几本了",此时"社会科学书的需要超过文艺书",但因为光华"偏重于文艺书籍"[4],故新文学读者应有较为明显的增长。张静庐的回忆也说明了社会大众接受新文学的动机、目的。简而言之,如果说青年学生主要出于身心特点而容易接近新文学、时代青年因为境遇不平而鸣并与新文学发生共鸣,那么大众接触新文学,则是因为其包含了足以影响到他们日常生活的某些成分,如此一来,新文学也就从前两种读者占主流的"为主张而制作"的时代进入到"1928年以来"的"行市"之中了[5]。

---

[1] "通信(沈雁冰复梁绳祎)",《小说月报》1922年1月10日第13卷第1期。

[2] 陈建华《共和宪政与家国想象:周瘦鹃与〈申报·自由谈〉,1921—1926》,李金铨主编:《文人论政:知识分子与报刊》,广西师范大学出版社2008年版,第206、208页。

[3] 沈从文1926年的文章提到《晨报副刊》时说:"平时不能另卖,每日附到晨报的正张发行,到月终,则另订成一个本子,价洋三角。每月据说除正张附发之万份上下外,还可销去成册的三千份左右。"参见沈从文:《北京之文艺刊物及作者》,《沈从文全集》第17卷,北岳文艺出版社2002年版,第5页。

[4] 张静庐:《在出版界二十年》,上海杂志公司1938年版,第128、135页。

[5] 沈从文:《论中国创作小说》,原载《文艺月刊》1931年4月15日2卷4号、6月30日2卷5—6号。引自《沈从文全集》第16卷,北岳文艺出版社2002年版,第198页。

　　新文学被资本操控、压榨历来是作家们极力控诉的现象,但其进入市场、成为商品则是另一回事。"著作人的精神的产品商品化"①当然不无弊端,但也使得文学作为职业成为可能。沈从文在 1935 年以"过来人"的身份提及,"如从小说看,二十年来作者特别多,成就也特别好,它的原因是文学彻底商品化后,作者能在'专业'情形下努力的结果"②。这里的"专业",应该指的是文学成为正常的职业,既不像"五四"时期那样搅动全社会,也不像"五卅"前后那样成为小圈子内部失路之人的哀鸣,而是作为社会事业的一种,与其他文化行业并行发展、正当竞争。从这一角度看,"杂志年"是社会大众成为主流读者的外在表现,更重要的是,也标志着新文学由非常态转为常态,成为社会文化生活的一个有机组成部分。

　　二十世纪三十年代中前期杂志颇为流行,时人称 1933 年或 1934 年为"杂志年"。对其成因,或以为出于创作不振,或归咎于图书审查过严,或认为国内经济低迷累及图书市场因而想办杂志的人多,这些当然都其来有自。客观说来,当时"农村的破产,都市的凋敝,读者的购买力薄弱得很,花买一本新书的钱,可以换到许多本自己喜欢的杂志"③,实际的算盘推动读者涌向杂志。问题在于,在社会大动荡的时代,人们急于了解社会变动之真相、缘由,往往倾向于购阅专书,如前述国民革命时期,而实际的盘算来源于稳定的生活或者对生活的这一预期,杂志的大面积流行便是人们这一生活态度的最明白的宣示。二十世纪三十年代中前期可以说是民国最稳定、发展最迅速的一个时期,人心思定,人性恒常,于是文学便和其他精神消费品一样由万花筒性质的杂志予以便捷呈现。

　　胡道静在《一九三三年的上海杂志界》中如是说明杂志的优势:

　　　　杂志渐夺单行本书籍之席,这是出版界普遍的现象。因为杂志有两大优点:(一)每册内包含许多的东西,使读者不觉单调;即使是专门性质的杂志,内中仍有许多人的文章;尤其是一册普通的杂志,自庄严的论文至谐谑的小品都有,自然比看一本整个系统的书有兴味。(二)

---

　　①　胡怀琛:《上海著作人公会缘起》,张静庐辑注:《中国近现代出版史料·补编》,上海书店出版社 2011 年版,第 268 页。
　　②　沈从文:《新诗的旧账》,《沈从文全集》第 17 卷,北岳文艺出版社 2002 年版,第 97 页。
　　③　张静庐:《在出版界二十年》,上海杂志公司 1938 年版,第 157 页。

杂志是定期出版的，每期可载着最近发生的事情，论文中也便于利用最新的资料。①

据 1934 年的一项调查显示，民众偏好"内容浅近而带有相当普遍性或一般性质的刊物"，而 577 份答卷"最为特别的，则是有阅读杂志的'嗜好'或对于杂志阅读'感觉特殊兴味'，能够以一种'欣赏'的态度去阅读杂志，以及将杂志之阅读视作'一种习惯'的，在民众方面都居绝对的少数"，但大众相对从"增广常识""事业上需要""认识社会""帮助修养"等角度购阅杂志，却是在校大学生几乎无人选择的理由。②从分析结果来看，同是成年人，大学生阅读杂志注重"欣赏"，而大众则强调获取"常识"，应该说，这是一个正常社会的常态。

在二十世纪三十年代，文坛中人不乏窥得其中隐秘者，如《现代》主编施蛰存。施蛰存对此前文学期刊的指摘颇有代表性：

> 对于以前的我国的文学杂志，我常常有一点不满意。我觉得它们不是态度太趋于极端，便是趣味太低级。前者的弊病是容易把杂志的对于读者的地位，从伴侣升到师傅。杂志的编者往往容易拘于自己的一种狭隘的文艺观，而无意之间把杂志的气氛表现得很庄严，于是他们的读者便只是他们的学生了；后者的弊病，足以使新文学本身日趋于崩溃的命运，只要一看现在礼拜六派势力之复活，就可以知道了。

在施蛰存看来，文学对读者大众教谕或顺从都不可取，真正值得去做的，是做他们的益友。因此，他将《现代》定位为一个"一切文艺嗜好者所共有的伴侣"③，对其内容，则"除了好之外，还得以活泼，新鲜，为标准"④——这里的"好"是文学标准，"活泼""新鲜"则更多是从读者角度着眼。以此故，

---

① 转引自秦艳华：《现代出版与二十世纪三十年代文学》，山东人民出版社 2008 年版，第 14 页。

② 蒋成堃：《成人阅读兴趣与习惯之调查及研究》，《教育与民众》1934 年 6 月第 5 卷第 10 期。转引自李文海主编：《民国时期社会调查丛编二编·文教事业卷》第 4 卷，福建教育出版社 2014 年版，第 342、343 页。

③ 施蛰存：《编辑座谈》，《现代》1932 年 5 月 1 日创刊号。

④ 施蛰存：《编辑座谈》，《现代》1932 年 8 月 1 日第 1 卷第 4 期。

《现代》的市场业绩颇好，"销数竟达一万四五千份"①，而且同时提升了书店的社会声望。

应该承认，现在很难有确切的调查报告及相应的统计数字可以对社会大众读者的构成及其历史变迁做出精准的描述，但通过上面的分析起码可以得出这样一个结论，那就是经过北洋政府统治时期的国内动荡之后，大众经过社会革命的洗礼，到南京国民政府统治时期，因社会生活日趋常态化，文学得以相对自由发展，大众的文学阅读选择多元化、趣味多元化，新文学也进入一个作者与读者以市场化的文学期刊为主要沟通渠道从而交流日益密切的良性发展阶段。然而，不久之后爆发的全面"抗战"截断了新文学沿着这一路径发展的可能，战时的文学规范也改变了读者的心态，文学阅读的风尚也因之大变。

整体看来，自新文学诞生到三十年代前后，新文学读者的结构及其变迁状况大致如下：第一，新文学读者的主体是知识青年。新文学最初的读者是亲近新文学缔造者的在校青年学生，"五四"运动后新文学的影响及于校外，社会上的知识青年读者数量有一定增加，在"五卅"事件的刺激下，失路的知识青年之时代哀鸣在相当程度上决定了其时新文学的悲愤主题和愤激格调。第二，社会大众作为新文学读者群出现于国民革命兴起之后，而与知识青年的文学阅读深受政治因素影响不同，大众读者因影响到整个社会的政治事件的催逼而较为被动地趋向新文学读物，真正对其具有制约作用的，还是阅读兴趣、商品市场等内、外多种常规因素。在南京国民政府主导的社会秩序渐趋稳定之后，新文学作为商品进入市场，成为大众读者的一种阅读选择，在和其他读物的竞争中稳步发展，缓缓形成生产、传播、接受体系的自然、自由秩序，但是，不期而至的全面"抗战"打断了这一进程。第三，旧派文人对新文学的有限度接触在早期增广了新文学的社会声名，但作为新文学一个极为特殊的"读者"群体，他们对新文学并无共鸣，因而在"身心徘徊于城市乡村之间，同时亦脚踏于知识分子和不能读写的大众两大社团之间"的知识青年作为边缘知识分子主导的"城乡及士人与大众的疏离进程中"影响日微②，于是旧文学从个人趣味蜕变为私人嗜好，成为时代主潮回水区的涟

---

① 张静庐：《在出版界二十年》，上海杂志公司 1938 年版，第 150 页。
② 罗志田：《乱世潜流：民族主义与民国政治》，上海古籍出版社 2001 年版，第 188 页。

漪。总之,新文学读者的结构变化与晚清以来的中国社会转型密切相关,政治变动及相应的社会形势广泛影响到新文学阅读,这是一种非常态,而常态的商品市场化的多元阅读格局犹如昙花一现,成为更大的社会变迁的牺牲品。

第二编

二十世纪三四十年代：
文学制度的多元化时代

第一章　文艺政策与二十世纪
三四十年代的中国文学

　　二十世纪三四十年代的文学制度,既与晚清和五四时期的文学制度保持某种历史的连续性,也呈现出由时代变化所引起的一定程度的非连续性和断裂。一方面,随着国民党南京政府的成立,统一的现代民族国家的文化建设和法制建设被提到议事日程上来,文艺政策与文艺出版、检查制度的创立具有了新的目标和含义;另一方面,随着红色三十年代的到来,世界反法西斯运动的展开,各种政治势力登上文化舞台,在服务于各自的政治目的和党派意识的前提下,展开了对文化领导权的激烈争夺,创立了在苏联文艺政策甚至德、意法西斯政府文学制度影响下的文艺政策和文艺出版、检查制度。对言论出版自由的追求与规制,在此一时期构成了激烈冲突。这种冲突既表达了现代作家对民主、自由、平等的现代民族国家的渴望,也有效地破坏和动摇了执政党及其政府的合法性基础,并且蕴含了新的文学制度元素的可替代选择,为向计划时代的文艺政策、文学组织、稿酬制度等的转变打下了基础。

　　二十世纪三四十年代,无论国民党、共产党的文艺政策,还是特定时期的伪满政府和日伪政权所推行的文艺战略,都体现出强烈的党派意识和政治意图,服务于对文化领导权的争夺。特别是国共两党文艺政策的制订,都受到了苏联文艺政策的影响,本质上呈现出了强烈的同质化趋势。当然,双方文艺政策在具体文学空间的推行和实践,都不是均质的,由此总体上构成了二十世纪三四十年代国共两党文艺政策分中有合、合中有分的复杂面貌,并奠定了五十年代以后相当长时间中国大陆文学与台湾文学走向分化的基础。

第一节　文艺政策的由来与文化领导权的争夺

所谓文艺政策,按 1934 年出版的一本辞典的说法,是指"政党、政府或全国的领导文艺团体,为适合于一般的政治路线,其所决定的文艺活动的路线与策略"①。在特定的历史场域中,政党、政府或全国性文艺团体的领导人也常常是这种文艺政策的颁布者或代言人,这种文艺政策还经常性地与特定地域一个时期的文化政策形成交织和重叠,构成更大系统的文化政策的一个子系统。

一般认为,文艺而有政策,在中国始自二十世纪二十年代后期。天羽在发表于 1934 年的《殖民地文艺政策》一文中说,"把'文艺'和'政策'扭合在一块来,还是晚近四五年的事"②。梁实秋则说得更为详细:"文艺而有政策,从前大概是没有的,有之盖始于苏联。我记得大约在民国十五六年的时候,鲁迅先生用'硬译'的方法译出了一部《文艺政策》,在上海出版。那是苏联的文艺政策。在那时我们中国有些人很显然是拥护苏联的文艺政策的,有意识或无意识的服从苏联文艺政策的指导,所以发起了澎湃一时的普罗文学运动,继之以左翼作家联盟。"③梁实秋所说的这段史实,与苏联的一场涉及文艺政策的论战及其在中国的介绍和影响有关。1923 年至 1924 年间,苏联文艺界爆发了一场涉及文艺政策的论争。卷入这场文学论争的,有以《列夫》《在岗位上》《红色处女地》等杂志为代表的一系列文学团体及众多作家与政治、文艺领导人。论争过程中,各派所持观点并不一致,甚至差别颇大。为了解决分歧,1924 年 5 月 9 日,召开了俄共(布)中央所催开的关于文艺政策的讨论会。1925 年 1 月,"全联邦无产阶级作家联盟"第一次大会形成了有关无产阶级文学和"同路人"的决议——《意识形态战线与文学》。1925 年 6 月 18 日,俄共(布)中央委员会通过了《在文艺领域内的党的政策》的决议,最终为这场论争做出了官方总结和决定。按冯雪峰的说法,这一场讨论,有关文艺政策的讨论会和《在文艺领域内的党的政策》是两个重要节

---

① 邢墨卿:《新名词辞典》,新生命书局 1934 年 6 月初版,第 19 页。
② 天羽:《殖民地文艺政策》,《清华周刊》1934 年第 42 卷第 3、4 期合刊。
③ 梁实秋:《关于"文艺政策"》,《文化先锋》1942 年 10 月 20 日第 1 卷第 8 期。

点和事件:"……数种不同的意见,是在这讨论会未开以前,即已热烈地论争着,而在这以后也仍长久地继续论争着的。但在一九二五年七月一日党中央委员会发表了本书中的第三篇《在文艺领域内的党的政策》这决议,党的文艺政策是决定了。"①《在文艺领域内的党的政策》既强调无产阶级文学领导权的建设:"文学方面的领导权是属于拥有其全部物质的和精神的资源的整个工人阶级的。无产阶级作家的领导权现在还没有建立,因而党应当帮助这些作家去赢得领导权这一个历史权力",也强调文学领域内的自由竞赛:"党应当主张文学领域中的不同集团和流派的自由竞赛。任何别的解决问题的方法都只是官僚主义的官样文章,无助于真正解决问题。同样,不允许用一纸命令或党的决议来使某个集团或文学组织对文学出版事业的垄断合法化。"②

有关苏联这场文艺论争的过程及党的文艺政策的出台,中国文艺界先后通过任国桢、冯雪峰、鲁迅的译介工作获得了较集中的了解。1925 年 8 月,北新书局出版了任国桢所译的《苏俄的文艺论战》。内收褚沙克的《文学与艺术》、阿卫巴赫等的《文学与艺术》、瓦浪斯基(沃隆斯基)的《认识生活的艺术与今代》、瓦列夫松的《蒲力汗诺夫与艺术问题》四篇文章。按任国桢自己所写的《小引》,其中前三篇代表的是论争中三大队伍有关艺术问题的论文。任国桢写作《小引》的时间是 1924 年 10 月 9 日,鲁迅为该译本写作《前记》的时间是 1925 年 4 月 12 日,所以该译本所收的文章,反映的是《在文艺领域内的党的政策》颁布前苏联文艺界有关文艺问题和文艺政策的一些看法。特别是前两篇的副标题均为《讨论在文艺范围内苏俄左党的政略》,更是标明了文章本身与文艺政策论题之间的关联。③在这本书的《前记》中,鲁迅高度赞扬了任国桢的译介工作:"不独文艺,中国至今于苏俄的新文化都不了然……任国桢君独能就俄国的杂志中选译文论三篇,使我们借此稍稍

---

① 画室(冯雪峰):《〈新俄的文艺政策〉·序言》,藏原惟人、外村史郎辑译:《新俄的文艺政策》,画室重译,光华书局 1929 年版,第 4—5 页。

② 《关于党的文学政策》,白嗣宏编选:《无产阶级文化派资料选编》,中国社会科学出版社 1983 年版,第 140、141—142 页。

③ 例如,阿卫巴赫等的《文学与艺术》便提出,着眼于文艺的具体写作技巧问题,"左党要参杂自己的意见是没有什么意思的,左党不但不能实行什么政略,并且也不应当实行什么政略。这不是左党应该干涉的事情,实在在这些地方左党应守中立,让各派的作家去维持自己的主张,发表个人的意见的",但着眼于文学是一种武器,并不存在所谓无党派的文学,"左党就不能,并且不应当在文艺的问题上持'中立不倚'的态度,在文学的范围上,左党很应当实行一定的政略"。(《苏俄的文艺论战》,任国桢译,北新书局 1925 年版,第 9—10 页)

知道他们文坛上论辩的大概,实在是最为有益的事,——至少是对于留心世界文艺的人们。"①从这段文字,大体可以看出鲁迅自己后来翻译《文艺政策》一书的原始动机。

1928 年,冯雪峰以《新俄的文艺政策》为书名翻译了日本藏原惟人、外村史郎共同辑译的《俄国 K. P. 的文艺政策》一书,在光华书局出版。该书收入了 1924 年 5 月 9 日座谈会的速记材料《关于在文艺上的党底政策》、"全联邦无产阶级作家联盟"第一次大会的决议《Ideology 战线与文学》和俄共(布)中央委员会的《在文艺领域内的党底政策》。在不知情的情况下,鲁迅同样开启了对藏原惟人、外村史郎共同辑译的《俄国 K. P. 的文艺政策》的翻译,并且开始从 1928 年《奔流》第一卷第一期起陆续刊出,全部译稿于 1930 年 6 月辑为《文艺政策》一书,作为"科学的艺术论丛书"之十三由水沫书店出版,书中同时附收了日本冈泽秀虎所作、冯雪峰所译的《以理论为中心的俄国无产阶级文学发达史》。

二十世纪二十年代苏联有关文艺政策的文献,给后来中国文学的发展以重要影响。特别是其中的俄共(布)中央委员会所发布的《在文艺领域内的党底政策》,在 1944 年被周扬收入《马克思主义与文艺》一书,1951 年 1 月 28 日,《人民日报》又发表了曹葆华对该文的重译(题目译为《关于党在文学方面的政策》),这个决议在中国差不多拥有了与列宁《党的组织与党的文学》相媲美的权威。在二十世纪二十年代末的"革命文学"论争中,苏联的文艺政策论战文献表现出了对中国左翼作家的文学观念、话语模式、审美取向等的强大塑形能力,一种无处不在的气氛开始改变"五四"以来中国文学的走向,形成了成仿吾所说的"从文学革命到革命文学"的方向性转变。无论是文艺的宣传论、阶级论,还是对待工农作家、同路人的态度和立场,或者是一些具体词句的表达,人们都不难从中找到苏联文艺政策对中国左翼文学理论和创作的影响的例证②。虽然由于传播条件

---

① 鲁迅:《〈苏俄的文艺论战〉前记》,《鲁迅全集》第 7 卷,人民文学出版社 1981 年版,第 267 页。

② 例如:《关于文艺领域上的党的政策》说,"在阶级社会里,中立底艺术,是不会有的"(《鲁迅译文全集》第 5 卷,福建教育出版社 2008 年版,第 121 页);成仿吾则说,"谁也不许站在中间。你到这边来,或者到那边去"(《从文学革命到革命文学》,《创造月刊》1928 年 2 月 1 日第 1 卷第 9 期)。

和鲁迅等人"硬译"①的影响，有的左翼作家对苏联文学和文艺政策的接受通常只能得其大意，但在总体形貌上却正如梁实秋所说的，中国的普罗作家和左翼作家的"口吻颇多与俄国共产党的文艺政策相合的地方"，而同样按梁实秋的说法："俄国共产党的文艺政策虽然也有十几段，洋洋数千言，其实它的主旨也不过是——'无产阶级必须拥护自己的指导底位置，使之坚固，还要加以扩张……'"②以今日的眼光来看，这里所涉及的无产阶级的"指导底位置"，也就是葛兰西所说的无产阶级的文化领导权问题。

在"革命文学"论争的初期，共产党实际上并没有形成对革命文学运动的有力渗透和统一领导，也没有制订出独立明确的文艺政策。正如鲁迅所言，在中国，"这革命文学的旺盛起来，在表面上和别国不同，并非由于革命的高扬，而是因为革命的挫折"③。因为革命的挫折，从实际工作中被排斥的青年作家和从日本新归来的接受了世界无产阶级文学理论影响的青年作者才得以聚集起来，大规模地提倡无产阶级文学，各各陈述自己对革命文学的理解，形成了集团作战而又错将鲁迅、茅盾等当作了主要的攻击对象。

1929 年 6 月，中国共产党第六届中央执行委员会第二次全体会议通过了《宣传工作决议案》。该决议案强调了"宣传教育是实现党的任务的经常的基本工作"，特别强调要"尽量利用群众的宣传组织与刊物，但须切实审查给予正确的指导……党应当参加或帮助建立各种公开的书店、学校、通信社、社会科学研究会、文学研究会、剧团、演说会、编译新书刊物等工作"，同时决定成立下属中央宣传部的"文化工作委员会"，以"指导全国高级的社会

---

① 例如，鲁迅对《关于文艺领域上的党的政策》第十五条的翻译，即有明显的"硬译"的痕迹："党应当竭一切手段，排除对于文学之事的手制的，而且不懂事的行政上的妨害。党为了保证对于我们文学的真是正当的，有益的，而且战术底的指导起见，应该虑及那在职掌出版事务的各种官办上，十分留心的人员的选择。"(《鲁迅译文全集》第 5 卷，福建教育出版社 2008 年版，第 125 页)。二十世纪四十年代收入周扬编选《马克思主义与文艺》的陈雪帆对这一段的翻译，仍不无"硬译"的痕迹："党对于文学的事情，应该用尽一切手段排除杜撰的、不懂事的行政上的妨碍。为了保证对于我们文学的真是正当的，有益的，而且战术的指导起见，应该慎重考虑各种官办事业上掌管出版事务的人选。"(《马克思主义与文艺》，大连大众书店 1946 年版，第 246 页。)1984 年，作家出版社改版重印的《马克思主义与文艺》(第 252 页)，采用人民文学出版社 1953 年版的《苏联文学艺术问题》一书中对该文的新译，则明白晓畅多了："党应当用一切办法根除对文学事业的专横的和不胜任的行政干涉的尝试。党应当仔细注意出版事业机关的人选，以便保证对我们文学的真正正确的、有益的和有分寸的领导。"

② 梁实秋：《所谓"文艺政策者"》，《新月》1932 年第 3 卷第 3 期。

③ 鲁迅：《上海文艺之一瞥》，《鲁迅全集》第 4 卷，人民文学出版社 1981 年版，第 297 页。

科学的团体、杂志,及编辑公开发行的各种刊物书籍"。①正是在此背景下,通过中央政治局常委兼中央秘书长和宣传部部长李立三、中宣部文委书记潘汉年等的层层指示与干预,"革命文学"论争的双方取得了一定程度的谅解和一致,于 1930 年 3 月 2 日成立了"左联"。"左联"成立大会所通过的"理论纲领"明确强调:"我们的艺术是反封建阶级的,反资产阶级的,又反对'失掉社会地位'的小资产阶级的倾向! 我们不能不援助而且从事无产阶级艺术的产生。"②左联执委会 1930 年 8 月 4 日通过的《无产阶级文学运动新的情势及我们的任务》,更进一步地明确提出:"目前中国无产阶级文学运动已经从击破资产阶级文学影响争取领导权的阶段转入积极的为苏维埃政权而斗争的组织活动的时期。……'左联'这个文学的组织在领导中国无产阶级文学运动上,不容许他是单纯的作家同业组合,而应该是领导文学斗争的广大群众的组织。"③这类理论表述,一方面折射出了当时共产党的政治路线所导致的对革命形势的激进判断与"左倾"色彩;另一方面也反映出了"左联"不是一个纯粹的文艺社团和群众组织,而是肩负着争取文化领导权使命的一个准政治团体。其成员大部分是共产党员,其组织方式是政治化的组织方式,所遵循的文艺政策与同时期中央苏区的文艺组织没有本质差异——中央苏区工农剧社也以"提高工农劳苦群众政治和文化的水平,宣传鼓动和动员来积极参加民族革命战争,深入土地革命,反对帝国主义进攻苏联,武装保护苏联,推翻帝国主义国民党的统治,建立苏维埃新中国,激发群众革命的热情,介绍并发扬世界无产阶级的艺术"④为宗旨。强调文学的阶级性、大众化、武器论,无一不表明二十世纪三十年代左翼文学运动所执行的是充满强烈党派意识和政治意识的文学政策。同时,与苏联文艺政策的关联,更多地吸收了其中对文化领导权的强调,而忽视了其中对自由竞赛的鼓励和对同路人作家的联合问题。

　　当革命文学运动如火如荼展开之时,右翼文人也在摩拳擦掌,呼吁国

----

①　《宣传工作决议案》,(1929 年 6 月 25 日),《中国共产党宣传工作文献选编(1915—1937)》,学习出版社 1996 年版,第 878、891、896 页。

②　《中国左翼作家联盟底理论纲领》,《萌芽月刊》1930 年 4 月 1 日第 1 卷第 1 期。

③　《无产阶级文学运动新的情势及我们的任务》,《文化斗争》1930 年 8 月 15 日第 1 卷第 1 期。

④　《工农剧社章程》,汪木兰、邓家琪编:《苏区文艺运动资料》,上海文艺出版社 1985 年版,第 16 页。

民党出台文艺政策。针对"我们的党政府及党人不曾真真注意到文艺方面"的现状，廖平提出，"第一：我们国民党的文艺界要联合一起，成一个大规模中国国民党文艺战争团……第二：政府要给这种团体相当的援助，以及指导。此外对于一切反革命派的刊物，要检查，禁止，以免影响青年，致有错误的思想"①。1929 年 6 月，国民党中宣部召开第一次"全国宣传会议"，通过了《确定适应本党主义之文艺政策案》《规定艺术宣传方法案》。这两个文件既呼应了此前右翼文人对于出台文艺政策的呼求，也搭建了此后国民党文艺政策的宏观框架。《确定适应本党主义之文艺政策案》提出了创造"三民主义文学"的总方针，强调"第一，创造三民主义文学（如发扬民族精神，阐发民治思想，促进民生建设等文艺作品）；第二，取缔违反三民主义之一切文艺作品（如斫丧民族生命，反映封建思想，鼓吹阶级斗争等文艺作品）"②。一创造，一取缔，基本规定了此后国民党文艺政策的两大方向。支持"三民主义文学"创作和"以民族意识为中心"的民族主义文学运动，资助前锋社、中国文艺社、开展文艺社等文艺社团及其下属刊物的运作，成立国民党中央执行委员会文化事业计划委员会、国民党中央戏曲事业指导委员会、国民党中央电影事业指导委员会等机构，颁发《通俗文艺运动计划书》（1932 年 8 月 25 日）、《文艺奖励条例》（1933 年 4 月 20日）、《国民党中央文化事业计划纲要》（1936 年 4 月 2 日）等文件，都代表国民党文艺政策之"创造"一端。而配合《危害民国紧急治罪法》（1931年）、《危害民国紧急治罪法施行条例》（1931 年）、《维持治安紧急办法》（1936 年）等法规，颁布《查禁反动刊物令》（1929 年）、《新出图书呈缴规程》（1930 年）、《取缔发售业经查禁出版品办法》（1934 年）、《文艺书刊须送中宣部备查令》（1934 年）等文件，设立中央宣传委员会图书杂志审查委员会、中央电影检查委员会、中央电影剧本审查委员会等机构，则代表国民党文艺政策之"取缔"一端。不过，由于国民党意识形态宣传的空洞和无能，更因为国民党文艺统制机构的政出多门、相互掣肘，国民党文艺政策的实施总体上取缔长于创造、口号多于实践。在谈到"民族主义文

---

①　廖平：《国民党不应该有文艺政策吗》，《革命评论》周刊 1928 年第 16 期。

②　国民党中宣部编：《全国宣传会议录》，1929 年 6 月，第 31 页。转引自牟泽雄：《民族主义与国家文艺体制的形成——国民党南京政府时期（1927—1937）的文艺政策研究》，云南人民出版社2013 年版，第 45 页。

学"运动时,茅盾便用不屑的口吻说,"所谓'民族主义文艺的理论',最大的'文献'就是《民族主义文艺运动宣言》。此后民族主义派各位先生的论文都是这篇宣言的注脚和引申。据说这篇'宣言'是化了重赏而始起草完成,又经过许多人的讨论,并由国民党中央宣传部加以最后决定的;是这么郑重其事的一篇文章!然而内容的支离破碎,东抄西袭,捉襟见肘的窘状,却也正和整个国民党的统治权相仿佛"!"不但南京的胡汉民系的'三民主义文学派'始终不理上海的'民族主义派',便是民族主义派本身内也发生了潘公展与朱应鹏的冲突了。"①国民党文艺政策在实践上的失败,正好构成了毛泽东所提出的一个经典问题,那就是在 1927 年至 1937 年期间,"其中最奇怪的,是共产党在国民党统治区域内的一切文化机关中处于毫无抵抗力的地位,为什么文化'围剿'也一败涂地了"②? 这个问题,或许只有放到更长的历史时段中才能获得圆满解答。

第二节　抗日统一战线与文学合法性的竞争

抗战时期,无论国民党的文艺政策还是共产党的文艺政策,都与上一个十年既保持某种历史的连续性,也呈现出由时代的变化所引起的一定程度的非连续性或曰断裂。这种变化之中有不变、不变之中有变化的由来,首先表现在中国共产党自 1935 年 8 月发表《为抗日救国告全体同胞书》(《八一宣言》)、12 月举行瓦窑堡会议确定抗日统一战线的方针,率先对自己的战略、政策做出了调整。1936 年春,"左联"的解散及随之而来的"两个口号"的论争,正是这种政治路线的调整在左翼文坛所引起的转型和转型期的短暂混乱的反映。西安事变的和平解决、卢沟桥事变的爆发,特别是 1937 年 7 月 17 日蒋介石庐山谈话的发表,标志着中国共产党从反蒋抗日、逼蒋抗日

①　石萌(茅盾):《"民族主义文艺"的现形》,《前哨》(《文学导报》)1931 年 9 月 13 日第 1 卷第 4 期。

②　毛泽东:《新民主主义论》(1940 年 12 月),《毛泽东选集》第 2 卷,人民出版社 1966 年版,第 663 页。

到联蒋抗日的政策调整有了现实的必要和可能。而随后到来的国共两党的第二次合作，进一步促成了抗战时期共产党文艺政策适时而主动的调整。

坚持抗日统一战线和坚守文化领导权是抗战时期共产党文化和文艺政策的两个重要主题。在日寇进攻武汉期间，中共中央所强调的宣传鼓动工作中应注意的事项之一是："说明抗战的目前任务是克服困难，坚持抗战，准备反攻，以争取对日抗战的最后胜利，为达到这个任务，必须坚持统一战线，拥护蒋委员长与国民政府，反对日寇亲日分子托派之分裂中国团结反蒋运动和酝酿对日妥协的一切阴谋。"①即使是在皖南事变之后，中央宣传部在规划共产党在文化运动上的任务时，第一条仍然是"团结一切抗日不"反共"的文化力量，建立文化运动上最广泛的统一战线，向着一个共同的目标：反对民族敌人——日本帝国主义，反对民族投降主义，反对黑暗复古主义"②。

值得注意的是，共产党在坚持抗日统一战线和坚守文化领导权之间，将优先性赋予了坚持抗日统一战线。1938 年 4 月 28 日，毛泽东在鲁迅艺术学院演讲时便强调，为了共同抗日，艺术界同样需要统一战线，"今天第一条是一切爱国者的抗日民族统一战线，第二条才是我们自己艺术上的政治立场。艺术上每一派都有自己的阶级立场，我们是站在无产阶级阶级劳苦大众方面的，但在统一战线原则之下，我们并不用马克思主义来排斥别人。排斥别人，那是关门主义，不是统一战线"③。正是在这种抗战救国优先、统一战线优先的时代背景下，海伦·斯诺 1937 年上半年才在延安观察到了一种典型的文艺服从于政治和政策的现象："无论何时，政治路线一旦有所变化，舞台戏剧就完全变了过来，适应其需要。……我在延安时，正值取消苏维埃之际，一切戏剧的武器都搬了出来，为这一改变进行解释、宣传，赢得人们的同情。反对国民党、反对蒋介石的话听不见了；任何赞成内战的观点不允许说了。一切都朝着促成统一战线的方面发展。戏剧的主要内容变成促进群众

---

① 《中央关于目前日军进攻武汉对各政治机关宣传鼓动工作的指示》（1938 年 10 月 7 日），中共中央宣传部办公厅、中央档案馆编研部编：《中国共产党宣传工作文献选编（1937—1949）》，学习出版社 1996 年版，第 24 页。

② 《中央宣传部关于党的宣传鼓动工作提纲》（1941 年 6 月 20 日），中共中央宣传部办公厅、中央档案馆编研部编：《中国共产党宣传工作文献选编（1937—1949）》，第 257 页。

③ 毛泽东：《在鲁迅艺术学院的讲话》（1938 年 4 月 28 日），《毛泽东文艺论集》，中央文献出版社 2002 年版，第 16 页。

运动,反对日本侵略,唤起民众,要求民主,而没有宣传苏维埃的内容了。"①
这种变化,实际上是建立在对毛泽东后来所说的"党的一切政策,都是为着
战胜日寇"②的基础之上的。对于这种文艺政策的调整,海伦·斯诺给予了
充分的同情的理解。而某些接近国民党的文人,则无法理解或装作不理解
这种随时代而来的变化,并从中找到了攻击共产党的口实——他们由此认
为中共没有一贯的文艺政策,要说有,也只有"机会主义"与"盲动主义"③。

　　在具体的历史情境中,坚持抗日统一战线与坚守文化领导权两种取向
之间,无疑会形成某种紧张关系。而这种紧张关系,集中地落实到了对文学
合法性的垄断和竞争之上——反映在战时文艺政策上即如何处置文学与三
民主义之间的关系。从二十世纪三十年代国民党提倡三民主义文艺和民族
主义文学运动开始,三民主义与文学之间就建立起了牵扯不清的关系。国
民党派文人一直力图通过三民主义与民族意识建立起对文学的权威话语的
垄断,左翼文人却对那种只谈民族、不谈民权和民生的狭隘的三民主义与民
族意识保持高度警惕。进入抗战时期,这种分歧常常因为对三民主义的不
同理解和不同层面的强调而加剧。事实上,长期以来,无论国民党人还是共
产党人,始终都承认存在着对三民主义的多重的、纷乱的理解。毛泽东不仅
在多个地方指出存在着真、假三民主义,而且反复强调"我们同意以孙中山
先生的革命的三民主义、三大政策及其遗嘱,作为各党派各阶层统一战线的
共同纲领"④。而所谓"革命的三民主义",即是"联俄、联共、扶助农工三大
政策的三民主义。没有三大政策,或三大政策缺一,在新时期中,就都是伪
三民主义,或半三民主义"⑤。至于中国共产党的另一重要领导人张闻天,
则不仅旗帜鲜明地表明"我们反对对三民主义的曲解,反对一民主义,反对
假三民主义"⑥,而且在《抗战以来中华民族的新文化运动与今后任务》一文

---

①　〔美〕海伦·斯诺:《卓有成效的延安舞台》,安危译,《陕西戏剧》1984年第4期。

②　《一个极其重要的政策》(1942年9月7日),《毛泽东选集》第3卷,人民出版社1966年版,第836页。

③　杜华:《中共的文化政策》,《青光》1945年12月1日第1卷第4期。

④　毛泽东:《和美国记者贝特兰的谈话》(1937年10月25日),《毛泽东选集》第2卷,人民出版社1966年版,第348页。

⑤　毛泽东:《新民主主义论》(1940年12月),《毛泽东选集》第2卷,人民出版社1966年版,第650页。

⑥　张闻天:《支持长期抗战的几个问题》(1939年8月23日),中共中央宣传部办公厅、中央档案馆编研部编:《中国共产党宣传工作文献选编(1937—1949)》,学习出版社1996年版,第76—77页。

中详细分析了孙中山三民主义思想体系中的积极因素和消极因素:"为民族、为民主、为科学、为大众而斗争的政治思想"及其中的不符合中华民族新文化的"复古的倾向""反民主、反大众的倾向""唯心的、反科学的倾向"。张闻天最后得出结论说:"因此,孙中山三民主义的政治主张与政治纲领,可以成为各党派、各阶级抗战建国统一战线的政治纲领;但它的思想体系,它的理论与方法,正因为存在着上述的弱点,所以不能成为新文化运动的总的理论的与方法的基础。而且对于新文化运动的贡献也比较的少。""应该坚决反对以三民主义来垄断新文化运动的任何企图,反对以政治力量来强迫新文化运动者去全部接受或信仰三民主义的思想体系,以及对于三民主义的思想体系的自由讨论与科学批判的限制与取缔。三民主义不能限制新文化,相反的,三民主义只是新文化的一个组成部分而已。"①这种对三民主义思想体系的归纳和概括,清楚表明了抗战时期共产党人所服膺的是将三民主义作为抗日成立统一战线的政治纲领,而不是当作新文化运动的思想体系和理论纲领。而如果我们将毛泽东思想当作集体智慧的结晶,那么,可以说,这种对三民主义的认识,以及其中所折射出的坚持抗日统一战线与坚守文化领导权之间的某种紧张关系,正好构成了毛泽东《新民主主义论》和《在延安文艺座谈会上的讲话》出台的一个重要思想背景。

第三节 《我们所需要的文艺政策》与《在延安文艺座谈会上的讲话》

抗战时期,国民党政府和中央及所属各机构制订、通过、颁发了相当多的有关文化政策、文化运动、文化出版、文化组织等的提案、决议、纲领、法规,其中或多或少地涉及国民党的战时文艺政策。这类文艺政策,尤以国民党中央宣传部、社会部、军委会政治部等机构制定和颁布的数量为最多,影

---

① 洛甫(张闻天):《抗战以来中华民族的新文化运动与今后任务》,《解放》1940 年 4 月 10 日第 103 期。

响也最广,在战时的文化动员和文化统制方面产生了重要影响(这种影响主要在国统区但不仅限于国统区)。不过,总体上,国民党抗战时期试图推行全国一致同意的文艺政策、实行党治文化的目标始终没有得到实现。

1938 年 3 月 31 日,国民党临时全国代表会议通过了陈果夫等的关于确定文化建设原则纲领的提案。该提案提出了中华民国文化建设的三大原则和二十二条纲领。其中三大原则是:"一、根据总理'保持吾民族独立地位,发扬我固有文化,并吸收世界文化而光大之'之遗训,以建设中华民族之新文化。二、以文化力量,发扬民族精神,恢复民族自信,加强全国民众之精神国防,以达民族复兴之目的。三、对于一切文化事业,尽保育扶持之责,以督促、指导、奖励及取缔方法,促成全国协同一致之发展。"二十二条纲领中与文艺相关者有五条:"十五、建立三民主义的哲学、文艺及社会科学之理论体系。十六、实施总理纪念奖金办法,以策励文艺、社会科学、自然科学、教育及社会服务之进步。……十八、明定奖励出版办法,保障著作人之权益,以提高出版道德,文化水准,并取缔违反国家民族利益或妨害民族意识之言论文字。十九、推广新闻、广播、电影、戏剧等事业,以发扬民族意识为主旨。二十、设立国家学会、选拔文学、艺术、科学等积学之专家,以奖进学术研究之深造。"①这个提案基本规定了国民党战时文化、文艺政策的基本指导思想和方向,无论是《国民党中央宣传部文化运动委员会工作纲领》(1942 年)、军委会抄发的《当前之文化政策与宣传原则》(1942 年 5 月 1 日)、中央宣传部所检送的《各省市县党部三十一年度通俗宣传实施纲要》(1942 年 5 月 15 日),还是国民党第五届中央执行委员会第十一次会议所通过的《文化运动纲领案》(1943 年 9 月 8 日)、国民党中央宣传部所奉发的《文化运动纲领实施办法》(1945 年 4 月 23 日),都沿袭了陈果夫等的提案的基本思路:强调文化建设对于中华民国成立和抗战的重要意义,强调三民主义作为文艺运动和文化政策的思想基础,强调文化活动和文学实践以民族国家为本位,当然,同时也强调对马克思主义的传播和共产党主张的流传持警戒态度。

抗战初期,国民党作为执政党在全民抗战的热潮中声望得到提高。军委会政治部第三厅和中华全国文艺界抗敌协会的成立,给开展全国性的文

---

① 《国民党临时全国代表会议通过陈果夫等关于确定文化建设原则纲领的提案》(1938 年 3 月 31 日),中国第二历史档案馆编:《中华民国史档案资料汇编》第五辑第二编《文化》,凤凰出版社 1998 年版,第 1 页、第 2—3 页。

化运动、进行全国性的文艺动员带来了新的可能和便利。但是，国民党的战时文艺政策，更多的是一种惯性运动。在处理文艺与时代的关系时，仍如二十世纪三十年代的文艺政策一样，被动多于主动，消极措施多于积极措施。1931 年，在谈及民族主义文学运动和三民主义的文艺时，朱应鹏曾说，"所谓党的文艺政策，又是由于共产党有文艺政策而来的；假如共党没有文艺政策，国民党也许没设有文艺政策"①。国民党这种被动创设文艺政策的局面，实际上到抗战时期也没有根本改变。1942 年 9 月，张道藩发表《我们所需要的文艺政策》，意在改变这种被动局面。该文提出了"六不""五要"的政策。所谓"六不政策"即："（一）不专写社会黑暗，（二）不挑拨阶级的仇恨，（三）不带悲观的色彩，（四）不表现浪漫的情调，（五）不写无意义的作品，（六）不表现不正确的意识。""五要政策"即："（一）要创造我们的民族文艺，（二）要为最苦痛的平民而写作，（三）要以民族的立场来写作，（四）要从理智里产作品，（五）要用现实的形式。"②鉴于张道藩身为国民党文化官员的身份等因素，该文发表后在文坛引起相当大反响。按王集丛的说法，"一时之间，中国文艺政策问题，成为了文坛议论的中心。这可说是抗战建国期中中国文艺界的一件大事"③。而多年之后，目前学界多倾向将《我们所需要的文艺政策》所主张的文艺政策当作战时国民党的文艺政策。然而，结合该文发表后的种种遭遇来看，此种说法言过其实。该文当时虽然引起右翼文人相当多的附和与赞同，但也激起不少的反对和嘲讽。有左翼文人嘲讽"嚷嚷'不描写黑暗'的论客们"是"鸵鸟主义在作祟"④。自由主义文人梁实秋则秉持他二十世纪三十年代以来的一贯主张，认为文艺政策是一种妨碍文艺自由发展的、带有一定强迫性的统制文艺的企图。⑤更值得注意的是，甚至附和张道藩观点的右翼文人也多指出《我们所需要的文艺政策》的种种不足。有人不满于该文没有名正言顺地叫我们所需要的文艺为"三民主义的文艺"或"三民主义文艺"⑥，有人指出"这六不五要""作为纲目条文，其间界

---

① 《朱应鹏氏的民族主义文学谈》，《文艺新闻》1931 年 3 月 23 日。
② 张道藩：《我们所需要的文艺政策》，《文艺先锋》1942 年 9 月 1 日第 1 卷第 1 期。
③ 王集丛：《三民主义文艺政策的提出和其意义》，《中国新文学大系（1937—1949）》第一集（文学理论卷一），上海文艺出版社 1990 年版，第 91—92 页。
④ 苏黎：《鸵鸟》，《新华日报》1942 年 9 月 27 日。
⑤ 梁实秋：《关于"文艺政策"》，《文化先锋》1942 年 10 月 20 日第 1 卷第 8 期。
⑥ 易君左：《我们所需要的文艺原则纲要》，《文艺先锋》1943 年第 2 卷第 4 期。

限未清,而含义大小不一,有的可以合并,有的可以补充"①。更有人提出:"时至今日,不止是我,恐怕广大的读者们看到'政策'这字面,都会感觉头痛。现在,作者既是站在主义和国家民族的立场,提出文艺的建设性和永久性的法则,并不是为了应付眼前,维持现状的'政策',那么,在标题上取消'政策'的字面,干脆发出一个洪亮的号召:'我们所需要的文艺!'实在尤为允当而适切。"②但这样的主张,一旦真的付诸实践,则恰恰等于取消了张道藩所主张的文艺政策。而张道藩自己,面对梁实秋的诘难,后来似乎也显得底气不足——声称"我们绝不是'奉命'开场",自己之所以"未曾称为'政府的文艺政策'或'中国的文艺政策',而只称为'我们所需要的文艺政策'",实际上是期盼"全国的文艺界来批评、补充,以求一全国一致同意的政策"。③可以说,自二十世纪三十年代以来,国民党人一直在渴望由"党的文艺政策来统制中国的文艺"④,以实现党治文化的梦想,但这个梦想到进入二十世纪四十年代以后也始终无法实现。

一种制度只有相当一部分人接受并同意贯彻它时,才能成功地付诸实施。从这个角度上讲,张道藩所主张的"我们所需要的文艺政策",还只能算是一种文艺政策的设想,而不能说是一种获得同意并贯彻的文艺政策。他有感于建立"全国一致同意的政策"的必要性,实际上却无法推出这种"全国一致同意"的文艺政策。相比之下,毛泽东的《在延安文艺座谈会上的讲话》则堪称建立起了一种受到相当一部分人接受且成功付诸实践的文艺政策。

《在延安文艺座谈会上的讲话》也是在要建立一个具有高度合法性的文艺政策的背景之下出台的。它一方面是毛泽东文艺思想长期发展的水到渠成的一个结果,一方面也是革命文艺发展需要的迫切要求。据王德芬回忆,1941年萧军要求离开延安时曾向毛泽东建言。毛泽东在当面回答萧军的"党有没有文艺政策"的询问时说:"哪有什么文艺政策,现在忙着打仗,种小米,还顾不上哪!"而萧军则说:"党应当制订一个文艺政策,使延安和各个抗日根据地的文艺工作者有所遵循有所依据,统一思想统一行动,加强团结,有利于革

---

① 王梦鸥:《戴老光眼镜读文艺政策》,《文艺先锋》1943年第1卷第21期。
② 王平陵:《评〈我们所需要的文艺政策〉》,《中央周刊》1942年第5卷第16期。
③ 张道藩:《关于文艺政策的答辩》,《文化先锋》1942年10月20日第1卷第8期。
④ 殷作桢:《文艺统制之理论与目标》,《前途》1934年第2卷第8号。

命文艺工作正确发展。"①结合后来的历史文献来看,王德芬这里所述的对话的细节可能与历史场景有出入,但其基本的骨骼应当是真实的。1944 年 3 月 22 日,毛泽东在中共中央宣传委员会召开的宣传工作会议上说:"在内战时期、抗战初期,甚至于现在,在我们一些同志中间还有一种思想,就是认为政治、军事是第一的,经济、文化是次要的。这样一种看法有没有理由呢? 的确,政治、军事是第一的,你不把敌人打掉,搞什么小米、大米,搞什么秧歌,都不成。因为还有敌人在压迫。"②在 1944 年 10 月 30 日陕甘宁边区文教工作者会议上,毛泽东又说:"我们的工作首先是战争,其次是生产,其次是文化。没有文化的军队是愚蠢的军队,而愚蠢的军队是不能战胜敌人的。"③毛泽东并不看轻文化对革命工作的必要性和重要性,但也从不讳言战争环境中政治、军事、经济、文化的主次轻重和先后次序。而萧军后来在"延安文艺座谈会"上发言时,明确提议"可能时应制订一种'文艺政策',大致规定共产党目前文艺方针,以及和其他党派作家的明确关系"④。在"延安文艺座谈会"结束后几天的中央学习组会议上,毛泽东通报了座谈会的情况:"党中央关于知识分子的决定已经有了,但是对于文学艺术工作,我们还没有一个统一的很好的决定。现在我们准备作这样一个决定,所以我们召集了三次座谈会……其目的就是要解决刚才讲的结合的问题,即文学家、艺术家、文艺工作者和我们党的干部相结合,和工人农民相结合,以及和军队官兵相结合的问题。"⑤并且数次提到"政策"一词⑥。所有这些,都表明《在延安文艺座谈会上的讲话》中所提出的文艺为什么人的问题、普及和提高的问题、文艺统一战线问题、文学批评标准问题这些相关的命题,都是作为政策和制度来设计的。当然,这并不意味着此前共产党没有文艺政策,毛泽东

---

①　王德芬:《萧军在延安》,《新文学史料》1987 年第 4 期。

②　毛泽东:《发展陕甘宁边区的文化艺术》,《毛泽东文艺论集》,中央文献出版社 2002 年版,第 103—104 页。

③　毛泽东《文艺工作中的统一战线》,《毛泽东文艺论集》,中央文献出版社 2002 年版,第 110 页。

④　萧军:《关于文艺诸问题的我见》,《解放日报》1942 年 5 月 14 日。

⑤　毛泽东:《文艺工作者要同工农兵相结合》(1942 年 5 月 28 日),《毛泽东文艺论集》,中央文献出版社 2002 年版,第 87—88 页。

⑥　例如:"这个问题的解决当然不是一天两天的事,而是一个长期的过程,但是我们要了解党对待这个问题的政策。"(《毛泽东文艺论集》,第 86 页)"我们要使文艺工作者了解这些问题,掌握党的政策。"(同上书,第 94 页)"所以文艺家要懂得这样的政策,其他同志也要懂得这样的政策,这是一个结合的过程问题。"(同上书,第 95 页)

当年所说的"哪有什么文艺政策",大抵是指没有较纯粹的"成文法"意义上的文艺政策。而此后,随着中共中央总学委 1943 年 10 月 20 日颁布《关于学习毛泽东〈在延安文艺座谈会上的讲话〉的通知》、中共中央宣传部 1943 年 11 月 7 日颁布《关于执行党的文艺政策的决定》,《在延安文艺座谈会上的讲话》所体现的文艺政策在各解放区的传播和贯彻获得了制度性的护航与保证①,直至到第一次文代会后成为中国大陆获得成功实施的、具有绝对文化领导权的文艺政策。

第四节　战时文艺政策与抗战文学的版图

在全面抗战展开的过程中,众多作家发表文章主张建立战时文艺政策②。或者就战时文艺政策的纲领展开宏观的讨论,或者就战时文艺政策的具体措施献言献策。在此背景下,无论共产党的文艺政策,还是国民党的文艺政策,都既是抗战救国的需要,也是民意的一定程度的表达,同时毋庸置疑地融入了各自的党派意识。在具体推行和实施的过程中,随着时局的变化,国共两党的文艺政策既有联合,也有竞争,甚至不无斗争。正是在这种联合、竞争、斗争的复杂纠结关系中,国共两党的文艺政策引导着抗战文艺的前进方向、创作实践,一定程度上决定了抗战文艺的潮起潮落和文学版图。

抗战时期国共两党的文艺政策,使战前许多作家呼唤的建立全国性的文艺界的抗日统一战线的动议化为现实。在抗战初期便建立起了中华全国

---

① 当然,《讲话》的影响绝不仅仅限于文艺界。《中共中央宣传部关于执行党的文艺政策的决定》即强调:"毛泽东同志《讲话》的全部精神,同样适用于一切文化部门,也同样适用于党的一切工作部门。全党应该认识到这个文件不但是解决文艺观文化观问题的教育材料,并且也是一般的解决人生观与方法论问题的教育材料。中央总学委对此已有明确指示。鉴于根据地知识分子大多数都是受过小资产阶级、资产阶级或地主阶级文艺的深刻影响的,在他们中间尤须深入地宣传这个文件。"(1943 年 11 月 8 日《解放日报》)

② 如西谛:《战时的文艺政策》,《战时联合旬刊》1937 年第 3 期;周行:《论战时文艺政策》,《武装》1938 年第 3 期;董文:《战时文艺政策》,《弹花》1939 年 12 月 1 日第 3 卷第 2 期;杜埃:《确立文艺政策》,《文艺阵地》1940 年 2 月 1 日;沙雁:《确立抗战文艺政策》,《东南青年》1941 年 11 月 15 日。

文艺界抗敌协会、中华全国戏剧界抗敌协会、中华全国电影界抗敌协会、中华全国美术界抗敌协会等全国性文艺界抗敌救亡团体。这些全国性文艺团体的建立,凝聚了全国文艺界的力量,扩大了抗日救国的舆论宣传。尤其是"文协"及其散布各地的十余个分会的成立,一定程度上形成了左、右翼和中间派作家之间的新联合。当然,由于战时环境中,中华大地实际上已处于支离破碎的碎片化的政治地缘文化环境中,如"文协"延安分会首先得服从边区政府的领导,这种新联合实际上不可能达到全国一致的完全理想的状态,但这些全国性抗敌救亡团体的成立,仍然在推进中华民族解放运动的过程中做出了相当贡献。

抗战时期国共两党的文艺政策,促成了"文章下乡,文章入伍"的新气象,促进了新文学在中国大地尤其是内地和乡村的传播,加强了作家、艺术家与底层民众的广泛接触和结合。尤其是军委会政治部所领导的诸多抗敌文艺宣传团队,以及如延安解放区丁玲所率领的"西北战地服务团",在深入底层、深入第一线传播民族意识、进行战争动员等方面,做出了极大努力。

抗战时期国共两党的文艺政策,还促进了广泛的文艺民族化、大众化、通俗化运动。无论是国统区还是解放区的作家和艺术家,都看到了街头剧、墙头诗、壁报、图画、歌曲在传播抗战救亡意识、改造民众的精神世界中的巨大作用,纷纷利用各种民族化、大众化、通俗化的文学手段拉近文艺与普通民众间的距离。国民党中央宣传部制定了《各省市县党部三十一年度通俗宣传纲要》,军委会战地党政委员会制定了《文化食粮供应计划大纲》与《战地书报供应办法》。共产党人在推动文艺的大众化与通俗化上更是付出了巨大努力。毛泽东便说:"艺术性高的我们要,低的我们也要。像墙报、娃娃画娃娃,我们也要,那是萌芽,有发展的可能性,有根在那里。老百姓唱的歌,机关里的墙报,战士们吹牛拉故事,里面都有艺术。"[1]从各解放区所发表或公布的一些社论、决议和规章来看[2],共产党所领导的解放区将文艺的民族化、大众化、通俗化,比国民党领导的国统区进行得更为彻底和深入,推

---

[1]　毛泽东:《文艺工作者要同工农兵相结合》(1942年5月28日),《毛泽东文艺论集》,中央文献出版社2002年版,第92—93页。

[2]　例如:《晋察冀边区首届艺术节宣传大纲》(1940年10月16日《抗敌报》)、《新年戏剧工作大纲》(1940年12月24日《晋察冀日报》)、《从春节宣传看文艺的新方向》(1943年4月25日《解放日报》)、《关于发展群众艺术的决议》(1945年1月12日《解放日报》)。

进到了民风、民俗、节日等层面,深入到了最底层民众的日常生活实践之中,对普通百姓的精神世界进行着潜移默化的熏陶和改造。

　　抗战时期国共两党的文艺政策,还促成了出版制度、图书杂志审查制度、文艺奖励制度、作家救助制度等的出台。作为当时的执政党,国民党及其下属机关所制定和颁布的这类法规和文件不计其数。举其要者,1937年7月8日,国民政府公布了《修正出版法》;同年7月28日,内政部公布了《修正出版法施行细节》;1939年11月10日,出台《国民党中央出版事业管理委员会工作计划大纲》。1938年7月21日,国民党第五届中央常务委员会第86次会议通过《国民党战时图书杂志原稿审查办法》《国民党修正抗战期间图书杂志审查标准》;1944年6月,公布了《战时出版品审查办法及禁载标准》《战时书刊审查规则》。此外,1940年7月,国民党中央社会部等单位颁布了《文艺奖助金管理委员会组织大纲》《文艺作品奖励条例》《文艺界贷金暂行办法》《文艺界补助金暂行办法》《征求抗战文艺作品办法》。1943年2月16日,国民党中央图书杂志审查委员会制订了《奖励优良书刊剧本办法》。如果说,出版法和图书杂志审查制度更多地体现了战时国民党文化建设的消极措施,那么,文艺奖励制度和作家救助制度则更多体现了其积极措施。受宏观战争环境的影响,当时国统区不少作家贫病交加,基本的日常生计成了问题。文艺奖金和文艺界贷金、补助金的发放,虽然不能从根本上解决作家的物质贫困问题,但在战时环境中仍成为作家抱团取暖的一个契机。比较而言,抗战时期,延安等解放区由于采用供给制,作家的基本生存获得了更多的保证。赵超构曾记录道:"当我想多知道一点他们的日常生活时,多数作家都向我们保证他们生活得很满意。写不写,写多或写少,一种作品写作时间的长短,并无拘束。反过来说,公家虽保证他们基本生活,并不要求一定的写作,假如他们有作品,所有的稿费和版税也是私有的。"①这种生活和创作状态,后来久而久之虽然衍化出了一种不思进取、由"圈养"所生成的惰性,但在战时环境之下却构成了"解放区的天是明朗的天"的一部分。而解放区的文学奖励,总体上更多偏重于培养新作家和工农兵作者。至于共产党在国统区所展开的出版发行工作,尤其是在特殊和敏感时期,所执行的大体是一种相对谨慎的策略:"在国民党区域的出版发行工作(党的和同

---

① 赵超构:《延安一月》,中国国际广播出版社2013年版,第112页。

情者的),要以精干政策战胜国民党的量胜政策,以分散政策抵抗其统制政策,以隐蔽政策对抗其摧残政策。因此,需要改变和改善宣传战方面的组织工作,主要是出版发行工作。"而之所以采取这种策略,所依据的是共产党进行宣传战的基本政策:"一方面坚持抗日第一与抗战到底,坚持抗日民族统一战线与新民主主义政治,坚持真正三民主义与总理遗嘱,并多方揭露国民党'反共'投降的阴谋罪行,及其违反三民主义与总理遗嘱的言论行为,以推动国民党进步分子,争取中间分子,孤立其反动分子。又一方面,争取社会的广大同情者和同盟军,来共同反对国民党的'反共'、投降,反对其反动的复古主义和一党专制主义,在这方面,我们要强调思想、信仰、言论、研究、创作、出版、教育之自由,要赞助广大中间分子自由主义立场,要同情被压迫、被排斥的地方势力。"①总体上,正是在一种对国民党既联合、又斗争,对被排斥的地方势力的既争取、又利用的灵活策略中,左翼抗战文学运动在国统区里也获得了夹缝中的生存,甚至在桂林、香港等地开展得如火如荼。

第五节 文艺政策的区隔策略与蚕食策略

抗战时期,中国版图上存在着多股政治势力,国土分裂成了多个碎片化的地理政治空间。以广义的国统区、解放区、沦陷区而论,每一政治空间的政治势力都在追求各自的文化领导权,都在推行各自的文化与文学政策。早在抗战全面爆发之前,日本军国主义便试图通过伪满政府实施其殖民文化政策。"日本在东北文化政策的主要点是:(一)使东北文化和中国东部文化分离;(二)杜绝其他任何国家的文化势力侵入东北;(三)制止新文化在东北发展;(四)使东北人民心理上妥恰成分增加,愿意受日人的统治;(五)企图造成一种麻木不仁的社会心理的中心思想在东北;(六)计划减低并毁灭

---

① 《中央宣传部关于展开对国民党宣传战的指示》(1941年5月7日),中共中央宣传部办公厅、中央档案馆编研部编:《中国共产党宣传工作文献选编(1937—1949)》,学习出版社1996年版,第223、225页。

东北人民的智力,俾成为单纯的能言语供奔走的工具。"①1935 年,日本外务省成立国际文化局,专门负责日本的国际对外文化宣传。新组成的所谓"革新内阁"制定了对中国的全面文化渗透计划:"关于对华文化事业的计划,有田外相曾经明白的表示过:今后中日之间的文化提携不再是古董和古书的交换,外务省已经筹划了大量的经费在中国主要的都市里设立各种科学的研究所和图书馆一类的大文化机关。目的在于宣传日本文化,使中国人民能够渐渐彻底的了解日本的精髓。"②抗战时期,为了达到全面灭亡中国的政治目的,配合其军事进攻,日本也试图通过种种方法,建立其独占中国的殖民文化统治。张闻天曾列数了日本为达到其奴化中国的目的所采取的五花八门的文化统制方法:

> 用武力毁灭与强占中国的文化机关与学校,焚毁与取缔中国革命的图书、文献、报章、杂志,屠杀与监视爱国的文化人与青年知识分子。
>
> 直接由日本文化浪人与经过汉奸文化人宣扬其文化理论。如建立"东亚新秩序","东亚协同体",提倡"中日亲善","共存共荣",宣扬"反共灭党""共同防共",以"新民主义""全民主义",反对共产主义与三民主义等。在抗战现阶段内更利用汉奸汪精卫等着重于"和平防共"及假三民主义的宣传,来进行诱降活动,并为伪中央政府的建立肃清道路。
>
> 在它的占领区,建立奴化教育的统治机关与制度。如华北日军司令部特务机关所制造的"新民会""东亚文化协议会",华中的"大民会"等,及其他在它们统制下的整个奴化教育的系统(在华北从新民学院一直到新民小学)。报纸、杂志、通讯社的建立。各种教科书的修改与编印。
>
> 收买、欺骗、引诱、麻醉与强迫文化人与青年知识分子为其服务。特别重视青年学生。开办各种训练班,培养奴化人才。首先抓住大地主、大资本家、官僚汉奸的子弟。汉奸汪派的文化人,是日寇灭亡中国的最得力的走卒。
>
> 利用与提倡中国买办性的封建主义的旧文化、旧道德、旧制度。强迫尊孔、祭孔、读经,实行复古运动。

---

① 陈贞:《东北伪组织的文化政策》,《浙江青年》1935 年 2 月第 1 卷第 4 期。
② 杲杲:《日本"革新内阁"的文化政策》,《绸缪月刊》1936 年 11 月 15 日第 3 卷第 3 期。

提倡迷信、盲从、落后、诲淫诲盗。组织佛教会、道德会、盂兰会、盛德坛，遍设妓馆、烟馆。

强迫学习日文、日语，以日文、日语代替国文、国语。

利用各种下流无耻的、多种多样性的宣传鼓动方法，如挑拨离间、伪造文件刊物、造谣中伤、利用旧形式等，以达到它奴化之目的。①

当然，在中国人民和中国作家的文化抵抗之下，日本和汉奸政府的文化奴役措施收效甚微，并没有达到其原始的目的。抗战时期大部分时间待在中国的日本作家武田泰淳便说："在整个战争期间，无论是日本政府还是民间作家都未能为中国作家制订出一个纲领。日本人的一些主张是毫无意义的、荒谬的，在交战地区没有任何人予以注意。而且，日本方面的所作所为，尽管表面上轰轰烈烈，但思想贫乏，几乎等于零。"②

不过，尽管如此，日伪所推行的所谓"共存共荣"的大东亚文化战略，使战时国共两党的关系和文艺政策变得更趋复杂和多变起来。对于国共两党来说，在民族救亡的层面上，日伪势力始终是一个他者。然而，由于历史的惯性和自身的利益所决定，国民党顽固势力虽然表面上已走出了"攘外必先安内"的策略怪圈，但在反苏、"反共"一点上仍存在与日伪结成利益共同体的苗头和可能，而与此同时，共产党人则始终警惕着这种苗头和可能。毛泽东曾多次明确地谈到所谓友军和异军、友党和异党问题："你们知道，共同抗日的军队叫做友军，不叫做'异军'，那末，共同抗日的党派就是友党，不是'异党'。抗战中间有许多党派，党派的力量有大小，但是大家同在抗战，完全应该互相团结，而决不应该互相'限制'。什么是异党？日本走狗汪精卫的汉奸党是异党，因为它和抗日党派在政治上没有丝毫共同之点，这样的党，就应该限制。"③"但是中国资产阶级顽固派（我说的是顽固派），二十年来，似乎并没有得到什么教训。不见他们还在那里高叫什么'限共'、'溶共'、'反共'吗？不见他们一个《限制异党活动办法》之后，再来一个《异党问题处理办法》，再来一个《处理异党问题

---

① 洛甫：《抗战以来中华民族的新文化运动与今后任务》，《解放》1940 年 4 月 10 日第 103 期。

② 参见武田泰淳 1976 年 9 月 4 日的私人信件，[美]耿德华：《中国沦陷区文学史（1937—1945）》，张泉译，新星出版社 2006 年版，第 12 页。

③ 毛泽东：《和中央社、扫荡报、新民报三记者的谈话》（1939 年 9 月 16 日），《毛泽东选集》第 2 卷，人民出版社 1966 年版，第 552 页。

实施方案》吗？好家伙,这样地'限制'和'处理'下去,不知他们准备置民族命运于何地,也不知他们准备置其自身于何地?"①事实上,自国共两党第二次合作、建立抗日统一战线之后,双方就都在警惕、排除对方身上的他者性,有意无意地在实施法国文化人类学家列维-斯特劳斯所概括的两种文化策略。

在《忧郁的热带》中,列维-斯特劳斯曾提出,在人类的历史上,无论何时,当需要处理他者的他者性时,通常会运用两种策略:一种是人的区隔策略,一种是人的噬食策略。鲍曼曾对这两种策略做过以下归纳和概括:

> 第一种策略存在于将被视为无可救药的古怪、陌生的他者"呕吐"出去:禁止身体接触、对话、社会交往和各种各样的**交易**、共餐或**通婚**。这种"区隔"策略的极端变种现在一如既往是监禁、放逐和杀害。"区隔"策略的升级、"文雅"(现代化的)形式是空间隔离、城市贫民窟、有选择性地接近空间和有选择性地禁止使用空间。

> 第二种策略存在于自命的对异己成分的"非异化":"吸纳""吞噬"外来的灵与肉,通过新陈代谢,使它们有可能与"受"体保持一致,不再与"受"体格格不入。这种策略所取的形式同样范围广泛:从同类相食到强制同化——宣布对本地的风俗、日历、邪教、方言和其他"偏见"与"迷信"开战的文化改革和消耗战。假如第一种策略旨在放逐或消除**他者**,第二种策略则旨在悬搁或消除他者的**他者性**。②

鲁迅曾说:"我以为文艺家在抗日问题上的联合是无条件的,只要他不是汉奸,愿意或赞成抗日,则不论叫哥哥妹妹,之乎者也,或鸳鸯蝴蝶都无妨。但在文学问题上我们仍可以互相批判。"③这种文化策略后来在毛泽东所说的"今天第一条是一切爱国者的抗日民族统一战线,第二条才是我们自己艺术上的政治立场"④中获得了相当完整的延续。而总体上,如果毛泽东

---

① 毛泽东:《新民主主义论》(1940年12月),《毛泽东选集》第2卷,人民出版社1966年版,第643页。

② Zygmunt Bauman, *Liquid Modernity*, Cambridge: Polity Press, 2000, p. 101.

③ 鲁迅:《答徐懋庸并关于抗日统一战线问题》,《鲁迅全集》第6卷,人民文学出版社1981年版,第530页。着重号为原文自带。

④ 毛泽东:《在鲁迅艺术学院的讲话》,《毛泽东文艺论集》,中央文献出版社2002年版,第16页。

所说的第一条是一种典型的注重同化他者性的噬食策略，那么，他所说的第二条则是一种典型的注重消除他者性的区隔策略。可以说，抗战时期共产党人对国民党人所主张的三民主义文艺所持的求同存异的态度，相当集中地折射出这两种典型策略：愿意在政治基础上接受三民主义，但在思想文化基础上更强调新民主主义的文化和文学的建设。

值得注意的是，抗战时期，无论共产党的文艺政策，还是国民党的文艺政策，都受到苏联文艺政策的影响。"党的领导机关，除一般的给予他们写作上的任务与方向外，力求避免对于他们写作上人工的限制与干涉。我们应该在实际上保证他们写作的充分自由，给文艺作家规定具体题目、规定政治内容、限时限刻交卷的办法，是完全要不得的。"①给作家以充分的写作的自由，其思想来源、政策根源显然来自列宁的《党的组织和党的文学》。当然，写作的自由并不是无限制的。赵超构便注意到："苏联有'文艺政策'，延安也有'文艺政策'。延安的文艺理论，是全盘承受苏联的，主要的是列宁和高尔基的文艺观。这理论的要点，只有两句话：一，任何时代的文艺，都是带着阶级性的，都是为着它本阶级的政治利益而服务的；二，'无产阶级'的文艺家，应该为无产阶级的政治利益服务。"②这样的观察是正确的。对文艺的政治立场和倾向的强调，是共产党的文艺政策对作家的第一要求。成仿吾甚至特别强调："关于文艺与政治的关系问题，文艺为政治服务的'政治'还是抽象的说法，法西斯也是政治。应该更具体些：文艺为一定阶级的阶级斗争服务。"③相比之下，国民党对苏联文艺政策的态度却颇多游移和暧昧，甚至可以说充满了今日所说的"羡慕嫉妒恨"的情绪：一方面，他们反复地指责共产党追随苏联的文艺政策，声称"苏联的文艺政策，不是我们所需要的文艺政策"④，"我们不希望以三民主义的文艺政策与日、苏、德、意的文艺政策相提并论。三民主义的政治是民主政治"⑤；但另一方面，又颇为羡慕苏联的

①　《中央宣传部、中央文化工作委员会关于各抗日根据地文化人与文化团体的指示》（1940年10月10日），中共中央宣传部办公厅、中央档案馆编研部编：《中国共产党宣传工作文献选编（1937—1949）》，学习出版社1996年版，第163页。

②　赵超构：《延安一月》，中国国际广播出版社2013年版，第108页。

③　成仿吾：《在北岳区党的文艺工作会议上的发言》，《晋察冀报》1943年5月21日。

④　王梦鸥：《戴老光眼镜读文艺政策》，《文艺先锋》1943年第1卷第21期。

⑤　张道藩：《关于文艺政策的答辩》，《文化先锋》1942年第1卷第8期。

文艺统制政策,不断地论证文艺统制政策的合法性①。梁实秋曾说:"在苏联德意,文艺作家是一种战士,受严格的纪律,不合乎某一种'意德沃洛基'的作品是不能刊行的,有时还连累作者遭受迫害,不能在本国安居,或根本丧失性命。"②张道藩等人虽然矢口否定,称其非"我们"所需要的文艺政策,但是,从国民党二十世纪三十年代以来实际上所推行的文艺政策来看,从抗战时期国民党所颁布和实行的诸多图书杂志审查标准和制度来看,他们所施行的实际上是那种高度一体化的文艺统制政策中最坏的部分。实际上,即使在苏联,也是有相当多的人反对政党对文化的统制的。布哈林说,"凡有文艺上的政策的一切问题的解决,常常有人想求之于党——宛然是对于政治及其他的生活的些细的问题,党都给以回答一般。然而这是党的文化事业的完全错误的Methodologie(方法),为什么呢,因为这是自有其本身的特殊性的"③。托洛茨基同样强调文学艺术的特殊性。他在《文学与艺术》的第七章《共产党对艺术的政策》中说,"艺术必须开辟自己的道路,并且用自己的方法。马克斯(现通译为"马克思")的方法不是和艺术的方法相同的。党领导无产阶级,但并不领导历史底历史进程。有些领域,党在其中直接地命令地领导。有些领域,党在其中仅只合作。最后还有些领域,党在其中仅规定自己的方向就是了。艺术领域不是要党去命令的领域。党能够而且必须去保护并帮助艺术,但是他仅只间接地领导它"④。帕斯捷尔纳克在 1935 年于巴黎召开的一个作家代表大会上,更是不留任何情面地说,"我知道这是一次作家的聚会,目的是组织起来共同抵制法西斯主义。我只想对你们说一句话:不要去组织。组织是对艺术的扼杀。只有独立的个性才是最重要的。无论是 1789 年、1848 年还是 1917年,作家们都没有组织起来拥护什么或者反对什么。不要组织,我恳求你们,不要去组织"⑤。帕斯捷尔纳克如此决绝地反对对作家进行组织,除了以艺术

---

① "本世纪来,能确定一个文艺政策而且行之有效——确能有助于整个国策之运用的,自然要数苏联。这个国家对文艺政策的重视,证明了这话的正确:'一个主义具有完整建国理论的国家必需有一个与那理论一致的文艺政策。'"(丁伯骝:《从建国的理论说到文艺政策——〈我们所需要的文艺政策〉读后感》,《文化先锋》1942 年第 1 卷第 8 期。)

② 梁实秋:《关于"文艺政策"》,《文化先锋》1942 年第 1 卷第 8 期。

③ 鲁迅:《文艺政策》,《鲁迅译文全集》第五卷,福建教育出版社 2008 年版,第 67 页。

④ 特罗茨基:《文学与革命》,韦素园、李霁野译,未名社 1928 年版,第 288 页。

⑤ [英]以赛亚·柏林:《苏联的心灵:共产主义时代的俄国文化》,潘永强、刘北成译,译林出版社 2010 年版,第 56 页。

的例外论和独立的个性的名义之外,显然还与苏联国内的一系列变动不无关联:1932 年 4 月 23 日,联共(布)中央通过《关于改组文艺团体》的决议,决定成立单一的苏联作家协会;1934 年 8 月,召开苏联第一次作家代表大会,独尊"社会主义现实主义";1934 年 12 月 1 日,谢尔盖·基洛夫在列宁格勒被暗杀,成为大清洗的导火索。大致上从此时起,1925 年所颁布的《在文艺领域内的党的政策》为"不同集团和流派的自由竞赛"留下的空间被彻底取消。可以说,无论中外,文艺的统制与文艺的自由之间,始终是一对矛盾。早在 1934 年的中国,就有人注意到了超功利的文学论与所谓的文艺政策之间的冲突和矛盾:文艺在具有其超时间和空间的超越性的同时,"也最容易为人沾污,为人利用,为人强奸! 文艺正像一个不贞节的娼妓,对谁都邀之以青睐,也对谁都同样的被御用。爱护文艺的人是无法加以置辩的"①。当然,有利用和御用便总是有反利用和反御用,这是任何时代都无法抹去的历史事实和无法摆脱的历史辩证法。

　　抗战时期,由于抗日统一战线的出现,国共两党之间为文化领导权而展开的斗争同战前相比,表面减缓了斗争的力度,表面不像此前十年那样剑拔弩张、势不两立,在全面抗战的初期,甚至形成了更多的联合竞争的局面,推动着民族救亡事业的文化动员的开展。然而,在本质上,两党此时所推行的文艺政策却大同小异,呈现出强烈的同质化趋势,在服务于民族利益的旗帜和口号之下,推广自身的政治主张,维护各自的党派利益。当然,由于受战时环境的制约,国共两党的文艺政策在国统区和解放区,以及在国统区和解放区内部的各板块之间的影响都不是均质的。国统区各地方政府和势力在抗战时期的某一阶段都曾制定和颁布过某些地方性的文艺政策和法规。共产党则一方面设法扩大革命文化和文艺在国统区的影响,另一方面也谨慎地防止这种扩大造成对统一战线的动摇②。在各解放区内部,由于交通和传播条

---

①　天羽:《殖民地文艺政策》,《清华周刊》1934 年第 42 卷第 3、4 期合刊。

②　例如周恩来《关于大后方文化人整风问题的意见》便强调谨慎地平衡和维持这两者之间的界限:"文化人整风只限于文委及《新华日报》社两部门的同志,则可行;如欲扩大到党外文化人,似非其时。因目前民主运动正在开展,正好引导文化界进步分子联合中间分子,向国民党当局作要求学术、言论、出版自由的斗争,向顽固分子作思想斗争,揭露国民党文化统制政策的罪恶,并引导其与青年接近,关心劳动人民生活,以便实际上参加和推动群众性的民主运动。"(中共中央宣传部办公厅、中央档案馆研究部编:《中国共产党宣传工作文献选编(1937—1949)》,学习出版社 1996 年版,第 573 页。)

件等的限制,对《在延安文艺座谈会上的讲话》一类文艺法规和政策的传播和贯彻,也有一个渐进的过程,同样不是均质的。

解放战争时期,国民党为了维护其摇摇欲坠的统治,于 1947 年 12 月 25 日公布了《戡乱时期危害国家紧急治罪条例》,其中第六条规定:"以文字图画或演说为匪徒宣传者处三年以上七年以下有期徒刑。"①为了配合所谓戡乱时期的政治,国民党还推出了所谓戡乱文艺。但在国民党政治、军事势力江河日下的宏观背景之下,所谓戡乱政策不仅收效甚微,而且遭到文化界的强烈抵制。甚至《论语》这样的中间刊物也发表《请加入民主自由和平戡乱建设理发党》②这样的文章加以讽刺嘲笑。而与此同时,1948 年,中国人民解放军东北军区政治部编辑了《苏联文艺政策选》,其中收入《关于〈星〉与〈列宁格勒〉杂志——一九四六年八月十四日联共(布)中央的决定(摘要)》、日丹诺夫《关于〈星〉及〈列宁格勒〉杂志所犯的错误》、法捷耶夫《论苏联文学的任务》等文章。《关于〈星〉与〈列宁格勒〉杂志——一九四六年八月十四日联共(布)中央的决定》写道:"两个刊物的领导工作者,首先是他们的编辑萨扬诺夫和李哈列夫同志,忘记了列宁主义的立场,忘记了我们的杂志是科学的也罢,或者艺术的也罢,都不能与政治无关。他们忘记了:我们的刊物是苏维埃政府在教育苏联人民——特别是青年——中的有力工具,因此,必须凭借组成苏维埃制度的强固基础——以其政治作为指南。苏维埃制度不能容忍使青年的教育成为对苏联的政治不关心,放任和无思想。"③该决定及日丹诺夫等对左琴科、阿赫玛托娃等作家的粗暴批评所体现出的文艺路线和文学批评风格,逐渐开启了日后中国长达 30 余年之久的文艺政策的宏观框架和走向。

二十世纪三四十年代,从文艺政策的创设、推广和实施的总体状况来看,共产党和左翼文化界无疑比国民党和日伪政权做得更为成功。特殊时期的日伪政权且不去说它。国民党败居台湾之后,曾反思自己政权落败的一个重要原因是没有如共产党一样利用文艺展开有效的意识形态斗争。这当然不无道理。但过分夸大这一原因,也就会沦为典型的避重就轻。正如

---

① 《戡乱时期危害国家紧急治罪条例》,《浙江省政府公报》1948 年第 3451 期。

② 江东去:《请加入民主自由和平戡乱建设理发党》,《论语》半月刊 1948 年 8 月 1 日第 158 期。

③ 中国人民解放军东北军区政治部编:《苏联文艺政策选》,中国人民解放军东北军区政治部1948 年版,第 3 页。

易劳逸所说的："其实，国民党政权在推行其政策、计划，在改变根深蒂固的中国社会的政治习俗方面，很少表现出有何统治能力。它的存在几乎完全依赖于军队。事实上，它只有政治和军事的组织机构，而缺乏社会基础。它与生俱来就是所有政治体制中最为动荡的体制之一。"①一个政权社会基础的薄弱和动摇，才是这一政权不得人心、最终落败的终极原因。唐纵在1941年4月24日的日记，如实地记录了张道藩对自己政权的真实看法："张部长云，许多地方治安不好，一有乱子，便归咎中共的煽动，其实以现在政治经济情形，没有中共也要出乱子。在民国以前没有共产党，历史上常常有农民暴动的事发生。把所有变乱的原因都归结于共产党的煽动，这是自己逃避责任……"②当一个政权的统治者本身都对这个政权充满了不满、失去了信心之时，这个政权离在政治竞争的场域中落败就不远了。此时任何看似有效的宣传政策和文艺政策，也解决不了这一政权本身的最根本的合法性的危机。

---

①　［美］易劳逸：《毁灭的种子：战争与革命中的国民党中国（1937—1949）》，王建朗、王贤知、贾维译，江苏人民出版社2009年版，原序第2页。

②　唐纵：《蒋介石特工内幕：军统"智多星"唐纵日记揭秘》，团结出版社2011年版，第124页。

第二章　出版制度与二十世纪
三四十年代的中国文学

二十世纪三四十年代，国民党、共产党、汉奸政府出于各自政治利益和意识形态斗争的目的，颁布了形形色色的出版法规，建立起了对文学的预先审查、事后检查或不成文的潜在审查制度，在一定程度上影响了此一时期中国文学的创作、出版和流通，成为文学生产过程中一种重要的制约力量。

第一节　国民党的出版制度与言论钳制

1914 年 12 月 4 日，袁世凯政府公布了我国第一部《出版法》。袁记《出版法》一方面沿袭了《大清印刷物专律》《大清报律》的基本内容，另一方面也对新闻出版自由进行了更严格的规定。袁记《出版法》后来一方面为北洋军阀政府所继承，另一方面也不断遭到社会各界的非议和反抗。在 1926 年初上海新闻文化界争取废止《出版法》的过程中，中国国民党即发表宣言表示同情和支持："言论自由载在中华民国临时约法，并为世界文明国家国民所公有之权利"，"本党对于国内不良政府颁布之出版法即早已否认，促其废止"。① 迫于舆论的巨大压力，1926 年 1 月 27 日，北京政府在国务会议上通过了废止该《出版法》的决议。

虽然国民党对取消袁记《出版法》表示过同情和支持，但一旦自己成为

---

① 见马光仁：《袁记〈出版法〉的制定与废止》，《新闻与传播研究》1987 年第 2 期。

执政党、成立国民党南京政府，便似乎忘记了《中华民国临时约法》早已颁布的"人民有言论著作刊行及集会结社之自由"①的主张，而自始至终热衷于自己的一党统治和舆论一律。在其统治大陆期间，国民党曾连续颁布三部出版法：1930 年 12 月 15 日公布的第一部《出版法》，1937 年 7 月 8 日公布的从 1935 年便开始修订的第二部修正版《出版法》，1947 年 10 月 24 日公布的第三部出版法《出版法修正草案》。这三部出版法不仅反映了不同时段国民党追求一党文化统治、舆论高度一律的现实需要，而且折射出了不同政治势力、文化团体追求言论自由、创作自由的民主需求及由此与执政党的文化高压政策构成的激烈冲突和政治博弈。

国民政府司法院 1930 年公布的《出版法》计六章共 44 条，与袁记《出版法》的 23 条相比更为详尽。结合 1931 年 10 月 7 日内政部公布的《出版法施行细则》来看，国民政府的这一出版法与袁记《出版法》相比，一个重大变化是增加了强烈的党派色彩：除将新闻纸及杂志、书籍及其他出版物区别对待之外，还将涉及党义、党务或政治事项的出版品视为一种特殊出版物加以另行规定，例如第七条中含有"新闻纸或杂志，有关于党义或党务事项之登载者，并应经由省党部或等于省党部之党部，向中央党部宣传部声请登记"，第十五条含有"前项出版品其内容涉及党义或党务者，并应以一份寄送中央党部宣传部"，第十八条规定"有关政治之传单或标语，非经该管警察机关许可，不得印刷或发行"。② 第十九条规定了禁止登载的内容共四条："一、意图破坏中国国民党或三民主义者；二，意图颠覆国民政府或损害中华民国利益者；三，意图破坏公共秩序者；四，妨害善良风俗者。"这是在袁记《出版法》之第十一条禁止出版"一、淆乱政体者；二、妨碍治安者；三、败坏风俗者……"③的基础上的进一步明确，且特别突出了党义和党务方面的限制。

1930 年公布的《出版法》，与 1927 年 12 月 20 日国民政府大学院公布的《新出图书呈缴条例》、1928 年 12 月发布的《取缔各种匿名出版物令》、1929 年 1 月 10 日国民党第二届中央执委会第 190 次常务会议的决议《宣传品审查条例》、1929 年 4 月国民政府颁布的《查禁伪装封面的书刊令》、1929 年 6

---

① 《中华民国临时约法》，商务印书馆 1916 年版，第 2 页。
② 《出版法（1930 年 12 月 15 日国民政府司法院公布）》，《中国新文学大系 1927—1937》第 19 集（史料・索引一），上海文艺出版社 1989 年版，第 545、547 页。
③ 张静庐辑注：《中国近现代出版史料》近代补编第一册，上海书店出版社 2011 年版，第 332 页。

月 4 日国民政府颁布的《查禁反动刊物令》、1929 年 6 月 22 日国民政府公布的《取缔销售共产书籍办法令》、1930 年 3 月 28 日国民政府教育部公布的《新出图书呈缴规程》等法令，一起构成了一张强大的网，给二十世纪二十年代末、三十年代初的文学书籍的创作、出版、发行、流通以巨大的约束和压制，特别是对左翼文学的创作、出版、发行、流通形成了动辄得咎的高压。在革命文学运动中，左翼作家所追求的不是什么"纯艺术的艺术"或中立的艺术，而是带有强烈意识形态色彩的无产阶级文学。李初梨在《怎样地建设革命文学》一文中就明确提出"从新来定义'文学'"，他将"五四"以来中国文坛"两个天经地义的答案"——"文学是自我的表现"和"文学的任务在描写社会生活"——称作"一个是观念论的幽灵，个人主义者的呓语；一个是小有产阶级者意识的把戏，机会主义者的念佛"，他套用辛克莱在《拜金艺术》中的说法，将文学的本质重新定义为"一切的文学，都是宣传。普遍地，而且不可逃避地是宣传；有时无意识地，然而常时故意地是宣传"。[1] 在这一类文学观念指导下所创作出的文学作品，本质上与所谓"宣传品"并无明显界限，极容易触犯《宣传品审查条例》一类法令或法规的红线。而更准确地说，《查禁伪装封面的书刊令》《查禁反动刊物令》《取缔销售共产书籍办法令》等法令的制定与颁布，本就是为了用来对付那时风起云涌的左翼文化和文学运动的。当然，作为广义的出版和出版审查制度之一部分，这些法令和法规大多不仅适用和针对文艺著作而是所有出版物，而且也适用和针对所有政治派别和文化力量。《宣传品审查条例》将不良宣传品区分为反动宣传品和谬误宣传品，其中前者包括："一，宣传共产主义及阶级斗争者；二，宣传国家主义、无政府主义及其他主义而攻击本党主义政纲政策及决议案者；三，反对或违背本党主义政纲政策及决议案者；四，挑拨离间分化本党者；五，妄造谣言以淆乱观听者。"后者包括"一，曲解本党主义政纲政策及决议案者；二，误解本党主义政纲政策及决议案者；三，记载失实足以淆乱观听者"。并且，该条例对各种宣传品审查之后的处理方法分别作出了"嘉奖提倡""纠正或训斥""查禁查封或究办"的规定。此类规定不只针对文艺出版物，但文艺极容易与"有关党政宣传之各种戏曲电影""其他有关党政之一切传单、标语、公

---

① 　李初梨：《怎样地建设革命文学》，《文化批判》1928 年 2 月 15 日第 2 号。

文、函件、通电等宣传品"发生关联①，尤其是强调将文学当作标语口号和宣传的喇叭来使用，主张"文艺是战斗的"的左翼作家，更是容易触犯这类法令、法规的红线，成为这类法令、法规的牺牲品。这类以出版法和出版审查制度的面貌出现的法令、法规，一旦与《危害民国紧急治罪法》(1931 年)、《危害民国紧急治罪法施行条例》(1931 年)结合到一起，甚至会成为一种杀人无算的利器，成为一种迫害持不同政见者的"合法化"力量。从某种程度上说，对以"左联五烈士"为代表的左翼文化、文学人士的迫害、监禁和杀戮，即借助了这种"合法化"的制度的力量。

特别应当一提的是，1934 年 2 月，国民党中央宣传委员会突发密函查禁 149 种文艺书籍。查禁书目涉及 25 家书店、28 位作家，涉及范围之广，堪称前所未有。上海书业界某些人士为求自保，出于商业利益考虑，建议采取事先审查制度，由官方审查原稿。在此背景下，1934 年 4 月 5 日，国民党第四届中央执行委员会第 115 次常务会议通过了《中央宣传委员会图书杂志审查委员会规程》，决定设立图书杂志审查委员会。委员会下设总务、文艺、社会科学三组，据称设立该组织的目的是"为审慎取缔出版刊物，增进审查效能，并减除书局与作家之损失"，其工作职责是"遵照中央颁布之宣传品审查条例，及审查标准、出版法、出版法施行细则等法令，审查一切稿件"②。1934 年 6 月 1 日，国民党中宣部发布《图书杂志审查办法》。该办法规定"凡在中华民国国境内之书局、社团或著作人所出版之图书杂志，都应于付印前依据本办法"③，将稿本呈送国民党中央宣传委员会图书杂志审查委员会申请审查。这一办法的出台，显然旨在加强国民党中宣部对图书杂志出版的预先检查。1934 年 6 月 15 日，吴醒亚、潘公展、童行白颁布《图书杂志审查委员会开始工作通令》，这标志着设立于上海的图书杂志审查委员会正式开始运作。这一机构的成立，连同 1934 年 7 月 17 日国民政府内政部公布的《取缔发售业经查禁出版品办法》、9 月 7 日上海市教育局转发的《文艺书刊

---

① 《宣传品审查条例》，《中国新文学大系 1927—1937》第 19 集（史料·索引一），上海文艺出版社 1989 年版，第 564—566 页。

② 《中央宣传委员会图书杂志审查委员会组织规程》，《中国新文学大系 1927—1937》第 19 集（史料·索引一），上海文艺出版社 1989 年版，第 584 页。

③ 《图书杂志审查办法》，《中国新文学大系 1927—1937》第 19 集（史料·索引一），上海文艺出版社 1989 年版，第 585 页。

须送中宣会备查令》等法令、法规，无疑在当时的文学创作和图书杂志出版之上又加了一道紧箍。

　　1934 年号称"杂志年"，但杂志出版数量的增加代表的并不是文化和文学的繁荣。正是在这一年前后，舆论界充满了杀气腾腾的文化统制、文化剿匪的议论和喧嚣。《前途》1934 年 8 月第 8 期、《文化与社会》1935 年第 1 卷第 8 期均辟有"文化统制"专号，而 1934 年 1 月 1 日出版的《汗血周刊》、1 月 15 日出版的《汗血月刊》都标明"文化剿匪专号"。有人甚至声称，"文化需要统制，特别是中国现时的文化需要统制，这已经多数报章杂志热烈讨论过的问题，在目下，可以说已是一致公认的确切不易的定论了"①。大部分提倡文化统制和文化剿匪的文章，都认为国民党过去在文化上大多采取放任主义，现在转而采取干涉主义，虽属"贼出关门""亡羊补牢"，但急起直追，尚未为晚。②有人将文化统制理解为中国民族复兴运动的两大部分之一：新生活运动"养成国民个人的新生活"，文化统制运动"产生民族团体的新生活"。③ 有人认为文化统制的任务不在于成立一个统制机关，而在于"建立一个共同的信念。以复兴民族夺回民族生存权的抗争精神为今日中国文化的基本精神"④。那时，虽然吴铁城颇费周章地论证"统制系兼爱非霸术""统制系民主非独裁""统制系法治非专制"⑤，但更多的作者和文章却肆无忌惮地宣扬文化统制需要政治独裁，统制和独裁相得益彰。殷作桢毫不掩饰"文化统制是适应独裁政治的需要而产生的。文化统制可以推进独裁政治的发展，也只有在独裁政治的卵翼之下，文化统制才能顺利地完成的"，他同时狂热地主张："独裁可以统一中国！""独裁可以复兴民族！"⑥《社会新闻》的社论在提出文化剿匪的四种办法之外，还赤裸裸地强调："其实要发动文化剿匪的运动，则除却消极的铲除赤色文化以外，还应该积极的用法西斯蒂的精神，来建立三民主义的文化，一方面应仿焚书坑儒的先例杀共产党而

---

　　①　陈起同：《文化统制的实施问题》，《社会主义月刊》1934 年 3 月 1 日第 2 卷第 1 期。

　　②　滁尘《文化统制政策与复兴中国》（《政治评论》1933 年 1 月 11 日第 84、85 号合刊）、陈起同《文化统制的实施问题》（《社会主义月刊》1934 年 3 月 1 日第 2 卷第 1 期）以及《社会新闻》1933 年第 5 卷第 1 期的社论《文化剿匪的认识》等文都持此种观点。

　　③　沈琳：《中国文化统制的目标与方法》，《前途》1934 年 8 月 1 日第 2 卷第 8 期。

　　④　萧作霖：《文化统制与文艺自由》，《前途》1934 年 8 月 1 日第 2 卷第 8 期。

　　⑤　吴铁城：《统制真诠——为前途杂志文化统制专号作》，《前途》1934 年 8 月 1 日第 2 卷第 8 期。

　　⑥　殷作桢：《文艺统制之理论与目标》，《前途》1934 年 8 月 1 日第 2 卷第 8 期。

焚其书,另一方面该仿摩罕默德左手握刀右手经典的办法,把三民主义的文化基础建立起来,使赤色的文化没有死灰复燃的余地。"①这类史料一方面让我们见识了当日国民党力图达成文化专制、舆论一律的思想来源,一方面也让我们看到了对 1930 年《出版法》进行修订的宏观文化背景。

历经各种查禁风波的出版界和文化界认为 1930 年的《出版法》过严,图书杂志审查委员会的某些举措过于荒唐,但官方却依然认为 1930 年的《出版法》过宽,留有制度上的漏洞和可乘之机。不过,无论是认为过严还是认为过宽,都表现出了对 1930 年《出版法》加以修订的意愿。在此背景下,从 1935 年 2 月起,国民政府内政部会同中宣会、行政院等部门代表多次就《出版法》的修订进行审议或审查,并于同年 7 月 12 日由立法院通过了《修正出版法》。但此《修正出版法》在《大公报》等媒体全文刊出后,其过苛的新条文遭到新闻界的强力抵制和反对,未进入正式公布实施阶段。②1937 年 7 月 8 日国民政府公布的《修正出版法》和 7 月 28 日内政部公布的《修正出版法施行细则》,堪称 1935 年国民党对《出版法》的修正和新闻舆论界积极抗争而达成的一个结果:比 1930 年的《出版法》更严,比 1935 年未正式公布实施的《修正出版法》要松。其中第二十四条"战时或遇有变乱及其他特殊必要时,得依国民政府命令之所定,禁止或限制出版品关于政治军事外交或地方治安事项之登载"③比 1930 年《出版法》涉及同样内容的第 21 条多出了"政治""地方治安"六字。这六个字已隐隐地露出了战争的威胁和政府乃至地方势力可以借用"战时"大打政治牌的端倪与伏笔。

抗战时期,国民党制定了相当多的有关出版和图书杂志审查的法规和制度,并建立了专门的图书杂志审查机关。1938 年 7 月 21 日,国民党第五届中央常务委员会第 86 次会议通过《战时图书杂志原稿审查办法》《中央图书杂志审查委员会组织大纲》《修正抗战期间图书杂志审查标准》。《战时图书杂志原稿审查办法》的第一条称:"在抗战期间,中央为适应战时需要,齐

---

① 《文化剿匪的认识》,《社会新闻》1933 年第 5 卷第 1 期。该文提出的"文化剿匪"的四大方法是:"第一,是查封解散赤色文化的团体。""第二,是严厉取缔鼓吹赤色文化的出版物。""第三,是取缔电影。""第四,是统制教育。"

② 有关 1935 年国民党对《出版法》进行修订并"功亏一篑"的过程,可参见张化冰:《1935 年〈出版法〉修订始末之探讨》,《新闻与传播研究》2007 年第 1 期。

③ 《国民政府公布的修正出版法》(1937 年 7 月 8 日),中国第二历史档案馆编:《中华民国史档案资料汇编》第五辑第二编"文化(一)",凤凰出版社 1998 年版,第 276 页。

一国民思想起见,特组织中央图书杂志审查委员会(以下简称中央审查机关),采取原稿审查办法处理一切关于图书杂志之审查事宜。"第四条称:"为便利各地图书杂志之迅速出版起见,各大都市(或省会)之党政军警机关得在中央审查机关指导之下成立地方图书杂志审查委员会(以下简称地方审查机关),办理各该地方之图书杂志审查事宜……"①这实际上是重提组建1935年5月因"《新生》事件"而被迫撤销的不得人心的图书杂志审查委员会。经过一段时间的筹备组建,由中宣部副部长潘公展兼任主任委员的中央图书杂志审查委员会于同年10月开始运作,并在武汉、西安、重庆、桂林、云南、广东、湖南等地设立了相应的地方图书杂志审查委员会,图书杂志原稿审查办法因此比一度在上海所推行的涉及范围更广、渗入程度更深。《修正抗战期间图书杂志审查标准》对"反动言论"和"谬误言论"的界定比战前的《宣传品审查条例》的相应界定范围更广,分别由原来的五条和三条变为八条和七条,具体内容的界定更多地突出了战时的国家使命和执政党的现行权力(如"宣传共产主义及阶级斗争者"衍变成了"鼓吹偏激思想,强调阶级对立,足以破坏集中力量抗战建国之神圣使命者"②)。

　　同样是在1938年7月,国民党中央宣传部颁布了《通俗书刊审查标准》。而1939年,先后颁布了《修正印刷所承印未送审图书杂志原稿办法》《修正检查书店发售查禁出版品办法草案》《图书杂志查禁解禁暂行办法》。1940年,公布了《战时图书杂志原稿审查办法(修正)》。1942年,公布了《图书送审须知》《书店印刷厂管理规则》。1944年,颁布了《战时出版品审查办法及禁载标准》《战时书刊审查规则》。从这里仅举其要的有关出版和出版审查的文件来看,抗战时期国民党对图书杂志的规范和查禁、对意识形态领域的监控和斗争从来就没有停止过。这类制度上的部署和约束,不仅仅沿用了政治上的专权、思想上的统制的一贯路线,而且利用了世界通行的战时例外论所带来的某些制度设计上的便利。这些法规和机构,不特别针对文学艺术领域而设,但同样适用于文学艺术领域。

　　抗战胜利以后,社会各界发出了风起云涌的争取自由民主、言论自由的

---

　　①　《国民党战时图书杂志原稿审查办法》,中国第二历史档案馆编:《中华民国史档案资料汇编》第五辑第二编"文化(一)",凤凰出版社1998年版,第549页。
　　②　《国民党修正抗战期间图书杂志审查标准》,中国第二历史档案馆编:《中华民国史档案资料汇编》第五辑第二编"文化(一)",凤凰出版社1998年版,第549页。

呼声,这促成国民党迅速将结束训政、开始宪政提上议事日程。政治协商会议 1946 年 1 月 31 日通过的《和平建国纲领》对"人民权利"的第一条规定即:"确保人民享有身体、思想、宗教、信仰、言论、出版、集会、结社、居住、迁徙、通讯之自由。现行法令有与以上原则抵触者,应分别予以修正或废止之。"有关"教育及文化"的第七条规定:"废止战时实施之新闻出版、电影、戏剧、邮电检查办法,扶助出版、报纸、通讯社、戏剧、电影事业之发展,一切国营新闻机关与文化事业均确定为全国人民服务。"《和平建国纲领》"附记"之第八条规定:"修正出版法,将非常时期报纸、杂志、通讯登记管制办法,管理收复区报纸、通讯社、杂志、电影、广播事业暂行办法,戏剧电影检查办法,邮电检查办法等,予以废止,并分别减轻电影、戏剧、音乐之娱乐捐与印花税。"[①]在此宏观背景下,最高国防委员会于 1946 年 1 月 28 日决议修正出版法。1947 年 10 月 24 日,行政院临时会议通过了经一年多时间反复修改的《出版法修正草案》。修正后的出版法减弱了党化色彩,然而在实际的落实和履行中却并无放松的迹象,反而在一个历史的混乱期和转型期增加了对出版的控制和言论的钳制。

第二节 预先审查、事后检查与潜在检查

与执政党国民党相比,由于力量的薄弱和组织的不完善,共产党最初并没有建立起完整的出版和出版审查制度,更不用说建立起完整的文学出版和文学出版审查制度。在中央苏区,1931 年底成立了中央出版局。1932 年 6 月,则成立了中央教育人民委员会编审委员会。文化艺术类读物的出版和编审工作部分地隶属于这类机构。但此时还谈不上对出版,特别是文学出版的全面统制。不少其他部门都出版有自己的书籍,甚至有自己的编审委员会。工农剧社即在 1933 年 3 月 12 日的《红色中华》刊出启事云:"本社编审委员会现已

---

① 《政治协商会议五项协议(一九四六年一月三十日通过)》,中共代表团梅园新村纪念馆编:《国共谈判文献资料选辑》,江苏人民出版社 1984 年第 2 版,第 82、86、87 页。

开始工作,除编著剧本、歌曲、朗诵剧诗等外,并须审查各地俱乐部现有剧本与歌曲,以便甄别好坏,决定取舍。"①不过,总体来看,这样的编审委员会的审查本质上是局部的、有限的,大抵相当于同一时期上海这样的大都市左翼文坛的某个文学刊物或文学社团的编审委员会所承担的功能。

抗战时期,延安及各抗日民主根据地实施的是抗日民族统一战线的文艺政策,出版和出版检查制度首先服务于抗战的大业。陕甘宁边区文化界救亡协会公开号召"组织成千成万的干部到火线中去,到民间去,为保卫祖国和开发民智而服务,展开新启蒙运动,发挥科学文化的教养,创造三民主义的文化,创造中华民族的新文化",并认为为达成这种任务而急需完成的工作之一,是"出版界之间彼此应有联系或组织,在某种可能范围,每人依赖自己的能力,决定对于抗战文化某部门,进行特殊的贡献"②。与此同时,"为了开展边区的文化运动,加强抗战的文化工作",《抗敌报》所发表的社论强调:"建立并健全全边区统一的文化工作的领导机构,提高文化工作的组织性与计划性。"③陆定一针对戏剧运动则提出:"我们希望我们的政府,对于戏剧运动的抗日统一战线,给以有力的帮助。一方面,帮助戏剧协会,把抗战的戏剧运动到各村里去开展,并办理一切剧团的登记(完全免费);另一方面,审查剧本,对于内容恶劣的若干剧本,应下令禁止其出演,并按时审定若干最好的抗战的新旧剧本,大量印发给各剧团,限令所有剧团,在上演时必须演出其中的一个以上,否则不准出演。关于编辑与审查剧本的工作,政府可以委托戏剧协会,而戏剧协会必须尽最大的努力。如此,政府和剧协通力合作,才能把戏剧运动提高到新的阶段。"④为了自身的生存和发展,特别是进入抗战的相持阶段以后,由于觉悟到日伪势力和国民党的分裂势力试图使抗战团结的纲领化为投降"反共"或"和平防共"的汉奸纲领,边区和左翼文学界也开始在更大的范围内明确推行新民主主义的文化运动,主张"全国进步的文化界及进步的人士应该联合起来,共同反对政治上文化上的一切倒退现象,反对新的复古运动,反对对于进步思想言论出版方面的压迫和

---

① 《工农剧社启事》,汪木兰、邓家琪编:《苏区文艺运动资料》,上海文艺出版社 1985 年版,第59 页。

② 《我们关于目前文化运动的意见》,《解放》1938 年 5 月 21 日第 39 期。

③ 《论边区的文化运动(社论)》,《抗敌报》1938 年 12 月 29 日。

④ 陆定一:《目前宣传工作中的四个问题》,《陆定一文集》,人民出版社 1992 年版,第 205 页和

限制,努力参加促进宪政运动,要求实现《抗战建国纲领》及第二次国民参政会决议中关于言论思想出版的自由及废除关于书报杂志检查和禁止的法令"①。中华全国文艺界抗敌协会延安分会第五届会员大会的通电同样称："今天我们还痛心的看到某些地方有这样的现象:言论出版的自由没有保障,作家的人权没有保障。报纸刊物和书店随意查封和限制,原稿书籍和图卷随意删涂和没收,作家行动经常受政治侦探监视。这些障碍如不除去,言论出版如不自由,作家的民主权利如不获保障,还谈得到什么任务的完成和抗战文艺工作的开发!所以我们认为:言论自由必须争取,作家人权必须保障!"②这里所说的"某些地方",显然不包括当时的边区在内,因为在边区文化人的眼里,边区早已存在的是另一种现象:"这里,看不见所谓封闭书店、报馆和查禁书籍。这里看到的,是一切出版物和出版事业的蓬蓬勃勃的建立发展和长大。"③

　　抗战结束以后,共产党所领导的进步文艺界一方面投入反对国民党专制文化统治、争取言论出版自由的斗争;另一方面也开始酝酿统一的出版法,为实现独立的文化领导权做准备。1948年1月12日,晋冀鲁豫中央局宣传部公布了《晋冀鲁豫统一出版条例》。该条例共八条,奠定了日后中华人民共和国出版法的雏形和基础。其中第二条规定:"中央局设出版局,各区党委设出版委员会。出版局(委员会)之主要工作,在于培育和奖励宣传毛泽东思想与提高劳动人民阶级觉悟的著作和读物,并克服目前出版工作中的投降主义、自由主义,单纯营业观点等。"第八条规定:"各区党委应管理公私书店,规定私人书店登记制度,取缔宣传资本主义之腐朽制度及文化,偷贩法西斯主义,蒋介石思想,毒害人民大众意识之读物,淫荡读物及一切有害之书籍图书等。"④所有这些规定,确立了共产党较完整的有关出版的领导机构的组织原则和出版审查制度的宏观框架。

　　二十世纪三四十年代,汉奸政府也公布了多部出版法。伪满政府于"大同元年"(1932年)10月20日公布了《出版法》,并于"承德元年"(1934年)3

---

① 《陕甘宁边区文化协会第一次代表大会宣言》,《新中华报》1940年1月20日。
② 《中华全国文艺界抗敌协会延安分会第五届会员大会记录(专载)》所附录的《通电》,《中国文化》1941年8月20日第3卷第2、3期。
③ 师田手:《记边区文协代表大会》,《中国文化》1940年4月15日第1卷第2期。
④ 中央局宣传部:《晋冀鲁豫统一出版条例》,《人民日报》1948年1月21日。

月进行了修正。该出版法共计 45 条,其中第四条有关出版物不得揭载之事项共计 8 款,前三款"一、变革国家组织大纲或危害国家存立之基础事项;二、关于外交或军事之机密事项;三、恐有波及国交上重大影响之事项"本质上均涉及对基础薄弱的伪满洲国及所谓中日邦交的维护,第七款"由检查官或执行警察职务人员所禁止之事项"则赋予检查官或执行警察职务人员以不受限制的检查权力。①1938 年 7 月 15 日,伪华北临时政府公布了自己的《出版法》。该出版法共 57 条,大体框架与国民党 1937 年的《出版法》相同,具体条款和内容大同小异。但在第二十一条出版品不得登载之事项中,明确标明"意图煽惑他人而宣传共产主义者""诋毁外国元首或驻在本国之他国外交官者"②为不得登载之内容,显而易见暴露出了伪华北临时政府"反共"亲日的奴才本质。而伪维新政府 1938 年 9 月 3 日第 18 次立法会议所通过的《出版法》共 54 条,大体继承了伪华北临时政府的《出版法》。1941年 1 月 24 日,汪伪政府公布了总计 55 条的《出版法》。次日公布了《出版法施行细则》。1942 年 4 月 13 日,则公布了经过修正的《出版法》共 55 条。或许为了掩盖自己汉奸政府的面目、将自己打扮成三民主义与中华民国的正统,该出版法对出版品登载事项的限制,删除了伪华北临时政府和伪维新政府出版法中有关"意图煽惑他人而宣传共产主义者""诋毁外国元首或驻在本国之他国外交官者"的内容,在禁载事项的第一款和第二款中径直标明"意图破坏三民主义或违反国策者""意图颠覆国民政府或损害中华民国利益者",同时增加了第四款"经宣传部命令禁止登载者"③,这事实上是扩大了对出版的审查范围和力度。

　　"无一社会制度允许充分的艺术自由。每个社会制度都要求作家严守一定的界限,比如,为了保护青少年、宪法、人权而绳趋尺步。然而,社会制度限制自由更主要的是通过以下途径:期待、希望和欢迎某一类创作,排斥、鄙视另一类创作。这样,每个社会制度就——经常无意识、无计划地——运

---

① 《(伪满政府)出版法》,倪延年编:《中国报刊法制发展史(史料卷)》,南京师范大学出版社 2006 年版,第 105—106 页。
② 《(伪华北临时政府)出版法》,倪延年编:《中国报刊法制发展史(史料卷)》,南京师范大学出版社 2006 年版,第 121 页。
③ 《(汪伪政府)出版法》,倪延年编:《中国报刊法制发展史(史料卷)》,南京师范大学出版社 2006 年版,第 142—143 页。

用书报检查手段，决定性地干预作家的工作。甚至文学奖也能起类似的作用。"①从出版制度与文学的关系看，二十世纪三四十年代，无论是国民党政府、左翼文学界，还是伪满政权、汪伪政府，都通过出版制度特别是出版审查制度建立起一定的界限，在读者和作家、文学团体、文学潮流之间设置起某种思想的防火墙，阻止不希望扩散的思想或被认为不正确的（特别是政治不正确的）思想在社会上广泛传播。正是在这样的意义上，二十世纪三四十年代由各种政治势力所颁布的出版审查制度尤其多。而且值得注意的是，随着戏剧运动的兴起和电影艺术的发展，与前代相比，有关戏剧艺术和电影艺术的检查法规以前所未有的规模涌现出来。以抗战之前的电影检查法规为例，国民政府 1930 年 11 月 3 日颁发了《电影检查法》。1931 年 2 月 3 日，颁布《电影检查法施行细节》。1932 年，颁发了《电影片检查暂行标准》。《电影片检查暂行标准》对"应即修剪，或全部禁止"情形的规定，如"（甲）有损中华民国及民族之尊严者""（乙）违反三民主义者""（丙）妨害善良风俗或公共秩序者"②等，均与同时期的出版法的禁止标准大同小异，"提倡鼓吹阶级斗争"作为禁止标准之一同样赫然在列。1933 年 10 月 4 日，电影检查委员会发布了告诫国产影片公司不得摄制鼓吹阶级斗争影片的通告。1933 年 12 月 11 日，行政院颁发了《电影剧本审查登记办法》。1937 年，国民党中央宣传部制定了《战时电影事业统制办法》。这一类法规的制定和颁布，无疑成为二十世纪三四十年代文学艺术生产、流通、传播等环节中的一股重要的决定性力量。

　　在 1934 年 6 月 1 日国民党中宣部发布《图书杂志审查办法》之前，二十世纪三四十年代的图书杂志审查一般为事后检查，即查封已经问世的图书杂志（包括文艺图书杂志）。其中 1934 年 2 月国民党中央宣传委员会突发密函查禁 149 种文艺书籍，是专门针对文艺书籍的最集中的一次查禁。1934 年 9 月 7 日，上海市教育局转发上海市书业同业公会的《文艺书刊须送中宣会备查令》，甚至将文艺书刊视为一种等同于党义书刊的特殊出版物，不仅在发行时得寄送行政机关备查，而且得寄送中宣会备查，其理由是"按文艺书刊内容多

---

① ［德］菲舍尔·科勒克：《文学社会学》，张英进、于沛编：《现当代西方文艺社会学探索》，海峡文艺出版社 1987 年版，第 38 页。

② 《电影片检查暂行标准》，中国第二历史档案馆编：《中华民国史档案资料汇编》第五辑第一编"文化（一）"，凤凰出版社 1998 年版，第 361 页。

与党义有密切关系,自仍应照有关党义书刊办法,于发行时以一份寄送来会,以凭审查"①。这种事后审查在此后也一直延续,《中央图书杂志委员会取缔书刊一览》第一辑和第二辑②中,即有大量文艺书刊,诸如丁玲的《一颗未出膛的子弹》、萧军的《八月的乡村》等,查禁理由是"触犯审查标准";而夏衍的《一年间》、徐懋庸的《文艺思潮小史》等,查禁理由是"故不送审原稿"。

　　事后检查不仅很难禁止一部分被查禁的书刊事先流出,而且给出版商带来严重的经济损失,并让部分编辑人对查禁标准产生把握不定的苦恼。在此背景下,经过国民党官方与部分出版商和编辑人的协商及博弈,国民党中宣部于1934年6月1日发布《图书杂志审查办法》,开始实施对图书杂志的预先审查。预先审查制度的提出和实施,甚至引出了鲁迅对施蛰存产生不良印象的一桩著名公案。鲁迅在致姚克的信中曾写道:"前几天,这里的官和出版家及书店编辑,开了一个宴会,先由官训示应该不出反动书籍,次由施蛰存说出仿检查新闻例,先检杂志稿,次又由赵景深补足可仿日本例,加以删改,或用××代之。他们也知道禁绝'左倾'刊物,书店只好关门,所以左翼作家的东西,还是要出的,而拔去其骨格,但以渔利。"③在另一处,鲁迅关于此事有大致相同的说法:"不知道何月何日,党官,店主和他的编辑,开了一个会议,讨论善后的方法。着重的是在新的书籍杂志出版,要怎样才可以免于禁止。听说这时就有一位杂志编辑先生某甲,献议先将原稿送给官厅,待到经过检查,得了许可,这才付印。文字固然决不会'反动'了,而店主的血本也得保全,真所谓公私兼利。别的编辑们好像也无人反对,这提议完全通过了。散出的时候,某甲之友也是编辑先生的某乙,很感动的向或一书店代表道:'他牺牲了个人,总算保全了一种杂志!'"④虽然此事按施蛰存后来的解释,另有曲折和苦衷,不是针对左翼文艺⑤,但此事当年无疑给鲁迅留下了坏印象,施蛰存因此被鲁迅视

---

① 《文艺书刊须送中宣会备查令》,《中国新文学大系 1927—1937》第19集(史料·索引一),上海文艺出版社1989年版,第581—582页。

② 王煦华、朱一冰:《1927—1949年禁书"刊"史料汇编》第2册,北京图书馆出版社2001年版。

③ 鲁迅:《331105 致姚克》,《鲁迅全集》第12卷,人民文学出版社1981年版,第254—255页。

④ 鲁迅:《且介亭杂文二集·后记》,《鲁迅全集》第6卷,人民文学出版社1981年版,第460页。

⑤ 施蛰存曾说:"其实我的目的不是针对左翼文艺,而是为了我们的杂志。那次会上,先是一些国民党的人谈,其次是出版商人谈。谈了之后,潘公展第一个点名要我谈,我提出,我们编辑,只管看文章,不懂政治,把握不准,只有将文章送给你们看,可登就登,不可登就算。后来有人接着谈,就提出了仿效日本的打×法。因此,鲁迅对我很有意见,说我向国民党献策,迫害左翼文艺。"(《施蛰存谈〈现代〉杂志及其他》,《鲁迅研究资料》第9辑,天津人民出版社1982年版,第232页。)

为取悦当道的新帮闲。应当说，结合后来 1936 年 7 月 1 日开始实行的《上海市书业同业公会为划一图书售价办法公告》、1937 年 1 月 1 日开始实行的《上海市书业同业公会业规》、1937 年 6 月 20 日会员大会改正的《上海市书业同业公会章程》等文件来看，部分出版人和编辑人所提议的原稿送审制度，主要是为了自身利益考虑，特别是为了规避出版人自身的经济风险和编辑人自身的政治风险。革命文学运动风起云涌之时，出版商热衷于出版左翼文学书籍，主要是受到经济利益的驱动。而官方决心动用法西斯文化专制的武器，对文化进行高度一体化的统制时，出版商所考虑的则主要是如何规避自身的经济风险。当然，从客观效果来说，官方的政治眼和商人的经济眼的结合所造就的原稿送审制度，最终所带来的是检查官的为所欲为和文学特别是左翼文学的灾难。

　　除建立在成文法基础上的预先审查和事后检查之外，二十世纪三四十年代的中国实际上还存在着不成文的潜在的出版检查制度。以延安抗日根据地为例，西安事变和平解决之后，一批来自西安、后成为文协会员的青年学生在延安上演了话剧《中华母亲》。该剧表现的是一位"中华母亲"联手儿女毒杀一位汉奸丈夫（父亲）的故事。"当场，抗大的校长林彪在人群中站了起来，他发表了一篇简短而有力的演说。他严正的指出这个剧本的意义是完全错误的，并且指出了它的错误点何在，希望全体在场的人员不要感染到了它的影响。'共产党在民族统一战线的斗争中，并不需要一个妻子去杀丈夫，儿女去杀父亲。我们极力反对这种意识与倾向。这对民族统一战线只会发生害处而不能发生有益的作用'。全场用一致的热烈的掌声表示出了林彪的意见就是大家认为非常正确的意见。散会时，我听见红军总司令朱德说：'这错误是很严重的，它是小资产阶级疯狂心理的表现。'"丁玲、廖承志等也表示了相同的意见。"于是就产生了一种意见，以后于一切剧本在公演之前必须先审查一下，而《中华母亲》在排演时竟然谁都没有去参观，即在负责方面是太疏忽了一些。"[①]《中华母亲》演出事件看似事后检查，但这种检查既不存在事先的检查标准，也不存在专门的检查机构的制度化设置，本质上只能说是一种不成文的潜在的文

---

　　①　L. Insun：《陕北的戏剧运动》，汪木兰、邓家琪编：《苏区文艺运动资料》，上海文艺出版社 1985 年版，第 191—192 页。

艺审查。这种文艺审查同样发生在秧歌剧《白毛女》上。《白毛女》预演之后，创作者们到处收集意见："有一个厨房的大师傅一面在切菜，一面使劲地剁着砧板说：戏是好，可是那么混蛋的黄世仁不枪毙，太不公平！我们当时觉得，对于地主阶级基本上还应当团结，如果枪毙了，岂不违反政策吗？所以并没有改。"第一次正式公演的观众是包括毛泽东在内的七大的代表，全体中央的同志："演出的第二天，中央办公厅派人来传达了中央书记处的意见。意见一共有三条：第一，这个戏是非常适合时宜的；第二，黄世仁应当枪毙；第三，艺术上是成功的。"①有关黄世仁应当枪毙的修改，实际上也是一种潜在的文艺审查。同样，延安整风运动过程中，王震、毛泽东等党和军队的领导人对中央研究院整风墙报《矢与的》的意见，也承担了一种审查意见的功能。据李维汉回忆："王震看了墙报的文章，很不满意，说：'前方的同志为党为全国人民流血牺牲，你们在后方吃饱饭骂党。'毛泽东在一个晚上也打着马灯和火把看了《矢与的》。一部分人因此得意忘形，说是'毛泽东同志支持我们。'事实恰恰相反，毛泽东说：'思想斗争有了目标了。'"②毛泽东、王震都不是专职的文艺检查官，但鉴于他们在党内和军队内的地位，他们的意见常常会构成一种决定性的意见，改变一个运动的走向或一个文人的命运。"文学（等）竞争的中心焦点是文学合法性的垄断，也就是权威话语的权力的垄断，包括说谁被允许自称'作家'等，甚或说谁是作家和谁有权利说谁是作家；或者随便怎么说，就是生产者或产品的许可权的垄断。"③

　　无论是预先审查、事后检查还是不成文的潜在检查制度，都属于文化建设的消极措施。相比之下，文艺的奖励制度则更多地体现了文化建设的积极措施。二十世纪三四十年代，为了各自的利益考虑，各种政治和文化势力都在创立和实施自己的文艺奖励制度。1931 年 3 月 19 日，国民党中执委常务会议通过的《党义著述奖励办法》，将"与本党主义政策政纲史实有关之文艺及社会科学作品"纳入党义著述范围，将"能将党义描写为优良之文艺作

---

① 张庚：《回忆延安鲁艺的戏剧活动》，刘增杰、赵明、王文金、王介平、王钦韶编：《抗日战争时期延安及各抗日民主根据地文学运动资料（上）》，知识产权出版社 2010 年版，第 429 页。
② 李维汉：《回忆与研究（下）》，中央党史资料出版社 1986 年版，第 483 页。
③ ［法］皮埃尔·布迪厄：《艺术的法则：文学场的生成和结构》，刘晖译，中央编译出版社 2001 年版，第 271—272 页。

品者""依据本党主义政纲政策史实对反动作品加以精密批评者"纳入中央给予奖励范围,奖励方式包括"给予奖状""介绍刊布""通令全国作为学校之党义课程参考书或党员必读书籍""给予奖金"四项办法。①1940 年 7 月,国民党中央社会部等单位颁布了《文艺奖助金管理委员会组织大纲》《文艺作品奖励条例》《征求抗战文艺作品办法》。1943 年 2 月 16 日,国民党中央图书杂志审查委员会制订了《奖励优良书刊剧本办法》。这些规章都突出了文艺创作要配合战时的抗战任务。如《文艺作品奖励条例》所规定的七条奖励标准,前四条分别是:"一、发扬中华民族精神,鼓励抗战事业者;二、表扬中国历史上之伟大事迹者;三、激励民族意识者;四、描写抗战史实者。"②而相比之下,解放区的文学奖励,总体上更多偏重于培养新作家和工农兵作者(如晋察冀边区 1943 年所开展的乡村文艺创作征文评奖,晋绥解放区所设立的"七七七"文艺奖金,山东解放区所颁发的"五月""七月"奖金)。1944年 9 月 18 日正式公布的"七七七"文艺奖金获奖作品,其评判标准是:"第一,是政治内容,即是否正确反映当前晋绥边区的三大任务和实际生活;第二,是否能够普及;第三,技术的好坏。"③这类文艺奖的主要功能不在于像1936 年的《大公报》文艺奖一样评出什么流传久远的经典作品(如获得戏剧类甲等奖的《大家好》《王德锁减租》从艺术成就来说显然无法和曹禺的《日出》相媲美),而是通过一种获奖面极大的评奖活动达成文艺在基层的普及和推广(1944 年的"七七七"文艺奖金的戏剧类获奖作品即有甲等二名,乙等四名,丙等六名)。值得注意的是,由于时代的动荡,无论国民党所设置的文艺奖项,还是共产党领导下的苏区和解放区所设置的文艺奖项,都很少形成具有自身连续性的文艺评奖活动,往往是偶然有之,有规章制度而无具有连续性的具体实施,对文艺创作的引导和示范作用相当有限。当然,个中原因,除了时代的动荡导致无法形成文学评奖制度的连续性之外,还因为文学的评奖不像竞技体育水平高下的判定,其标准的拿捏有其特殊性。梁实秋

---

① 《党义著述奖励办法》,《中国新文学大系 1927—1937》第 19 集(史料·索引一),上海文艺出版社 1989 年版,第 573—574 页。

② 中国第二历史档案馆编:《中华民国史档案资料汇编》第五辑第二编"文化(一)",凤凰出版社 1998 年版,第 73 页。

③ 《毛主席文艺方针下边区文艺的新收获——"七七七"文艺奖金获奖作品正式公布》,《抗战日报》1944 年 9 月 18 日。

在《所谓"文艺政策"者》①中便注意到,同一部《北京人》,张道藩在《我们所需要的文艺政策》中认为其"意识不正确",但国民党教育部学术审议会则认为其有价值而给予资金。梁实秋以此来说明推行文艺政策的困难,而张道藩在后来的答辩中则认为是文艺政策的建制不完备的结果。然而,平心而论,其中最重要的原因,还是所谓"一千个读者眼中即有一千个哈姆雷特"。

第三节　文艺自由的诉求与审查制度的无形瓦解

出版和出版审查制度的设置,一方面当然是现代民族国家法制建设的一部分,但另一方面也是各个党派和政治势力为了自身利益、实现各自的意识形态统治而进行角斗的一个场域。国民党在1927年进行清党运动以后,却没能阻止左翼文学运动的风起云涌。"马克司主义文学,无产阶级文学,在民十八以后,(恕我不写一九二九)其名词在文坛上发现而至使用,这无疑的,是共产党的政治宣传员奉行彼党文艺政策的结果。"②面对这种结果,国民党也试图提出自己的文艺政策和文学主张,并颁布了众多试图与这种文学政策和主张相配套的出版和出版审查制度。为了切断左翼作家与读者之间的有效联系,甚至还颁布了《密令邮局查扣讨蒋书刊》(1927年)、《全国重要都市邮件检查办法》(1929年)、《邮电检查划归军统局办理》(1935年)、《军统局接收各地邮检所密令》(1935年)、《执行邮电检查施行规则的补充办法》(1936年)、《未设邮电检查所地方党政军机关临时检查邮电暂行办法》(1937年)等邮电检查法令和法规,对书店的检查和查禁也从来没有停止过。特别是1934年图书杂志审查委员会的创立、1938年图书杂志审查委员会的恢复,在文学界张起了一张无处不在的文网,使作家特别是左翼作家动辄得咎,极大地限制了作家的言论自由和创作自由。国民党的这种文化统制措施的思想根源,显然来自类似于德国、意大利的法西斯式文化统制

---

①　梁实秋:《所谓"文艺政策"者》,《新月》1932年第3卷第3期。
②　焰生:《马克司主义文学与无产阶级文学》,《新垒》1934年3月15日第3卷第2、3期合刊。"马克司"现通译为"马克思"。

措施。"……白桦先生是反对共产党文艺运动的，要以意大利法西斯蒂的'前卫队'及'少年团'的精神，以蓖麻油与棍棒为武器，开始中国文坛的扫毒运动的。"①当时，类似于"白桦先生"的人还不算少。一篇《怎样安内?》的文章更是赤裸裸地声称："……近年来谬论邪说、愈出愈杂，左翼作家专门麻醉青年，这是极大的危机。……这班作家的罪恶多大? 党国受这种邪说谬论的影响多深呢? 我们看德国国家社会党当政之后，……将多种妨害国本的邪谬书籍，一律毁灭，使国人的思想统一，国社党这种不顾一切的魄力，真使人惊佩不置。现在我们亟谋投救，只有不顾一切的厉行革命专政，绝对不允许任何反对中国国民党的言论存在，一方面厘订本党文化运动的纲领，指正一般作家的错误，倘再敢挑乱青年的意旨，危吾国家，那就作政治犯问罪。"②这种将思想、言论自由上升到政治罪的高度来讨论的倡议，一旦与政党和国家层面的出版法和出版审查制度结合到一起，就会构成"几条杂感，就可以送命的"③可怕后果。

　　二十世纪三四十年代，出版法和出版审查制度成为作家特别是左翼作家头上的一道紧箍。从小到一篇文章或一本著作的删削与禁止出版，大到一个杂志或出版社的禁止发行或运作，乃至一个作家的生命的无声无息的消亡，无不与出版法和出版审查制度有千丝万缕的联系。那时，宣扬阶级斗争和马克思主义成为左翼文学和左翼作家的一大原罪，也成为检查官为所欲为、实施讹诈甚至满足其某种变态心理的一大利器。鲁迅曾在信中说："在这里，有意义的文学书很不容易出版，杂志则最多只能出到三期。别的一面的，出得很多，但购读者却少。"④"杂志原稿既然先须检查，则作文便不易，至多，也只能登《自由谈》那样的文章了。政府帮闲们的大作，既然无人要看，他们便只好压迫别人，使别人也一样的奄奄无生气，这就是自己站不起，就拖倒别人的办法。"⑤并且鲁迅将图书杂志的审查制度与对国家未来和文学前途的忧虑联系到一起："现在当局的做事，只有压迫，破坏，他们那里还想到将来。在文学方面，被压迫的那里只我一人，青年作家，吃苦的多

　　①　焰生:《马克司主义文学与无产阶级文学》,《新垒》1934 年 3 月 15 日第 3 卷第 2、3 期合刊。
　　②　刘尚均:《怎样安内?》,《汗血周刊》1933 年 9 月 25 日第 12 期。
　　③　鲁迅:《而已集·答有恒先生》,《鲁迅全集》第 3 卷,人民文学出版社 1981 年版,第 457 页。
　　④　鲁迅:《340606 致吴渤》,《鲁迅全集》第 12 卷,人民文学出版社 1981 年版,第 449 页。
　　⑤　鲁迅:《340609 致杨霁云》,《鲁迅全集》第 12 卷,人民文学出版社 1981 年版,第 454 页。

得很，但是没有人知道。上海所出刊物，凡有进步性的，也均被删削摧残，大抵办不〔下〕去。这种残酷的办法，一面固然出于当局的意志，一面也因检查官的报私仇，因为有些想做'文学家'而不成的人们，现在有许多是做了秘密的检查官了，他们恨不得将他们的敌手一网打尽。"①国家意志与检查官变态心理的结合，诞生了图书杂志检查中的种种怪现状，鲁迅在致刘炜明的同一封信中所谈到的《二心集》的遭遇②，即这种怪现状的明证之一。

图书杂志审查制度所带来的怪现状之一是"开天窗"。由于实行预先审查，预先排版好的书刊报纸被检查官删削之后，便留下空白，此之谓"开天窗"。留下空白，有时是因为出版时间的限制——来不及以其他稿件补足、替换，有时是为了生意眼，减少重新排版的麻烦，有时甚至是故意不采取补救措施，一方面使当局和检查官难堪，另一方面也向读者传达某种迫不得已的消息。对这类"开天窗"，老练的读者甚至能够凭借长期的阅读经验补足被删削的信息。但总而言之，不论何种情况，这种"开天窗"总是一种惩罚措施，有人甚至联想到了昔日土匪捉到了敌人之后在敌人脑袋上开洞"点天灯"的行为③。邹韬奋曾举例说明重庆图书杂志审查会老爷们对文艺的"贡献"：欧阳山的小说《农民的智慧》描写了一个地主出身的伪军司令宋文楷，"审查老爷把全篇中的'地主'二字，用墨浓浓地涂得一团漆黑！"；沙汀的一篇小说《老烟的故事》，写一个爱国青年被特务跟踪，又烦恼又恐惧，他的朋友安慰他说："现在救国无罪，你怕什么呢？"结果被审查老爷改为"这里又不是租界，你怕什么呢？"，"地主"和"救国无罪"都犯忌，甚至"前进""顽固""光明""黑暗"一类字词也入不了检查官的法眼，"他们把文艺作品'修改'以后，往往和原作者的意思完全相反"④！更可恶的是，后来为了遮掩检查官的滥禁滥删，国民党官方又明文规定出版物不许留下检查官的任何刀削斧凿的痕迹。1942 年 4 月 23 日公布的《杂志送审须知》第七条规定："各杂志免登稿件，不能在出版时仍保留题名，并不能在编辑后记或编辑者言内加以任何

①　鲁迅：《341128 致刘炜明》，《鲁迅全集》第 12 卷，人民文学出版社 1981 年版，第 577 页。

②　鲁迅提到："《二心集》我是将版权卖给书店的，被禁之后，书店便又去请检查，结果是被删去三分之二以上，听说他们还要印，改名《拾零集》，不过其中已无可看的东西，是一定的。"（《鲁迅全集》第 12 卷，人民文学出版社 1981 年版，第 577 页。）

③　莫闲：《"开天窗"》，《骨鲠》1934 年第 44 期。

④　韬奋：《经历》，生活·读书·新知三联书店 1979 年版，第 194—198 页。

解释与说明。其被删改之处，不能注明'上略'、'中略'、'下略'等字样，或其他任何足以表示已被删改之符号。"①实施这条规定的结果，是经过审查删削后的稿件已面目全非、贯注了官方和检查官的意志，可文责却要由原作者来承担。有鉴于此，有人将当时报纸上的一则常见广告"专治癣疥脓疮，打针吃药无效者，服用本品，有意想不到之效力，万试万灵，保险断根，永不复发"删改为"治癣疥脓疮无效，本品不灵，保险复发"，从而对肆意妄为的书报检查制度加以讽刺。②

　　任意删削比起查禁和不予通过，只能算小巫见大巫——被查禁和不予通过的作品堪称胎死腹中、先天夭折，有的甚至连原稿的所有权也被剥夺了。胡风在回忆自己抗战时期在桂林的编辑活动时写道："有的被书审处通过了，有的就不行。我的《密云期见习小纪》，本来已被广西书审处通过（被删去了五篇），中央图书杂志审查委员会忽然来训令查禁了。鲁藜的《为着未来的日子》没能通过，后来我拿回来改名为《醒来的时候》，给审查官送了礼，才算是通过了。但是，杜谷的《泥土的梦》和何剑薰的一本讽刺小说就不但没通过，连底稿都没收了（那时还不知道可以向书审处的官们打通关节）。"③如是看来，文艺图书杂志的禁载标准又是有弹性的，全看检查老爷的喜怒和脸色，有时还要加一点运气甚至"潜规则"的因素。

　　"审查者在作家和读者之间设置障碍，以此禁止作家在读者中的直接影响，这一事实使他成为知识生活中一个重要但往往被忽视的决定性力量。审查者试图在读者和具有潜在危险的作者之间建起一道防护墙。当然，在很多情况下，预想的坚固墙垣，不过是一层多孔的隔板。然而，审查制度确实在一定程度上成功阻止了思想的'自然'流动。因此，在任何地方审查制度都是自由的精神生活的障碍。"④审查制度对言论自由和思想自由的阻碍，关键还不限于检查官们对某个作品或某个作家的删改和禁绝，更在于它酿造出了一种无孔不入的文化恐怖与思想钳制的气氛。这种气氛迫使作家

---

① 《杂志送审须知》，倪延年编：《中国报刊法制发展史（史料卷）》，南京师范大学出版社 2006 年版，第 202 页。

② 史笃：《论书报检查制度》，《新文化》半月刊 1946 年 1 月 1 日第 1 卷第 6 期。

③ 胡风：《胡风回忆录》，人民文学出版社 1993 年版，第 281—282 页。

④ ［美］刘易斯·科塞：《理念人：一项社会学的考察》，郭方等译，中央编译出版社 2001 年版，第 90 页。

为了全身远祸乃至争取作品公开面世的机会,有意、无意地在创作过程中建立起了自我审查机制,使创作中的思想和艺术的表达的自由大打折扣。当然,正如科塞所指出的,审查制度既是作者和读者之间的一道防护墙,但同时又是一层多孔的隔板。作家们总是能够凭借自己的勇气、信仰和智慧,以及审查制度天生的弱点和漏洞穿墙而过,建立起与读者之间的思想的连接。

二十世纪三四十年代,中国作家特别是左翼作家通过频繁变换笔名或书刊封面和名称、故意不送检等方式规避出版法和出版审查制度,以达到巧妙地与图书杂志检查机关和官员周旋的目的。由于不少检查官并不懂文艺,他们对一个作品是否属于禁载范围的判断很多时候是看这一作品是哪一作家或哪一类作者所写,久而久之,作家们因此学会了夹缝中求生的技巧,通过频繁变换笔名以规避被禁载的命运,这也就是鲁迅等作家所使用的笔名如此之多的一个重要原因,也是唐弢、徐诗荃等作家所写的杂文有时被读者误认为是鲁迅所创作的一个重要原因。变换书刊名称和封面,也是这一时期作家与出版法和出版审查制度周旋的手法之一。这一手法常用于带有强烈政治色彩的书刊。中国共产主义青年团的机关杂志曾历经《先驱》《中国青年》《无产青年》等刊名的变化,“一九二八年十月,再改成为《列宁青年》,始用伪装封面《美满姻缘》《何典》等名目”。“一九二八年上海总工会印行的《上海工人特刊》,在伪装形式上更别致些,一律用六十四开本小册子,封面有唱本风格的画图,名色繁多,如:《春花秋月》《西厢记》《冬天的故事》《佛祖求道记》《好姊妹》《自由之花》《劝世文》《走马看花》等不一。”[1]《民报》《进报》《大声报》等革命报刊也运用了同样的斗争手法[2]。由于这些图书杂志报刊不少是综合性出版物,其中也刊登文艺作品,故无形之中也实现了左翼文学的秘密流通与传播。这种变换名目的手法用的如此之多,以致国民政府于1929年4月和6月分别颁布了《查禁伪装封面的书刊令》和《取缔销售共产书籍办法令》。

审查机构和审查官的贪得无厌、徇私枉法常常也使检查制度沦为一层多孔的隔板,从而使自由思想和左翼文学获得流通的渠道和生存的空间。

---

① 吴贯芳:《第二次国内革命战争时期上海革命报刊伪装名目摭谈》,张静庐辑注:《中国现代出版史料丁编(上)》,上海书店出版社2011年版,第139、140页。

② 参见杨瑾玲《一九三一——一九三六年间上海出版的几种革命报刊简介》一文,张静庐辑注:《中国现代出版史料丁编(上)》,上海书店出版社2011年版。

赵家璧曾详细写到编辑《中国新文学大系》过程中与审查官打交道的一则轶事："我们对编选者的组织工作顺利完成后，'良友'经理认为《大系》投资多，风险大，主张把编辑计划和编选者名单先送去同审查机关打一次交道。果然不出所料，审查会头子对编选者中间的几个人名多方刁难。而对鲁迅的名字特别提出要去掉，另换别人。事实上，他耍了一个手段，他看准我们为出版《大系》将投入一笔人钱，他想乘机捞一把。隔了几天，他就挽人（新当上审查官的穆时英）来暗地里敲诈勒索，说要把自己的一部'好作品'高价卖给我们，并表示对于《大系》，将来可以帮忙。我们鉴于前一次的教训，看到他既然自己找上门来，就要他保证将来对鲁迅的选本和序文不加破坏捣乱作为条件，决定花五百块大洋把它买下来。后来还让他用一个假名替他印了二百本。这就是鲛人作《三百八十个》。"①邹韬奋在给国民参政会的提案中甚至记录下了检查官们更奇葩的事件："搜查者纷至沓来，亦无一定标准，今日甲机关认为非禁书，明日乙机关来却认为禁书，甚至有些机关借口检查，将大量书报满载而归，从不发还，亦不宣布审查结果。（衡阳有一个机关的检查老爷居然利用这个机会，把这样'满载而归'的书籍另开一爿小书店大做生意，这个事实后来被发现，在出版界传为笑谈，但却无可奈何……）"②且不论检查制度本身是否合理，但当制度的执行者也将其视为儿戏，甚至将其当作可以兑换成名和利的自肥手段时，检查制度本身的荒谬性和不攻自破就不言而喻了。

　　"像其他类型的法律控制一样，审查制度只有在人口和执法官员中有相当一部分人接受并同意贯彻它时，才能成功地付诸实施。也就是说，在现代社会里——除了极权主义社会——公众舆论实际上比审查制度更厉害。如果舆论拒绝认可审查者的行为，这种行为将是无效的。"③在国民党政府、伪满政府、汪伪政府试图以出版法和出版检查制度推行文化统制的过程中，文化界（包括文学界）对言论自由和出版自由的呼吁自始至终没有停止过。1934 年，在图书杂志审查委员会出笼时，甚至中间派作家也

---

① 赵家璧：《编选〈中国新文学大系·小说二集〉——对审查会的斗争》，赵家璧等著：《编辑生涯忆鲁迅》，河北教育出版社 2000 年版，第 106—107 页。
② 韬奋：《经历》，生活·读书·新知三联书店 1979 年版，第 242—243 页。
③ ［美］刘易斯·科塞：《理念人：一项社会学的考察》，郭方等译，中央编译出版社 2001 年版，第 91 页。

对其多有非议。邵洵美当时即写道:"人民有言论及出版之自由,条文早已明载法典。关于出版方面,民法中亦有所谓出版法,违法者当局尽可依法给以相当的处分。那么,这个审查委员会,假使有权干涉言论出版,则不啻在法院以外,另立了一个司法机关。此中矛盾,不言可知。况且这个审查会是否有无上权威?出版物一经该会审查通过,是否不再受一切法律的制裁?否则该会岂非虚设,而凭空多了不少麻烦。要知中宣部的文艺科等是早已成立的机关,(其合法与否暂不论),但是几年来出版物中有禁止而各省仍放行者,有未经禁止而各省竟擅自扣留者,其手续之不能统一,出版者无不引为憾事。"①1945 年 2 月,300 位文化名人签名的《文化界对时局进言》所提出的实现民主的六大措施的第一条即"审查检阅制度除有关军事机密者外不应再行存在,凡一切限制人民活动之法令皆应废除,使人民应享有的集会、结社、言论、出版、演出等之自由及早恢复"②。抗战胜利后,重庆《东方杂志》《新中华月刊》等八大杂志的主办人认为战争时期已经过去,图书杂志审查制度已无存在必要,故函请国民党中宣部等单位明令废止,同时决定从 9 月初起拒绝将原稿再送审查。此举首先得到了成都 17 家新闻杂志团体的支持,然后在西安、昆明、桂林等地蔓延开来,从而掀起了广泛的"拒检运动"。迫于压力,9 月 22 日,国民党第十次中常会通过决议,明确宣布从 10 月 1 日起撤销战时的新闻和图书杂志审查制度。但与此同时,国民党仍保有一套钳制人民思想、言论自由的制度,例如:申请登记制或特许制,事后检查、事后惩罚制度等等③。正是在此前后,各界文化名人发表了大量呼吁和争取民主与出版自由的文章,出版界提交了《出版业争取出版自由致政治协商会议意见书》(简称《意见书》)。《意见书》从法理上详细论列了现行出版法与其他法规之矛盾或重叠处,明确提出了"废止《出版法》""取消期刊登记办法""撤销收复区检审办法""明令取消一切非法检扣""取消寄递限制"五项措施。④可以说,解放战

---

① 郭明(邵洵美):《言论自由与文化统制》,《人言周刊》1934 年第 1 卷第 1 期。着重号为原文自带。

② 《文化界对时局进言》,重庆《新华日报》1945 年 2 月 22 日。

③ 《在"拒检运动"压力下国民党宣布部分"废检"仍保有窒息思想言论自由的一套制度》,《晋察冀日报》1945 年 10 月 29 日。

④ 《出版业争取出版自由致政治协商会议意见书》,重庆《新华日报》1946 年 1 月 9 日。

争时期，舆论已呈现一边倒的态势，思想、言论、出版自由的呼声已完全压倒了文化统制的呼声。此一阶段，甚至国民党内部的文人，也发表公开信，请求陈立夫出面致力于"主张废止旧出版法，反对新出版法之提出"，其理由是："实在国家既有宪法为根本大法，又有刑法民法在，不必再有其他法律的。就文化而言，有内乱罪与诽谤罪，皆有惩治的条文，（风化治安均在内），又何必再有出版法之颁行。若是本之旧日的观念，以防止中共的宣传，则戡乱条例已有。中共既为内乱犯，则不必再要出版法以为之治。即为中共宣传而工作的人，也可以同样治之，又何必多此一举，这不是等于俗语所谓，脱裤放屁么？"①

---

① 李焰生：《为文化统制致陈立夫先生一封公开信》，《客观》1948 年第 1 卷第 7 期。

第三编

"十七年":文学制度的确立与调整

第一章 第一次文代会与共和国
文学制度的建立

在中国当代文学制度发展的历程中,官方的文学会议发挥着重要作用。文艺政策的制定与调整,文学机构的创建与改革,文学领导层的人事安排,几乎都通过文代会或作代会来实施。在历次文代会和作代会之中,第一次文代会具有特殊的历史意义。在某种意义上,这次会议奠定了中国当代文学制度的基本框架。解放区文艺被确立为文学的正统,全国文联和全国文协宣告成立,来自解放区、国统区的作家们在不同的工作岗位上各安其位,创办了全国文联、全国文协的机关刊物《文艺报》《人民文学》。在此基础上,各大区、各省市纷纷召开区域性的文代会,成立区域性的文学机构,创办地方性的文学刊物。第一次文代会是当代文学制度建设的奠基石。

在"十七年"的文学体制中,文学期刊具有重要地位。一方面,不同级别的文学期刊构成了一种鲜明的等级结构,国家级、大区级、省市级、地市级的文学期刊形成了从上到下的、统一的话语渠道。文学期刊既是贯彻文学政策的重要平台,通过编者、作者、读者的三边互动,将政治对文学的要求上行下达。另一方面,《人民文学》作为国家级刊物,被树立为期刊中的标杆,其他刊物紧跟《人民文学》。在同人刊物逐渐消逝的背景下,文联和作协系统的刊物大同小异,刊发的作品也表现出高度同质化的倾向。也就是说,"十七年"文学期刊的导向极大地影响了文学风尚,它们对文学主题、文体规范、作者身份(譬如工农兵作者和业余作者)的规定性要求,从制度层面约束了当时文学发展的基本方向。

在"十七年"文学的制度设计中,文学期刊在遴选文学新作的同时,还必须承担选拔并培养文学新人、听取读者意见的职能,像《创业史》《山乡巨变》等长篇小说在出版单行本之前,都曾在文学期刊上连载,作者在吸收读者反馈的基础上进行进一步的修改。相对而言,文学图书的出版就显得更为庄重,政治和艺术上的要求都更高。所谓"红色经典",被认为是"十七年"文学的代表性成果,一方面贯彻了不同层级的政治要求,另一方面在主题、写法上都留下了深刻的时代烙印。中国青年出版社作为团中央的下属机构,一直把全国青年的政治教育作为核心目标,以"三红一创二火"为代表的原创小说,以《一心为革命——王杰的英雄事迹和日记》《革命硬骨头麦贤得》《青年英雄的故事》《向秀丽》《忆张思德同志》《人民的好儿子刘英俊》为代表的纪实作品,都曾风靡一时。在"十七年"的文化语境中,因为特殊的制度安排,文学与宣传的关系非常密切,文学的宣传功能也被无限放大。以中国青年出版社作为中心,考察"红色经典"的生产模式(包括创作、编辑、宣传等环节),透视文学制度对于文学生产的规约,可以综合分析政治、历史、社会等方面的力量对于文学场域的渗透。

在文学制度研究中,稿酬制度是一个不应忽视的分支。总体而言,稿酬制度以经济的形式调节文学生产,调动作家的积极性。在"十七年"的文学环境中,稿酬标准的总体趋势逐渐下降。也就是说,"十七年"的稿酬标准呈现出不断加剧的政治化倾向,像刘绍棠、傅雷等作家、翻译家都因为稿费多而被当作反面典型。片面追求稿酬会产生偏颇,但是贬抑作家的创造性劳动,在根本上就是贬抑作家的主体性。随着稿费标准的下降,文学创作的专业性和艺术性也在下降。

在现有的中国现当代文学史著作中,或多或少地总会牵涉到文学会议,延安文艺座谈会、第一次文代会和第四次文代会更是无法绕开的研究对象。从二十世纪九十年代以来,陆续出版的一些代表性成果都日益重视文学会议在文学发展中的政治定位、文化功能与历史作用,像钱理群、温儒敏、吴福辉合著的《中国现代文学三十年(修订本)》,孔范今主编的《二十世纪中国文学史》,黄修己主编的《20 世纪中国文学史》,洪子诚的《中国当代文学史》,陈思和主编的《中国当代文学史教程》,张炯、邓绍基、樊骏主编《中华文学通史》的"近现代文学编"和"当代文学编",吴秀明主编的《中国当代文学史写真》,董健、丁帆、王彬彬主编的《中国当代文学史新稿》,於可训的《中国当代文学概论》,孟繁华、程光炜合著的《中国当代文学发展史(修订版)》等著作,都以简洁而精练的文字,从不同侧面探讨了一些重要的文学会议与文学思潮的深层关联。在专门史中,朱寨主编的《中国当代文学思潮史》和魏绍馨的《中国现代文学思潮史》《当代中国文学思潮四十年》以文艺运动和思潮转换为背景,对现代文学和当代文学的文学会议在文学思潮演变中的文化功能进行较为全面和深入的研究。最近十年出版的文学史著作与公开发表的文学史论文都不同程度注意到了重要的文学会议与文学史分期的深层关联,重要的文学会议被认为是开启文学新时代的历史界标。关于中国当代文学的历史起点,有不少学者认为第一次文代会的召开宣告了新的文学体制的建立,也有学者认为延安文艺座谈会确立的工农兵文学路线才是中国当代文学的逻辑起点。本节以第一次文代会为核心,考察这次会议在共和国文学制度建立过程中的主要作用及其历史影响。

第一节　文学的计划体制

全国第一次文代会的召开宣告了全国性的文艺组织——中华全国文学艺术界联合会以及中华全国文学工作者协会、中华全国戏剧工作者协会、中华全国电影艺术工作者协会、中华全国音乐工作者协会、中华全国美术工作者协会、中华全国舞蹈工作者协会等文艺组织的成立。通过这些文艺组织及其地方性的分支机构,党和政府对全国的文学艺术活动进行高度集中的、步调一致的领导和管理,而其核心原则是对文学艺术进行分门别类的、划分级别的一体化管理。文学的一体化结构的建立,其核心构架为金字塔形状的文学组织机构,从上到下的行政渠道也是贯彻与文学相关的政令、传播各种指示的主要途径,这种高度组织化的形式也使文学思潮的运动呈现出从上到下、从中心到边缘扩散的状态,这和自发性的文学运动从独立的声音到共鸣的呼应的轨迹似乎正好相反。在这一原则的统摄下,文学艺术界联合会、作家协会、文学期刊、文学出版机构都明显区别于自由结社的文学社团松散、独立的关系,这些从中央到地方的、条块分割的文学机构层层渗透,构建了一种统一领导的、上行下效的文学组织体系。这种一体性表现出权力高度集中的特性,下级服从上级,拥护上级权威、响应上级指示成为区域性文学机构的主要职责与使命。这种一体化结构的主要特征为:组织上的集中与向心机构,政治上的服从原则,功能上的服务与依附形态。当代文学成为社会主义革命和建设事业的整体系统的有机组成部分,是革命这架超级机器上的齿轮和螺丝钉,其核心任务是为总体事业服务,因而作家的队伍建设、文学的创作原则都必须保持向政治看齐的统一性与协调性,当代文学的审美原则、艺术趣味和价值取向也都保持一种高度凝聚的一致性。

　　由于会议召开期间仍然处于全国尚未完全解放的战时局势,"我们的部队还要继续前进到南方、西北、西南,广大的部队文艺工作者就要向新区前进,去推广文艺的普及工作,和部队配合前进,解放尚未解放的两万万人口,这是我们部队文艺工作的最重要的方向"①。战时的军事化思维将文学的功能与任务定位为一种服务于战时紧迫任务的宣传工具,将文学想象严格限定在特殊的、狭隘的思维空间与时间结构中,文学的独立性就无从谈起,文学的审美性也就成了一种应当被牺牲的必要的代价。郭沫若在《向军事战线看齐!》一文中认为:"我们在军事战线上的伟大胜利之后,还必须继之以文化战线上的伟大胜利,拿笔的军队,必须向拿枪的军队看齐!"②在分清敌友的基础上歌颂工农兵,暴露并打击"黑暗势力",这是指导创作的基本原则。当文学的主体被定位为以服从为天职的军人,作家的笔成为另一种形式的杀敌武器,二元对立的阶级斗争就不能不成为作品的核心结构,在势不两立的敌对思维的视野中,在肉体上消灭敌人的革命暴力也容易转化成一种在精神上彻底摧毁敌人的精神暴力,将语言视为精神的炮火与子弹,在修辞和文风上追求行文的力度、强度、密度,借此来表现精神上的征服感,也容易催生语言的暴力倾向,审美的丰富性、复杂性和语言的优雅感、模糊性就成了一种立场不够鲜明的危险倾向。正如郭沫若在总报告中所言:"三十年来,除了代表地主阶级的封建文艺已经在理论上解除武装,代表大资产阶级的国民党法西斯文艺,一直受到全国文艺界和全国人民的唾弃以外,中国文艺界的主要论争是存在于这样两条路线之间:一条是代表软弱的自由资产阶级所谓为艺术而艺术的路线,一条是代表无产阶级和革命人民的为人民而艺术的路线。"③中华人民共和国成立以后从"《武训传》批判""《红楼梦》研究批判""胡风事件""丁陈反党小集团"等历次批判运动到"反右""文革",其内在逻辑都是用战时思维审视内在的差异性,并以消灭差异统一思想作

---

　　① 《中华全国文学艺术工作者代表大会纪念文集》,新华书店 1950 年 3 月版,第 31 页。

　　② 郭沫若:《向军事战线看齐!》,《人民日报》1949 年 7 月 2 日特刊。

　　③ 《中华全国文学艺术工作者代表大会纪念文集》,新华书店 1950 年 3 月版,第 38 页。

为政治运动的目标。陈思和在讨论战争文化心理对中国当代文学的影响时，认为其基本特征是："明确的目的性和功利性，文学宣传职能与文学真实性的冲突"；"二分法思维习惯被滥用，文学制作出现各种雷同化的模式"；"英雄主义和乐观主义基调的确立，社会主义悲剧被取消"。①确实，这些特征对"十七年"文学创作的深入渗透，使得文学主体缺乏必要的自由空间，文学在美学形态上呈现出无差别、简单化、脸谱化的总体形态，追求整齐划一的文学秩序抑制了文学创造的活力。值得注意的是，在第一次文代会期间，战时心理对未来文学政策与文学秩序的最大影响是推动并巩固了文学一体化结构的逐步确立。作家蜕变为上级声音的传达者与复制者，其职责是用文学手法将政治声音转换成文学形象，成为一架庞大的机器上顺从无逆的"齿轮和螺丝钉"。

　　一体化结构的文学制度的建立，意味着其文学评价也坚持一种一体化的标准。周恩来在第一次文代会的政治报告中指出这次大会是多方面的"会师"，"是从老解放区来的与新解放区来的两部分文艺军队的会师，也是新文艺部队的代表与赞成改造的旧文艺的代表的会师，又是在农村中的、在城市中的、在部队中的这三部分文艺军的会师"②，反映了文艺队伍"团结的局面的宽广"。然而，事实上这种"团结"也是建立在等级化评判基础上的，明确地有所褒扬也有所排斥。关于代表的组成，周恩来在第一次文代会的政治报告中提到："党员与外面比例，党员有 444 人，这个比例太大了。新政治协会 144 人只有 43 人，毛主席说，要'心中有数'。"③除了沈从文、萧军、朱光潜、端木蕻良等人被排斥在代表名单之外，来自国统区的作家在内心中也自觉低人一等。在徐盈的《采访第一届全国文代会手记》中，对 7 月 4 日的大会有这样的记录："茅盾作十年来国民党反动派文艺报告。他先说明了九点。由胡绳、黄药眠及钟敬文[起草]，是个检讨论文。因为大部是小资产阶级，我们的生活与工农大众不能结合，在边沿上，而不能全身投入其中。"④确实，在茅盾的大会报告《在反动派压迫下斗争和发展的革命文艺》中，对国统区革命文艺的成就的肯定可谓欲言又止，和周扬总结的解放区的"新的人民的文艺"相比，国统区进步文艺的成就充其量是局部的、片面的。茅盾为

---

①　陈思和：《当代文学观念中的战争文化心理》，《上海文学》1988 年第 6 期。
②　《中华全国文学艺术工作者代表大会纪念文集》，新华书店 1950 年 3 月版，第 33 页。
③④　徐盈：《采访第一届全国文代会手记》（上），《档案与史学》2000 年第 1 期。

此把重点放在对国统区文艺的缺点的批评上，报告中认为："作品不能反映出当时社会中的主要矛盾与主要斗争。这是国统区文艺创作中产生各种缺点的基本根源。"国统区进步的作家"着重去描写人物的精神状态"，"以人道主义的思想情绪来填塞他们的作品"，却陷入了主观主义、经验主义和感伤主义的泥潭，"使作品的战斗性打了折扣"。至于"对小市民的趣味投降"的"以趣味为中心"的作品，"避免暴露抗日阵营中的黑暗面"的"抗战加恋爱的新式传奇"，"抵不住反动统治的低气压的迫害"的"颓废主义"，更是必须警惕和抵制的"有害的倾向"。①茅盾报告中的焦点在于对国统区进步作家的身份定位："国统区的进步作家们大多数是小资产阶级知识分子；……未经改造的小资产阶级知识分子在生活思想各方面和劳动人民是有距离的。小资产阶级的思想观点使他们在艺术上倾心于欧美资产阶级的文艺传统，小资产阶级的思想观点也妨碍了他们全面而深入地认识历史的现实。……同样由于未能克服自己的小资产阶级的思想观点，所以在这十年来每到政治形势逆转，政治的天空乌云密布的时候，作家在作品中所表现的情绪，也就低沉苦闷的调子多过于战斗的激情了。"②国统区的反动文艺是"麻醉人民、欺骗人民的工具"，即使是"进步文艺"的主体也因其小资产阶级的劣根性而很难被信任，这样，来自国统区的作家在第一次文代会上的焦虑不安与诚惶诚恐也就顺理成章。巴金宣称"我是来学习的"，其低调的发言隐含着自我检讨的谦卑："好些年来我一直是用笔写文章，我常常叹息我的作品软弱无力，我不断地诉苦说，我要放下我的笔。"③曹禺在第一次文代会上的发言更是值得注意："向解放区诚恳的敬意，他们的胸襟开朗，没有个人存在（即包袱）。正直，谦虚。在人民中作学生的人又成为人民的老师，我们要有此改造的经验。我自己上幼稚园，三种毛病：①永远走不动的表带着。一天有两个小时是对的，以为不为即[无]表面上准确的样子。②空泛的革命热情，如有诗：'把我的身子铺在地上，让革命的群众在我身上踏过。'③无一是处，好吃懒做，思想混沌，没有在行动上找出，在实验上体验，只是想到个人的体面，乃有了一无是处之感。"有留法经历的陈学昭尽管在延安工作多年，但仍然对自己的西方文学背景有清醒的负罪感，其发言同样是一种洗心革面的

①　《中华全国文学艺术工作者代表大会纪念文集》，新华书店 1950 年 3 月版，第 52—54 页。

②　同上书，第 54—55 页。

③　同上书，第 392 页。

政治表态:"我感到我有了很好的改造,我觉得向工农兵学习中来改造的,继续清算西欧文学给我的影响,作人民的勤务员,为毛主席的好学生。"①

在阶级对抗的思维的统摄之下,工农兵成为人民大众中的主流,小资产阶级作为可以争取和改造的阶层,事实上被打入另册,是游离于"我们"之外的"你们",作家的个体性、对自由人格的追求在提倡集体性、纪律性的环境中,成了像"红字"一样刺眼的精神原罪。小资产阶级知识分子只有主动放弃自我,彻底融入人民大众,才能脱胎换骨,不再刻意维护知识分子的短处,真正成长为标准的、无差异的、统一的革命主体。周恩来在政治报告中就有这样的提醒:"精神劳动者应该向体力劳动者学习。一般精神劳动的特点之一是个人劳动(当然许多歌咏队、剧社、电影厂等的活动是集体的),这就容易产生一种非集体主义的倾向。"②在经典学说中作为革命的领导阶级的工人阶级,在当时工业基础薄弱的中国尚未发展成熟,其精神面影也显得暧昧不清。因此,军人和作为军人主要来源的农民,是抗战爆发以后中国文学重点关注的阶层。以北方广大农村作为根据地的解放区,更是将军人和农民视为正义化身和胜利之源,战争和农村题材在解放区文学中占据牢不可破的正统地位。在硝烟弥漫的战时环境中,战争题材中敌我对抗的二元论模式无限泛化,几乎所有的社会生活与精神生活领域都被视为不同形式的战场。农村题材的文学创作聚焦于农民阶级和封建地主阶级的阶级对抗,阶级身份规定了作品中人物性格的基本类型,这种先入为主的类型化特征彻底淹没了农民的个性与差异性;另一重矛盾则是带有封建烙印的旧农民如何在痛苦与挣扎中抛弃旧我,成长为符合主流规范要求的新农民。有趣的是,城市在解放区文学的视野中,往往被潜在地视为资产阶级、小资产阶级的生活空间与精神舞台,格格不入的城市与农村也陷入了二元对抗的迷阵。正因如此,城市书写在"十七年"文学和"文革"文学的蹑足潜踪也就成为必然。萧也牧的《我们夫妇之间》之所以被树立为反面典型,正是建立在这种意识形态逻辑的基础上。受制于种种主流规范,放弃对最熟悉的自我以及所属阶层的书写,就成了知识分子自我改造的任务。知识分子不仅应当去熟悉、了解、书写工农兵,还应该彻底摆脱灵魂深处的劣根性,使自己也成长

---

① 徐盈:《采访第一届全国文代会手记》(下),《档案与史学》2000年第2期。
② 《中华全国文学艺术工作者代表大会纪念文集》,新华书店1950年3月版,第25页。

为工农兵中的一员,向工农兵看齐,与工农兵一样生活和思考。正如丁玲在第一次文代会上的发言:"其实,自己是最丑的,为人民是最美的。"①"反右""文革"对知识分子大规模的强制性的思想改造,以及知识青年上山下乡运动,其意识形态的潜台词都是要求知识分子和农民同吃同住同劳动,彻底放弃自以为是的清高和居高临下的尊严。

在高度组织化的一体化结构中,作家也被纳入一体化管理的体系中,其参照的是延安具有鲜明差异的战时供给制度。中华人民共和国成立以后,许多声誉卓著的作家都被委任到文艺组织、文学编辑、文学研究等相关岗位。譬如在新中国成立前的相当长时期内从事职业写作的老舍时在美国讲学,他在接到受周恩来嘱托的冯乃超、夏衍先后写来的邀请其回国的信后,于 1949 年年底扶病归国,担任了北京市文联主席的职务,这体现了高层领导对文艺工作的高度重视。专业写作队伍逐渐成为文学创作的主力军,业余写作成为专业写作的人才储备形式,产生着重要的补充和丰富作用。完全靠卖文为生的职业写作基本消失。在筹备第二次文代会期间,胡乔木"主张取消文联,按苏联的文艺制度改,将当时的文学工作者协会、戏剧工作者协会……改成各行各业的专门家协会",但毛泽东反对取消文联,认为"取消文联,不利于团结老一辈文艺家"。②结果就如曾任中国作协秘书长的张僖所言:"毛主席说:文联哪怕是空架子,也要保留下来。文联就这样留下来。那时候,一切都学苏联,惟独保留文联这件事很有中国特色,苏联是没有文联的。"③中国作家协会成立以后,"行政经费由国务院机关事务管理局拨发,作家的工作和活动经费则由财政部拨发。说到底,那时候作协和作家基本上就是由国家全给包下来了"。"作家们出差或者深入生活的一切费用,都由作家协会报销。"另外,作家也被分成三六九等,二十世纪五十年代的张天翼、周立波、冰心等被确定为文艺一级,政治福利待遇相当于行政八级,工资接近 300 元;赵树理、舒群、陈企霞、罗烽、白朗等被定为文艺二级,工资约为 270 元;被定为文艺三级的有康濯、马烽、西戎等,政治上享受正局级待遇。④

①　徐盈:《采访第一届全国文代会手记》(下),《档案与史学》2000 年第 2 期。
②　黎之:《文坛风云录》,河南人民出版社 1998 年版,第 521 页。
③　张僖:《只言片语——中国作协前秘书长的回忆》,北京十月文艺出版社 2002 年版,第 30 页。
④　同上书,第 34—35 页。

当作家身处等级化的框架中,其所有的政治待遇、生活保障都与其身份挂钩,而这些身份与其文学创作成就的高低并不直接对应,这就造成了作家与组织、单位之间控制和依附的关系,个人无法按照意愿自由选择职业和服务机构,脱离单位就意味着失去合法的身份,没有了政治身份和工资待遇就意味着失去基本的生存权利。事实上,政治进步是确保与提升身份的前提,文学写作在政治上的正确性成为时代对作家的特殊要求,而对艺术独创性的追求一旦逾越政治规范的篱笆,不仅无法给自己带来现实利益,还可能像萧也牧、刘宾雁、陈翔鹤等一样因文惹祸。非文学本位和激励机制的匮乏,以及作家被迫陷入各种行政性事务的沼泽,使文学创作成了可有可无的点缀。在 1958 年沈阳市青年业余作者大会上,茅盾在讲话中深有体会地认为当时很大一部分中国作协会员是"家"而不"作"的,"我就是其中一个,是文艺战线上掉队的老兵"①。由于单位对其成员的权利行使代理权,单位与单位成员的权利、责任被捆绑在一起,这种连带责任使个人在社会活动中只能拥有部分的权利能力和行为能力,也就是自己无法完整地代表自己,加上单位能够否决个人的调动申请,这就使单位的权威渗透到个人的精神生活中。基于此,"单位"中的写作缺乏自主性和自由度,写作者及其作品潜在地受其工作隶属关系与行政领导关系的制约,他必须接受工作任务的限制,服从单位纪律的约束。②一体化管理与"单位"制度压抑了作家的个人独创精神与主观能动性,却激发了文人内部无谓的纷争与纠葛。

一体化结构对文艺创作的另一层深远影响是行政意志规约文学生产的计划体制。周恩来在政治报告中说:"文艺工作在政府方面也好,在群众团体方面也好,我们都要来有计划地安排。这就靠你们将要推选出来的领导机构来安排这些事情。"③在单位制度的框架中,作家有义务与责任完成上级和单位制定的创作任务。问题在于,当创作的主题、题材乃至人物的命运都被计划所"预设"时,作家就成了一个被动接受来料加工的工匠,他的使命仅仅是遵命的机械劳作。正因为此,作家的重要性就大为降低,文化水平、审美能力、创造意识不再是从业者必须跨越的门槛,工农兵写,写工农兵,这就使写作成了人人可以赤膊上阵的群众运动。面对这种局面,冯雪峰对"依

---

① 茅盾:《茅盾全集》第 25 卷,人民文学出版社 1996 年版,第 310 页。
② 黄发有:《准个体时代的写作》,上海三联书店 2002 年版,第一章。
③ 《中华全国文学艺术工作者代表大会纪念文集》,新华书店 1950 年 3 月版,第 33 页。

赖行政方式的和种种变相的行政方式的领导"的"主观主义的文艺思想"提出了尖锐批评："最明白的影响,是发生在各文艺部门对于所属的创作室、创作组等的领导上。例如北京和全国各地的文艺领导部门,文艺团体,剧团及其他,一半以上,都曾经设有创作室、创作组,或甚至有称为创作工厂的,也差不多都有年度或季度的'生产计划'即创作计划,作为这些部门或团体的行政工作计划所不可缺少的一个方面。怎样领导作者们完成'生产计划'呢? 曾经有一种通行的方式,是'领导上'或作者们自己先规定了一种主题,甚至先计划了人物多少和种类以及性格如何,等等;然后指示作者们去体验生活,即指示他们去找完成作品所需要的材料,到什么地方去找什么故事,找什么人谈论等等。"[1]在这样的创作生态中,作家们为了适应形势,只能被迫放弃自己的创作优势,炮制一些迅速被时代淹没的应景之作。曹禺 1957年向中国作协递交的十年创作计划,都是适应当时形势要求,却是他隔膜而不擅长的题材领域:"写资本家改造的剧本,57、58 年;写农民生活的剧本,60 年至 62 年;写大学生或高级知识分子,63 年;写工人生活,64 年至 66 年;想写关于岳飞和杜甫的历史剧。"老舍的写作计划是"每年写一个话剧,改编一个京剧或曲剧;一两年内写成长篇小说《正红旗下》"[2]。为了响应"大跃进"的号召,在出席 1958 年 3 月 3 日至 5 日的北京戏剧、音乐创作座谈会时,面对各个团体和作家纷纷表态的"跃进"计划,曹禺"以十分慎重的态度计划今年至少写出一两个剧本[3]。巴金这样回想自己曾经的创作计划:"至于《群》,在新中国成立后,我还几次填表报告自己的创作计划,要写《群》三部曲。但是一则过不了知识分子的改造关,二则应付不了一个接一个的各式各样的任务,三则不能不胆战心惊地参加没完没了的运动,我哪里有较多的时间从事写作!"[4]在这种计划体制中,即使是执掌文坛牛耳的茅盾,同样不能例外。1951 年年底镇反运动结束后,公安部部长罗瑞卿想请茅盾写一部宣传这一运动成果的电影剧本,尽管不熟悉这方面的生活,也没写过电影剧本,颇感为难的茅盾最终还是答应了。茅盾在 1952 年两度去上海搜集

---

①　《冯雪峰论文集》(下册),人民文学出版社 1981 年版,第 32 页。

②　《中国作协 1957 年会员创作规划手稿》,陈徒手著:《人有病,天知否——一九四九年后中国文坛纪实》,人民文学出版社 2000 年版,第 77 页。

③　曹禺:《让我们的事业飞跃前进》,《剧本》1958 年 4 月号。

④　巴金:《百年激流——巴金回想录》,南海出版公司 2000 年版,第 215 页。

材料,并在 1953 年完成了初稿。电影导演袁牧之、蔡楚生认为写得太小说化了,篇幅也太长,必须进行大的改写和压缩。此事最终不了了之,时过境迁,也没有再拍电影的必要了。①1955 年 1 月 6 日,已经五年"不曾写作"的茅盾给周恩来写信请创作假,周恩来特批了他三个月的假期,结果他只写出了计划中的反映资本主义工商业社会主义改造的长篇小说的大纲和部分初稿。1956 年 3 月,茅盾在收到作协创作委员会发出的征询去年写作计划的完成情况及新年写作计划情况的公函时,忍不住大发牢骚:"我现在有困难。自去年四月后,我有过大、小两计划,大的计划是写长篇,小的计划是写短篇及短文,两者拟同时进行。……不料至今将一年,自己一检查,大小计划都未贯彻。原因不在我懒——而是临时杂差……打乱了我的计划……我每天伏案(或看公文,或看书,或写作,或开会——全部伏案)在十小时以上,星期天也从不出去游山玩水,从不逛公园,然而还是忙乱,真是天晓得! 这是我的困难所在,我自己无法克服,不知你们有无办法帮助我克服它? 如能帮助,不胜感激。"②如此宏大而完备的"计划",收获的往往是不了了之的空无,真是颇具反讽意味。

　　在计划体制的全面渗透与有力掌控之下,文学自主性基本消失,这也就在维持身份差异的机制中,使文学自身的内在差异性基本消失。文学创作写什么,怎么写,谁来写,都被严格规定。文学的思想倾向和审美趣味都被定于一尊。周恩来在第一次文代会上的政治报告中有言:"我们主张文艺为工农兵服务,当然不是说文艺作品只能写工农兵。比方写工人在未解放以前的情况,就要写到官僚资本家的压迫;写现在的生产,就要写到劳资两利;写封建农村的农民,就要写到地主的残暴;写人民解放战争,就要写到国民党军队里的那些无谓牺牲的士兵和那些反动军官。所以我不是说我们不要熟悉社会上别的阶级,不要写别的阶级的人物,但是主要的力量应该放在哪里,必须弄清楚,不然就不可能反映出这个伟大的时代,不可能反映出创造这个伟大时代的伟大的劳动人民。"③事实上,随着时间的推移,"文艺作品只能写工农兵"总体上成了"十七年"文学的基本规范和时代信条。就自然生态而言,生物的多样性增强了环境的稳定性,生物多样性的丧失是环境恶

----

① 韦韬、陈小曼:《我的父亲茅盾》,辽宁人民出版社 2004 年版,第 159—160 页。
② 茅盾:《茅盾全集》第 36 卷,人民文学出版社 1997 年版,第 338 页。
③ 《中华全国文学艺术工作者代表大会纪念文集》,新华书店 1950 年 3 月版,第 28 页。

化的重要表征。当文学生态缺乏审美的多样性时,在单调、沉闷的文化环境中,其创造活力必然下降,精神生态的沙漠化倾向也就成了难以摆脱的历史宿命。

第二节　制度设计与文学转折

文学史的分期问题是文学史研究中的一个核心问题,将朝代更替或其他重大的社会政治事件(譬如戊戌变法、鸦片战争、甲午海战、"五四"运动、抗日战争等)作为文学史断代的重要依据,已经逐渐成为文学史写作的一种成规。从二十世纪八十年代以来,"重写文学史"潮流的兴起以及不同领域的文学史家追求创新的文学史写作实践,从不同角度试图冲破文学史分期的思维惯性,通过突破壁垒来反思并重构文学史的版图。现代性、人性解放、人道主义话语、语言革新、艺术自觉、传播革命、空间结构等维度,都成为重新阐释特定时期文学史的重要角度。具体到中国当代文学史的编撰与写作上,文艺会议在这一学科的草创期就已经成为文学史分期的一个核心变量,延安文艺座谈会、第一次文代会和第四次文代会更是无法绕开的研究对象。将 1942 年延安文艺座谈会的召开或 1949 年 7 月第一次文代会的召开作为中国当代文学的起点,将 1978 年十一届三中全会的召开或 1979 年第四次文代会的召开作为新时期文学的起点,都已经是在中国当代文学研究界产生普遍影响的学术观点。文学会议在中国当代文学的发展进程中是无法回避的重要力量。第一次文代会是当代文学体制建设的里程碑,在代表的遴选程序、出席大会的领导阵容、大会的主题设置、大会发言的话语形态等方面,都重点突出了"工农兵文学"和"革命"作为核心价值的精神基调,确立了以延安为中心的解放区文学传统在"十七年"文学中的主导地位。

文学史分期往往是研究主体的文学观念的最为集中的体现。恰如柄谷行人所言:"分期对于历史不可或缺。标出一个时期,意味着提供一个开始和一个结尾,并以此来认识事件的意义。从宏观的角度,可以说历史的规则就是通过对分期的论争而得出的结果，因为分期本身改变了事件的性质。"①一种具体的文学史分期往往意味着对特定时段的文学发展历程的定性，其划分标准不仅彰显了研究主体特殊的视角、方法论与价值观，还包含着对文学的艺术趣味的选择以及与文学相关的政治、经济、社会、文化坐标的综合考量。一些文学史家把作为文学史分界线的特殊的时间节点称为"质变点"，这就意味着以此为分界的两个文学时期具有本质性的差异。在千头万绪、矛盾丛生的文学发展流程中，通过文学史分期进行断代描述，也就意味着选择了一种特殊的历史关系和文学关系。面对大致相同的研究对象，采取不同的文学史分期方式，往往意味着对不同的文学史意义的强调与突出，正如鲁迅对不同读者眼光中的《红楼梦》的"命意"的精彩描述："经学家看见《易》，道学家看见淫，才子看见缠绵，革命家看见排满，流言家看见宫闱秘事。"②特定时期重要的文学会议之所以会成为中国当代文学史分期的重要依据，被不少文学史家视为当代文学发展进程中的"质变点"，这和中国当代文学会议的历史源起、制度设计、组织构架和文化变迁密切相关。

一是在突出重要文学会议的里程碑意义时，避免以断裂思维抹杀文学发展的历史连续性，不能人为割断文学发展的有机联系的倾向。二是不能把文学视为对社会、政治潮流的被动反映，不应当把文学会议视为社会政治力量的工具。

以第一次文代会作为当代文学的历史起点，在中国当代文学史的编撰实践中，是一个久远的、未曾间断的、影响广泛的文学史观点。在张钟等编的《当代文学概观》的"前言"中，有这样的表述："从一九四九年七月全国第一次文代大会到一九七九年十一月全国第四次文代大会，整整经过了三十年。当代文学的发展过程，随着重大社会变迁，很自然地分划为三个时期。即：一九四九——一九六六，十七年时期；一九六六——一九七六，文化大革命时期；一九七六——现在三年，开始进入为实现四个现代化而奋斗的时期。"③

在朱寨主编的《中国当代文学思潮史》中，关于第一次文代会在文学史分期中的历史地位有这样的阐述："新的历史阶段，具体到当代文学思潮的

---

① ［日］柄谷行人：《现代日本的话语空间》，董之林译，见张京媛主编：《后殖民理论与文化批评》，北京大学出版社 1999 年版，第 416 页。
② 鲁迅：《鲁迅全集》第 8 卷，人民文学出版社 1981 年版，第 145 页。
③ 张钟、洪子诚等：《当代文学概观》，北京大学出版社 1980 年版，第 1 页。

发展,则是从一九四九年七月召开的全国第一次文代会到一九七九年十月召开的全国第四次文代会这段时间。前者是中国当代文学思潮史的新起点,后者是中国当代文学思潮进入一个新时期的历史转折的标志。"①"一九四九年七月二日于北平召开的第一次中华全国文学艺术工作者代表大会,则是历史的界碑,具体划分开了'现代'和'当代'文学运动历史的界限。它既是以往中国现代文学历史的终点,又是以后中国当代文学历史的起点。而从这次会议的主要内容和任务看,它确是中国当代文学历史的伟大开端,既为新中国文学思潮的发展确定了流向,也潜留下局限的种子。"②

王庆生主编的多种版本的中国当代文学教材,一以贯之地将第一次文代会确定为当代文学的历史起点:"1949 年 7 月,中华全国文学艺术工作者代表大会召开,解放区和国民党统治区两支文艺队伍会师,标志着我国当代文学的伟大开端。""绪言"中还有这样的表述:"1949 年 7 月召开的全国第一次文代会,确定毛泽东在延安文艺座谈会上提出的文艺为人民大众首先为工农兵服务的方向,为全国文艺运动的总方向。以后,在贯彻执行的过程中,文艺'为工农兵服务'、'为政治服务'、'为社会主义事业服务'的口号交替使用,并没有严格区分。"③

洪子诚的《中国当代文学史》对当代文学的历史起点进行了相对模糊的处理,他在第一章"文学的转折"中追溯到二十世纪四十年代的文学界,左翼文学界通过"致力于传播延安文艺整风确立的'文艺新方向',并随着政治、军事斗争的胜利,促成其在全国范围的推广,以达到理想的文学形态'一体化'的实现"④。作者还深入论述了以《在延安文艺座谈会上的讲话》为核心的"毛泽东的文学思想",在第一次文代会上被确立为"文学新方向"的历史轨迹,并通过"规范性的纲要和具体的细则"将这一方向确立为统摄现实文学体制的核心规范。在他 2002 年出版的《中国当代文学史・史料选(1945—1999)》中,作为时间上限的 1945 年又在提示另一种历史思考。有趣的是,尽管他将时间下限设定为 1999 年,但收录文献的实际下限却是1993 年,这就使得时间节点显得模糊而漫漶。

陈思和主编的《中国当代文学史教程》在讨论分期问题时,认为当代文

---

①② 朱寨主编:《中国当代文学思潮史》,人民文学出版社 1987 年版,第 12 页。

③ 王庆生:《中国当代文学》第 1 卷,高等教育出版社 1999 年版,第 1—2 页。

④ 洪子诚主编:《中国当代文学史》,北京大学出版社 1999 年版,第 7 页。

学"不能无视与大陆文学同时存在的台湾文学和香港、澳门的文学"，因此仅仅研究 1949 年以后的大陆文学，"本身是不完整的，与此相关的分期观念，也只有相对的意义"，"只是一种权宜的做法"①。这本教材也是把第一次文代会作为文学史叙述的起点，但是为了呈现历史本身的复杂性，其表述中也蕴含了对历史连续性与过渡性的关注："全国第一次文代会是一个标志，预示了即将拉开帷幕的中国文学新阶段将由来自解放区战争实践的文艺传统为发展基础，同时也在思想斗争和思想改造的基础上有条件地吸收'五四'革命文艺传统的战斗力量。"②教材在分析中华人民共和国成立以后文坛思想斗争的文化根源时，还追溯到"五四"文学的启蒙传统与左翼革命文艺的历史纠葛："第一次文代会的召开虽然意味着新政权领导下的文艺阵营已经建立，但是并没有宣布阵营内部的思想斗争已经结束。当代文学的两大传统虽然已分清了主次地位，但两种价值观念、两种美学修养、两种文化实践，仍然存在着尖锐的冲突，并通过政治运动的形式一再表现出来。"③

《中国当代文学史新稿》对第一次文代会的论述，侧重于揭示这次会议在当代文学制度建设中的关键作用，充分注意到这次会议在文学自身发展过程中的历史局限性："这次会议实际上奠定了中华人民共和国的文学体制，自此以后，整个国家的文学实践，都受制于这样的体制。""第一次文代会实现了中国共产党对于文学的全面领导，确立了新生政权与文学艺术家之间领导与被领导的关系。""从此，中国共产党可以动用包括国家机器在内的一切资源与力量对文学提出形形色色的政治或政策要求，进行相当有力的掌控。""作为中国当代文学的重要'起点'，第一次文代会及其所明确的文艺政策和建立的文学体制，为中国大陆文学此后几十年的存在奠定了重要的基础。"④

将第一次文代会作为当代文学的历史起点，或者将其他重要的文艺会议作为另一个文学时期的历史界标，应当避免陷入以下几种价值误区：1. 断裂论。将当代文学作为一个独立的、全新的历史时期，无视当代文学与"五四"以来的中国文学的历史联系，这就陷入了人为地"搁置""遗忘"甚至"终结"历史遗产和历史遗留问题的价值误区。"伟大开端"的表述在某种意义上自动放弃了面对当代文学历史发展的曲折、复杂进程的批判性视角，使文

---

① ②　陈思和主编：《中国当代文学史教程》，复旦大学出版社 1999 年版，第 17 页。

③　同上书，第 18 页。

④　董健、丁帆、王彬彬等：《中国当代文学史新稿》，人民文学出版社 2005 年版，第 21—26 页。

学史叙述成为主流声音的依附和注释,把"为工农兵服务""为政治服务"当作文学史写作的指导思想。另外,人为割裂现代文学和当代文学的精神联系,在某种意义上也是对"五四"新文学传统、中华人民共和国成立以后被长期压抑的国统区文学传统的人为的遮蔽。也就是说,毫无保留的"断裂论"缺乏在宏阔的历史视野中审视当代文学的反思意识,进行的是一种"从零开始"的、亦步亦趋的、随声附和的跟踪研究。2. 进化论。在进化论的视野中,以第一次文代会作为分界线,此前的文学属于"旧"文学,此后的文学属于"新"文学,而"新"的必然战胜"旧"的,未来总胜于现在,文学总是在线性轨迹上不断前进。这种机械进化论逻辑轻松地抹杀了当代文学历史发展进程所遭遇的困难与考验。当"道路是曲折的,前途是光明的"被改造成一种庸俗辩证法,为荒唐的历史辩解就拥有了一件无往不利的法宝,"文革"浩劫也就成了一种可以被忽略的插曲,一些当代文学史采取对"文革"文学绕道而走的逃避策略来建构"独特"的文学史逻辑,语焉不详的"空白说"更是成了面对"文革"文学时的一种搪塞。3. "审美"论。将第一次文代会作为当代文学的起点,在不少文学史家的笔下被视为尊重文学艺术自身发展规律的文学史评判,体现了对艺术独立性的捍卫。事实上,第一次文代会是一次高度政治化的会议,从最高等级领导人的出席和讲话、代表名额的分配、文艺政策的制定到领导机构和组织机构的建立、对当前任务的布置和对未来方向的规划等方面,这种自上而下、定期召开的会议制度都有明显的政治仪式色彩和文学组织功能。第一次文代会召开期间,已是"全国接近于最后胜利"的局面,妇女、青年、工人等界别的全国性群众团体组织纷纷成立,大势已定,因而这次会议是即将宣告成立的新政权建立新的、统一的文艺秩序的重大政治举措。因此,将中华人民共和国成立或第一次文代会召开作为当代文学的历史起点,并无本质差异。

　　将第一次文代会作为文学史分期的依据,确实有其合理性。与将重大政治历史事件作为文学史分期的界标的通行做法相比,将重要的文学会议作为文学史分期的节点,一方面,这在某种程度上廓清了当代文学新型文学制度建立、发展的历史脉络,勾勒出高度政治化环境中文学与政治之间的相互关系及其互动模式;另一方面,由于中国当代历史上的官方文学会议与官方文学组织的制度建设,其参照系都是苏联的文学模式,即文学从属于政治的、高度一体化的文学制度,这又避免了完全"去政治化"的文学史模式。必须注意的是,在考察第一次文代会推动当代文学转型的历史作用时,应当具有一种将现代文学与当代文学进行比较分析与综合研究的整体视野。恰如丁帆所言:"我以为人为地将中国当代文学硬是从中国现代文学中分离出来,无非是有以下几种考量而已。一是迎合政治文化的需要。这样的分期很容易与体制保持同步关系,一旦纳入体制,一切当下的实际问题就无需从艺术本身来考虑,无需从学术与学理层面来进行文学史的检视,也无需将一九四九年以后的作家作品、文学现象和文学思潮与上溯的所谓中国现代文学史相勾连。……二是学科扩张的需要。……三是个体学术舒适的需要。"①"把本完全可以并入一个时段的文学及作家作品人为地腰斩与分割,而顺应当时某种文化的需求而放弃和忽略了应该持有的治史观念与价值立场,使得中国现代文学史从来就不能从一个整体性上来思考问题。"②

　　缺少整体观的历史视野,就容易人为割断文学历史发展过程中的内在关联,不同文学话语在历史推进过程中的对话、冲突与融合的复杂过程,也容易被一种简单化的历史视野所遮蔽。也就是说,不应该割裂现代文学与当代文学之间的历史联系,应该在一个整体性的历史坐标中考察现代中国文学在近百年的历史发展中的升降沉浮,只有这样才能相对清晰地呈现文学发展的复杂性、过程性和矛盾性。在这样的视野中,当代文学在整体性的历史空间中,仅仅是一个特殊的发展段落。譬如新时期初年文坛兴起的人道主义与文化启蒙潮流,在宏阔的历史视野中就呈现出承续并呼应"五四"文学脉络的历史关切,而不是在封闭、隔绝的当代文化土壤中自生的精神资源。通过对环环相扣的不同阶段的文学生态与审美风尚的深入分析,真正具有超越性的文学创造以及具有欺骗性的价值迷误,才能在历史理性和人文关怀的光照下显现真面目。与社会政治发展相比,文学发展有其内在的规律性,因此文学发展往往并不与社会政治的步伐保持一致,正如清朝诗人赵翼的名句:"国家不幸诗家幸,赋到沧桑句便工。"只有摆脱紧跟时代的文学史观念,当代文学研究才能避免用单一标准来判断复杂而多样的文学形态和审美追求,而是把共同历史时空中的所有文学存在当成有机的生命系统,平等地看待它们的存在价值,而不是以文学史家所推崇的至尊的价值形态排斥其他的价值形态。当然,这种宏阔、融通、开放的视野,并不意味着放

---

① 丁帆:《中国现当代文学史断代谈片》,《当代作家评论》2010年第3期。
② 丁帆:《关于建构百年文学史的几点意见和设想》,《文学评论》2010年第1期。

弃原则的相对主义与虚无主义,文学史家在进行批判性考察时,必须坚持自由、民主、人道主义、人文关怀等普世价值。

值得深思的是,作为中国现当代文学史上具有文学史分期意义的延安文艺座谈会、第一次文代会和第四次文代会,其核心论题都是文艺与政治的关系。从会议形式而言,最高领导人的讲话和意志决定了会议的核心主题和基本走向,通过自上而下的行政力量来规约文学的发展与作家的选择。文学直接转换成"政治行动",其最为典型的表现就是政党力量直接通过机构、会议等高效的政治形式将文学统一地"组织"起来。在这样的制度环境中,强大的政治力量凌驾于文学之上,文学的发展处于身不由己的他律状态,在时代的旋涡中随波逐流。当文学在政治的驱赶之下进入预设的轨道,文学创作也就成了标准化的流水线上批量生产的螺丝钉,文学的审美个性和突破成规的可能性都被视为破坏性的害群之马。在第四次文代会上,邓小平的《祝词》被视为开启新时期文学新气象的纲领性文献,在随后的《目前的形势和任务》中又有这样的表述:"不继续提文艺从属于政治这样的口号,因为这个口号容易成为对文艺横加干涉的理论根据,长期的实践证明它对文艺的发展利少害多。"①正因如此,第四次文代会常常被视为终结"文艺从属于政治"的错误的重大转折。不应忽略的是,邓小平的表述有其另一方面:"文艺是不可能脱离政治的","培养社会主义新人就是政治"。在某种意义上,第一次文代会和第四次文代会是一枚硬币的两面,是以政治形式领导文艺的相同思维不同内涵的意识形态运作。第四次文代会之后官方的全国性文艺会议的影响力之所以急剧下降,一方面是文艺与政治的逐渐疏离,另一方面是市场的力量日渐强大。基于此,一次重大的文艺或文学会议导致中国现当代文学走向全局性的转折,从而具备了作为文学史分期的界标的意义,其决定性力量往往是政治对于文学的深度干预,并非源自文学的内在变革。在近百年中国文学发展的曲折历程中,政治、商业等外源性力量对于文学的强势干预,反复见证了文学在捍卫其脆弱的自主性时所遭遇的文化困境与巨大挑战,即使在"文学回到自身"成为主体自觉的二十世纪八十年代与九十年代,文学的魂灵与躯壳之间依然貌合神离,对外部强势话语的刻意的疏离有时难免变质成一种懦弱的逃避。

---

① 邓小平:《邓小平文选》第2卷,人民出版社1994年版,第255页。

第二章　文学期刊与文学风尚

——以《人民文学》为中心

1949 年 7 月 2 日至 19 日，中华全国文学艺术工作者代表大会（简称"第一次文代会"）在北平召开，这次大会是当代文学体制建设的里程碑，后来被认为是"当代文学"的历史起点。大会成立了中华全国文学艺术界联合会（1953 年 10 月改称"中国文学艺术界联合会"），推选郭沫若为主席，茅盾、周扬为副主席。下属各协会同时宣告成立，其中中华全国文学工作者协会（1953 年 10 月改称"中国作家协会"，简称"全国文协"）的地位最为重要，茅盾出任主席。1949 年 10 月，"全国文协"主办的《人民文学》创刊，毛泽东专门为《人民文学》创刊题词"希望有更多好作品出世"，茅盾出任首任主编。刊名经毛泽东提议由郭沫若题写，1976 年复刊后的刊名题字在征求毛泽东的同意后，从其 1962 年给《人民文学》主编的信件中集字而成。1949 年 5 月 4 日创办的《文艺报》和《人民文学》，是中国当代文学史上主要的文艺阵地，尤其在"十七年"时期，这两家文艺刊物占据着权威地位，是文学发展的风向标，负责对作家提出创作上应该遵循的思想方针与艺术路线，对作家创作的基本立场、题材范围、表现对象、风格类型、审美形式进行引导与规范。《文艺报》侧重发布文艺方针与文艺政策，《人民文学》侧重发表各种体裁的文学创作。

在《发刊词》中，茅盾对刊物的性质、任务、来稿要求等，进行了言简意赅的说明，其中有这样的表述："作为全国文协的机关刊物，本刊的编辑方针当然要遵循全国文协章程中所规定的我们集团的任务。……我们觉得编一本杂志，实在也就是一种组织工作。"①杂志的组织任务不仅仅是"善于组织来

---

① 茅盾：《发刊词》，《人民文学》创刊号，1949 年 10 月。

稿",还要"把握我们的文艺工作的中心环节",组织化的目标成为办刊的核心工作。创刊号还发表了周扬在第一次文代会上关于解放区文艺运动的报告《新的人民的文艺》,把解放区文学确立为文学的正统,对新形势下"人民""文艺"的发展方向进行了统筹与规划。

头版是报纸的门面,头条是报纸的窗口,头版头条是报纸的重中之重。《人民日报》的副总编辑米博华认为《人民日报》的头条具有特殊的意义——政治导向性、工作指导性和舆论引导性。[①]作为机关刊物,"十七年"时期《人民文学》的头条同样把鲜明的导向作为其首要的追求目标。头条作品是期刊的灵魂所在,编辑在选择头条作品时,站在把握文学的整体走势的高度上来确定选题,组织稿件,纵观全局、突出中心、引导舆论是头条作品的基本功能。正如洪子诚所言:"文学'从属'政治并反过来'影响'政治的观点,不仅为文学规定了写什么(题材、作品思想倾向),而且规定了'怎么写'(方法、形式、艺术风格)。"[②]在"十七年"时期,文学期刊作为"计划期刊",被划分成国家级、省市级、地市级等级别,各级文学期刊构筑成了一种"等级"体制,不同刊物有相应的行政级别和管辖范围,边缘期刊成了权威期刊的回音壁,省市级文学期刊大多模仿《人民文学》的风格,缺乏独立的个性。《人民文学》作为处于领导地位、具有示范意义的文学刊物,其头条作品就成了文学的时代标杆,是"重中之重",体现出编者对文学潮流整体走向的基本把握,具有鲜明的时政色彩,及时向文艺界传达当时的中心任务,以范本的形式提醒广大作家应该"写什么",应当"怎么写"。《人民文学》刊发的头条作品,紧扣时代与文学的热点话题,具有统领全局的意义,是对文艺政策的巧妙呼应与深度诠释,以显要的位置向文学界发布一种权威的声音,传播价值的最大化是其基本的功能定位。与文学期刊发表的一般的文艺作品不同,《人民文学》的头条作品具有突出的时效性,负载着不容忽视的宣传功能和组织功能,在文学为政治服务的环境里,其审美功能退居附属和次要地位。

---

① 米博华:《关于头条》,《新闻战线》2006 年第 7 期。
② 洪子诚:《当代文学概说》,广西教育出版社 2000 年版,第 69 页。

第一节　文　学　导　向

《人民文学》于 1949 年 10 月 25 日出版创刊号，1949 年 12 月 1 日出版第 1 卷第 2 期，1966 年 5 月 12 日出版第 5 期后自动停刊。其间出版了 6 本双月合刊（1952 年 3—4 期、1953 年 7—8 期、1957 年 5—6 期、1961 年 1—2 期和 7—8 期、1963 年 7—8 期），在"十七年"时期一共出版了 193 本杂志。在这些杂志中，有 15 本刊物采用了双头条的形式，即目录头条和内文头条分离，一篇作品占据了目录的头条位置，另一篇作品排在内文的最前列。在 15 本杂志的双头条中，有 7 本刊物把篇幅较长的长篇小说选载（周立波的《山乡巨变》连载、刘白羽的《风雪赞歌》节选）、多幕话剧（老舍的儿童剧《宝船》、曹禺等的《胆剑篇》、蓝澄的《丰收之后》、刘厚明的《山村姐妹》）或电影文学剧本（张骏祥的《白求恩大夫》）列在目录的头条位置，在内文中往往排在最后，而把另一篇篇幅较短、质量上乘的作品排在内文的最前列，避免头重脚轻，也便于读者阅读。唯一例外的是 1958 年第 1 期周立波的《山乡巨变》连载，排在内文的二条。另外，7 本刊物的双头条，基本上是名家与新人兼顾或两种文体并重的结果。孙犁在写于 1986 年的《谈头条》中说："近年刊物，受官场影响，也讲平衡，对于名次篇目排列，极为用心，并有'双头条'之创造。刊物以作品质量分先后，无可厚非。"①孙犁批评的这种"两全其美"的现象，在"十七年"的《人民文学》中基本上不存在。

《人民文学》的这些头条作品，大多为独立的单篇作品，但内容相仿、主题一致的组合头条是《人民文学》经常采用的编辑策略，根据笔者的统计，在 193 本杂志中共有 35 本刊物采用了组合头条的形式，这是一个不应当被忽略的比例。组合头条以集束性稿件追踪热点，突出重点，多作者多角度多方法的组合方式形成一种多声部的合唱效果，有利于对焦点问题的复杂内涵进行深入挖掘。毋庸讳言，组合头条具有组织、督导、管理作家及其创作的功能，在某种意义上，这是作为机关刊物的《人民文学》的核心任务。组合头

---

① 孙犁：《孙犁散文》，浙江文艺出版社 2003 年版，第 357 页。

条集中体现了刊物对于国内外重大事件和全国性文艺运动的基本立场,同时也是作家以群体的方式拥护政策响应号召的信息窗口。对于"专栏"和"特辑专号"的编辑意图,"编者的话"中有明确的说明:"目的在于表明我们想提倡什么。"①该刊先后推出了"反对美国侵略台湾朝鲜"(1950 年 8 月)、"志愿军诗辑"(1952 年第 5 期)、庆祝苏联共产党(布)第十九次代表大会召开小辑(1952 年第 12 期)、"白居易、涅克拉索夫、裴多菲纪念特辑"(1953 年第 2 期)、"斯大林同志永垂不朽"特辑(1953 年第 4 期,首篇为毛泽东的《最伟大的友谊》)、"拥护中华人民共和国宪法草案"特辑(1954 年第 7 期)、庆祝第二次全苏作家代表大会召开小辑(1955 年第 1 期)、"提高警惕　揭露胡风"特辑(1955 年第 6 期)、"坚决肃清胡风集团和一切暗藏的反革命分子"小辑(1955 年第 7 期)、"纪念《在延安文艺座谈会上的讲话》发表十五周年"专辑(1957 年 5—6 期合刊)、"伟大的十月革命四十周年纪念"小辑(1957 年第 11 期)、"群众创作特辑"(1958 年第 8 期)、"春光明媚(工人诗选八首)"(1960 年第 2 期)、"《红旗歌谣》颂"小辑(1960 年第 3 期)、"高举反帝的旗帜"诗辑(1960 年第 6 期)、"新民歌十六首"(1960 年第 11 期)。每年的第 10 期几乎都会发表庆祝中华人民共和国成立的系列稿件,1950 年 10 月出刊的庆祝国徽图案实施小辑,发表了公布国徽图案的政令,图案及其说明、使用办法、制作说明、方格墨线图、纵断面图等组稿;特别值得注意的还有庆祝中华人民共和国成立五周年小辑(1954 年第 10 期)、庆祝中华人民共和国成立十周年小辑(1959 年第 10 期)、"歌唱祖国"诗辑(1960 年第 10 期),这些小辑集中发表颂歌体的抒情散文、抒情诗歌和弘扬爱国主义的言论,歌唱祖国感念党恩歌颂毛泽东成为其核心主题。"三结合"的创作方法出台以后,尤其是在1964 年以后,为了集中展示群众性文艺运动的成果,《人民文学》的头条作品中经常集中刊发工农兵的业余创作。从 1964 年第 1 期到 1966 年第 5 期,在总共 29 期刊物中,各有三期推出了"新花集"和"故事会"小辑,有三期杂志在头条位置发表"大写社会主义新英雄"征文作品,各有一期推出了"金黄万里报丰收""工矿春讯""沸腾的工厂矿山"等小辑,其间还发表了"战斗的春天""英雄的越南人民必胜""在反帝斗争最前线""向王杰同志学习""钢铁战士麦贤得"等组合头条,组合头条成了刊物的常规武器,这也间接表明当时文学创作

---

① 《编者的话》,《人民文学》1958 年第 12 期。

的个人空间的萎缩。关于组合头条,有些细节也是耐人寻思的,譬如 1955 年 6 月 8 日出版的第 6 期杂志,其组合头条"提高警惕　揭露胡风"一共刊登了刘白羽等人撰写的 14 篇文章,其中 8 篇在文末注明了写作时间,最早的是"5 月 14 日",最晚的是"5 月 16 日夜"。写作时间的高度集中折射出"揭露胡风"作为一项政治任务,是经过高效组织的步调一致的集体行动。

在这些头条作品中,有 15 篇(其中 1 篇为目录头条)是转载自其他报刊的作品,这种现象常常被熟视无睹。此外,1963 年第 2 期袁水拍的组诗《访越记事诗》(五首)中,《蓝天怎能划一条线》也曾在《人民日报》发表。15 篇头条中有 5 篇为转载文学新人尤其是工农兵作者的新作,3 篇是毛泽东的诗词和文章,2 篇《人民日报》社论,还有胡乔木的《词十六首》、姚文元的《评"三家村"》、新获"斯大林文学奖"的周立波的《扑灭法西斯细菌》、杜鹏程的《飞跃》和沈汉民的《思想大解放,生产翻一番》。转载的头条承载了鲜明的上行下达意识,通过转载领袖文章和《人民日报》社论,在政治上保持高度一致,同时也向文学界传达最新的政策动向。另外,通过转载地方报刊的新作,整体性把握全国文学走势,凸显《人民文学》在文学期刊中的领导地位,加强对地方性文学期刊的引导与辐射作用。在"十七年"的文学生态中,文学期刊被纳入等级结构中,文学思潮产生与发展的流向都是从上到下贯彻,从中心到边缘扩展,表现在文学期刊上一般是由《人民文学》《文艺报》慢慢波及边缘地区的刊物。地方性的文学刊物参照《人民文学》的模式,在栏目设置、编辑理念上都表现出大同小异的雷同化倾向,缺乏自身的个性面孔,成为中心刊物的附属物、回音壁。《人民文学》的选载,进一步强化了其引领潮流汇聚共识的核心地位。编者这样定位选载形式的功能:"我们认为《人民文学》有责任在版面上反映全国各地区、各兄弟民族、各个战线上的建设和斗争的面貌,也有责任把全国文学创作中最优秀的作品集中地介绍给全国人民。"[①]就原发报刊而言,这些头条中有 6 篇转载自《人民日报》,3 篇新人新作转载自《解放军文艺》(1963、1964、1965 年各 1 篇),这间接地反映出"十七年"文学传播的基本格局:《人民日报》是文学期刊守护政治立场的指南针,而《解放军文艺》在主流意识形态的空间里,1963 年以后其地位日渐提升,相伴的则是《人民文学》的边缘化,反复的转载行为本身就折射出此

① 　《编者的话(之二)》,《人民文学》1959 年第 1 期。

消彼长的复杂过程。值得注意的是,《人民文学》对具有导向性的社论和领导人讲话的转载都是原封不动,对文学作品的转载则常常不是简单的移植,往往对作品进行艺术加工,或者要求作者进行修订,在刊行时还常常配发名家的点评文字。譬如,1958 年第 6 期选载了茹志鹃的《百合花》、王愿坚的《七根火柴》、勤耕的《进山》等短篇小说,并在显著位置(二条)刊发了茅盾的《谈最近的短篇小说》,在高度肯定这些作品的基础上,对短篇小说创作的现状和存在的问题进行总结和反思;1963 年第 7—8 期在目录头条的位置转载了 5 篇新人新作,配发了侯金镜的《读新人新作八篇》,"编者按"中还有这样的说明:"发现新人,培养新人,是加强革命文艺战线的重要任务之一,也是文学刊物的任务之一";1965 年第 11 期的头条作品是刘白羽的《写在两篇短篇小说前面》,对刊物转载的青年农民刘柏生的《第一次当队长》《锄头的故事》进行点评。在某种意义上,《人民文学》一开始就同时具备了原创期刊和文学选刊的双重功能,早在一卷六期(1950 年 4 月出版)就转载了两位工人作者的《我的老婆》和《于师傅这二年》,李准的《不能走那条路》、赵树理的《"锻炼锻炼"》《灵泉洞》和王愿坚的《普通劳动者》等作品也都进入其选家视野。这些作品在首次发表时往往没有引起关注,而转载行为迅速提升作品的影响力,产生巨大反响。当时正如涂光群所说的那样:"往往在《人民文学》上选载一篇小说,就等于推出一个新作家。"[1]创刊于 1980 年 10 月的《小说选刊》正是《人民文学》选载功能分化的产物,茅盾撰写的"发刊词"中有言:"为评奖活动之能经常化,有必要及时推荐全国各地报刊发表的可作年终评奖候选的短篇佳作。因此,《人民文学》编委会决定编辑部增办《小说选刊》月刊。"1983 年 10 月,《小说选刊》与《人民文学》分离,独立建制。二十世纪九十年代以来,"选刊热"成为文学期刊界的重要现象,针对这种不无盲目的办刊趋向,考察《人民文学》在"十七年"的选载实践有了另一重意义。

"十七年"的《人民文学》有 9 篇头条作品是来自国外的译作,这是透视当时中外文学关系的一个重要窗口。二卷五期在首栏集中刊发了 6 篇东欧社会主义国家作者的作品,翻译者戈宝权还在头条作品《中国——这就是你们!》的诗作后附有说明:"诗中有个别的地方,可能和我们的实情不合,但从全诗的造意,可以看出弟兄国家的诗人对我们中国的热爱和同情。"三卷四

---

①　涂光群:《五十年文坛亲历记》(下),辽宁教育出版社 2005 年版,第 687 页。

期的头条是聂鲁达的《对生命的责任——在墨西哥城美洲保卫和平大会(一九四九年九月)上的发言》。尤其值得注意的是,五卷一期在首栏发表了苏联作者一组共 5 篇讨论"电影文学剧本的创作问题"的论文小辑;1952 年第 12 期的头条是《〈苏联共产党(布)中央委员会的报告〉中关于文学艺术的指示》,"编者按"特别强调"对我们今天中国的文艺创作,都有着直接的指导的意义",同期还在插页配发了李宗津的油画《斯大林、毛泽东引导着我们胜利前进!》;1955 年第 1 期、1955 年第 2 期的头条分别是《苏联共产党中央委员会致第二次全苏作家代表大会的贺电》和西蒙诺夫的《苏联散文发展的几个问题》。在中苏关系的蜜月期,中国文坛对于苏联的文学政策和文学动向采取了及时而迅速的反应,并照搬过来指导本土的创作实践。对于译稿的要求,编者曾提出这些要求:"(一)世界各国,首先是苏联和人民民主国家的革命作家的代表作品或特别优秀的作品;(二)有正确观点的重要的文艺理论批评,首先是苏联和人民民主国家的带指导性的文艺论文,重要的作品评介,重要的创作问题讨论;(三)用新观点来论列世界著名作家或著名作品的研究文章。"[1]耐人寻思的是,此后一直到 1964 年,《人民文学》的头条没有再发表过国外作品,直到 1965 年在第 2、3、5 期连续以组合头条的形式,发表了表现东南亚人民反对美帝国主义的作品,3 篇头条分别是印尼班德哈罗的诗歌《走人民道路》、日本窪田精的报告文学《我从河内来》和越南制兰园的政论《伟大的一九六五年》。与译作形成同步互动的是国际题材的创作,"十七年"《人民文学》的头条中有 19 篇牵涉国际问题的原创作品,其中在 1950 年至 1954 年间密集发表了 7 篇反映抗美援朝的头条作品,即郭沫若的《鬼脸骇不了人》、周立波的《扑灭法西斯细菌》、梁艾克的《朝鲜前线诗抄》《志愿军诗辑》、柯仲平的《献给志愿军》、巴金的《黄文元同志》、路翎的《洼地上的"战役"》,在数量上占据压倒性优势,文体兼容言论、诗歌和小说,总体风格上类似于战时新闻,追求短平快,愤激的情感富有爆发力,而《洼地上的"战役"》堪称异数;与苏联相关的头条 3 篇,即艾青抒写访苏感受的《幸福的国土》(1952 年第 11 期)、毛泽东的《最伟大的友谊》(1953 年第 4 期"斯大林同志永垂不朽"专辑)和巴金的《伟大的革命 伟大的文学》(1957 年第 11 期"伟大的十月革命四十周年纪念"小辑);与越南相关的 3 篇(组),即何其芳的《诗十首》(1961 年第

---

[1] 《编后》,《人民文学》1950 年第 3 卷第 1 期。

10 期,其中包含 6 首访越记事诗)、袁水拍的《访越记事诗》(1963 年第 2 期)和丁一三的散文《在英雄的越南》(1965 年第 6 期);其余 6 篇(组)为石方禹向第二届世界拥护和平大会献礼的《和平的最强音》(第三卷第一期)、茅盾向亚洲及太平洋区域的和平会议献礼的《文艺工作者发挥力量保卫和平》(1952 年第 10 期)、艾青表现南美洲底层生活和反美情绪的《南美洲的旅行》(1954 年第 11 期)、曹禺的《伟大的文献——阅读"毛泽东同志论帝国主义和一切反动派都是纸老虎"》(1958 年第 12 期)、袁鹰通过五个国家五位儿童的视角表达反帝愿望的《五封信》(1960 年第 6 期"高举反帝的旗帜"诗辑)、表现刚果人民反抗美帝侵略的剧本《赤道战鼓》(1965 年第 3 期)。反对帝国主义,捍卫社会主义,呼吁世界和平,是这些原创性头条传达的共同逻辑。透过这些头条,我们可以窥察到"十七年"文学对于社会主义阵营、第三世界国家的文学的强烈认同,并随国际气候的变化迅速调整立场,而中外文学界的沟通往往表现为政治上的呼应或声援,意识形态优先的立场抑制了艺术的深层交流,对西方文学的排斥与对抗也不断强化相互之间的隔膜和敌意。

第二节　作者策略

《人民文学》头条作品重要作者统计表①

年度 作者	1949— 1952	1953— 1955	1956— 1957	1958— 1960	1961— 1963	1964— 1966	合　计
茅　盾	5	1	2	3	—	—	11
秦兆阳(策、 秦策、何直)	4	1	4	—	—	—	9
艾　青	3	3	—	—	—	—	6
刘白羽	—	1	—	1	2+1n	1	5+1n

---

①　本表统计了"十七年"时期在《人民文学》上发表两篇以上头条作品的所有署名作者。组合头条只统计首篇作品的数据,本表中包含合作作品(如秦兆阳、刘秉彦的《出城记》,曹禺、梅阡、于是之的《胆剑篇》)的数据。"n"为内文头条,"m"为目录头条。

续表

年度 作者	1949— 1952	1953— 1955	1956— 1957	1958— 1960	1961— 1963	1964— 1966	合　计
郭沫若	1	1	—	2＋1n	—	—	4＋1n
毛泽东	—	1	1	—	1	1	4
周立波	1	—	—	1＋1m	1	—	3＋1m
老　舍	—	2	—	1	1m	—	3＋1m
巴　金	—	2	1	—	—	—	3
夏衍(任晦)	—	2	—	1	—	—	3
杜鹏程	—	1	—	2	—	—	3
赵树理	—	—	—	1	2	—	3
艾　芜	—	1	—	—	1＋1n	—	2＋1n
何其芳	1＋1n	1	—	—	—	—	2＋1n
曹　禺	—	1	—	1	1m	—	2＋1m
阮章竞	—	1	—	1n	1n	—	1＋2n
胡乔木	1	—	—	—	—	1	2
周　扬	—	2	—	—	—	—	2
骆宾基	—	2	—	—	—	—	2
张　沛	—	—	—	2	—	—	2
刘澍德	—	—	—	1	1	—	2
李　准	—	—	—	—	2	—	2
敖德斯尔	—	—	—	—	1	1	2
袁　鹰	—	—	—	1	1m	—	1＋1m
合　计	16＋1n	23	8	17＋2n＋1m	11＋3n＋3m	4	79＋6n＋ 4m
不署名文章	6	2	1	2	1	2	14
头条总数	35＋2n＋ 2m	35	23	32＋4n＋4m	26＋7n＋7m	27＋2n＋ 2m	178＋15n＋ 15m

　　通过笔者制作的"《人民文学》头条作品重要作者统计表",作者构成的变迁轨迹一目了然。为了避免烦琐,便于对比和分析,笔者把"十七年"分成 6 个统计时段,基本上是 3 年一个时段。将 1949 年至 1952 年作为一个独立时段,缘于 1949 年只出版了两期刊物,而且从创刊到 1953 年 6 月一直由茅盾执掌编政。第二任主编邵荃麟 1953 年 7 月上任,1955 年 11 月离任,其间可谓喜忧参半:从 1952 年 5 月开始的第一次文艺政策调整,重点纠正粗暴的文艺批评和文学创作的概念化、公式化倾向,为沉闷的文坛吹来一股清风,可惜好景不长,1954 年 10 月发生了"批判俞平伯、胡适的《红楼梦》研究"运动,宣告了政策调整的终结;更为不幸的是 1955 年爆发的"胡风反革命集团案"事件,使文学界人人自危,文学形势急转直下。从 1955 年 12 月到 1957 年 11 月,主编严文井和副主编秦兆阳同进同退,尤其是后者,在倾心浇出满园芬芳的同时,也把自己推向了历史的炼狱;1956 年至 1957 年,是"十七年"文学史中激情绽放的"百花时代",尽管席卷而来的肃杀的"反右"寒潮让争奇斗艳的鲜花迅速凋零,但《人民文学》抓住这一稍纵即逝的历史契机,在文学史上谱写了光辉的一页。从 1958 年到 1960 年,《人民文学》被"新民歌运动"与"文学创作大跃进"的氛围所笼罩,刊物响应号召,重视以工农兵为主体的群众创作,风格基本一致。1960 年冬"八字方针"出台,次年的"新侨会议"和 1962 年的"广州会议""大连会议"不断给文艺界松绑,相对宽松的文化环境带来了文学的复苏,1961 年至 1963 年的《人民文学》风云际会,短篇小说和散文创作佳作迭出,创造了"十七年"时期的又一段闪光历史。1964 年第 1 期,杂志刊发了《除旧布新——编者的话》,编者检讨了前面几年"背离了党的文艺方向"的错误,宣称:"在我们的刊物里,要清除一切与我们社会主义时代和工农兵群众的要求不相适应的旧东西;而大力提倡为社会主义服务为工农兵群众服务的东西。……一定要把刊物建设成为一个坚强的兴无灭资的社会主义文艺阵地。"确实,此后的刊物逐渐丧失独立性,审美判断完全让位于政治立场,在时代浪潮的裹挟下随波逐流。

　　就头条作品的作者构成而言,总体上是以名家为主,以新人为辅。《人民文学》从创刊到 1952 年,编者总体上把刊物定位为发表艺术精湛、技巧娴熟的优秀作品的高端平台,代表中国文学发展的最高水准,同时,文学普及和人才培养也是其重要功能。茅盾在《创刊词》中对这一项任务有专门的阐述:"积极帮助并指导全国各地区群众文学活动,使新的文学在工厂、农村、部队中更普遍更深入的开展,并培养群众中新的文学力量。"不妨列举这一阶段一些头条小说及其作者的名单:文乃山的《一个换了脑筋的兵》、陈肇新的《春节》、汶泽的《对国家负责》、丁克辛的《老工人郭福山》和郭新日的《小红星》,这些作者都生活在工厂、农村、部队,作品反映的也都是工农兵的生活与命运。意味深长的是,尽管发现和推举新人是一项重要任务,编者还因为"未能通过刊物,教育和培养出一批青年作家"①而进行深刻检讨,但编者常常无法掩饰对于名家新作的偏爱,第二卷第三期的《编后》中有言:"应该说明,写作经验比较丰富的成名作家们寄来的稿子实在太少太少了。"第二卷第五期的《编后》对业余作者的不足提出不无严厉的批评:"应该指出,这些作者还必须努力提高自己。在大量的来稿当中,有许多作品常常不是写得单纯而意义丰富,却是冗长而内容单薄。有的写得近乎挂流水账,不会把那些最精彩最动人的部分集中起来。有的写得相当枯燥,连文学的意味都很少。有的甚至字迹也很潦草,好像信手写来,并未经过细心的反复的推敲,随便删掉它许多段都可以。"

1953 年 7 月,《人民文学》改组领导机构,中国作协新任党组书记邵荃麟兼任主编,作家严文井任副主编兼编辑部主任,胡风被吸收参加了编委会。时任中共中央宣传部副部长的胡乔木专门发话,要求《人民文学》广泛团结作家,包括发表胡风、路翎等人的作品,而路翎到朝鲜前线去体验生活也是由他指示安排的。《人民文学》为此制定了新的编辑方针,强调广泛团结作家,提倡题材的广阔性和风格的多样性。②从"《人民文学》头条作品重要作者统计表"中可以清晰地看出,1953 年至 1955 年的 35 本杂志中,有 23 个头条作品由入选该表的 16 位作者撰写,占 65.71%。如果再算上头条作品的其他几位作者丁玲、柯仲平、路翎、舒群、郑振铎和游国恩,可谓群英荟萃,头条成为名家的专座,名家路线成为该刊这一阶段的办刊基调。早在 1953 年第 2 期,《编后记》在对专业作家提出尖锐批评的同时,表达了殷切的期待:"目前中国的创作,可以说是相当沉寂相当衰退的。特别是我们有

---

① 编辑部:《文艺整风学习和我们的编辑工作》,《人民文学》1952 年第 2 期。
② 参见涂光群:《五十年文坛亲历记》(上),辽宁教育出版社 2005 年版,第 87 页。

许多专业作家,已经长久搁笔。我们认为,像《人民文学》这样全国性的文学刊物,它应该积极扶持初学的青年的作者,但首先应该依靠专业的作家,没有人数众多的专业作家经常撰稿来,没有中国的创作由沉寂衰退转变到活跃和繁荣,要办好这样的一个刊物,要使这个刊物成为真正能够代表中国的刊物,是不可能的。"头条作品的作者阵容的庞杂折射出刊物的包容性,老舍、巴金、曹禺、艾芜、骆宾基等在 1949 年前栖身于国统区的作家频繁亮相,胡风发表了采访志愿军伤员的特写《肉体残废了,心没有残废》和诗歌《睡了的村庄这样说》,路翎从 1953 年 6 月开始的半年多时间里,陆续发表了《春天的嫩苗》《从歌声和鲜花想起的》《记李家福同志》《战士的心》《初雪》和《洼地上的"战役"》,最后一篇作品更是发表在 1954 年 3 月的头条。颇有悲剧色彩的是,1955 年第 8 期的刊物在头条位置发表巴金的《谈〈洼地上的"战役"〉的反动性》,批评小说写的是"完全虚假的东西","充满了恶毒的谎话","用卑鄙的个人主义代替了集体主义,用腐朽的自由主义代替了爱国主义和国际主义,用资产阶级个人主义的思想感情代替了无产阶级革命战士的思想感情,用颠倒黑白的办法来达到其反革命宣传的目的"。巴金的文章先寄给《文艺报》,后转给《人民文学》,时任《文艺报》常务编委的康濯在给巴金的信中曾说:"文章中对路翎小说分析得很好,只是根据现在的情况来看,分析后所指出的根源只谈到是'小资产阶级',这怕应稍加修改。"[①]至于发表出来的文章做过怎样的修改,由谁修改,现在都只能是一个谜了。

　　"百花时代"的《人民文学》充满活力,刘宾雁的《在桥梁工地上》、林斤澜的《台湾姑娘》、李国文的《改选》、谷峪的《萝北半月》、王安友的《整社基点村的一天》和黄远的中篇小说《总有一天》,都成为头条作品,显示出编者扶持新锐的胆识和眼光,而秦兆阳以其编辑智慧与敬业精神,在刊物风格上留下了个人的烙印。他是刘宾雁的文学处女作《在桥梁工地上》的第一个读者,并在"编者按"和"编者的话"中充分肯定其"尖锐提出问题"的艺术探索。随后秦兆阳又发表了刘宾雁的《本报内部消息》、王蒙的《组织部新来的青年人》、耿简的《爬在旗杆上的人》、白危的《被围困的农庄主

---

　　① 《康濯致巴金信(1955 年 6 月 1 日)》,陈思和、李存光编:《生命的开花》,文汇出版社 2005 年版,第 193 页。

席》和耿龙祥的《明镜台》，这些作品直面现实，深入剖析生活中的复杂矛盾，形成了富有审美冲击力的文学潮流。1956年第7、8期连载的《总有一天》，也是秦兆阳从自然来稿中发掘的，文稿被抄写在几册64开的极不整齐的笔记本上，蝇头小字难以辨认，他亲自进行整理加工后才下厂发排。① 为了商谈《台湾姑娘》的修改事宜，秦兆阳还专门约请作者见面，并提议将作品发在头条。早在1956年第4期，该刊就发表了林斤澜的《雪天》，1957年上半年又发表了其《家信》（第4期）、《姐妹》和《一瓢水》（第5—6期合刊，该期刊物由李清泉主持编辑工作）。② 以1956年发表的50篇短篇小说为例，有一半左右是新人新作。这一阶段该刊不仅发表了不少敢于突破成规的新作，而且以其明确的艺术追求激发文学新人的创造潜能。像肖平的《三月雪》、张弦的《甲方代表》、李威仑的《爱情》、杨大群的《小矿工》、宗璞的《红豆》、丰村的《美丽》等新人新作，要么在当时产生广泛影响，要么成为文学史无法忽略的闪光点。沈从文的《跑龙套》也发表在"革新特大号"上，淡出文坛的老作家的重新亮相，极好地诠释了"百花齐放"的真谛。在秦兆阳1956年起草的《〈人民文学〉改进计划要点》（即"18条"）中，有这样的阐述："以现实主义为宗旨，但是发表作品时应该兼收其他流派有现实性和积极意义的好的作品"；"艺术性与思想性并重，不因政治标准而忽略或降低艺术标准，但在具有特殊性的作品面前，可根据具体情况灵活掌握"，"提倡严正地正视现实，勇敢地干预生活，以及对艺术的创造性的追求"；"提倡题材、风格、样式的多样性"；"决不一般地配合当前的政治任务，对全国性或世界性的重大事件和社会变动，要表示热情的关切，但也不做勉强的、一般化的、枯燥无味的反映"；"决不发表平庸的，可有可无的作品"；"对短篇力作力求新颖精致"；"对于中长篇作品，除要求内容的真实性和积极意义以外，还需具有一定的艺术的魅力"；"刊物不避免与任何不同的主张和意见发生有意义的争论，但不做平庸琐碎的讨论"。③ 时至今天，这些主张仍然有其生命力，遗憾的是这些计划半途而废，1957年7月的"革新特大号"之后，刊物又变得沉闷而枯燥，"反右"及其扩大化更是给刊物笼罩上一片阴云和戾气。

---

① 参见涂光群：《五十年文坛亲历记》（下），辽宁教育出版社2005年版，第435页。
② 参见涂光群：《短篇名家林斤澜》，《北京文学·精彩阅读》2005年第8期。
③ 张光年：《好一个"改进计划"》，《人民文学》1958年第3期。

1958 年，以新民歌运动为中心的文艺大跃进和"两结合"创作方法的推广，给《人民文学》带来了明显的变化。1958 年 8 月，该刊推出了"群众创作特辑"专号，"其中所收作品，有些是从各地报刊上选来的，有些是从各地工厂、农村中直接组织来的"①。1958 年第 11 期的《编者的话》中有言："还应该提出的一点，就是群众的小说创作，不止数量，就是艺术质量上也有很大的提高。"1959 年第 1 期《编者的话（之二）》中说："业余作家在创作队伍中已经占了很大的比重，而且应该说他们是今日文学创作队伍中的正式成员。因此，过去我们在作者署名的前面注上'工人'、'农民'字样的做法，现在已经是没有必要了。"1960 年第 2 期的头条是《春光明媚（工人诗选八首）》，同期还发表了工人创作的小说和工厂史。编者认为："大跃进以来工人文艺创作不仅在数量上有了极大发展，在质量上也迅速地提高了。一支工人作家队伍正在形成。"②工农兵题材作品的数量确实在迅速增加，其总体质量不但没有"迅速提高"，反而显露出日益粗糙的倾向。从 1958 年到 1960 年，头条作品的作者虽然仍有不少名家，但其作品多为欢呼文艺大跃进、庆祝新年和国庆、介绍学习领袖著作体会的时文，譬如茅盾的《如何保证跃进——从订指标到生产成品？》、郭沫若的《新年，欢迎你！》和《十年建国增徽识》、曹禺的《伟大的文献》、邓拓的《公社千秋》、刘白羽的《秦兆阳的破产》、田间等人的"《红旗歌谣》颂"小辑等头条文章都是密切配合形势的应景文章。

从 1961 年到 1963 年，该刊发表的短篇小说和散文创作，犹如荆棘丛中绽放的鲜花，成为当代文学史无法规避的研究课题。在作者构成上，既厚待名家，又不薄新人。短篇小说的头条作者可谓老中青结合，赵树理、周立波、艾芜、沙汀等人创造力依然旺盛，马识途、西戎、李准、茹志鹃、峻青、刘澍德、管桦等人逐渐成长为中坚，还有像艾明之、敖德斯尔等相对陌生的面孔。陈翔鹤、冯至为短篇历史小说提供了具有审美穿透力与清醒的反省意识的范本。陆文夫、宗璞此前因为《小巷深处》《红豆》而遭受批评，这次也再次悄然浮出水面。而头条作者刘白羽、杨朔、袁鹰等人和散文栏目的头条作者秦牧、吴伯箫、方纪、何为等人一起，推动了散文创作的活跃，像《长江三日》《茶

---

① 《编者的话》，《人民文学》1958 年第 8 期。
② 《编者的话》，《人民文学》1960 年第 2 期。

花赋》《挥手之间》《土地》《画山绣水》《记一辆纺车》等都是该刊这一时期发表的代表性篇章。这些散文作品的宏大抒情留下了那个时代的深刻烙印，在价值倾向、文体、语言等方面都有明显的缺陷。茅盾、冰心、巴金、叶圣陶、李健吾、叶君健、蹇先艾等老作家的散文创作犹如老树新枝，像《雨中登泰山》《樱花赞》等篇目在抒情方式上也弥散着一种独特的时代气息，但作家在面对自然、异域等题材时，无意之中与时代主潮保持了一定的距离，因而具备了相对纯粹的审美因素。尤其值得一提的是，沈从文、丰子恺、范烟桥、曹靖华等与时潮显得有点格格不入的作家，都两度在这一时期的《人民文学》露脸，除了沈从文发表组诗《井冈山清晨》和一篇散文《过节和观灯》外，其他三位作者发表的都是散文。为谨慎起见，编者当然不会将他们的作品放在杂志的头条，但是，如果没有对不同作者不同风格的包容与并举，就不会有这一阶段散文的繁荣。

自 1964 年以后，受到文学时潮的影响，《人民文学》头条作品的作者多为工农兵作者，"《人民文学》头条作品重要作者统计表"非常清晰地反映出作者构成的重大转变——以成名作家为主体的具有知识分子色彩的创作遭受到越来越有力的抑制，迅速淡出文坛。在这一时期的头条作品中，除了转载毛泽东的《诗词十首》、胡乔木的《词十六首》、姚文元的《评"三家村"》之外，还发表了冰心的《咱们的五个孩子》、刘白羽的《写在两篇短篇小说前面》、李英儒的《敢叫敌血染刀红》、金敬迈的《欧阳海之歌》和越南、印尼、日本等国友人反帝题材的作品，其他大多为工农兵作者表现劳动生活和阶级情感的作品，艺术形式简单而粗糙，狂热的口号化倾向越来越明显。1964 年和 1965 年，该刊三次推出旨在推介新人的组合性头条"新花集"，1964 年第 5 期还专门在栏目前面配发"编者的话"："革命的新生创作力量是社会主义文艺的新血液，在今后我国整个文艺事业的发展和文艺队伍的不断改造和扩大的过程中，它将显示愈来愈重要的作用。因此，积极发现、培养新作者的工作，也更加突出地成为当前刊物的一项重要任务。革命的新生创作力量是从新的时代、新的斗争中成长起来，和劳动人民生活有着密切的联系，所以它是健康的，具有旺盛战斗力的。新人的作品，尽管在艺术上还可能有粗糙之处，却往往要更敏锐地反映了时代的革命精神，更直接地表现了劳动人民新的思想感情；而这正是革命文艺的基本要素。"

在"十七年"《人民文学》头条作品的作者构成中，相关重要领导的反复登场也是值得重点关注的。毛泽东、周恩来、胡乔木、彭真、陆定一、周扬、茅盾、郭沫若等人的出场，显示出《人民文学》在文学期刊中独一无二的政治地位。这些领导人的头条文章大多为会议讲话以及与文艺有关的指示。除了为《人民文学》的创刊题词之外，毛泽东有 4 篇（组）作品发表在《人民文学》的头条，其中的《最伟大的友谊》《"中国农村的社会主义高潮"序言》《诗词十首》分别转载自《人民日报》《学习》杂志和人民文学出版社与文物出版社出版的《毛主席诗词》，唯有发表在 1962 年第 5 期的《毛主席词六首》是由《人民文学》首发。这组作品从组稿到发表是一个漫长的过程，早在 1958 年，主持《人民文学》的张天翼和陈白尘听说邓拓藏有毛泽东的多首没有公开发表的诗词，就请求邓拓出示主席的这十几首诗词。邓拓认为《人民文学》想要发表这些诗词的话，必须请示作者并由其亲自审定。于是，《人民文学》让时任编辑的张兆和工整抄录了一份，连同主编代表编辑部的一封请示信一起送呈主席，请求允许《人民文学》首次发表这些诗词。到了 1962 年，《人民文学》编辑部仍然没有得到回音，便再次向上请示，当年五一节前夕，两位负责人意外收到主席的亲笔来信，附有六首词的校订稿，信中说明："这六首词，是一九二九——一九三一年在马背上哼成的，通忘记了。《人民文学》编辑部的同志们搜集起来，寄给了我，要求发表。略加修改，因以付之。"①《人民文学》在隆重推出毛泽东的《词六首》时，还配发了郭沫若的《喜读毛主席的〈词六首〉》于 1962 年 5 月号上。由此可见，领袖的作品由什么报刊首发在当时是一个非常严肃的政治问题，这牵涉对相应报刊的性质、等级、待遇的评判与认定。一般而言，高层领导的言论、指示以及其他文字，通常首先由《人民日报》《红旗》杂志（1958 年创刊，其前身为 1949 年创刊、1958 年停刊的《学习》杂志）发表，其他报刊转载。在《人民文学》的头条位置，也多次转载《人民日报》的社论，譬如 1952 年第 6 期的《继续为毛泽东同志所提出的文艺方向而斗争》、1958 年第 11 期的《争取文学艺术的更大跃进》等。《人民文学》向毛泽东组稿，很可能是从《诗刊》的编辑实践中感受到了压力，也得到了启发。《诗刊》在 1957 年 1 月 25 日出版的创刊号上就发表了毛泽东的《旧体诗词十八首》，1957 年 1 月 29 日、1 月 30 日的《人民日报》转载了其

---

① 涂光群：《毛泽东词六首发表内幕》，《五十年文坛亲历记》（上），辽宁教育出版社 2005 年版；周明：《毛泽东与〈人民文学〉》，《雪落黄河》，人民日报出版社 1999 年版。

中的十二首，产生了轰动性效应。主编臧克家主动向毛泽东和其他国家各方面领导人约稿，《诗刊》在随后一年多的时间里又陆续发表了董必武、陈毅、林伯渠、茅盾、郭沫若等人的诗词，饱受高层的激赏，盛极一时。在"十七年"的文学期刊中，也只有《人民文学》和《诗刊》能够享有如此的特殊待遇，这也有力地折射出政治与文学的复杂关联。

耐人寻思的是，"十七年"《人民文学》的头条作者中，根据头条作品的数量排列，前三位的茅盾、秦兆阳、艾青都是杂志的负责人。茅盾的创作成就及其政治地位，使其担任主编时期的头条作品同时代表了行政意志和刊物立场，个人色彩较为淡薄，随后的文章有一半是响应号召的时文，像《天安门的礼炮》(1954 年第 10 期)、《在已有的基础上继续努力》(1957年第 5—6 期)、《如何保证跃进——从订指标到生产成品？》(1958 年第 4期)等文都有这一特征；另一半是以前辈作家身份指导创作的文论：《从"找主题"说起》(1956 年第 8 期)、《短篇小说的丰收和创作上的几个问题》(1959 年第 2 期)、《从创作和才能的关系说起》(1959 年第 12 期)，这些文章宽容、稳健地表达了其真知灼见。艾青在担任副主编期间的头条文章如《反对武训奴才思想》(第四卷第二期)、《表现新中国，表现爱国主义》(第四卷第六期)等并无出格之处，与时代要求保持一致，但在 1952 年2 月号的《文艺整风学习和我们的编辑工作》一文中，还是遭到严厉批评："对工作的责任心是不够的，在许多时候，实际上表现了放弃领导的自由主义的态度"，这场整风也迫使艾青离职，从副主编改任编辑委员，丁玲出任副主编。而秦兆阳因其在"百花"时期大胆创新的编辑实践以及《现实主义——广阔的道路》(1956 年第 9 期)、《关于"写真实"》(1957 年第 3期)等头条文章，陷入命运的深渊。此后，《人民文学》的负责人张天翼、葛洛、陈白尘、韦君宜等再也没有登上头条位置，这也是编辑在种种压力之下隐退的策略，通过模糊自己的价值立场来化解政治压力，当然这也明显削弱了编辑工作的主体性与独立性。以前经常出现的"编后""编后记"或"编者的话"很少再出现，像 1964 年第 1 期的《除旧布新——编者的话》有鲜明的自我批判意味，而同年第 4、5 期分别为开设"故事会"和"新花集"栏目配发的"编者的话"，都弥漫着紧跟形势的政策腔。值得注意的是，编者在不断强化的政治压力面前的低调与消极，以一种扭曲的形式表达了一种隐忍的不满，为文学保留了一丝可怜的尊严。

第三节　文体偏向

《人民文学》头条作品体裁分类统计表①

体裁		1949—1952	1953—1955	1956—1957	1958—1960	1961—1963	1964—1966	合　计	
言论	社论、政论、时评	7	5	7	10	—	1	30	72+2n +1m
	会议讲话	3	1	—	4	—	—	8	
	文学理论与批评	8+1n	7	7	6+1n+1m		1	29+2n+1m	
	译作	3	1	—			1	5	
小说	长篇选载	1	1	1	1+1m	1m	1	5+2m	52+6n +6m
	中篇小说	1n		1	1			2+1n	
	短篇小说	4+1m	10	3	4+1n	17+3n+3m	7+1n	45+5n+4m	
诗歌	新　诗	3+1m	6	—	5+1n+2m	2+2n	3	19+3n+3m	25+3n +3m
	古典诗词	—	—	—	—	1	2	3	
	新民歌	—	—	—	—	1		1	
	译　作	1	—	—	—		1	2	
散文	抒情散文	—	1	—	—	3+2n	1	5+2n	8+3n
	杂　文	—	—	2	1n			2+1n	
	回忆录	—	—	—	1	—	—	1	

---

① 本表的体裁分类,原则上遵照《人民文学》的体裁划分。从1962年第7期到1963年第5期不注明发表作品的体裁属性,笔者自行区分。发表于1961年第4期的赵树理的《实干家潘永福》,目录中标注为"传记",但后来的研究者多将其定位为小说,本表也将它计入短篇小说名下。表中的"译作"皆为国外作品,蒙古族作家敖德斯尔的短篇小说《阿力玛斯之歌》(1962年第8期)和《旗委书记》(1964年第9期)亦为译作,"小说"项目中不再另行分类。"n"为内文头条,"m"为目录头条。

续表

体裁	年度	1949—1952	1953—1955	1956—1957	1958—1960	1961—1963	1964—1966	合 计	
报告文学	特 写	—	—	2	—	1	—	3	8
	速 写	—	—	—	—	—	2	2	
	报告文学	—	—	—	—	—	2	2	
	译 作	—	—	—	—	—	1	1	
剧本	话 剧	—	2	—	—	2m	2+2m	4+4m	6+5m
	电影剧本	1	—	—	—	1m	—	1+1m	
	广播剧	—	—	—	—	1	—	1	
其他	故 事	—	—	—	—	—	2+1n	2+1n	7+1n
	政 令	2	—	—	—	—	—	2	
	宣 言	1	—	—	—	—	—	1	
	献 词	1	—	—	—	—	—	1	
	贺 电	—	1	—	—	—	—	1	
合 计		35+2n+2m	35	23	32+4n+4m	26+7n+7m	27+2n+2m	178+15n+15m	

考察"十七年"《人民文学》的头条作品,其体裁分类以及由此反映出来的编者的文体趋向,是一个无法回避的核心问题。作为"十七年"时期短篇小说最为重要的阵地,其头条作品在数量上占据绝对优势地位的却是具有舆论导向性的言论,这是承载了主流意识形态所赋予的重任的机关刊物的本质特征。意味深长的是,鉴于形势的日益严峻,执掌编政的张天翼、陈白尘以未雨绸缪的预见,从 1961 年开始取消了评论版面①。正因如此,1961至 1963 年间,头条作品中居然没有一篇言论,1964 至 1966 年间居然也只有3 篇。

在某种意义上,作为头条作品的言论并不单纯地体现作者个人的立场,都具有一种代言的意味。头条言论主要有这几种类型:高层领导和文艺界领导的会议讲话或指导创作的文章,代表刊物立场的社论、政论或专论,庆

---

① 参见涂光群:《张天翼和〈人民文学〉》,《五十年文坛亲历记》(下),辽宁教育出版社 2005 年版,第 331 页。

祝节日("国庆""新年"等)和纪念重要历史事件(譬如"五四"运动三十五周年与四十周年、建党三十周年、《在延安文艺座谈会上的讲话》发表十周年与十五周年)的文章,重要作家表明态度与决心的文字。最为典型的是 1958年,除了第 1 期的目录头条是周立波的《山乡巨变》(内文头条为郭沫若的诗歌《新年,欢迎你!》),其他各期的头条均为时政言论,其中有转载自《人民日报》的《思想大解放,生产翻一番》和《争取文学艺术的大跃进》,有政论《公社千秋》(邓拓)、《伟大的文献》(曹禺)、《革命不断向前》(张沛)、《东风,吹得更猛烈些》(任晦),有两篇会议发言(刘白羽在中国作家协会党组扩大会议上的发言《秦兆阳的破产》、老舍在第一届全国人民代表大会第五次会议上的发言《打倒洋八股》),第 4 期刊发的是组合头条"希望有更多好作品出世(作家谈文学创作大跃进)",茅盾、叶圣陶等 12 位作家用短文表态和表决心,另外两篇是赵树理的《和工人习作者谈写作》和马铁丁的《全民办文艺》。值得注意的是,《东风,吹得更猛烈些》《思想大解放,生产翻一番》《公社千秋》《革命不断向前》《伟大的文献》等篇章的内容都和文艺没有直接关系,诗歌《新年,欢迎你!》也具有鲜明的政论色彩,其中有这样的文字:"你知道:我们的第一个五年建设计划/已经顺利地完成,而且超额地完成,/我们的建设已走上社会主义的途径。……你知道:我们已经粉碎了右派的进攻,/为了迎接你,人们都整顿了自己的作风。"关于转载《思想大解放,生产翻一番》,编者有这样的说明:"这期刊物上的第一篇文章,是从《人民日报》上选载的,作者是一位县委书记。转载这篇文章,是为着表明我们这样一种看法:有些文章,看来不符合任何文学体裁的'规格',但是却有着结实的生活内容和强烈的感人力量,我们未尝不可以把它看成是最有力的文学作品。我们希望这样的文章能够经常在本刊上出现。"①从 1958 年 1 月开始,《人民文学》和《文艺学习》合并,以发表文学鉴赏文章为主的《文艺学习》同时宣告停刊,这种合并在短期内强化了言论和文学评论在《人民文学》中的分量。在经历了1955 年反胡风和 1957 年反右运动尤其是批判秦兆阳之后,1958 年《人民文学》的政治意味明显增强。耐人寻思的是,"百花时代"的《人民文学》锐意革新,以短小活泼的"短论""创作谈"和具有较为厚重的理论含量的"论文"代替社论、政论。从 1955 年第 12 期开始,秦兆阳开始署名副主编,但期刊在

---

① 《编者的话》,《人民文学》1958 年第 6 期。

栏目设置、文体偏向、审美趣味等方面发生根本性变化是从 1956 年第 4 期开始(毛泽东 1956 年 2 月 27 日在最高国务会议上提出"双百方针")。非常有趣的是,杂志的封面也从这期开始,一直到 1957 年第 5—6 期合刊为止,采用了简洁明快的花卉图案,与 1953 年 7 月至 1954 年 12 月封面的百花图案形成区别的是,1956 年第 4、7、9、12 期沿用了百花斗妍的风格,其余各期均为一花独放的图案,反映出编者对于个性价值的呼唤。1956 年第 1 期,《人民文学》改竖排为横排,并新设"短论"栏目(1953 年第 3 期头条栏目为"文学短论"),编者有这样的说明："大力提倡这一类短论,对于加速生活中旧事物的死亡和新生事物的生长,对于开展自由讨论以推动文学事业的发展,是很有作用的。并将会推动作家们和读者们更加关心现实斗争和社会生活。"①1956 年第 4 期在头条推出了刘宾雁的《在桥梁工地上》,同年第 5 期推出"创作谈"栏目,"编者按"这样解释设置栏目的意图："'创作谈'是为了让大家都在这里来专门谈创作当中各种各样的问题。创作问题是需要谈的,不谈,问题就不能被提出来,就不能互相交换经验和意见,就不能使得理论联系实际,就不能活跃我们的思想。……因此我们提倡随便谈,问题可大可小,文章可长可短,不拘形式,不一定每一期刊物上都'谈',但必须尽可能地'谈'下去。作家们,批评家们,文学爱好者们,都到这里来'自由谈'吧!"②这种贴近文学现场的短文自由洒脱,文风泼辣,颇有鲁迅杂文的风骨,摆脱了社论、政论的教化腔,既畅谈文艺创作的弊端,又直言时政的误区。从 1956 年第 4 期到 1957 年第 7 期的"革新特大号",在"政论"的栏目中只发表了一篇苏联瓦连钦·奥维奇金的《作家与读者》(1957 年第 1 期,刘宾雁翻译),其间更加值得注意的是,在"论文"栏目发表的 17 篇文章中,有 5 篇以鲁迅为论题,其中有冯雪峰的《鲁迅的文学道路》(1956 年第 7 期)、陈涌的《为文学艺术的现实主义而斗争的鲁迅》(1956 年第 10 期)、李长之的《文学史家的鲁迅》(1956 年第 11 期)、朱彤的《鲁迅的语言艺术》和吴戈的《〈铸剑〉中的两个人物》(1957 年第 3 期),其中陈涌和李长之的长文均发在头条,将这些文章和《现实主义——广阔的道路》放在一起阅读,可以相当清晰地感受到主持编政的秦兆阳力图继承鲁迅传统,使现实主义重新焕发

---

① 《编者的话》,《人民文学》1956 年第 1 期。
② 头栏"创作谈"的"编者按",《人民文学》1956 年第 5 期。

活力的精神追求。陈涌从"鲁迅反对文学艺术上的庸俗的机械论"入手,认为"真实是艺术的生命,没有真实,便没有艺术的生命。艺术的政治价值和社会价值,都是不能离开艺术的真实而存在的"。其观点与秦兆阳相互呼应。姚文元在《论陈涌在鲁迅研究中的反马克思主义的修正主义思想》(1957年10月5日《文艺月报》第10期)中,极力讨伐陈涌对"写真实"的阐扬,主张以牺牲客观真实性的代价来确保政治性与战斗性。为了捍卫"真实",秦兆阳和陈涌都为之受难,被打成"右派"。总体而言,《人民文学》的头条言论多有政治性优先的特征,在"《武训传》批判""胡风集团"案、"反右""丁玲、陈企霞、冯雪峰集团"案、"三家村"冤案等文学批判运动中,刊物都以头条言论迅速地作出了旗帜鲜明的反应,这是当时的机关刊物无法摆脱的历史宿命。1957年第9、10期的头条作品分别是社论《粉碎丁玲、陈企霞、冯雪峰反党集团,保卫党对文学事业的领导》和阿英的《从对党的关系上揭发反党分子丁玲、冯雪峰的丑恶》,编者特别说明:"丁、陈集团和文艺界一切右派分子所坚决反对的正是社会主义文艺路线。刊物的工作岗位是十分重要的岗位,我们必须坚守这个岗位,坚决地和以各种形式出现的资产阶级思想进行斗争,和创作上的各种不健康倾向进行斗争;坚决地和正确地执行'百花齐放、百家争鸣'的方针,保卫文学的党性原则,使得我们的刊物真正成为一个坚强的马克思主义的思想阵地。"①

在"十七年"《人民文学》的诸种文体中,小说是其王牌,而短篇小说更是其灵魂所在。由于篇幅限制,《人民文学》对长篇小说的遴选无异于戴着镣铐跳舞:"本刊登载长作品有若干困难;如果选载长篇的若干部分,读者又不很愿意,因而编辑面对着堆在案头的许多长篇,就不能不感到苦恼。……发了较长的作品就挤掉短作品,或者很少几个短作品处在长作品的夹缝中。我们愿意替读者向作家们呼吁:多写些短篇!"②在头条作品中,长篇小说共有7部,除了用6期的篇幅较为完整地连载《山乡巨变》,其余为《出城记》(秦兆阳、刘秉彦)、《保卫延安》《林海雪原》《山乡巨变》续篇、《创业史》第二部、刘白羽的《风雪赞歌》的节选,这折射出编者披沙拣金的敏锐。值得注意的是,《人民文学》选载的长篇有不少是最终没有完成的作品。头条的中篇

---

① 《编者的话》,《人民文学》1957年第10期。
② 《编后记》,《人民文学》1957年5—6期合刊。

仅有郭新日的《小红星》、黄远的《总有一天》和陆俊超的《九级风暴》，艺术质量相对平庸。头条的短篇则高达 54 篇，悬殊的数量对比反映出《人民文学》小说板块的基本格局。发人深省的是，其短篇小说也是不断招致非议和批判的重灾区。像萧也牧的《我们夫妇之间》、朱定的《关连长》、秦兆阳的《改造》、白刃的《血战天门顶》、丁克辛的《老工人郭福山》、方纪的《让生活变得更美好些》、路翎的《洼地上的"战役"》、李威仑的《爱情》、王蒙的《组织部新来的青年人》、李国文的《改选》、宗璞的《红豆》、丰村的《美丽》、赵树理的《"锻炼锻炼"》、舒群的《在厂史以外》、欧阳山的《在软席卧车里》、陈翔鹤的《陶渊明写〈挽歌〉》和《广陵散》、西戎的《赖大嫂》等，轻者被认为有"严重的政治错误"①，重者被认为是"作反革命的宣传"②，被批判为"毒草"③，而最具有悲剧性的莫过于《陶渊明写〈挽歌〉》和《广陵散》，陈翔鹤因为其"反动本质"④而付出了生命的代价。

　　"十七年"时期，对战争的书写一直是文学的关注焦点。歌颂英雄的英雄主义、乐观主义情绪，以及面对敌人的势不两立的仇恨意识，成为战争文学创作的基本法则。巴金的《黄文元同志》（1953 年第 7—8 期）记录了志愿军战士黄文元在烈火燃烧的煎熬中壮烈牺牲的事迹，由于作者缺乏对战斗场面的亲身体验，叙述者"我"的采访活动成为结撰文本的中心线索，第一人称叙事和侧面描写的流行，是"生活不够"的作家被迫去写不熟悉的对象的无奈选择。巴金 1980 年在《文学生活五十年》中有这样的反思："我想用我这支写惯黑暗和痛苦的笔改写新人新事，歌颂人民的胜利和欢乐。可是我没有充分的时间熟悉新人新事，同时又需要参加一些自己愿意参加的活动，担任一些自己愿意担任的工作。"⑤不同于绝大多数战争文学中四处弥漫的胜利者的自豪感，路翎对朝鲜战争的书写包含着一种潜在的悲剧意识，他以恻隐之心洞察到战争给士兵和平民带来的痛苦和灾难，在字里行间暗涌着一种人道主义情怀。《初雪》中婴儿金贵永的啼哭，"一车冻僵了的、疲困的

---

　　①　编辑部：《文艺整风学习和我们的编辑工作》，《人民文学》1952 年第 2 期。
　　②　巴金：《谈〈洼地上的"战役"〉的反动性》，《人民文学》1955 年第 8 期。
　　③　孙秉富：《批判〈人民文学〉七月号上的几株毒草》，原载《中国青年报》1957 年 9 月 17 日，《人民文学》1957 年第 10 期转载。
　　④　文戈：《揭穿陈翔鹤两篇历史小说的反动本质》，《人民文学》1966 年第 5 期。
　　⑤　巴金：《巴金散文选》（下），浙江人民出版社 1982 年版，第 855 页。

妇女"在初雪中的齐声歌唱,负伤的刘强对于家乡亲人的思念,在战争黑云笼罩的严酷氛围中吹来阵阵人性暖风,作者以其细腻而丰富的审美开掘,以抒情的笔墨凸显生死不离的关切与魂牵梦萦的人道意义。《洼地上的"战役"》具有更强的审美冲击力,在爱情与军队纪律的两难冲突中,王应洪的内心充满惶恐,在看到金圣姬偷偷塞给他的绣有两人名字的绣花手帕时,"顿时心里起了惊慌的甜蜜的感情",但第一个念头还是报告给班长,后来王顺让他留下这东西时他坚决拒绝了,而无法压抑的梦境还是流露了对于美满爱情和人伦之乐的真诚渴盼。作者以其刻画人物内心的复杂性的娴熟技法,表现了战争与人性、生命之间的深层冲突。作家站在人性立场尊重与生俱来的情感与权利的艺术观照,与当时占据主流地位的二元对抗的战争思维和摈弃一切"私心杂念"的英雄观念格格不入。

"百花时代"和从1960年冬至1962年夏的"复苏时代",是"十七年"《人民文学》的两段黄金岁月,其间最为活跃而且留下最为丰厚的精神遗产的文体都是短篇小说。"百花时代"被编者定位为"特写"的《被围困的农庄主席》《爬在旗杆上的人》《风雪之夜》,后来被普遍认定为短篇小说。头条短篇小说《改选》中的老郝埋头干事,但功劳总是别人的,罪过总是由他来承担。因为念错了讲话稿,被免了工会主席;因为小磨坊被当成工会经济主义的产物,被免了工会副主席;因为休养所的选址问题,他又从劳保委员变成了什么名分都没有但什么都管的工会委员;最终连工会委员的候选人资格都被剥夺,却在选举中获得最高票,并且死在了选举的现场。颇具反讽意味的是,善于巴结钻营和推诿责任的现任主席却扶摇直上。在强烈的对比性结构中,作品爆发出强烈的悲剧性震撼力。《改选》和非头条的《组织部新来的青年人》《被围困的农庄主席》《爬在旗杆上的人》等作品一起,在"双百方针"的历史契机的推动下,形成并不孤立的探索性潮流,打破了颂歌潮流被定于一尊的创作格局,对于人浮于事、哗众取宠、损害民众利益的官僚主义作风展开多方位的批判性透视,用"一直到事情改变为止"的责任感抵抗"就是那么回事"的油滑与世故。

在"复苏时代"前后的短篇小说创作中,一些作家在亲历了大饥荒岁月中民众的艰难之后,对于浮夸风气心生抵触,委婉地倡导实干精神,在创作手法上也回归到现实主义的道路上。马烽的《我的第一个上级》(1959年第6期)采取先抑后扬的手法塑造主人公,重点突出了其朴实、平易的品格,茅盾有这样的评价："老田这个人物，写得龙拿虎跳，在马烽的人物画廊中，无疑是数一数二的。"①在歌颂中以曲折的形式表达了对浮夸风气的不满。欧阳山的《乡下奇人》(1960 年第 12 期)中的赵奇反对小队长王水养提出订包产计划六百斤的指标，认为"包产就要能过秤，只许多，不许少！"，主张订 450 斤。同样值得注意的还有刘澍德的《甸海春秋》(1961 年第 9 期)，作品中的田老乐重视生产质量，反对虚假的高指标，他说："不论啥时季，真就真，假就假，何消这样花花草草。"作品的主人公都是先进人物，通过肯定美来间接否定丑，在赞颂中暗含讽刺，即"反面文章正面做"。西戎的《赖大嫂》以喜剧化的笔墨表现一个善于打小算盘的乡村妇女的转变，赖大嫂第一次养猪，让猪"突然生病死了"，白得了一百斤饲料；第二次养猪把猪放到生产队地里去吃庄稼，被禁止后把猪杀了；第三次养猪则不服气地宣称要争"全村头一名"。故事的发展建立在立柱妈卖了大肥猪后"收入归己"的利益保障的前提下，在这样的因果链条中，小说以寓庄于谐的形式，揭示了集体难以保证农户利益的现实问题。与此形成有趣对照的是周立波的《张闰生夫妇》(1963 年第 6 期)，作品塑造了勤劳俭朴、急公好义的转业军人张闰生，他和妻子黎淑兰好不容易养大了一头猪，但他们所在的"不大光彩的三类队"在送完派购的生猪任务后，连过年的猪也没有了，"全队的人眼巴巴地盯着"他们家剩下的那头唯一的肥猪，"除开三个四类分子和一个爱跑生意的角色，全队队员，不论男女老少，每人肉一斤"，张闰生家只留了三四斤肉，才勉强过了一个年。在表层结构上，这对夫妇在"进步"与"落后"之间你追我赶的竞赛，成为小说情节发展的推动力，但七嘴八舌的人物对话冲淡了配合时势的主旨，衍生出言外之意，那就是对民生凋敝的隐忍的同情。值得注意的是小说结尾部分，花白胡子对于亩产达到五百斤的质疑，引发了副队长斩鸡打赌的喜剧场面，在嬉闹中闪现出作家的现实忧虑。作家对于民众生活的关切并非偶然的挥洒，在 1958 年第 11 期上的《山那边人家》中，月光朗照的诗意氛围中飘过几缕阴云，农业社社长之所以参加邹家的婚礼，"还有一个并不宣布的目的，就是要来监督他们的开销。他支给邹家五块钱现款，叫他们连茶饭，带红纸红烛，带一切花销，就用这一些，免得变成超支户"。尤其值得重视的是赵树理《实干家潘永福》(1961 年第 4 期)，这篇书写真人真事的

----

① 茅盾：《茅盾文艺评论集》(下)，文化艺术出版社 1981 年版，第 535 页。

作品在发表时被标注为"传记",后来多被归入小说的行列,黄子平充分肯定其"以平凡实在的'小',用简单的连缀和汇报材料式的布局,见出作家本人深切体验到的'大'"①。作家在饥荒岁月中实录现实本相的写法,及其肯定苦干实干、不务虚名的品质的价值选择,站在草民的立场上,表现出了对粉饰现实、报喜不报忧的主流写法的不信任。

　　冯至的《白发生黑丝》(1962 年第 4 期)表现晚年杜甫与下层渔民之间相濡以沫的深厚情谊,贫苦渔民帮助杜甫卖药疗饥的热心关怀,促使诗人反思自己"可怜的'穷辙鲋'和'丧家狗'"的身份与命运,进而怀疑自己"替穷人说话、为穷人着想的诗歌"的现实意义,追问那些呼吁为什么常常沦落为"一个空的愿望";具有叛逆性的苏涣的出现,使杜甫及其诗歌创作都获得了新的活力。常常被忽略的是这篇作品的结尾,作者以转折性的表述赋予作品以悲剧性,杜甫当年冬天"百病俱发",而参与起事的苏涣失败后被杀,知识分子的忧患意识以及用失败见证历史的无力感,使作品获得了一种疏离时代的距离意识与反思精神。发人深省的是,陈翔鹤的《陶渊明写〈挽歌〉》和《广陵散》关注崇奉气节的传统文人的临终情怀。陶渊明在看穿了慧远"总是想拿敲钟敲鼓来吓唬人"的把戏之后,对于刘遗民、周续之之流贪慕浮名的虚伪充满了不屑,以"人生实难,死之如何!"的生命哲学蔑视名缰利锁的外在束缚,视死如归,坚守素朴澄明的诗心和独立不屈的品格。吕安、嵇康被罗织罪名,因莫须有的"言论放荡、害时乱教"而遭受"大辟"的酷刑,"残酷地、黑暗地、惨绝人寰地、被强迫停止了他们人生最后旅程"!当它们被罗织罪名,当成"毒草"大肆攻击时,那些所谓的影射同样是莫须有的。但是,正如黄秋耘所言:"如果在当时的现实生活中还有慧远和尚、檀道济、颜延之之流的人物,那么,像陶渊明这样的耿介之士,恐怕还不能算是'多余的人'罢。"②借古讽今的意味和追寻知识分子独立意识的内心痛苦,是这些作品能够在历史的反复淘洗中沉淀下来的独特魅力。

　　"'十七年'期间散文创作有两次短暂的活跃期,一次是从 1956 年初到 1957 年上半年止,时间大约是一年半;另一次是从 1961 年初到 1962 年上半

---

① 黄子平:《论中国现代短篇小说的艺术发展》,《文学评论》1984 年第 5 期。
② 秋耘(黄秋耘):《陶渊明写〈挽歌〉》,《文艺报》1961 年第 12 期。

年止,时间也约一年半。"①其中 1961 年还被称为"散文年"。纵观"十七年"《人民文学》的头条散文,非常集中地分布在"百花"和"复苏"时代,"百花"时期具有鲜明的干预现实倾向的杂文和特写,敢于批评"人民内部"的缺点,暴露现实生活中的"阴暗面",何直的《论"缺少时间"》(1956 年第 6 期)、些如的《话说"违宪"》(1957 年第 4 期)尽管篇幅短小,但都像匕首一样直奔要害,闪耀着锋芒;以《在桥梁工地上》为代表的特写更是切中时弊。而"复苏"前后的抒情散文如袁鹰的《戈壁水长流》(1962 年第 1 期内文头条)、杨朔的《野茫茫》(1962 年第 6 期内文头条)、刘白羽的《珍珠》(1962 年第 3 期)和《平明小札》(1962 年第 12 期)、魏巍的《路标》(1963 年第 4 期)等都有颂歌体的文体特征,以诗化笔触肯定现实生活,其抒情模式具有追求一致的时代合唱的色彩,文学规范抑制了个人感受的表达。

"特写"是"十七年"时期《人民文学》富有特色的文体。这一文体的繁荣与苏联的影响密切相关。从二十世纪五十年代中期到六十年代中期,特写文体在苏联文坛风靡一时,以奥维奇金为代表的一批特写作家的作品触及了社会的要害,受到社会各界的热切关注。1954 年,苏联报告文学作家奥维奇金随苏联新闻代表团访问中国,刘宾雁担任代表团的俄文翻译,奥维奇金在访问期间的讲演稿以《谈特写》(刘宾雁译)为题发表在《文艺报》(1955 年第 3、4、7、8 期连载)。奥维奇金说:"特写,是文学的一种战斗的体裁。""特写的这样一种机动性和灵敏性,就使它可以帮党做另外一件事情,即跑到很远的生活深处起侦察兵的作用。"二十世纪五十年代后半期《人民文学》对特写文体的推动,显然受到苏联文学的直接影响。作家出版社 1955 年出版了《奥维奇金特写集》的中译本,《人民文学》1957 年第 1 期发表了刘宾雁翻译的奥维奇金的创作谈《作家与读者》。当时国内文学界和新闻界借鉴高尔基、波列伏依的观点来界定"特写"文体。刘白羽在《论特写》中有言:"近数年来,特写作为一种文学样式是从苏联介绍过来的。……高尔基曾经十分准确地讲到了特写的特征:'特写是介乎研究性论文和短篇小说之间的一种作品。'""有人只把特写当作一般的新闻通讯,或者未完成的小说来看,都是不对的。特写是一种独特的文学体裁,是应当和诗歌、小说、戏剧等形式同等看待的一种形式,它既有艺术形象的描写、人物心灵的刻画,又可自如

---

① 张炯:《新中国文学五十年》,山东教育出版社 1999 年版,第 157 页。

地抒发激情的鼓励和尖锐的批评的文学体裁。我们可以说,特写是作者用文学语言来更直接地参与社会生活斗争的武器。"①秦兆阳也专门撰文探讨"特写"的文体特点:"特写如果是写的真人真事,真名真姓,则它的内容必须是符合于真的情况——这大概是目前被很多人所承认的一条原则。但是我们决不可造成一种错觉,以为所写的完全是真的事情,半点也没有加以更改,这篇特写就完全是真实的。"他特别强调:"干预生活,就是要研究生活,思索和解释(解剖)生活,而且要在生活里对生活有所行动。"②

　　早在 1953 年第 10 期,《人民文学》就发表了龙国炳的《我们欢迎特写》,其中有言:"我就很少读到朝鲜通讯以外的写得真实动人的工厂通讯、农村通讯。'特写'这种文学样式,似乎也远远没有受到编者和作者们应有的重视。"这篇文章提到列宁、高尔基对"特写"文体的重视,而且还提到:"像苏联作家爱伦堡、波列伏依、西蒙诺夫、吉洪诺夫等,他们是以写作迅速反映现实斗争的特写、政论作品而闻名的,但他们同时又是出色的小说家或诗人。"《人民文学》1955 年第 1 期开设"散文·特写"栏目,当年第 2 期的《致读者》中有这样的文字:"在提倡作品的形式、体裁、风格的多样性,提倡便于迅速反映时代生活的特写文学,提倡儿童文学,提倡戏剧文学等等方面,虽然也曾作为努力目标提出过,也做了一些工作,但现在检查起来成绩是很微小的……为了能够做到迅速及时反映这些生活和斗争,除了小说、诗歌、剧本等形式,我们打算多刊载一些短小精悍、生动活泼的特写、通讯、报告、随笔等散文形式。"③1956 年第 3 期推出"在社会主义革命的高潮中(特写、散文特辑)",栏目的头条是王汶石的《风雪之夜》④;1956 年第 12 期的头栏是"散文·特写",头条作品为谷峪的《萝北半月》。《爬在旗杆上的人》发表在 1956 年第 5期"散文·特写"栏目的头条位置。曾经作为"特写"发表的《在桥梁工地上》(1956 年第 4 期)和《本报内部消息》(1956 年第 6 期)等作品,记录的并非全是真人真事,它们都经过作者的艺术加工。对于《在桥梁工地上》,"编者按"给予高度评价:"我们期待这样尖锐提出问题的、批评性和讽刺性的特写已

---

①　刘白羽:《论特写》,《新闻战线》1958 年第 1 期。
②　何直:《从特写的真实性谈起》,《人民文学》1956 年第 6 期。
③　《致读者》,《人民文学》1955 年第 2 期。
④　《人民文学》编辑部将它选入《短篇小说选 1949—1979》第二卷(人民文学出版社 1979年版)。

经很久了,希望从这篇《在桥梁工地上》发表以后,能够更多地出现这样的作品。"同期《编者的话》将编辑意图阐释得更加透彻:"在现实生活里,先进与落后、新与旧的斗争永远是复杂而又尖锐的,因此我们就十分需要'侦察兵'式的特写。我们应该像侦察兵一样,勇敢地去探索现实生活里边的问题,把它们揭示出来,给落后的事物以致命的打击,以帮助新的事物的胜利。"①1963 年 3 月,《人民日报》编辑部和中国作家协会联合在北京召开了报告文学座谈会,与会者认为:"像特写、速写、通讯、笔记、日记、书信、回忆录、游记等等,都可以包括在'报告文学'的领域之内。"②从此,特写、速写等文体都被包括在报告文学之内,不再作为一种独立的文体概念。

"十七年"《人民文学》头条中的诗歌作品,在文体上具有鲜明的倾向性。首先是紧密配合时政的宣传意识。最为典型地表现出紧跟时潮特征的是各类纪念日的献礼诗作:庆祝新年的艾青的《迎接一九五三年》和郭沫若的《新年,欢迎你!》(1958 年第 1 期,内文头条);庆祝国庆的郭沫若的《十年建国增徽识》(1959 年第 10 期)、1960 年 10 期的"歌唱祖国"诗辑、何其芳的《诗十首》(1961年第 10 期)、1965 年 10 期的《沸腾的工厂矿山》(工人诗选十二首);庆祝"七一"的阮章竞的《毛泽东颂歌》(1951 年第 7 期,当期的头条作品是发在插页的茅盾的《献词》,《毛泽东颂歌》具有"准头条"甚至"事实头条"的意味)、韩凤海的《我永远跟着你》(1952 年第 7 期,目录头条)和严辰的《七月抒情》(1961年第 7—8 期,内文头条);纪念"五一"的陈良运的《安源工人的怀念》(1960 年第5 期);1960 年第 6 期"高举反帝的旗帜"诗辑中袁鹰的《五封信》,通过儿童节前夕收到的 5 个外国儿童的来信来表现反帝主题,也附会了庆祝儿童节的立意。而梁艾克的《朝鲜前线诗抄》(1951 年第 4 期)、1952 年 5 期的"志愿军诗辑"、柯仲平的《献给志愿军》(1954 年第 1 期)、石方禹向第二届世界拥护和平大会献礼的《和平的最强音》(1950 年第 11 期)、闻捷"为农业合作化运动而作"的《撒在十字路口的传单》(1955 年第 12 期)、田间的《〈红旗歌谣〉之歌》(1960年第 3 期)、严阵的《我们的班长》(1965 年第 12 期)、陈清波和赵焕亭的《焦裕禄之歌》(1966 年第 3 期)都是与时代保持同步的"时事诗"。其次是颂歌和战歌风格的结合。时代颂歌是这些头条的审美基调,而"十七年"颂歌的基本主

---

① 《编者的话》,《人民文学》1956 年第 4 期。

② 《文艺报》记者:《充分发挥报告文学的战斗作用——记在北京召开的报告文学座谈会》,《文艺报》1963 年第 4 期。

题经历了一个从"新华颂"到"建设之歌"和"生活的赞歌"的演进、扩展过程,发展到二十世纪六十年代则逐渐演变成"政策之歌"的合唱。这种急管繁弦的歌唱形式奢华,艺术内涵缺乏必要的张力,显得空洞而粗糙。与此同时,强烈的阶级意识和高涨的反帝激情,赋予诗作以热血沸腾、慷慨上阵的战歌特征,诗作的情感如燃烧的岩浆一样,表现与敌人不共戴天的刻骨仇恨与战天斗地的满腔豪情。志愿军题材和反帝题材的诗作,其战歌特征最为明显。而且,二元对抗的战争思维也渗透到了描绘日常场景的诗歌中,典型如把工人和农民的劳动场面想象成不见硝烟的"战场"。最后是工农兵想象和民歌化风格。在"反右"运动以前,作为知识分子的诗人对于工农兵的想象仍然在某种程度上保持了艺术的距离,审美形态并不单一,这典型地表现在艾青的《黑鳗》(1955年第4期)和阮章竞的《金色的海螺》(1955年第11期)之中,对传说的化用在肯定民间活力的同时,隐约的阶级论模式并不排斥对人性复杂性的审美挖掘。然而,在"新民歌运动"以后,知识分子仰视工农兵和工农兵书写自我的抒情模式成为风尚,阮章竞的《白云鄂博交响诗》(1960年第9期)采用新民歌的形式,描绘"红旗金鼓动地来""不落的太阳升牧野"的壮丽画面,已经失去了《金色的海螺》的从容与超脱。严阵的《我们的班长》和河南青年工人陈清波、赵焕亭的《焦裕禄之歌》一样,都流于符号化和程式化的政治抒情。而《春光明媚》(工人诗选八首)(1960年第2期)、《新民歌十六首》(1963年第11期)、"沸腾的工厂矿山"(工人诗选十二首)(1965年第10期),这些新民歌以夸张和幻想作为基本元素的豪情喷发,从直抒胸臆的赞颂到表达立场的感恩,这种漫画化想象的定型,由于缺乏必要的自由度与多样性,变成了简单重复的时代口号。

　　"十七年"《人民文学》的头条作品中有11篇剧本,其中5篇为目录头条。夏衍的《考验》在"题记"中特意从中共七届四中全会的会议公报中摘抄了一段关于反对官僚主义的内容,作品成了对于政策的注释,正如作者在"后记"中所说的那样:"只是想藉此来表示我的一个执拗的信念:文艺应该为政治服务,应该配合当前人民政治生活中的重大事件。"[①]其他剧本也程度不同地包含这种倾向,孙谦的《丰收》宣传兴修小型水利开展农业增产运动的政策;曹禺的《明朗的天》配合知识分子思想改造运动;曹禺、梅阡、于是之的《胆剑篇》则迎合二十世纪六十年代反对国际修正主义的背景;老舍的

---

① 　夏衍:《考验》,人民文学出版社1955年版,第112页。

儿童剧《宝船》取材于民间童话,但作者强化了阶级观点,财主的贪婪、歹毒被突出,财主的儿子张三的名字也被改成了张不三;集体创作《赤道战鼓》表现刚果人民反抗美帝侵略的斗争,更是显得生硬而粗糙。其他作品如电影剧本《白求恩大夫》、话剧《丰收之后》、儿童广播剧《延安的灯火》、话剧《山村姐妹》、独幕剧《取经》也普遍存在主题先行、图解政治的缺陷。《山村姐妹》中的老耿头有这样的台词:"为子孙万代为共产主义,我这劲头儿足着哪!"《丰收之后》是在 1964 年华东区话剧观摩演出中获得好评的作品,同年因为江青的批评而被长期禁演。《剧本》和《人民文学》分别在 1964 年第 2 期和第 3 期,发表了其第五稿和第六稿,比较这两个文本,发现《人民文学》版本明显强化了阶级意识,在结尾通过赵五婶的口说出这样的话:"千万要记住这次教训,不要忘记毛主席经常教导我们的:在任何时候不要忘记阶级斗争,不要忘记贫下中农,不要忘记党的政策,我们一定将革命进行到底。"

综观"十七年"时期《人民文学》头条作品的文体特点,具有突出的时代文体的特征。恰如刘勰在《文心雕龙》中所言:"时运交移,质文代变","歌谣文理,与世推移,风动于上,而波震于下者也"[①],时代环境的变迁在文学作品中留下了深刻的烙印。"文变染乎世情,兴废系乎时序"[②],"十七年"的社会政治生态对作家和编辑都提出了明确的政治要求,对创作和编辑工作形成严格的规范和制约,而外部的环境因素又内化为作家和编辑的生存体验和内心指令,使文学创作呈现出标准化、透明化的时代风貌。"编辑人员思想的性质是直接决定刊物的性质的。"[③]作品一旦被认为有政治错误,编辑人员也就无法免责。恰如时任《文艺报》主编的丁玲所言:"刊物既然是最集中表现我们文艺工作部门领导思想的机关,是文艺战线的司令台,那么从这里所发出的一切言论,就代表了整个运动的原则性的标准。"[④]占据着"国刊"地位的《人民文学》,其头条作品具有"范文"的意义,在政治优先的语境中,必须紧跟形势,做好配合政治任务的宣传工作,强调重大题材,"思想性"成为至关重要的选稿标准,要突出"现实性、战斗性、群众性",给地方期刊树

---

① 刘勰:《文心雕龙·时序》,范文澜注:《文心雕龙注》下册,人民文学出版社 1958 年版,第671 页。

② 同上书,第 675 页。

③ 《文艺整风学习和我们的编辑工作》,《人民文学》1952 年第 1 期。

④ 丁玲:《为提高我们刊物的思想性、战斗性而斗争》,《文艺报》1951 年第五卷第四期。

立"样板"。正因如此,"三反五反""胡风集团案""抗美援朝""农业合作化""反右""大跃进""越南反帝浪潮"等重大政治事件成为头条作品的核心题材。"赶任务"式的写作使文本有鲜明的公式化、概念化的痕迹,正是意识到这一弊端,1957 年第 1 期《编者的话》中有这样的表述:"我们不勉强地、生硬地、不顾文学特点地去配合每一个临时性的政治任务,但必须密切地注视现实与结合现实。我们不忽视作品的艺术性,但是主张政治性与艺术性统一于艺术的真实性之中。"这一段话敏锐地洞察了意识形态与文学之间的内在冲突,即政治性与真实性、艺术性之间的冲突,教条主义的政治性以抹杀真实性的"写政策",割裂了文学和生活的联系,阻断了艺术化的"写真实"的道路。其实,"百花时代"的特写、杂文和"复苏时期"的《实干家潘永福》《赖大嫂》等作品并没有脱离政治,作家只是不愿意完全无视真实性,不愿意机械地配合具体的任务。恰如秦兆阳所言:"须知,宣传品固然需要,也有它独特的重大价值,但它究竟不能代替艺术作品。"①

"十七年"《人民文学》头条作品的时代文体特征,存在着一个逐渐建构的过程,并与意识形态的发展具有同步性。恰如伊格尔顿所言:"文学形式的重大发展产生于意识形态发生重大变化的时候。它们体现感知社会现实的新方式以及艺术家与读者之间的新关系。"②围绕着头条作品的每一次批评乃至批判,都在强化其政治色彩。另外,在大跃进民歌运动之后,文体的群众性、通俗性、普及性被不断强化,提倡工农兵写,写工农兵。1964 至1966 年举办的"大写社会主义新英雄"征文主张"大家动手大写英雄人物",业余作者成为写作的主力,写作具有了群众运动的特性。不妨看看"文革"爆发之际《人民文学》的自我检讨:"在近几年尖锐的阶级斗争中,本刊犯了重大错误,给党和社会主义事业造成了严重损害。……有一些毒草,像陈翔鹤的《陶渊明写〈挽歌〉》《广陵散》等,又是以显著地位刊登出来,使得这些牛鬼蛇神从我们的刊物上向党向社会主义进行了猖狂进攻。"③《陶渊明写〈挽歌〉》发在 1961 年第 11 期目录二条的位置,《广陵散》发在 1962 年第 10 期

①　何直(秦兆阳):《现实主义——广阔的道路》,《人民文学》1956 年第 9 期。
②　[英]特里·伊格尔顿:《马克思主义与文学批评》,文宝译,人民文学出版社 1986 年版,第28—29 页。
③　《彻底搞掉反党反社会主义的黑线　把社会主义文化大革命进行到底》,《人民文学》1966年第 5 期。

的中间位置，但陈翔鹤的"反动本质"还是因为作品的"显著地位"而被无限放大。这些被批判的作品之所以"不合时宜"，正在于作者对于个人性和自主性的向往。也正是因为这些与周围环境不协调的文学声音的存在，文学形式的发展才避免了与意识形态变化之间的简单对称，作家有限的独立探索赋予文学形式以残存的自主性，"它部分地按照自己内在的要求发展，并不完全屈从意识形态的每一次风向"①。必须指出的是，恰恰是这些作品的存在，为挣扎于夹缝之中的《人民文学》支撑着一份痛苦而悲凉的文学信念。

---

① ［英］特里·伊格尔顿：《马克思主义与文学批评》，文宝译，人民文学出版社1986年版，第30页。

第三章 "红色经典"的生产模式

——以中国青年出版社为中心

在"十七年"时期，中国青年出版社（简称"中青社"）编辑出版了《红岩》《红日》《红旗谱》《创业史》（即"三红一创"）、《草原烽火》《烈火金钢》（即"二火"）和《李自成》第一卷等文学图书，这些图书都有巨大的发行量，被称为"红色经典"，而且至今还在不断加印，并被反复改编成影视剧，在中国当代文学史和出版史上形成了一种引人注目的独特现象。在当时的政治、文化环境下，中国青年出版社的文学图书的生产流程既受大的精神气候的影响，也因其专业出版青年读物的背景以及编辑团队的独特构成，在遴选作者、编辑修改、图书宣传等方面都形成了自成一体的风格。与主流意识形态保持高度一致的"红色经典"，其写作、出版、传播过程也不是一帆风顺，经历了种种坎坷，包括《红岩》《红日》《红旗谱》在内的一大批作品在"文革"中都成了大"毒草"。"红色经典"及其充满戏剧性的命运，是考察中国当代文学生产与流传的深层机制的重要窗口。

第一节 英雄生产线

中国青年出版社的前身是 1950 年 1 月成立的青年出版社，设编辑部和总管理处，由团中央出版委员会直接领导，李庚为委员会主任，杨俊为副主任；负责图书出版发行的总管理处由李湜任经理，沙叶、王孚为副经理。1951 年 8 月 23 日，中宣部、出版总署、团中央、开明书店各方派员在团中央磋商青年出版社和开明书店的合并问题,合并的提议者是当时的中宣部副部长胡乔木。10 月 10 日,中宣部专门就出版工作向中共中央提交报告,毛泽东亲自批示表示同意,其中涉及青年出版社与开明书店合并的内容为:"加强对私营出版社的管理。分别对象,采取积极的措施,对真正愿意为人民的出版事业而努力的力量,促使其联合经营或公私合营,确定其专业方向,务期于 5 年内将其中大部分改组为公私合营。最近私营的开明书店和团中央的青年出版社的合并已在进行中,并确定出版青年读物为其专业方向。"①同年 11 月 30 日,青年出版社开明书店联合筹备委员会召开第一次会议。1953 年 4 月 12 日,青年出版社和开明书店联合组成的中国青年出版社董事会召开第一次会议,4 月 15 日中国青年出版社正式成立(青年出版社,中国青年出版社统一简称为"中青社"),团中央书记处候补书记杨述兼任社长,朱语今任党组书记、副社长,李庚任党组副书记、副社长兼总编辑。同年 7 月杨述调离团中央,团中央书记处书记刘导生接任中青社的社长。两社合并后,原开明书店出版的《中学生》和《语文学习》杂志,由中青社出版发行。唐锡光 1930 年就到开明书店工作,曾任两社合并的筹备委员会委员,他认为:"中国青年出版社的成立,在开明说来是一个光荣的归宿。合并到新机构来的开明同人各安其位,人人无比兴奋,大家一片诚心,接受党的领导,改造思想,与青年出版社的同志团结在一起,积极工作,为新中国的出版事业贡献力量。"②另一个让中青社的编辑力量得到强化的事件,是 1953 年初各大区分社撤销,一批业务骨干集中到北京。1956 年 6 月,朱语今主持全社工作,边春光担任副社长兼总编辑;1957 年 3 月,朱语今被任命为党组书记、社长兼总编辑,边春光、顾均正担任副社长兼副总编辑,贾祖璋担任副总编辑;1960 年 6 月,边春光被任命为党组书记、社长兼总编辑,顾均正任副社长兼副总编辑。

　　"十七年"时期,中青社为了配合团中央的青年革命化教育,以"帮助全国青年树立革命人生观"③,带有文学性的青年英雄的故事是其出版工作的

---

① 《中共中央宣传部关于出版工作向中共中央的报告及毛泽东的批示》,中国出版科学研究所、中央档案馆编:《中华人民共和国出版史料》(3),中国书籍出版社 1996 年版,第 352 页。
② 唐锡光:《"开明"的光荣归宿》,《中国青年出版社的三十五年》,中国青年出版社 1985 年版,第 23 页。
③ 黄伊:《编辑的故事》,金城出版社 2003 年版,第 7 页。

重中之重,由江晓天负责、专管文学读物的第二编辑室也就成为其核心的编辑力量。江晓天在 2007 年接受石湾的访问时说:"中青社是靠出青年文学读物起家的,主调是英雄主义和爱国主义。"①

从 1950 年到 1951 年,中青社出版"青年文艺丛书",大部分为小说作品,包括萧也牧的《母亲的意志》和《锻炼》、柳青的《地雷》、丁克辛的《毛泽东号》、叶于的《工人花》、戴夫的《古镇的愤怒》、文乃山的《一个换了脑筋的兵》、陈肇祥的《青年战士》、李岳南的《王兰兰》、康濯的《我的两家房东》、王亚平的长诗《李秀真传歌》、郑昌的长诗《不吞儿》等。充满遗憾的是,1951年针对萧也牧的《我们夫妇之间》的批判运动的开展,殃及池鱼,因为萧也牧的作品加盟"青年文艺丛书",有作家要收回版权,把自己的作品撤出"青年文艺丛书",时任出版委员会主任的李庚"一声长叹",无奈地同意了这一要求,"青年文艺丛书"也为此半途而废。这也使中青社出版原创文学图书的实践,遭遇了第一场挫败。

翻译图书是中青社文学出版打破僵局的钥匙。从 1951 年翻译出版的爱弗洛斯的《奥斯特洛夫斯基传》《奥斯特洛夫斯基演讲、书信、论文集》《安格林娜自传》和全国妇联编的《苏联人民的光荣儿女》,1952 年出版的科斯莫杰米扬斯卡娅的《卓娅和舒拉的故事》、波·儒尔巴的《普通一兵——马特洛索夫》、柯扎申科的《战斗中成长》、李晴等改写的《钢铁是怎样炼成的》,到1953 年出版的伏尼契的《牛虻》、纳得托契也夫等合著的《斯大林的革命活动》、基尔的《随从列宁六年——列宁的汽车司机回忆》、戈尔巴托夫的《上一代》、格鲁兹杰夫的《高尔基的青年时代》、瓦西连珂的《小星星》、奥斯特洛夫斯基的《保尔》(菡子改写)、郭尔巴庚托夫的《宁死不屈》、卡达耶夫的《我是劳动人民的儿子》、鲁江诺夫的《他们没有童年》等,在当时的思想文化氛围中,中青社的文学出版异军突起,迎来了黄伊所说的"第一次辉煌"②。值得注意的是,尽管这一时期中青社出版的一些本土原创作品也引起关注,像梁星的《刘胡兰小传》、董均伦的《刘志丹的故事》、魏巍的《谁是最可爱的人》等就颇受好评,但是,真正产生广泛影响的还是从苏联翻译进来的传记类图书。在对外来图书的选择中,满足时代的政治诉求成为优先考虑的出版要

---

① 石湾:《红火与悲凉:萧也牧和他的同事们》,上海锦绣文章出版社 2010 年版,第 161 页。
② 黄伊:《编辑的故事》,金城出版社 2003 年版,第 6 页。

素。比利时学者勒菲伏尔在考察文学的翻译问题时,就注意到宗教和政治团体、社会阶级、出版机构、文化媒体等组织和机构,"一般对文学的意识形态要比对文学的诗学元素表现出更加浓厚的兴趣"①。

为了摆脱对翻译图书的过度依赖,李庚和文学编辑室主任江晓天经过商议,决定把出版重点转移到本土原创文学图书上来。考虑到当时中青社在原创文学出版领域的弱势地位,发掘和扶持青年作者成为主要的编辑策略。江晓天回忆:"当时中青社是综合性出版社。文学方面,人民文学、上海新文艺两家是专业出版社,对我们压力挺大,只有出好书,才能争得竞争地位。加上社会上、文学界有人认为,传记不是文学,至少不算纯文学,已有名望的老作家多不愿把书稿交中青;许多作家在'舆论'压力下,不愿写英雄人物传记了。"②由于专业作者不愿再写英雄人物传记,以发表革命回忆录为主的《红旗飘飘》丛刊在 1957 年 5 月创办,发表的大多为当事人的回忆录和业余作者的文章,文字记录、整理、改写的工作大多由编辑完成,一直坚持到1962 年 10 月停刊。1957 年 7 月,长篇小说《红日》出版,责任编辑为陶国鉴;1957 年 12 月,长篇小说《红旗谱》出版,责任编辑为萧也牧;1958 年 1月,刘流的长篇小说《烈火金钢》出版,责任编辑为黄伊;1958 年 9 月,乌兰巴干的《草原烽火》出版,责任编辑为唐微风;1960 年 6 月,长篇小说《创业史》第一部出版,责任编辑为陈碧芳(笔名为毕方);1961 年 12 月,长篇小说《红岩》出版,责任编辑为张羽;1963 年 7 月,长篇历史小说《李自成》第一卷出版,责任编辑为江晓天;1964 年 5 月,陈登科的长篇小说《风雷》第一部出版,责任编辑为江晓天。其他产生过重要影响的文学性图书还有革命回忆录《在烈火中永生》(1959 年 1 月)、《革命烈士诗抄》(1959 年 3 月)、革命回忆录《王若飞在狱中》(1961 年 3 月)、《毛主席的好战士——雷锋》(1963 年 4月)、《青年英雄的故事》(1964 年 6 月)、《伟大的国际主义战士白求恩》(1965 年 4 月)、《一心为革命——王杰的英雄事迹和日记》(1965 年 11 月)、《忆张思德同志》(1965 年 11 月)、《革命硬骨头麦贤得》(1966 年 2 月)等。由此可见,除了"红色经典"之外,英雄人物的传记作品依然是中青社的王牌,而且在发行量方面,也是遥遥领先。这种状况显然是受到政治文化气候

---

① André Lefevere, *Translation, Rewriting and the Manipulation of Literary Fame*. London & NewYork: Routledge, 1992, p15.

② 江晓天:《我是怎样开始当编辑的》,《江晓天近作选》,大众文艺出版社 1999 年版,第 6 页。

的制约，为了配合 1963 年由毛泽东倡导的"忆苦思甜运动"，中青社在 1963 年 5 月出版了《血和泪的回忆》，同年 9 月出版了《青山血泪》和《三代人的脚印》，对政治运动的迅速配合立竿见影，这些图书都有极为抢眼的发行成绩。根据 1985 年出版的《中国青年出版社的三十五年》一书的统计，"十七年"时期首版并累计发行超过一百万册的文艺类图书为:《革命硬骨头麦贤得》959 万册，《红岩》712.65 万册，《一心为革命——王杰的英雄事迹和日记》530.72 万册，《毛主席的好战士——雷锋》484.55 万册，《王若飞在狱中》362.9 万册，《在烈火中永生》328 万册，《血和泪的回忆》273.5 万册，《烈火金钢》244.92 万册，《李自成》第一卷 230.1 万册，《三代人的脚印》224.23 万册，《红旗谱》217.73 万册，《牛虻》209.5 万册，《卓娅和舒拉的故事》207.61 万册，《红日》180.020 5 万册，《毛主席诗词讲解》174.35 万册，《向秀丽》147.1 万册，《儿女风尘记》145.7 万册，《青山血泪》141.4 万册，《忆张思德同志》120.5 万册，《青年英雄的故事》115.8 万册，《创业史》第一部 114.37 万册，《拖拉机站站长和总农艺师》105.021 5 万册，《人民的好儿子刘英俊》100 万册。[①]

　　"十七年"时期的中青社，其文学类图书以传记和小说为主要品种，这些图书的主人公都是革命英雄或时代英雄。因此，"十七年"的中青社是名副其实的英雄生产线。1955 年，团中央、全国总工会、出版总署等机构经过调查后认为一些有害图书在青年中流行，贻害无穷。刘少奇和周恩来在团中央的报告作出批示后，文化部又实施进一步的调查，并研究了处理办法。中共中央在 1955 年 5 月 20 日指示:"反动的、淫秽的、荒诞的书刊图画，是传播封建阶级和资产阶级的反动的、腐朽的思想的主要方法之一，也是目前资产阶级对工人阶级实行思想进攻的重要工具之一。""要扩大和巩固社会主义思想阵地，加强对人民群众的思想政治教育，必须大力发展群众性的文化事业，而发展和改进通俗图书特别是适合思想水平较低的读者阅读的故事性、趣味性较强的图书的出版和发行，是其中重要的一环。"[②]1955 年 7 月 27 日，《人民日报》还专门发表社论《坚决地处理反动、淫秽、荒诞的图书》。对于与英雄、模范有关图书的出版，管理部门更是高度重视，文化部在 1955 年

---

①　参见《中国青年出版社的三十五年》一书中"历年畅销书选目"，中国青年出版社 1985 年版。

②　《中共中央关于处理反动的、淫秽的、荒诞的书刊图画和关于加强对私营文化事业和企业的管理和改造的指示》，中国出版科学研究所、中央档案馆编:《中华人民共和国出版史料》(7)，中国书籍出版社 2001 年版，第 109、110 页。

3月29日发出通知,规定"出版社应将过去出版的有关宣传英雄模范的书籍,凡属专门介绍变质的或假冒的英雄模范的单行本和以他们的'事迹'为主的书籍,应通知书店停止发售,其损失由出版社负担。至于夹杂着这些变质、假冒的英雄模范或画像的书籍、画册再版时亦应予以删除"①。正是在这样的思想背景中,黄伊回忆:"为了要和资产阶级争夺青年一代,团中央责令中青社在极短时间内要出版一批适合于这一部分青年阅读的书籍,代替那些反动的、低级趣味的书刊,占领这一部分读者的阵地。"②当时出版了一批惊险小说,譬如《双铃马蹄表》《座标没有暴露》《红色保险箱》等,还陆续出版了系列化的《凡尔纳选集》。这种出版潮流进一步强化了中青社以塑造革命英雄为中心任务的出版理念,也促使其随后的出版实践中,将形式的通俗化、大众化作为基本目标。周扬在1960年7月22日第三次全国文代会的报告中,就提到了中青社出版的《红旗谱》《红日》《创业史》《草原烽火》,并认为朱老忠、沈振新、梁生宝等形象"回答了谁是我们时代的英雄这个问题,说明了工人阶级和劳动人民在我们文艺作品中已经取得了应有的地位"③。这表明中青社的"英雄模式"符合时代标准,体现了政治的新要求。正如曾任中青社总编辑的阙道隆所言:"中青社出版文学作品,注重作品的教育作用,要求塑造英雄人物和正面人物的形象,使文学作品成为青年的人生教科书。"④

第二节　青年生力军

在"十七年"时期文学出版的格局中,中青社的发展算得上是后发制人。

---

① 《文化部关于检查对不宜继续宣传的英雄、模范和模范单位的已出书刊进行处理的通知》,中国出版科学研究所、中央档案馆编:《中华人民共和国出版史料》(7),中国书籍出版社2001年版,第86—87页。

② 黄伊:《编辑的故事》,金城出版社2003年版,第19—20页。

③ 周扬:《我国社会主义文学艺术的道路——一九六〇年七月二十二日在中国文学艺术工作者第三次代表大会上的报告》,《人民日报》1960年9月4日。

④ 阙道隆:《中青社青年读物出版概况》,《北京出版史志》第4辑,北京出版社1994年版,第32页。

1954 年,为了改变靠翻译读物支撑的现状,中青社副社长、总编辑李庚带着萧也牧、陈碧芳周游全国,进行"撒大圈"式的约稿,采取了广泛发掘青年作者的策略,在题材和风格上面向青年读者,逐渐打开局面。李庚说中青社最突出的优势是"它承担着供应广大青年迫切需要的读物的任务"①。中青社文学出版的总体特点就是出版青年读物,编辑队伍以年轻人为主力,作者的主体也是年轻作家。就中青社在"十七年"期间出版的招牌性文学图书而言,大致有以下几个特点。

第一,大多为业余作者和年轻作者的创作,一些书稿是别的出版社不愿出版的退稿。作为综合出版社的中青社,其文学出版起步较晚,在最初的竞争中处于劣势,对名家缺乏吸引力,因此一开始就放弃了名家路线。中青社对年轻作者的重视,正好契合其出版定位,强化了自身优势。

"广种薄收,抓重点"是文学编辑室制定的编辑方针,"所谓'广种薄收',就是积极组织出版青年作者的'处女作',1954 至 1957 年共编印了近百种青年作者的短篇小说、诗歌、散文集子,有的只是三四篇作品、不到五万字的小册子"②。这些青年作者包括海默、公刘、雁翼、白桦、梁上泉、刘真、流沙河、刘澍德、彭荆风、袁鹰、张志民、白危、茹志鹃、峻青、胡万春等,在主流文化圈产生过较大影响的作品有徐怀中的《我们播种爱情》、高玉宝的《高玉宝》、李准的《不能走那条路》、沈默君的《渡江侦察记》等,其中也有像海默的《洞箫横吹曲》、柳溪的《爬在旗杆上的人》等作品,命途坎坷,成为批判对象。萧也牧在扶植年轻作家方面,贡献最大,他曾亲自动手为阿凤编选《散文二十六篇》,并为之作序。

在"三红一创"和"两火"的作者中,1952 年从北京移居皇甫村的柳青,衣着打扮和生活方式都完全农民化,但是其文化造诣和文学素养是最高的。从《创业史》一、二部中可以依稀看到受托尔斯泰和雨果影响的痕迹,外文出版社出版英文版的《创业史》时,柳青为书名的译法与译者争论多时,最后译者接受了他的意见③;"他的英文很好,他看《安娜·卡列尼娜》《静静的顿河》等名著时,看的都是英文版"④。《烈火金钢》的作者刘流只上过三年私

①　李庚:《感言》,《中国青年出版社的三十五年》,中国青年出版社 1985 年版,第 13 页。
②　江晓天:《江晓天近作选》,大众文艺出版社 1999 年版,第 239 页。
③　同上书,第 112 页。
④　王维玲:《岁月传真——我和当代作家》,首都师范大学出版社 2009 年版,第 26 页。

塾和一年中学,在晋察冀军区的抗敌剧社当演员时,编写过几个剧本,偶尔发表了一些小说、叙事诗和鼓词,其初稿写在四本厚厚的黄草纸本子上,作者出于对民间文艺的喜爱,小说采取了评书的结构。《草原烽火》的作者乌兰巴干参加过八路军,1948年转业到内蒙古日报社东部办做美术编辑,从事连环画和木刻创作,刚开始写作《草原烽火》时,他连汉话都说不全,常用蒙文拼音代替不会写的汉字。

"三红"的出版都费尽周折。吴强的《红日》是中青社的作者沈默君介绍给江晓天的,此前吴强先将稿件寄给人民文学出版社的领导,一直没有音信,后来吴强跑到出版社要回稿子,亲自送给总政文化部"解放军文艺丛书"编辑部,交给文艺处处长马寒冰,快半年了没有消息。中青社很快把它作为重点书稿处理,并安排熟悉山东解放区情况的文学编辑室副主任陶国鉴做责任编辑。1955年,梁斌写出《红旗谱》初稿后,曾经油印了一部分,征求各方意见,"一位被他视为文学大家的权威,久久不与他交谈,他通过熟人去了解,这位大家以不屑一顾的口气说:'这回擦屁股有纸了!'让梁斌伤心得大哭了一场"①。《红岩》的作者此前没有写过小说,其原稿《禁锢的世界》是1956年重庆人民出版社的约稿,在文艺组负责人李义方和文艺编辑聂云岚的提议下,邀请罗广斌、刘德彬、杨益言在纪实文学《圣洁的雪花》的基础上创作长篇小说。1956年底第一稿油印出来后,审读意见较为一致,认为"题材好,内容好","但文字粗糙,语言有些问题,情节不够细致丰满,建议作者加工修改";1958年夏末北京、上海的几家出版社都争相索取《禁锢的世界》的书稿,后来"中共中央宣传部认为这部书是对青少年进行革命传统教育的好教材,上下都到重庆做思想工作,示意由中国青年出版社出版"②。杨本泉是作者之一杨益言的哥哥,在担任《重庆日报》副刊编辑期间,应邀为《禁锢的世界》的写作做辅导工作,他还是《我的"自白书"》一诗的主要执笔者(全诗12行,有10行出自其手),他说:"由于《禁锢的世界》原稿的粗糙,基本上成了胎死腹中的废稿,只通过我和朋友的介绍零星在《重庆日报》《西南工人日报》《中国青年报》副刊发表(或转载)过五篇。"③有的媒

---

① 闻石(王维玲):《〈红旗谱〉出版的前前后后》,《北京出版史志》第13辑,北京出版社1999年版,第90页。

② 熊炬:《从〈禁锢的世界〉到〈红岩〉的正式出版》,《出版史料》2011年第1期。

③ 杨本泉:《话说〈我的"自白书"〉》,《重庆政协报》2003年3月18日。

体认为文学性不强,不予采用。张羽在回忆文章中也提到 1957 年 2 月 28 日作者曾托《中国青年报》的一位工作人员带着《禁锢的世界》1 至 8 章稿件并信函一封,送交中国青年出版社。出版社稿件科做了登记并复信,但是没有留下处理的记录①。这也是杨本泉"废稿"说法的旁证。《红岩》后来的修改与出版,在某种意义上是新形势下的死灰复燃。其重生的契机正是《在烈火中得到永生》和《在烈火中永生》分别在 1958 年、1959 年面世后广获好评。

　　第二,不少书稿都经过编辑大幅度的修改与加工。面对文学基础较为薄弱的稿件,中青社的编辑只能与作者协作,甚至亲力亲为,对稿件进行修改与加工,一些书稿干脆是推倒重来,进行改写和重写。

　　只上过一个多月学的高玉宝这样描述他的写作过程:"不会写的字,就画一个符号来代替。比方说:日本鬼子的'鬼'字不会写,我就画一个鬼脸;蒋介石那个'蒋'字不会写,我就画一个漫画上的蒋光头;一群东西那个'群'字不会写,我就画一些小圆圈;杀人的'杀'字不会写,我就画一个小人脖子上按一把刀……"②荒草在帮助高玉宝修改小说的过程中,意识到"小说就必须在初稿的基础上加以改写","一个工农战士作者,当文化水平和文艺创作水平都还比较差的时候,作为学习,多写写短小的文章,是比较好的;如果这时要进行长篇创作,困难必然会是很大的"。③

　　中青社在 1958 年收到《草原烽火》的稿件后,安排唐微风做责任编辑,唐微风费了九牛二虎之力,还放弃了与上海少儿社约定的用白话选译《聊斋志异》的工作,花了八个多月时间,和作者面对面,逐字逐句地推敲,将初稿压缩掉将近十万字,改成文笔明白畅达的小说。"乌兰巴干当时是用蒙语构思,汉文写作,语汇贫乏,常常词不达意。比如'凝视',他不知这个词语,竟用了好几句、一百多字来表达,别人不琢磨还看不明白,可见加工量之大,难度之大。"江晓天为此感叹:"这样的编辑加工,恐怕在出版史上是一奇迹!"④作者乌兰巴干对此充满感激:"作品的规模相当大,它的初稿又毕竟

① 张羽:《我与〈红岩〉》,《新文学史料》1987 年第 4 期。
② 高玉宝:《我是怎样学习文化和学习写作的》,《人民日报》1952 年 6 月 8 日。
③ 荒草:《我怎样帮助高玉宝同志改小说》,高玉宝著:《高玉宝》,中国青年出版社 1955 年版,第 210、214 页。
④ 江晓天:《不该被遗忘的人》,《出版史料》2003 年第 1 期。

还是一大堆文不成章、句不达意的材料。假如没有出版社的帮助，单靠我一个人要把它改成一部有一定思想与艺术水平的文学作品，那是有相当大的困难的。"①

陈登科的创作基础比较薄弱，他的《活人塘》投给《说说唱唱》杂志后，编辑看到稿件中很多字都用"象形文字"代替，而且因为稿件曾经落水，字迹模糊，后来幸亏被赵树理发现，经过大幅度修改后得以面世。②陈登科的《风雷》原名《寻父记》，1956年陈登科到北京参加中共八大会议期间，江晓天和他达成口头的约稿协议，1959年陈登科写出初稿后将稿件寄给作家出版社的楼适夷，作家社提出意见将稿子寄还作者后几年没再联系。1963年4月，张羽在中央文艺工作会议期间到新侨饭店拜访陈登科，他答应寄一本《寻父记》征求意见本给张羽。5月29日，张羽收到从合肥寄来的《寻父记》的铅字稿。编辑审读后觉得"虽然还很粗糙，但完全能够改好"③。据黄伊回忆："（1963年）8月份，陈登科来京后，由编辑室主任及江晓天、张羽三人陪同陈登科，一齐到西山八大处相处一周，对稿件从主题思想到结构布局，人物描写，逐人分析，逐章研究，安排了已写的二十二章，制定了后二十八章的修改方案。接着，由江晓天陪同作者加工整理，历时八个月修改定稿，改名《风雷》出版。"④

关于《红旗谱》，张羽在审稿意见中就指出存在三方面的弱点："从结构上说，有些章节，缺乏很好的剪裁，叙事和对话有些冗长。有些地方是前边章节已经讲明的，又重复了一遍。因为时间跳动得快，有的地方又写得很粗糙，松懈"；"对党的地下工作的艰苦性写得不够"，"把斗争简单化了。因而也削弱了它的教育意义"，"在人物形象的塑造上，几个主要人物写的还不够丰满、细致，性格特征还不突出"。⑤ 萧也牧对《红旗谱》的修改，用黄伊的话说是"全心全意"，用王扶的话说是"呕心沥血"，他为了做文字的加工和润饰，考虑到王扶就是河北蠡县人，为了作品中一句方言的说法，"委托我回家时请教一下祖母"⑥。梁斌写朱老巩护钟的前夜，在磨链石上磨的是一把剃

---

① 乌兰巴干：《我们是战友》，《人民日报》1964年4月3日。
② 参见戴光中：《赵树理传》，十月文艺出版社1987年版，第307页。
③ 张羽：《张羽文存》（下），中国青年出版社2007年版，第800页。
④ 黄伊：《张羽的编辑生涯》，《无名集》，山西人民出版社1985年版，第123页。
⑤ 张羽：《〈红旗谱〉审读意见》，《编辑之友》1985年第1期。
⑥ 王扶：《第一个带路的人——忆萧也牧老师》，《安徽文学》1980年第3期。

刀,后来因为萧也牧的提示,才改为大铡刀。①

至于《红岩》,其文本变迁更为复杂。1958 年 2 月,罗广斌、刘德彬、杨益言在《红旗飘飘》第六集发表《在烈火中得到永生》;1959 年 2 月,出版了经修改、补充、增订的《在烈火中永生》;责任编辑张羽在看了《禁锢的世界》第一稿和第二稿后,意识到"要修改好这部作品,不是动动枝节、修修补补、做点文字订正工作可以应付得了的。而是要研究作品的全局,在理论探讨、主题深化、题材开掘、形象塑造,以及语言表达方面作全面的改造"②。《红岩》五易其稿,"从初稿到定稿,重写了三次,大改了两次"③,为了 40 万字的篇幅前后写了 300 多万字。杨益言回忆,从 1961 年春住进中青社那栋古老的王府院,文学编辑室的阙道隆(当时的文学编辑室主任)、张羽和王维玲经常和他们联系,"从此之后的几个月,几乎每一周,我们和他们便有一次例行的讨论会。我们讲将要动笔的章节的构思,前后设想,他们就讲他们听后的感想、意见。这时候,我们才深切知道:他们不仅是详细看了我们写的这一稿,认真听了我们新的构思,可以随口讲出书稿或构思中的每一个细节和人物关系,我们还发现他们还详细看过我们早先写过,但早已废弃不用的稿件,而且,还能替我们设想,能否从那里面挑选出一些有用之材"④。

第三,政治性优先于文学性。中青社作为团中央直属的出版社,把向青年读者灌输主流意识形态和正统的价值观念作为职责。因此,政治把关就被放在首要地位。曾任中青社社长和国家出版局局长的边春光就强调:"无论是出版文学读物,还是历史地理读物,都充分考虑它的教育和感染作用,决不采取不负责任的态度,让那些宣扬封建主义和资本主义腐朽思想的东西去毒害读者。"⑤耐人寻思的是,经过严格把关的《红岩》《风雷》《李自成》第一卷等作品,在"文革"中被批判的恰恰还是其政治

---

① 耿十斧:《从李逵的两把板斧说起——漫谈作品的情节、人物性格和主题思想》,《奔流》1962 年 3 月号。

② 张羽:《我与〈红岩〉》,《新文学史料》1987 年第 4 期。

③ 王维玲:《岁月传真——我和当代作家》,首都师范大学出版社 2009 年版,第 251 页。

④ 杨益言:《祝贺·感谢·希望》,《中国青年出版社的三十五年》,中国青年出版社 1985 年版,第 32 页。

⑤ 边春光:《坚持和发扬优良传统》,《中国青年出版社的三十五年》,中国青年出版社 1985 年版,第 17 页。

问题。

由于《红旗谱》牵涉保定二师学潮、高蠡暴动、反割头税运动等历史事件,张羽在 1955 年 10 月 10 日写给梁斌的信中建议:"作品中所写的历史事件中的人物活动,哪些应该肯定,哪些需要批判,有必要明确提出。如保定二师的学生斗争,它的影响是肯定的,但是这种占领学校的斗争方式,是否符合党的方针,还需要请上级党委审查。""你在来信中说,打算请河北党委审查,不知是否审查过?有什么意见?请告诉我们。我们觉得,除了请河北党委审查外,还有必要请中央审查。因为小说中提到的斗争,是和党当时的斗争路线有关的。"梁斌在 11 月 12 日的回信中提到由河北省委委员、宣传部副部长朱子强负责审查并提出意见,"我同意你们的意见,出版前要送中央及作家协会审查一下。有很多老同志们也同意出版前看一遍。目前已有两个人看完,不过省委看时,可能时间上长一些"①。

在《红岩》的创作过程中,党、团系统始终参与其中,进行全程指导。1956 年重庆人民出版社向罗广斌等三位作者约稿时,出版社就专门给重庆市委宣传部写报告,为他们请创作假。1958 年秋,中青社社长兼总编辑朱语今带王维玲去四川,通过重庆市委组织部长萧泽宽,为三位作者请创作假,结果只批准了罗广斌、杨益言的创作假,原因是刘德彬在 1957 年的"鸣放"中说过"错话",1958 年整风补课时又被指认为犯了"工团主义"的错误,受到留党察看一年的处分②。1959 年《禁锢的世界》的新稿写出后,萧泽宽将征求意见本送给重庆市委第一书记任白戈,请他把关,任白戈的意见是"小说的精神状态要翻身"!这也是间接批评稿本的情感氛围和审美基调太压抑。萧泽宽还亲自主持了三次座谈会,邀请四川、重庆有过地下党经历的人员为稿本提意见,提供背景材料。重庆市委还出面邀请时任四川省作协主席的沙汀予以指导,沙汀除了提出具体的修改意见外,还建议作者到北京去参观学习,以开阔视野。③

在陈登科的《风雷》排印之前,责任编辑江晓天为了慎重起见,"排印稿,除送安徽省委书记们人手一份,还以出版社的名义,送了一份给国务院农办主任谭震林同志","争取谭老看看并写个序,那是最好不过的了",

---

① 张羽、梁斌:《关于〈红旗谱〉的通信》,《编辑之友》1985 年第 2 期。

② 石湾:《红火与悲凉:萧也牧和他的同事们》,上海锦绣文章出版社 2010 年版,第 265 页。

③ 王维玲:《岁月传真——我和当代作家》,首都师范大学出版社 2009 年版,第 226—230 页。

遗憾的是，谭震林太忙，安徽省委几位书记都顾不上看。后来陈登科托安徽省委副书记陆学斌写信给林默涵和邵荃麟，要求他们提提意见。邵荃麟在看完稿件后，基本上肯定这部作品，并提了两点修改意见："要加强正面力量的描写"，"写激烈矛盾斗争，可以，因为现实生活中有。但不是现实生活中发生过的事情都可以写进文学作品"。① 在《李自成》第一卷付印之前，江晓天也把清样送给吴晗、阿英、李文致、郑天挺、谢国桢等明史专家审查。在 1963 年 3 月，江晓天还趁湖北省委分管文教的常委曾淳到北京开会期间，专门去征求意见。曾淳提醒江晓天，姚雪垠在 1957 年是毛主席点过名的"右派"，认为书可以出，但要慎重。两人为此还商定了三条"限制"办法："一、不宣传，包括不在报上登新书介绍；二、控制印数；三、稿费标准从严、偏低。"②

　　在"十七年"整体出版环境中，中青社特殊的运作模式催生了一批轰动一时的文学作品。"三红"和"两火"的流行，是时势造英雄。值得注意的是，这些作品的作者此后的创作都呈现出下滑趋势，他们的写作缺乏可持续性。之所以会出现这种局面，一是随着政治情境的变化，在 1963 年以后作家的自由空间不断受到限制；二是作家自身综合素质方面的缺陷，使他们难以实现超越与突破。《红旗谱》出版后，因为稿费标准问题，梁斌和中青社翻脸，对萧也牧、张羽也有误解，拒绝让萧也牧继续做《播火记》的责任编辑，并将《红旗谱》和《播火记》的版权都转到了百花文艺出版社。后来经过黄伊的努力争取，中青社才收回版权，黄伊也成了《红旗谱》再版和《播火记》《烽烟图》的责任编辑。石湾感叹："《播火记》、《烽烟图》出版后之所以远不如《红旗谱》的反响大，就是因为作为责任编辑的黄伊不能像萧也牧那样，通过殚精竭虑、字斟句酌地精心加工润色，使作品的艺术质量提升到一个新的高度。"③萧也牧曾经为天津作家曾秀苍的长篇小说《太阳从东方升起》做责任编辑，他在回忆文章中提到自己的作品一直没有结尾，最后是萧也牧替他写出了结尾的初稿："'我先起个草。'他说，'这回咱们倒个个儿：你来做修改，最后你定稿。'"④在某种意义上，编辑是这些图书的不署名的影子作者。

---

① 江晓天：《江晓天近作选》，大众文艺出版社 1999 年版，第 68—70 页。
② 同上书，第 25 页。
③ 石湾：《红火与悲凉：萧也牧和他的同事们》，上海锦绣文章出版社 2010 年版，第 68 页。
④ 曾秀苍：《终日坎壈缠其身——忆萧也牧同志》，《北京文艺》1979 年第 11 期。

第三节 幕后的辛酸

做一名称职的编辑,就得甘于寂寞。对于其中的苦衷,萧也牧曾经在《人民日报》发表《一个编辑的呼声》,他说:"出版社的编辑工作是按'计划''生产'的。'制度''计划'之周详,比之工厂,实在有过之无不及,并设专门机构,主管催办检查其事。"他还谈到编辑中经常出现的"突击"现象:"办法是'突击'。甚至采用曾在建筑工人中流行一时的'流水作业法',集数人之力,对原稿进行'加工',以求如期完成'发稿计划'。遇到认真的作者、译者,原稿已是'成品',无须编辑代劳'加工',问题也就不大了。若是'半制品'或是'未完成的杰作',这就苦了编辑。'突击''加工''加'出来的货色,也未必见佳。作者、译者皱眉,读者不知其中究竟,当然要骂,而编辑只能叹气了。"①萧也牧的牢骚和抱怨,其目的是希望提升文学编辑工作的创造性。在日常工作中,他们总是千方百计地帮助作者赢得各种荣耀,自己却在默默无闻中甘之若饴。在"十七年"的特殊环境里,让编辑们感觉最为沉重的,还是政治方面的困扰。

在"十七年"时期中青社的文学编辑中,萧也牧最具有专业眼光,他以一个作家的敏感来把握作者创作心理的变化,修正创作技巧上的种种问题,提升作品的艺术境界。遗憾的是,其命运也最具有悲剧性。萧也牧在《人民文学》第一卷第三期发表《我们夫妇之间》之后,陈涌首先发难,针对其《我们夫妇之间》和《海河边上》,认为"小资产阶级出身的文艺工作者的改造是长期的,一个忘记了警惕自己的人,在特别复杂的城市的环境下,便特别容易引起旧思想情感的抬头,也特别容易接受各种外来的非无产阶级思想的影响"②。随后,李定中(冯雪峰)以"读者来信"的形式进行尖锐批评:"我看没有一处不是宣泄作者的低级趣味的。"③随后丁玲又亲自出马,认为这篇小说"使人在

---

① 萧也牧:《一个编辑的呼声》,《人民日报》1956 年 12 月 5 日。
② 陈涌:《萧也牧创作的一些倾向》,《人民日报》1951 年 6 月 10 日。
③ 李定中:《反对玩弄人民的态度,反对新的低级趣味》,《文艺报》1951 年 6 月第四卷第五期。

文艺界嗅出一种坏味道来,应当看成是一种文艺倾向的问题了"①。1951 年第 10 期的《中国青年》刊发了一组 6 篇批判萧也牧的文章,起因是该刊曾经连载萧也牧的《锻炼》,主编韦君宜专门撰文《评〈锻炼〉》,在指出作品的严重缺点的同时也进行自我检讨。1951 年 10 月 26 日,萧也牧在《人民日报》发表检讨文章《我一定要切实地改正错误》,此事才告一段落。这一场批判使萧也牧从团中央宣传部教材科科长降职为中青社文学编辑室副主任,是萧也牧终生没能摆脱的政治阴影,也给"十七年"中青社的文学出版带来不断的干扰。1956 年 7 月号的《人民文学》发表了经秦兆阳修改的《"百花齐放,百家争鸣"有感》,萧也牧在这篇短文中,为当年针对自己的那场批判进行申辩:"批评要恰如其分,要讲究分寸,不要把他的错误提高到不应有的高度,更不要把'莫须有'的罪名加在他的头上,不要污辱他的人格。"②萧也牧的申辩,是他在 1958 年被划成"右派"的重要诱因。

　　萧也牧对于出版有一种可贵的敬业精神,也有一种敏锐的发现能力。在看到《红旗飘飘》第六集发表的《在烈火中得到永生》之后,他于 1958 年 7 月 22 日,专门给罗广斌、刘德彬、杨益言写了一封约稿信,并承诺"我们当以跃进的精神迅速处理"③。尤其难得的是,尽管置身于动辄得咎的艰难处境之中,他还是在内心保留了一份正义感与悲悯情怀。萧也牧退过浩然的两部书稿,第一部是浩然在 1956 年秋末投给中青社的长篇小说《狂涛巨浪》,萧也牧专门约请浩然谈话,建议他先写一些短篇,打牢基础后再写长篇。第二部是 1957 年秋冬之交浩然直接交给萧也牧的中篇小说《新春》,作品反映地主、富农通过不断努力,变成了自食其力的劳动者。起初,萧也牧对作品有极高的评价,列入了出版计划,到了 1957 年冬天,萧也牧亲自将作品送还给了浩然,提醒他小说在当时的环境中有危险。浩然回忆道:"这是一个霹雳,我再次被惊呆。我猛然联想到,我们《俄文友好报》处理的右派分子当中,有的人的罪行就是攻击肃清反革命分子运动和替被打倒的地主、富农分子说话呀!"④醒悟过来的浩然赶紧将书稿付之一炬,以免授人以柄。1957

---

　　① 丁玲:《作为一种倾向来看——给萧也牧同志的一封信》,《文艺报》1951 年 8 月第四卷第八期。

　　② 萧也牧:《"百花齐放,百家争鸣"有感》,《人民文学》1956 年第 7 期。

　　③ 石湾:《红火与悲凉:萧也牧和他的同事们》,上海锦绣文章出版社 2010 年版,第 258 页。

　　④ 浩然口述、郑实采写:《我的人生:浩然口述自传》,华艺出版社 2000 年版,第 236—237 页。

年的一天，萧也牧听说孙犁病重，生活困难，为了接济孙犁，便找到康濯，请他为孙犁编一部散文集，可预付一笔稿费，以救燃眉之急①。这部 1958 年 4 月出版的《白洋淀纪事》，后来入选"20 世纪百年百部优秀中国文学图书"，堪称名作。在秦兆阳被打成"右派"后的二十年中，萧也牧是第一个也是唯一一个向秦兆阳约稿的编辑。萧也牧是在看到秦兆阳在《广西文艺》连载的《两代人》后，专门写约稿信，希望作者写完后由中青社出版。秦兆阳深有感触地说："也只有他知道，他的老友这时是多么需要安慰和支持；也只有我知道，他这样做是需要多么大的勇气！"②由于心存顾忌的"自知之明"，秦兆阳在当时没有回信。王蒙对萧也牧有这样的评价："他是用一种深知个中甘苦的、带几分悲凉的口气来谈创作的，他不但懂得创作的技巧，他更理解创作的心理、作者的心理。他深知写作的艰难，他好像多次用过'磨'这个词。"③他负责编辑的《青春万岁》已经印出清样，却因为王蒙被打成"右派"而无法出版。1963 年春天，当王蒙去新疆长期落户时，他以戴"罪"之身，从出版社要了车子，和黄伊一起将王蒙一家送到火车站。萧也牧不仅以真挚的热忱对待编辑职业，而且表现出一种历劫无悔的赤子之心和雪中送炭的人格魅力。1967 年 2 月 10 日，罗广斌被造反派整死，为了替罗广斌和《红岩》伸张正义，张羽、陈斯庸、严绍端、施竹筠等老编辑聚集在萧也牧的家里，他们议定编辑出版《红岩战报》，分别在 1967 年 4 月 15 日和 6 月 5 日出版了第 1 期和第 2 期。张羽说："萧也牧一生编过很多书，这一次是他为了捍卫人的尊严、顶着狂风暴雨、冒死犯难、短兵相接的一次最勇敢的编辑实践了。"④萧也牧等人的选择，在当时的语境中无异于飞蛾扑火。《红岩战报》的形式与措辞，都打上了鲜明的"文革"烙印，这也是作为编辑的萧也牧难以挣脱时代羁绊的另一重悲哀。

杨沫的《青春之歌》最终花落作家出版社，也与萧也牧《我们夫妇之间》受到批判带来的紧张状态有关。1955 年年初，萧也牧和张羽从柳溪处得知杨沫刚写完一部长篇小说《烧不尽的野火》，就主动和杨沫联系。中青社在拿到稿件后，因稿件凌乱，先请人重抄了一遍，随后送给阳翰笙审查，因阳翰

---

① 王久安：《告诉你一个真实的萧也牧》，《编辑之友》2010 年第 9 期。
② 秦兆阳：《忆萧也牧》，《随笔》1987 年第 4 期。
③ 王蒙：《一个甘于沉默的人》，《雨花》1980 年第 7 期。
④ 张羽：《萧也牧之死》，《新文学史料》1993 年第 4 期。

笙无暇看稿,只好由张羽先写出审读意见。张羽认为"这部小说整体来说是动人的。对当时青年学生的生活写得很细致";同时也指出"有很多地方充满着小资产阶级知识分子的不健康的思想和感情。特别是前边部分"。张羽提出的处理意见是请阳翰笙审查,修改后"可以出版的基本条件是:一、符合历史的真实,符合党当时提出的政策路线;二、作品的人物及其思想感情是健康的"。1955 年 12 月,根据阳翰笙的建议,书稿送给中央戏剧学院教授欧阳凡海审查,他于 1956 年 1 月 26 日返回长篇的审稿意见,仅有数十字谈到优点,如"用字简练,结构活泼而紧张",卢嘉川等所写人物"相当成功";欧阳凡海重点谈到作品的缺点:"此稿最大的第一个缺点是:以资产阶级知识分子的林道静作为书中最重要的主人公、中心人物和小说的中心线索,而对于林道静却缺乏足够的批判和分析";"此稿最大的第二个缺点是:中心人物之一的江华,他是工人出身,又是书中主要的党的代表人物,但是他的性格却被描写成为带着小资产阶级的显著特色"。①面对审稿人的意见,考虑到知识分子题材在当时的敏感性,中青社的态度是作品改好之后就出版,事实上把此事搁置了下来。1956 年春,杨沫把作品送给她的老上级秦兆阳,秦兆阳把作品推荐给了作家出版社。由于赶上了"双百时代"的好时机,作品经过一些局部修改后顺利出版。石湾在著述中引用过张羽晚年的一份手稿,其中提到:"《青春之歌》写的(是)青年知识分子,萧也牧本人就是因为写青年知识分子才被打了一棒子,成了右派,受到了批判。对《青春之歌》这部作品,我个人看了后,还是比较喜欢的,因为我对'一二·九'运动也比较了解,但是修改后究竟会怎么样,符合不符合当时的阶级政策呢?"②由此可见,萧也牧在当时已经成了有警示性的文化标本。

　　在文学为政治服务的环境中,编辑作为把关人,其本身的政治问题就受到特别的关注。作品的编辑过程以及编辑的价值判断与文化命运,就成为透视文学生产的核心机制的一面镜子。

---

① 张羽:《〈青春之歌〉出版之前》,《新文学史料》2007 年第 1 期。
② 石湾:《红火与悲凉:萧也牧和他的同事们》,上海锦绣文章出版社 2010 年版,第 76 页。

第四节　文学与宣传

根据编辑家陈斯庸的回忆，中国青年出版社对编辑有三方面的严格要求："要当好'组织家'"，"当好'评论家'"，"当好'宣传家'"①。"组织家"要做好政治方面的把关，对文化界、出版界的动态了如指掌，做好组稿、约稿工作，和作者、译者保持密切联系，实现顺畅交流；"评论家"要做好审读工作，写好审读意见，通过文学报刊发掘出版资源和合适的作者；"宣传家"要对重点书进行多种形式的推荐，组织并撰写书评书讯，争取让报刊在出书前选载精彩章节，在研讨会或读者座谈会进行宣传推广。中青社的编辑经常亲自上阵，发表书讯或评论。譬如黄伊在1958年2月22日的《北京日报》发表《红旗谱》的书讯，在《解放日报》1958年3月11日发表《战斗的旗帜——读小说〈红旗谱〉》，在1962年5月25日的《文汇报》发表《不要把小说当成回忆录——〈红岩〉》；王维玲在1958年第4期的《中国青年》发表《推荐一部优秀的长篇小说——〈红日〉》，在1962年3月24日、27日的《光明日报》连载《〈红岩〉的写作和特色》；张羽在1962年1月23日的《中国青年报》以笔名"张念苓"发表了《红岩》的第一篇评论《冬夜围炉话〈红岩〉》。胡乔木在1950年出版署扩大会议的讲话中认为："出版是一种宣传工作，而这种工作又需要进行宣传，要把宣传工作做好，需要很多的人力和物力，有人可能认为这是一种不必要的浪费。但是，如果不做宣传工作，费了很大力量印出来的书籍卖不出去，则更是巨大的浪费。为了要配合着把发行工作做得好，宣传工作是很重要的一环。"②在"十七年"的文学出版界，宣传工作的重要性被不断强化，其目标一方面是促进图书的发行销售，另一方面是进行思想政治教育，推广主流价值观。胡乔木1965年5月2日与中青社编辑谈话时，还专门谈到编辑作风，强调"给青年的读物要多注意注解和解释工作。很多

---

① 陈斯庸：《编辑生涯中的两件往事》，《出版工作》1989年第9期。
② 胡乔木：《出版发行和书籍的宣传工作》，《胡乔木传》编写组编：《胡乔木谈新闻出版》，人民出版社1999年版，第432页。

人遇到不认识的字,跳过去了,下次还是不认识"①。由此也可反映出青年文学读物在当时承担着文化普及的功能,对于作品的审美功能和专业素养,就难免降格以求。

中国青年出版社特别重视图书的宣传工作。在《卓娅和舒拉的故事》出版之后,《人民日报》曾邀请北京市立第一女子中学校、华北中学、北京市市立第二中学校等中学的三十五位教师和学生,举行讨论《卓娅和舒拉的故事》的座谈会;袁水拍在《人民日报》发表书评,进行隆重推荐:"从这本书里,我们的青年将找到巨大的力量来武装自己!"②这篇评论的写作和发表是经过胡乔木同意的。当时,团中央宣传部部长杨述正在负责推动全国范围内向英雄学习的运动,号召向保尔·柯察金、卓娅学习,专门邀请奥斯特洛夫斯基的夫人和卓娅、舒拉的母亲访问中国,向首都青年作报告,青年报刊进行跟踪报道③。这种广泛的宣传攻势,带火了《卓娅和舒拉的故事》《奥斯特洛夫斯基传》《保尔》等一系列图书的发行与销售。1953 年 7 月《牛虻》出版之后,青年团系统的《中国青年》《中国青年报》都发表新书消息和书评文章,韦君宜还在《人民日报》1953 年 9 月 12 日发表《读〈牛虻〉》,巴人在《中国青年》1953 年第 16 期发表《关于〈牛虻〉》。青年团南京市委和南京图书馆曾联合举办关于《牛虻》的文艺讲座,青年读者蜂拥而至。在 1953 年 9 月 23 日至 10 月 6 日全国第二次文代会期间,中青社在餐厅中每个代表的座位前放上一本《牛虻》。刘绍棠临睡时翻阅这本书,一开始还表示怀疑,想不到最后居然看了通宵。④1955 年 12 月,中青社出版苏联小说《拖拉机站站长和总农艺师》,团中央宣传部专门发出通知,要求各地团委宣传部门组织团员和青年认真阅读。1959 年 2 月《在烈火中永生》出版后,《北京晚报》全文连载。1959 年 3 月 5 日,中国青年出版社借用王府大街全国文联大楼的会议室,邀请著名烈士家属、共青团领导人等发表对《在烈火中永生》的读后感。"参加座谈会的有:恽代英烈士夫人沈葆英,欧阳梅生烈士夫人、欧阳立安烈

---

① 胡乔木:《对出版几种青年读物的意见》,《胡乔木传》编写组编:《胡乔木谈新闻出版》,人民出版社 1999 年版,第 487 页。

② 袁水拍:《一本鼓舞青年前进的书——推荐〈卓娅和舒拉的故事〉》,《人民日报》1952 年 7 月 8 日。

③ 参见黄伊:《编辑的故事》,金城出版社 2003 年版,第 5—6 页。

④ 李俍民:《回忆〈牛虻〉的出版》,《中国青年出版社的三十五年》,中国青年出版社 1985 年版,第 54 页。

士母亲陶承，刘谦初烈士夫人张文秋，彭咏梧和江竹筠烈士的战友吴之见，以及当时团中央书记处书记刘导生和曾德林、廖伯康，团市委代表，东城区代表等共 10 多人。与会者对这本书备加赞扬，一致认为它是一本革命传统教育的好教材，应该向广大青年宣传介绍。"中央人民广播电台当场录音，并向全国广播发言实况，这在青年中掀起了一股热潮。还有读者提议，希望能早日看到描写重庆集中营的长篇小说。①

中青社的革命历史小说之所以能够引领当时的阅读风尚，主要是精准把握了时代脉搏，抓住了社会的兴奋点。不应当忽视的是，党团机构、主流媒体和文艺组织举办的各种形式的宣传活动相互呼应，呈现出持续加温态势。《红日》《红旗谱》《红岩》在出版过程中都曾遭受冷遇，因为艺术方面的问题不被文学圈看好。《红旗谱》的校样出来后，编辑希望一些文学刊物能够发表，但是没有被接受。1961 年底，中青社将《红岩》的清样送到《人民文学》杂志，编者还是以文学性欠缺的理由拒绝发表，而且答复非常明确："只有政治语言，没有文学语言。"②《红日》出版之后，《解放军文艺》编辑部在 1958 年 6 月 9 日召集孟良崮战役的参加者座谈《红日》，当事者从政治性、思想性、真实性的角度肯定《红日》，基本不涉及艺术评价③。非常有趣的是，《红日》在军队系统、主流文化圈和普通读者中获得的巨大声誉，对艺术评价形成倒逼之势。随着何其芳、罗荪、冯牧等主流评论家的陆续发声④，《文艺报》也编选了《赞〈红日〉，颂英雄——〈红日〉评论集》⑤，其艺术地位日见隆显。为了给《红日》在"文革"期间所遭受的不公正对待进行声辩，潘旭澜先生在 1982 年撰文，认为《红日》与同时代的作品相比，在反映历史转折、表现生活的复杂性、塑造人物形象等方面都有闪光之处，"尽管《红日》在艺术上也有一些不足和缺点，有的还较为明显，但这些是掩盖不

---

① 张羽：《我与〈红岩〉》，《新文学史料》1987 年第 4 期。

② 杨益言：《他，还活在我们中间……》，刘德彬编：《〈红岩〉·罗广斌·中美合作所》，重庆出版社 1990 年版，第 147 页。

③ 晓钟：《孟良崮战役的参加者谈〈红日〉》，《解放军文艺》1958 年第 7 期。

④ 何其芳：《我看到了我们的艺术水平的提高》，《文学研究》1958 年第 2 期；罗荪：《评〈红日〉》，《收获》1958 年第 3 期；冯牧：《革命的战歌，英雄的颂歌——略论〈红日〉的成就及其弱点》，《文艺报》1958 年第 21 期。

⑤ 《赞〈红日〉，颂英雄——〈红日〉评论集》，作家出版社 1959 年版。

了它的高度成就的"①。《红旗谱》出版之后，1958 年 2 月 26 日，《文艺报》由侯金镜主持，举办《红旗谱》座谈会，邀请了保定二师学潮、高蠡暴动、反割头税运动的亲历者，与会者肯定了作品阶级性明确、感染力强等特点，并认为应该加强党的领导和进一步突出群众活动②。同年 4 月 17 日，河北省文联也邀请作品所反映的历史事件的当事人举办座谈会，评价主要围绕政治、历史、思想等问题展开③。邵荃麟、冯健男、李希凡、冯牧、阎纲等主流评论家接连不断的赞誉④，逐步确立《红旗谱》在"革命英雄"叙事中的重要地位，茅盾认为《红旗谱》"渗透在残酷而复杂的阶级斗争场面中的，始终是革命乐观主义的高亢嘹亮的调子，这就使得全书有浑厚而豪放的风格"⑤。周扬在第三次文代会的报告中高度评价朱老忠形象的塑造："在朱老忠身上，集中地体现了农民对地主的世世代代的阶级仇恨，体现了为党所启发、所鼓励的农民的革命要求。"⑥在《红岩》即将出版之前，《中国青年报》从 1961 年 11 月 10 日至 23 日连载关于许云峰的章节，《中国青年》也开始选载有关白公馆的内容。从 1962 年 2 月 11 日开始，一直到 4 月，纪念《在延安文艺座谈会上的讲话》发表 20 周年的理论会议在北京新侨饭店召开，《文艺报》副主编侯金镜作关于文学创作的情况和问题的专题发言，他着重介绍了 1961 年的长篇小说，"热情赞扬并深入分析了《红岩》的巨大成就。他并在这期间组织了一次座谈会，发言在《文艺报》上发表。侯认为这部作品的出现与当时提倡写革命回忆录有关"⑦。正是从这次座谈会的"《红岩》五人谈"⑧开始，关

①　潘旭澜：《〈红日〉艺术成就论辩》，《文学评论》1982 年第 6 期。

②　《老战士话当年——〈文艺报〉举行〈红旗谱〉座谈会记录摘要》，《文艺报》1958 年第 5 期。

③　《红旗手座谈〈红旗谱〉》，《蜜蜂》1958 年 6 月号。

④　邵荃麟：《文学十年历程》，《文艺报》1959 年第 18 期；冯健男：《论〈红旗谱〉》，《蜜蜂》1959 年第 8 期；冯健男：《谈朱老忠》，《文学评论》1961 年第 1 期；李希凡：《谈〈红旗谱〉中朱老忠的形象塑造》，《人民日报》1959 年 8 月 18 日；阎纲：《刻骨的仇恨　韧性的战斗》，《新港》1964 年第 3 期；冯牧、黄昭彦：《新时代生活的画卷——略谈十年来长篇小说的丰收》，《文艺报》1959 年第 19—20 期。

⑤　茅盾：《反映社会主义跃进的时代，推动社会主义时代的跃进！》，《人民文学》1960 年第 8 期。

⑥　周扬：《我国社会主义文学艺术的道路——一九六〇年七月二十二日在中国文学艺术工作者第三次代表大会上的报告》，《人民日报》1960 年 9 月 4 日。

⑦　黎之：《文坛风云录》，河南人民出版社 1998 年版，第 310 页。

⑧　包含王朝闻《战斗的心理描写》、罗荪《最生动的共产主义教科书——评〈红岩〉》、王子野《震撼心灵的最强音》、李希凡《一部冲击、涤荡灵魂的好作品——评〈红岩〉》、侯金镜《从〈在烈火中永生〉到〈红岩〉》，《文艺报》1962 年第 3 期。

于《红岩》的评论遍地开花①，从《人民日报》《中国青年》《中国青年报》《工人日报》《北京日报》《天津日报》《文汇报》《解放日报》到《四川日报》《重庆日报》《湖北日报》《贵州日报》《广西日报》《青海日报》，赞誉之声响遍全国，不到两年就印行了四百余万册。专业刊物《文艺报》《文学评论》也一再刊文表态，其文学性方面的问题被忽略不计，而且缺点也变成了优点。朱寨在谈到作品的简洁与省略时，就认为"正是为了使这种诗意和激情更加突出奔放。所以，《红岩》风格上的简洁特点与革命激情的奔放是联系在一起的"②。

"十七年"文学强调对政治方向的把握，高度重视文学的宣传功能，并以宣传的效果来衡量作品价值的高低，这就在无形之中降低了作品审美要素的重要性。另外，宣传是"十七年"革命历史小说"经典化"的建构机制。王益在新华书店总店1951年上半年度工作总结报告中就特别强调，为了矫正忽视政治倾向，提高工作中的政治性和思想性，出版发行工作应该有新的特点："（一）密切配合政治任务；（二）广泛组织社会发行力量；（三）取得党委和政府的领导支持；（四）有充分的动员和具体周密的布置。"③中青社的文学出版实践充分体现了这些特点。中青社是"党教育青少年的一个有力工具"④，李庚在二十世纪五十年代就强调要"组织社会力量"⑤。作为团中央书记处直接管辖的出版社，中青社在宣传策划中拥有资源、渠道等方面的优势。也正是通过组织大张旗鼓的公开宣传，其代表性作品广泛发挥了自身的宣传功能，也通过宣传提升了作品的地位和影响力。

郭沫若在庆祝中华全国文艺界抗敌协会成立时，认为"文艺总不外是宣传"，他还将"言之不文，行之不远"翻译成白话——"宣传如不用文艺的方

---

① 代表性的评论文章还有：阎纲：《共产党人的"正气歌"——长篇小说〈红岩〉的思想力量和艺术特色》，《人民日报》1962年3月2日；马铁丁：《红岩苍松——评长篇小说〈红岩〉》，《工人日报》1962年3月3日；潘旭澜：《疾风知劲草——谈〈红岩〉中的许云峰》，《解放日报》1962年6月4日；马识途：《且说〈红岩〉》，《中国青年》1962年第11期；罗荪、晓立：《黎明时刻的一首悲壮史诗——评〈红岩〉》，《文学评论》1962年第3期；李希凡：《生活真实和理想威力的高度融合——漫语〈红岩〉之一》，《上海文学》1962年第6期；李希凡：《开掘灵魂世界的艺术——漫话〈红岩〉之二》，《新港》1962年7月号；文洁若：《〈红岩〉在日本》，《文艺报》1964年第3期。

② 朱寨：《时代革命精神的光辉——读〈红岩〉》，《文学评论》1963年第6期。

③ 《纠正忽视政治倾向 为提高工作中的政治性和思想性而奋斗》，中国出版科学研究所、中央档案馆编：《中华人民共和国出版史料》（3），中国书籍出版社1996年版，第449页。

④ 王业康：《自豪和祝贺》，《中国青年出版社的三十五年》，中国青年出版社1985年版，第29页。

⑤ 黄伊：《组织社会力量》，《编辑的故事》，金城出版社2003年版，第44页。

式,便不能够深入而普及"。郭沫若还特别强调"统一"的重要性:"凡能集中力量于抗战有益的文艺部门和作风,大率都受着了鼓舞而于无形之间有趋于统一的倾向,我们便当策进这种倾向,使之愈受鼓舞而实行统一。"①宣传的前提是政治的正确性,通过党政机构、主流传媒与文学组织的相互协作,以作品为纽带,以主流价值观为核心,把作者、读者、编者联结成一个拥有共同的政治立场的政治共同体。宣传的过程,是清除不被认同的思想杂质的过程,是"趋于统一""实行统一"并强化这种统一性的过程。而且,文学宣传具有持续性,在持续的宣传中被反复提到的作品,其地位得到不断的强化。正是凭借作品自身的宣传效果和围绕作品展开的宣传攻势,"红色经典"在意识形态的视域内逐渐确立自己的稳固地位。

中青社出版的"红色经典"和英雄人物传记塑造的主人公都是高大、完美的英雄形象,通过规范化的写作树立时代和青年的榜样。青年作为被教育的对象,青年读物的传播也往往采取号召、灌输、指导的方式。作品中的英雄形象成为青年读者的崇拜对象,在阅读、影响、模仿的动态过程中,英雄形象激发了读者的政治热情,对主流意识形态表现出宗教式的认同与仰望。政治动员是共产党在战争年代发动群众的主要方式,毛泽东在《论持久战》中就谈到:"要联系战争发展情况,联系士兵和老百姓的生活,把战争的政治动员,变成经常的运动。"②在团中央的支持下,中青社在图书推广的过程中,采取了多样化、灵活性的政治动员方式,通过点燃政治热忱来引导青年的阅读风尚。青年读者是读者群体中最为活跃的群体,当一种媒体形式或出版物逐渐失去青年读者的关注,就意味着其传播形式和信息内容正在丧失内在的活力。一种出版物的阅读群体的迅速增长,其核心推动力往往来自青年群体。正因如此,不管是"十七年"的文学宣传,还是二十世纪九十年代以来的文学炒作,都把青年受众作为主要的争取目标。

值得反思的是,中青社在进入新时期以后,其文学出版的地位逐渐衰退,"十七年"的轰动效应难以为继。应该说,随着第四次文代会对"文学为政治服务"论调的摆脱,那种忽略文学性的出版模式和偏重说教的叙述方式,在变化的时代环境中已经很难再激发一呼百应的共鸣。

---

① 郭沫若:《文艺与宣传》,生活书店1938年版,第2—3页。
② 毛泽东:《论持久战》,《毛泽东选集》第2卷,人民出版社1991年版,第481页。

第四章　稿酬制度与"十七年"文学生产

　　稿酬与版权制度研究是一个非常有学术价值和现实意义的研究领域，但这一领域的学术进展却较为缓慢。就现有成果而言，一个较为突出的问题是原始史料的匮乏。研究者依据的往往是与稿酬和版权有关的政策法规，至于具体的案例，搜集的绝大多数为二手资料，基于此，其结论的可信度也就会大打折扣。笔者在最近十余年通过各种途径，购买并收藏了1949年以后近千种稿费单、书稿定额稿酬质量单、出版合同等原始单据，这是研究新中国建立后稿酬与版权制度变迁的珍贵史料。本文以版权法规、出版史料和文学史料为主要依据，也参考了笔者收藏的一小部分较有代表性的原始稿费史料，考察稿酬制度变迁对"十七年"文学生产的多重影响。

第一节　稿酬政策的演变

　　新中国建立以后，最早与稿酬制度有关的文件是1950年9月第一届全国出版会议通过的《关于改进和发展出版工作的决议》，其中的第十二条规定："稿酬应在兼顾著作家、读者及出版社三方面利益的原则下与著作家协商决定；为尊重著作家的权益，原则上应不采取卖绝著作权的办法。计算稿酬的标准，原则上应根据著作物的性质、质量、字数及印数。"①根据这一条

---

　　① 《出版总署关于发布第一届全国出版工作会议五项决议的通知（1950年10月28日）》，中国出版科学研究所、中央档案馆编：《中华人民共和国出版史料》第二卷，中国书籍出版社1996年版，第649页。

文,新华书店总管理处于 1950 年 11 月制定并颁布了《新华书店总管理处书稿报酬暂行办法草案》。这是新中国第一部全国性的稿酬管理办法草案,适用于由新华书店总管理处或各地新华书店出版的图书。书稿报酬办法分为两种,一是定期报酬,具体规定为:"定期报酬之期为两年,两年内不论印数若干,付稿费一次,两年期满续印时再付稿费一次(以下类推)。如期满不再续印,期满前一个月内重版者,其印数按当时办法补付报酬。"另一种方案是定量报酬,具体规定为:"定量报酬为按印行数量付稿费,依书稿个别的印数条件,分下列四项致酬:A 项　印销数量较少的专门性书稿,每印行 1 万至 2 万册,致酬一次。B 项　文艺创作书稿,每印行 3 万至 5 万册,致酬一次。C 项　通俗的、普及的和工农兵读物,每印行 10 万至 15 万册,致酬一次。D 项　不属于上述三项的一般书稿,每印行 4 万至 8 万册,致酬一次。"草案还规定在续订出版合同时,"稿酬应酌为递减"。鉴于当时的经济情况,实付稿费"以人民银行折实储蓄单位为支付单位",即按照人民银行的牌价折算而成的实物单位,"书稿基本报酬定为每千字 8 个单位",诗歌以每 20 行作为一千字计算,特殊情况可以酌量增加至每千字 16 个折储单位。①

　　新中国的稿酬制度借鉴了苏联的模式和经验。1949 至 1951 年间,出版总署曾邀请苏联国际图书公司总经理德奥米多夫和副总经理塞米金介绍苏联的稿酬规定。在 1949 年 10 月全国新华书店出版工作会议期间,德奥米多夫专门就苏联出版事业的相关问题进行讲演和问题解答。关于稿酬制度,他介绍:"苏联稿费的计算,是以每四万个字母(连标点、符号、数字在内)算一个单位,一个单位从一千五百卢布到三千卢布。其中的灵活性要看他出版的内容怎么样,字数的多少。一本书可以拿到五万、十万、二十万稿费。版税的问题:苏联没有版税的办法。除初版给予作家稿费外,再版时仍须支付稿费,但每版可以逐渐减低,到第几版起可以不支稿费,我记不清了。"②1950 年 4 月 13 日,由出版总署胡愈之署长主持,邀请来华商谈莫斯科中文版书籍发行问题的塞米金介绍苏联出版工作情况和经验,出版总署和新华书店总管理处 120 多人参加。通过德奥米多夫和塞米金的介绍,在了解了

---

①　《新华书店总管理处书稿报酬暂行办法草案(1950 年)》,中国出版科学研究所、中央档案馆编:《中华人民共和国出版史料》第二卷,中国书籍出版社 1996 年版,第 846—848 页。

②　《德奥米多夫先生对有关苏联出版事业问题的解答》,《全国新华书店出版工作会议专辑》,新华书店总管理处编印,1950 年版,第 374 页。

苏联《著作权法》和《关于著作稿酬之决定》《关于文艺著作物稿酬之决定》的基础上，以全国出版会议的《五项决议案》为指导性文件，新华书店总管理处秘书室制订了新中国国营出版企业第一个稿酬办法，具体的负责人为华应申，他亲自完成了《新华书店总管理处书稿报酬暂行办法草案》的定稿工作。①华应申曾经以续之的笔名撰写《介绍苏联的稿酬办法》一文，简明扼要地介绍了苏联的稿酬制度，并对其基本特点进行了概括："稿酬一般按字数及额定印数计算"；"稿酬弹性较大"；"稿酬按版数递减"；"按著作物的不同性质与读者群众规定每版额定印数"；"翻译稿酬低于著作稿酬"。②中华人民共和国成立初期的稿酬办法差不多照搬了苏联稿酬制度的基本做法。苏联的马尔库斯写的《书籍出版事业的组织和经营》一书被引进中国后，在出版界产生了较大反响，书中概括了苏联稿酬制度的基本特征："在苏维埃时代，资产阶级文化市场小贩式的关系已经肃清了。出版社与著作人间的相互关系已由法令作出严格的规定，并且确定了对著作人著作品支付稿酬的范围。苏联法律在某些方面把稿酬与工资同样看待。例如按照'著作权法'总则第三条规定，著作人所得报酬的纳税办法与工资的纳税办法相同。根据现行的全苏著作权法，稿酬的数额与出版物的印数有连带的关系。"③

1951 年 1 月 17 日，出版总署发文《关于新华书店总管理处改组及成立人民出版社等三企业单位的通报》，将新华书店一分为三，分别成立人民出版社、新华印刷厂总管理处和新华书店总店。人民出版社成立后，继续执行《新华书店总管理处书稿报酬暂行办法草案》，但将文件名称改为《人民出版社书稿报酬暂行办法》，并将办法推广到全国，各省市和大区的人民出版社都采取这一方案。对稿酬方案进行多次修订后，人民出版社取消了定期稿酬，保留了定额稿酬，从第三个印数定额开始实行递减制度，废弃了"折实储蓄单位"，改以人民币支付。在实际的执行情况中，还是有不少报刊社以实物计算稿酬。从维熙谈到他发表在 1952 年《光明日报》的处女作时，说到"当时，计算稿酬的办法，还是以小米为折实单位，这篇以'碧征'为笔名发表

---

① 王仿子：《忆新华书店总管理处》，新华书店总店史编辑委员会编：《新华书店总店史 1951—1992》，人民出版社 1996 年版，第 209 页。

② 续之：《介绍苏联的稿酬办法》，人民出版社内部刊物《出版周报》1951 年 4 月 23 日第15 期。

③ ［苏联］维·阿·马尔库斯：《书籍出版事业的组织和经营》，张造勋等译，北京时代出版社1957 年版，第 160 页。

的处女作,得了相当于九十斤小米价格的稿费"①。1955 年 1 月修订实行的《人民出版社稿酬办法》规定,著作稿稿费一般为每千字 7 万元至 15 万元(旧币),翻译稿每千字 5 万元至 12 万元(旧币)。在人民文学出版社 1955年开始实施的《人民文学出版社稿酬暂行办法(第一次修订)》②中规定:

> 本办法以定质定量为计酬原则,按书稿的性质及销行数量确定印数定额,著作物按作品的质量,翻译作品以译文质量高低及原文难易相结合的原则确定稿费等级。关于书稿类别、额定印数及稿费等级之标准如下:

类　别		额定印数（千册）					每千字稿费（元）			
著作	1. 创作	10	20	30		50	18	15	12	10
	2. 理论、研究、批评、文学史著作	5	10	20						
	3. "五四"代表作	5	10	20						
翻译	1. 当代作品	10	20	30	50	100	13	11	9	7
	2. 近代名著	5	10	20	30					
	3. 理论、研究、批评	5	10	20	30					
	4. 古典著作	5	10	20						

上面表格列出的是第一个额定印数的稿费标准,印数每超出一个额定印数时,就支付一次稿费。当著作印数超过 6 个定额时,稿费执行递减制度。按照当时的稿费标准,作家可以借助稿费收入保障乃至改善自己的生活条件。

文化部 1955 年制订了《关于文学和科学书籍稿酬暂行规定》,对文学书籍的稿酬作出了明确而细致的规定:文艺性散文(小说、通讯等)印数定额15 千册时每千字 10—30 元,大量印行的文艺性散文(小说、通讯等)印数定额 45 千册时每千字 10—30 元,诗(每 20 行)、剧本、儿童读物印数定额 10千册时每千字 12—35 元,大量印行的儿童读物印数定额 30 千册时每千字12—35 元,社会科学和文艺理论著作印数定额 15 千册时每千字 10—30 元,

---

① 从维熙:《文学的梦——答彦火》,《北国草》,作家出版社 2009 年版,第 433 页。
② 《人民文学出版社稿酬暂行办法(第一次修订)》,周林、李明山主编:《中国版权史研究文献》,中国方正出版社 1999 年版,第 277—280 页。

大量印行的社会科学和文艺理论著作印数定额 45 千册时每千字 10 至 30 元。①1955 年的《关于文学和科学书籍稿酬暂行规定》没有颁布实施，直到 1958 年 7 月 14 日，文化部颁发《关于文学和社会科学书籍稿酬的暂行规定（草案）》，先在北京、上海两地有关出版社试行。在这一方案中规定："中央一级出版社所出版的文学和社会科学书籍，第一次出版时按照字数付给著译者基本稿酬，并且按照印数付给著译者印数稿酬，重印时不付基本稿酬，只付印数稿酬。"②著作的基本稿酬标准按照稿件质量分为 6 级，即每千字 4 元、6 元、8 元、10 元、12 元、15 元，同时取消了"定额计酬"的办法，这使得全国的稿酬开始有了一个统一标准。和《人民文学出版社稿酬暂行办法（第一次修订）》相比，不难发现稿费标准有较为明显的下降。

随着形势的发展，稿酬逐渐被视为资本主义的产物。1958 年 9 月 27 日，姚文元在《文汇报》发表《论稿费》一文，认为"稿费制度本来是资产阶级法权制度的一种残余"，他"站在破除资产阶级法权，消灭脑力与体力劳动差别，加快进入共产主义步伐的理论原则的高度"，认为稿酬制度有"极端不合理性"，并抨击傅雷是"索要稿费的一员猛将"。在 1958 年 9 月 27 日召开的中国文联主席团扩大会议上，张天翼、周立波、艾芜等作家提出了降低作家稿费标准的建议，他们呼吁："我们有共产主义思想的作家，是不会为稿费而写作的。"③还有作家认为："高额稿费成了资产阶级名利思想的温床"，"希望待条件成熟后，完全取消稿酬"。④上海的文学刊物《文艺月报》《收获》《萌芽》立即做出回应，从 9 月份开始将稿酬标准减去 50％，并且缩小稿酬的等级差别。中国作协上海分会专门发布了告示："我们感觉到我们过去所执行的有关稿酬的办法是有问题的。其中最主要的缺点是稿酬标准偏高，同时，等级差距太大。我们认为：这样的办法不仅不能起正常的促进创作的作用，反之，只能促使文学工作者的生活趋向特殊化，远离了当前广大劳动人民的生活水平，因而加深了文学工作者和劳动人民之间的距离；同时，稿酬等级差距太大，也在一定程度上反映了资产阶级'法权'观念的影响。"文中还提

---

①　《关于文学和科学书籍稿酬的暂行规定（草案）》，中国出版科学研究所、中央档案馆编：《中华人民共和国出版史料》第七卷，中国书籍出版社 2001 年版，第 330 页。

②　《关于文学和社会科学书籍稿酬的暂行规定（草案）》，周林、李明山主编：《中国版权史研究文献》，中国方正出版社 1999 年版，第 310—312 页。

③　张天翼、周立波、艾芜：《我们建议减低稿费报酬》，《人民日报》1958 年 9 月 29 日。

④　田汉、夏衍等：《我们热烈拥护降低稿酬》，《剧本》1958 年第 11 期。

到近期有工人作者反映一篇万字左右作品的稿酬往往超过了一般工人一个月的薪金，"客观上助长了少数思想不坚定的青年作者追求稿费、不安于劳动生产的资产阶级名利思想"。"工人同志们的这些反映是严肃的、正确的，也是及时的。他们帮助了我们认识：在处理稿酬的问题上也存在着资本主义和社会主义两条道路的斗争。因此，我们要坚决纠正稿酬问题中的资本主义倾向。我们决定从九月份起改变过去的稿酬办法，第一步即按过去的稿酬标准压低一半发付稿费，同时减少稿费的等级差距。"文中还认为减低稿费的措施"对今后降低书刊定价也有一定的作用"。①

1958 年 10 月 5 日的《人民日报》发表评论员文章，文章认为："现在降低稿费标准，将有助于缩短作家和劳动人民在生活上的距离，深入生活，深入群众，同劳动人民打成一片，在劳动锻炼和实际斗争中改造自己。作家克服个人主义的名利观念，提高共产主义觉悟，一定会写出更多更好的作品，对人民作出更大贡献。"文中还专门批评了以下现象："不是有'一本书主义'者出现么！有的人得了'稿费迷'，不安心本岗位工作。不是有'为存款三万元而奋斗'的人么！甚至有的人道德败坏，离开了劳动人民的队伍。不是有孔厥其人么！"②关于孔厥的问题，王若望文中的观点耐人寻思："他出了一部那么厚的小说，稿费多，是钞票害了他，再加上他又有名，这就给他造成了诱惑女子的有利条件，名、利真是坏东西呀！"③

1958 年 10 月 8 日的《人民日报》发表时任文化部副部长钱俊瑞的《先走第一步——稿酬》，认为"目前的稿酬制度必须来个根本性质的改革"。1958年 10 月 10 日，文化部发布《关于北京各报刊、出版社降低稿酬标准的通报》，其中有这样的指导性意见："报纸、杂志的稿酬应按现行标准降低一半。因目前各报刊稿酬标准高低悬殊很大，没有统一的办法，为了今后大体取得一致起见，现在标准过高的应多降，较低的可少降，适当的可不降。今后报刊的稿酬标准应以每千字三至十元为宜。"④1959 年 10 月 19 日，文化部发出《关于在北京、上海两地有关出版社继续试行关于文学和社会科学书籍稿

---

① 《中国作家协会上海分会为〈收获〉〈文艺月报〉〈萌芽〉〈跃进文学研究丛刊〉降低稿费标准告读者、作者书》，《收获》1958 年第 6 期。
② 《人民日报》评论员：《怎样看待稿费》，《人民日报》1958 年 10 月 5 日。
③ 王若望：《腐烂了的灵魂》，《胡风黑帮的灭亡及其他》，新文艺出版社 1955 年版，第 212 页。
④ 《文化部关于北京各报刊、出版社降低稿酬标准的通报》，中国出版科学研究所、中央档案馆编：《中华人民共和国出版史料》第九卷，中国书籍出版社 2004 年版，第 547 页。

酬的暂行规定的通知》，鉴于 1958 年 10 月降低一半稿酬的办法过于激进，通知认为"降低稿酬过多，对于繁荣创作和提高质量都有某种程度的不利影响"，因此改变降低一半稿酬的办法，继续试行 1958 年 7 月 14 日颁发的《关于文学和社会科学书籍稿酬的暂行规定》，略有调整之处为印数超过 10 万册的书在印满 10 万册后将印数稿酬略予降低。1960 年 9 月 24 日，文化部党组和中国作家协会党组联合就废除版税制、彻底改革稿酬制度提交请示报告，获得批准，其核心意见为："废除按印数付酬的版税制度。出版社出版书籍，不论是没有在报刊上发表过的原稿或者是由作者将其在报刊发表过的作品加以修订编成的集子，一律按作品的字数和质量付一次稿费，以后重印，不再付酬。至于出版社选编已经发表过的许多人的文章合集，一律不付稿费，但应征得作家同意。旧书重印时，一般不再支付稿酬，但如作家有所修订或补充，则应付给相应的稿费。废除印数稿酬后，稿费数目和幅度一般维持原稿酬办法所规定的标准。报刊发表作品，由报社或杂志社付一次稿费；相互转载，不再付酬。"[①]进入二十世纪六十年代以后，稿酬制度几经反复。1961 年 8 月 28 日，文化部发出《关于正确执行稿酬制度，恰当掌握稿酬标准的通知》，认为在取消印数稿酬之后，"近来有一些出版社，在处理稿酬时又有偏低支付的倾向，以致作者所得稿酬过低，这是不正常的"[②]。1962 年 4 月 25 日，文化部提交了《文化部党组建议恢复文化部 1959 年颁发施行的稿酬办法的请示报告》。1964 年 5 月 22 日，文化部发出《关于恢复 1959 年颁发施行的稿酬暂行规定的通知》。耐人寻味的是，仅仅两个月后，文化部于 1964 年 7 月 23 日提交了《文化部党组关于改革稿酬制度的请示报告》，报告中主张进一步降低稿酬标准，尤其是降低那些印数特大而字数又多的作品的稿酬，文中还对本部门"缺乏调查研究，政治上麻痹，以致没有及时发现问题"提出自我批评[③]。1964 年 12 月 21 日，文化部发出《关于改革稿酬制度的通知》，要求"废除印数稿酬，只按字数一次

---

　　① 《文化部党组、中国作家协会党组关于废除版税制、彻底改革稿酬制度的请示报告》，中国出版科学研究所、中央档案馆编：《中华人民共和国出版史料》第十卷，中国书籍出版社 2005 年版，第 359—360 页。

　　② 《文化部关于正确执行稿酬制度，恰当掌握稿酬标准的通知》，中国出版科学研究所、中央档案馆编：《中华人民共和国出版史料》第十一卷，中国书籍出版社 2007 年版，第 235 页。

　　③ 《文化部党组关于改革稿酬制度的请示报告》，周林、李明山主编：《中国版权史研究文献》，中国方正出版社 1999 年版，第 326—328 页。

付酬，再版不再付酬。废除印数稿酬后，稿酬数目和幅度一般可维持原来稿酬办法所规定的基本稿酬的标准。（中央一级出版社出版的著作每千字四元至十五元，翻译稿每千字三元至十元。）"[①]1965 年 12 月 7 日，文化部提交《文化部党委关于进一步降低报刊图书稿酬的请示报告》，建议"全国报社、杂志社、出版社采取统一的稿酬标准。著作稿每千字最低 2 元，最高 8 元（现在是 4—15 元）；翻译稿每千字最低 1 元，最高 5 元（现在是 3元至 10 元）"；"同一稿件，原则上只付给一次稿酬"；"对工人、农民、战士和学生的稿件，稿酬一般按最低标准发给。有的也可以不发稿费，只赠给报刊图书和文具。长篇稿件稿酬，还可以低于最低标准"[②]。1966 年 1 月3 日，这份报告被批转，并正式实施。

第二节　稿酬的合法性问题

　　二十世纪五十年代中期，中国作家协会从制度层面推进作家的职业化，以改变非职业化的弊端。1954 年 12 月 15 日，中国作家协会颁布了《中国作家协会举办创作贷款及津贴暂行办法》，其目的是"为繁荣创作，促进会员作家逐步职业化，帮助会员作家解决创作期间的无助困难及给予非会员作家特别是青年作家以进行创作的物质补助"[③]。与职业化同步开展的运动是倡导作家自给，也就是要求作家靠稿费养活自己。丁玲在《致中共中央组织部》的材料中提到："一九五八年七月到汤原农场。鉴于当时的处境和我向来对体验生活的理解，我请求参加力所能及的劳动。工资问题我没有提。因为从全国改薪以后不久，我响应作协党组（当时是邵荃麟主事）作家自给的号召，就没有领过工资。那时在京我还有银行存款约两万元（稿费和陈明

　　① 《关于改革稿酬制度的通知》，中国出版科学研究所、中央档案馆编：《中华人民共和国出版史料》第十三卷，中国书籍出版社 2007 年版，第 247 页。
　　② 《文化部党委关于进一步降低报刊图书稿酬的请示报告》，中国出版科学研究所、中央档案馆编：《中华人民共和国出版史料》第十三卷，中国书籍出版社 2007 年版，第 367 页。
　　③ 《中国作家协会举办创作贷款及津贴暂行办法》，《文艺报》1954 年第 23—24 期。

工资节余)。农场分配我到鸡队孵化室，后来又筹办和饲养良种鸡。"①作家王汶石的妻妹高曼回忆："我和妹妹阿南，上世纪五十年代初，随祖母来西安上学，那时姐夫和姐姐都是供给制。我们三人的生活费是由外甥小汾的奶费和保育费支付，共计四十二元。那时大灶每月每人十二元伙食费，我们共交三十六元，就把吃饭的大问题解决了。这样一直到1956年元月，姐夫和姐姐才由供给制改为工资制，本来家里生活会宽裕一些，可是这一年，姐夫卸任行政工作后，要搞写作，就当了专业作家，要执行自给规定(不领工资)，而姐姐只有百余元工资。姐夫也不愿到其他单位去兼任一份工作，为弥补生活费用的不足，便按规定，每月再贷款一百三十元，直到1958年《风雪之夜》小说集出版，才还清了三年的贷款。至1960年春全国一次什么会后才取消了作家自给的规定，姐夫才按他的级别领取了工资。"②在新政权建立之后，工资制度延续了延安时期的供给制，这使得进行业余创作的作家有基本的生活保障。王中青回忆："1946年末或1947年初，我和赵树理又见面了。当时有位美国记者贝尔登要采访赵树理……他来找我，是让我陪他去见贝尔登。见了贝尔登，李棣华同志当翻译。贝尔登问赵树理：'你出书收了多少版税？'赵说：'我不收版税。'贝问：'收了多少稿费？'赵说：'没有收版税，也没有收稿费，我们是供给制，我是写小说来为人民服务。'贝说：'他们剥削了你，在我们美国，你早已成为百万富翁了。'赵说：'我们各行各业之间分工不同，这中间没有剥削与被剥削的问题。'③赵树理的女儿回忆："父亲一生没有什么积蓄。母亲也是穷苦人家出身，在农村过惯苦日子，进城后，家里的支出都是精打细算的，按说每月都该有较多的剩余，可是父亲从来不让母亲存钱，除了维持一般中等人家的生活水平外，父亲把剩余的工资和稿费不是交了党费，就是支援了家乡的社队，接济了经济困难的同志。"④赵树理向来不重私利，这体现出其独特的人格魅力。但是，在推进作家职业化的大背景下,必须靠稿费养活自己的作家就同时面临着经济压力和创作压力。

在"百花时代"相对宽松的舆论氛围中,有一些作家对稿酬制度的不合理现象提出异议,并展开讨论。陈白尘认为:"包括全国最知名的作家在内,你写的书如果不是'重点',则你每年非写一部十万字的长篇不能生活,写剧本则每年写一个多幕剧也还不能生活(你知道这样的写作量还是个假定,事实上不可能)! 如果他的书再依现在的发行制度,长期不能重版,您说,一个自给的作家如何生活下去? 因此目前社会上有种舆论说作家有钱,真是冤枉。据我所知,有钱的作家在全国范围内也不过三五户,而全国作家都披上有钱之名,你说这公平么? 可是某些出版机构就根据这种'作家有钱说'要求降低稿酬标准,这不是笑谈么? 三五户作家在不尽妥善的出版、发行制度下被'培养'成有钱户,回过头来要全国作家赔偿'损失',这可不是'损不足以奉有余'么?"①在"反右"之前的文学场域中,发行量对于稿酬数额确实有较为明显的影响。翻译了上千万字的朱曾汶曾撰文《苦译六十年,稿费知多少》,关于"十七年"期间的稿费,他介绍:"我 1958 年为作家出版社译《黑帮》,1962 年为人民教育出版社译《苏联教育学》,1964 年为人民文学出版社译《斯堪的纳维亚短篇小说集》,都是千字 7 元,倒是像群众出版社这种地方出版社,因为出惊险小说,印数庞大,稿费高达千字 9 元,而且一次可拿几个印数定额,像我 1956 年译的《海底英雄》,薄薄数十页,一次拿了一千多元,在当时可谓是一笔巨款了。"②金曹错在《文艺报》上刊发专文,反对废除版税制,主张"恢复'版税'制度,但不按实售册数结付稿费而按实印册数结付稿费"③。从 1957 年以后,随着稿费的合法性被质疑,稿费标准总体上呈现出逐渐下降的趋势,相伴的是靠稿费谋生的作家被批判,带来的后果是作家地位的边缘化,作家的自主性也受到严重的压制。那些有独立追求的作家因其经济的自主性而支撑起人格和思想的尊严,当作家无法靠写稿维持生计,像刘绍棠、傅雷因为高调宣称自己对于稿费的热情而被树立为政治上的反面典型,这严重挫伤了作家创作的积极性。在这样的文化氛围中,"十七

---

① 陈白尘:《稿酬·出版·发行——给〈文汇报〉记者的一封信》,《文汇报》1957 年 5 月 4 日。

② 柳鸣九等著、郭凤岭编:《译书记》,金城出版社 2011 年版,第 36 页。

③ 金曹错:《把废除了的版税制度改回来! ——谈文学书籍的稿费和稿费制度》,《文艺报》1957 年第 14 期。

年"的文学生产模式走向明显的政治化,个人创作走向式微,组织化的集体生产成为主导模式,文学生产逐渐变得单一化、模式化。尽管刊物和出版机构数量不少,但是被纳入到等级化的文学体制中,刊物和图书风格高度同质化。

反右时期对刘绍棠的批判,是"十七年"稿费制度发展进程中的一件大事。刘绍棠被确立为名利熏心、蜕化变质的反面典型。不妨先看看刘绍棠的一段回忆:

> 1956 年 3 月我加入中国作家协会,4 月被团中央批准专业创作。从此,不拿工资,全靠稿费收入养家糊口。
>
> 当时年仅 20 岁的我,竟有如此胆量,一方面是因为我不知天高地厚勇气大,一方面也由于 50 年代稿酬高,收入多。
>
> 1957 年"反右"前,小说稿酬每 1 000 字分别为 20 元、18 元、15 元、12 元,我的小说 1 000 字 18 元。然而,出书付酬,完全照搬苏联方式,3 万册一个定额,每增加一个定额便增加一倍稿费。发表之后出书,出书又印数多,稿酬收入也就相当可观。
>
> 我专业创作时,已出版了 4 本书,收入情况如下:
>
> 短篇小说集《青枝绿叶》,4 万多字,每 1 000 字 15 元稿酬,印了 6.3 万册,三个定额,每 1 000 字 45 元,收入 1 800 元左右。
>
> 短篇小说集《山楂村的歌声》,6 万多字,每 1 000 字 15 元稿酬,印了 4 万多册,两个定额,每 1 000 字 30 元,收入 2 000 元左右。
>
> 中篇小说《运河的桨声》,10.4 万字,每 1 000 字 18 元,印了 6.8 万册,三个定额,每 1 000 字 54 元,收入 5 000 多元。
>
> 中篇小说《夏天》,11 万字,每 1 000 字 18 元,印了 10 万册,四个定额,每 1 000 字 72 元,收入 8 000 元左右。
>
> 光是这 4 本书,我收入一万七八千元。稿费收入的 5% 交党费,但不纳税。
>
> 存入银行,年利率 11%,每年可收入利息 2 000 元左右,平均每月收入 160 元,相当于一个 12 级干部的工资。那时的物价便宜,一斤羊肉 4 角多,一斤猪肉 6 角。我买了一所房子,住房 5 间,厨房 1 间,厕所 1 间,堆房 1 间,并有 5 棵枣树和 5 棵槐树,只花了 2 000 元,加上私下

增价 500 元,也只花了 2 500 元。这个小院我已住了 33 年。①

刘绍棠对于稿费的热情,显然是被其不拿工资的专业创作身份所激发。《文艺报》社论这样批判刘绍棠:"他背离了劳动人民,资产阶级个人主义在内心里就迅速地膨胀。到他发表作品、出版作品较容易,积攒的版税日益多起来的时候,就发现写作是争取名利的捷径,就确定把文学写作当做进身之阶,求名逐利的敲门砖,要在文学界运用资产阶级手段为个人名利而斗争了。"②《文艺报》发表的关于"批判刘绍棠右派言行大会"的报道中有言:

> 刘绍棠对于金钱有着特殊的嗜好。他曾经向乡亲们夸耀《青枝绿叶》一文就得了 200 元。还没有写过多少作品,他却得出了这样一条经验:"如果出版社稿酬低,定额高,印数少的话,就用'抽回'去威胁,以'抽回'来讲价。"并且拿来传授给别人。他嫌活期存款利息低,不愿意把钱存在银行里,他声言"要为 3 万元而继续奋斗"。③

高歌今认为:"他在通俗读物出版社出版的《中秋节》里的六篇小说中,就有《竹青嫂》《绣花针》这两篇是从他的《运河的桨声》《夏天》等中篇小说的片断中抄下来的。这两个短篇已经在报刊上发表过,又在中篇小说中印成了书,为什么又要拿到短篇集中来多印刷出版一次呢?还不是贪图多出一次名多拿一笔稿费吗?他过去拿了那么多稿费,每月还只交一角钱党费,同志们批评他,他还强辩自己应按一般大学生党员标准交党费。他家里放了几百元零用钱,有人问他为什么不以活期存入银行,他说'银行活期存款的利息太低了'。他经常和一些青年作者在一起细心研究哪个出版社审稿宽,出书快,版税高,并教会别人向出版社争取高额稿费的所谓窍门。他虽然在银行里已积蓄了一万多元的定期存款还嚷着要'为存款三万元而奋斗'。这个铜

---

① 刘绍棠:《我是刘绍棠:刘绍棠自白》,团结出版社 1996 年版,第六章"往事不堪回首"第 41 节"我是个撑不着、饿不死的命",第 116—117 页。
② 《从刘绍棠的堕落中吸取教训》(社论),《文艺报》1957 年第 28 期。
③ 《一个青年作者的堕落——批判刘绍棠右派言行大会的报道》,《文艺报》1957 年第 28 期。

臭熏人的作家,还有一点共产党员的气味吗?"①

在批评刘绍棠的声音中,也有比较理性的思考。郭小川认为:"现在作家的生活水平,无论如何是高出工人、农民甚至一般的工作干部的,写一千字就可以得到一二十元的稿费。这样的稿费标准,现在看来是偏高的。但是,稿费总应当是有的,作家的生活水平怎样也会高一些的。这就是社会主义制度中的一种不平等,而且是不能改变也不应当改变的。但是,这种不平等也确实容易使作家自视特殊、脱离群众。现在,为了适当改善这种情况,有关部门正在制定新的稿费标准,降低一些,但这也只是降低,而不是根本取消这种不平等。"②郭小川的这段话说得吞吞吐吐,他的真实观点是主张稿费的合法性,认为这是体现知识分子和作家的尊严的重要方式,但是为了响应潮流,只能反话正说。当稿费问题与作家的政治觉悟挂钩后,作家脑力劳动的特殊性被弱化,被视为与简单的体力劳动相仿的劳动方式,甚至被视为必须接受思想改造的劳动方式。张春桥主张:"彻底破除资产阶级的法权思想,同群众建立起平等的相互关系,上下左右完全打成一片,大家共同生活,共同劳动,共同工作,一致为社会主义和共产主义奋斗。"③降低稿酬的行为,客观上弱化了体力劳动与脑力劳动的差别,不仅削弱了知识分子长期形成的内在的优越感,而且强化了他们作为小资产阶级的负罪感。老舍在《读报笔记一则》中说:"现在可好了:大家体会到了体力劳动的好处:既能耍笔杆儿,也能耍锄头铁锹,身体壮实起来,思想也真正得到改造。每个人都觉得自己是在社会主义建设里边,不再袖手旁观。干的既是社会主义的活儿,就会身心一致,手脑齐动。那么,写起来当然更有劲儿,真正能够作到消灭脑力劳动与体力劳动的差别,创造共产主义的新文学作品! 让咱们干吧,欢呼吧,一边干一边唱吧! 我们是共产主义大熔炉里炼出来的钢铁啊!"④

在左翼文学传统中,对为稿费而写作的现象多有批评。恩格斯曾经批评考茨基,他认为考茨基的这种学风,从客观上讲是受了资产阶级大学的恶

①　高歌今:《从神童作家到右派分子——记刘绍棠的堕落经过》,《中国青年报》1957 年 8 月 27 日。

②　郭小川:《沉重的教训——1957 年 10 月 11 日在批判刘绍棠大会上的讲话》,《文艺报》1957 年第 28 期。

③　张春桥:《破除资产阶级的法权思想》,《人民日报》1958 年 10 月 13 日。

④　老舍:《读报笔记一则》,《人民文学》1958 年第 11 期。

劣学风的影响;从主观上讲,"是他的文人生活方式,就是为稿费而写作,而且写得很多。因此,什么叫做真正科学的工作他一无所知"①。对于文艺作品的社会功用的强调,使得一些作家重视发挥稿费的政治用途。根据杨纤如回忆,"左联"时期"只有成名左翼作家和有社会职业的同志,才能缴出为数较大的党费。有的作家往往把一篇文章的稿费全部拿出来缴党费,甚至有人把一本书的大部分稿费缴了党费"②。新中国成立以后,作家将稿费捐作党费或社会事业发展经费的现象颇为常见。1951 年 6 月 1 日,中国抗美援朝总会号召开展全国人民捐献运动。6 月 4 日全国文联举行座谈会,欢迎中国人民赴朝慰问团文艺界代表,会议决定在最短期限内捐献"鲁迅号"飞机一架。6 月 5 日北京市文联专门就捐献问题举行座谈,老舍带头捐献了《龙须沟》《方珍珠》的上演税 800 万元(旧币),赵树理捐献稿费 500 万元,李伯钊捐献 200 万元,凤子捐献 500 万稿费和两枚金戒指,并声明以后捐献每月工资的一成,茅盾、丁玲、孔厥、袁静、刘白羽、沙可夫、艾青都捐献了自己多年积蓄的稿费。③作家们在取得稿费时也颇为慎重。周艾文回忆:"他将当年在《文艺报》上连载的引起国内外重视的《夜读偶记》交百花出版社出版。出书以后,出版社根据国家规定的稿酬标准寄去稿酬。不料上千元的稿酬,原封不动地退回,并附了一信。"在这封信中,茅盾说自己历来只取一份稿费。④在 1958 年降低稿费的运动之后,作家将稿费捐作党费的现象变得越来越普遍。在政治身份高于一切的环境里,失去政治身份不仅会使生存变得困难,而且会失去基本的自由。因此,稿费多不仅不是好事,还可能给自己带来厄运。孙犁在《谈稿费》一文中认为:"我可以断定:在十年动乱时,有些作家和他们的家属,遭遇那样悲惨,是和他们得到的稿费多,有直接关系。"⑤

　　"文革"前夕和"文革"前期,文艺界批判"三名三高",即名作家、名演员、名导演,高工资、高稿酬、高奖金。著名演员筱文艳在"文革"期间专门撰文

---

　　① ［德］恩格斯:《致奥古斯特·倍倍尔》,《马克思恩格斯全集》第 36 卷,中共中央马克思、恩格斯、列宁、斯大林著作编译局译,人民出版社 1974 年版,第 343 页。

　　② 杨纤如:《左翼作家在上海艺大》,《新文学史料》1980 年第 1 期。

　　③ 张健:《中国当代文学编年史》第一卷,山东文艺出版社 2012 年版,第 280 页。

　　④ 周艾文:《茅盾同志二三事》,《天津日报》1981 年 4 月 8 日。

　　⑤ 孙犁:《远道集》,百花文艺出版社 1984 年版,第 172 页。

《乐与工农相结合　甘为人民大众牛》，批判"文艺黑线"人物："他们拼命推行'三名三高'政策，把人当作商品一样分成等级，'三名'就是高档商品，价格大，就得拿高工资，享受特殊待遇。在这种资产阶级法权思想的腐蚀下，我'名气'越大，离开毛主席的革命路线越远；工资越高，同工农兵的距离越大。"①

第三节　稿酬变迁与文学环境

非常值得注意的是，"十七年"稿酬制度的变迁与文学环境的变化形成了一种密切的互动关系。中华人民共和国成立初期参照苏联模式建立的稿酬制度，较为丰厚的稿酬标准使得有才华的作家可以凭借自己的创造性劳动，在物质上获得切实的保障。1958年的"降低稿酬"运动，成为一个转折点。尽管从1961年到1962年，文化部针对稿酬过低的现象，在稿酬制度上有所调整，但总体而言，稿酬标准呈现出下降的趋势，从"废除印数稿酬"到明文规定"有的也可以不发稿费"，这种制度变更表现出贬抑知识价值的倾向。耐人寻思的是，在"百花时代"出现恢复版税制的声音，绝非偶然。在相对宽松的话语空间中，作家和知识分子终于可以公开表达自己的价值诉求。而二十世纪六十年代初的"调整时期"，文学在短暂的小阳春中逐渐复苏，稿酬标准的逆势上扬，使得作家在得到较为合理的物质回报的同时，也收获了一种精神的激励。由此可见，合理的稿酬标准体现出对知识的尊重，体现出对著作权人的人格和权利的尊重。过度的商业化确实会损害文学的纯洁性，会助长唯利是图的文风。可是，将正当的物质回报视为"资产阶级法权"，不仅无视脑力劳动的复杂程度和不可替代性，而且陷入了反智主义的怪圈。

稿酬制度对于"十七年"文学产生了极大的影响，它抑制了文学的丰富性和多元性，使得文学创作表现出一种平均主义的倾向，在审美特质上并无

① 　上海人民出版社编：《坚持走与工农相结合的道路》，上海人民出版社1975年版，第146页。

根本性差别,文学生产在某种意义上只是一种量化的复制,大跃进民歌就是一种典型体现。"十七年"与稿酬有关的政策性文件绝大多数为各种"规定",将法律和方针具体化、细则化,对稿费工作作出局部的、明确的规定,稿费标准的变化体现出管理部门以强制性、约束性方式,对于作家、创作进行规范和调节。当稿费标准上涨时,文学环境相对宽松,作家的政治地位较高,创作的自由空间较大;当稿费标准下降时,文学环境较为严峻,作家的政治地位下降,创作的自由度也较小。总体而言,"十七年"的稿酬制度表现出较为明显的政治化倾向,它以经济的形式,进一步强化了政治的权威,使得文学创作与政治的关系变得更加密切。因为影响稿酬标准的根本性力量,一直是政治杠杆,而作品的艺术水平、文体形态、发行量只不过是附加因素。总体而言,"十七年"稿酬制度对于文学生产的影响表现在以下三个方面。

首先,以工农兵的业余写作为导向。《人民日报》的评论员主张:"现在的作家和投稿者,绝大部分是在业余从事写作的。而将来的作家和投稿者,将更多的一直到完全是在从事业余写作的。许多人既是工人,又是作家;既是农民,又是诗人;消除了体力劳动和脑力劳动的界限。我们现在已经可以看到这样的作家和诗人。也只有这些人,他们参加生产斗争,参加实际生活,才能更好地反映现实生活,创造出完美的具有高度的思想水平和艺术水平的作品来。到共产主义社会里,我们的作家将都是业余作家。"①在1958年的大跃进民歌运动中,业余写作被广为推崇,写作成为一个没有专业门槛的群众活动,左翼文艺运动倡导的"大众化"写作逐渐演变成大众写作。从1964年到"文革"前夕,文学报刊上占据主导地位的是业余作者的作品,专业作家的面孔已经难得一见。

其次,职业作家的消失。稿酬标准的持续下降,首当其冲的是完全以稿酬为生的著译者。现代稿酬制度的建立,为自由撰稿人提供了生存空间,也推动他们在经济自足的前提下寻找独立的精神领地。1949年以后,傅雷一直是自由职业者,他在1965年10月26日写给石西民的信中有言:"即使撇开选题问题不谈,贱躯未老先衰,脑力迟钝,日甚一日,不仅工作质量日感不满,进度亦只及十年前三分之一。再加印数稿酬废止,收入骤减(即印数稿酬未取消时,以雷工作迟缓,每年亦不能收支相抵),种种条件,以后生活亦

---

① 《人民日报》评论员:《怎样看待稿费》,《人民日报》1958年10月5日。

甚难维持。"①中国作家协会在二十世纪五十年代中期推动作家职业化的举措，只不过是昙花一现的插曲。在批判刘绍棠的声浪中，职业化就饱受诟病："更加不利于青年文学工作者的成长的是有些地方过早地让他们职业化。在他们更需要经受劳动锻炼、继续进行思想改造、积累生产知识和斗争知识的时候，就使他们脱离了和劳动人民的直接联系，成为两脚虚空，上不着天，下不着地的空头文学家，这不但违背了文学工作者的生长规律，也违背了教育青年一代的基本方法。"②当时的主流观点认为，"作家自给"的倡导助长了私人法权，使得作家个体游离于体制之外，疏离了政治。时过境迁，穿越了"十七年"和"文革"的孙犁有这样的感慨："写一两篇成名之作，国家就包下来，养其终身，虽下愚亦必知其不可，不只无益于国家，更无益于个人及文艺。也绝对形不成百花齐放的景观。至于说，养起来，则易于为政治服务，有利于安定团结。事实证明，并非如此。"③

　　最后，对创作的积极性和自主性的抑制。在管控趋紧的创作环境中，专业作家在创作时心存顾忌，轻易不敢出手。而稿费标准的调整，进一步损伤了作家的创作冲动。李劼人在 1961 年 4 月 26 日写给儿子远岑的信中有言："今年出版物较紧，纸张不足，只是一因，而稿子奇缺，却是大原因之一。作家出版社三次专人来西南组稿，已将此情况告诉了我。故他们希望《大波》第三部稿子，能在今年第三季度尾交去，以便今年可以出版。据说，今年可以出版的长篇小说，几乎不到十部。我想，恐与'共产风'也有一些关系罢。我虽然不专为稿费而写作，但稿费降低百分之五十，到底使人有点'不予重视'之感，因而也受了一点影响。"④耐人寻思的是，中华人民共和国成立初期一些作家和诗人，譬如穆旦、丰子恺等都转向翻译，而且像汝龙、毕修勺等翻译家仍然继续其自由职业生涯。由于曾经有失节落水的经历，周作人在 1952 年 8 月接受了人民文学出版社的组稿，开始翻译希腊与日本古典文学作品，他的余生就靠此稿酬为生。萧乾的《改正之后》有这样的话："搞翻译，特别是译古典作品，什么罪名都有洋人古人担当。写东西，要是出了

①　傅敏：《傅雷书信选》，生活·读书·新知三联书店 2014 年版，第 395—396 页。
②　《从刘绍棠的堕落中吸取教训》（社论），《文艺报》1957 年第 28 期。
③　孙犁：《我与文艺团体》，《孙犁全集》第九卷，人民文学出版社 2004 年版，第 362 页。
④　王嘉陵：《李劼人晚年书信集》，四川大学出版社 2009 年版，第 248 页。

岔子,可就得自家兜着了。"①

　　稿酬与作家的经济生活密切相关。儒家一直强调安贫乐道,在穷困潦倒中写出传世名著的曹雪芹也一直被奉为楷模。但是,正如鲁迅所言:"钱,——高雅的说罢,就是经济,是最要紧的了。自由固不是钱所能买到的,但能够为钱而卖掉。人类有一个大缺点,就是常常要饥饿。为补救这缺点起见,为准备不做傀儡起见,在目下的社会里,经济权就见得最要紧了。"②从这个意义上来说,"十七年"文学的稿酬问题,也正是一个被上升到政治层面的经济权问题。

---

　　① 萧乾:《改正之后》,沈展云、梁以墀、李行远编:《中国知识分子悲欢录》,花城出版社 1993 年版,第 656 页。
　　② 鲁迅:《娜拉走后怎样》,《鲁迅全集》第一卷,人民文学出版社 1981 年版,第 161 页。此处着重号为引者加。

第四编

"文革"：旧制度的去势与新制度的登场

第一章　旧的文学制度从衰落到崩溃

文学制度发展演变至二十世纪六十年代中期,出现了一种极其奇特的现象。即,一方面,相对于中华人民共和国成立前的旧文学制度而言,"十七年"的文学制度在各个层面上业已发生了巨大的变革,制度之变与体制之新已经令很多作家深感"力不从心";而另一方面,相对于意识形态的要求而言,"十七年"文学制度则已经远远落后于时代,成为不得不革除的陈旧落后的体系。这种"新"与"旧"的巨大错位和反差,充分反映了文学制度史的时代复杂性及其独特规律。在这种强烈的"制度焦虑"的驱使下,不仅"十七年"文学制度成为"旧制度"从衰落到崩溃,"新制度"的建设也紧锣密鼓、大刀阔斧地开展起来。

实际上,将"十七年"文学制度视为旧的规范体系,并加以破除和清算,在"文革"前夕已然露出端倪。一般认为,1966 年《林彪同志委托江青同志召开的部队文艺工作座谈会纪要》(以下简称《纪要》)的出笼正式拉开了"文革"文学的序幕,笼统而言这是恰当的。然而是否可以此为时间节点将"十七年"文学与"文革"文学完全割裂开来,却是值得商榷的。对此,学界大致有两类看法:一类认为"文革"是在彻底批判"十七年"的基础上发动起来的,其纲领性文件《纪要》也对"十七年"文学做了全盘否定,因而两者之间呈现断裂状态;另一类则认为"文革"文学是"十七年"文学中某些因素发展的极端化。虽然上述两种观点有异,然而它们有一个共同的逻辑前提,即,将1949 年到 1976 年间的当代文学划分为不同的两个文学时期。不过在笔者看来,这种划分仅仅是相对的,正如韦勒克和沃伦所说,"文学分期应该纯粹按照文学的标准来制定",其依据是文学规范体系的变化,一个文学时期即一个具有某种统一性的时间上的横断面,"很明显这种统一性只能是相对性的","因此,前一时期规范系统的余脉和下一时期的规范系统的先兆及其连续性是仍然存在的"①。即是说,前一时期规范系统中的某些成分在下一时期中并不是完全消失,而是实现了转化和重组。由此观之,那种认为"十七年"文学与"文革"文学之间呈完全断裂状态的观点显然是过于极端了,但我们更应该考察的是"十七年"文学规范体系中的哪些成分被抛弃,哪些元素经过怎样的重组与转换参与进"文革"文学规范系统的建构,并由此更好地剖析"十七年"文学与"文革"文学之间内在的和外在的、客观的和主观的关联。而其中,对作家队伍的身份改造,对于旧的文学理论范式和文学批评范式的清算和更新,究竟如何成为制度史变革中最重要的复杂环节,更是不容忽视的历史课题。

第一节 "文革"前夕:清算"十七年"文学规范体系的开始

一、被抛弃的"文艺遗产"

同多数革命发起者一样,"文革"主导者在主观上表现出强烈的"断裂"欲望,试图以对过去决绝的告别来凸显自己空前的成就和意义。由于文艺是"文革"发动的切入口,因而否定已有文艺成果,为新文艺的出场"清理旧基地"便是重要的任务,而如何对待"文艺遗产"便是一项重要的清理工作。1960年,周扬在第三次文代会上的讲话中就怎样处理"文艺遗产"的问题做了阐释,他认为,对待本国文化遗产应该"推陈出新",对待外国文化遗产应该批判地继承,并且要以继承为主。应该说,无论是"文革"主导者还是周扬,他们都在文艺建设上表现出逐"新"的追求。其区别在于,周扬所言及的"新"不是彻底切断与"旧"的关联,因为在他看来社会主义新文艺不能凭空而起。而"十七年"间,除解放区文艺之外,苏联的社会主义资源、经过筛选的"五四"资源、中国古代传统遗产和外国文化遗产中的精华等②也确实作

---

① [美]勒内·韦勒克、奥斯汀·沃伦:《文学理论》,刘象愚等译,江苏教育出版社2005年版,第318—319页。

② 吴俊:《民歌的再造与传统的接续——关于当代中国文学资源的合法性问题刍议》,《扬子江评论》2014年第3期。

为合法性"遗产"参与进新中国文学的生产中。但在"文革"主导者看来,新文艺之"新"就在于它彻底的无产阶级性质,而"决不能把任何一个资产阶级革命家的思想"当成无产阶级运动的指导方针,为此就要破除对"所谓三十年代文艺""中外古典文学""苏联革命文艺作品"的迷信。即是说"文革"主导者强调的"新"有一个重要的层面——"纯",清理"文艺遗产"的过程也就是一个不断剔除杂质并不断提纯的过程,而所谓纯粹的无产阶级思想则是衡量既有文艺成果的通用尺度。但是由于这一检验标准的抽象性质,尽快将其具象化就成为当务之急。这就可以理解"写十三年"口号的迅速出场,作为一个"自上而下"的合法标准,它不仅仅从题材上实现了对彼时文学生产的严苛限定,更成为清理"文艺遗产"的一个行之有效的工具。

1963年初登场的"写十三年"的文艺口号除进一步压缩文艺题材空间以外,其出现的时间点也颇值得玩味。1962年底,毛泽东认为"帝王将相、才子佳人"主宰了当前的戏剧舞台,并指出"反映现代生活"才是戏剧应该努力的方向。作为党的领袖,毛泽东当然更希望看到反映执政党革命、建设过程的文学艺术,并通过文艺再现证明共产党取得胜利的历史合法性。但作为一项传统艺术,戏剧因其本身固有的特殊性很难对时时切换的政治主题作出较为及时准确的反映。与此同时,它所具有的强大群众基础和舆论引导功能又使其发展颇受政治的关注。可以说,上述从题材内容上对戏剧提出的批评,在流露出排查传统"文艺遗产"意向的同时也为清理工作做了示范。而顺势出现的"写十三年"文艺口号则对其做了较为清晰、彻底的理解和传达,概而言之,即文艺要为无产阶级政治和社会主义经济基础服务,社会主义文艺必须以反映社会主义现实生活和斗争为主,以表现工农兵群众为主;虽然矛盾是普遍、客观存在的,但是"暴露"社会主义问题的文艺作品并不合法,只有讴歌社会主义光明面、塑造工农兵英雄形象的文艺才是真正的社会主义文艺,才是符合"写十三年"口号的作品。通观以上表述即可发现其中的抵牾之处,一方面,口号倡导者尽可能将其阐释得客观、辩证,在对待一些文艺异质时也尽量不显得过于决绝;另一方面,阐释又带有明显的偏重色彩。例如,尽管柯庆施承认应该批判地继承文化遗产,但是他更加强调的是文化遗产的封建主义和资本主义性质,这与无产阶级无疑是根本对立的,因此最终推导出的结论是必须与之实行最坚决、彻底的决裂。而在具体的批判实践中,绝对的排他性、零容忍性才是"写十三年"口号的突出特征。

作为一个在阶级斗争时代背景下产生的文艺口号,"写十三年"绝不只是一个倡导性的创作口号,而更是一种清理策略。随着阶级斗争的日益激烈,主导者迫切需要将斗争对象明确化,并通过占据舆论上的主导地位来获得更大的群众基础。由于深知文艺对舆论的引导作用,他们便首先在文艺舞台上发难。其目的就是通过确立"写十三年"的口号实现类型划分,离析出"他者"。

　　首先,是否绝对认同"写十三年"口号成为划分敌我阵营的准绳。出于对文艺规律的认识,邵荃麟、周扬、林默涵、周恩来等曾试图纠正其中的片面性与简单化。①虽然他们小心翼翼,用语也较为谨慎,周扬甚至后来又改变态度,附和了口号,但他们这一时期的声音还是为以后的批评运动留下了口实。②其次,是否"写十三年"基本成为文艺作品能否进入社会主义新文艺营地的最低门槛。在政治过滤的绝对化标准的衡量下,既有的文艺成果大都难逃劫难。"古的"和"洋的""文艺遗产"因为"是古代和外国的剥削阶级的政治愿望和思想感情的表现"而自然被排除在外,而"十七年"文艺则因其与所谓"封、资、修"之间千丝万缕的联系受到了更直接、彻底的批判。发表于《文汇报》的《"有鬼无害"论》③不仅被江青称为"第一篇真正有分量"的批判文章,同时也拉开了"文革"式批评的序幕。在"文革"开始之前,电影《北国江南》《早春二月》《逆风千里》等,小说《苦斗》《赖大嫂》《广陵散》等,戏剧《李慧娘》《谢瑶环》等就已遭到否定。批判基本上以扣"政治帽子"的方式开展,然后按照既定的斗争目的不断上纲上线,最终实现彻底的打击。其中对《李慧娘》和"有鬼无害"论的批判就很有代表性。先是将"鬼戏"划进封建主义的范畴,从而对所有"鬼戏"和所谓"有鬼无害"论一棍子打死,进而将其上升到阶级斗争的高度,所有创作、演出"鬼戏"和宣扬"有鬼无害"论的做法都被视为向无产阶级进攻的表现。而所谓"'有鬼无害'论是农村、城市阶级斗争的反映"的定论更起到了推波助澜的作用。有了政治的"护身符",即使毫无

---

　　①　如邵荃麟认为在"写十三年"的同时,也不能排斥其他题材。林默涵认为"社会主义文学,不等于只要反映社会主义生活"(黎之:《文坛风云录》,河南人民出版社 1998 年版,第 385 页)。周恩来呼吁创作"不要只局限在写十三年,还要把近百年斗争、世界革命斗争都在自己作品里刻划出来"(文化部文学艺术研究院编:《周恩来论文艺》,人民文学出版社 1979 年版,第 169 页。)。

　　②　姚文元在 1967 年发表的《评反革命两面派周扬》的文章中,将曾对"写十三年"口号表示异议的周扬、邵荃麟、林默涵判定为修正主义集团。

　　③　梁璧辉:《"有鬼无害"论》,《文汇报》1963 年 5 月 6 日。

根据的批评甚至谩骂就都名正言顺了。最终"鬼戏"被禁演,孟超和廖沫沙被撤职并遭到严厉批判,不仅文艺成果遭到否定,批判运动主导者也实现了各自的政治目的。而"文革"开始后,清理"文化遗产"的运作更呈现出方滋未艾之势,人为地制造成果"空白"、强调文艺"断裂"的做法相当流行。

尽管"文革"主导者对包括"十七年"文艺在内的一切"文艺遗产"都显示出强烈的弃绝态度,试图将以前的文艺成果全部摧毁归零,然后在一片废墟之上建筑真正的、纯粹的无产阶级文艺,但事实证明这种"断裂"只能是主观的、虚妄的。"文革"期间最突出的文艺成就——"八个革命样板戏"实际上都不具备原创性,而是在"十七年"文学作品的基础上修改加工而成。而他们之所以对"文艺遗产"摆出如此不容忍的姿态,更多的是一种政治策略——以对"旧"的彻底否定凸显"新"的权威与崇高。此外,可能还有一种底气不足的自卑感掺杂其中,即"影响的焦虑",也许正是由于这个原因,与"文革"文学血脉最接近的"十七年"文学遭到了最决绝的抛弃。虽然这种"断裂"和"抛弃"并不事实地存在于文本之中,制度主导者却凭借这种姿态赢得了话语权和政治筹码。通过清理和批判,文化界的权力完成流转,最终越来越向一处集中,这无疑更为旧文学规范体系的逐渐坍塌和新文学规范制度的登场提供了通道。

二、文学与政治趋于完全缝合

对中国当代文学而言,文学与政治的关系虽然一直是一个绕不开的话题,但是两者在"文革"时期达到的无缝对接状态则是绝无仅有的。1966年,作为政治运动的"文化大革命"借文艺打开缺口,随后便呈现出一片燎原之势。而在二十世纪六十年代初开始的文艺上的一系列纠"左"工作都随着阶级斗争号角的吹响而落空,紧接着在1962年到1966年间,文艺与政治之间便显现出越来越难以剥离的状态,并最终走到了极端,这主要表现在以下两个方面:

第一,文艺政策的逐渐"宪法化"。

在自由主义者梁实秋看来,所谓"文艺政策"是"以政治的手段来剥削作者的思想自由","以政治的手段来求文艺的清一色"①。沈从文也认为推行

---

① 梁实秋:《所谓"文艺政策"者》,《梁实秋批评文集》,珠海出版社1998年版,第154页。

文艺政策的意图是"把文学当作工具"①实现政治理想。即是说,文艺政策是文艺与政治交流的一个中间媒介,倚仗权力,它带有先天的权威性,圈定着文艺实践的合法范围。因此,文艺政策的张弛对文艺生产有直观影响:"双百方针"带来了文学史上的一个短暂春天,"反右"运动将文艺推入寒冬,而二十世纪六十年代初一系列调整政策又将文艺拉回到另一个稍纵即逝的暖春……但是阶级斗争口号提出后,文艺政策基本不再给文艺留出喘息的余地,而是一路高歌猛进地向政治靠拢并逐渐"宪法化"。

新中国成立之初,文艺界成立了专管文艺工作的组织机构,文联和它所属的各个协会实际上成为二十世纪五十年代以后国家和执政党管理文艺界的权威性机构。知识分子和作家则被编入相应的机构,成为单位中的一员。二十世纪三四十年代原有的"民营"杂志、刊物经过一系列的合并、调整基本上被收归国有,五六十年代新出现的重要刊物则几乎都是文联和作协主办的②。在以上种种制度化建设下,新中国成立后的文学开启了"一体化"的进程。但"两个批示"的发出,意味着对新中国成立以来文艺工作与成绩的全面否定,随后文艺界以大规模的批判运动否定了"十七年"文学。"十七年"文艺制度被认为不再能够与已经变化了的社会主义经济基础相适应,甚至文艺机构指导下的文艺工作已跌到了"修正主义的边缘"。在此导向下,"文革"期间,文艺刊物基本被叫停,文艺界领导权易手,文艺机构则或被改组,或被叫停,或被撤销。

相较而言,经炮制出台的《纪要》则是更具有制度性质的文艺政策。它不仅将自提出"阶级斗争"口号以来的各类文艺指导思想、政策熔于一炉,而且最终发展成纲领性文件,成为"文革"文学实践必须遵循的"文艺宪法"。但需要明确的是,这部"文艺宪法"并不是依据合法程序制定而成。先是江青组织陈亚丁、刘志坚等人一起看了30多部电影和3场戏,会后根据江青的个人意见整理出座谈会纪要。陈伯达等则受指派对其进行全面修改。通过修改,很多座谈会上没有的内容被加了进来,除将江青个人的意见扩大为座谈会的讨论成果外,最重要的是对"文艺黑线专政"问题做了理论上的论证。最后又经过几次修改,《纪要》才最终定稿。因此所谓的"座谈会"实际

---

①　沈从文:《"文艺政策"探讨》,《文艺先锋》1943年第1期。
②　如《文艺报》《人民文学》《诗刊》《收获》等。

上并不存在，而最终出炉的《纪要》不过是对主流意识形态的转码。因而作为一项文艺政策，它离文艺很远而离政治很近。借助军队的力量，《纪要》很快获得了权威性并最终"宪法化"，成为适用于整个文艺战线的政策文件。可以说，《纪要》对文艺实践的规约涉及方方面面，其效用也是立竿见影的：《纪要》提出要反对外国修正主义，"文革"开始后即发动了对肖洛霍夫的批判；提出要批判电影《兵临城下》，《兵临城下》旋即被打为"毒草"；提出要重新组织文艺队伍，"十七年"间的知识分子作家立即就受到打击，甚至招致迫害……《纪要》的核心内容"文艺黑线专政"论更是贯穿整个"文革"时期的文学活动。通过批判所谓"黑八论"打破了原来的创作规范，而"根本任务论""革命现实主义和革命浪漫主义相结合"等新原则则成为新文学规范体系中的重要内容。

实际上，《纪要》基本上承续了"两个批示"的主要精神，借助制度化的外衣，文艺政策最终完成了"宪法化"，其规约之下的文艺生产的政治实用性和工具性不断得到强化，文艺与政治逐渐走向缝合。

第二，文学文本的直接政治化。

"文革"前夕，《刘志丹》被定性为"利用小说进行反党活动"后，文学文本与政治文本之间的界限越来越模糊，最后终于借由对吴晗《海瑞罢官》、邓拓《燕山夜话》以及吴南星的《三家村札记》的文艺批判引爆政治运动。到"文革"中，文学文本更是基本与政治文本无异了。

分析批判吴晗《海瑞罢官》的过程和策略可发现，彼时，文艺作品一旦被视同政治问题加以苛责，那么文学文本的直接政治化就在所难免了，任何试图维护文学规律和学术尊严的实践都将是徒劳的。对《海瑞罢官》的批判可谓蓄谋已久，直到《文汇报》刊载了姚文元的《评新编历史剧〈海瑞罢官〉》，这场政治意图明显的批判才正式吹响序曲，而这自然离不开权力的支撑。姚文元认为吴晗虚构了为民做主的"清官"海瑞，这并不符合历史事实，其意图是以"阶级调和论"替代"阶级斗争论"。此外，姚文元还指出"退田""平冤案"是1961年前后"资产阶级反对无产阶级专政和社会主义革命的斗争焦点"①，吴晗的用意是为反革命分子翻案。但实际上无论是从创作动机还是从最终的成品来说，都在很大程度上符合政治上的指示，配合了当时的政治

---

① 姚文元：《评新编历史剧〈海瑞罢官〉》，《文汇报》1965年11月10日。

形势,剧中海瑞不畏强权惩处恶霸的作为也与党中央纠正"五风"的行动十分贴近。但是在"欲加之罪"面前,这些都不堪一击。姚文元罔顾事实的污蔑很快就引起了巨大的争议,一些底层知识者,如遇罗克、马捷、姚全兴等纷纷发表文章对姚文提出质疑①,学者胡愈之、周谷城、翦伯赞等则认为姚文元的批判超出了学术范围,是诬陷,不利于百家争鸣。

但实际上,姚文元的文章从着手之初就并不立意于学术讨论,而是蓄意通过无限上纲给吴晗扣上反党反社会主义的帽子。而且这场批判远不止于此,《海瑞罢官》后来又被戴上了替彭德怀翻案的帽子,政治问题随之升级。由于吴晗的特殊身份②,批判吴晗也就意味着对整个北京市机关乃至有关文化部门的批判。因此,以彭真为代表的中央文化革命五人领导小组和中宣部一直试图将问题限定在学术范围里。为此,在迫于压力转发姚文时,他们有意将文章编在"学术讨论"栏目。此外,他们还试图以《二月提纲》的下发倡导实事求是、以理服人的学术精神,适度遏制点名批评的恶劣风气等。但是《纪要》出炉很快就宣告了这些行为的破产,以批判《海瑞罢官》为导火索的"文革"已经"蓄势待发"。

而对《燕山夜话》《三家村札记》的批判在很大程度上则是为了坐实"三家村"成员的"反党反革命"罪名。其基本的批判逻辑是既然其中的两家(吴晗、廖沫沙)是反党反社会主义的,那么另一家(邓拓)自然也脱不了干系,其政治意图昭然若揭。姚文元通过对《燕山夜话》和《三家村札记》"摘取字句","三家村"最终被打成"反革命集团"。从批判《海瑞罢官》到发表《评"三家村"》③,文艺的直接政治化逐渐走向极端。

三、文艺队伍的大洗牌

《纪要》提出要"重新教育文艺干部,重新组织文艺队伍",这显然是对"十七年"文艺干部、队伍的否定。但实际上在《纪要》出炉之前,一系列以重组文艺队伍为目的的"大批判"就已经火热地运作起来,到"文革"前夕,文艺界的领

---

①　如遇罗克:《和机械唯物论进行斗争的时候到了》(《文汇报》1966 年 2 月 13 日),马捷:《也谈〈海瑞罢官〉》(《文汇报》1965 年 11 月 30 日)等。

②　吴晗是彭真任第一书记期间的北京市副市长,也是在北京市机关刊物《前线》上发表《三家村札记》的作者之一。

③　姚文元:《评"三家村"》,《文汇报》1966 年 5 月 10 日。

导权已基本实现易手,而原本的知识分子作家也被剥夺了话语权和创作权。

其中较有代表性的是对所谓"四条汉子"①的批判,而文艺又一次被当成点燃政治斗争的导火索。电影《北国江南》(编剧阳翰笙)被认为在表现阶级斗争和时代精神、塑造英雄人物方面有严重的思想错误,并被冠以宣扬资产阶级人性论、人情味的帽子;电影《林家铺子》(改编者夏衍)被指责为抹杀阶级界限,掩盖阶级矛盾;历史剧《谢瑶环》(编剧田汉)则因"颠倒阶级关系"被批为反党反社会主义……但实际上,《北国江南》的缺点恰恰在于"落入了用阶级斗争推动情节发展的老套式"②,夏衍则意在以《林家铺子》批判旧社会并向共和国献礼。而批判策略和用语的雷同、模式化也说明其不过是"项庄舞剑,意在沛公"的权力游戏,其目的是借助阶级斗争这一剂屡试不爽的灵丹妙药扳倒当时在文艺界具有重要领导地位的阳翰笙、田汉、夏衍等人。虽然直到1966年,对周扬的批判才正式公开化,但实际上"文革"前夕的这场批判就已在铺陈之中。在"文革"的思维逻辑中,作为"四条汉子"之一的周扬自然很难逃得了干系。而《纪要》对周扬的不点名批评也已十分明显,比如由周扬负责翻译、发行的欧洲特别是俄国作品受到《纪要》的否定等。为了提升批判的合法性,批判的发动者有意借用了鲁迅"四条汉子"之说,将他们置于被包装成"无产阶级文艺战士"的鲁迅的对立面,以此引导舆论导向。相似的大批判运动还有很多,如1964年11月,通过对"有鬼无害论"的无限上纲撤销了廖沫沙的职务,1965年通过批判《海瑞罢官》《燕山夜话》等实现了对吴晗、邓拓乃至北京市委的打击。此外,文化部负责人陈荒煤、齐燕铭,中国作协党组书记邵荃麟等在1965年的整风运动中成为牺牲品……文艺界领导权逐渐向"极左"一派聚合。

文联及其所属的各个协会,虽然名为文艺机构,但核心权力始终握在党组手中,周扬、邵荃麟、林默涵等则是"十七年"时期处于文化权力中心位置的领导人。而且需要承认的是,周扬、邵荃麟等人在某些阶段确实表现出了对文学精神和自足性的些许维护,在二十世纪六十年代初的调整时期,他们甚至站在了曾受其猛烈抨击的胡风、冯雪峰等人的文学立场上。这种在政治与文学之间不断摇摆的姿态造成了他们与时代主题之间的裂痕,为批判

---

① 鲁迅在《答徐懋庸并关于抗日统一战线问题》(1936年)一文中提到了"四条汉子"的说法,并直接点了田汉、周起应(周扬)两人之名。后来阳翰笙指出另外两人指的是自己和夏衍。

② 朱寨主编:《中国当代文学思潮史》,人民文学出版社1987年版,第479页。

留下了口实，也使他们最终被"极左"一派推上绞首架。这也从另一角度说明文学不见容于政治的程度是何等之深。随着原有文艺领导人的纷纷陷落，文艺机构在"十七年"期间的权威地位土崩瓦解，文艺工作开始直接受制于"中央'文革'"小组，这就从根源上保证了政治对文艺的掌控。

在谈到"文革"是否以"大批判"的方式颠覆了"十七年"文艺制度的问题时，王尧认为答案是否定的，并指出"'文革'只是对文艺体制的重组……真正发生变化的是知识分子的思想命运"①。在文艺为工农兵服务的大方向下，知识分子只有在放弃原有的不被认同的个人话语，热情拥抱无产阶级思想后才能展开创作。基于这一逻辑，知识分子的改造工作自延安时期一直延续到中华人民共和国成立后，并最终集中于对思想的改造。批判是思想改造的重要方式之一，二十世纪五十年代历次的批判运动特别是反右运动使作家们明白，若想在当代文学规范制度中安全地参与创作，其关键在于要及时地更新自我的思想状态和价值取向并尽可能地使之与主流意识形态契合。另外，中国本有的道德主义传统，即"士大夫儒者视农圃间人不能无愧"②，在经过了一场农民革命的胜利之后达到了极致，这更为知识分子的改造增添了自愿的性质。如此，在被动与主动的双重改造之下，尽管"十七年"期间大部分知识分子作家还握有创作的权力，但他们已从"五四"时期的精英位置跌落下来，更早已不是可以"对权势说真话的人"，因而所谓思想改造更是一个去知识分子精神的过程。在1962年的广州会议上，周恩来曾宣布对改造过的知识分子"脱帽加冕"，但是很快这一政策就遭到否决。随着阶级斗争的不断激化，知识分子成为斗争的对象，在文艺领域的一个表现是夺取知识分子的话语权和创作权并将其转交给工农兵，通过亲自培养一支"无产阶级文艺大军"更好地占领无产阶级文艺阵地，保持无产阶级文艺的纯洁性。

一方面，以批判小说《刘志丹》为肇始，通过在电影、小说、戏剧、理论著作等多个领域开展大批判运动，诸如陈翔鹤、田汉、夏衍、欧阳山等写作者同他们的作品一起都被推上了审判台。随后，"横扫一切牛鬼蛇神"运动将原来的知识分子作家送进了"牛棚"，老舍、傅雷、李广田、杨朔等大批作家更是

---

① 王尧：《"无作者文本"与"大批判"》，《文字的灵魂》，山东友谊出版社2007年版，第44页。
② 陆九渊：《陆九渊集》，钟哲点校，中华书局1980年版，第42页。

被迫害致死。再加上对作品发表的严格控制,"十七年"作家在"文革"期间基本没有了公开发声的机会,取而代之的是受权力控制的"写作组",以及极少数遵循主流意识形态创作的作家(如浩然、韩笑等)。另一方面,"三结合"被当作了"培养无产阶级文艺队伍的重要途径"[1]。作为"文革"时期最重要的创作方式,"三结合"最早出现在"文艺大跃进"时期,当时的内容为"领导出思想,群众出生活,作家出技巧"。可见知识分子作家的话语在 1958 年就已经不被认可,他们可以被利用的部分只剩下写作技巧。而到了 1964 年,"三结合"被更进一步阐释为"党委领导""工农兵业余作者"和"专业编辑人员"三方的结合,这一次知识分子作家直接被排除在创作队伍之外。最终写作的权力被转手给工农兵作者,这在文化战线上被赋予了夺权的意义,也显示出政治上迫切培养无产阶级文艺队伍的诉求。但实际上,尽管工农兵在创作中获得了所谓"发言权",但是创作思想仍然是受控于领导的,也就是说,工农兵作者的创作更多的是一种类似于泥瓦匠的劳动,其中是没有多少个人思想可言的。在"主题先行"等创作规范的约束下,文学更进一步成为政治的传声筒。综合以上两个方面可以看出,知识分子精神、个人思想在主流意识形态的改造、淘洗之下已逐渐趋于虚无。

从 1962 年到 1966 年间,文学制度的发展表现出强烈的"断裂"倾向。这一倾向宣称要抛弃包括"十七年"文学在内几乎所有的文学遗产,借此制造文学史的"空白",甚至以"犁庭扫闾"之势清理了"十七年"时期的文艺队伍、文艺刊物和文艺机构等,最终还出台了"全新"的文艺政策,以此为即将出场的"文革"文学扫清道路。文学史原本的进程似乎在这里被切断了。不过通过上述分析可发现,尽管"文革"文学确实在一定程度上呈现出不同的面貌,与"十七年"文学相比,其创作空间更为逼仄,文艺与政治的关系更加胶着,知识分子的自主性几乎被彻底取消。但是这种极端的文艺风气并不是一蹴而就的,在本质上而言,它更是中华人民共和国成立以来左翼文学"一体化"进程的极致发展,这自然与左翼文艺"不断革命"、永无止境追求纯洁性的自身逻辑有着千丝万缕的联系。

---

[1]　四川师范学院中文系文艺理论教研组编:《文艺名词解释》,内部出版物,1973 年版,第 75 页。

第二节　从"牛棚"到"干校"：对作家队伍的身份改造

　　文学制度的变革最终要求的是文学创作的全面更新，而要达到这样的效果，作为创作主体的作家队伍就不得不首先与制度高度一致，成为制度与创作之间毫无障碍的中介。当这一问题的关键作用被凸显出来的时候，在文学制度建设层面上，作家改造问题便成为"制度化"的非常重要的环节。这可以视为"文革"文学制度史上最富特色的现象之一。

　　在"放手发动群众"的口号下，"文革"初期的大混乱一度发展到难以控制的糟糕局面。经过近三年的革命造反运动，各类组织系统大面积瘫痪，而大量遭到审查、批判及靠边站的知识分子长期闲置。这类人大多因历史问题被视为社会的落后力量及反动力量。从国家政策方面来说，《柳河"五·七"干校为机关革命化提供了新的经验》(含编者按)①几乎以不容置疑的权威宣判了所谓资产阶级黑帮分子的历史命运。这股由城市涌向农村的滚滚人潮在历史长河中被贴上了全新的标签：五七战士。对大多数"文革"知识分子来说，从牛棚到干校，不只意味着简单的地理空间切换。这一重要的历史拐点至少在生存境遇、身份认同、精神诉求三个层面上显示出作家群体的身份转型，并最终促成了二十世纪七十年代末期的思想分流。

一、生存境遇：由斗争漩涡转向民间大地

　　作为1968年高调树立的光辉样板，黑龙江柳河"五七"干校的革命实践被视为普遍经验在全国上下得以推广。"五七"干校大多设立在偏远、闭塞、贫困的郊区或农村，有的在荒湖野地中垦荒建校，有的在废弃农舍中安营扎寨，有的甚至与劳改农场比邻而居。"五七"干校的建校原则难以摆脱明显的劳动惩罚论色彩，然而在革命乐观主义的极致鼓吹下却也得到了广泛认可。在革命乐观主义与集体战斗精神的统一认同里，艰苦的环境更加有利于思想改造，革命意志在战天斗地的激情中也将得到更为充分的彰显。对

---

　　① 　参见《人民日报》1968年10月5日第一版。

于中华人民共和国成立后长期担任各项文化相关工作甚至领导职务的城市知识分子来说，接踵而至的政治批斗以及牛棚式的囚禁生活无疑令他们身心俱疲、受尽羞辱。如陈白尘在日记中所载的文联各协会与生产队联合举行的斗争大会实况："第一次被施以'喷气式'且挨敲打。每人都汗流如雨，滴水成汪。冰心年近七十，亦不免。文井撑不住，要求跪下，以代'喷气式'，虽被允，又拳足交加。但令人难忍者，是与生产队中四类分子同被斗，其中且有扒灰公公，颇感侮辱。"①因此，就一定程度而言，"五七"干校的出现为他们暂时摆脱政治斗争的旋涡中心提供了些许可能性。

相对于牛棚的逼仄与憋闷，"五七"干校似乎有了相对开阔的活动空间与相对宽松的日常管理。最为关键的是，中华人民共和国成立后逐渐疏离民间社会的城市知识分子间接获取了重新贴近民间大地的历史机遇，尽管他们的心头偶尔飘浮着集体流放论及劳动惩罚论的阴云。在这方苦难而坚忍的民间大地，自然与人民犹如两股汩汩流淌的生命源泉，滋补了常年卷入政治斗争的知识分子，也重新支撑起他们几近坍塌的精神世界。"文革"时期，占据主导地位的政治话语以不容侵犯的权威姿态压倒了文学话语。主流式写作在空洞、苍白的政治呐喊中日渐显示难以掩盖的文贫质弱。

从文体上来说，诗歌在"文革"时期的干校写作中显示出了明显优势，其中除郭小川等极少数人采用新诗尤其是政治抒情诗形式来抒怀写意之外，大多数知识分子更偏爱古体诗的书写样式。尽管"文革"时期，封、资、修等所谓黑货一般均在扫荡、破除之列，然而古体诗词在"文革"中的复兴却俨然成为一个不争的事实。无论是"文革"初期的狂热造反派、二十世纪七十年代的干校知识分子群体还是被视为思想抗争的"天安门运动"中的普通市民，他们均留下了大量的古体诗词创作。古体诗词在"文革"中的复兴与时代语境息息相关。包括了小说、散文、新诗乃至报告文学在内的共和国文学样式几乎都未能避开"文革"的冲锋枪，统统成了所谓"资产阶级文艺黑线"的殉葬品。笼统地说，毛泽东、陈毅等中共高层领导人对于古体诗词创作的偏爱无疑间接为古体诗词留下片刻喘息之地，并产生了一定的社会示范效应。如臧克家在《高歌忆向阳》中所说："我学习旧体诗，也是想学习毛主席、陈总的这种创新精神，但因为斗争生活经验缺乏，艺术表现能力差，刚刚迈

---

① 陈白尘：《牛棚日记：1966—1972》，生活·读书·新知三联书店1995年版，第98页。

出第一步,还有点摇摇晃晃。但我确实觉得这条路子是完全正确的。"①而从文学语言的角度来说,与叫嚣着斗争哲学且充斥着语言暴力的"文革"语风相比,古体诗词的清丽、隽永无疑显得愈加弥足珍贵。干校知识分子的古体诗词创作在整个二十世纪七十年代的干校写作中占据明显的数量优势。

在这一期的干校写作中,自然、人民以本真、质朴的面目进入知识分子的写作视野,在更新写作资源的同时也为硝烟弥漫的文坛吹来一股原野新风。自然以其静默、包容与忍耐的天然品格重新点燃了知识分子久经湮灭的诗心。臧克家、吴祖光、舒芜甚至新中国成立后鲜少写作的沈从文都将手中的笔墨投向自然风物,在政治批判的间隙里编织起远离尘嚣的文学幻梦。而晨曦日暮、雨雪阴晴、风云草木、飞燕池鱼皆令深陷政治劫难中的知识分子有了全新的生命体验,在苦难中营造出一片温情、淡泊、闲适、舒缓的人生情怀,如臧克家《忆向阳》组诗、吴祖光《枕下诗》、沈从文《太湖景诗草》、舒芜《晚凉杂咏(五首)》等。在对自然的文学体认中,大地情怀堪称一种类意识,清晰地落在知识分子的笔尖纸上,令流放到时代主潮以外的知识分子重新拥有了精神归属感。如冰心在 1970 年 1 月 8 日的家信中写道:"我还没有到连上,在接待站就觉得心理上和在北京办公室不同,那边尽是办理结束手续,冷冷清清,这是展望未来,充满了建设的豪情……"②在贴近大地与自然的灵魂栖息中,家园情怀在知识分子的血液中日渐沸腾起来。一方面,家园情怀的高涨使得日常生活尤其是家庭亲情充溢了知识分子的干校生活。而相较于"文革"初期疯狂叫嚣的血统论,这种情感内转隐喻着亲伦关系的点滴修复及自然人性在政治狂热衰颓后的理性恢复。另一方面,家园情怀的凸显是家国情怀受挫后的灵魂喘息,在为知识分子提供巨大精神慰藉的同时也为其"解放"后家国情怀的卷土重来留存下生长空间。

在共和国的革命谱系中,人民往往被视为历史创造的主体,从而被树立为知识分子的效法对象。与革命群众这一含混概念相比,人民的面孔令知识分子有了更为清晰的把握。从官方意志、知识阶层及民间社会三分天下的格局来说,"民间是双重权力体系的承受者——承受不仅意味了权力控制的对象,同时,承受还包含了对于权力的冷漠、疏远、鄙夷、抗拒"③。即是

---

① 臧克家:《忆向阳》,人民出版社 1978 年版,第 20 页。

② 冰心著,王炳根选编:《我自己走过的路》,人民文学出版社 2007 年版,第 298 页。

③ 南帆:《民间的意义》,《文艺争鸣》1999 年第 2 期。

说,民间既受到政治权力的控制,又无以摆脱知识权力的塑形。尽管通过新中国成立后频仍不止的思想改造运动,官方意志凭借政治霸权彻底翻转了知识分子与民间的启蒙—被启蒙关系,然而,在知识分子重返民间的路途中,历史真实却极大地讽刺了这种翻转的形式虚伪。受控对象与控制主体之间难以消弭的隔阂实际上成为对这种官方努力的最大质疑。一方面,民间社会的藏污纳垢性彻底瓦解了经官方意志高度美化的农民形象。农民劣根性的顽固存在直接动摇了革命乌托邦的神圣性。如杨绛在《干校六记》中不止一次提到当地农民常常到干校菜园偷菜,刨菜,甚至连干校做遮挡的秸秆也在劫难逃。这一方面见出当地农民食物稀缺、生活贫困,而知识分子纵然落难然生活境遇实际高于当地农民;另一方面,被官方意识形态树立为历史主体与革命优势力量的农民阶层在真实的民间社会显露出窘迫甚至卑劣的面目。这无疑使得针对知识分子而发动的"接受贫下中农再教育"沦为一场虚妄。另一方面,历史主体的缺席直接释放了革命历史苦心建构的稳固性。以农民为主体的民间与被官方建构的革命非但不是天然续接的完美组合,反而是彼此疏离的隔膜所在。

讲用会与忆苦会均是"五七"干校中极为常见的活动,前者以活学活用毛泽东思想为政治旨归,后者则依托老乡的现身说法达到对知识分子的教育目的。《人民文学》编辑崔道怡在小说《关于一个鸡蛋的"讲用"》中呈现了干校领导者生搬硬套毛泽东思想时的矫揉造作,而韦君宜则在中篇小说《洗礼》中讽刺了忆苦大会的生硬与尴尬。军宣队领导特意请来老乡白士才作报告,试图通过忆苦思甜的阶级教育,"教大家认识旧社会的苦,才懂得新社会的甜"。木讷、憨实的白士才开口说道:"今天,各位领导叫我来给大家说说过去什么生活最苦。我看嘛……就是六〇年那一年最苦,吃的都没有了,讨饭逃荒……"气急败坏的军代表夺下话筒嚷道:"是解放前!"[1]这场忆苦教育当场宣告失败。然而这个意味深长的细节既显示了话语权拥有者在对历史进行有选择性指认时赤裸裸的功利主义,也真实暴露出被树立为革命主体的农民群体与整个革命历史的隔膜与滞差。此外,在陈白尘、张光年、冰心等人对干校生活的记录或回忆中,也不乏善良、质朴甚至违背军代表的严厉要求暗中帮助落难知识分子的农民老乡,他们在危难之中所显现的人

---

① 韦君宜:《洗礼》,《当代》1982 年第 1 期。

性之光也带给知识分子们莫大的精神慰藉,而人性在阶级性剑拔弩张的"文革"时期堪称十足的禁区与雷区。这种苦难之中的稀缺温情也令事后追忆的知识分子们长久感动、难以忘怀,成了"文革"灾难记忆中的一抹释放暖意的亮色。

尽管远离城市为知识分子提供了重新投身于民间社会的契机,并部分摆脱了极端狂热化的政治斗争与政治迫害,然而这并不意味着政治斗争在日常生活中的完全退场。在"五七"干校的实际生活中,除了繁重的体力劳动外,以思想改造为旨归的政治教育也扮演了不可忽略的角色。滚滚而来的时代大潮难免令身在其中的知识分子紧随其后从而流露出历史短视主义倾向。因而,在部分知识分子的部分文学创作中,我们不难见到政治盲动症的惯性沿袭。如郭小川在咸宁"五七"干校时期的诗歌创作《楠竹歌》《花红歌》《江南林区之唱》《万里长江横渡》等,其中不乏对国家领袖的顶礼膜拜、对社会主义革命事业的热烈追随以及对知识分子思想改造的极力拥护。

二、身份认同:由牛鬼蛇神转向"五七"战士

"文革"初期,一切被革命潮流所冲击的所谓黑帮、反动学术权威、历史反革命、现行反革命等无一例外地被贴上"牛鬼蛇神"的标签。"文革"中流传甚广的《嚎歌》①堪称"牛鬼蛇神"历史际遇的真实写照。一般认为,最为完整、权威的《嚎歌》记载见于《李伯钊文集》中所辑录的《"改造"日记(一九六六年八月十三日——十月十一日)》,既有歌词又有曲谱。根据文集编者所录:"下面这首歌是监督人员强迫'黑帮'专政队唱的歌。擅长唱歌的李伯钊唱不好这支歌,监督人员罚她单独唱。单独唱仍唱不好,强迫她抄在'改造日记'上天天唱。"现将《牛鬼蛇神丧歌》摘录如下:"我是牛鬼蛇神/我是人民的罪人/我有罪/我该死/我该死/人民应该把我砸烂砸碎/砸烂砸碎/我是牛鬼蛇神/我向人民低头认罪/我有罪/我改造/我改造/不老实交代/死路一条/死路一条。"②此外,剧作家曹禺、演员新凤霞、音乐家马思聪等"文革"亲

---

① 流传版本不一,也称《认罪嚎歌》《牛鬼蛇神队队歌》等,由著名作曲家、《中国人民志愿军战歌》曲作者周巍峙被迫谱写。

② 李伯钊著、《李伯钊文集》编辑委员会编:《李伯钊文集》,解放军出版社 1989 年版,第359 页。

历者在相关回忆文章中均出现关于《嚎歌》的有关记载。《嚎歌》在"罪与死"的腔调里对牛鬼蛇神进行了不留余地的人格羞辱,而"砸烂杂碎"的"文革"式叫嚣则肆意侵犯着生命尊严。据称其曲风与唱腔也颇有鬼哭狼嚎之态,令人不忍卒听。故有研究者称《嚎歌》"是'文化大革命'所煽动起来的人类劣根性登峰造极的'杰作'。这是中国音乐史上最耻辱的一笔"①。

事实上,将知识分子比附为牛鬼蛇神并非始自"文革"。早在二十世纪五十年代的"反右"时期,牛鬼蛇神即成为打击右派分子的先遣罪名。"牛鬼蛇神"一词在"反右"时期的普遍使用,大约总是会与"让牛鬼蛇神全部出笼""铲除牛鬼蛇神,鸣放才有保证"这样的政治意图关联起来。②但是,从"反右"到"文革","牛鬼蛇神"的外延是有所变化的。"反右"时期,"牛鬼蛇神"除了指有反党企图的右派分子外,也应用于对舞台形象的描述。最早将牛鬼蛇神作为对舞台形象进行论述的是毛泽东。③而到了"文革"时期,随着革命风暴的激烈化与扩大化,"牛鬼蛇神"被视为一股必须铲除的社会势力,更多的知识界人士被贴上"现行反革命"或"历史反革命"的标签并由此跌入非人境遇,它有了更为明确而牢固的现实指向性,而"横扫一切牛鬼蛇神"则为更大规模的清除异己披上了合法外衣。可以说,牛鬼蛇神是官方意志凭借政治霸权强加的身份标签,而知识分子对此非但毫无抵抗之力,反而要被迫以虔诚的请罪姿态自辱乃至自戕。外在的强力胁迫以及内在的"深挖"罪行都一步步加固了"牛鬼蛇神"这一命名的历史合法性。

---

① 何蜀:《史无前例的〈嚎歌〉》,《炎黄春秋》1999 年第 2 期。

② 1957 年 7 月 1 日,《人民日报》第一版发表社论《〈文汇报〉的资产阶级方向应当批判》。这篇社论首先明确党鼓励鸣放的原因在于:"让魑魅魍魉、牛鬼蛇神'大鸣大放',让毒草大长特长,使人民看见,大吃一惊,原来世界上还有这些东西,以便动手歼灭这些丑类。"而后作出有关牛鬼蛇神的著名论断:"有人说,这是阴谋。我们说,这是阳谋。因为事先告诉了敌人:牛鬼蛇神只有让它们出笼,才好歼灭它们,毒草只有让它们出土,才便于锄草。"

③ 1957 年 3 月 12 日,毛泽东在中国共产党全国宣传工作会议上发表讲话。其中这样论及"牛鬼蛇神":"最近一个时期,有一些牛鬼蛇神被搬上舞台了。有些同志看到这个情况,心里很着急。我说,有一点也可以,过几十年,现在舞台上这样的牛鬼蛇神都没有了,想看也看不成了。我们要提倡正确的东西,反对错误的东西,但是不要害怕人们接触错误的东西。单靠行政命令的办法,禁止人接触不正常的现象,禁止人接触丑恶的现象,禁止人接触错误思想,禁止人看牛鬼蛇神,这是不能解决问题的。当然我并不提倡发展牛鬼蛇神,我是说'有一点也可以'。某些错误东西的存在是并不奇怪的,也是用不着害怕的,这可以使人们更好地学会同它作斗争。大风大浪也不可怕。人类社会就是从大风大浪中发展起来的。"见毛泽东:《在中国共产党全国宣传工作会议上的讲话》,人民出版社 1964 年版,第 19 页。

　　既然被吹捧为所谓"文化大革命的新生事物"，那么"五七"战士的革命资格就不可能任意获取。除了广大革命群众及政治审查清白或已顺利过关的知识分子，牛鬼蛇神之流最初是被排斥在革命之外的。据陈白尘1969年8月29日日记：中国作协将自下周起大干四天，以成立革命委员会，并处理、解放一批干部，于9月10日以后去"五七"干校。"天翼看来是解放不了了，而光年与我也恐怕去不成干校。思之情绪大坏。"①第一批去干校的人离京时，陈白尘等人不被允许送行，"只在楼窗作壁上观，若有所失"②。11月4日："自从第二批群众去干校后，我与光年又离群索居了，倒退到近乎隔离的状态，终日无所事事，精神至苦。"③11月27日："晨，突然传来消息，说我和光年已被批准去咸宁干校了。8时半专案组的侯××果然来做正式通知，与第三批群众同行。一时惊喜交集，不知所措。"④

　　应该说，陈白尘在日记中以"情绪大坏""若有所失""精神至苦""惊喜交集"等语词真实记录了自己面对"五七"干校时的复杂心境，即"想去干校而不得的苦闷"与"去成干校后的万般惊喜"。除却作为时代主潮的"五七"干校被视为"解放"信号这一主要原因外，不愿意脱离群众，不愿在离群索居的环境中顾影自怜也令知识分子积极追随"五七"干校。充满险恶却又瞬息万变的政治环境令深陷其中个体如惊弓之鸟般毫无安全感，而聚众而居的干校生活与整齐划一的价值认同于无形之中则有助于部分摆脱这种心理恐惧，从而为其提供了强大的庇护之感。即使同样面对"五七"干校这一新生事物，革命群众与专政对象无论是初下干校的情绪还是到干校后的实际遭遇也都是有差别的。

　　对"文革"时期的知识分子来说，"牛鬼蛇神"是他们被迫接受却竭力想摆脱的身份指认，然而"五七战士"则是他们主动追求并积极完成自我解放的革命标签。在湖北咸宁"五七"干校时期，郭小川《长江边上"五·七"路》一诗在干校知识分子中间广为传抄。"看——/毛主席/仍然在挥手/一条辉煌的路线/划开了/江中的左右/我们要紧紧地跟哪/快快地走/走在'五·七'路上/就像在/长江的大风大浪中畅游……我们冒着/四十二度/炎热的

---

①　陈白尘：《牛棚日记：1966—1972》，生活·读书·新知三联书店1995年版，第147页。
②　同上书，第150页。
③　同上书，第154页。
④　同上书，第157页。

气候/挥汗如雨/精心修理/这颗小小寰球/我们饱饮/自己酿造的/香甜米
酒/豪情洋溢/大笔书写/毛泽东时代的/革命春秋/风里来/雨里去/正是战
士的享受/让时代的风风雨雨/痛快地洗刷/我们头脑中的污垢/水里翻/泥
里滚/能够炼成最硬的骨头······"①应该说,无论是诗歌所讴歌的干校生活,
还是它所流露出的价值倾向都得到广大知识分子的积极肯定。革命豪情冲
淡了生活的苦难,而生活的苦难则成了革命思想的试金石。而紧随时代风
潮则被知识分子视为对脑中污垢的痛快洗刷。在"五七"战士的知识谱系
里,国家领袖被奉若神祇,革命事业被视为使命,个体主义价值观遭遇全盘
否弃,代之而起的则是对革命伦理与国家意志的绝对认同。而这些统统
与官方意志保持了高度一致,堪称"文革"时期知识分子思想改造成功的表
现之一。

理解"五七战士"的精神面貌与思想状况不能摆脱其所处的时代语境。
简单说来,他们在"文革"历史中的实际坐标交织成一个三维式参照系,切实
影响到他们对个体命运的体认以及对文化大革命的情感态度。与牛棚时期
的自身遭遇相比,大多数知识分子的实际遭遇有了明显改善,大规模针对他
们的揪斗与审查有所减弱。尤其随着"深挖五一六分子"运动在干校如火如
荼地展开,"文革"初期走红的年轻造反派成为革命的重点打击对象,这无疑
令最先被打倒的老一代知识分子有了片刻喘息的可能;与其他或身陷囹圄
或被批斗致死或含辱自杀的知识分子相比,"五七战士"相对来说堪称幸运。
尽管也有极少数知识分子因劳染疾甚至不幸殒命干校,然而大多数知识分
子于二十世纪七十年代中后期陆续返城、恢复名誉且重新担任相关部门的
重要职务;与普遍困窘的农民阶层相比,干校知识分子实际上在食物供应、
住所基建、穿衣取暖等诸多方面都有着相对充足的保障。从很多当事人的
日记及回忆录来看,就当地农民而言,食不果腹、衣不蔽体的现象极为普遍。
而干校知识分子除了在衣食住行等方面有组织性保障外,手头宽裕的他们
还会经常到集市买点心、烟酒等,且他们留在城市的亲人也会寄来糖果、罐
头、衣物等。然而,就"五七"干校的管理机制而言,"只算政治账,不算经济
账"的组织漏洞在考验知识分子革命意志的同时,在很大程度上实际上造成
了资源浪费甚至生态破坏。

----

① 《北京文艺》1976 年第 12 期,较之《郭小川全集》所收版本有部分改动。

三、精神诉求：由罪恶意识转向乐感意识

对被打翻在地并落入牛棚的"牛鬼蛇神"而言，罪恶意识俨然成为一股由外而内的强劲风暴，肆意扭曲着他们的思想面貌与精神样态。他们往往被加以"反党反革命反社会主义"等罪名。这类罪名不仅边界泛化而且高度抽象。它既缺失法律依据又悬空了法律审判，而仅仅依凭由果导因式的逆推逻辑任意侵犯公民的生命尊严及言论自由。现在看来，即使思想控制也并非真的在意主观世界改造是否彻底实现，而更强调的是，受控个体在懂得辨别何谓正确思想之后能够以此为准作出正确的行为表现。而罪恶意识客体化、具象化显然成为改造的直接结果，并通过检讨、劳改日记（或称红色日记）、表态文章等文字样式得以实现。"牛鬼蛇神"不得不通过记录罪恶、自我控诉的方式达到洗刷罪恶、存续生命的目的。

"文革"中有句顺口溜："挖不完的敌人，清不完的队；做不完的检讨，请不完的罪。""灵魂深处闹革命"的"文革"铁律决定了知识分子不得不以没完没了的思想检讨，"向党交心"，其结果就是大量检讨书的产生。而这些"文革"时期知识分子的"污点言行"更为有力地论证了"文革"不同于世界上其他人道灾难的特殊所在。面对"文革"中愈演愈烈的"非知识、非文化的检讨运动"，这些令检讨者饱受灵魂磨难的另类文字尽管充满屈辱然而却成为历史的真实记录。

1968 年 12 月 26 日为毛泽东 75 岁生日。郭小川在日记中激动地写道："我要永远向毛主席请罪。"1969 年 7 月 14 日，备受冲击的郭小川写下了《向毛主席请罪，向革命群众请罪——我的书面检查》。按照郭小川的说法，"这个书面检查，是在小会、大会上先后五次检查的基础上做出的，是在三年来多次检查的基础上做出的，是在革命群众对我的多次革命大批判的基础上做出的"[①]。在这份《向毛主席请罪，向革命群众请罪》里，郭小川对所谓"灵魂深处的资产阶级独立王国"进行了自我批判，并依照年份围绕 13 项主要罪行一一进行检讨。检查最后这样写道："我们确确实实是对毛主席犯了罪，对党和人民犯了罪，我要向毛主席请罪，向革命群众请罪！同时，我也要发出誓言：我要永远革自己的命，革阶级敌人的命，永远跟着伟大领袖毛主

---

① 郭晓惠等：《检讨书——诗人郭小川在政治运动中的另类文字》，中国工人出版社 2001 年版，第 227 页。

席在无产阶级专政下继续革命,重新革命。"①

　　这份请罪书无论是在检讨路径还是行文风格上,都颇为典型地呈现了"牛鬼蛇神"们积极投入思想改造运动时的罪恶意识。仅隔数日,俞平伯亦在日记中记载道:"下午写完《认罪与悔过》6 500 字,交出。"②而面对父亲徐干生留存下来的"文革"劳改日记及思想检讨,徐贲在"剖心洗脑"的编者按中写道:"无数的'文革'受害者患有'斯德哥尔摩综合征',因'罪'获祸者不仅不憎恨迫害者,反而还在天天的'请罪'中,赞美和感谢迫害者帮助自己洗清了'罪孽',获得'重新做人'的机会。"③正是通过罪恶意识的客体化过程,"牛鬼蛇神"们以自戕自辱的方式完成了革命认同的形式化统一。当生存理性占据生命个体的大部分甚至全部时,思想理性实际上在不断的悬空凌迟中滑向非理性的极端。

　　如果说,受到官方默许的牛棚在很大程度上是群众组织的狂热化产物,那么,"五七"干校则是"文革"权力持有者基于国家制度层面的全面建构。它被礼赞为社会主义的新生事物,被鼓吹为培养干部队伍的新型学校,从而形成了一整套自中央到地方的严密组织系统。而从知识分子的情感倾向而言,"五七"干校的出现使得牛棚时期一再强化的罪恶意识被搁置一旁,取而代之的是激昂澎湃的乐感意识。它成为一种主导倾向,沸腾了知识分子们被罪恶浸泡太久的心灵,并蛊惑着他们斗志昂扬地行走在光辉的"五七"大道上。这种乐感意识的来源既与知识分子自身命运好转有关,也脱不开他们对民族国家的信心与期待。

　　老作家冰心在"文革"中曾先后两次下放干校,后作为较早"解放"的干部之一返回北京。1973 年 5 月 12 日,随同中国代表团出访日本的冰心在日本新剧人恳谈会上作题为《我在"五七"干校的生活与感想》的发言。④发言强调了"从旧社会来的作家"这一身份预设,着力论争了知识分子思想改造的时代紧迫性,从而肯定了"文化大革命"的历史合法性:"文化大革命以后给了我们一个机会,因为有一个'五七'干校,所有一切能够下去的机关干

　　　①　郭晓惠等:《检讨书——诗人郭小川在政治运动中的另类文字》,中国工人出版社 2001 年版,第 251 页。
　　　②　俞平伯:《俞平伯日记选》,上海书店出版社 1993 年版,第 78 页。
　　　③　徐干生著,徐贲编:《复归的素人:文字中的人生》,新星出版社 2010 年版,第 67 页。
　　　④　王炳根、黄水英根据录音整理。

部,不管是什么人,作家、新闻记者,要下去和工农兵一起生活,向工农兵学习,是这么一种学校。但是我的资格不够,因为我岁数太大,老弱病残的不让去。"①紧接着冰心又以轻描淡写的口吻简单诉及下放生活并强调了这种下放体验引发的思想感情变化。更确切地说,是经历改造的知识分子对工人、农民阶级情感的巨大变化。发言并没有掩饰图解官方政策的主观意图。然而,冰心前后矛盾的说法显然不符合史实。尽管在那篇著名的编者按中,毛泽东确乎说过,"广大干部下放劳动,这对干部是一种重新学习的极好机会,除老弱病残者外都应这样做"②,然而在实际的执行过程中,被列入下放人员名单的人,老弱病残毫无例外,甚至不乏年迈多病者因劳染疾甚至殒命干校。同时,年已七旬的冰心在1970年1月随中国作协系统下放咸宁"五七"干校,2月10日接到李季(时任革委会副主任、副连长、三结合干部)通知回京,6月4日随同吴文藻所在的中央民族学院下放到沙洋"五七"干校,直至1971年8月7日与吴文藻一同返京。③然而,冰心在1973年的这篇发言中刻意隐瞒了自身的"文革"经历,更以一种轻描淡写的姿态对干校历史进行了选择性掩盖。在摩罗看来,"回忆是对历史的一种选择。在回忆的过程中,人们有意地记忆一些东西,遗忘另一些东西。在这种选择的背后,不动声色地站着回忆者的价值期待和文化理想"④。这也正体现了"说出未说出之物"这一哲学命题的玄妙所在。对于惯常穿透显性语言序列从探寻隐形权力机制的话语分析者而言,当冰心向公众放大着"文革"这幅历史画板的明快亮色时,那被掩入袖底的斑斑血污却在遮挡中显得分外鲜明。

　　"文革"历史的吊诡在于时代语境的翻转直接导致标签意义的彻底翻转。随着新时期的到来,控诉"文革"成为时代主潮。作为身份标签的"牛鬼蛇神"转瞬间成为苦难、正义的化身,而罪恶意识则被幸存者的荣耀取而代之。与此同时,作为革命指认的"五七战士"被视作思想改造运动的应声虫,

---

　　① 冰心著,王炳根选编:《我自己走过的路》,人民文学出版社2007年版,第213页。

　　② 《人民日报》1968年10月5日第一版"毛主席语录"。

　　③ 下放时间均来自冰心家信《致家里人》,详见冰心著,王炳根选编:《我自己走过的路》,人民文学出版社2007年版,第298页、317页,331页;回京时间参见卓如:《冰心全传(下)》,河北教育出版社2002年版,第211页。另,《我自己走过的路》序言中所载"冰心先后下放沙洋、咸阳干校"处有误,详见该书序言部分第15页。

　　④ 摩罗:《耻辱者手记——一个民间思想者的生命体验》,内蒙古教育出版社1998年版,第92页。

而乐感意识则堪称知识分子性遭遇时代炮烙的耻辱标志。我们对此种同质化的意义翻转同样要保持警惕。任何将苦难视为荣耀、把耻辱当成光荣的自我怜悯与自我歌颂都丝毫无助于对"文革"历史的深入反思。朱学勤在《我们需要一场灵魂拷问》中指出，"我们生活在一个有罪恶，却无罪感意识；有悲剧，却没有悲剧意识的时代。悲剧在不断发生，悲剧意识却被种种无聊的吹捧、浅薄的诉苦或者安慰所冲淡。悲剧不能转化为悲剧意识，再多的悲剧也不能净化民族的灵魂。这才是真正悲剧的悲哀！在这片乐感文化而不是罪感文化的土壤上，只有野草般的'控诉'在疯长，却不见有'忏悔的黑玫瑰'在开放。一个民族只知控诉，不知忏悔，于是就不断上演忆苦思甜的闹剧"①。

大多数干校知识分子在时代主潮内沉沉浮浮，然而一脉潜流自主流内分离而出，无声灌溉着思想的干涸土壤并最终催产出独立思考的花蕾。尽管，"五七"干校是围绕剥夺知识分子独立性而展开的改造运动，然而，"九一三"政治激变点燃了怀疑的火种，并对干校后期的实际生态产生了直接影响。干校后期，大多数审查过关的知识分子返回城市及工作单位，尚未回城的知识分子则以读书、写作、思考等方式填充漫长且无聊的等待时光。在制度日渐松垮、人心日渐涣散的干校里，读书、思考、写作等个体生活方式开始慢慢恢复。如顾准、张光年集中研读马列著作，并重新思考中国社会问题、经济问题及革命问题；牛汉一面痛心着囚禁中的华南虎"屈辱的心灵在抽搐"，一面期待着有一个"不羁的灵魂"凭借生命强力冲破牢笼（《华南虎》）；甚至连一向充满政治热情的郭小川②也不免对自己竭力讴歌的时代充满了困惑与疑问："团泊洼，团泊洼，你果真是静静的吗？"（《团泊洼的秋天》）……对于曾坚定不移追随政治运动的知识分子而言，这些疑问和困惑正是思想觉醒和思考独立的开始。

对于苦难过后的人文精神重建而言，"仅仅懂得苦难是不够的。苦难本身并不含有与苦难相抗拒的因子。只有当我们从苦难中生起耻辱感时，才是对苦难的反思，才有可能起而反抗苦难，才使得苦难无法把人吃掉，并且

---

① 朱学勤：《思想史上的失踪者》，花城出版社 1999 年版，第 199 页。
② 咸宁干校解散时，郭小川因未通过政治审查转入天津静海团泊洼干校继续改造。

有可能使人得到超越和升华"①。过多的眼泪会在释怀中将屈辱湮没,而唯有滴着血的伤口才是探究悲剧根源的催化剂。社会创伤经由记忆修复上升为文化创伤时,才更容易切近历史苦难的价值内核并进而为文化重建提供有益的启示。

第三节　围剿"黑八论":理论规范与批评范式的更新

如果说对作家队伍的身份改造是文学制度革新的核心环节,那么文学理论范式和文学批评范式的更新就是更为直接的思想武装的更迭。作为"文艺界的主要的斗争方法之一",文艺批评是中国当代文学制度建构过程中一股重要的力量。借助权力赋予的合法性,它不仅能够对已有文艺实践做出价值评判,也可以对之后的文艺生产产生示范和规约作用,从而在一定程度上推动当代文学制度的演进。由于受控于权力,它所凭据的不是审美性的文艺理论,而是权力持有者从意识形态出发制定的文艺政策。1966 年出笼的《纪要》是"文革"时期文艺批评的最高依据,那么破除"文艺黑线"专政就是彼时文艺批评的重要任务和目标,继而其代表性论点和理论基础——"黑八论"就首当其冲地成为被批判的靶心。一方面,通过围剿"黑八论",原来的文艺理论规范几近崩塌,理论倡导者失去话语权,多数已有的文艺作品遭到陪绑并被贴上"毒草"的标签,进而一套更符合权力需求的理论规范逐渐树立起权威,并最终参与到"文革"文学制度的搭建之中。另一方面,在批判"黑八论"及所谓"黑作品"的过程中,当代文艺批评不管在方式上还是目的上都进一步(或者说最鲜明地)显示出它的特殊性:它是披着文艺"外衣"的政治批判。正是在这两个方面,考察围剿"黑八论"的批判逻辑和实践显示出它的制度史意义。

《纪要》将"写真实"论、"现实主义——广阔的道路"论、"现实主义深化"

---

① 摩罗:《耻辱者手记——一个民间思想者的生命体验》,内蒙古教育出版社 1998 年版,第194 页。

论、"反题材决定"论、"中间人物"论、"反火药味"论、"离经叛道"论、"时代精神汇合"论合称为"黑八论",其中有些在"十七年"期间就已经受到批判,只是批判的侧重点不尽相同,有些则由"文革"主导者出于自身需要根据片语只词臆撰而成。通过分析,我们认为在以下三个问题上,较为典型地呈现出"文革"主流文艺思潮的批判逻辑。

一、反真实的"真实"问题

严格说来,"写真实"论、"现实主义——广阔的道路"论和"现实主义深化"论这三者之间并不完全等同,但是在"文革"文艺批评语境中,它们基本处于含混状态并被冠以"'写真实'反动理论的大杂烩"①之名,其倡导者也经常被笼统地捆绑在一起并受到相似的批判。其原因主要有:首先,以上三个理论都是在现实主义内部展开探讨的,尽管侧重点不同,对"真实"的强调却较为接近,即倡导文艺忠于现实,真实地反映现实,反对粉饰生活、回避矛盾,而这正是批判的焦点所在。其次,作为"文革"主流文艺思潮的主要批判对象,周扬等人的文艺观念并不是固定不变的,有时他们甚至会站在曾经的"敌人"的立场上。最后,在"文革"文艺批评体系中,以上争论绝不仅仅是文艺问题,它更多地服务于既定的政治意图。因此批判者为了达到最大的批判效应,往往调动一切可利用的资源和策略,摘取字句、生搬硬套、模糊实情的行为也时有发生。

综合"文革"前后的相关批判文章来看,其批判焦点主要有以下两个:

首先是"真实"与"阶级立场""世界观""社会主义精神"的关系问题。实际上,这也是二十世纪五十年代,周扬、林默涵、茅盾等人与胡风、秦兆阳论争的焦点之一。胡风和秦兆阳等都认为作家首先应该遵循自己的生活经验和主观感受,而不是先验地以"社会主义精神"和"无产阶级立场"为唯一指导,这样会导致抽象概念对客观真实的覆盖,对他们来说,真实性是现实主义的最高追求。而林默涵等人则认为表现"真实"首先是一个世界观的问题,即作家基于什么样的阶级立场来展现真实。与其类似,"文革"主流批评者指出"离开无产阶级世界观而侈谈反映客观真实,只能是资产阶级的障眼

---

① 王文生:《"现实主义深化"论的货色从何而来》,《文艺报》1965 年第 11 期。

法"①。从这个角度而言,似乎"文革"前后的批评者(主流文艺思潮)和被批评者(周扬等人)本可以握手言和,但事实远非如此。一方面,"文革"批判者紧紧抓住周扬关于"艺术的最高原则是真实"②的言论,而对其"新的现实主义的方法必须以现代正确的世界观为基础"③的强调视而不见,批判明显存在偏颇和片面性,这自然是出于政治斗争的需要。另一方面,两者虽然都强调世界观的重要性,但是相较于"文革"主流文艺思潮,周扬等人显然对"真实"存有更多的包容性。周扬在提出"艺术的最高原则是真实"时批评了杨绍萱将现代工人阶级思想赋予古代人物是反历史主义的看法,但在"文革"主流思潮看来这是对历史本来面目的恢复,显然分歧就已经出现。而在二十世纪六十年代初期的文艺调整中,为了打破教条主义对文艺创作的过度禁锢,周扬等人在文艺与政治之间更多地偏向了文艺,开始逐渐恢复作家的主观经验和个人感受④,表现出与此前的胡风、秦兆阳相似的主张。一旦"极左"思潮高涨起来,批判自然就不可避免了。曾经的批判者沦为被批判者,甚至连批判的角度也如此相似,这看似矛盾实际却表现出相同的逻辑,即政治对文艺的排挤和压制,并最终在"文革"时期走向了极端。

其次是能否写社会主义的"阴暗面"的问题。"写真实"论、"现实主义的广阔的道路"论以及"现实主义深化"论都反对文艺粉饰生活,回避矛盾。这就必然触碰到另一个由来已久的文艺议题,即能否暴露社会主义的"阴暗面"。早在《讲话》中,毛泽东就明确指出了歌颂和暴露的立场问题,并强调歌颂应该是主调。在经历了延安时期和二十世纪五十年代的大批判运动后,尽可能地歌颂社会主义生活的光明面,按照主流话语塑造无产阶级英雄基本成为想要明哲保身的作家们的创作共识。另外,二十世纪五十年代,秦兆阳、黄秋耘、陈涌等对"不粉饰生活""写阴暗面"的提倡不可避免地受到了周扬、茅盾、朱慕光等人的批判,如周扬认为这是对社会主义制度的怀疑,朱慕光则将其斥为修正主义思潮。随后的文艺"大跃进"以及反右倾等运动将

---

① 宇文平:《批判"写真实论"》,《人民日报》1971 年 12 月 10 日。
② 周扬:《改革和发展民族戏曲艺术》,《文艺报》1952 年第 24 期。
③ 周扬:《现实主义试论》,《周扬文集》(第 1 卷),人民文学出版社 1984 年版,第 157 页。
④ 如,周扬在肯定了"革命现实主义和革命浪漫主义相结合的艺术方法"的前提下指出,"应该由作家、艺术家根据他们本身的经验和条件自愿地掌握和运用,不能强求一律"(周扬:《为最广大的人民群众服务》,《人民日报》1962 年 5 月 23 日。)。

这种只能歌颂的思潮推向了一个小高峰。但是二十世纪六十年代初，文艺又一次在政治的调整空隙获得了喘息的机会。邵荃麟在"大连会议"上提出"现实主义深化"，倡导注重对人民内部矛盾的书写。周扬指出不能掩盖人民身上的创伤和缺点，何其芳也认为"无冲突"论是不可取的。显然面对浮夸成风和过度粉饰对文艺创作的戕害，周扬们这一次更多地偏向了文艺。实际上对于文艺应该表现矛盾的问题，周扬是持认可的态度的。延安时期他就指出"太阳中也有黑点"①，作家有自由写出各个方面；百花时期他认为应该"揭露社会主义制度的阴暗面"。但是和胡风们相比，周扬们所说的写出矛盾、不粉饰生活显然存在一个大前提，那就是社会主义生活的本质必然是光明的，因而邵荃麟强调的"现实主义深化"，更多的是要求作家展现出矛盾解决的复杂和艰苦的过程。但是这样有限度的"真实"也不能被"极左"思潮容忍，它只需要作家"透过脚手架将大楼看得一清二楚"②，而周扬们无疑是在"后院"东翻西找，也就是说在所谓的"两结合"中，邵荃麟希望强调现实深化基础上的浪漫主义，而"文革"时期的一些权力持有者需要的则是完全的浪漫主义，尽管他们承认马克思主义者的文艺应该有"真实性"，但其已经被抽象为一种完美理念，或说是"本质真实"，而周扬和胡风们都承认的"真实性"则已经被完全取消了。

因此在具体的文艺生产实践中，作家就需要自觉地站在无产阶级的立场上，以无产阶级世界观为指导描摹合乎主流意识形态的"真实"，"本质真实"成为唯一可被表述的"真实"，否则就会招致挞伐和批判。小说《上海的早晨》就是很有代表性的一例。丁学雷认为周而复不仅美化了资产阶级人物马慕韩，将其塑造为现实生活中不存在的"'没有两面性'的'红色资本家'"③，而且还污蔑了工人阶级，将汤阿英刻画得愚昧、懦弱，这显然是对阶级斗争状况的歪曲，是不真实的。桑伟川则为小说辩护，认为其"如实地反映了当时的阶级斗争，阶级矛盾"④，其刻画的资产阶级在正确路线指导下

---

① 周扬：《文艺与生活漫谈》，《解放日报》1941 年 7 月 17 日—19 日。

② ［苏］奥普恰连柯：《奥普恰连柯致格隆斯基的信》，倪蕊琴主编：《论中苏文学发展进程（1917—1986）》，华东师范大学出版社 1991 年版，第 341 页。

③ 丁学雷：《为刘少奇复辟资本主义鸣锣开道的大毒草——评〈上海的早晨〉》，《人民日报》1969 年 7 月 11 日。

④ 桑伟川：《评〈上海的早晨〉——与丁学雷商榷》，《文汇报》1969 年 11 月 20 日。

的转化是合乎客观实际的。为此,丁学雷指责周而复和桑伟川显然是站在资产阶级的立场上展开创作和批评的,他们所言的真实只是披着"红色"外衣的资产阶级的"客观如实",如果作家自觉地站在无产阶级立场上,就应该揭示出事物发展应有的规律,描绘"本质真实"。同样的批评逻辑也存在于对电影《北国江南》的批判中。林尘认为影片至少在三个方面脱离了生活真实,失去了艺术真实,即对党的领导、人民群众的革命英雄主义、干部作风的展现。为此林尘以自己亲身的采访材料为依据描述了"真实"的情况:党在"打井"过程中身先士卒,耐心提高群众觉悟且能迅速地遏制地富反坏分子的反革命行为;人民群众积极团结,表现出大无畏的英雄主义精神;乡村干部不仅工作到位,而且对群众关心周到。虽然我们不能妄下断语地判定这个"真实"的生活是林尘虚构出来的,但是林尘确实是以这个完美的"真实"宣判了《北国江南》的"虚假"。况且无论是对阶级斗争的突出,还是对英雄人物的塑造,《北国江南》实际上已经很接近"本质真实"了,但在政治权力看来这还是远远不够的。通过步步阉割,"真实"被简化为乌托邦式的存在,只有《沙家浜》那样可以为了凸显党在战争中领导地位而改变人物关系、修改情节结构的创作才是"历史真实性最高"的作品。

二、划定边界的"题材"问题

关于文艺"题材"的讨论也经历了一个较长的过程。由于《讲话》将文艺工作的方向定位为"为工农兵服务",新中国成立初"写小资产阶级"的作品和理论很快受到了批评。随后在批判胡风的文艺思想时,何其芳针对胡风关于"题材"的两个观点提出了异议。首先是题材是否存在差别的问题,胡风认为历史是统一的,所以无论描写谁的生活都是对历史一面的展现;而何其芳则认为作家选择哪种题材是由他的立场决定的。其次是题材是否决定作品价值的问题,胡风认为作品价值不取决于作品题材,而是由作家的战斗立场、创作方式和艺术成就决定;而何其芳虽不认同题材的绝对决定作用,但其重要性或者说第一性是不能否认的。由于胡风强调"主观战斗精神",因而他主张赋予作家更多包括选择题材在内的自由;而何其芳更多地认同文艺为政治服务,因而作家的主体性自然就被削弱了。虽然胡风的主张更益于文艺的发展,但他在论争中失败后,严苛限制作品题材和以题材判定价值的观念借反右、文艺"大跃进"等政治运动的助力占据了主导地位,并逐渐攀升。面对题材狭隘对文艺创作生命力的压制,夏衍、周扬、张光年等人尽管表达有异,但实际上都是希望在合适的范围里提倡题材的多样化,并适度地恢复作家选择题材的自由,而表现重大题材的首要原则基本是不容更改的,其重要地位也是得到普遍认同的。在这里,二十世纪六十年代初的文艺调整工作显示出了它的妥协性和有限性。但这种有限度的调整也不见容于主流意识形态。批判者认为"关于题材问题的争论,实质上就是两条文艺路线的一场尖锐斗争"①,而周扬等人则被判定为以文艺为突破口向无产阶级发动进攻。针对"题材多样化"的主张,批判者指出文艺为无产阶级政治服务,就必须写革命的阶级斗争题材,而夏衍等人提倡的"轻松愉快"题材、历史题材、家庭日常题材等则全被划进了资产阶级创作"自由化"的范畴;针对也要写"中间人物"的观点,批判者认为任何一个阶级的文艺,它"为什么人"和"写什么人",为谁服务和谁当主角,基本上是一致的,因此工农兵英雄必定是主角,其他人物只能成为陪衬;针对适度赋予作者选材自由的提倡,批判者认为这本质上就是反对作家深入工农兵、与工农兵相结合。很显然,从批判胡风到批判周扬、邵荃麟等人,文艺的"题材"范围完成了进一步的收缩,"题材"对作品的决定作用逐渐强化,作家选择题材的自由也几乎被取消了。

事实上,所谓反"题材决定"论、反"火药味"论和"离经叛道"论都不是明确提出的理论主张,只是根据所谓"四条汉子"、张光年、邵荃麟等人的一系列言论拼凑而成。周扬等人提倡"题材"的适度多样化,但并没有搁置文艺为政治服务、为工农兵服务的重大前提。但是批评者显然有意忽略了这个前提,从这个角度来看,这些因"题材"论争受到批判的人,更多的是承受了"莫须有"的罪愆。这一方面自然是出于权力斗争的目的。另一方面,如张光年认为的那样,有意将"题材"问题拉入"黑八论"其实是一种迂回路线,他们不敢公开反对"双百方针",因而通过对上述理论的批判推行"文化专制主义"②,这是有道理的。而批判"题材多样化"和将"题材决定"论推向极端其实是一体两面。在"文革"主导者看来,为政治服务是文艺天然的使命,当对文艺

---

① 闻工:《坚定不移地表现新的人物,新的世界——批判陆定一、周扬一伙的反"题材决定"论》,《人民日报》1972 年 2 月 28 日。

② 张光年:《驳"文艺黑线专政"论——从所谓"文艺黑线"的"黑八论"谈起》,《人民日报》1977 年 12 月 7 日。

政治功利性的重视和强调发展到极致,创作题材就必须与政治亦步亦趋。从将"写十三年"定为判定社会主义文艺的标准开始,一套严密的符合主流意识形态的题材规范已在建立之中,最终"主题先行"的原则将政治对文艺主题的决定作用正式确立下来。尽管"文革"期间的批评文章大都在理论上留有可供商讨的余地,但是在批判实践中,所有的许诺都落了空。由于对"度"的解释权始终掌握在批评者手中,因而不管他们将矛头指向何处都是"有理有据"的。

电影《早春二月》《舞台姐妹》都因此横遭批判。批判者认为《早春二月》中充斥着爱情、友情、同情和人之常情,却独独没有"敌情"、阶级斗争之情,其企图就是以对情的渲染消磨人民的阶级斗争意识。此外,电影的编导不但不去展现时代激流,反将镜头聚焦到一个虚构出来的"世外桃源",其用意也十分明显。在这里"讲述话语的年代"成为批判者着意强调的部分,他们认为在阶级斗争口号呐喊得如此高亢的二十世纪六十年代,文学创作应该指向当下的社会主义时代,表现工农兵的斗争和生活,而电影编导们却一直注视着过去,用光与影复现小资产阶级知识分子的思想感情,这其实是资产阶级同无产阶级在文艺战线上的斗争。也就是说,在批判者看来,身处时代狂潮的无产阶级文艺工作者必须要表现阶级斗争,塑造工农兵形象,否则他们就站在了资产阶级的立场上。表现什么样的题材俨然成为划分政治路线的一个重要指标,《早春二月》最终也被打为"离经叛道"论的一个典型文本。而在电影《舞台姐妹》中,导演谢晋试图把竺春花、邢月红选择的不同道路与政治力量的胜利、失败联系起来,并努力表现出"浓厚的充沛的阶级激情"①,但是它仍不能幸免于难。批判者认为编导以超阶级的"姐妹之情"覆盖了严肃的阶级斗争,对自甘堕落为资产阶级帮凶的月红,电影也流露出掩饰不住的同情怜悯,这无疑是调和阶级矛盾的表现。此外,批判者还将"清清白白做人,认认真真唱戏"这一所谓"竺春花道路"斥为资产阶级的人生观,认为这是脱离政治、远离阶级斗争的表现,影片耽溺于对个人命运的刻画,丝毫找不到政治事件、阶级斗争的影子。此外,批判者还指出在阶级斗争形势严峻的六十年代,电影编导却执着于宣扬资产阶级的人生观、艺术观,其中的反动性质是不言而喻的。最终《舞台姐妹》也被斥为"离经叛道"

---

① 谢晋:《清清白白做人,认认真真唱戏——〈舞台姐妹〉导演阐述》,《我对导演艺术的追求》,中国电影出版社 1998 年版,第 55 页。

论、反"火药味"论的代表。然而，在今天看来，《早春二月》《舞台姐妹》等作品之所以还能吸引人们驻足观影，其中最重要的元素就是作品中闪现的人性光辉和人文情怀，对艺术作品而言，这才是恒久不灭的魅力。

三、驱逐"中间人物"的"人物形象"问题

人物形象在叙事类文艺作品中的重要地位是不言而喻的，"写什么人"与作品题材之间有着密切的关联，写"中间人物""落后人物"也必然会牵涉现实"阴暗面"的暴露。因而，以上两个方面的论述已部分地涉及有关"人物"问题的论争。而对"中间人物"论的批判更是直接与此相关，虽然对"时代精神汇合论"的批判本属于哲学范畴，但当其渗透到创作中就更多地涉及人物创作等文艺问题。

周谷城的"时代精神汇合论"甫一发表，就遭到了姚文元的批判，随着《纪要》将其列入"黑八论"，周谷城被划成"资产阶级反动学术权威"并受到迫害。综合看来，姚文元对"时代精神汇合论"的批判，主要集中在以下两个方面：首先关于何为"时代精神"。姚文元认为周谷城将"时代精神"表述为"各个阶级各种意识的'汇合'"是超阶级的，而在他看来，"时代精神"就是指革命阶级精神。其次关于文艺应该如何表现"时代精神"。与第一个方面相配合，姚文元认为只有表现革命阶级的思想、斗争、生活等才能真正地展现"时代精神"。在阶级斗争高涨的时代，周谷城所谓的"汇合"言论很容易就会被扣上"阶级调和论"的帽子。而事实上，周谷城的表述确实存在不妥之处，如他认为表现为统一整体的时代精神在各个阶级和个人身上展现出来是不同的，而这种不同进入艺术作品即是创作的特征。这显然存在将复杂问题简单化的倾向。但是姚文元并不着意于学术范围里的讨论，而是直接站在阶级斗争的立场上，将时代精神缩小为革命阶级精神，并进而将文艺作品的表现范畴锁定在革命阶级内部，这进一步显示出以政治约束、规范文艺创作的意图。而具体到创作之中，批判"时代精神汇合"论的落脚点仍在于作品塑造什么人物、表现哪一阶级生活的问题。

在主流意识形态看来，既然文艺是为工农兵服务的，那么就应该集中笔墨表现他们的生活、思想和斗争。当工农大众已经翻身成为社会、历史的主人，他们也理应成为文艺作品中绝对的主角，这在"十七年"文艺工作者那里已是较为一致的认知。提出写"中间人物"主张的邵荃麟也不例外，他充分

肯定了塑造工农兵英雄的重要性和必要性,批判者却对此视而不见并宣称要"高高举起创造英雄人物这面鲜明的革命的无产阶级的旗帜,拔掉企图使社会主义文艺蜕化变质的'写中间人物'这面资产阶级的旗帜"①。综观数量繁多的批判文章可以发现,批判焦点主要有以下几个:首先是何为"中间人物"。尽管对"中间人物"有多个版本的定义,但批评者较为一致的看法是"中间人物"实际上是动摇于两条道路之间的落后分子,而且在多数情况下是处在人民对立面的。而邵荃麟所说的"中间人物"更多的是存在于人民内部的,他们占据着相当大的比重,而且"矛盾点往往集中在这些人身上"②。对此,批判者认为"中间人物"是一个反人民的概念,其用意是暴露生活"阴暗面",丑化工农兵形象,这是对社会主义现实的扭曲,是不符合实际情况的。其次是如何表现"中间人物"。多数批判者认为"中间人物"是可以出现在文艺作品中的,但是只能处于从属地位、作为英雄人物的陪衬存在,先进人物和英雄人物才是应该着意刻画的对象。为此批判者认为邵荃麟企图将"中间人物"推到文艺创作的中心位置,其实质是否定创造英雄人物的任务,在文艺作品中,以资产阶级人物取代无产阶级英雄。最后是"中间人物"的教育作用。针对邵荃麟以写"中间人物"的转化教育为引导的"中间人物"的观点,批判者认为这势必会将读者引领到资产阶级的方向上去,只有高大的工农兵英雄才能为群众树立典范。通过以上梳理可以看出,邵荃麟与批判者之间实际上是殊途同归的。其分歧在于面对政治对文艺的日益挤压,创作中的公式化、虚假化和概念化已经成为不容忽视的问题,邵荃麟认为要通过对"中间人物"的书写揭示出客观存在的人民内部矛盾,以此更好地发挥文艺的功利性,教育团结人民。而批判者则不以为然,认为只有塑造英雄人物,表达本质真实才能使文艺更好地为政治服务。在政治挂帅的二十世纪六十年代,显然后者更占据主导地位,而在体制之中的部分有艺术良知的文艺工作者则不可避免地成为众矢之的,最终邵荃麟所说的"中间人物"基本被驱赶下文艺的舞台,塑造无产阶级英雄人物成为文艺的根本任务。

如此一来,那些在塑造"中间人物"上用力的作品,如《三里湾》《创业史》

---

① 姚文元:《使社会主义文艺蜕化变质的理论——提倡"写中间人物"的反动实质》,《解放日报》1964 年 12 月 14 日。

② 邵荃麟:《在大连"农村题材短篇小说创作座谈会"上的讲话》,《邵荃麟评论选集》(上),人民文学出版社 1981 年版,第 393 页。

《山乡巨变》《赖大嫂》等，都不能幸免地被捆绑在一起遭到了批判，而这些作品恰恰都是备受邵荃麟肯定的。以西戎的《赖大嫂》为例，邵荃麟认为小说通过描写赖大嫂思想的转变，真实地展现了人民内部矛盾，也在一定程度上起到了教育作用。但批评者将其判定为"写中间人物的一个标本"①，认为作者在刻画人物方面存在着明显的歪曲现实、调和阶级矛盾的弊病。相似的批评也指向了马烽的《三年早知道》《我的第一个上级》、刘澎德的《老牛筋》和赵树理的《锻炼锻炼》等。综观以"写中间人物"受到批判的几个文本可以发现，赵树理、马烽、西戎等作者在很大程度上是从现实生活中存在的问题出发，他们同样重视文艺的功利性作用，希望为问题的解决提供渠道。为此，他们将矛盾具象化，塑造出"中间人物"，因此赖大嫂、"小腿疼"、马多寿、赵满囤等人也不是作为丰满的个人存在，与主流文艺所需要的英雄人物一样，他们也是观念的符号化，承担着预先分配好的功能。通过这样的设置，赵树理等人试图揭露矛盾所在，但是受制于当时的文学规范体系，他们其实是相当节制的，因此作为矛盾的化身的"中间人物"所展现出来的问题一般只局限于自私自利、损人利己、好吃懒做，不能紧跟革命潮流等表面问题，实际上并没有触及人性深处。在处理"中间人物"的问题上，以上作品还呈现出较为相似的模式，即个别"中间人物"在集体主义先进思想的教育和感召下转变为先进人物。可以说，承认矛盾的存在，从问题出发并尽力促成问题的解决，最终实现文艺对现实的教育作用，是赵树理等人塑造"中间人物"的主要动机和目的。这与邵荃麟提出"中间人物"论相通，也恰恰与主张写"本质真实"的主流文艺相悖，其受批判的命运也就不可避免了。

　　综观对所谓"黑八论"理论观点和创作实践的整个围剿过程即可发现当代文艺批评，尤其是"文革"文学批评的特殊性，它只是打着文学的幌子，实际上已与政治批判别无二致。首先，就批评目的而言，政治诉求取代文艺诉求成为首要甚至唯一的目的。韦勒克曾指出，无论批评家的立场多么大相径庭，文学批评却致力于一个共同的目标，即"理解文学和评价文学"②。然而"文革"文学批评实际上却背离了文学这一最初目标和最终旨归。为了实现政治目的，批评者需要在文学上彻底否定"十七年"，为此他们创造了"文

---

① 紫兮：《"写中间人物"的一个标本——短篇小说〈赖大嫂〉剖析》，《文艺报》1964 年第 11、12 期。

② ［美］雷纳·韦勒克：《近代文学批评史（第 1 卷）》，杨自伍译，上海译文出版社 2009 年版，第 16 页。

艺黑线专政"论；为了力证"文艺黑线"的事实存在和流毒至深，他们主观上拼凑和筛选出所谓"黑八论"和"黑作品"，进而再寻找依据对其大加挞伐。这种由目的索引出批评对象的做法显然不是为了推动文艺实践的发展和进步。其次，就批评依据和批评方法而言，完全贴合意识形态的文艺政策成为最高依据。如前所述，新中国成立后的文艺批评是依循主流意识形态制定的文艺政策开展的，如果说"十七年"文艺政策还在保证政治正确的同时，时而为文艺留出喘息的机会，那么"文革"文艺政策则几乎实现了对主流意识形态的彻底体现。在据此展开的批评实践中，艺术自身的理论原则和批评术语基本上被抛弃，"阶级斗争""战线""专政"等成为"文革"主流批判者手中屡试不爽的万灵弹药，政治化、军事化的批判术语充斥着整篇批评文章。更严重的是所谓"姚文元式"批评的大范围出现与模仿，那种无限上纲上线的"棍棒式批评"不单是对文艺生命的扼杀，也是对人类自身逻辑常识的腐蚀。再次，就批评主体而言，以往专业的文艺批评家、理论家的话语权被剥夺，取而代之的是遵循主流意识形态的批判小组或个人。虽然《纪要》声称要打破文艺批评家对文艺批评的垄断，将批评权力转交给广大工农兵，进而开展革命的群众性文艺批评，但其实藏在这副假面背后的是政治权力，批评权力的移交最终实现的不是批评专业性（精英化）向群众性（大众化）的转换，而是政治性对文学性纤介不遗的覆盖。最后，就批评定论的方式而言，以行政命令处理学术争议、以政治权力消除异端文艺思想成为最主要的方式。《在延安文艺座谈会上的讲话》指出在文学批评中"政治标准第一，艺术标准第二"，而政治标准的解释权自然掌握在政治权力手中，他们也就相应地拥有了对一项文学实践做最终价值判断的话语权。自此之后的文学批评基本没有跳出这一窠臼，但它至少还在一定程度保留着批评者与批评对象之间的互动关系，如胡风分别于 1948 年和 1954 年针对当时的批评借《论现实主义的路》和"三十万言书"做出辩驳，尽管随之而来的是更加猛烈的炮火，但这起码显示着批评与反批评这两种力量的存在。而在"文革"文学批评模式中，批评对象基本处在失语的状态，他们没有权力也没有渠道发出自己的声音，哪怕是自我忏悔的声音，最终只能默默地接受政治制裁，成为权力的祭品。

第二章　新的文学制度的全面构建

　　"十七年"文学制度既然在整体上被作为"旧"的制度进行了否定,那么对于新的文学制度构建来说必将是全面的和系统的。无论是文学生产、文学传媒、文学组织、文学会议,还是文学批评、文学教育、文学宣传、文学激励机制等都面临着重新规范的问题。这种远离文学自身发展规律的革命性的制度变革方式必然使新的文学制度带上了独特的时代印记。从上一章所涉及的事件,以及本章将要论及的一些事件来看,许多运动式、斗争性或政治领域的事件或者相关的些许举措,虽然貌似既非"文学"事件,亦非"制度"事件,然而它们却莫不与旧制度的破除以及一种无形的新的规范体系的全面构建息息相关。

　　整体来说,"十七年"文学制度在经过一系列的批判、转化与重组后最终走向了"文革"文学制度。作为文学制度的革命实绩最有力的证明,文学创作理所应当地被纳入"文革"文学制度的监管之中。在全盘、系统、彻底地否定了"十七年"文艺,甚至是二十世纪三十年代以来的文艺成就以后,如何迅速且"高质量"地为"无产阶级文艺的新纪元"献上累累硕果就成为"文革"文学制度主导者最迫切的文艺课题。基于此,"文革"期间的主流文艺创作基本上都是在文学制度主导权力的主导之下完成生产的,只是不同阶段的主导方式不尽相同。

第一节　"文革"主流文艺创作的生产机制考察

一、权力对"红卫兵"文艺创作的规约

"文革"初始,原有的文艺组织机构基本瘫痪,文艺刊物被迫停刊,文艺

创作队伍更是遭到全面清理,表面上看来,在这个背景下出现的"红卫兵"文艺更像是一种脱离制度束缚,兴起于民间,有"广泛的群众性参与"的"地下文学"①,然而仔细考察即可得知,它的发展和走向依然处在权力的规约之下。

首先,"红卫兵"文艺是"红卫兵"运动的产物,一开始便带有明显的政治功利性,文艺的自足性十分有限。随着"极左"思潮的不断激化,青年一代开始以"红卫兵"的组织形式参与"无产阶级专政下"的"继续革命",他们在参与大规模造反活动之余,也以文艺的形式反映火热的斗争生活,并将文艺发展成另一个重要阵地。而"红卫兵"文艺的服务对象——"红卫兵"运动,尽管在开始阶段是由学生自发组织的,但实际上很快就被招致权力的麾下,运动逐渐演变为"毛主席挥手我前进"的盲目跟从。"继续革命的学说显示出'极左'分子绝对喜欢群众活动,而不是制度化。"②对政治权力而言,"红卫兵"运动是由"天下大乱"实现"天下大治"的一个助力。"中央'文革'小组"则成为一个中介,权力通过其控制"红卫兵"运动的进程,并不断以指示和批评的形式对运动走向实施引导③。一旦"红卫兵"运动超出了政治控制的范围,被遣散的命运也就不可避免了。1968 年底,大批知识青年被下放农村,喧嚣一时的"红卫兵"运动也随之走入历史,"红卫兵"文艺也渐趋于无。其次,作为"红卫兵"文艺发表的重要园地和传播途径,"红卫兵"小报也为政治权力所管控。1966 年 8 月 22 日创刊的《新北大》是最早的"红卫兵"小报,随后全国各地的"红卫兵"组织也开始创办发行自己的报纸。表面上看来这为"自由表达"提供了更大的公共空间,然而《中学"文革"报》刊登《出身论》之后,很快就收到了来自"中央'文革'小组"的指示,即大方向错了,必须'悬崖勒马'"④,而在戚本禹将《出身论》定性为"毒草"后,《中学"文革"报》被叫停,作者遇罗克则被处死。事实上,"红卫兵"组织使用印刷机器、出版报纸等权力本来就是"文革"小组以中央委员的名义授予的⑤,而诸如《兵团战

---

① 杨健:《墓地与摇篮——文化大革命中的地下文学》,朝华出版社 1993 年版,第 2 页。

② [美]詹姆斯·R.汤森、布兰特利·沃马克:《中国政治》,顾速、董方译,江苏人民出版社 1996 年版,第 152 页。

③ 例如,"中央'文革'小组"曾为部分"红卫兵"组织指明攻击的高层官员,并向其提供材料以作为批判的根据,对刘少奇和邓小平的批判就是如此。

④ 牟志京:《遇罗克·出身论·中学"文革"报》,《百年潮》1999 年第 1 期。

⑤ [美]R.麦克法夸尔、费正清编:《剑桥中华人民共和国史(下卷):中国革命内部的革命 1966—1982 年》,俞金尧、孟庆龙等译,中国社会科学出版社 1992 年版,第 145 页。

报》等小报后来都受到"中央'文革'小组"的直接支持并由自发行改为由邮局负责发行。此时的"红卫兵"小报除报导运动实况以外，还大量刊登中央首长的批示或直接转载"两报一刊"的内容，这说明"中央'文革'小组"，"即当时所说的'无产阶级司令部'，越过了各级党组织与国家行政机构，通过报纸杂志来与群众直接联系，来贯彻战略部署与意图"①。

由此，尽管形式多种多样，但在权力的规约下，"红卫兵"文艺在内容和表达上显示出明显的趋同性，这主要表现在以下几个方面：

第一，内容局限于歌颂和斗争两个主题。尽管随着运动的深入，"红卫兵"内部由于利益争夺、观念差异等原因分裂为不同的派系，但宣扬毛泽东思想和批斗资产阶级反动权威、思想等基本是共同的选择，在此指导之下的文艺创作的主题也就无外乎歌颂与斗争两个类别了。《写在火红的战旗上——红卫兵诗选》共分为八编，收编了 1966 年到 1968 年间全国范围内的"红卫兵"小报诗歌，从编目来看，其内容基本可以归为颂歌和战歌两类。在《放开我，妈妈！》②中，作者以"儿子"的口吻向"妈妈"更向读者转述了惨烈的武斗状况，同时也表明了一代"红卫兵"的热血和信念。不断斗争的时代使命使"儿子"不顾人伦亲情，决绝地离开担忧的母亲。即使在本应该感伤的离别时刻，痛陈过往家史，陈述斗争决心，表明胜利信心等革命话语完全挤压掉私人话语成为主导，诸如"阶级斗争""红旗""造反有理"等时代主流话语也几乎占据了母子对话的全部篇幅。《造反者日志》《人间开遍革命花》等则对造反斗争进行了直接记录，如"天塌下来地接到，／砍掉脑袋碗大疤，／碧血洒在赤旗上，／人间开遍革命花"③等。由于对"资产阶级反动派"的界定本来就不清晰，因而"红卫兵"的矛头指向并不明确，除了批斗对立的派系，将投枪对准政治权力指明的对象是多数"红卫兵"组织的选择。因而斗争题材的"红卫兵"诗歌大都紧跟时代，也就具有了一定的记录历史的价值。相对而言，歌颂主题的文艺创作有着十分明确的对象，即毛泽东、党、革命事业、无产阶级等，其中献给毛泽东的颂歌最有代表性。《写在火红的战旗上》就是献给"红卫兵的最高统帅毛主席"的，其中收录了多篇赞颂毛泽东的诗

---

①　王家平：《文化大革命时期诗歌研究》，河南大学出版社 2004 年版，第 22 页。

②　吴克强：《放开我，妈妈！》，原载武汉钢二司宣传部《武汉战歌》，1967 年 8 月。

③　《人间开遍革命花》，首都大专院校红代会《红卫兵文艺》编辑部编印：《写在火红的战旗上——红卫兵诗选》，1968 年版，第 46 页。

歌。"红卫兵"们不仅热情宣泄对领袖的崇拜之情,还公开声称是为毛泽东而战,一切与毛泽东相关的语录、像章等都被举到至高无上的地位。在舞剧《井冈山之路》中,"老红卫兵"不允许造反派"红卫兵"佩戴毛主席像章,造反派"红卫兵"就毅然将像章别在自己的皮肉里。这一方面反映出当时的派系斗争之激烈;另一方面则表明尽管分属不同派系,但领袖形象对"红卫兵"而言都是相同的神一样的存在。

第二,"红卫兵"文艺呈现概念化、模式化特征,且具有一套意义固定的意象系统。早期的"红卫兵"文艺大都是一些水平较低的顺口溜、歌谣等,作者大都直接将革命口号和领袖语录嵌入其中,千篇一律地涂抹着狂热的时代色彩。到1967年夏天,"红卫兵"文艺逐渐达到高潮并逐渐形成一套意义固定的意象系统。庞德认为"意象"是"一种在瞬间呈现的理智与感情的复杂经验",是"各种根本不同的观念的联合"[①]。然而在"红卫兵"文艺创作中,意象的复杂性和多义性几乎被彻底取消,意象的象征意义几乎都很单一,能指和所指之间的关系较为固定,这在"红卫兵"诗歌中表现得尤为突出。红太阳、红旗、葵花、青松、雄鹰等都是作者表达歌颂情感时经常使用的意象,如"一轮红日照东方,/毛主席来到天安门城楼上。/百万师生齐欢呼,/心中升起了红太阳"[②]。而东风、西风、鲜血、黑、毒草、狗等意象则常常出现在斗争主题的诗歌中,如"西风残照,/瘦马穷途。/苏修魔鬼集团必然完蛋,/'十月革命'的风暴必将再次怒吼"[③]。另外,在二元对立创作思想的指导之下,意象之间的界限也十分明确,红与黑就是鲜明对立的两个色彩意象。在"红卫兵"诗歌中,红太阳这一意象和领袖之间基本可以实现等值替换,而"红宝书"则专指毛泽东的著作,红旗指的是无产阶级的正确路线⋯⋯在《纪要》提出"黑线专政"这一理论以后,黑就被确立为"他者"的专属颜色,如批斗刘少奇、走资派的诗歌,"黑司令刘少奇,/我们就是要和你干到底! /你那个黑《修养》是什么混账的东西?"[④]等。

第三,"红卫兵"文艺整体上而言是非艺术性的,暴力、粗鄙是它较为突

[①] [美]雷·韦勒克、奥·沃伦:《文学理论》,刘象愚等译,生活·读书·新知三联书店1984年版,第202页。

[②] 李怀堂:《毛主席就是我们心中的红太阳》,北京矿业学院《红卫兵战报》1966年第6期。

[③] 雷厉:《叛徒的嘴脸》,外交学院《红卫战报》1967年2月23日。

[④] 《革命造反派的脾气》,七机部916革命造反兵团宣传勤务部《造反有理》第11期。

出的话语特征。作为"红卫兵"运动衍生物,"红卫兵"文艺承续了运动本身所具有的造反特征,战斗性和革命性是它所强调的品格。在大多数"红卫兵"文艺作品(尤其是表现斗争主题的作品)中,杀、揪、烧、砍、死、压、雷劈、打倒、造反等都是经常出现的词语,将批判简单化为直接的人身攻击的写法更是比比皆是,如"刘少奇算老几/老子今天要揪你!/抽你的筋,/扒你的皮,/把你的脑壳当球踢!/誓死捍卫党中央!/誓死捍卫毛主席!"①。在抽掉其中的政治词语以后,这首歌谣就只剩下低俗的谩骂,虽然毫无艺术性可言,却得到了政治上的认可。除了因为歌谣内容符合主流思想以外,这种暴力、粗鄙的话语形态其实也是在对主流话语形态的模仿中生成的。如果说,主流文艺批评中的军事化用语是其源头之一,那么"文革"期间盛行的"大字报"则是更直接的示范。由于"大字报"被定性为"新式武器",快、准、狠地将对象击倒是它的目的,这自然导致了文字的暴力、直白、粗鄙。"红卫兵"文艺的创作者不仅处在"大字报"的耳濡目染之中,有的还是"大字报"的直接写作者,如此一来相似的话语形态也就自然生成了。

二、权力对革命样板戏的"定制"

总体看来,革命样板戏的"定制"程序大致可分为"加工定型"与"权威性包装"两个步骤。首先是"加工定型"。可以说,作为一个文学样式,革命样板戏完全孕育于权力的政治意图。在"文革"文学制度推行者看来,只有尽快地将文艺政策付诸实践,树立起无产阶级文艺的样板,"才有说服力,才能巩固地占领阵地,才能打掉反动派的棍子"②。革命样板戏的生成更像是推行者的一项战略部署,因而他们着重突出过程中的领导权问题。《纪要》强调"领导人要亲自抓,搞出好的样板",而在实际的操作过程中,权力在实现全局统筹领导的前提下,更将触角甚至是个别领导者的私人偏好渗透至文艺创作内部,就连细枝末节处都逃脱不了权力的把控。在如何着手的问题上,样板戏主导者提出剧本是关键。但原创所需周期较长,为此"移植"就成为主要方法,而"移植"对象的选择权依旧握在权力手中。1964 年举办的全

---

① 《刘少奇算老几》,首都大专院校红代会《红卫兵文艺》编辑部编印:《写在火红的战旗上——红卫兵诗选》,1968 年版,第 49 页。

② 《林彪同志委托江青同志召开的部队文艺工作座谈会纪要》,《人民日报》1967 年 5 月 29 日。

国京剧现代剧观摩演出大会显示了传统京剧现代化的实绩,其间上演的《红灯记》《芦荡火种》《红色娘子军》《智取威虎山》被选定为革命样板戏的原型。随后样板戏主导者开始调集全国一切优秀资源对上述剧目按照政治要求进行修改,在此过程中,行政命令碾压艺术规律成为最高的修改准则,样板戏的内容走向、艺术风格甚至细节都要经过权力的层层把关之后方能定型。如,江青不顾芭蕾舞自身的艺术规律将洪常青定为《红色娘子军》的主角,甚至连衣服上补丁的位置都要苛责。显然,这是一个单向度的机制,文学自身的自主性、独立性已几无还手之力,只能全盘接受权力的安排。1967 年 5月,经过精心修改的革命样板戏终于登台亮相,《人民日报》旋即发表评论员文章将其正式命名为"八个革命样板戏"。此后,权力一面以"精益求精"的姿态继续调整和修改以上剧目,一面又推出了新的革命样板作品①,革命样板戏的系统由此不断得到完善。

　　其次是"权威性包装"。为了巩固样板戏的"样板"地位,主导者几乎动员了一切力量和方法:第一,通过其控制下的报纸杂志等主流声音渠道,拔高样板戏的成就,凸显样板戏的重要性。《红旗》杂志、《人民日报》等纷纷发表文章欢呼革命样板戏的诞生,盛赞其为无产阶级文艺树立了光辉典范,甚至还炮制出"空白论""纪元论"等说法吹捧样板戏的空前成果。第二,确立革命样板戏的神圣性与正统性,提出"保卫革命样板戏"的口号。"文革"期间,只有获得官方承认的"样板团"演出的样板戏才具有合法性,其他剧团都必须进行严格的复制式演出,小到招式化妆,大到灯光布景都不能有差池,否则就是"破坏革命样板戏"。第三,广泛掀起"学习革命样板戏"的浪潮。1970 年,《人民日报》发表文章指出学习和宣传样板戏是群众文艺的中心内容,并认为这会推动全社会的思想变革②。样板戏的剧本甚至被提升为革命文件,各个文艺领域都需要借鉴样板戏经验展开创作。第四,丰富样板戏的传播渠道,以达到最大的宣传效果。除在全国范围内开展演出外,样板戏的剧本大都在"两报一刊"上公开发表,并配有专门的评论文章。1968 年,为了将样板戏推往全国并长久地保留下来,中央决定有计划地将样板戏搬上银幕,在"还原舞台,高于舞台"的指示下,电影不过是对舞台演出的影像化记录。

----

　　① 主要有钢琴协奏曲《黄河》,革命现代京剧《龙江颂》《红色娘子军》《平原作战》《杜鹃山》,革命现代舞剧《沂蒙颂》《草原儿女》,革命交响音乐《智取威虎山》等。

　　② 《群众文艺是一条重要战线》,《人民日报》1970 年 12 月 10 日。

样板戏主导者以革命样板戏开创"无产阶级文艺的新纪元",强调"新纪元"就代表了断裂的强烈主观愿望,因而主导者希望它从头至尾都是无产阶级意识形态的表现,希望它的无产阶级性质是纯洁而无丝毫瑕疵的。在这种特殊追求的指导下,革命样板戏的生产机制主要表现在以下两个方面:

第一,"根本任务论"为革命样板戏确立了明确的创作方向。1966年,《纪要》明确将"努力塑造工农兵的英雄人物"确立为"社会主义文艺的根本任务"①。显然这一具有无上合法性的规约条目是包含着明确的政治意图的:一方面,这实际上是阶级斗争思想在文艺领域的投射。无产阶级虽然已经取得了政治、经济上的胜利,但在文艺战线上还没有获得完全的主导地位,唯有塑造出恢宏的无产阶级英雄谱系,才能将才子佳人、帝王将相等非无产阶级的主人公赶下文艺舞台,获得文艺领域的统治权。"革命样板戏的创作,就不是单单搞一两出戏的问题,而是一场激烈的阶级斗争,让工农兵成为舞台的主人,为巩固社会主义经济基础,巩固无产阶级专政服务。"②另一方面,这实际上对新中国成立以来关于"题材"问题的数次纷争下了最终的定论,其他题材均遭罢黜,唯现实革命题材登上独尊地位。要塑造无产阶级英雄人物,文艺作品就必定要展现无产阶级革命斗争的历史和现实,由此十几部革命样板戏基本上实现了对中国共产党各个历史阶段的巡礼:《红灯记》《沙家浜》等讲述了抗日战争时期的斗争状况,《智取威虎山》反映了内战时期解放军的战斗生活,《龙江颂》描述了共产党领导下的社会主义建设时期的生活和阶级斗争……样板戏主导者试图通过精心的选取和铺陈,以革命样板戏的艺术形式展现共产党领导下的"雄伟壮丽的中国革命的历史画卷"③。

第二,"三突出"是革命样板戏的创作原则。1968年,于会泳将江青关于塑造工农兵英雄人物的指示归纳为"三个突出",后来姚文元加工润色了这一说法,并将其规定为"无产阶级文艺必须遵循的一条原则"④。由于样板戏是表演艺术,在外在形式上,灯光、音乐、镜头等都要为主要英雄人物服务。此外,样板戏大都脱胎于"文革"前创作的作品,实际上并不具有原创

---

① 《林彪同志委托江青同志召开的部队文艺工作座谈会纪要》,《人民日报》1967年5月29日。

② 初澜:《京剧革命十年》,《红旗》1974年第4期。

③ 初澜:《中国革命历史的壮丽画卷——谈革命样板戏的成就和意义》,《红旗》1974年第1期。

④ 姚文元最终将"三突出"表述为:在所有人物中突出正面人物;在正面人物中突出英雄人物;在英雄人物中突出主要英雄人物。(姚文元:《努力塑造无产阶级英雄人物的光辉形象》,《红旗》1969年第11期。)

性,因此依据"三突出"原则进行修改就成为最重要的一环,而删减和强化则是最有效和常用的两个方法。所谓删减,一方面是指减少或删除底本中的次要人物。如《智取威虎山》砍掉了小说《林海雪原》中的一撮毛、蝴蝶迷等反面形象,而将笔墨集中于烘托原作中并不十分突出的杨子荣。另一方面是指尽可能地减少英雄人物的非革命性。为了突出英雄人物纯洁的革命性,样板戏对原本的人物形象进行了彻底的提纯。他们集所有高贵品质于一身而不掺杂任何瑕疵,是"高大全"的如同神一般的存在。此外,诸如爱情、亲情等日常情感也被摘除干净,阶级情谊与仇恨是成为英雄人物的全部情感构成。这在《白毛女》版本的演变中表现得十分突出:在1945年的歌剧中,喜儿与大春是未婚夫妻;在1950年的电影中,爱情甚至是被着重突出的一个主题;而到了芭蕾舞剧中,喜儿与大春之间的关系就被置换为纯粹的阶级情谊。与此同时,样板戏中女性的另一半要么缺失要么从不出场,如李奶奶、阿庆嫂等,她们身上的女性特征也被删减殆尽。所谓强化,指的是强化阶级意识,在激烈的阶级斗争中磨砺英雄人物的品格。写好阶级斗争被视为"反映社会主义时代的斗争生活"的"关键问题"[1],由此,样板戏中的阶级意识得到了凸显和夸大,除了将亲情、爱情等伦理情感全部替换为阶级情谊以外,样板戏着力强调了阶级仇恨。仍以《白毛女》为例,在较早的歌剧中,杨白劳是一个懦弱的农民形象,在被逼以女儿抵债以后,他绝望地自杀了。而改编后的芭蕾舞剧增加了杨白劳身上的反抗性,他拒绝签卖身契并奋力反抗直至被打死。同样,喜儿形象也被赋予更多的阶级意识,她不再对黄世仁抱有幻想而只剩下彻骨的仇恨,歌剧中的孩子则因为混淆了阶级界限被删减掉了,以此显示阶级矛盾的不可调和性。

由此,革命样板戏实际上"发展形成了一种审美的符号,起到了反对其他文学实践的边界功能",并获得了"某种无限的有效性","决定了在特定时期什么才被视为文学"[2],"文革"时期的"地上文学"都不可能跳出这个规定性的制度。

---

① 初澜:《中国革命历史的壮丽画卷——谈革命样板戏的成就和意义》,《红旗》1974年第1期。

② [德]彼得·比格尔:《文学体制与现代化》,周宪译,《国外社会科学》1998年第4期。

三、革命样板戏对其他主流文艺创作的示范

革命样板戏的生成不但使无产阶级新文艺有了"经典性"成果,更以对"文革"文学规范彻底的实践为其他文艺创作提供了具体的样本。"文革"后期,小说、电影、诗歌等各个门类都出现了一批备受权力认可的作品,其中小说《金光大道》《虹南作战史》、诗歌《西沙之战》、电影《闪闪的红星》《春苗》等较有代表性,而它们身上自然显现着深深的样板戏烙印。

借鉴样板戏经验,以上主流文艺作品多由集体创作,即便是个人署名的作品,也是聚集多方力量、经多人修改的结果。小说《虹南作战史》由"上海县《虹南作战史》写作组"创作,《牛田洋》的作者"南哨"实为当时广州军区组织的一个写作组,抒情长诗《理想之歌》署名"北京大学中文系七二级创作班工农兵学员集体创作",电影《春苗》同样是由多人编写而成……随着样板戏经验的推广,肇始于解放区文艺实践的集体创作方法,俨然成了这一阶段最重要的文艺生产方式。然而,京剧、芭蕾舞剧等综合性艺术的产生本来就离不开多方资源、力量的相互配合。相对而言,小说、诗歌等显然更应该是个人化的成果,而集体创作的强制推行势必会引起"水土不服",甚至导致多数作品的不堪卒读。但对政治要求而言,以艺术规律的牺牲换取政治意识形态的彰显是理所应当的。作为"文革"期间的"小说样板",《虹南作战史》是一部典型的集体创作作品,其生产流程可作如下表述:主导者决定编写一部反映"农村两条路线斗争"的作品——组织写作组(由农村基层干部、贫下中农记者和专业编辑组成)——召开调查会——四易其稿,写成报告文学《号上作战史》——印发"征求意见稿"并听取广大工农兵、革命干部、革命知识分子的意见进行修改——定稿为小说《虹南作战史》。显然,从立意到具体的创作过程到最终定稿,《虹南作战史》都集结着多方面的资源、意见和力量。而《金光大道》虽然名为浩然的个人创作,但其实也烙刻着集体的印记。韦君宜回忆道,"《金光大道》的架子实际上是有编辑帮他搭的。先买公粮,后合作化……",即使故事与抗美援朝无关,作者也必须接受编辑组长的意见"把抗美援朝添了进去"①。在这种文艺生产方式的规约下,作品的主题思想走向就不由创作者个人决定,而取决于主流意识形态的要求,进而图解政治成为文艺作品最重要的内容,有时甚至会根据时政的变化灵活变更。

---

① 韦君宜:《思痛录(增订纪念版)》,人民文学出版社 2012 年版,第 155 页。

电影《春苗》就在话剧《赤脚医生》的基础上，通过大量的修改实现了主流话语的影像化。话剧《赤脚医生》本是响应毛泽东的"六二六"指示创作而成的，其主旨是宣扬"全心全意为人民服务"的精神。而《春苗》则更彻底地配合了"文革"运动的重点，即"整党内那些走资本主义道路的当权派"，所有的电影元素都围绕这一主题构筑起来，院长杜文杰被包装为地主阶级钱济仁在党内的代理人、"走资派"，春苗则成为与之做顽强斗争的"无产阶级英雄"。为了突出影片主旨，集体政治话语完全排挤掉个人话语，主人公春苗的台词则毫无个性可言，与其说它是对个人内心的传达，不如说是对政治文件的复述。显然，受制于隐含在集体创作方式中的"主题先行"原则，文艺创作基本成为主流话语的传声筒。

在塑造"无产阶级英雄人物"方面，以上主流文艺作品也深受样板戏的影响。首先比照样板戏人物模式，主流文艺作品大都赋予人物鲜明的阶级身份，并将他们置于"两军对垒"的阶级斗争情境中。如小说《虹南作战史》围绕着"农村两条路线斗争"的主题，设计了以洪雷生为代表的正面人物，以浦青华等为代表的反面人物，通过贫下中农与各种反面力量的斗争凸显了党内"两条道路"的斗争。电影《决裂》同样从路线斗争出发塑造人物，主人公龙国正显然是贫下中农受教育权益的捍卫者，是无产阶级的英雄，而知识分子出身的副校长、教授们则是老旧教育制度的代理人，是资产阶级的帮凶，影片以两个阵营的斗争推动故事，也以路线斗争的模式图解了毛泽东的教育思想。显然，不管是正面人物还是反面人物，他们都接受了鲜明的功能分配，他们不是具体的个人而只是主题的傀儡，其阶级身份决定了他们各自的言行举止、思想倾向，甚至是最终的命运。其次借鉴样板戏经验，调集一切资源凸显无产阶级英雄人物的正面形象。革命样板戏大都赋予英雄人物浓眉大眼、高大健壮等外貌特征，通常还以衣着表明身份特征，以音乐、灯光等烘托人物形象。电影《春苗》明显也采用了这些手法。从外貌上讲，春苗符合样板戏的要求，正面、正义、正气，而服装也十分符合其贫下中农的身份。另外，镜头语言也是突出人物形象的重要方式。影片数次给予春苗特写镜头，以此突出春苗无产阶级英雄的正面形象，并力图通过对面部表情的捕捉展现人物的阶级仇恨等情感。而春苗的手也是镜头一再聚焦的对象，显然这是有意为之，其不仅强化了春苗贫下中农的身份，也是对杜文杰"拿锄头的手不能拿针头"的有力反驳。同时，音乐也被用来凸显春苗的英雄形象,影片的主题曲《春苗出土迎朝阳》类似于样板戏中为主人公设计的主题音乐,其唱词唱出的俨然就是春苗成长为无产阶级英雄人物的历程。由于电影和样板戏同为视觉化、表演性突出的艺术,因而在借鉴样板戏经验塑造英雄人物时,电影十分方便有利。与之相比,小说、诗歌等则大都只能在外貌描写上用力,如"阿沙老船长/高大魁梧/岩礁般的坚强/双手叉腰/注视敌情"("诗报告"《西沙之战》)等。与此相对应,不管是在电影还是小说、诗歌中,反面人物也大都被妖魔化处理。最后,以样板戏人物为标杆,去除英雄人物身上的人情味,突出其革命、斗争等阶级思想。在"文革"思维逻辑中,爱情、亲情等日常情感都被贴上了资产阶级标签,因而无产阶级英雄身上大都鲜有私人化情感的浸染。如前所述,样板戏中的女性不仅普遍去女性化,而且基本站在爱情甚至婚姻之外,阶级情感是她们唯一的情感内容。而《虹南作战史》等一系列样板戏影响下的主流文艺创作也大都将私人情感视为书写禁区,试图通过这种彻底纯化的处理方式,凸显英雄人物的本质属性和道德崇高。然而,不少研究者在谈到浩然的《金光大道》时认为这同样是一个只有阶级斗争没有情爱描写的文本,这其实是不符合事实的。小说中,浩然不仅设置了多对恋人关系,还将作为绝对主角的高大泉置于与吕瑞芬的夫妻关系中。相对于其他主流文艺对情爱的规避,《金光大道》表现出了一定的突破性,其中甚至不乏大胆的情爱场景描写。但是,分析高大泉对待爱情的态度即可发现,浩然仍然是在政治规范的框架内塑造无产阶级英雄人物的。小说颇为大胆地描写了高二林与钱彩凤之间的爱情画面,但这明显被涂抹上资产阶级的油彩。高二林显然是一个急需高大泉拯救的对象,而高大泉作为一个无产阶级英雄,势必要告诫高二林把"社会主义精神"作为衡量爱情的"尺子"。而面对妻子吕瑞芬的情深意切,高大泉则始终表现得冷静、节制,甚至无情,即使偶尔以热情回应妻子,也绝不是源于爱情冲动。可以看出,浩然将高大泉搁置在爱情描写中,反而更以高二林对爱情的向往、吕瑞芬对丈夫的热切衬托出高大泉革命意识形态、无产阶级思想的崇高和坚定。

当然,作为主导者树立起来的典范,样板戏还在叙事模式、话语风格等方面为主流文艺的生产作了示范。但其最核心的示范作用在于,样板戏的样式规定了特定时间内什么才能被认可为文艺,它向这个阶段内的文艺工作者发出讯号,或者说是警告,即唯有在其圈定的空间内进行文艺生产才有被纳入主流的机会,否则就会被判定为异端。

　　"文革"初期的"红卫兵"文艺基本上是作为"红卫兵"运动的衍生物存在的,鉴于运动本身受制于政治权力的事实,"红卫兵"文艺的自足性本就十分薄弱。与之相比,革命样板戏生成的各个环节都是在相关权力的直接插手之下进行的,而所谓的样板戏经验也最终在权力的"保驾护航"之下成为其他文艺创作必须效仿和实践的对象。由此可见,"文革"期间的地上文艺创作基本都处在政治权力设置的文艺制度之内,遵循着主流文艺创作规范,服务于既定的政治意识形态,而权力回报给它们的不仅是公开发表的机会,还有至高的荣光,一些作品甚至被推上了"经典"的高地。然而,对权力的依附和唯命是从必定会吞噬掉其作为文艺的生命力,一旦权力形势发生变化,它们就会被多数读者遗弃在历史的长河里。而那些曾经由于疏离"文革"创作规范而只能被锁进抽屉的作品,则随着"暗夜"慢慢逝去逐渐闪现出价值。

第二节　文学场域的权力博弈:
"文革"后期文艺刊物的涌现

　　文艺传媒、文学刊物的更迭嬗变是文学制度变化的重要表现形式,也是权力博弈在文学场域中的最大显影剂。"文革"开始后,全国文艺组织及各类出版机构几近瘫痪,大量人员被下放到干校参加劳动改造。"到1966年底,全国出版的期刊种数,从'文革'前1965年的790种,骤降到191种,1967年底又猛降到27种。到1969年,只剩下《红旗》《新华月报》《人民画报》和外文版的《人民中国》《北京周报》《中国文学》等20种。……这仅存的20种期刊,不仅比中华人民共和国成立初期的1950年(出版期刊295种)的数量少275种,而且也是近百年来中国期刊发展史上全国期刊年出版量的最低点。"①在这种整体性的时代坠落面前,文艺刊物也未能幸免于难,上至

---

① 方厚枢:《"文革"十年的期刊》,《编辑学刊》1998年第3期。

《人民文学》等国家级刊物,下至各级地方刊物纷纷停刊。

一、"文革"后期文艺刊物的镜像扫描

1972 年堪称"文革"文学史链条上的重要一环。从这一年开始,文艺刊物以逐年增多的发展速度登上历史舞台。文艺刊物大多以"试刊"的方式问世,并以"不定期"的方式公开出版。据不完全统计,除《解放军文艺》[①]等极为少数的几种刊物以"复刊"形式重现,而《吉林文艺》《湘江文艺》《湖南画报》等几种刊物以"创刊"形式面世外,其余十几种文艺刊物均以"试刊"的形式步入历史舞台,比如《北京文艺》《河北文艺》《山东文艺》等。至 1973 年,正式创刊取代试刊成为主导倾向,同时文艺刊物也以"双月刊居多、月刊次之"的方式步入相对固定化的出版轨道。以《××文艺》(含《××群众文艺》)为考察对象进行数据统计,基本可以得出以下结论作一参考:在 1972 年至 1977 年这一时期内,文艺刊物的种数分别达到 14 种、28 种、39 种、42 种、43 种、47 种。[②]即使在政治意识形态的高压下,文学亦在任何可能的罅隙之内生根吐芽。尽管其中充斥着变异,也不乏畸形,但文学不得不借由这种非常态的生存延缓呼吸。

翻阅这一时期的文艺刊物,我们能够捕捉到其基本面貌的整体趋同性。为了在拔杂去芜中获取对历史的明晰化认识,以下拟从四个层面展开梳理。

第一,整齐划一的刊物命名。

在某些特殊的历史时期,刊物命名几乎作为一种时代症候而意义重大。通过对这些文字符号进行意义解码,将深掘出其得以塑形的时代气质与精神内核。当代文学史上其实不乏其例。1957 年可算是中华人民共和国成立后文艺期刊改革的一个小高潮。"双百方针"的时代印记即牢牢地刻在了这一时期的文艺刊名上。一方面,一些新创办的刊物力求独竖起自己的迥异旗帜,如《收获》《新港》《诗刊》《星星》《雨花》《延河》《东海》等。另一方面,一些已有刊物则纷纷加入更名潮,如《山东文艺》更名为《前哨》,《山西文学》更名为《火花》,《西南文艺》更名为《红岩》,《贵州文艺》更名为《山花》,《河北文艺》更名为《蜜蜂》,《湖南文艺》更名为《新苗》,等等。[③]可以说,这两类命

---

① 1951 年创刊,至 1968 年第 10 期停刊,1972 年 5 月复刊。
② 具体数据为笔者参阅 1972—1977 年《全国总书目》统计而来。
③ 参见洪子诚:《1956:百花时代》,山东教育出版社 1998 年版,第 134 页。

名均折射出这一时期文学刊物试图去除行政色彩,努力凸显自身艺术个性,溪流入海般地耦合了"百花齐放,百家争鸣"的时代吁求。

与此截然相反的是,"文革"后期的文艺刊物命名整体深陷"同一律"的时代泥淖之中。"省/市级行政区划＋文艺"的命名方式使得这一时期的刊物呈现出整齐划一的单调面孔。如 1972 年试/创刊的《河北文艺》《辽宁文艺》《山东文艺》《天津文艺》《广东文艺》等;1973 年创刊的《陕西文艺》《甘肃文艺》《柳州文艺》《云南文艺》等;1974 年创刊的《延边文艺》《河南文艺》《杭州文艺》《武汉文艺》等;1975 年创刊的《青海文艺》《江苏文艺》《浙江文艺》《贵州文艺》等;1976 年创刊的《哈尔滨文艺》《西藏文艺》等。不容否认,除了浓厚的行政色彩与个性姿态的严重流失外,这种千刊同面的命名方式也有力投射出了这一时期的期刊面貌——地方文艺刊物的勃兴。《解放军文艺》的一花独放尽管表明其引领舆论的至高权威,但也透露出国家级刊物的后备力量稍显不足。

第二,浓涂重抹的政治色彩。

"文革"时期,政治立于整个社会话语体系的塔尖。它震慑着一切,也重组着一切。尤其对于涉及意识形态及精神指向的文学艺术领域,它更是始终保持着高度的警惕和严苛的改造。在其规训与塑形之下,文学身处悖论性的生存样态——既受制于政治又受惠于政治。也就是说,政治既是其革命色,又是其保护色。"文革"后期的文艺刊物也只能依托于此才能勉强求得自己的方寸之地。它们在为自己着色时,大体倾向于两种路径。

一种为大肆渲染对于国家领袖的顶礼膜拜。"毛主席语录"几乎成为这一时期文艺刊物反复打出的红色王牌。几乎所有的文艺刊物都会在每期扉页上以加粗、放大号字体大段登印。就其内容而言,无外乎党对文艺的绝对领导,路线斗争的纲举目张,社会主义文艺的基本性质,根本任务,等等。如《山东文艺》在其 6 期试刊中,全部以一整页篇幅在扉页登载"毛主席语录"。其余刊物的整体腔调与《山东文艺》试刊号大体一致,如"我们的文学艺术都是为人民大众的,首先是为工农兵的,为工农兵而创作,为工农兵所利用的","要使文艺很好地成为整个革命机器的一个组成部分,作为团结人民、教育人民、打击敌人、消灭敌人的有力的武器,帮助人民同心同德地和敌人作斗争","中国的革命的文学家艺术家,有出息的文学家艺术家,必须到群众中去,必须长期地无条件地全心全意地到工农兵群众去,到火热的斗争中去,到唯一的最广大最丰富的源泉中去"。1973 年第 2 期的《云南文艺》则连用四个版面以放大、加粗字体登载毛主席语录。可以说,"毛主席语录"几乎成为"文革"后期文艺刊物求存的必选项之一。此外,也有部分刊物倾向于刊载毛主席的毛笔手迹、毛主席视察人民公社或听取战士/群众汇报的图片/油画,以及毛主席的个人肖像、会议摄影等等,诸如此类。

另一种是紧跟政治形势,配合路线斗争。赞歌与战歌的二元政治思维在这一时期的文艺刊物中得到最直接体现。如在十大(1973 年 10 月)召开之际,《山东文艺》(第 1 期)、《云南文艺》(第 2 期)等为数不少的文艺刊物均直接转载了署名周恩来的《在中国共产党第十次全国代表大会上的报告》、署名王洪文的《关于修改党章的报告》,以及《中国共产党章程》《中国共产党第十次代表大会新闻公报》《中国共产党第十届中央委员会第一次全体会议新闻公报》等文。《广西文艺》编辑部则印制了红色字体的单行本。这完全是政治文本的直接植入,与文学毫无关联。此外在 1973 年批判刘少奇鼓吹"灵感论",1974 年"批林批孔"等运动中,各文艺刊物以统一的姿态挥动着刀笔汇入战斗。由此炮制而出的批判文章也都大同小异。无论是赞歌,还是战歌,都为这一时期的文艺刊物涂抹上浓厚的政治色彩。

第三,主体消匿的创作群体。

细读这一时期的稿约,我们可以发现它们趋于一致的角色定位和大体相似的结构设计。总体说来,它们主要是从两大方面向广大群众征稿。[①]一个方面是作品类,倡导以样板戏为典范的文学作品,以及歌颂毛主席,歌颂社会主义革命的伟大胜利、社会主义建设的伟大成就,强调塑造工农兵英雄人物。另一个方面是群众性的文艺评论。这部分稿约倡导学习样板戏的经验和体会,各类"批林整风"、批判修正主义的批判文章。

在对以上两类文学资源进行再分配的过程中,工农兵业余作者以及各类工农兵业余批评/评论(小)组一跃而成为这一时期文艺刊物上的群众明星。从创作主体的角度来说,群众文艺是有别于个体创作的,它缺少独立自主性,同时又必须贴上阶级身份的政治标签,以获取写作的合法性。在具体的文艺生产中,群众文艺的创作群体大体显示出两种不同的署名方式。第一种为集体匿名式。这类创作不出现具体人名,而往往采用"某工人/部队

---

① 参见《宁夏文艺》1974 年第 1 期稿约,《内蒙古文艺》1974 年第 1 期稿约。

创（写）作/（业余）评论组"的署名方式。"三结合"的政策指导为这种集体创作提供了合法性来源，同时也显示出其杂糅拼盘的历史尴尬。普遍低下的文化水平、参差不齐的文学修养以及粗糙疏浅的语言表达都成为其道道硬伤。就实际刊物状况而言，工农兵（业余）评论组比创作组有了更多的亮相，它的身影频繁摇曳在各个地方刊物的铅字印刷品中。第二种为个人挂靠式。在这类创作中，尽管出现了一个或多个个体署名，但在作者之前，往往又冠以"工人""农民""解放军""战士""（公社）社员""工农兵学员""回/下乡知识青年"等凸显阶级身份或强调群体归属的字样。如《四川文艺》1975 年 3 月号一共刊登小说、诗歌等 18 篇，"工人　××"式署名 6 篇，"解放军　××"式署名 5 篇，"公社社员　××"式署名 1 篇，"下乡知识青年　××"式署名 1 篇。另"创作笔谈"3 篇，署名"公社社员　××"2篇，署名"工农兵学员　××"1 篇。再如，《北京文艺》1973 年第 2 期"批林批孔战鼓激"栏目集中刊发了 11 首诗歌，其中 10 首一一标明作者所属社群："解放军某部""首都铸造厂""京棉三厂""北京热电厂""顺义县""北京第一机床厂""北京二七机车车辆厂""北京永定机械厂""北京市汽车修理五厂""顺义县社员"等。

实际上，以上两种不同的署名方式，折射出这一时期群众文艺创作群体的身份诉求。在工、农、兵三分天下的群众文艺格局中，阶级身份意识得到空前的强化。个人必须诉诸群体，才有可能获取话语空间。创作主体群体化宣告了个体作者的死亡，也显示了个体言说在集体话语压制下的沉沦与寂灭。作为大众文艺实践的直接产物，工农兵业余创评作者/（小）组并非始自"文革"，然而在"文革"中声名大噪，达到了自己的巅峰，随后在新时期的拨乱反正中遭到冷遇和质疑，最终淡出历史舞台。

第四，文学场域的权力博弈。

结合文艺刊物的实际状况来看，地方级文艺刊物呈现出普遍勃兴的姿态。《解放军文艺》成为国家级刊物园地里的一枝独秀，而《人民文学》等国家级刊物迟至 1976 年才跻身复刊之潮。相较于地方文艺刊物的渐次崛起，国家级刊物将谨慎而迟缓的步履保留到"文革"几近结束。地方文艺刊物的勃兴似乎流露出一种权力下放的表面繁荣，而同时期的权力角逐非但没有丝毫放松反而已渐趋白热化。就某种意义而言，《人民文学》等国家级刊物的缺席恰恰成为高层政治权力暗中角力的文学症候。面对 1972 年的刊物回潮,《人民文学》并非甘愿失语。由于它直接关系着最高话语权威,因而它的存废问题成为彼时的角逐重心。其实,《人民文学》的复刊事宜于 1972 年即提上日程,只是迫于领导层的权益分化最后无疾而终,1975 年在政治斗争已属强弩之末的时代情势下再度重议复刊,终于结束了极尽曲折的复刊之路于 1976 年重新面世。正如有研究者所指出的那样:"《人民文学》的'复刊'(1976 年 1 月)成为中国当代政治权力系统内部的不同利益在意识形态领域展开充分博弈、角力的一种结果,因此也成为一代政治和一代历史的文学见证。"①

然而对于地方文艺刊物来说,这种近似于无政府状态的局面在 1974 年随着《朝霞》的面世宣告结束。《朝霞》"趋中心化"的创办诉求加剧了地方刊物的分化趋势。《朝霞》双刊一般被视为"文革"后期主流文学的生产样板。它从一开始就以其过激的"左倾"姿态与急进的政治欲求凸显出其与其他刊物的"不同级性"。如研究者所言:由于其创编依附"四人帮"意志,跟全国各地的文艺相比,它迈的步伐总是略有不同。它独领"文革"后期的各地文艺期刊,将"反映'文化大革命'的斗争生活"的特定内涵,贯穿到"文革"文艺生产的每个领域。②作为在革命造反运动中一跃而起的上海,此时一面暗中与权力中心北京相抗衡,展开各类话语资源的激烈争夺,一面又试图导引其余各级地方的舆论走向。这从《朝霞》与其他地方文艺刊物的微妙关系中可见一斑。对于由意图鲜明的政治觊觎和舆论造势催产而出的《朝霞》,其他文艺刊物其实以一种相对疏离的姿态保持了足够的谨慎。就实际刊登的作品而言,其他文艺刊物不像《朝霞》那样大肆鼓吹无限上纲的棍棒哲学,大量炮制含沙射影的阴谋文艺。它们更偏重于推介当地工农兵文艺爱好者的创作及批评稿件。借助这种看似保守的地方主义,它们实际上为自己保留了相对独立的生存空间。概言之,"文革"后期的文艺刊物,有力地折射出了同时期高层的权力博弈,成为"文革"政治生态最为直接的文学见证。

二、"文革"后期文艺刊物复涌的原因探析

"文革"后期文艺刊物的复涌堪称一个重要的文学史现象。通过对历史

---

① 吴俊:《〈人民文学〉的创刊和复刊》,《南方文坛》2004 年第 6 期。
② 徐江:《〈朝霞〉双刊与"文革"后期其他刊物的相互关系研究》,《当代文坛》2010 年第 4 期。

的考古式挖掘,将探究出其得以生发的根底所在。简单说,至少有内外两方面原因与这一现象有着密切关联。

一方面,文艺政策的调整为文艺刊物争取了一定的生存空间。

自"文革"爆发以来,"极左"思潮以其"否定一切、批判一切"的激进姿态加剧了文艺创作的荒芜及文化出版的凋敝。国内民众因"书荒"而引发的阅读焦虑也引起了部分国家领导人的重视。自 1970 年下半年开始,全国出版工作逐步被提上国家议事日程。在周恩来的亲自授意以及国务院"出版口"的认真部署下,全国出版工作座谈会于 1971 年 3 月 15 日在北京隆重举行。与会代表对国内出版困境表示担忧,并适当提出了改善建议。会后形成的《关于出版工作座谈会的报告》经毛泽东批示同意,中共中央于 1971 年 8 月 13 日下发到全国各地执行。尽管文件在张春桥、姚文元的把持下被硬塞进有违民意的所谓"两个估计"①,然而这并不能抹杀这次政策调整对于当代文学及出版界的重要意义。毫不夸张地说,"这次会议,这个文件在当时十分险恶的形势下,给出版工作带来了生机和活力,并使它从此走出低谷"②。对于文艺及出版界而言,它为期刊及图书的公开出版提供了牢固的政策支持。在文件的第三部分"全面规划,积极做好图书出版工作"中,有一节专门谈到期刊出版工作,文件规定:"根据需要和可能,逐渐恢复和创办一些理论、文学艺术、科学技术、文教卫生、体育等期刊,首先要注意恢复和创办工农兵、青少年迫切需要的期刊。属于社会科学方面的期刊,报中央组织宣传组批准,属于文学艺术方面的期刊,报国务院文化组批准,其他方面的期刊,报国务院有关部门批准。"③国家政策的实施无疑在一定程度上改善了期刊的凋敝状况,据研究者统计,1971 年期刊总数比 1970 年增加了 51 种,达 72 种,1972 年上升到 194 种,到 1976 年底,增至 542 种。④在这种时代情境下,文艺刊物较"文革"前期也开始出现新的转机。同时,在干部政策、知识分子政策的具体落实中,编辑、出版队伍也适逢其时地得到部分重建。从 1971 年下半年起,国务院出版口陆续将直属出版单位大多数干部从"五七"干校

---

① 一是出版界长期以来被反革命修正主义的黑线专了政,二是出版界的知识分子的大多数,他们的世界观是资产阶级的或还没有得到很好改造。

② 张惠卿:《周总理和 1971 全国出版会议》,《出版发行研究》1998 年第 3 期。

③ 中共中央办公厅:《关于出版工作座谈会的报告》,中发[1971]43 号,编号 0009118,1971 年 8 月 16 日,第 16 页。

④ 方厚枢:《中国出版史话》,东方出版社,1996 年版,第 270 页。

调回来,从机关到各单位都有一些受批判、靠边站的领导干部恢复领导职务,如严文井、韦君宜、聂绀弩、楼适夷、秦兆阳等,都是这一时期先后回京复职。"尽管当时每前进一步都很困难,而且随时都有可能遭受'四人帮'的刁难甚至迫害,但却使恢复出版工作有了组织上的保证,更为粉碎'四人帮'后出版领域的拨乱反正和繁荣发展积蓄和集结了力量。"①由此,国家政策的倡导及编辑、出版队伍的重建为 1972 年的创刊潮提供了充分的外部土壤。这是"文革"后期一次极其重要的政策调整,相较于胡批乱斗的"极左"思潮,它是难能可贵的,为文学争取了片刻喘息的机会。

另一方面,群众文艺的繁荣为文艺刊物提供了复涌契机。

自延安时期以来,大众文艺实践一直受到主流意识形态的重视和倡导。在党的文化构想中,代表主要革命力量的工、农、兵既是文艺重点讴歌的英雄,又是文艺潜在服务的读者,同时也是被积极鼓励的文艺生产者。随着知识分子写作权力被剥除殆尽,工农兵业余作者一跃而成为公开写作的优势军团。这是党的群众路线在文艺领域的直接投射,它放弃了精英主义的话语方式,将文学资源下放到工农兵业余作者手中,甚至不惜发动一系列批评/批判运动致力于将精英大众化的思想改造。到了"文革"时期,群众文艺的合法性地位得到空前巩固,并迎来自己的巅峰时刻。这既是三十余年来文艺政策的历史实践成果,更是为了适应当前社会政治形势的现实需要。它迫切需要一个平台来完成其成果大联展。文艺刊物适逢其时地重登历史舞台顺应了群众文艺的发展形势。《陕西文艺》在其创刊号中坦称:"经过无产阶级文化大革命的战斗洗礼,在批修整风运动的推动下,我省的文艺工作面貌,发生了极为深刻的变化。在大力普及革命样板戏的基础上,群众性的文艺创作和文艺评论蓬勃发展,以工农兵为主体的文艺队伍正在成长、壮大,新作者、新作品不断涌现。形势大好。《陕西文艺》就是为了推动和繁荣社会主义文艺创作,为了适应广大工农兵群众日益增长的对革命文化生活的需要创办的。"②《云南文艺》在其创刊号中则直言:"一个以毛主席革命文艺路线为指针,以革命样板戏为榜样,以塑造工农兵英雄形象为根本任务的群众性文艺创作运动正在广泛开展,一支新型的以工农兵为主体的、业余和

---

① 宋木文:《缅怀周恩来对出版工作的关怀》,《新闻出版报》1998 年 3 月 4 日。
② 《编者的话》,《陕西文艺》1973 年 7 月创刊号。

专业相结合的创作队伍正在成长壮大,并开始出现一些比较优秀的革命文艺作品。在这大好形势下,正式出版《云南文艺》,是我省文艺战线的一件大事。"①

可见,群众文艺与文艺刊物之间达成一种互惠互利的合作关系,群众文艺繁荣发展的"大好形势"在一定程度上催化了文艺刊物的出现,而文艺刊物则为群众文艺提供了公开的发表园地,并必然鼓动越来越多的工农兵业余作者投身创作。在反哺效应的循环推动下,群众文艺与文艺刊物均更大程度地扩大了自身的势力范围与活动版图。

尽管群众文艺作为国家文化构想的一部分成为这一时期锣鼓喧天的"显学"而趋向繁荣,然而繁荣的背后依然存在着不可忽视的生存困境,繁荣与困境之间的反向张力恰恰投射出这一时期文学制度的吊诡所在。这里说的"繁荣"是基于文学政策层面的整体描述,以下讨论的"困境"则是结合实际的稿酬制度做一反向论证。1966 年 1 月 3 日,中共中央同意并批转文化部党委《关于进一步降低报刊图书稿酬的请示报告》。《报告》称:"书籍和报刊的稿酬制度,建国以来,几经变革和反复。现在还不符合文化革命的要求。主要是稿酬标准仍然偏高","使有些知识分子的额外收入过多,易于导致生活特殊,对他们的思想改造不利",同时,"对工人、农民、战士和学生的稿酬一般按最低标准发给。有的也可以不发稿费,只赠给报刊图书和文具。长篇稿件稿酬,还可以低于最低标准;不论老作者、新作者、工农群众作者,凡自动向报刊社和出版社提出不要稿酬或退回稿酬者,报刊社和出版社应表示欢迎,不要拒绝,也可适当赠送一些书刊"。② 由此可见,无论国家意识形态赋予工农兵作者怎样高拔的政治认可,在实际的制度运行中实施的却是与之相反的经济利益分配模式。最低稿酬标准的限定,以及无稿酬、退还稿酬的倡导表明了这一时期文学制度设计的一种倾向——政治提纯与去经济化的双轨并施。"文革"爆发以后,各报社、出版社基本废除了稿酬制度,呈现出"零稿酬"的历史面目。

这种"只贡献,不索取"的制度设计在"文革"后期已显露出一些尴尬的症候。工农兵业余作者脱产写书,带来了误工补贴、个人生活补助以及作者

---

① 《致读者》,《云南文艺》1973 年 8 月创刊号。

② 方厚枢:《新中国稿酬制度 50 年纪事》,《出版经济》2000 年第 5 期。

所在单位的经费开支等实际问题。如汇编材料《关于业余作者写书的补贴问题》列举的一些实例，"上海人民出版社在农村、工厂、部队先后组织了上百个编创组，作者大都是农村知识青年、工人、解放军战士。……出版社组织农村业余作者脱产到出版社来写，这些作者有的荒了自留地，有的误了养猪，有的女社员还要托人照顾孩子，而个人开支也显著增多"①。再如，"福建马尾造船厂有个工人参加编写《水泥船制造工艺》一书，去外地调查，花费较大，卖掉了家里的小猪；上海一个工厂，绘制一套机械挂图，化了很多钱，出版社出版后，没有给钱，只好在工厂中开支"②。尽管上述问题于"文革"后期已然浮出水面，然稿酬制度的实际重建与全面修订却是 1977 年以后。然而，我们需要思考的问题在于，为何低稿酬、无稿酬甚至还需要个人倒贴的历史现状并没有阻灭工农兵业余作者普遍高涨的文学热情？这不得不归因于当时人们的价值认同。一者，普遍高涨的政治热情、趋利避害的求生本能使得人们能够做到唯政治是尊而忽略其他；二者，脑力劳动资格的获取为体力劳动者带来普遍的社会荣耀感，这成为当时一种颇具吸引力的时代风尚。

由上观之，"文革"后期文艺刊物的复涌既源于文学政策的部分调整，也是群众文艺本身的发展结果。文学政策上的倡导促进了群众文艺在创作与评论两大轨道上的热烈开展，群众文艺的发展必然也为文艺政策的巩固和强化提供了现实支持。因而，这两者之间达到了双向互动、彼此促进的实际效果。

第三节 写作组现象及其运行机制考察

当文学制度的变革方向之一就是致力于作家身份的改造的时候，文学写作的组织化、文学生产的流程化、文学传播的一体化就不可避免地作为一种新的文学制度史形态登场了。"写作组"便是百年现代文学制度史上的一

---

① 方厚枢：《新中国稿酬制度 50 年纪事（续）》，《出版经济》2000 年第 6 期。
② 方厚枢：《新中国稿酬制度 50 年纪事》，《出版经济》2000 年第 5 期。

大独特现象。

在二十世纪七十年代的中国,"梁效""罗思鼎""初澜"等写作组可谓大名鼎鼎、如雷贯耳。他们频繁活跃于国内重点的言论阵地,成为当时舆论界不折不扣的统领者。经由他们制作的大批判文章充斥于国内的各类重点报刊。一些大大小小的学术批评在写作组的层层演绎之下几乎都异变成一幕幕触目惊心的政治大批判。政治权谋与御用批评的携手作战使得写作组成为一个藏污纳垢之所在。1976 年 10 月前后,各知名写作组几乎集体性地销声匿迹,这也决定了它作为一个现象之于"文革"文学的独特意味。拨开写作组的层层面纱,将有助于我们厘清当时的时代面貌与思想状况,从而更为恰切地体认学术批评与国家政治、知识分子思想改造与权力意志等重要命题。御用批评以集体爆发的态势由写作组发展至巅峰。经由写作组制作出来的大批判文章具有"命题作文"的生产属性,在流入社会时它所倚重的又是"同题作文"的传播策略。而在检阅历史时,我们不难发现,这两者的共同配合其实在"文革"初期均已见端倪。

1965 年 11 月 10 日,《评新编历史剧〈海瑞罢官〉》在《文汇报》公开发表,该文成为文化大革命全面爆发的重要导火索。而细究这个文本的生产与传播时,我们发现罗思鼎在其中的作用不容小觑。在接到批《海瑞罢官》的写作任务之后,善写评论而陌于明史的姚文元与上海市委写作班历史小组开始了频繁接触。时任小组组长的朱永嘉为其写作提供了两类资料:一为吴晗所写的《论海瑞》的文章及其所编的《海瑞集》,一为《明史》、地方志和笔记中的相关资料。此外,朱也参与了修改稿的讨论工作。①同时,罗思鼎也接到写作任务,先后发表了《论"告状"——驳吴晗》《从"投献"看吴晗的"自我批评"》《拆穿"退田"的西洋镜》等文,大谈明史上的"告状""投献""退田"等问题,加入批判吴晗的行列之中,与姚文形成呼应之势。可以说,写作组一方面以"命题作文"的方式参与大批判文本的直接生产,"从学术上帮姚文元堵漏洞,支撑姚文元的文章"②,一方面又以"同题作文"的传播策略扩展了姚文的社会影响力,二者的媾和共同壮大了批判《海瑞罢官》的舆论声势并最终推动了政治批判运动的全面展开。由此,"命题作文"与"同题作文"的

---

①② 朱永嘉口述,金光耀整理:《评新编历史剧〈海瑞罢官〉发表前后》,《炎黄春秋》2011年第6 期。

"生产——传播"应用模式已经初具模型。

1966 年 4 月展开的评三家村运动则是《评新编历史剧〈海瑞罢官〉》的一次成功复制。在姚文元撰写《评"三家村"》的过程中,上海市委写作班子可谓群策群力,集体上阵,"历史组、文学组、哲学组全面动员,选编了大量的资料,包括吴晗、邓拓、廖沫沙写的《'三家村'札记》及《燕山夜话》,分类摘录这些文章中有'问题'的观点,编印成册"①。这些断章取义式的编选材料通常是内部发行,以供写作批判文章之用。同时,罗思鼎也谨听将令,积极投入对《燕山夜话》《三家村札记》的批判运动之中。这两次学术批评到政治批判的成功转化或说联姻为二十世纪七十年代以后集中登场的写作组的具体运作提供了范例。后者在渐趋制度化的运作之中日益显现出生产流程化与传播一体化的具体特点。而生产机制和传播机制的彼此配合共同促进了写作组运行机制的全面运转。

一、生产流程化

由于集体创作性质与浓烈的政治批判意味,大批判文章已经完全脱离了个体写作和自主批评的常规化轨道。它几乎被纳入一条完全为意识形态所主导的流水线中,成为可供批量化生产的机械制品。

上海市委写作组早在写作班子时期就基本形成了规范化的写作流程。在"战斗任务带动战斗队伍"的理论指导下,市委写作班子时刻关注中央最新的舆论动向,并及时将所谓战斗任务下达各处。在明确战斗任务之后,写作班子即刻进入流程化写作。第一步是"编材料"。这一步主要开展的是材料汇总工作,但又不同于一般意义上的材料汇总。它往往是断章取义式的,主要依据批判目的对批判对象所作的文章、著作等进行有意地肢解及选择性摘编。它为大批判的进一步展开提供了有效的材料储备,大有"以子之矛攻子之盾"的貌似公允的假象,从而使得大批判文章具备了师出有名、言之有据的立论基础。第二步是"拟出批判文章选题"。选题有的是写作班各组单独拟定,也有的是与文汇报社、解放日报社合拟。针对每一个具体的写作任务,往往会有一整套选题计划。而围绕具体选题,又有明确的任务细化,如重点文章与配合文章的任务再分配。第三步是"召开座谈会"。批判文章

---

① 罗玲珊:《上海市委写作班子的来龙去脉》,《百年潮》2005 年第 12 期。

选题在经市委领导批准之后,报社、写作班子及相关的社会工作者就具体的选题分工展开具体讨论。文章一般为一人执笔或多人分头执笔。返回的样稿经由写作班子的执笔人员依据上级领导的审查意见反复修改,并送市委领导终审决定是否刊登、何时刊登。①

北京市委写作组"洪广思"的写作流程也有异曲同工之处,"上头出题(有时也出思想),小组讨论定题;定题之后,再找相关材料研读,然后交流体会,拟定大纲,报小组同意,再分头起草;等有了初稿,再经多次讨论修改通过后,由一人统稿,最后报上面批准发表"②。而当时威震全国的"梁效"写作组一样难逃窠臼,据周一良回忆,"写作意图由迟谢两人下达,或由《红旗》《人民日报》等报刊的编辑口头传达,有时甚至写成书面提纲交给各写作小组"③。

通观主要写作组的创作流程,大批判文本的生产基本呈现出整体性的趋同化倾向:上级传达写作任务(有时也提供材料或相关文件)——写作组集体讨论,确定选题——分头执笔或由个人执笔——拟定初稿由集体讨论并修改——初稿上报领导审查、修改直至定稿。然而,在所有的生产环节中,一首一尾是至为关键的,是凌驾于写作组之上的最高掌权者玩弄权术之处。他们完全掌握了生杀予夺的大权,也直接控制了大批判文本的产生和最终流通。

先看其首。这一环节的存在直接决定写作组的御用性质,也是它广遭诟病的根本所在。文化大革命以"极左"的激进姿态在意识形态领域开展路线斗争。在"开创无产阶级文艺新纪元"文化狂想的鼓动之下,重新组建自己的文艺队伍无疑受到格外重视。应运而生的写作组不可避免地成为主流意识形态的传声筒。由于党内高层之间存在微妙的政治分歧,秉承上意而作的大批判文本也往往具有鲜明的斗争指向。仅以标题为例,其中的政治意味与矛头所指一望便知。如《无产阶级专政下的政变与反政变的斗争——党内最大的走资本主义道路当权派为什么要庇护反动影片〈清宫秘史〉》《为刘少奇复辟资本主义鸣锣开道的大毒草——评〈上海的早晨〉》《批判林彪与孔老二的反动文艺观》《批判邓小平妄图扼杀群众文艺的险恶用

---

① 参见罗玲珊:《上海市委写作班子的来龙去脉》,《百年潮》2005年第12期。
② 韩三洲:《曾经知名的"洪广思"》,《同舟共进》2012年第11期。
③ 周一良:《天地一书生》,北京大学出版社2010年版,第89页。

心》《深入批判邓小平,坚持文艺革命——学习〈在延安文艺座谈会上的讲话〉》等。一旦权力意志成为先在的价值预设,学术批评与现实政治斗争的边界变得模糊,它的独立性与自足性也逐步沦丧,最终被纳入由国家权力意志全面控制的生产轨道。而写作组就成为政治意识形态的话语转化机器,经由它们的层层包装,文学、电影、历史等等不过充作伪饰之用,为意识形态话语披上合法化的外衣。正是这种"量体裁衣""削足适履"式的御用批评使得大批判文章在具体的论述之中往往又暴露出牵强附会、左支右绌的窘态,甚至纰漏百出、自打耳光的现象也不乏其例。①再说其尾。这是决定大批判文本能否脱离生产轨道、顺利进入流通领域的关键环节。来自上级部门的审查意见成为其存亡与否的金科玉律。对写作组而言,并非所有授意之作都能获准发表,一方面现实批判力度不够强劲的大批判文本易遭否决与淘汰,而更为重要的一方面是由于国内急剧变化的政治形势使得一批来不及调整斗争矛头的大批判文本胎死腹中。由此便不难理解,何以各个知名写作组的实际创作量远远高于公开发表量。审查权力的拥有者依然是来自写作组外部,并凌驾于其上,与第一环节形成首尾相扣的紧密链条。

经由这样一个具有高度规范化、组织化的生产流程,大量的御用批评文本被制造出来,并以铺天盖地之势抛向社会。有研究者曾指出,写作组的写作"在本质上是姚文元式的写作"②,而由"初澜""任犊""梁效"等写作组制作的批评文本"在本质上是《评〈海瑞罢官〉》的复制和'扩大再生产'"③。从趋附主流意识形态话语及文本实际造成的现实政治影响力的方面来说,这一论断无疑是精准而恰切的。但仍不应忽略姚文元式的写作与写作组的写作之间的细微差别。前者具有高度敏锐的政治嗅觉,总是以一副积极主动的姿态投入思想文化领域寻找可批判的对象;而后者作为被收编入内的文人团体往往仅限于领受任务范围之内的遵命批评,极少前者望风而动的主动姿态。尽管如此,经两者制造出来的大批判文本是并无二致的,学术批评与政治批判在此握手言欢,两相媾和,给文学等诸多领域都带来了无可挽回的巨大灾难。

---

① 参见 1977 至 1978 年间各类清算写作组的批判文章。

② 王尧:《"文革"主流文艺思想的构成与运作——"'文革'文学"研究之一》,《华侨大学学报(哲社版)》1999 年第 2 期。

③ 王尧:《"文革"对"五四"及"现代文艺"的叙述与阐释》,《当代作家评论》2002 年第 1 期。

二、传播一体化

写作组的大批判文章在当时往往能够引发轰动的舆论效应及大规模的政治批判，这与其自成一体的传播网络也是密不可分的。这里说的一体化主要指在大批判文本传播过程中形成的自上而下的层级体系。

从传播载体上来说，"梁效""罗思鼎""初澜"等几乎占据了这一时期最主要的言论阵地。像《人民日报》《红旗》杂志这类"文革"时期的顶级报刊不仅通过约稿、修改等渠道直接参与到大批判文本的生产过程，更为其传播提供了极具权威性的强大载体。可以说，经由《人民日报》《红旗》杂志登载的文章几乎被舆论界奉为圭臬，其权威性也是不容怀疑的。写作组的文章一旦经由这两种报刊公之于世，其在全国范围内激起的轩然大波可谓势不可挡。当时即盛行"小报抄大报，大报抄梁效"的说法。而围绕这两个中央级核心报刊，各个写作组又兼以开辟各自的舆论阵地。上海市委写作组有自办刊物《学习与批判》《朝霞》月刊、《朝霞》丛刊等多种刊物，同时上海市地方重点报刊《文汇报》《解放日报》等也为其提供了广阔的传播空间。北京大学、清华大学大批判组除了享有在《人民日报》《红旗》等报刊上优先发表文章的特权外，还直接掌控了《北京大学学报》《历史研究》杂志等。文化部写作组除依托《人民日报》《红旗》杂志扩大影响外，同样借助《文汇报》拓展了自己的言论空间。《红旗》《人民日报》成为《红旗》杂志写作组与中央党校写作组最重要的发表阵地，而《北京文艺》则为北京市委写作组、北京市文化局写作组提供了专门的传播载体。

在占据中央及地方的重要舆论阵地的同时，大批判文章往往以"同题作文"的传播策略形成交相呼应之势，从而为其舆论造势提供了颇为牢靠的双保险。结合具体的运作过程来看，在大批判文章的流通过程中，"同题作文"的传播策略往往在两个层面同时或交替施展。第一个层面是指同一写作组就同一批判主题连续抛出多文，以此引起公众注意达到宣传效果。这类自成系列的批判文章往往采用不同的化名同时或先后发表。如在"批林批孔"期间，中央党校写作组在《人民日报》发表了《柳下拓痛骂孔老二》，署名唐晓文。为配合这篇重点文章，它又以笔名汤啸在同期《人民日报》上发表了《关于柳下拓的反孔事迹》。后文是一篇资料性质的文章，完全是对前文的立论作出详细注脚和种种辩解。再如，为完成对所谓"崇洋卖国""洋奴哲学"的批判任务，上海市委写作组先以"景池"的笔名发表了《从"洋务运动"看崇洋媚外路线的破产》，同时又以"史经"的笔名发表了《李鸿章出洋》。而作为"批林批孔"运动的始作俑者和重要号手，北京大学、清华大学大批判组在1974年第1期《北京大学学报（哲学社会科学版）》同时抛出6篇专题文章，其中署名梁效的3篇，署名北京大学、清华大学大批判组的2篇，署名哲军的1篇。而结合其整个活动情况来看，它围绕"批林批孔"的核心话题先后发表了《孔子是怎样利用教育进行反革命复辟活动的?》《林彪与孔孟之道》《孔丘其人》《再论孔丘其人》等一系列重要批判文章。这种对"同题作文"反复阐释的战术，势必促成强大的舆论攻势。第二个层面则是指不同写作组之间就同一批判主题纷纷撰文，从而以此起彼伏的呼应之势形成强强联手的舆论联盟。试以"评法批儒"运动为例。这次运动借研究儒法斗争之名，行抑儒扬法之实，抑儒是为了批儒。批儒的背后则暗含着别具用心的政治企图，时刻联系国内的路线斗争，甚至将批判矛头直指党内高层。含沙射影的恶劣文风大行其道。"评法批儒"运动如火如荼的发展形势，离不开各写作组的携手参战。他们摩拳擦掌，不甘人后，拼凑出了一份战绩颇丰的答卷：石仑《论尊儒反法》、罗思鼎《秦王朝建立过程中复辟与反复辟的斗争——兼论儒法论争的社会基础》、唐晓文《孔子杀少正卯说明了什么?》、罗思鼎《论秦汉之际的阶级斗争》、江天《批判尊儒反法的坏戏，肃清孔孟之道的流毒》、梁效《研究儒法斗争的历史经验》、江天《研究文艺史上儒法斗争的几个问题》。1975年夏开展的"评《水浒》，批投降派"运动与上述运作套路如出一辙。历数"文革"后期轮番操演的政治批判运动，往往先由写作组吹响"革命"的号角，如：1974年1月，由北京大学、清华大学大批判组所汇编的《林彪与孔孟之道》作为一号文件全国转发，"批林批孔"作为一场政治运动由此在全国范围内广泛展开；1974年2月28日，初澜《评晋剧〈三上桃峰〉》在《人民日报》公开发表，该文将对"文艺黑线回潮"的反击迅速推向全国；1975年第12期《红旗》杂志发表了北京大学、清华大学大批判组所作的《教育革命的方向不容篡改》，拉开了"反击右倾翻案风"的序幕……批判的大幕一经拉开，各写作组又均以同声合唱的踊跃姿态将批判运动的舆论影响力扩大至全国、渲染到极致。

此外，二次传播在写作组运作机制中的作用也是不容小觑的。结合写作组的历史状况来说，它们不仅拥有巨大的创作量、发表量，还拥有令人咋舌的转载量。这缘于它们与舆论工具有着密切关联。《人民日报》《红旗》杂志等发表的言论往往于经意或不经意间透露出最新的政治动态和舆论走向。各级地方报刊则时刻保持高度的政治警惕,以及时转载的方式参与二次传播的行列,从而引发全国范围内上效下仿的阵阵浪潮。在噤若寒蝉、因言获罪的文化专权年代,转载已经不仅仅作为一种大众传播渠道而存在,它切切实实地参与到国家政治活动之中。大批判文章作为此时权力意志的代言人自然成为各级地方捕捉政治动向、调整政治立场的核心参照系。于此,转载就沾染上深长的政治意味,俨然化身为各级地方面对大批判运动的一种政治表态。除了这种宏观层面的转载,大批判文章在其二次传播的渠道中也表现出"文件化"的倾向。相较前者,"文件化"是更为具体入微的传播倾向,因为它直接牵涉社会群落中的具体个人。写作组的一些重点批判文章在公开发表之后往往被地方相关单位当作红头文件来展开全面而深入的学习。这种有组织的集体学习与广泛讨论,既拓宽了大批判文章的传播范围,又对个人进行了切实的思想灌输。对于二次传播来说,宏观与微观的层面划分只是为了便于表述,在实际的运行过程中,这两者并非泾渭分明、各行其是,更多地表现为相互依存、彼此配合。如"初澜"的大批判文章《为哪条教育路线唱赞歌?——评湘剧〈园丁之歌〉》在《人民日报》显著位置发表之后,各省市的党报一律转载,并由中央人民广播电台对全国播出。这种铺天盖地的声势势必在社会范围内对公众造成舆论轰炸。与此同时,教育界、文艺界的相关部门也积极组织学习讨论,并敦促个人发言表态。①这里所表之态也无外乎政治姿态。除此之外,"梁效"等写作组的一些重点批判文章也是作为学习文件全国转发的。通过各级地方到具体个人的政治表态,政治权力从宏观与微观两个层面施展规训,借助一整套自中央而地方、由各级组织推及具体个人的传播体系,最终达到了思想规整化、言论一体化的传播效果。

通过对写作组运行机制的整体考察,我们发现权力意志渗入了大批判文本从生产到传播的各个环节。在它的全面控制之下,意识形态领域形成了组织严密、层层控制的舆论网络。而文化激进主义与文化专制主义经由这个舆论网络得到自上而下的全面贯彻和广泛传播。

---

① 吴启文:《我在"初澜"写文章》,《炎黄春秋》2011 年第 7 期。

三、写作组现象的历史独特性

随着"四人帮"被定位在耻辱柱上,写作组作为其舆论工具被一并捆绑,送至历史的审判台。在随后的两年内,各类声讨文章纷至沓来,它们以当年写作组式的行文风格与斗争思维展开了对写作组的大批判。写作组的神秘幕布一经撕开,厕身其间的知识分子顷刻间由翻云覆雨的文化旗手沦为广为诟病的谴责对象。历史将他们摆放到一个遭遇双重否决的尴尬境地。一方面是来自国家权力的彻底否决。写作组成员均遭到严厉的政治审查与法律裁决,部分成员被剥夺了授课、写作及公开发表的权利,主要负责人也都身陷囹圄。另一方面是来自知识界的广泛批评。如当时传诵一时的《四皓新咏》(舒芜作)即是谴责"梁效"成员中的四名老教授——冯友兰、魏建功、林庚、周一良。诗作甫经刊出即引起广泛反响,随后便出现了同人唱和之作。

理解写作组中的知识分子问题至少离不开大小两个情境。大情境即时代情境。新中国成立以后,"思想改造问题"成为悬在当代知识分子头顶的达摩克利斯之剑,时刻面临着剑坠人毁的生存困境。无论是1949年新中国成立初期的各种文学/文化评判运动,还是1957年大规模爆发的反右运动,知识分子往往成为被批判被改造的对象,面临身体和精神的双重折磨。"文革"时期,知识界同样以集体受难的姿态被逐至革命挥动的钢鞭之下。长期身处这样的时代情境中,知识分子难免产生怀疑自己、认同革命的思想转变,这也正是所谓思想改造所要达成的驯化效果。同时,我们仍不应忽略具体化的个人情境。以"梁效"主要成员为例。长期的思想改造在他们身上得到了具体化的呈现,"要革命"是他们当时普遍的思想状况,然而革命资格并不是任意获取的。在"文革"初期,他们大多数也是作为革命对象而存在的,批斗、审查、劳改、抄家、踢打、辱骂,饱受肉体和精神的巨大痛苦。在历经了批斗和改造后,范达人意识到要改变自己以适应时代,重回革命群众的队伍。周一良、冯友兰也都明确了自己"要革命"的积极姿态。周在自传中坦诚直言,"过去几十年远离革命。如今虽非战争,不应再失良机,而应积极投身革命,接受锻炼和考验"①。而冯并不讳言当时内心潜隐着强烈的革命愿

---

① 周一良:《天地一书生》,北京大学出版社2010年版,第72页。

望①,不想成为众矢之的,真诚地希望走群众路线,以改变自身的现实遭遇。可以说,在那样一个群众被高捧入云,而知识分子被打入另册的革命年代,知识分子难免会产生厕身群众、拥护革命的自我保护意识。这是一种不得已而为之的生存策略,也是文化大革命年代里无奈的活命哲学。写作组的出现彻底扭转了他们当时的命运,使他们从曾经的革命对象一跃而成为革命动力。在绝大多数学者、文人被剥夺个人话语权甚至惨遭政治迫害的"文革"时期,写作组给了他们聊胜于无的写作自由、相对宽松的言论空间,以及公之于众的发表权力。这不啻为万马齐喑的文化专制主义年代里一种极其难得的礼遇与恩宠,必定也让受宠者们充满鹤立鸡群的荣耀感和溢于言表的感激情。"受宠若惊""感恩戴德"几乎成为这批文人的通有心态。在时隔多年的各类回忆文章里,这些曾经名噪一时的写作组成员公开披露了越来越多的关于写作组的宝贵资料,其中对于自己当时荣耀此后悔恨的思想状况也都不讳言。②他们以自己的坦率表露出对历史的负责,一度惨遭屠戮的知识分子性在这里开始慢慢重生、复现。

除批评类写作组之外,"文革"时期还存在大量的创作类写作组。从根本上来说,"'写作组'的产生是与'三结合'创作方式论提倡的重新组织作家和评论家队伍联系在一起的,它本身就是'文革'文学创作规范的一部分,也是'文革'文学创作规范全面确立后走向现实实践的必然结果"③。作为"文革"时期"写作组"这一现象统摄之内的两副面孔,创作类写作组与批评类写作组在趋附主流话语这一本质上是殊途同归的。前者是主题先行的创作,而后者是秉承上意的批评,主流意识形态对于文学话语与批评话语的钳制及压迫使得这两者都丧失掉自身的独立性和特异性。当审美远文学而去,当思想弃批评而走,空剩语言躯壳的文学与批评只能沦落为一纸毫无生命力的社会文献。

从集体创作的角度来说,写作组现象并非始自"文革"。在"文革"之前类似的写作团体已经出现,比如马铁丁、吴南星、龚同文、马文兵等。前两者

---

① 参见冯友兰:《三松堂自序:冯友兰自传》,江苏文艺出版社,2011 年版。

② 除了未经公开的历史文献,只能依托亲历者事后回忆性质的文章。这类回忆录性质的文章或书籍大致分为两类,一类是亲自参与写作组活动的学人、教授等,一类是清算写作组的工作人员。而前一类又表现出两种不同倾向,即大多数人意识到了历史的错误,在一定程度上显示出了忏悔之心,而仍有极少数的人采取了否认历史的姿态。

③ 董健、丁帆、王彬彬主编:《中国当代文学史新稿》,人民文学出版社 2005 年版,第 277 页。

为自由结合的文人团体，倾向于杂文创作，基本不受官方意识形态约束；而后两者均已开始借助集体匿名的创作形式致力于搭建文学批评与政治批判的桥梁。到了"文革"时期，文化激进主义与文化专制主义得到疯狂扩张。写作组的运作机制在日趋成熟中也走上政治大批判的极端，最终以"集束手榴弹"的强大态势集中爆发。"文革"结束后，曾经叱咤风云的各知名写作组先后解散，终至寂灭。不过，写作组现象并未随之彻底消失。自二十世纪七十年代末期至当下这样一个漫长的时间跨度里，仍有相当数量署名写作组的书刊发表、出版。①它们沿用了写作组这一命名方式，给人以余绪尚存之感，但实际上已经逐渐与主流意识形态保持了一定疏离。

第四节　《忆向阳》论争：文学批评背后的意识形态运作

在旧制度的去势与新制度的全面构建过程中，文学批评始终处于十分逼仄的夹缝之内。在制度上层设计与文学创作阐释之间，文学批评话语与批评活动的展开方式既渗透着强烈的意识形态意图，也表露着作家思想艺术情感的深微矛盾和嬗变轨迹。而且，在文学批评这一层面上，"文革"时期上接"十七年"，下续"新时期"，在某种程度上比政治层面具有更为复杂的千丝万缕的关联。这里拟通过围绕《忆向阳》展开的文学论争这一典型事件，透视文学制度背后的意识形态运作，以及文学制度转型的复杂性和多向度面相。

在文学迎来"春天"的 1979 年，文艺界围绕诗集《忆向阳》的出版引发了一场激烈论争。它既终结了臧克家与姚雪垠长达数十年的友谊，也激起了当时读者批评界的广泛关注，堪称"文革"结束后知识分子思想转型期的一个重要文学标本。对于亲历了"文革"的当代知识分子而言，这场论争不仅关乎脱离政治劫难后的艺术观念之争，更牵涉历史反思及人文理念的彼此较量，并由此凸显出后"文革"时代知识分子的思想转型尴尬及身份认同焦虑。在研

———————————

①　多为报告文学与人物传记。

读历史文献的过程中,我们发现,"文艺民主"成为 1979 年《忆向阳》论争中被反复提及的"关键词",却在当代文学思潮史研究中几乎遭到普遍忽略。

一、"文艺民主"的历史窘境

当因人废文的标尺横亘在论争双方之间,道德评判的冲动阻滞了理性探讨的展开。姚雪垠在公开信里奋笔疾呼道:"我们今天很需要文艺民主。提倡良好的批评风气也属于民主范畴。有健康的文艺批评,有互相争论和探讨,也能够推进我们的文学创作繁荣,理论战线活跃。"①这一问题的提出一方面投射出二十世纪五十年代以来"文艺民主"的严重缺失及其造成的文学困境,另一方面也暗示出文学独立性在历经两次大规模的时代剥夺后的生命胎动。事实上,"文艺民主"这一命名在整个当代文学史中并未引起热议,仅以星星点点的姿态散布在历史角落。然而 1979 年在其并不丰沛的历史生命中涌现了一个小高潮。那被托举在半空的浪花积蓄着喷发的力量,也内蕴着更为汹涌的时代律动。

周恩来《在文艺工作座谈会和故事片创作会议上的讲话》与茅盾《解放思想,发扬文艺民主》成为透视 1979 年"文艺民主"高涨的两篇关键文本。周文开宗明义:"现在有种不好的风气,就是民主作风不够。"而在讲话第四部分"文艺规律问题"中,周恩来则具体谈及"批评和讨论的问题"。文中指出:"文艺作品要容许别人批评,既有发表作品的自由,也要有批评的自由;同样既有批评的自由,就要有讨论的自由。不论哪一方面都不能独霸文坛。我们提倡批评,也提倡百家争鸣、自由讨论。"②周文在 1979 年的公开发表无疑为文学话语的时代转型提供了现实性支持。众多文学传媒、文艺机构纷纷在学习周文的旗帜下,投身于"文艺民主"的话语生产中。如果说可以把《在文艺工作座谈会和故事片创作会议上的讲话》视为给"文艺民主"颁发的政治许可证,那么《解放思想,发扬文艺民主》则成为文化领导人获得政治许可后的有限发挥。该文是茅盾在中国文学艺术工作者第四次代表大会及中国作家协会第三次会员代表大会上的讲话。在对"双百"提法的重新解读

---

① 姚雪垠:《关于〈忆向阳〉诗集的意见——给臧克家同志的一封信》,《上海文学》1979 年第 1 期。

② 周恩来:《在文艺工作座谈会和故事片创作会议上的讲话》,《文艺报》1979 年第 2 期。

中,茅盾适时地将其与"文艺民主"的呼吁拼贴起来:"百花齐放、百家争鸣,就是文艺民主;有人不反对百花齐放、百家争鸣,却不赞成文艺民主;这只能说他的赞成'双百方针'不是真心真意的,或者,他认为'双百方针'还得有些限制。我认为我们的口号应当是文艺民主下的百花齐放和百家争鸣。没有文艺民主而空谈'双百',是南辕北辙的。"①文艺民主是痛定思痛的作家群体在较为宽松的政治气候下为"双百方针"贴上的新标签。

从批评与反批评的角度来说,"百家争鸣"的文学期待必须通由批评主体的共同努力,才有可能在健康、理性的引导之下得以充分餍足。价值尺度的非审美化及反批评的非理性化都将导致批评话语的价值失范,并最终推搡着所谓"文艺民主"彻底偏离争鸣旨归。从这个层面上来说,《忆向阳》论争无疑成为一面极佳的历史多棱镜,真实投射出论争双方的话语龃龉及"文艺民主"的历史窘境。

对于批评一方的姚雪垠而言,公开信的正式发表犹如一根带刺的藤条将《忆向阳》的诗情画意鞭笞一地,同时也抽动着时下将"揭露"文革"伤痕、控诉"四人帮"罪行奉为圭臬的文艺界。就其艺术部分的探讨而言,公开信中几乎是大体重述了1975—1977年间姚雪垠在与臧的通信中对于《忆向阳》的基本意见。而田园诗的形式之下嵌套了怎样的价值诉求则成为姚在公开信中不遗余力的批评所向。姚雪垠在一定程度上痛击了《忆向阳》的软肋:"从诗里边只看到了愉快的劳动,愉快的学习,却看不见路线斗争、思想斗争,看不见封建法西斯主义利用"五七"干校等形式对革命老干部和各有专长的知识分子所进行的打击迫害和摧残,也看不见革命老干部和各有专长的知识分子除劳动愉快外还有内心痛苦、惶惑、忧虑、愤慨、希望和等待……"对于"文革"这样的历史进行文学修复时,苦难显然应是题中之义。任何将苦难缺失化甚至诗意化的文学话语无疑并不利于对民族记忆的话语重建及对民族灾难的真正反省。不过,在"清算四人帮"的时代共名中,"为死去的历史唱赞歌""为四人帮涂脂抹粉"这样的价值判断无疑是令甫经运动的文人们毛骨悚然、胆战心惊的。这近乎严苛的政治评判及姚本人"首尾乖张"的言论也正是臧克家始终悲愤难当、难以释怀的,并最终以对其人品上的"两面性"的讨伐取消了文学批评的健康

---

① 茅盾:《解放思想,发扬文艺民主——中国文学艺术工作者第四次代表大会及中国作家协会第三次会员代表大会上的讲话》,《人民文学》1979年第11期。

展开。而姚看似前后不一的价值判断在内在依循尺度上其实达成了惊人的一致。

早在 1975 年 6 月 15 日,姚雪垠在致臧克家的信件中即以"诤友"身份一语评判道:"你丢掉了五七道路的灵魂,丢掉了'五七'干校生活的实质,不去反映它的深刻内容……"①而在 1975 年 1 月 25 日的信件中,姚雪垠则更为详尽地阐明了自己的内心看法:"我已经读了你好多首反映'五七'干校生活的小诗,希望你继续写下去。我已经说出过我的整个印象,既肯定这些小诗,但又觉得深度不足。我也明白你不会同意我的'深度不足'的评语。我想,像我们这一类知识分子,'五七'干校的生活有许多经历是深深触及灵魂的,有痛苦,有后悔,有新的觉悟,有痛苦后诞生的勇气和希望。但你把这一类复杂的感情都在诗中排除了。……至于如何反映这一代知识分子在改造过程中的深刻感受同时又思想情绪健康,这样的诗在写作上要难一点,但是写好了较有深度,也不流于仅仅歌颂劳动生活的愉快,反而能够更深刻地反映资产阶级知识分子在'五七'道路上的真实感情。这样的诗如写得好,会更有力地歌颂毛主席所指引的'五七'道路。"②前半部分所强调的知识分子改造路途中的感情复杂性的确是《忆向阳》未能挥笔触及的,也是以文学追认干校体验时的要义之一。然而,"更有力地歌颂毛主席所指引的五七道路"无疑又将姚趋附主流意识形态的思想倾向暴露无遗。因之,姚雪垠前后的判断差异不过是表象的龃龉,其内在依循均为非审美化标尺,即过分强调文学的政治功用,过分凸显文学与现实斗争的积极配合,与时代主题的紧密结合。

而对于反批评一方的臧克家来说,他的应对策略其实在很大程度上决定了论争最终的发展轨迹。据臧克家 1979 年 4 月 28 日致尧山壁的信件,我们隐约得知怒火中烧的臧克家在中宣部副部长廖井丹的约谈后,"极安慰","已写好二文,压下不发了"。③ 文化领导人的有力介入显然达到了迅速息事宁人的效果,然而避开了正面回应的臧克家事实上寻求了另外两条

---

① 　原信底稿题目为《一封没有寄出的信》,姚雪垠:《姚雪垠文集》第 19 卷,人民文学出版社 2010 年版,第 585 页。

② 　姚雪垠:《姚雪垠文集》第 19 卷,人民文学出版社 2010 年版,第 573 页。

③ 　转引自徐庆全:《转型时期的标本:关于臧克家〈忆向阳〉诗作的争论——从臧克家一封未刊信谈起》,《博览群书》2006 年第 4 期。

路径展开了反批评。一方面，他以上书文化领导人周扬（时任中宣部顾问）的方式，通报了姚雪垠公开信一事并希望得到应有的关注。也许，臧克家无以摆脱心中的委屈之感，但这种呼吁权力持有者介入文学论争的做法并不可取。细读这封未刊信，字与字的缝隙间难免暴露出久经思想改造的知识分子"皮袍下的小"。在表明了对党和革命的炽热忠心后，臧克家重申了胡乔木在不久前讲话中"加强文艺界团结，并随时汇报情况"的号召，从而引出姚雪垠撰文批评徐迟及自己的相关情况。臧克家在信中的措辞及情感倾向相对激烈。如："中央正号召团结，有人竟为了个人争名目的，横扫一切，唯我独尊，如此发展下去，不利于文艺事业，非搞得四分五裂不可。"再如："艺术上的不同风格，可以成为'流派'，这是自然现象，但'流派'不要搞成'宗派'……"①如果说，将"争鸣"置换为"争名"在个人意气层面尚可理解的话，那么有意将"流派"往"宗派"上牵引则不禁令人胆战心寒。宗派主义历来是权力持有者保持高度警惕并严厉打压的对象，二十世纪五十年代遭遇灭顶之灾的胡风的案件成为宗派主义一个血淋淋的注脚。臧克家在此不惜触碰宗派主义的敏感神经难免让人如鲠在喉。

　　另一方面，臧克家将姚雪垠写给自己的讨论《忆向阳》的私人信件近十封摘编成册，散发予人，以姚的"一人两面"反证自己的清白。无论如何，将私人话语刻意公共化难属明智之举。臧克家似乎一心沉浸在"去污"实践中，非但没有察觉这一"文革"式的讨伐手段②有何不可，反而在给友人的信件中流露出极大的自满："他（廖井丹）大赞《忆向阳》信十封的打样，请在《河北文艺》、'文联'同志们中间传阅一下，看看姚是一面，还是两面。"③臧克家公开发布友人间的私人信件，试图以其人格上的污点掩盖文学问题的探讨。他的这一行为也在一定程度上达到了扭转舆论风向标的实际效果。然而，臧克家所采取的这样两种反批评方式也在一定程度上投射出二十世纪七十年代中后期主流文人的"政治依赖症"和"精神贫血

---

① 转引自徐庆全：《转型时期的标本：关于臧克家〈忆向阳〉诗作的争论——从臧克家一封未刊信谈起》，《博览群书》2006 年第 4 期。

② 在二十世纪五十年代的胡风案件中，扮演了重要角色的舒芜因摘编私人信件一事至今广遭诟病。而在"文革"中，假借所谓革命之名对于私人话语空间的公开化盘剥更是甚嚣尘上。

③ 见 1979 年 4 月 28 日臧克家致尧山壁的信，转引自徐庆全：《转型时期的标本：关于臧克家〈忆向阳〉诗作的争论——从臧克家一封未刊信谈起》，《博览群书》2006 年第 4 期。

症"。信件的公布仿佛将论争推向"不证自明"的境地,因而很多研究者也将其视为《忆向阳》论争的终结之处。然而,在第四次文代会之间,反目之后的臧、姚有过一次通信,不妨看作《忆向阳》论争的一脉余续。听闻摘编信件一事,姚雪垠去信重申当初的写作立场:"我虽然批评了你的《忆向阳》,但是你从那封公开信的字里行间找不到一个地方不是饱含着朋友的感情进忠言,而没有一个细微地方是故意歪曲你或存心将你打倒,说来说去,我只是直率地说来我对《忆向阳》的真正看法,不作违心的、廉价的捧场而已。"①而臧克家则在回信中谈到公开信给自己造成的现实困扰:"文代会前,有人在'民主墙',贴我的'大字报',画影图形,煞是好看。各地刊物、小报,咒骂之声不绝于耳。这影响,比你感受的如何? 我泰然置之。"②比之公共场域里的剑拔弩张,两人在私人空间里有了更多的平心静气。他们放弃了国家话语的宏大外衣,而倾吐着个人化的不平与委屈,但彼此间的隔阂似已难再抹平。

除论辩双方之外的受众反应也构成了论争的面相之一。论争期间正面撰文回应此事的文艺界人士似乎难以找到,然而臧、姚二人在相互的通信中又都谈及身边文友的实际意见。如臧克家不止一次地提到张光年、冯至对《忆向阳》的称赞,前文也提到中宣部副部长廖井丹对其的激赏。另如臧在信中透露道:"我接到一百多封信,对你批我的情况不了解,对我表同情,要求我为文答之,我受到近百位文友的来函劝告,不要我再发表文章了。"③姚雪垠则提到第四次文代会期间,同坐的吴组缃向其表示看了公开信后,"很赞成我的敢于批评朋友的态度,而深致慨于近些年朋友间的互相吹捧,不进诤言的庸俗作风"④。除了文艺界的莫衷一是外,普通读者也是毁誉参半。有文章称:"读了姚雪垠同志的'关于《忆向阳》诗集的意见'一信以后,我们普通读者感到很高兴","因为敢于这样尖锐地公开批评,打破情面,需要极大的勇气,耿直的品格和探求真理的决心,否则,空话而已"。文章最后再次袒露对于"文艺民主"的放声疾呼:"倘要实行文艺民主,必须自打破情面始,连脸皮也撕不破,终日看脸色说话、做事,战战兢兢,发抖也来不及,还谈什么民主!"⑤在另一封公开信里,两位作者有感于姚雪垠《忆向阳》诗集的意

---

① ④　姚雪垠:《姚雪垠文集》第 19 卷,人民文学出版社 2010 年版,第 595 页。
② ③　臧克家:《臧克家全集》第 11 卷,时代文艺出版社 2002 年版,第 600 页。
⑤　程建汉:《打破情面》,《上海文学》1979 年第 3 期。

见,大胆对《李自成》提出质疑,借以商榷文艺理论方面关于"正面人物"划分问题。商榷文章在肯定其主要成就的前提下指出其不足,意欲"共同来推动文艺民主运动,提倡批评风气"①。

既然选择挂起"文艺民主"的旗帜,就必然要容纳异己之声。故而,《姚雪垠:压迫不是批评——姚雪垠先生两封公开信读后》《文艺民主与粗暴批评——给姚雪垠同志的一封信》等另一类立场相反、语辞激烈的言论无疑具备了历史合法性。前文经一定删改曾发于《文艺报》内参,后全文再刊于《北方文学》1979年第10期。文章紧扣"压迫"一词阐明了姚雪垠在两段公案中的盛气凌人,并对其"朋友真情""道义相存"等自我设定表示"不敢苟同"。文末以含混的口吻述说道:"姚先生似乎应当在批评问题上搞得更准确些。某些批评家('四人帮'不必提了)的不良作风,动不动摆出一副'权威'架势,不容置辩,钢板钉钉,让人透不过气来,这种作法未必如某些同志所说,能够树立文艺批评的正气。"②后文同样对姚的公开信"颇有不然之感",认为姚雪垠对臧克家的批评"是动用了棍棒的粗暴批评"。在质疑了其批评动机并简单回顾了姚之前批评徐迟的另一篇文章③后,该文认为,姚雪垠的批评文章"不是文艺民主的范例,而是粗暴批评的典型"④。

以上围绕论争双方及受众等三方面而展开的分析,其实已将所谓"文艺民主"的历史窘境和盘托出。论争链条中的任何一个环节都在"文艺民主"的旗帜下固守着自身的绝对真理性,实则不自觉地陷入相对主义的价值乖谬中。这种逻辑怪圈不免让人忆起"文革"时期硝烟弥漫的派系斗争。从根本上来说,对"什么是毛泽东思想"以及"怎样才算真正拥护毛泽东思想"这两个大问题的本质分歧是急功近利的革命造反派来不及深入思考的,故而以"大干快上"式政治讨伐及武力冲突将其湮没。同样地,在《忆向阳》论争中,人们在"文艺民主"的历史范畴及价值内核等方面显然是未经深思且难成共识的。这也从反面透射出"文艺民主"的美好构想在当时的文艺界其实并不具备充分的生长空间。简言之,"文艺民主"的呼吁有其历史合理性。

---

① 李国权、汪剑光:《致姚雪垠的一封公开信》,《上海文学》1979年第4期。

② 王昌定:《姚雪垠:压迫不是批评——姚雪垠先生两封公开信读后》,《北方文学》1979年第10期。

③ 姚雪垠:《对徐迟同志〈关于诗歌的意见〉的意见》,《诗刊》1978年第12期。

④ 正一:《文艺民主与粗暴批评——给姚雪垠同志的一封信》,《青海湖》1979年10月号。

它在恢复文学生态的时代场域里试图重建健康的创作和批评秩序。然而，它绝不能沦为一种自说自话且流于抨击、疏于探讨的"非理性"偏执。对于真理的认同应为其价值前提，而尊重他人、容纳异声、不忘自省则不失为理性的清醒。如此，方能促进严肃、科学的学术论辩健康、有序地展开，而非不幸陷落道德讨伐甚至人身攻击的泥潭之中。

二、论争背后的重重博弈

通读臧、姚 1974 至 1977 年间的书信，我们发现，臧、姚二人之间对《忆向阳》诗作的观念性分歧已经存在，同时在个人性格方面也早有龃龉之处。对于文人交往过程中的心态史之还原也在一定程度上投射出当代知识分子真实的心理世界。可以说，论争的背后潜隐着文学与政治、个性与共性诸层面上的重重博弈。

第一，观念分歧。"文革"后期，臧克家自向阳湖返京后即已开始以喷涌的诗情创作《忆向阳》组诗，且同姚雪垠等诸多文友就诗作展开了交流与讨论。姚雪垠在收悉诗作后反复研读，并多次给出自己的意见。如在《喜奔干校》一诗中有"壮志学农耕"一句，姚雪垠看到臧克家在"壮志"一词下边注了"投笔"一词。意识到臧克家在这二词之间的徘徊、斟酌后，姚雪垠在 1975 年 1 月 25 日的信件中写道："我看，'壮志'不如'投笔'。目前，'壮志'用得较熟，反觉空泛。且到"五七"干校去的高级知识分子'投笔学农耕'是真，说是'壮志'也不完全真实。"①此外，针对《向阳湖》"荷花换作稻花香"一句，姚雪垠也并未讳言自己的意见："虽然你自己较满意，但我有另外看法，也没有十分把握。向阳湖系荒湖，改作稻田，当然很好。如非荒湖，养鱼种藕，其经济收入大于种稻，'荷花换作稻花香'，未必值得热情歌颂。想来必是荒湖，但在诗句中却没有反映出来。你为追求'荷花'、'稻花香'二词组成一句诗的形象美，反而'以词害义'了。"②在 1975 年 2 月 11 日的信件中，姚雪垠则说："《小黑》一诗写你在干校养的小狗，显然生活趣味颇浓，但毕竟是小趣味，正是我辈应该竭力回避的东西。"③对于以上这类意见，臧克家当时基本采纳。如其在 1975 年

---

① 姚雪垠：《姚雪垠文集》第 19 卷，人民文学出版社 2010 年版，第 572 页。
② 同上书，第 572—573 页。
③ 同上书，第 574 页。

3月26日的信中所说:"经多日考虑,并与同志商量,决定遵从你先前提出的意见,将写'小狗'一诗删去。《向阳湖》一诗,也一再想你的意见,将全诗另改为:荒湖百顷岁月长/浊水污泥两茫茫/小试翻天覆地手/白茅换作稻金香。"①

1975年5月31日,姚雪垠收到臧克家编印的《忆向阳》诗稿,"当即放下工作,初看一遍,晚上又看一遍"。在次日的复信中,姚雪垠写道:"等再看一二遍,有了成熟意见,当专函详谈。仓促间难谈中肯,不如暂已。"可见,姚雪垠对诗稿还是极为重视的。接下来,姚则谈道:"北京朋友中有一些懂诗的,不妨征求一下意见。但表面奉承话并无价值,实以少听为佳。我辈老人,如能听到真实话,便是幸事;能听到有深刻见解的老实话,更为难得。有深刻见解的老实话到处都有,但须要去求。求奉承话容易,且不求自来,而求有用的老实话则稍较困难,盖一般人不愿令我辈不快也。"②然而长于历史小说创作的姚雪垠在诗歌尤其是古体诗方面的看法是并不能让臧克家认同的。在艺术见解方面"不求强同"的臧克家面对姚雪垠时有发生的"误解"实际上多有不满。如《七十述怀》一诗遭姚雪垠误解时臧克家"大发火",他在信中向姚解释道:"我所以大发火:(1)关系甚大——有严重政治、思想意义,将正看作反;(2)读得不细心,将题与诗句分割开来。"③而对《忆向阳》始终保持"自信"的臧克家,对于姚雪垠的批评意见越来越难以认同,加之臧身边文人圈对《忆向阳》的大加肯定,使得臧、姚之间艺术观念的分歧越来越大,这些都为日后矛盾的总爆发积淀下潜在因子。如臧克家在1975年11月14日信中认为姚并未完全理解干校生活,故而也不了解《忆向阳》:"例如把'摩肩不识面,但闻报数声'认为受王维'空山不见人'……影响,真使人啼笑皆非,大失所望。争得面红耳赤,相左时多,你又以个人意见先示友人,使我极不愉快,所以近来不和你谈诗了。"④一句"啼笑皆非"透露出臧克家的不屑一顾,而"不和你谈诗"则无异于宣告了两人艺术观念上的分歧根本难以消弭。信中,臧克家还专门提到张光年、冯至等人读了《忆向阳》之后"每人赠我以诗"⑤,言辞之间流露出难掩的自得

① 臧克家:《臧克家全集》第11卷,时代文艺出版社2002年版,第592—593页。
② 姚雪垠:《姚雪垠文集》第19卷,人民文学出版社2010年版,第582页。
③ 臧克家:《臧克家全集》第11卷,时代文艺出版社2002年版,第592页。
④ 同上书,第596—597页。
⑤ 臧克家著《忆向阳》于1978年由人民出版社出版,张、冯的赠诗作为诗跋收录,其中张光年《采芝行》较之《向阳日记》所收版本有部分改动。

之情,而这无疑加深了臧对姚的失望:"并不完全由于他们'说好',而是他们圈的、划的好句、平仄不和的字……一一标示,正中下怀,说得极对,体会得极深,令我感谢又感动! 你则以形式主义眼光看待此诗,首先不加以鼓励,令我大失所望。"①

第二,性格龃龉。随着文学观念的分歧不断加大,臧、姚在通信中也不断暴露出性格上的龃龉之处。臧克家曾在 1975 年 3 月 26 日的信件中写下这样一段话:"对友人意见,要认真考虑,即一时接受不了,也应该记在心头,多思索,一旦贯通,即遵从之。不盲从,也勿固执。提意见一定要十分严肃,负责,多方考虑然后提出。"②这段话一方面在竭力提醒自己努力接受异己或逆耳之声,另一方面也通由对"提意见"的内心期许掩盖着心中的些许不满。而自 1975 年 11 月姚雪垠因《李自成》写作及出版问题给毛泽东写信以来,臧、姚之间的罅隙似有愈加分裂的趋势。如臧克家在信中论及:"我对你写作长篇一直大力鼓吹,极力鼓励你,且信'必可大成'。但我对你的某些作风,确实有意见。荣正一同志也常来谈,我们对你的看法完全一致。有重要长处(热情、有知识、有写作才华、有风趣……),但也有不少短处('小资'味相当浓、政治性弱、一得意容易忘乎所以、骄傲感、英雄主义气味、只愿听好的,逆耳之言不易虚心考虑等等)。"③

1976 年,姚雪垠北上抵京,但自伤于悲苦境地中时,作为老友的臧克家没有给予足够的关心与挂念。如姚在 1977 年 2 月 28 日信中所言,"你虽然是我的数十年好朋友,但因为走的道路不同,追求的目标不同,你在很多方面对我并不理解或者不甚理解,好像也无意了解深刻。……感情上是好朋友,事业上并非知音"④。而在 1977 年 3 月 20 日的信件中,姚雪垠继续就"是好朋友,但并非知音"一题进行详细论说:"我和你的性格、习惯、所走的文学道路及追求,都很不同。你喜欢热闹,给朋友写信很多,很勤,几句话即成一信,也有时信中写的意见未经深思,不免肤浅,可笑。(请恕我直爽!)……你的突出长处是热情,而你的缺点也很突出,可惜你所接近的人没有谁肯向你指出,而你在几十年中早已形成为性格的一部

---

① 臧克家:《臧克家全集》第 11 卷,时代文艺出版社 2002 年版,第 597 页。
② 同上书,第 593 页。
③ 同上书,第 596 页。
④ 姚雪垠:《姚雪垠文集》第 19 卷,人民文学出版社 2010 年版,第 589 页。

分，不自觉其非，所以不易改变。"至此，两人由见解的不同、性格的差异双双陷入彼此抱怨、相互指摘的泥淖之中。尽管，姚雪垠在信中吐露了这样的心声："我们之间的关系必须摆正。不摆正，在我们的老年不能成为知己，叫后人也会觉得遗憾"①，然而，两人在不断加深的误解面前均缺乏足够的包容与冷静之心。1979 年的《忆向阳》论争虽是旧事重提，却最为彻底地摧毁了两人苦心经营的友情，也将新时期之初跨代知识分子的思想境况袒露无遗。

总的来说，在私人通信中，臧、姚针对《忆向阳》诗作强调了不同的着眼点。臧克家由个体经验出发，对以古体诗来展现社会主义革命事业表现出了强烈的自信。而姚雪垠除了关注艺术形式外仍不忘提醒对于"五七"干校实质的深刻反省，故而在 1979 年的论争中以呼吁"文艺民主"为契机对《忆向阳》进行了公开批评。"文革"结束后，控诉与反思成为知识分子重评"文革"的重要方式。其中包括对于"五七"干校的重新评价。"文革"时期，"五七"干校被指认为所谓无产阶级文化大革命的新生事物，大批知识分子自名为"五七战士"积极投身于战天斗地的革命实践中。在这个劳动改造兼思想改造的流放营中，大多数知识分子遭遇了身体和心灵的双重侵害。然而，像《忆向阳》一样认可主流意识形态并以文学方式进行赞颂的姿态并不鲜见，如郭小川《长江边上"五七"路》，冰心《致家里人》，吴祖光《枕下诗》等。"文革"结束后，越来越多的知识分子对"五七"干校这一"文革"经验进行文学批判。而 1978 年公开出版的《忆向阳》诗集却流露出不合时宜的思想倾向，如臧克家诗集自序《高歌忆向阳》中所说："留恋干校的战斗岁月，回忆干校的战斗生活。"②

面对同一历史事件，个体经验与个体感知的差异性难以避免。相较于其他更多的或因劳成疾或转至团泊洼继续劳动改造甚至殒命向阳湖的"战友们"，臧克家 1972 年即"解放"回京。故而，"微雨插秧""菜花引蝶入厨房""老牛亦解韶光贵，不待扬鞭自奋蹄"这类劳动诗情与革命豪情充斥于《忆向阳》中。"文革"研究专家王尧曾写道："我和许多人一样并不喜欢这本诗集（《忆向阳》）。我并不否认诗人的真情实感，但他没有能在大的历史叙述中

---

① 姚雪垠：《姚雪垠文集》第 19 卷，人民文学出版社 2010 年版，第 590 页。

② 臧克家：《忆向阳》，人民出版社 1978 年版，第 15 页。

看待自己的经历。"①故而,当臧克家在感恩与激动中自谓"干校三年,千锤百炼。/思想变了。/精神旺了。/身体壮了"②时,我们仍不应忽略另一类截然相反的"干校"追忆。陈白尘在《牛棚日记》中控诉了思想专制与政治权威对知识分子心灵的迫害③,张光年在《向阳日记》中流露出知识分子在思想改造过程中的灵魂挣扎④,韦君宜则在《向阳湖畔的十个无罪者》中追忆了"五七"干校中因不合理的劳动方式和不近人情的思想批判而殒命干校的十位无罪者,并由此对"五七"干校的罪恶实质及思想改造运动中人性之恶进行了深刻批判。⑤

　　历经了"文革"的当代文人身上背负了不堪其重的历史重压。逝去的历史在他们的心口留下深深的鞭痕,然而新型时代语境下对历史记忆进行的文学追认又难免触碰到还没来得及脱落的血痂。在艰于呼吸的政治真空中,个体灵魂曾一度跌落至泯灭的深渊。而当历史的阴霾渐渐散去,以激活个体记忆的方式还原历史真相则无疑成为个体灵魂走向自我救赎的题中之义。在修复历史记忆面前,"天灾和人祸"同"光荣和梦想"是同等重要的。诚如同样历经了"文革"的邵燕祥所言:"每个人经历有不同,才具有大小,记忆有详略,文笔有高低,但我们作为一个从二十世纪幸存下来的中国人,如果多少留下一段时代的证词,就不虚此一生,对得起自己的良心,在面临'最后的审判'时,我们可以说:我说了一切,我拯救了我的灵魂!"⑥可以说,在1979年第四次文代会酝酿前期,"文艺民主"的呼之欲出透露出文学制度的改革试图突破权力钳制的潜在诉求,为二十世纪八十年代文学的全新登场奏响了序曲。然而,它的无疾而终也显示出"文革"结束后当代文学制度发展,尤其是在"纯文学"诉求与政治化要求之间左右冲突的曲折与艰难。

---

① 王尧:《脱去文化的外套》,花城出版社2007年版,第11页。
② 臧克家:《忆向阳》,人民出版社1978年版,第22页。
③ 陈白尘:《牛棚日记:1966—1972》,生活·读书·新知三联书店1995年版。
④ 张光年:《向阳日记》,上海远东出版社1997年版。
⑤ 韦君宜:《抹不去的记忆——忆向阳湖畔的十个无罪者》,《中国作家》1994年第3期。
⑥ 邵燕祥:《民间的、个体的记忆——读倪艮山〈沉思集〉书稿》,《随笔》2006年第2期。

第五节 文学出版、文学会议、文学教育及其他

处于同一个文学制度体系之中的各个子体系之间,本来就是相互影响、互为关联,甚至偶有交叉的。因而,作为"文革"文学制度中同样不可或缺的组成部分,有关文学出版、文学会议、文学教育等的部分内容在上述几节的论述中已或多或少地涉及了。然而这难免是较为粗糙且存在疏漏的,基于此,本节试图在钩沉和梳理相关史料的基础上对它们再做补充式的分析阐释,并着力挖掘其在"文革"文学制度中显现出的特殊意义及其表征。

一、文学出版任务化

"文革"开始后,作为传播毛泽东思想的主要渠道,毛泽东著作的出版发行不仅尤为主流意识形态所重视,更成为权力争夺的重要突破口。1967 年1 月,革命造反派向文化部出版局召开的"全国毛主席著作印制计划会议"发难,随后《人民日报》发表了革命造反派的联合宣言——《革命造反派联合起来,夺取出版大权,担负起传播毛泽东思想的伟大政治任务》,并配以《出版毛泽东著作的大权我们掌》的短评。承续《纪要》的批评,"十七年"时期的出版界被判定为"反党反社会主义的黑线专政",而此前负责相关工作的中央宣传部、文化部则被扣上了"反对毛泽东思想,压制毛泽东著作的出版发行"的帽子,遂而基本陷入瘫痪状态。此后,随着夺权浪潮的逐渐高涨,曾掌管包括出版工作在内的文化部最终被"中央'文革'小组"全面接管,而文学出版工作也随之呈现出较为明显的变化。

概而观之,最直观的变化可以说是数量上的锐减。这首先表现在出版社以及干部、编辑人员的缩减。据 1971 年 5 月印制的《全国出版基本情况资料》显示,至 1970 年底,全国的出版社经由合并或撤销从"文革"前的 87家减少至 53 家,编辑人员则由原有的 4 570 人减少至 1 355 人。[①]在"十七

---

① 《1966—1970 年全国出版基本情况资料》,中国出版科学研究所、中央档案馆编:《中华人民共和国出版史料》(第 14 卷),中国书籍出版社 2013 年版,第 41 页。

年"时期的出版工作备受否定之后,一系列的批判、问责运动旋即展开。其中,人民文学出版社被判定为"黑染缸""毒品制造所",绝大多数编辑因被送往干校接受"再教育"而离开了出版岗位。商务印书馆则被冠以"宣扬封资修、大洋古的反革命修正主义黑窝点"的名号,曾任总编辑的陈翰伯不仅被点名为"反革命分子""商务头号走资派",继而还被关进了"牛棚"。其次是出书数量,尤其是文艺类书籍数量的减少。一方面已有的"文学遗产"大都作为"封、资、修"而遭到封存,如"十七年"时期出版的《青春之歌》《三里湾》等 60 部小说都作为"毒草"而被勒令停止发售。另一方面由于原有出版系统的瘫痪,且新的出版管理机构基本将"文革"初期的工作重点放在了毛泽东著作和画像的出版发行上,1966 年全国出版社出版的书籍由 1965 年的12 566 种骤降到 6 967 种,到 1970 年之前,这一数字更呈现出逐年下降的趋势。其中,文艺类图书所占比重极其有限,1967 年至 1969 年间每年出版的文艺类图书甚至只有一百多种。尽管 1970 年出版的文艺类图书有所增加(由 1969 年的 117 种上升到 318 种),然而这其实与主流意识形态主导的革命样板戏的普及工作大有关联,革命样板戏剧本挤占了较大比重,其他文艺作品十分有限。综上可见,"文革"高潮期间的图书出版是十分萧条的,其中文学出版工作则几乎是停顿的。可以说,这一局面直到 1971 年才有所改善。得益于一系列的政策调整①,一度停滞的文学出版工作才开始有了起色,所出书籍在数量上的回升即是最直观的证明②。然而,"极左"思潮的持续以及"一体化"文学制度的严苛规约无疑都使上述政策调整打了折扣。也就是说,政治权力在推进出版工作重新起步的同时,又将其严格地钳制在主流意识形态圈定的有限空间里,出版界自身适度的独立性、自由度仍然很有限。基于此,1971 年至 1976 年间的文学出版表现出以下几个方面的特征。

---

① 如,1971 年 2 月,周恩来对萧条的出版状况提出了批评,并指出"1971 年再不出书就不像话了"(方厚枢:《中国出版史上一次特殊的会议——记 1971 年全国出版工作座谈会》,《出版史料》2007 年第 1 期)。同年 3 月召开的全国出版工作座谈会传达了周恩来对出版领域存在的"极左"思潮的批评和多出图书的指示。12 月,《人民日报》刊发了《发展社会主义的文艺创作》的短评,并重新刊登了毛泽东"希望有更多更好作品问世"的题词。

② 据统计,1971 年全国出版图书共 7 771 种,较 1970 年的 4 889 种有小幅度上升,此后基本呈现逐年上升的态势。单就出版的文艺类书籍而言,1971 年至 1976 年间的年平均数量(993.5 种)远高于 1966 年至 1970 年间的年平均数量(381.2 种)。参见《全国出版事业统计资料汇编》,文化部出版局 1984 年 10 月编印。

　　首先，出版队伍内部仍旧存在着较为突出的夺权思想，专业的编辑人员基本没有组织出版工作的实际权力。从 1971 年开始，原先被下放到"干校"的干部和编辑人员陆续返回到出版系统，并着手恢复出版业务。然而在根据全国出版工作座谈会的内容整理而成的《关于出版工作座谈会的报告》中，"两个估计"仍然认定"十七年"时期的出版界"执行的是与毛主席革命路线相对立的反革命修正主义路线"，"是资产阶级知识分子独占的一统天下"，而当时的出版战线上"修正主义势力还是很强的，还有占领和反占领的斗争"①。为此"两个估计"的倡导者提出不仅要从军区调拨解放军到出版口"掺沙子"，还要逐步将原来的干部、编辑等放到工农兵中去改造，最终达到通过培养自己的出版队伍的方式占领出版阵地的目的。据韦君宜记述："从干校调回的老编辑，没有一个当上组长，没有一个恢复原职。担任组长以上职务的，不是军代表，就是由军代表从外单位调来的人……其文化水平，有一个是高中，其他都是初中。"②这就意味着恢复后的出版工作实际上是在近乎外行的领导决策下展开的，而诸如韦君宜等具有专业素养的编辑人员在当时的出版队伍中甚至连发表不同意见的权利都没有，只能"低头照办，把自己关于文艺的一切基本知识一概扔进东洋大海而已"③。可见，即使经过了"再教育"，知识分子仍未获得信任并基本处于出版队伍的边缘，而对掌握着终审权的"沙子"而言，政治正确性无疑是他们采纳的最重要的甚至是唯一的出版标准。

　　其次，作为文学出版的最初环节，文学创作基本处于权力的组织操作之中而毫无自足性可言。即是说，写什么，由什么人写，怎么写以及如何修改等问题都不是创作者个人的事，而必须"依靠党——先依靠党委选定主题和题材，再依靠党委选定作者，然后当编辑的去和作者们研究提纲；作者写出来，再和他们反复研究修改，最后由党委拍板"④。诸如"三突出""根本任务论"等样板戏经验自然更是必须遵循的规则。在《编辑的忏悔》中，韦君宜回忆了自己组织插队青年写《延河在召唤》的往事。为了应和"以阶级斗争为

---

① 　彦石：《出版界反革命的"两个估计"出笼经过》，中国出版科学研究所、中央档案馆编：《中华人民共和国出版史料》（第 14 卷），中国书籍出版社 2013 年版，第 410—411 页。

② 　韦君宜：《那几年的经历——我看见的"文革"后半截》，《思痛录（增订纪念版）》，人民文学出版社 2012 年版，第 141 页。

③ 　同上书，第 143 页。

④ 　同上书，第 153 页。

纲"的口号，韦君宜指导沈小兰等杜撰了一个早已不存在的地主形象；为了突出阶级斗争的尖锐性，更刻意编写了地主与女英雄人物在水闸之中搏斗的情节。显然在这种文学生产模式中，不但作者自身的主体性被消解掉，编辑也不得不放弃自己的审美旨趣而充当起既定主题的传达者和"美工刀"。

最后，一个阶段内的文学出版的主要任务依据的基本就是当时的政治主题，此外，某些行政命令甚至私人需要也时常成为出版界的"圣旨"。综而观之，1971 年到 1976 年间的文学出版主要出现了以下几次较有规模的风潮，即鲁迅著作的出版、革命样板戏剧本的出版、多版本《水浒传》的出版等。如果对其出现的背景做一考察即可发现，它们基本导源于政治斗争的需要和行政指示。这里以此阶段内鲁迅著作的出版为例做一说明。1971 年 11 月，国务院办公室向出版口传达了毛泽东关于"干部要学习鲁迅的著作"的指示，并强调"鲁迅的杂文《伪自由书》是主席点的，要抓紧出版"。①其间，国务院文化组指示出版口专门出版非卖品《鲁迅全集》②线装大字本，以满足毛泽东的阅读需求，更要求其在短时间内集中力量突击《伪自由书》一集，将"其他任务往后拖一拖"。这种来自权力的指示和要求在决定一段时间内文学出版的主要任务的同时，也在一定程度上将出版工作所面向的公共空间转向了私人空间。而面向公共出版的鲁迅著作的编注工作则在很大程度上受制于政治需要和规约。1972 年，姚文元对出版口《关于重版鲁迅著作几个问题的请示报告》提出："要有总结阶级斗争的历史经验的内容（如批判孔子）。"③再如，1973 年到 1974 年，要求出版工作要为"批林批孔""评法批儒"运动服务。1975 年，要求将多版本的《水浒传》出版出来做教育民众的反面教材。而《鲁迅批孔反儒文集》（人民文学出版社 1974 年 2 月版）、《鲁迅反对尊孔复古言论选辑》（文物出版社 1974 年 8 月版）、《鲁迅批判孔孟之道手稿选编》（文物出版社 1975 年 2 月版）、《鲁迅关于〈水浒〉的论述》（人民文学出版社 1975 年 9 月版）、《鲁迅评〈水浒〉文章选读》（吉林人民出版社 1975 年 12 月版）等书在此阶段内大量集中出版则显然是为了配合政治的需要。

综上，"文革"期间的文学出版基本受制于彼时的政治气候，甚或说，它

---

①③　《"文化大革命"时期出版工作纪事（1966 年 5 月—1976 年 10 月）》，中国出版科学研究所、中央档案馆编：《中华人民共和国出版史料》（第 14 卷），中国书籍出版社 2013 年版，第 464 页。

②　其依据的是 1958 年版的《鲁迅全集》（共 10 卷），其内容以及冯雪峰等人所作的注释基本上全部保留下来了。

本就是作为一项权力部署下的政治任务而存在的。就外部而言,它的落与起、萧条与"回春"都与出版政策、政治领导的变化保持了较高的同步性;就内部来看,它的各个环节和流程都布满了政治权力的操作印记。

二、文学会议阴谋化

作为整合文学队伍、规范文学秩序、调整文学政策、规划文学进程的重要方式和手段,"十七年"期间的文学会议不仅召开得颇为频繁,其形式也颇为多种多样。而到了"文革"期间,由于文学组织机构的解散、作家身份的被剥夺和干部被下放等原因,包括中华全国文学艺术代表大会在内的诸多文学会议都一度中断,专门性、真正意义上的文学会议实际上是屈指可数的。其中,1966 年 2 月召开的部队文艺工作座谈会及据此炮制出笼的《纪要》无疑是最不容忽视的——它在拆解、否定"十七年"文学制度的同时,更直接拉开了"文革"文学制度建构的帷幕。从这一层面上来说,它与第一次文代会、第四次文代会一样,都在当代文学的制度化进程中有着特殊的节点意义①。基于此,本部分将以部队文艺工作座谈会为主要的考察对象,以点带面地剖析"文革"期间文学会议或与文学相关的党政会议的特殊性。

"十七年"时期的文学会议,无论是定期召开的综合性的文代会,还是为讨论专门文艺问题而召开的座谈会,如农村题材短篇小说创作座谈会等,基本可以说是公开的、公共的,会议流程和基本议题等也大都会经过事先的组织安排。即是说,"十七年"时期的文学会议基本上是主流意识形态监管下多种文学力量有限度的自由参与,这一方面在很大程度上维护了政治正确性,忽视了文学自身的规律性;另一方面也使会议部分地脱离了散乱无序的状态,提高了效率。而部队文艺工作座谈会虽然仍打着座谈会的旗号,实际上已与"十七年"时期的文艺座谈会相去甚远。由此,文学会议的性质在此阶段发生了一系列的变化。首先,由公开性转向了秘密性。据与会者之一刘志坚记述,"座谈会是在十分秘密的状况下"进行的,会议开始之前"江青就宣布了几个不准:'不准记录,不准外传',特别是'不准让北京知道'。还

---

① 如本编第一章第一节所述,文学分期只能是相对的。如此,这里使用的"节点意义"这一表述并不具有绝对断裂的意思,而只是用来说明两个表现出相对差异的文学制度系统之间的大致转捩点。

查问我们带窃听器没有"①。其次,由公共性转向了私人性。会议召开之前,林彪通过叶群向与会者传达了相关指示,即江青"对文艺工作方面在政治上很强,在艺术上也是内行,她有很多宝贵的意见,你们要很好重视,并且要把江青同志的意见在思想上、组织上认真落实"②,且表示此后的部队文艺工作也要征求她的意见。这实际上赋予了江青巨大的权力和威望,她也就可以顺利地将个人意志贯穿到座谈会的方方面面,从开会的具体时间、地点到参与座谈会的人员名单等准备工作都要事先经过江青的审核、同意,甚至会议进程也要根据江青的个人行程做出灵活的调整。更重要的是,在会议召开的过程中,其他与会者其实都不被赋予发表意见的权力和空间。在会议开始之初,江青就对整个座谈会定下权威论调,即当前的文艺界被一条与毛主席思想相对立的反党反社会主义的黑线专了政,这就意味着批判应该是此次会议主要的价值立场。随后与会者观看了由江青个人挑选的多部电影和戏,基于事先达成的共识,他们很少发表意见,而只是单方面地听取江青的批评。由此,所谓"座谈会"实际上变成"一言堂"。最后,由组织性、规范性转向了随意性。与以往的文学会议不同,部队文艺工作座谈会并没有事先计划好的大致流程和基本议题,被挑选出来的几位与会者会前"都毫无思想准备,不知道要谈什么、怎么谈法"。而作为座谈会上绝对权威的领导者和发言人,江青也表现出极大的随性态度。据刘志坚的记述,江青在会前就说,"请你们来,不是开什么会,主要是看电影,在电影中讲一点意见"③。在看电影和谈意见的过程中,江青也是"说谈就谈,不谈就散",讲话并"没有什么提纲,而是想到哪儿讲到哪儿,经常内容重复,有时一个问题没谈完又谈另一个问题"④。可见,座谈会基本上是在低效且无规划的状态下进行的。从时间上来说,它从 2 月 2 日一直开到 2 月 20 日,持续时间相对较长;而从实效上来说,除江青在会议之初的论断之外,座谈会并没有讨论多少实质性内容,随后出笼的《纪要》更多的只是会议之外依政治需要肆意涂改的结果。

---

①　刘志坚:《〈部队文艺工作座谈会纪要〉产生前后》,《中国党史资料》编辑部编:《亲历重大历史事件实录(第 5 卷)》,中国文联出版社 2000 年版,第 134、137 页。

②　同上书,第 136 页。

③　同上书,第 137 页。

④　同上书,第 138 页。

可以说，作为一个个案，部队文艺工作座谈会最鲜明、最充分地体现了"文革"文学制度规约下文学会议的基本样貌，它所呈现出的秘密性、私人性和随意性都意味着文学会议开始由多元话语的互动走向了一元话语，即权力话语的独尊。由此，"文革"期间，文学政策的调整、文学进程的规划、文学队伍的整合等问题基本上都是由主流意识形态决定的，即是说，政治话语在最大程度上主宰了文学生态。

三、文学教育工具化

在"文革"初期掀起的"大批判"运动中，"十七年"时期的文学教育无疑有着双重的"原罪"，它被认定为"教育黑线"和"文艺黑线"双重专政下结出的恶之果。也就是说，在"文革"主导者看来，"十七年"时期的文学教育是反党反社会主义思想统领下的向受众灌输"封、资、修"文学内容、政治观念的实践活动，因此需要对其进行彻底的否定并进而将文学教育战线的领导权掌握在无产阶级手中。显然，文学教育在"文革"时期是附属于政治的，是作为工具和媒介存在的。而实际上，在强调文学为政治服务的"十七年"时期，文学教育早已成为政治的影子，成为传送政治意识形态的管道。尽管中间曾出现了一些试图反拨文学教育政治性的声音①，但从结果来看它们都是有限度且微弱的。由此可见，从"十七年"到"文革"，文学教育作为政治附属工具的属性并没有发生根本改变，而"文革"时期一些政治势力对"十七年"文学教育的批判更多的是出于夺权的需要，所谓"彻底的否定"也就只是一种主观上的说辞，就实质而言，其变化不过是文学教育政治性在程度上的极端强化。

与之前相比，"文革"时期的语文教材将对政治的凸显发展到了极致。这最明显地表现在政治性文本，尤其是与毛泽东思想有关的文章所占比重的最大化。在推倒"文艺黑线"专政的狂潮中，大多数古今中外的优秀文学作品都被冠以"毒草"之名并横遭批判，如此它们也就随之失去了进入教材的资格。这无疑压缩了语文教材的编选空间，给教材的选编工作带来了不小的缺口。与此同时，诸如毛泽东著作、诗词，马恩列斯著作，配合政治形势

---

①　如 1956 年 4 月，教育部正式发出《关于中学、中等师范学校的语文分汉语、文学两科教学并使用新课本的通知》，试图通过分科教学适度地凸显文学教育中的"文学性"。《人民教育》先后刊发了《反对把语文教成政治课》（1961 年第 1 期）和《不要把语文课教成政治课》（1963 年第 1 期）两篇文章。

的时评类文章,样板戏节选等具有政治合法性的内容就更多地被编入到语文教材中。"文革"期间,语文教材已不再是全国统编,而是由各个行政省市自行编写。然而,各个省市的编选工作又表现出近乎一致的默契:毛泽东著作、诗词,与毛泽东个人相关的评论文都是它们首要以及最重要的编选对象。如,1972 年 1 月版的北京市小学课本《语文》(第 9 册)中共收录包括阅读文章在内的 21 篇课文,其中毛泽东文章 2 篇,诗词 1 首,直接歌颂毛泽东的文章 3 篇。又如,1972 年 1 月版的上海市中学课本《语文》(三年级上册)共收录 16 篇课文,其中毛泽东文章 4 篇,诗词 3 首。由此可见,崇拜领袖、活学活用毛泽东思想等主流政治话语在课文的编选实践中实现了最大程度的投射和覆盖。除此之外,"突出政治"的编选原则也体现在对文学作品的阐释和对文学写作的教导上。如,援引毛泽东著作解释"叶公好龙"的意思,并强调寓言这一文体是为一定阶级的政治斗争服务的,要求学生阅读、运用寓言时要为当前的政治斗争服务①;对诸如《捕蛇者说》《卖炭翁》《赤壁之战》等古代文学作品作简单粗暴的否定和肆意的歪曲②;将怎样写革命大批判文章作为写作指导、训练的内容,并着重强调其战斗性和批判实效③,等等。可以说,通过以政治为导向的教材编选、作品解读和写作培训等方式,文学本身的丰富性、审美性基本被排挤出文学教育,"文革"时期的文学教育与政治教育已基本无异。

"中国的文学教育一直被工具情结所笼罩"④,即是说中国的文学教育总是服务于某种带有功利性的目标,而在"文革"期间,这一功利性目标就是最大程度地向受众灌输合乎主流意识形态需要的政治观念。这在将教育对象塑造为主流话语的忠实跟随者和践行者的同时,也深刻、深远地影响了一代人的文学视野、阅读品位。因而即使在"文革"结束后,"谢惠敏"们仍未能走出"文革"文学教育为其圈定的"合法"阅读范畴,并依旧笃定地将《牛虻》《青春之歌》等文学作品视作"毒草"。同样地,当"朦胧诗"以一种有别于以

---

① 参见北京市教育局中小学教材编写组编:《北京市中学课本〈语文〉(第一册)》,人民出版社 1972 年版,第 96 页。

② 参见李杏保、顾黄初:《中国现代语文教育史》,四川教育出版社 1997 年版,第 423 页。

③ 参见北京市教育局中小学教材编写组编:《北京市小学课本〈语文〉(第九册)》,人民出版社 1972 年版,第 37—39 页。

④ 黄发有:《文学教育的工具情结》,《天津师范大学学报(社会科学版)》2007 年第 1 期。

往的审美样貌出现时,批评者们的质疑之声中无疑还留续着“文革”文学观念的回响。

当我们在论述“文革”时期的文学出版、文学会议、文学教育,乃至整个“文革”文学制度时会发现,政治权力对文学纤悉无遗的渗透甚或全面收编几乎是贯穿始终的话题。同时,我们也发现,将文学极端政治化,把文学作为阶级斗争的工具,并使得文学的自主性和自由度的消失殆尽的时候,正是党对文艺工作的领导地位被严重削弱的时候。因此,反思和批评“文革”文学制度,重新建构以人民为中心的新型文学制度,就有待于党对文学的领导地位的加强和思想解放运动的兴起。后来的历史证明,“文革”后党所领导的政治上的“拨乱反正”为对于“文革”文学制度的彻底反思提供了必要的思想场域,为符合文学规律的文学制度的建构带来了新的历史机遇。

第五编

二十世纪八九十年代：
文学制度的重建与衍变

第一章　文艺政策的转轨与文学制度的重建

　　经历了十年"文革",中国"十七年"间确立和完善的文学制度也几被摧毁殆尽。几乎所有的文学建制都失去了应有的功能,文学的机构(包括出版传播、文学生产、文学评奖等)都接近于瘫痪。因此,随着"文革"的结束,文学制度面临着恢复和重建的迫切任务。在此重建过程中,文学的新的方向——为人民服务、为社会主义服务的"二为"方向得以最终确立。恢复和重建之后的文学制度,是使党和国家文艺政策得以贯彻执行的重要保障机制。随着文艺政策的钟摆与起伏或变动,文学制度也发生着微妙的变化。

第一节　"二为"方向的确立

　　1976 年的中国,社会、政治发生了巨大的转型。中国这艘巨轮,在艰难地一点点地调整着航行的方向,而每一次的调整,带来的则是巨轮中的每个人的被冲击与眩晕。随着毛泽东的逝世,紧接着"四人帮"被公开审判,中国的政治发生了大变动。在当代中国这样一个特殊的政治体制中,政治的变局,必然带来一系列的政策的改革、调整和重建。当然,改革、调整和重建,乃至逐渐找到正确的方向,都要有一个过程,而这个过程中,反复、曲折是必然要经历的。文艺政策的调整、文学制度的重建也不例外。

　　政治意义上所说的"文革"似乎已被终结,然而,"文革"时期形成的以及"十七年"期间就已经开始的某些政治、文化、制度,乃至思维、观念等显在的和潜在的惯性,并不会随着"文革"终结而立刻消匿。事实上,这一点从1976年恢复出版的《人民文学》的内容就可以看出,那时候的政策、观念、话语方式、理论资源与"文革"并无二致。正如有学者所指出的,"我们国家的政治生活、经济生活、文化生活仍在过去那个时代的'惯性'轨道上向前滑行"①。虽然当时粉碎了"四人帮",但是中共高层的重新掌握权力者"而是将精力集中于一场揭发批判'四人帮'的'政治大革命'"②。

当然,要突破"文革"的"左"的思想禁锢,要清除文化专制主义的流毒,对"文革"进行批判是必然的选择。可是应该看到,在这个过程中,历史此时显示出了它巨大的惯性和惰性,"虽然,批判对象变了,但批判的方式、批判的思维甚至话语方式都跟'四人帮'时代毫无二致。文学此时沉浸在被解放的狂热中,它与激情的政治时代保持了高度的合拍",当时的文学"只是为了在时代的洪流中汇入自己的声音"③。在"文革"结束和新时期之初的几年里,文学与政治罕见地高度合拍,二者处于短暂的"蜜月期"。

随着当时的政治与组织层面拨乱反正工作的推进,文艺创作的拨乱反正也开始了。在这个清理和批判的过程中,各个方面显示出了高度的一致。文学也汇入这个大潮中:"1977年11月,《人民日报》编辑部邀请文艺界知名人士举行座谈会,彻底批判'文艺黑线专政'论。茅盾、冰心、刘白羽、贺敬之、冯牧、草明等明确地指出:所谓'文艺黑线专政'论,实际上是'四人帮'反党集团强加在广大革命文艺工作者身上的政治镣铐和精神枷锁,只有坚决批判、彻底推翻,才能真正解放文学艺术的生产力,推动社会主义新文艺的繁荣和发展。1977年12月28日,《人民文学》编辑部邀请了文学界人士100多人,召开批判'文艺黑线专政'论的座谈会。会后,《红旗》杂志于1978年第一期发表了文化部政策研究室题为《一场捍卫毛主席革命路线的伟大斗争——批判'四人帮'的'文艺黑线专政'论》的文章。1978年2月6日的《人民日报》发表了中国人民解放军总政治部文化部评论组《'文艺黑线专

---

① 吴义勤:《文学制度变革的背景:中国新时期文学的演进轨迹与价值观反思》,吴义勤主编:《文学制度改革与中国新时期文学》,文化艺术出版社2013年版,第2页。

② 凌志军、马立诚:《呼喊——当今中国的五种声音》,广州出版社1999年版,第110页。

③ 吴义勤:《文学制度变革的背景:中国新时期文学的演进轨迹与价值观反思》,吴义勤主编:《文学制度改革与中国新时期文学》,文化艺术出版社2013年版,第3页。

政'论的出笼和破灭》的文章。"①

对"文革"的批判、反思的深入,必然会触及"文革"之所以发生的若干问题,而这些思考和追问,也必将触及对"文革"发动者的认识。于是,中共上层也有着诸多争论和探讨。直到 1978 年 5 月 10 日,胡耀邦主持工作的中共中央党校所办的《理论动态》第 60 期上发表了《实践是检验真理的唯一标准》,第二天《光明日报》一版转载了此文。由此展开了关于真理标准问题的全国性的大讨论。这场大讨论,最终给当时已经势不可遏的思想解放运动提供了强有力的合法性的理论证据,由此思想解放运动真正展开。

就文学而言,关于真理标准问题的大讨论为文学的拨乱反正提供了哲学的基础和思想的动力。1978 年 5 月 27 日至 6 月 5 日,中国文联在北京召开了第三届全国委员会第三次扩大会议。这次会议之后,关于原来在"文革"期间甚至"十七年"期间的种种概念和文艺禁区,开始松动、被质疑和突破了。比如"文艺黑线专政论""三突出""黑八论"等,也必然面临着受到质询,并最终被抛弃的命运。但是由于历史的惯性,以及处于历史进程中的各种人物的利益立场观念的不同,这一系列的荒诞的禁锢,并不会被自动地打破消除。

文艺观念的进一步解放,在中国,往往不得不借助于政治氛围的进一步开放和推进。所以,在这个意义上说,1978 年 12 月在北京举行的具有重大历史意义的中国共产党十一届三中全会,对于文学的进一步转向、文艺观念的发展推进、文艺政策的调整、文艺制度的恢复重建等,起到了关键性的作用,提供了政治保障。有人甚至指出:"会议从根本上冲破了'左'倾错误的严重束缚,端正了党的指导思想,使党重新确立了马克思主义的思想、政治和组织路线,从而掌握了拨乱反正的主动权,大大推动了思想解放运动的开展。党的十一届三中全会给新时期文学带来了真正的春天。历史的泥泞被清除了,新时期文学航道上的暗礁险滩被清除了。整个文艺界呈现出一片春潮奔涌、思想活跃,百舸争流、百家争鸣的异常活跃的气氛。"②

当然,上述描绘,有过分诗意化的倾向,而十一届三中全会确立的对历史的定位和对未来发展的方向,确实给文艺界和文艺创作带来"破冰"的保

---

① 杨匡汉主编:《20 世纪中国文学经验(下)》,东方出版中心 2006 年版,第 976 页。

② 杨志今、刘新风主编:《新时期文坛风云录》,吉林人民出版社 1999 年版,第 8 页。

证："十一届三中全会所确定的路线和全会以后党领导文艺所采取的一系列
方针政策和措施，给文艺界带来了沉思、探索、活跃的机遇和巨大的生命
力。"随后，很多文学机构开始在组织层面和政治实践中，进行了一系列拨乱
反正的措施。比如"中国文联、中央宣传部、中央组织部和文化部于 1979 年
3 月联合召开了'全国文艺界落实知识分子政策座谈会'，为一大批文艺工
作者的冤假错案平反昭雪、恢复名誉"。而在对文艺界人士进行组织层面的
恢复名誉平反之前，也开始对以往被打成"毒草"或遭到批判的文艺作品进
行重新评价。比如，"1978 年底，《文艺报》和《文学评论》编辑部在京联合召
开'文艺作品落实政策座谈会'，为一大批受到错误批判的文艺作品和理论
文章平反"①。后来《人民日报》专门以特约评论员的名义刊发文章《对待知
识分子的马克思主义方针》。②

关于当时文学界思想的论争与冲突，朱寨曾有过非常形象的比喻，"实
际上还是带着枷锁的舞蹈，在愤怒的控诉中，又夹杂着思想锁链声的叮
当"③。随着文学界的思想解放的推进，有关文学的一系列原有的理论枷
锁，也开始受到质疑。而这一系列关于文学的理论镣铐中，"文艺从属于政
治""文艺为政治服务"是"文革"乃至"十七年"时期的文艺政策的核心。

在实践的面前，一切都要重新检验。那么，文艺与政治的关系，也必然
需要重新考量。据徐庆全的考证，粉碎"四人帮"以后，最早明确提出"文艺
与政治关系"的文章，是 1979 年 1 月《戏剧艺术》中的一篇文章《工具论还是
反映论——关于文艺与政治的关系》，作者是陈恭敏。这篇文章对"文艺是
阶级斗争的工具"之说提出了质疑。"这不仅是对中共十一届三中全会有意
识地不提'以阶级斗争为纲'这一口号的积极回应，更是思想解放潮流所引
发的对于文学与政治关系的重新思考，因而很快引起了反响。"④陈文说：
"把文艺直接说成是阶级斗争的工具，显然是对文艺为政治服务的一种简单
化、机械化的理解，是不符合艺术的规律的"，接着文章又指出，"我国进入一

---

① 杨志今、刘新风主编：《新时期文坛风云录》，吉林人民出版社 1999 年版，第 9 页。
② 见《人民日报》1980 年 4 月 18 日。
③ 朱寨：《导言》，《中国新文艺大系(1976—1982)理论二集》，中国文联出版公司 1986 年版，第 3 页。
④ 徐庆全：《风雨送春归——新时期文坛思想解放运动记事》，河南大学出版社 2005 年版，第 299 页。

个新的历史时期,大规模的群众阶级斗争已经结束,转入四个现代化的建设,这种'工具论',更值得加以重新研究"。

实际上,《工具论还是反映论——关于文艺与政治的关系》发表的半年前,陈丹晨、吴泰昌就发表了《评"文艺创作都要写阶级斗争"》一文,此文已经明确地将"文艺创作都要写阶级斗争"这种提法列为"文革"期间"最惯用最典型的假左真右的反动文艺谬论之一"①。1979年3月,《文艺报》举行了理论批评工作座谈会,在这次会议上,与会者对"文艺为政治服务"的工具论提出了诸多的批评。同年4月,《上海文学》发表了一篇评论员文章《为文艺正名——驳"文艺是阶级斗争的工具"说》,此文明确从理论的高度提出:"解决文艺与生活的关系,主要是为了求得真的价值;解决文艺与政治的关系,主要是为了求得善的价值。在真与善的基础上,还要解决内容与形式的关系,这是为了求得美的价值。这三者的关系不是孤立的,而是互相联系、互相渗透的。文艺所追求的真,不是概念的真,而是艺术形象(主要是人物形象)的真;文艺所追求的善,不是政治的或道德的说教,而是把强烈的、代表人民的爱与憎熔铸在艺术形象的创造中;文艺所追求的美,也不是纯形式的美,而是内容与形式的统一,真善美的统一。"基于理论的澄清,文章指出,"文学艺术的基本特点,就在于它用具有审美意义的艺术形象来反映社会生活。""而'文艺是阶级斗争的工具'说,要求文艺创作首先从思想政治路线出发,势必导致'主题先行',这样就撇开了不以人的主观意志为转移的客观世界,把文艺与阶级的欲望、意志的关系作为首先的和基本的关系来考察。"因此,"文艺是阶级斗争的工具"的提法,"必须从理论上加以澄清"。《为文艺正名》等文章抓住了文学工具论的关键问题所在。在此之后,出现了关于文艺与政治关系的论争热潮。《文学评论》《文艺报》等报刊开辟专栏,为争鸣的深入开展提供平台。"尽管报刊上对政治与文艺的关系讨论得如火如荼,而且也有大多数人一致的意见,但是,讨论就意味着要否定'文艺为政治服务'的口号还有阻力。这阻力甚至来自当时某些主管文艺的领导。"②

于是,我们发现,文艺,还是要依靠非文艺的力量为其正名,这是颇为吊诡的现象。文艺要挣脱政治的桎梏,回归文艺本身,但是在这个过程中,又

---

①　陈丹晨、吴泰昌:《评"文艺创作都要写阶级斗争"》,《上海文艺》1978年6月号。
②　徐庆全:《风雨送春归——新时期文坛思想解放运动记事》,河南大学出版社2005年版,第310页。

不得不借助政治的力量。正如有学者说的,"为文艺正名的问题最后还是通过政治权力的介入而得到了解决。这一点充分体现了文艺学的中国特色"。① 所以,重新调整和确认文艺与政治的关系问题,就成了中共调整文艺政策的首要的内容,这就成了全国第四次文代会的首要议题。全国第四次文代会召开之前,1979 年 1 月胡耀邦在召开了全国宣传部长会议,部署了全年的宣传工作以后,开始在文艺界做一些调查研究工作,商量第四次文代大会如何召开和要解决的问题。②

在调研过程中,时任中宣部部长的胡耀邦多次推荐马克思的《评普鲁士最近的书报检查令》。他还兴致勃勃地向大家朗诵这篇文章中诗一般的文字:"你们赞美大自然悦人心目的千变万化和无穷无尽的丰富宝藏,你并不要求玫瑰花和紫罗兰散发出同样的芳香,但你们为什么却要求世界上最丰富的东西——精神只能有一种存在形式呢?""每一滴露水在太阳的照耀下都闪耀着无穷无尽的色彩。但是精神的太阳,无论它照耀着多少个体,无论它照耀着什么事物,却只准产生一种色彩,就是官方的色彩! 精神的最主要的表现形式是欢乐、光明,但你们却要使阴暗成为精神的唯一合法的表现形式;精神只准披着黑色的衣服,可是自然界却没有一枝黑色的花朵。"胡耀邦说,大家看看马克思讲得多好啊! 马克思写的第一篇文章就是反对文化专制主义。我们社会主义的生活是多姿多彩的,为什么还要通过审查制度,要求反映社会生活的文学艺术作品,只能表现一种色彩呢!③

根据胡耀邦的意见,《文艺报》与有关的刊物在上海一起连续举行学习周恩来 1961 年重要讲话的座谈会。在这些座谈会上,文艺界领导与作家、艺术家、评论家一起,共同探讨了如何总结中华人民共和国成立 30 年来文艺战线上的正反两方面的经验教训;如何按照艺术规律办事,发展和繁荣社会主义文艺;如何正确开展文艺理论的批评与评论等一系列问题。在此背景下,很显然,《文艺报》在 1979 年中推出的一批文艺批评文章,是有计划的:如以《文艺报》特约评论员名义刊发的《解放思想,迅猛前进》(第 1 期)、

---

① 　陶东风、和磊:《当代中国文艺学研究(1949—2009)》,中国社会科学出版社 2011 年版,第282 页。

② 　参见荣天屿:《胡耀邦与四次文代会的召开》,杨志今、刘新风主编:《新时期文坛风云录》(上),吉林人民出版社 1999 年版,第 35 页。

③ 　同上书,第 37—38 页。

《文艺为实现四个现代化服务》(第 2 期),还有祁宣的《加快落实政策的步伐,彻底解放文艺的生产力》(第 1 期)、赵岳的《"文艺黑线专政论"必须推倒》(第 1 期)、蒋孔阳的《严格按照"文艺规律"办事》(第 3 期)、曹禺的《思想要解放,创作得繁荣》(第 6 期)、陈登科的《文艺创造必须继续解放思想》(第 8 期)、罗荪的《贯彻"双百方针",必须批判纪要》(第 9 期)等。

　　这些工作都为第四次文代会的召开做了组织上和舆论上的准备。1979 年 10 月 30 日,中国文学艺术工作者第四次代表大会开幕。出席大会的代表有 3 200 名。这次大会的任务是:总结中华人民共和国成立以来文艺战线正反两方面的丰富经验,讨论新时期文艺工作的任务和计划,修改文联和各协会章程,选举文联和各协会新的领导机构。此次会议的召开对于国家文艺政策的调整和文学制度的重建,意义重大。所以普遍认为,"第四次全国文代会则预示着新时期社会主义文艺的伟大转折"①。

　　第四次全国文代会的意义之所以重大,体现在这次大会上确定的文艺政策与"文革"时期的文艺政策的巨大不同,文艺方向的重大转变。开幕式上邓小平代表中共中央所作的《在中国文学艺术工作者第四次代表大会上的祝词》(简称《祝词》)从国家政策的层面确立了新时期文艺的基本方向。

　　首先,在祝词中邓小平回顾了 1949 年以来的文艺路线,否定和批判了"文革"时期的"极左"路线的同时指出:"文化大革命前的十七年,我们的文艺路线是正确的,文艺工作的成绩是显著的。"基于此,邓小平又明确地提出"双百方针"是新时期文艺工作的基本方针:

　　　　我们要继续坚持毛泽东同志提出的文艺为最广大的人民群众、首先是为工农兵服务的方向,坚持百花齐放、推陈出新、洋为中用、古为今用的方针,在艺术创作上提倡不同形式和风格的自由发展,在艺术理论上提倡不同观点和学派的自由讨论。

　　祝词还原则性地表明了今后处理党与文艺及文艺工作者的关系所应该遵循的原则:

① 朱寨:《中国当代文学思潮史》,人民文学出版社 1987 年版,第 562 页。

各级党委都要领导好文艺工作。党对文艺工作的领导,不是发号施令,不是要求文学艺术从属于临时的、具体的、直接的政治任务,而是根据文学艺术的特征和发展规律,帮助文艺工作者获得条件来不断繁荣文学艺术事业,提高文学艺术水平,创作出无愧于我国伟大人民、伟大时代的优秀文学艺术作品和表演艺术。当前,要着重帮助文艺工作者继续解放思想,打破林彪、"四人帮"设置的精神枷锁,坚持正确的政治方向,从各个方面,包括物质条件方面,保证文艺工作者充分发挥自己的聪明才智。我们提倡领导者同文艺工作者平等地交换意见;党员作家,应当以自己的创作成就,起模范作用,团结和吸引广大文艺工作者一道前进。衙门作风必须抛弃,在文艺创作、文艺批评领域的行政命令必须废止。如果把这类东西看作是坚持党的领导,其结果,只能走向事情的反面。要坚持辩证唯物主义的思想路线,从三十年来文艺发展的历史中,分析正反两方面的经验,摆脱各种条条框框的束缚,根据我国历史新时期的特点,研究新情况,解决新问题。林彪、"四人帮"那一套荒谬做法,破坏了党对文艺工作的领导,扼杀了文艺的生机。文艺这种复杂的精神劳动,非常需要文艺家发挥个人的创造精神。写什么和怎样写,只能由文艺家在艺术实践中去探索和逐步求得解决。在这方面,不要横加干涉。[①]

从中可以看到,关于党对文艺工作的领导方式,已经开始进行一种与此前大不相同的调整和定位,明确提出领导者不能对文艺工作"横加干涉","衙门作风必须抛弃,在文艺创作、文艺批评领域的行政命令必须废止"。特别需要注意的是,祝词指出"党对文艺工作的领导,不是发号施令,不是要求文学艺术从属于临时的、具体的、直接的政治任务,而是根据文学艺术的特征和发展规律,帮助文艺工作者获得条件来不断繁荣文学艺术事业,提高文学艺术水平,创作出无愧于我国伟大人民、伟大时代的优秀文学艺术作品和表演艺术"。这其实是在重新为文艺与政治的关系进行定位,这已经基本上否定了"文艺为政治服务"的工具论,"根据文学艺术的特征和发展规律"的提法已经触及了让文学回归文学自身的核心命题。

---

① 邓小平:《在中国文艺学术工作者第四次代表大会上的祝词》,《邓小平文选(第二卷)》,人民出版社 1994 年版,第 210—211 页。

周扬在大会上作了《继往开来，繁荣社会主义新时期的文艺》的报告。周扬提出，要正确处理三个关系问题：一个是文艺和政治的关系，其中包括党如何领导文艺工作的问题；一个是文艺和人民生活的关系，表现在艺术实践上，也就是文艺创作上的现实主义问题；一个是文艺上继承传统和革新的关系。周扬强调了文艺与人民的关系，在当时的语境中，这是具有深长意味和重大推进的提法。这实质上已经使得原来的"文艺从属于政治"说动摇和崩塌了，为新的文艺方向的确立奠定了基础。"政治的内涵一经放大，思路也随之活跃起来，终于合乎逻辑地舍弃了数十年间始终坚持的文艺为政治服务的口号。"①

当然，我们细心阅读就可以发现，至第四次全国文代会召开，邓小平的祝词与周扬的报告虽然重新确认了"双百方针"的文艺政策，却并没有明确地否定"文艺为政治服务"的提法，也没有直接用新的口号和方向来代替"文艺为政治服务"。文代会之后的 1980 年 1 月 16 日，邓小平发表的《目前的形势和任务》讲话中明确地说道：

> 我们坚持"双百方针"和"三不主义"，不继续提文艺从属于政治这样的口号，因为这个口号容易成为对文艺横加干涉的理论根据，长期的实践证明它对文艺的发展利少害多。但是，这当然不是说文艺可以脱离政治。文艺是不可能脱离政治的。任何进步的、革命的文艺工作者都不能不考虑作品的社会影响，不能不考虑人民的利益、国家的利益、党的利益。培养社会主义新人就是政治。②

至此，从中共中央和国家的层面明确地对"文艺为政治服务"的口号进行了否定，为进一步提出新的文艺方向性的口号和提法创造了条件。胡耀邦也更加明确鼓励文学家更加大胆地搞创作写出更多更好的作品。③尽管还未提出更加明确的口号，但是方向已经指出了。在这个方向上，关于文艺与政治关系的问题，依然是关注焦点，在这些诸多的讨论和文章中，少了争

---

① 庄锡华：《论新时期周扬的文艺思想》，《北京社会科学》1996 年第 1 期。

② 邓小平：《目前的形势和任务》，《邓小平文选（1975—1982 年）》，人民出版社 1983 年版，第 220 页。

③ 《胡耀邦同志在首都出版界迎春茶话会上提出——大胆地搞创作写出更多更好的作品》，《光明日报》1980 年 2 月 10 日。

议,显现出了初步的一致性,在否定"文艺为政治服务"的基础上,尝试着提出了一些替代性的提法和表述。

比如,《光明日报》1980 年初发表评论员文章《安定团结与"双百方针"》指出,安定团结是实现"双百方针"的必要条件,"双百方针"必须在安定团结的政治局面中才能得到顺利贯彻。①紧接着《红旗》杂志第 3 期发表评论员文章《谈文艺界的思想解放问题》,提出要在坚持四项基本原则的基础上继续解放思想,提倡对好的思想、好的作品敢于肯定,对于不顾社会效果的某些作品要敢于批评。②稍迟,《人民日报》的评论员文章《文艺是引导人民前进的"灯火"》,要求作家牢记自己的社会责任,为塑造社会主义新人、为提高人民群众特别是青年的社会主义觉悟而不懈奋斗。③1980 年 2 月,《文汇报》的评论员文章《文艺创作要考虑社会效果》,阐述文艺作品的社会效果是客观存在的,提出注意作品的社会效果是文艺工作者的责任。④随后,《人民日报》发表评论员文章《党领导文艺的良好方法》,文中总结了全国剧本创作座谈会的经验:提倡党的领导者同文艺工作者平等地交换意见;坚持四项基本原则的前提下,发扬艺术民主;进行细致深入的思想政治工作,教育和引导广大文艺工作者顾大局,识大体,做四化的促进派。⑤

所举这些都是代表着官方意见的社论或评论员文章。而在这一过程中,也有更多的学者、作家投入到关于调整新的文学方向、推进文学制度改革的讨论中。这些论述大多数是在胡耀邦、邓小平等一些讲话和表述的方向上往前的推进和思考。但是,至此,在官方媒体明确提出新口号的文章还未出现。一方面,这意味着关于文艺工作的方向问题,还存在着一些争议,比如时任文化部部长的黄镇在 1980 年 2 月 24 日至 3 月 14 日召开的全国省市自治区文化局局长会议上作的报告中仍明确说:"在新的历史时期,我们说文化艺术工作为无产阶级政治服务,就是要为这个最大的政治服务、为这个最大的政治目标服务。"而林默涵则更提出:"我认为,'文艺从属于政治'的口号,是不科学的,应该废除;'文艺为政治服务'的口号,则还可以用,

---

① 《光明日报》1980 年 1 月 29 日。
② 《红旗》1980 年第 3 期。
③ 《人民日报》1980 年 2 月 6 日。
④ 《文汇报》1980 年 2 月 24 日。
⑤ 《人民日报》1980 年 2 月 25 日。

而应该抛弃对这个口号的狭隘的解释。"

另一方面,这说明新时期之初关于用什么样的新的口号来代替"文艺从属于政治""文艺为政治服务"还在酝酿、探索过程中。在1980年2月21日,周扬曾在剧本座谈会上发表讲话。他提出了自己的思考:"过去的某些口号曾起过很好的作用,同时也发生过副作用,现在情况变化了,又有了过去的经验,不再重复以前的口号,换一个更好一些的,更适合于今天情况的口号有什么不可以呢?""我们提文艺为人民服务、为社会主义服务,这不比单提为政治服务更适合、更广阔吗?"①周扬的这一讲话中,新的文艺口号呼之欲出。

至当年的5月,全国文艺期刊编辑会议在京召开。王任重作为中宣部部长到会讲话。"在酝酿这个讲话稿时,胡耀邦、胡乔木、周扬、黄镇、贺敬之及王任重等人就文艺工作的方向和任务的提法问题——也即新口号——几次商量,最后取得了一致的意见:以周扬所提的新口号为准。"②王任重在报告中以商榷和建议的方式提出:"我们认为,总的还是小平同志的第四次文代会祝词中的讲法。如果说得扼要点,是否提文艺为人民服务,为社会主义服务?"对此,有学者后来指出:"这里虽然用的是商量的语气,但新文艺口号毕竟诞生了。这个新口号,得到了到会的文艺界人士的广泛拥护。"③

最终,至1980年7月26日,《人民日报》发表了那篇广为人知的极具标志性的社论《文艺为人民服务、为社会主义服务》。社论正式确立和明确宣布了"文艺为人民服务、为社会主义服务"的"二为"方向。社论说:

> 最近,党中央提出,我们的文艺工作总的口号应当是:文艺为人民服务、为社会主义服务。

具体而言,何谓"文艺为人民服务、为社会主义服务"呢? 社论解释道:

> 为人民服务,就是为除一小撮敌对分子外的全体人民群众,包括广

---

① 周扬:《解放思想,真实地表现我们的时代——谈有关当前戏剧文学创作中的几个问题》,《文艺报》1981年第4期。

② 徐庆全:《风雨送春归——新时期文坛思想解放运动记事》,河南大学出版社2005年12月版,第314页。

③ 同上书,第315页。

大的工人、农民、士兵、知识分子、干部和一切拥护社会主义、热爱祖国的人们服务,首先是为工农兵服务。为社会主义服务,就是为社会主义的经济、政治、军事、文化等各项事业的根本需要服务,在今天,就是为社会主义现代化建设的伟大事业服务。

至于新的口号的提出的原因,及新旧口号之间的关系,社论也作出了自己的解释:

"文艺为政治服务"……这个口号反映了文艺的一项十分重要的使命,在历史上起过积极作用。在这个口号下,无产阶级的革命文艺密切配合了长期的革命斗争和社会主义建设,产生了不少优秀的文艺作品,发挥了教育人民,打击敌人的战斗作用。但是不能不看到,这个口号曾经被不适当地夸大并绝对化了。由于有的人有时候把文艺与政治的关系简单化、庸俗化,由于在实际工作中要求作家无条件地为某一项具体的政治运动、政治任务和政治口号服务,势必导致文艺内容、题材的单一化和艺术表现上的概念化、公式化,导致一些领导人利用组织手段不恰当地对文艺创作横加干涉,妨害文艺积极地充分地发挥它的社会作用。为政治服务诚然是文艺的一项重要职责,但并不是它的唯一职责。文艺既然是人类社会生活的反映,它当然就要反映经济、政治、军事、文化以及其他各个生活领域。把为政治服务作为文艺工作的总口号,作为文艺的唯一任务,要求一切文艺作品都要反映政治斗争,都要配合一定的政治任务,这显然是不合适的。……作为政策,党要求文艺事业不要脱离政治,坚持正确的政治方向,但并不要求一切文艺作品只能反映一定的政治斗争,只能为一定的政治斗争服务。为人民服务、为社会主义服务,这个口号概括了文艺工作的总任务和根本目的,它包括了为政治服务,但比孤立地提为政治服务更全面,更科学。它不仅更完整地反映社会主义时代对文艺的历史要求,而且更符合文艺规律。……

为保证文学艺术沿着正确方向不断繁荣起来,一定要坚定不移地、始终不渝贯彻执行"百花齐放、百家争鸣"的方针。我们的目标是创造和发展社会主义的新文艺,我们的方法是走群众路线,在人民内部充分发扬民主。

　　"文艺为人民服务、为社会主义服务"总的方向确立，使得新时期之初的思想解放进一步推进，使得已经开始复苏的文艺更加活跃起来，相关的讨论生机勃勃地展开。《文艺报》专门约请老作家进行座谈，讨论"怎样把文艺工作搞活"，推进文艺创作的繁荣、文艺领导和管理方式的改革等问题。巴金、叶圣陶、夏衍、林默涵、贺绿汀、刘白羽、罗承勋、王朝闻、陈登科、谢铁骊等纷纷发言[①]。《文艺报》先后刊登了系列相关文章，明确呼吁和倡导对文艺不要"横加干涉"[②]，应该"给作家以更多的自由"[③]。特别是 1980 年 10 月 6 日《文艺报》编辑部召开座谈会，讨论改善党对文艺工作的领导、改革文艺体制问题。该报从第 11 期开始刊登部分同志在会上的发言。而《人民日报》则更早一些，该报从 1980 年 9 月开始约请当时的著名文艺家刊登系列的讨论文章，引起了很大反响。他们呼吁领导方式的改变，提出给创作以更多的自主，如《如改善党对文艺的领导，把文艺事业搞活》[④]《只强调经济规律来领导文艺行吗?》[⑤]《文艺领域不能容忍官僚主义》[⑥]《管得太具体，文艺没希望》[⑦]；呼吁对文艺体制进行改革，从法治的层面予以保障和规范，如《文艺体制一定要改革》[⑧]《文艺要立法》[⑨]《放手支持改革，不要统得过死》[⑩]《领导要改善，体制要改革》[⑪]《文艺政策要放宽》[⑫]等等。

　　"二为"方向的确立，确实是一个极大的变化，对于文艺的发展起到深远的影响，是国家文艺政策的一个显著的转折。我们知道，"文艺为政治服务""文艺从属于政治"这样的说法，最初来自苏联的影响，是二十世纪二十年代末进入中国的左翼文化当中来的，后来经过了不断的调整、强化和改造，至1942 年毛泽东《在延安文艺座谈会上的讲话》中援引了列宁关于文艺事业

----

① 参见《文艺报》1980 年第 10 期。
② 何孔周：《不要横加干涉》，《文艺报》1980 年第 7 期。
③ 王琦：《给作家以更多的自由》，《文艺报》1980 年第 12 期。
④ 傅佑、马秀清：《如改善党对文艺的领导，把文艺事业搞活》，《人民日报》1980 年 9 月 17 日。
⑤ 古元：《只强调经济规律来领导文艺行吗?》，《人民日报》1980 年 10 月 4 日。
⑥ 黄宗江：《文艺领域不能容忍官僚主义》，《人民日报》1980 年 10 月 4 日。
⑦ 赵丹：《管得太具体，文艺没希望》，《人民日报》1980 年 10 月 8 日。
⑧ 蓝光：《文艺体制一定要改革》，《人民日报》1980 年 10 月 4 日。
⑨ 鲁军：《文艺要立法》，《人民日报》1980 年 10 月 4 日。
⑩ 何俊英：《放手支持改革，不要统得过死》，《人民日报》1980 年 10 月 8 日。
⑪ 李准：《领导要改善，体制要改革》，《人民日报》1980 年 10 月 29 日。
⑫ 戴白夜：《文艺政策要放宽》，《人民日报》1980 年 10 月 29 日。

主张,从而明确提出"在现在世界上,一切文化或文学艺术都是属于一定的阶级,属于一定的政治路线的"①。毛泽东在讲话中还明确提出判断文学的两个标准,"政治标准"和"艺术标准",而这两个标准相比,"政治标准第一"。这就是"从属说"的来源和被明确地确立为指导方向的过程。从延安时期文学开始,到1949年之后的头十七年间历经几次重大批判和"反右"运动,"文艺为政治服务""文艺从属于政治"从最初的倡导到付诸实践,并渗透于社会生活和文化文艺实践之中而无处不在。特别是到了"文革"期间,更跌入了荒诞的当然也是残酷的文学噩梦之中。

现在,新的"二为"方向确立了,这是中华人民共和国成立以来中共文艺政策调整的极为重要且影响深远的实践。从此之后,从国家政策的层面,确立文艺发展的总的方针,同时也意味着对文学的判断标准的确立、党领导文艺工作方式的改革、文学批评的重建,甚至文艺体制的革新等都将产生重要影响。

第二节　国家现代化的想象

基于政治的拨乱反正、解放思想、批判"极左"思想的需要,文艺的自我回归与复苏也开始了,这是1949年之后的第一次空前的活跃和争鸣的时期。所以,从以批判"文革"为起点和契机,逐渐开始追溯"文革"之所以发生的历史的原因,批判和反思自然就不会仅止于"文革",而是上溯到了"十七年"期间的文艺政策。对现实的批判和历史的反思,启动的是人的自我意识的觉醒,由此而带来对文艺与现实、文艺与政治、文艺与人性的关系等一系列问题的重新审视和省察。于是随着十一届三中全会的召开、第四次全国文代会的召开、"文艺为人民服务、为社会主义服务"的方向的酝酿确立,在这个风起云涌的过程中,思想开始空前活跃,文学也开始了繁荣,各种观念、思想、理论的自由争鸣也不可遏止地展开了。在这个难得的蜜月期,我们看

————————

① 毛泽东:《在延安文艺座谈会上的讲话》,《毛泽东选集》第3卷,人民出版社1991年版,第865页。

到,文艺与政治从并不完全相同的基点出发,朝着大致相似的方向推进着。

既然是蜜月期,注定不会太久。随着拨乱反正的历史任务的完成,新的政治秩序的初步建立,对包括文艺在内的文化、思想进行统一就必然被提上议事日程。对文艺控制调节的制度化建设也自然成为党和国家要考虑的重要问题。

此前关于文学理论与创作的自由活跃的争鸣探索的现象,已经不能完全适应业已稳定的新的政治局面的需要。所以,党和国家开始注意各种不符合需要的文艺动向,通过已经初步恢复功能的组织化的建制(如文联、作协)的活动,通过政策宣传,通过正面倡导、引领、激励与反面的批评、批判等方式,发挥对文艺工作的领导作用。

所以,大致从 1981 年开始,相关机构和官方媒体,逐渐开始强化对文艺方向的管理和引领工作。如 1981 年 1 月 14 日《人民日报》发表评论员文章《坚持马克思主义的文艺批评》,指出极少数人提出"要打破马克思主义文艺理论的一切框框的观点是错误的"。文章要求对目前创作中出现的某些不健康的倾向和情绪进行必要的批评和引导。

面对新的政治局面和时代任务,体制开始对文艺创作提出新的要求,不能仅仅停留于"伤痕"的揭露和"反思"的追问,而是要多多描绘当下的时代,塑造适合当前改革形势的文学形象。相关部门、机构、刊物等开始组织座谈会讨论如何创作出适应新要求的作品,以引领文艺的方向。所以《人民日报》在 1981 年年初发表评论员文章《努力表现社会主义现代化建设的英雄业绩》,明确指出:反映全国各族人民同心同德搞"四化"是"历史和时代的号令",是"文艺工作者的光荣历史职责"①。在此前后,一系列机构、刊物运用不同的方式去呼应这一"历史和时代的号令"。1981 年 1 月 15 日至 19 日,上海市文化局召开戏剧、歌剧和舞剧创作会议。会议讨论的中心议题就是如何繁荣创作、塑造社会主义新人形象等问题。又如,同年的 3 月,上海作协、《上海文学》编辑部联合召开业余作者座谈会,讨论文艺如何为人民服务等问题。中共上海市委宣传部部长陈沂到会讲话,他指出在业余创作中首先抓文艺思想,文艺思想要统一在党的三中全会制定的方针路线上。陈沂还特别强调,文艺作者应当用三中全会的精神衡量文艺工作的成就得失。2

---

① 《人民日报》1981 年 1 月 21 日。

月 20 日,《辽宁戏剧》编辑部和沈阳市剧协在沈阳召开"当前戏剧形势与创作座谈会",提出要加强戏剧工作的领导,戏剧创作要表现时代,对后代负责。

利用倡导的方式进行正面引领的同时,还运用批评的方式进行反面的训诫。比如 1981 年《解放军报》发表特约评论员文章《四项基本原则不容违反——评电影文学剧本〈苦恋〉》①。随后《时代的报告》出版增刊,刊登电影观察员的文章《〈苦恋〉的是非,谁与评说》及该刊文艺评论员黄钢的文章《这是一部什么样的"电影诗"?》,并全文转载了《苦恋》剧本。

特别要提及的是,1981 年 6 月 27 日至 29 日中国共产党第十一届六中全会在北京举行。正是在这次全会上,通过了《关于中华人民共和国成立以来党的若干历史问题的决议》。这次全会的召开,意味着"文革"结束以来的各种争鸣、讨论、争议告一段落,新的政治局面打开,这就亟须对全党、全国进行思想的统一。《关于中华人民共和国成立以来党的若干历史问题的决议》的通过和发布,"为统一全党、全军、全国各族人民的思想认识,提供了科学的理论依据,从而使我们在思想上完成了拨乱反正的历史任务,澄清了理论上的大是大非问题。在社会科学研究领域中,在文学研究领域中,这一文件的指导作用也是十分重要的"②。

于是,相关文艺领导机构、组织开始有计划地频繁地召开座谈会学习《决议》,领会精神,以统一创作的主导思想。1981 年 7 月 17 日,中央宣传部、中国文联邀请首都文艺界领导干部和知名人士 400 余人举行座谈会,畅谈学习六中全会精神的心得体会。《文艺报》第 15 期报道了座谈会情况及代表们的发言。1981 年 7 月 28 日至 31 日,人民解放军总政治部文化部在北京召开在京部分部队文艺工作者贯彻党的十一届六中全会精神、学习《关于中华人民共和国成立以来党的若干历史问题的决议》座谈会。同时,《红旗》杂志第 15 期发表卫建林的文章《党领导社会主义文艺胜利前进》,文章认为,党对文艺的领导主要是思想政治领导,应该表现在三个方面:要努力使各种文艺活动都能有助于人民的团结和进步;文艺家应该自觉地站在代表时代前进方向的社会力量一边;党向党员文艺家提出比党外文艺工作者

---

① 《解放军报》1981 年 4 月 20 日。

② 《前言》,中国社会科学院文学研究所《中国文学研究年鉴》编辑委员会编:《中国文学研究年鉴(1982)》,中国文艺联合出版公司 1983 年版,第 1 页。

更高的要求①。1981 年 7 月 24 日，上海文艺界举行了座谈会，畅谈学习六中全会文献的体会。巴金、汤晓丹、杜宣等发言。与会代表表示要坚持毛泽东《讲话》等著作中阐明的关于文艺工作的一系列重要原则，搞好文艺创作和加强文艺评论。

面对前一段时间文艺和思想的状况，邓小平于 1981 年 7 月 17 日曾召集中宣部有关负责人进行了谈话，邓小平指出："当前更需要注意的问题，我认为是存在涣散软弱的状态，对错误倾向不敢批评，而一批评有人就说是打棍子，现在我们开展批评很不容易，自我批评更不容易。"②根据邓小平的谈话指示，宣传机构开始提出加强党对文艺工作的领导，并再次强调对四项基本原则的坚持。早在 1979 年 3 月 30 日，邓小平就有过关于《坚持四项基本原则》的讲话，首次系统完整地提出了"四项基本原则"。在这次讲话中，邓小平说："中央认为，今天必须反复强调坚持四项基本原则，因为某些人（哪怕只是极少数人）企图动摇这些基本原则。这是决不许可的。每个共产党员，更不必说每个党的思想理论工作者，绝不允许在这个根本立场上有丝毫动摇。如果动摇了这四项基本原则的任何一项，那就动摇了整个社会主义事业，整个现代化建设事业。"③

在统一和引领思想、文化、文艺工作的过程中，最有力量的也是规模最大、层次最高的一次会议，大概要算 1981 年 8 月中共中央宣传部在北京召开的全国思想战线问题座谈会。各省、市、自治区党委主管文教工作的书记、宣传部长，各大军区、各军兵种宣传部、文化部负责人，中共中央、国务院各有关部门负责人及文艺、理论、新闻出版界的工作者等 320 多人参加会议。

这次"全国思想战线问题座谈会"传达和讨论了邓小平 1981 年 7 月 17 日同中宣部有关的负责同志的谈话。邓小平指出，坚持四项基本原则的核心，是党的领导，而资产阶级自由化的核心，就是反对党的领导。对待当前出现的问题，要接受过去的教训，不能再走老路，不能搞运动，不要搞围攻。批评的方法要讲究，分寸要适当，但不搞批评自我批评不行。邓小平希望全

---

① 参见《红旗》1981 年第 15 期。
② 邓小平：《关于思想战线上的问题的谈话》，《邓小平文选（第二卷）》，人民出版社 1994 年版，第392 页。
③ 同上书，第 173 页。

党、全军和全国各族人民在党中央的领导下,在六中全会和《决议》的基础上,团结一致,整齐步伐,使我们的思想战线、文艺战线和其他战线不断取得新的胜利。会上胡耀邦就加强对思想战线的领导、改变涣散软弱状态的问题,作了讲话。胡耀邦讲到理论界、文艺界、新闻出版界要加强领导、改变涣散软弱的状态时,肯定中央对知识分子的政策,思想工作政策,文艺政策,坚持不变,同时提出了希望和具体要求。

胡乔木在会上作了题为《当前思想战线的若干问题》的长篇讲话。关于此会的目的,胡乔木说:"六中全会以后,为什么要开这样一次会呢?""这次会议,是六中全会在一个重要方面的贯彻执行,或者说是它的必然的、必要的继续。"因为,"我们党目前在很大范围内存在的一种精神状态,即不敢坚持批评自我批评传统这样一个重大原则问题"。"小平同志和耀邦同志都着重说到了当前社会上存在(某种程度上也在党内存在)的违反四项基本原则的资产阶级自由化倾向,并且指出很多同志和很多组织对这种错误倾向斗争不力,存在着涣散软弱的状态,必须坚决纠正。"胡乔木指出当前思想战线上存在的"资产阶级自由化倾向",他说:

> 谁要是确实否认、反对和破坏中国的社会主义事业,否认、反对和破坏中国共产党对于中国社会主义事业的领导,要求和实行用资产阶级的自由制度来代替社会主义民主和整个社会主义制度,那么无论他怎样狡赖,我们都必须同他进行坚决的斗争。

胡乔木提出必须同时开展和纠正"左"的指导思想和反对资产阶级自由化的社会思潮这两条战线的斗争。

胡乔木的讲话还专门重点论述了文艺应该怎么样来对待文化大革命一类历史问题,以及怎样对待现实生活中的阴暗面的问题。在二十世纪八十年代之初,这一部分讲话是有着直接的现实针对性的。众所周知,二十世纪七八十年代之交,"伤痕文学""反思文学"等思潮涌现的同时,人们将批判和揭露的笔触,逐渐由"四人帮""文革"向上追溯,向更深的层次去深入,所以如何将这种批判的暴露的文学思潮控制在合理范围,引导向正确的方向去,沿着合理的渠道展开,是官方必须解决的问题。对此,胡乔木说:

揭露和批判阴暗面，目的是为了纠正，要有正确的立场和观点，使人们增强信心和力量，防止消极影响。关于反右派、"反右倾"和十年动乱的揭露性作品，……产生了积极的作用。

但是，胡乔木话锋一转，明确地说：

应该向文艺界的同志指出，这些题材，今后当然还可以写，但是希望少写一些。因为这类题材的作品如果出得太多，就会产生消极作用。我认为，中央的这个指示很重要、很全面也很及时。……我们也希望全国的作家、艺术家能把创作活动的重点转到当前的建设新生活的斗争中来。①

这次思想战线座谈会之后，各地相关组织、机构、报刊等传达并陆续组织学习座谈会的精神。比如，中共北京市委召开北京市思想战线问题座谈会，学习讨论了中央领导同志的讲话②。中共江苏省委召开全省思想工作会议，贯彻全国思想战线问题座谈会精神。会上对《雨花》杂志发表的《也谈突破》一文提出批评意见③。中共安徽省委召开思想战线问题座谈会，省文联主席赖少其、省文联副主席陈登科在会上作了自我批评④。

文艺机构更不怠慢，文艺界进行了批评和自我批评，对"左"的影响和资产阶级自由化倾向展开了两条路线的斗争，从而克服文艺界乃至整个文化思想战线的涣散软弱状况。比如，1981年8月13日至17日，中共中国作家协会党组举行四次扩大会议和党组、书记处联席会议，学习、贯彻中央领导同志关于思想战线问题的重要指示，联系文学战线的实际和作协及其所属刊物编辑部的工作，开展批评和自我批评。与会代表表示决心尽快改变作协领导存在着的涣散软弱状态，加强对文学创作的研究和评论。1981年9月9日，文化部和中国文联在北京联合召开首都部分文艺工作者座谈会，讨

---

① 胡乔木：《当前思想战线的若干问题》，《红旗》1981年第23期。1982年4月《红旗》第8期刊登了胡乔木的《关于资产阶级自由化及其他》一文，该文是胡对他的《当前思想战线的若干问题》一文的修改和补充。

② 见《北京日报》1981年9月2日。

③ 见《新华日报》1981年9月3日。

④ 见《安徽日报》1981年9月6日。

论文艺界如何加强领导、改变涣散软弱状态,增强团结,改进工作等问题。周扬、刘白羽、张光年、林默涵、艾青、姚雪垠等发言。

很明显,这次会议的召开,特别是胡乔木的讲话,对此后的文学创作思潮和批评研究状况起到极大的影响。比如"伤痕文学""反思文学"思潮等迅速地落幕,而"改革文学"则勃然兴起,越来越多的作家开始创作有关改革现实、塑造新人形象、反映时代主旋律的作品。从这次会议对思想战线的扭转作用的效果来看,其目的达到了。

二十世纪八十年代之初,全国性的文艺座谈会,召开得比较频繁,这也可以看出中央对文艺创作方向和倾向的极度关注。1981 年 12 月 18 日至 27 日,全国故事片电影创作会议在北京举行,来自全国各地的电影工作者二百多人出席会议。胡耀邦发表了题为《坚持两分法,更上一层楼》的讲话,他指出:今年电影进步很大,好的片子是主流;有些电影不够好,一是政治情绪不健康,二是思想境界不高尚。关于文艺作品的爱情描写,他也提出了要求:有些作品,有些同志,思想境界不高,甚至太低下。表现在什么地方呢?主要是不能正确处理爱情与革命、爱情与社会主义事业的关系,把爱情强调到不适当的地位。"当然,爱情是文学艺术的重要题材之一,可以写,而且应当写。……谁说不能写爱情呢?……问题是究竟把爱情放在什么地位上。……热爱我们的伟大祖国,热爱我们的伟大人民,热爱我们的社会主义事业,这才是最可宝贵的。……健康的爱情,从根本上说,应当是同革命事业相一致的。一个革命者,为了人民的利益,为了社会主义的事业,在必要的时候,完全可以牺牲个人的爱情,以至于生命。"①

历史走到了 1982 年。面对新的形势,党和政府不断加强和调整对包括文艺在内的思想文化的管理和领导。1982 年 3 月 12 日,新华社报道:中共中央、国务院颁发《关于严禁进口、复制、销售、播放反动黄色下流录音录像制品的规定》(简称《规定》)。3 月 18 日,中国作协应声而动,当即在北京举行"关于文学创作在建设社会主义精神文明中作用和责任问题"座谈会,与会者表示拥护中共中央、国务院颁发的《规定》。

1982 年对中国来说,在思想和文艺的引导和调控方面,面临着一个既是契机同时也有些棘手的问题,那就是 1982 年是毛泽东《在延安文艺座谈

---

① 胡耀邦:《坚持两分法,更上一层楼》,《红旗》1982 年第 21 期。

会上的讲话》(简称《讲话》)发表 40 周年。如何重新评价《讲话》，并借助重评来加强对文艺的领导工作，就被提到了议事日程。为此，1982 年 5 月 12 日中国文联、中国社科院文学所在北京联合召开了"毛泽东文艺思想讨论会"。在这个讨论会上，对于《讲话》和毛泽东文艺思想，周扬提出了一个原则——"一要坚持，二要发展"。周扬首先肯定了《讲话》的历史地位和现实指导意义："《讲话》是重要的历史文献，经得起考验，过去是、现在还是指导我们文艺运动的指针。这也就是说，对毛泽东文艺思想一定要坚持。这是毫无疑义的。"目前的最关键的问题是如何坚持。对此周扬提出要"在发展中坚持"。关于用新的眼光看待《讲话》，首先面临的还是《讲话》中规定的"文艺与政治的关系"问题。对此，周扬说："这个问题，邓小平同志说过，今后不再提'文艺从属于政治'，……不再提文艺从属于政治，这并不是说文艺与政治无关，可以脱离政治。"但是，周扬又补充指出，"三中全会以来，文艺的主流是好的，必须肯定，但是也有错误、也有支流。随着对外开放和对内搞活经济的巨大政策转变而来的思想战线上的资产阶级自由化倾向，就是不容忽视的支流。强调文艺为社会主义服务，就是要反对这种倾向"①。

　　在一定意义上，周扬在中国文联、中国社科院文学所在北京联合召开的"毛泽东文艺思想讨论会"的《一要坚持，二要发展》的讲话，为接下来诸多的、诸个层面的有关"纪念《在延安文艺座谈会上的讲话》发表四十周年活动"定下了方向和基调。据有人统计，在此前后，全国各地文艺界举行了多种形式的纪念活动，各地报刊发表四百余篇学习、研究《讲话》的文章②。

　　系列活动中，《人民日报》在 5 月 23 日首次公开发表了《毛泽东同志给文艺界人士的十五封信(一九三九年——一九四九年)》，并发表了陈云 1943 年 3 月 29 日在中共党的文艺工作者会议上的讲话《关于党的文艺工作者的

---

①　原载《人民日报》1982 年 6 月 23 日。

②　参见蔡田明：《纪念〈在延安文艺座谈会上的讲话〉发表四十周年活动综述》，中国社会科学院文学研究所《中国文学研究年鉴》编辑委员会编：《中国文学研究年鉴(1983)》，中国文艺联合出版公司 1984 年 9 月版。除了前述中国文联、中国社科院文学所在北京联合召开的"毛泽东文艺思想讨论会"，其他为纪念《讲话》发表四十周年而召开的学术讨论会还有：四川省社科院、省文联、省社联在成都联合举行的毛泽东文艺思想讨论会；北京文艺研究部、北京作协、北京市社科院文学研究室、北京市文艺学会举行的学习《讲话》学术讨论会；湖北省社科院、湖北省社科联召开的讨论会；陕西省委宣传部召开的学习《讲话》座谈会；河北省文化局举办的纪念《讲话》学习班。还有其他形式的活动，比如：参加电影"金鸡奖""百花奖"授奖大会的文艺工作者，以及胡采、杜鹏程、王汶石、李若冰等还特意重返延安，缅怀过去，展望未来。(《老作家重返延安》，载《陕西日报》1982 年 5 月 25 日)

两个倾向问题》。《文艺报》第 7 期专题报道在 6 月 2 日北京部分文艺工作者学习这两个文件的会议的情况,并摘登了冯牧、夏衍、华君武、谢铁骊、臧克家等人的发言。各省、市、自治区文艺单位、文艺期刊相继举行学习会,围绕如何理解、领会、贯彻两个文件的精神等问题展开讨论,并在深入生活、增强党性等方面制定出一些具体可行的计划措施。根据报道,我们看到许多文艺工作者公开撰文表示陈云同志 40 年前的讲话中提出的"一不要特殊、二不要自大",对于当前的文艺界仍有重大的现实指导意义。只有克服特殊、自大,才能从根本上解决文艺界存在的不正之风和不良倾向。

各级文艺期刊还组织专门的栏目和笔谈发表作家学习《讲话》的感想和体会。如《人民文学》《工人日报》《陕西日报》等报刊特辟专栏,刊登周克芹、刘绍棠、蒋子龙、中杰英、京夫、路遥等作家的文字。刘绍棠的话,最具有代表性,他说:"二十五年前,我曾对《讲话》中的个别提法,提出已被时间证明是正确的观点。虽然我被骂为'逆子'、'贩子'、'狼子'而挨整,但是丝毫也没有动摇和改变我对《讲话》的基本原则的信仰和实行。"[1]丁玲也撰写了长篇文章《延安文艺座谈会的前前后后》,李又然也发表文章《毛主席——回忆录之一》。我们可以看到,凡是公开发表的感想都纷纷表示了"《讲话》提出的党领导文艺;文艺为人民大众首先为工农兵服务;改造世界观;作家的思想感情和工农兵的思想感情打成一片;生活是创作的源泉;作家要深入到工农兵的火热斗争生活中去;学习人民群众丰富的生动的语言;创作为人民群众喜闻乐见的作品等;这些都是正确的原则,是不能动摇的、不能改变的"相关类似感受。还有很多文章阐述了《讲话》中提出的基本原则,如文艺为工农兵服务的方向、文艺与生活、普及与提高、继承与批判文学遗产等问题,重申这些原则的正确性,更有一些文章在阐释《讲话》的同时,涉及对"自我表现""新的美学原则""宁可创作出一千人所理解的阳春白雪、也不愿为八亿的下里巴人去创作""不屑于作时代精神的号筒"等文艺主张的批评。[2]

在文艺为人民服务、为社会主义服务的总方向的号召下,随着对越自卫反击战的推进,中国作协及相关部门开始注意引导文学创作对军事题材的

---

① 刘绍棠:《永远和母亲住在一起》,《天津日报》1982 年 5 月 20 日。

② 蔡田明:《纪念〈在延安文艺座谈会上的讲话〉发表四十周年活动综述》,中国社会科学院文学研究所《中国文学研究年鉴》编辑委员会编:《中国文学研究年鉴(1983)》,中国文艺联合出版公司 1984 年版,第 21—28 页。

关注,对军人形象的文学塑造,以适应当时的形势需要。如中国作协和人民解放军总政治部文化部 1982 年 4 月 19 日至 28 日在北京召开军事题材文学创作座谈会。在这次全国性的座谈会上,刘白羽作了题为《努力建设我国新的历史时期的社会主义军事文学》的长篇发言。刘白羽从决策性和方向性的层面提出:

> 当前,国际上超级大国的争夺日益加剧,霸权主义正在加速全球战略部署,严重地威胁着世界和平和我国安全。……军事文学作品所创造的生动的艺术形象,能够教育和影响广大的读者居安思危,在全社会形成一种随时准备为了祖国和人民的利益而奋战的责任感,和不怕艰难困苦、不怕流血牺牲的道德观念。

> 建设新时期的社会主义军事文学,是关系到全民族长远利益的大事,是很艰巨的任务。这项任务,必须在党的领导下,经过广大作家的艰苦实践,取得各方面的支持,才能够完成。

所以,他用指令性的语言发出了号召:

> 作为社会主义文艺重要组成部分的军事文学创作,必须引起整个文艺界、出版界的关心和重视。①

具体到如何发展军事题材文学,刘白羽明确建议:一是希望全国各报刊都能拿出一定的篇幅来发表军事题材文学作品;一是在开展文艺评论的基础上,对军事题材文学作品定期进行评奖,选出优秀的作品,加以宣传,给予鼓励。在此号召下,1982 年 8 月,人民解放军总政治部文化部设立"中国人民解放军文艺奖"。《解放军报》为此发表评论员文章《发展和繁荣军事题材文艺创作的重要措施》②。随后的 9 月,中国作协成立了巴金任主任委员的军事题材文学委员会③。此后中共高层甚至直接介入对相关题材作品的评价。

---

① 《人民日报》1982 年 4 月 21 日。
② 《解放军报》1982 年 8 月 3 日。
③ 《文艺报》1982 年第 9 期。

在二十世纪八十年代初的"清除精神污染"的运动中,这一作为具有指令性的提法,通过官方报刊和各级相关文学机构组织得以贯彻和推行。比如,1982年6月30日,《人民日报》发表评论员文章《文艺要用共产主义思想教育人民》。该文章指出,"社会主义文艺要用共产主义思想教育人民,这是由我们党所领导的革命的奋斗目标和社会主义文艺的性质所决定的,对于清除'四人帮'给人们的精神、道德污染,对于澄清对外开放后一部分人受资本主义思想腐蚀而在思想上产生的混乱有迫切的现实意义"。1982年7月17日至24日,中共中央宣传部在河北涿县召开文艺评论工作座谈会,讨论如何进一步组织马克思主义文艺评论队伍等问题。时为中宣部副部长的贺敬之作了题为《做坚定的、清醒的、有作为的马克思主义文艺评论家》①的讲话。《人民日报》1982年7月26日的相关报道不仅援引了其讲话:"一个坚定的、清醒的、有作为的马克思主义文艺评论家,必须高举共产主义思想旗帜,在前进的过程中即使出现缺点、错误,也绝不能动摇我们的原则和方向",而且还就此次会议的目的进行了说明:中宣部召开的这次座谈会,旨在贯彻中央关于加强理论队伍建设的指示精神,使文艺评论工作在党的四项基本原则和文艺方针指引下,更加健全、有效地发展起来。该报道还说,许多同志在会上表示在文艺战线上,既要努力克服"左"的干扰及影响,又要坚定反对资产阶级自由化倾向。随后,1982年9月9日,《人民日报》编辑部邀请首都文艺界人士座谈文艺如何用共产主义思想教育人民,在建设社会主义精神文明中作出更大贡献的问题。9月15日和22日,《人民日报》刊登了冯牧、刘白羽等人的发言摘要。

国家的文艺政策和发展方向的调整掌控,不仅需要理论的清理,而且需要树立符合政策要求的创作的榜样,对其他的创作起到引导的作用,从而达到效仿的效果。比如1982年12月22日,《人民日报》发表评论员文章《文艺创作的良好势头》,文章详细列举了符合当前需要的文学作品,如李存葆《高山下的花环》、朱苏进《射天狼》、魏继新《燕儿窝之夜》、韦君宜《洗礼》、路遥《人生》、蒋子龙的《锅碗瓢盆交响曲》、叶林和徐孝鱼《没有门牌的小院》、张一弓《流泪的红蜡烛》、从维熙《远去的白帆》等。

应该注意到,《红旗》1982年第22期发表了列宁《党的组织和党的出版

---

① 　《光明日报》1982年8月29日。

物》的新译文，并刊登了中共中央编译局列宁斯大林著作编译室的说明《〈党的组织和党的出版物〉的中译本为什么需要修改？》。《党的组织和党的出版物》的新译文的发表，在一定意义上，可以看作一种信号的释放，即中共文艺政策正在进行着微妙的调整，表明中共高层对当时的文艺创作现象有了明显的忧虑和不满。于是，通过对列宁文章的表态对此前文艺政策进行收紧，加强管控和领导势在必行。

二十世纪八十年代初，文艺界和思想界在关于对马克思主义的认识和探索过程中，开始了人道主义与异化问题的讨论和争议热潮。这场论争涉及社会科学的各个领域，很多报刊开辟专栏，有关著述达八百余部（篇）。为什么会出现关于人道主义的讨论，正如有学者指出的："真理标准的大讨论，打破了我国思想界停滞不前的坚冰，给沉闷压抑的思想界吹来了新空气，人们被禁锢的头脑开始活跃起来，痛定思痛，由对'文化大革命'的反思和对'四人帮'的控诉发端，理论的反思追踪到一个最根本的现实问题——人的问题，因此，促成了'人'的问题的大讨论。"①这场延续时间长、波及范围广的论争在"全国纪念马克思逝世 100 周年学术报告会"召开的时候达到了高潮。中共中央宣传部、中央党校、中国社科院、教育部于 1983 年 3 月 7 日召开了"全国纪念马克思逝世 100 周年学术报告会"。原定开三天的会议，只开了两天就休会了。原因是周扬在会议开幕式上作了题为《关于马克思主义的几个理论问题的探讨》的长篇发言，而这个发言引起了争议。周扬在发言中提出人道主义是马克思主义的重要组成部分。发言的最后，周扬说：

　　总的说来，社会主义社会，最有利于人的才能的发挥；社会主义社会新型的社会关系，使每个劳动者都可以平等地受到社会尊重。当然，即使是在社会主义条件下，或由于某些制度不完善，或由于旧意识影响，在某些局部情况下，糟蹋人才，埋没贤能，侵犯人格尊严的情况，并不是不会发生的。人的尊严、人的价值，理应受到重视。我们要教育青年建立科学的价值观。把人的价值抽象化，用实现"人的价值"来装扮自己的极端个人主义是不足取的。应该在建设社会主义的创造性劳动中，在为实现共产

① 庞振超：《中华人民共和国成立后 50 年中国大学人文学科的变革》，知识产权出版社 2007 年版，第 99 页。

主义远大理想而献身的奋斗中,实现人的价值,提高人的价值。①

会后有人对发言的倾向有不同看法,提出发言的倾向"是不是代表了党中央的观点的问题"②。在这场论争中,一种观点认为,马克思主义也是一种人道主义。马克思主义学说不忽视人,而且始终以解决人的问题作为自己的出发点和中心任务。而另一方的观点则认为,马克思主义不是一种人道主义。马克思主义虽然重视人的研究,但并不以人为出发点,而是以"人的物质活动"或"社会物质生产实践"为出发点。马克思并不一般地反对人道主义,而且对人道主义的进步作用也是肯定的,但是,马克思主义与人道主义是两种根本不同的思想体系。③在这一方,还有论者更详细地辨析了马克思早期和晚期著作与观念的变化,认为成熟时期的马克思超越了《一八四四年经济学哲学手稿》时期的思想,创造了唯物史观,从而使其与费尔巴哈的人本主义有了根本不同,因此不能说马克思主义是一种人道主义。④

这场论争,由于胡乔木的强势介入而最终尘埃落定。当然,这种落定不是基于理论的深入讨论的结果,而是基于具有意识形态性质的结论的作出。1984 年 1 月 3 日,胡乔木在中央党校作题为《关于人道主义和异化问题》的讲话。《理论月刊》第 2 期发表了这个讲话的修订稿。《人民日报》(1 月 27 日)、《红旗》杂志(第 2 期)等报刊转载了讲话全文。胡乔木的文章首先将人道主义分为两个方面:一是作为世界观和历史观的人道主义,一是作为伦理原则和道德规范的人道主义。他认为,马克思是肯定作为伦理原则和道德规范的人道主义的。而作为历史观的人道主义,则是一种抽象的人道主义,是一种唯心史观,与马克思主义本就不同。胡乔木并不是纯粹从理论上去看待哲学界关于人道主义和异化问题的讨论,而是从政治斗争的角度去试图总结这一论争。他说:"宣传人道主义世界观、历史观和社会主义异化论的思潮,不是一般的学术理论问题,而是关系到是否坚持马克思主义的基本原理和能否正确认识社会主义实践的有重大现实政治意义的学术理论问题。在这个问题上的带有根本性质的错误观点,不仅会引起思想理论的混乱,而且会产

---

① 周扬:《关于马克思主义的几个理论问题的探讨》,《人民日报》1983 年 3 月 16 日。
② 黄枬森:《黄枬森文集》第 5 卷,中央编译出版社 2011 年 11 月版,第 476 页。
③ 参见邢贲思:《怎样识别人道主义》,《人民日报》1980 年 8 月 15 日。
④ 陆梅林:《马克思主义与人道主义》,《文艺研究》1981 年第 3 期。

生消极的政治后果。"正如有学者所言，"这样的说法实际上又把学术争论与政治斗争等同起来了，学术讨论不可能继续下去。事实上，文章的发表确实掀起了一轮对《人是马克思主义的出发点》及与此相近观点的批判"①。

在整个运用清除精神污染、反对资产阶级自由化、人道主义批判等诸多政治调控形式的过程中，每次的调控其实往往来自决策者的认识和引导，这也形成了二十世纪八十年代文学与思想文化思潮过程中的突出现象。

第三节　二十世纪八十年代文艺政策的钟摆现象

对人道主义的批判、对异化问题的讨论和最后政治角度的确认，以及明确提出清除精神污染、反对资产阶级自由化，这一系列文艺方向和文艺政策的调整，都伴随着二十世纪八十年代思想解放的呼吁和改革开放的推进的全过程，以至于二十世纪八十年代出现了文艺政策的钟摆现象。文艺的自我发展与文艺政策、机制调整推进之间存在着不断的汇合、冲突、调适，而前者随着后者的收紧和放松而左右摆动，这形成了二十世纪八十年代文学创作和文学思潮的独特的"景观"。

随着1984年年中之前的诸多批判和调控的加强，某些做法失之偏颇，对文艺界创作带来了深刻影响。1984年5月19日，邓颖超在政协文艺界联组讨论会上表达了自己的看法，释放了某种信号。她提出，近几年文艺界是有成绩的，前一段在反对和抵制精神污染时出现的某些不恰当的做法，党中央得知后，立即及时进行了纠正。"现在的中央下了决心，不能让过去的、深刻的、带血的教训重犯。"

而1984年和1985年之交召开的中国作协第四次代表大会是又一次文学组织和体制的新的调整，这一组织化体系化的调整给此后一段时间里的文学创作、批评，乃至文学制度都带来了一系列的影响。

---

①　安启念：《马克思主义哲学发展史》，中国人民大学出版社2004年版，第368页。《人是马克思主义的出发点——人性、人道主义问题论集》由人民出版社1981年1月出版。

中国作协第四次代表大会召开于1984年12月29日至1985年1月5日。党和国家领导人胡耀邦、万里、习仲勋等出席开幕式,胡启立代表中央书记处致祝词。贺词首先强调了党与作家的关系,"我们作家的心是与党和人民相通的。社会主义的根本任务,党和人民的根本任务,理所当然也就是我们文学战线的根本任务"。关于历史上中共领导文艺的方式,贺词这样表述:

> 我们党一贯重视文艺工作……社会主义文学的巨大成绩,是在党的领导下取得的。但是,党对文艺的领导确实也存在一些缺点,主要的是:第一,党对文艺工作的领导,存在着"左"的偏向,在一个相当长的时期,干涉太多,帽子太多,行政命令太多。第二,我们党派了一些干部到文艺部门和单位去,他们是好同志,但有的不大懂文艺,这也影响了党同作家和文艺工作者的关系。第三,文艺工作者之间,作家之间,包括党员之间,党员和非党员之间,地区之间,相互关系不够正常,过分敏感,相互议论和指责太多,伤感情的东西太多。我们认为,必须改善和加强党对文学事业的领导,使党的领导能够适应发展变化着的新的形势。①

因此,必须正视文艺创作这项工作的特殊性,"文学创作是一种精神劳动,这种劳动的成果,具有显著的作家个人的特色,必须极大地发挥个人的创造力、洞察力和想象力,必须有对生活的深刻理解和独到见解,必须有独特的艺术技巧。因此创作必须是自由的。这就是说,作家必须用自己的头脑来思维,有选择题材、主题和艺术表现方法的充分自由,有抒发自己的感情、激情和表达自己的思想的充分自由,这样才能写出真正有感染力和能够起教育作用的作品。列宁说过,社会主义文学是真正自由的文学。我们党、政府、文艺团体以至全社会,都应该坚定地保证作家的这种自由"②。基于此,就中国共产党如何领导文艺工作,祝词明确表示:

> 对于创作自由来说,党和国家要提供必要的条件,创设必要的环境和气氛。同时,作家自己的思想感情和整个创作活动,要同党和国家所提供的这种自由环境相合拍。为此就必须尽最大努力,去认识国家和

---

①② 胡启立:《在中国作家协会第四次会员代表大会上的祝词》,《人民日报》1984年12月30日。

人民的利益，认识社会发展和变化的规律，认识自己的社会责任，反对
资本主义的腐朽思想和封建主义的遗毒。这样才能够使自己真正进入
自由创作的境地。我们相信，我们的作家会珍惜和正确运用这种自由，
自由地发挥自己的创作才能，为人民服务，为社会主义服务。

　　要加强社会主义法制观念。要坚持百花齐放、百家争鸣的方针。
在文学创作中出现的失误和问题，只要不违反法律，都只能经过文艺评
论即批评、讨论和争论来解决，必须保证被批评的作家在政治上不受歧
视，不因此受到处分或其他组织处理。进行文艺评论必须采取平等的
与人为善的态度，不要简单粗暴，不要"无限上纲"，不要戴政治帽子，允
许反批评。①

　　王蒙作了题为《社会主义文学的黄金时代到来了》的闭幕致辞。王蒙
说："如果说前几年，在我们复苏的热情、复苏的创作、复苏的灵魂之中，还
或有余悸、预悸之类的凉意冒出来，如果说那几年我们走向新时期新生活
的步子迈得还不是那样稳健和自信，那么现在，情况明朗多了，我们自己
也长进了。"②

　　随着改革开放和解放思想的继续推进，"十七年"期间和"文革"期间的
很多批判被一一重新认识，而历次批判运动中的作家、作品等也渐次通过多
种方式得到平反。比如，1985 年 9 月 5 日，胡乔木在中国陶行知研究会和基
金会成立大会上指出，对电影《武训传》的批判是"非常片面、极端和粗暴的，
这个批判不能认为完全正确，甚至也不能说它基本正确"③。按照许志英、
丁帆主编的《中国新时期小说主潮》的划分，胡乔木大致属于与"惜春派"相
对的"偏'左'派"。尽管如此，我们通过胡乔木的有些拗口缠绕的话中，依然
能够看到其对历史上的"极左"文艺政策的批评和否定。所以，可以看到，从
"文革"结束之后到二十世纪八十年代中期之前的近十年间，"解放思想"、批
判"文革"的"极左"路线，从总体上一直处于文化思潮和政治主导思想的主

---

① 胡启立：《在中国作家协会第四次会员代表大会上的祝词》，《人民日报》1984 年 12 月 30 日。
② 王蒙：《社会主义文学的黄金时代到来——中国作家协会第四次会员代表大会闭幕词》，
《文艺报》1985 年第 2 期。
③ 郭斌、田明：《1985 年文学纪事》，中国社会科学院文学研究所《中国文学研究年鉴》编辑委
员会编：《中国文学研究年鉴（1986）》，中国文联出版公司 1988 年版，第 400 页。

流。尽管这其中有"惜春派"与"偏'左'派"之间的某种程度上的对立和博弈,但二十世纪八十年代中期之前的文艺思潮发展总体上是渐趋解放、自由和开放的。特别是中国作协第四次会员代表大会的召开,无疑表现出在这个博弈过程中偏于自由的"惜春派"全面占据了上风。随之而来的,是文学创作和批评在借鉴和引进西方现代主义文学思潮、在批判"左"的影响等各方面进一步活跃多元化以及复杂化。

这种状况重新引起了党的高层的注意和忧虑。对文艺政策进行重新的管控和调整,势所必然。在这种情况下,我们看到,1986 年 12 月 27 日,王震、薄一波、宋任穷、胡乔木、邓力群等会见评书演员袁阔成及有关编辑时指出:"文艺和宣传工作者勿忘自己的社会责任。现在有人搞民族虚无主义,贬低中国否定中国,主张全盘西化,这是一种资产阶级自由化思潮,人民群众是坚决反对的。"①随后,在 1987 年上半年的这段时间里,"我国政治思想文化领域,展开了一场反对资产阶级自由化的斗争"②。

这首先表现为一批计划性很强的理论批评文章的相继推出。比如,《人民日报》1987 年元旦献词认为:"近几年来,思想文化界有些人借改革、开放之机,发表各种背离四项基本原则的言论,使资产阶级自由化的思潮在一些地方泛滥开来,而我们的一些同志表现软弱,不敢理直气壮地起来斗争,这种情况再也不能继续下去了。如果继续听任资产阶级自由化的思潮泛滥,党就会失去了凝聚力和战斗力,怎么能成为全国人民的领导核心? 中国又会成为一盘散沙,那还有什么希望? 党的十二届六中全会决议明确指出:'搞资产阶级自由化,即否定社会主义制度、主张社会主义制度,是根本违背人民利益和历史潮流,为广大人民所坚决反对的'。重申和强调这个立场,在今天具有特别重要的意义。"③《红旗》杂志文艺部、《光明日报》文艺部、《文艺理论与批评》等还专门组织人员就反对资产阶级自由化问题展开讨论。讨论中有人提出了这样的意见:"这几年,文艺上的资产阶级自由化思潮是相当突出的。……把模仿西方、'全盘西

---

① 田明、郭斌:《1986 年文学纪事》,中国社会科学院文学研究所《中国文学研究年鉴》编辑委员会编:《中国文学研究年鉴(1987)》,中国文联出版公司 1989 年版,第 442 页。

② 温犇坚:《文艺领域反对资产阶级自由化思潮概述》,中国社会科学院文学研究所《中国文学研究年鉴》编辑委员会编:《中国文学研究年鉴(1988)》,中国文联出版公司 1992 年版。

③ 《坚持四项基本原则是搞好改革、开放的根本保证》,《人民日报》1987 年 1 月 1 日。

化'当作创新,当作文艺的出路,就会断送了无数先驱用生命和鲜血所开创的革命文艺事业。"①

在这一过程中,也有相当部分的作家、学者开始撰文"反对资产阶级自由化"的思潮。最直接和激烈的,大概算是刘白羽。刘白羽说,当前文艺界存在一种极为严重的倾向,在文学指导思想上,不是树立马克思、列宁的文艺思想、毛泽东文艺思想,而是提倡抽象的人性、人道主义;在关于主体意识问题的争论中,有的观点是宣扬自我中心,它的核心就是抽象人性、人性的复归。文学创作中,有人提倡"淡化政治",鼓吹文艺脱离政治,生搬硬套西方现代派模式,这只是"小圈子"的文学,根本不是为人民服务的文学;有人发表暴露文学,丑化社会,歪曲现实,把我们社会主义生活描写得一团漆黑,煽惑起离心离德的心理;有人热衷于展览丑恶、污秽、蒙昧、落后,到了不堪入目的地步;有人大搞性文学,甚至写什么中学生的性刺激。就这样,一直发展到今年第一、二期合刊的《人民文学》竟然发表了令人无法容忍的《亮出你的舌苔或空空荡荡》,我们每一个有正义感的作家都十分愤慨。这正是不坚持四项基本原则,必然导致资产阶级自由化膨胀的恶果。②姚雪垠则从是否偏离社会主义道路的角度认为,"近几年出现了两次偏离社会主义道路的浪潮","第一个浪潮是所谓'通俗文学'热","第二种浪潮是所谓新'崛起'的各种现代文艺新理论和创作道路"。③

这些社论和文章,其背后具有明显的政治导向性,表达着党和国家关于文艺创作方向的要求和规约,甚至包含着对某些"越轨"的创作的严厉的批判。受此影响,文艺创作自然发生了新的转向。我们看到,二十世纪八十年代初作为"伤痕"和"反思"文学的替代的文学思潮"改革文学",到了1987年,又重新成为人们特别关注的领域,掀起新的热潮。从中央到地方的文联、作协、文学研究团体纷纷举行研讨会、座谈会,探讨和总结"改革文学"的创作实践和理论问题,全国各地的报刊上也发表了一系列文章,探讨"改革

---

① 《在文艺领域中反对资产阶级自由化思潮、巩固和拓展马克思主义的文艺思想阵地》,《光明日报》1927 年 4 月 21 日。

② 参见刘白羽:《坚持社会主义文艺方向——纪念〈在延安文艺座谈会上的讲话〉》,《人民日报》1987 年 4 月 30 日。

③ 参见姚雪垠:《关于我国社会主义文学的发展方向刍议》,《人民日报》1987 年 4 月 30 日。

文学"如何进一步提高和深化。①在一定意义上看,之所以改革文学重新成为热点,其中关键的原因在于因为反对资产阶级自由化的力度在加大,以往的反思、寻根文化热潮或多或少受到了批评之后的某种规避和转型。

在这种文艺政策的"收紧"与"放松"之间的钟摆中,在文艺制度的重建和改革的摸索与反复中,当代文学步入了二十世纪八十年代的最后两年。文艺政策的钟摆,表征着文学背后的政治探索、博弈与未定状态。若要接近和描述那两年的文学发展,是极为困难的,种种原因也使得后来的学者自觉地绕开,从而使这段文学历史在沉寂中布满了陷阱。笔者只能根据若干材料从文艺政策的调整变化的方面进行一个简单粗略的罗列。

1988 年 1 月 30 日,《文艺报》发表了署名阳雨(即王蒙。)的文章《文学:失却轰动效应以后》,文章说:

> 如果一个社会可以被一篇小说一篇特写一个文学口号所激动所"煽动"起来,只能说明这个社会的运行机制特别是议论与决策状况不大健全,不大顺畅。说明这个社会人心不稳,思想不稳,处于动荡之中或动荡前夕。反过来说,如果一个社会许多成员只是为了"解闷儿"而读文学作品,冷落了一些救世型思想家与惊世玩世型艺术家的巨作,也并非完全可悲。
>
> 文学将更深入生动地描写人的喜怒哀乐,描写人们的困扰与激动,写人们的内心需要,写人们的内心痛苦与追求。这些,当然具有社会的与历史的内容,但这种社会的与历史的内容是通过或往往结合着人性的内容、生命的内容来展现的。这里要说的一句话是,无神论者也需要拯救(包括安慰、净化超度、激励)自己的灵魂,当人们寄希望于文学家的时候,一篇又一篇小说不能仅仅用一些粗鄙的脏话或梦呓式的咕哝来搪塞读者。也许一个时期以来作家努力显得比读者高明比读者先知先觉未必总是得计的,但也不能走上在作品中显示作者比读者更白痴更提不起来乃至更流里流气的路子。我们的文学界内外已经饱尝"假、大、空"的超级口号之苦,人们厌恶洋洋洒洒的空论,这是可以理解的,

---

① 参见沈太慧:《"改革文学"研究综述》,中国社会科学院文学研究所《中国文学研究年鉴》编辑委员会编:《中国文学研究年鉴(1988)》,中国文联出版公司 1992 年版。

但反过来认为堂堂之中华文学要走犬儒主义、玩世不恭的无理想无追求无道德的道路，也是荒谬的。这种赶时髦也很可笑可悲。

从这篇文章就可以看出，与二十世纪八十年代初的文学所受关注度极高的现象相比，从二十世纪八十年代中期之后开始，文学已经在逐渐地边缘化和降温。

中共中央的平反工作主体部分早已完成，而个别的遗留问题，也依然有所推进。比如关于胡风的平反问题。早在 1980 年中央发出为胡风等人平反的文件后，对他的研究已逐步展开，但在实际工作中仍有很多顾忌。1988 年 6 月，中共中央发出一个为胡风进一步平反的通知，使胡风的文艺思想、文艺批评和文学活动回归为学术问题。1988 年 7 月，中国社会科学院文学研究所《文学评论》编辑部召开了一次"关于胡风文艺思想的反思"座谈会。1988 年 8 月，《文艺报》召开"胡风文学活动讨论会"。中国作家协会等单位于 1989 年 5 月在武汉召开"胡风文艺思想讨论会"。从《文学评论》1988 年第 5 期刊登的《关于胡风文艺思想的反思（座谈会发言）》，可见"关于胡风文艺思想的反思"座谈会等会议的大致情况。与会者肯定了胡风是一位杰出的有自己独立思想体系的文学理论家、批评家和诗人，表扬了他敢于坚持己见的人格，总结了胡风事件的惨重的历史教训。

1988 年对中国当时的文学和艺术产生影响和波动的，不能不提及当年 11 月 8 日召开的中国文学艺术工作者第五次代表大会。开幕词中，夏衍的话更多地集中于文艺与政治关系的讨论，他说：

像我这样上了年纪的人都有一种切身的体会，就是中华人民共和国成立以来，或者应该说从 1930 年"左联"成立以来，文艺界有一个重要的问题，始终没有得到完善的解决，这就是文艺与政治的关系问题。……到了二十年代末三十年代初，我们才从苏联、西欧和日本引进了一种新的理论，这就是"文艺是宣传鼓动的工具""一切文艺都是宣传"，片面地强调了文艺从属于政治。三十年代是一个大动荡的时期，这一时期的左翼文艺也是一种世界性的潮流。人类历史上出现了第一个社会主义国家，苏联成了青年知识分子向往的中心，同时 1929 年，西方世界正碰上了空前的经济恐慌，因此，在苦闷彷徨中探索出路的中国知识分子接受当时的苏联文学理论，是顺理成章的……问题在于新中国成立之后，特别是到了党的八大之后的和平建设时期，不仅依旧沿用这个革命战争时期的口号，而且变本加厉，从为政治服务到为政策服务，到文艺要写中心，唱中心，画中心，一切都要为当前的中心任务服务，那就违背了文艺创作的规律，束缚了文艺工作者的创造性和积极性，这也就是走到了"双百方针"的反面去了。……那种认为文艺比政治经济更为重要的看法是不科学的；那种用行政命令来管理文艺等的方法是不明智的。文艺创作是一项极其细致而复杂的最富有个性色彩的精神劳动，创作自由是尊重艺术规律的表现，创作自由和尊重艺术个性，又是建立在文学家艺术家的良知的基础上的，文艺不能从属于政治，但又不能超脱于政治之外。①

1989 年 2 月 17 日，中共中央发表了《中共中央关于进一步繁荣文艺的若干意见》。这个文件，对促进文艺创作保障创作自由进行了规定，在当时来说，这近于一种立法。《中共中央关于进一步繁荣文艺的若干意见》中有相当的篇幅涉及文学制度的重建与新变化②。

《人民日报》1989 年 6 月 24 日发表了邓小平《关于坚持四项基本原则反对资产阶级自由化的论述》。《人民日报》还配发了编者按语："一个时期以来，资产阶级自由化思潮之所以在一些地方、一些领域、一些人中颇有市场……今天，全党、全军和全国各族人民……认真学习和领会邓小平同志关于坚持四项基本原则的一贯思想，对于提高对这场斗争意义的认识，提高思想理论水平，提高贯彻执行十三大概括的'一个中心，两个基本点'的自觉性，具有十分重要的意义。"该文是邓小平关于坚持四项基本原则反对资产

---

① 夏衍：《振奋精神，繁荣文艺——在全国文联第五次代表大会上的开幕词》，袁鹰、姜德明编：《夏衍全集（第八卷）》，浙江文艺出版社 2005 年版，第 631—632 页。

② 《中共中央关于进一步繁荣文艺的若干意见》中说："文艺体制改革首先要理顺党、政府和群众文艺团体之间的关系，明确它们各自的职能。党要实行政治领导，加强对文艺的宏观指导。政府主要是通过法律、行政、经济等多种手段，对文艺事业进行指导、规划、协调、服务、监督和管理。文联的主要职能是负责对各团体会员联络、协调和服务，协会除了上述职能外，还负有搞好评论、办好刊物、保障会员正当权益的职责。文联和协会应当密切联系群众，改善机制，成为真正代表文艺家的群众团体，成为党、政府、社会各界同文艺界以及文艺家之间协商对话的渠道和桥梁。""政府对文化市场实行宏观调节和间接领导，运用市场机制来组织和引导群众的文化消费，是提高精神产品质量和服务质量的方式之一。"

阶级自由化的言论的摘登,摘录了邓小平从 1985 年至 1989 年间的七次谈话或讲话。其实邓小平早在 1979 年 3 月 30 日发表的《坚持四项基本原则》的讲话中,就首次系统完整提出了"四项基本原则"。在这次讲话中,邓小平还说:"中央认为,今天必须反复强调坚持四项基本原则,因为某些人(哪怕只是极少数人)企图动摇这些基本原则。这是决不许可的。每个共产党员,更不必说每个党的思想理论工作者,绝不允许在这个根本立场上有丝毫动摇。如果动摇了这四项基本原则的任何一项,那就动摇了整个社会主义事业,整个现代化建设事业。"无论文艺政策如何调整,文学现象如何摆动,文学制度的恢复和衍变都是在这个前提下展开的。

第二章　文学机构的恢复与重建

　　重建文学制度，首先亟须恢复和重建的是文学机构——文联与作协。文联和作协最高层是中国文联和中国作协，下面又根据各省市地区的建制，建立不同级别存在隶属关系的各级文联与作协。这两个层级化的组织机构是整个文学制度的核心。有了这个机构，所有的作家会以不同的级别而成为一层层的文学干部，从而处于文学制度的整合当中。这个发明是整个文学制度得以运作的关键。正是这种层级化的安排，文学创作的动员与组织才成为可能。

第一节　文联、作协等组织的重建

　　加强和实施党的领导，确保文艺创作为政治服务的目的的实现，需要中间环节。而这种中间的环节，就是全国文联、作协以及各级文联、作协等机构的建立和完备，通过文联作协等机构，发挥对作家的创作、生产、批评、宣传等一系列的组织化功能，从而将每一个体制内的作家组织化起来，确保党的意志及时、有效地作用于制度内的作家，督促作家创作出符合党的意志需要的作品。由此可见，要实现党对文艺工作的领导，建立层级化、组织化的文艺体制至关重要。从延安时期开始探索，中国共产党大致逐步形成了通过加强对文艺的领导管控和引导，从而发挥文艺为政治服务的理论，到第一次文代会的召开就已经建立了一个有效的文艺运转体制，而这个体制又在后来的运作中被打破，特别是"文革"中几乎被彻底地拆解。

要在"文革"结束之后有效发挥文艺应有的政治功能，有效地将作家个体组织起来，重建各级文联、作协，就非常必要了。必须指出，事实上，文联、作协等组织机构的重建，与"文革"后其他政治体制的重建是有着同构性的。因为在当代中国，文艺体制是政治体制的一个延伸，或者说一个侧面，文艺体制只是整个当代中国体制化建设中的一部分，是整个国家机器的组成部分。所以说，随着各级党委、各级政府、各个部门的陆续重建，文艺部门的体制的重建自然会被提到议事日程。

"文革"结束之后，文艺界的第一次全国性的会议，是 1978 年 5 月 27 日至 6 月 5 日中国文联第三届全国委员会第三次扩大会议。"会议深入揭批了林彪、江青反革命集团在文艺领域推行的'极左'路线，着重研究贯彻落实党的文艺政策，为被'四人帮'在文艺界制造的大批冤假错案进行平反昭雪。"①这次会议开启了新时期以来文艺体制重建的过程。

根据中国文联第三届全国委员会第三次扩大会议的决议，当时文艺界面临两项大的任务，"一是重建文艺组织；一是筹备第四次文代会的召开"②。中国文联第三届全国委员会第三次扩大会议通过的决议明确提出："会议决定在明年适当的时候，召开中国文学艺术工作者第四次全国代表大会，总结中华人民共和国成立以来文艺战线正反两方面的丰富经验，讨论新时期文艺工作的任务和计划，修改文联和各协会章程，选举文联和各协会新的领导机构。会议对恢复文联和各协会筹备小组的这一段工作表示满意，责成筹备小组继续负责筹备第四次文代会。"③

这次会议宣布中国文联、中国作家协会、中国戏剧家协会、中国音乐家协会、中国电影工作者协会和中国舞蹈工作者协会正式恢复工作，文联的机关报《文艺报》立即复刊④。这次会议，对于促进文艺界的思想解放，文艺创作队伍的重新组织化，起了重要作用。到 1979 第四次文代大会召开为止，全国各省市文联、协会基本都陆续恢复了工作，各省市原有的文艺刊物也都陆续复刊，同时还创办了《文艺研究》《外国文学研究》等大型文艺研究性刊

---

① 杨志今、刘新风主编：《新时期文坛风云录》，吉林人民出版社 1999 年版，第 6 页。

② 徐庆全：《风雨送春归》，河南大学出版社 2005 年版，第 157 页。

③ 《文艺界拨乱反正的一次盛会——中国文学艺术界联合会第三届全国委员会第三次扩大会议文件发言集》，人民文学出版社 1979 年版，第 24 页。

④ 《中国文联第三届全国委员会第三次扩大会议决议》，《文艺报》1978 年第 1 期。

物,恢复和扩大了文艺阵地。①

中国文联第三届全国委员会第三次扩大会议的召开将文艺界组织化和重新体制化提到了议事日程,但是还应该看到,会议宣布各协会恢复工作是一回事,而各协会实质上顺利地恢复组织,从而在实际的运作中常态化则又是另一回事。这一切的真正开展或许要等到第四次文代会的召开才真正落实。

而此后第四次文代会的召开,则有着颇为曲折的过程。李季曾在一次发言中抱怨:"文联扩大会后,又冷下来了。""文联全委会后,新华社向国外发了消息,几个协会恢复工作,到现在还是房无一间,地无一垄。秘书长跑断腿,借一间办公室都借不到。""作协、文联名义上是恢复工作了,但牌子还挂不出来。找不到上级领导单位。"在整个中国的体制中,缺乏了领导,就不能真正体制化和组织化,就无法与体制内相关的机构对接,其真正的运作当然也就谈不上。所以李季说:"我们必须争取领导,争取党中央的领导,但党中央下面是哪个具体部门领导?《文艺报》到现在连党的文件都没有。从 6 月宣布复刊,到现在,还没有上级可以联系。我们恳切地要求领导对我们抓紧一点。"②张光年同样表达了这样的焦虑:"现在,我们中国文联、中国作协等,就没有地方挂招牌啊,在文化部院子里搭活动房办公。"③荣天屿也在后来的回忆中谈道:"早在 1978 年召开的中国文联三届扩大会议上,就决定成立第四次文代会筹备组并开始工作。但是由于当时中宣部的主要领导,仍然执行'两个凡是'的方针,抵制实践是检验真理的唯一标准的讨论,认为'文艺黑线专政'论可以批判,'文艺黑线'问题却不能否定,以致文艺界一些老同志都不能回到文艺工作岗位,引起了文艺界的思想紊乱和不满,第四次文代大会的筹备工作迟迟不能进行。那时,我刚回中宣部文艺局工作不久,将文艺界的意见反映给当时的部领导,但是他们不仅置若罔闻,还要将中宣部的文艺局撤销,不再管文艺工作了。"④

这种情况,到了 1978 年底有了转机。1978 年底,十一届三中全会召开。会议结束后,胡耀邦被任命为中共中央秘书长兼中宣部部长。上任伊

①　杨志今、刘新风主编:《新时期文坛风云录》,吉林人民出版社 1999 年版,第 6 页。

②　刘锡诚:《真理标准讨论与新时期文学的命运——〈人民文学〉〈诗刊〉〈文艺报〉1978 年 10 月编委联席会议纪要》,《红岩》1999 年第 1 期。

③　张光年:《惜春文谈》,上海文艺出版社 1993 年版,第 14 页。

④　荣天屿:《为新时期文艺振兴开创道路》,《炎黄春秋》1999 年第 4 期。

始，胡耀邦与中宣部系统干部以及文联、作协相关负责人和文艺家多次开会讨论，表达了重视和加强文艺队伍建设和领导的意愿。在此前后，第四次文代会的筹备工作被提到了议事日程。之所以"胡耀邦把筹备召开文代会作为文艺工作的大事来抓"，最重要的原因是"要使这次大会真正成为文艺界拨乱反正的一次转折性的会议，就必须对中华人民共和国成立 30 年来党领导文艺工作的经验进行切实的总结，对粉碎'四人帮'以来的文艺状况作出郑重的总结"。① 也就是说，作家如何重新集结，获得共识，从而齐心协力步入新的历史时期，做出符合新的政治和历史形势要求的创作，都是非常必要的。

　　1979 年 5～6 月间，"按照胡耀邦的指示，周扬在文联和各协会恢复筹备小组的基础上，成立第四次文代会筹备领导小组，自任组长，林默涵任副组长，专门负责文代会的筹备工作。后来，胡耀邦又决定，夏衍、阳翰笙也参加领导小组的工作"②。第四次文代会的框架大致上确定下来了。但是这里必须指出，中共十一届三中全会的召开，起到了解放思想的重要转折，然而当时有一种观点，认为至此拨乱反正的工作已经结束，如果说此前应着重"反左"的话，此后应一步步着重"反右"。然而事实上，十一届三中全会召开之后，社会上的思想状况依然复杂，对于"文革"尤其是"文革"之前的"十七年"时期依然存在着很多不同的态度和看法。1979 年 1 月至 4 月之间的理论务虚会，尽管有着重要的意义，但是因为政治原因的考量，并未对"文革"及"十七年"系统细致地清理，而是宜粗不宜细地将批评和反思集中于批判林彪、江青等的罪行。在这样的思想形势下，文艺界也有着诸多不同的声音。对此，许志英、丁帆主编的《中国新时期小说主潮》（上卷）中，将文艺界的人士划分为"惜春派"与"偏'左'派"，前者以周扬、张光年、夏衍、冯牧等为代表，后者以胡乔木、王任重、贺敬之、刘白羽等为代表。③

---

　　①　徐庆全：《风云送春归》，河南大学出版社 2005 年版，第 170 页。
　　②　同上书，第 175 页。
　　③　参见许志英、丁帆主编：《中国新时期小说主潮（上卷）》，人民文学出版社 2002 年版，第 30 页。这种划分方法，可以从张光年等的日记中找到源头。"张光年经常强调'珍惜'来之不易的'文学界的春天'。……对与其意见相左的林默涵等人，张光年往往以'偏左'来称呼。"（许志英、丁帆：《中国新时期小说主潮（上卷）》，人民文学出版社 2002 年版，第 29 页。）据 1979 年 6 月 30 日冯牧给晓雪的信说："北京情况尚好，周扬同志、荒煤同志以及老贺（敬之）等，我们的看法是相同的，也是不会改变的。"见《冯牧文集》第 9 卷，解放军出版社 2002 年版，第 575 页。由此可见，贺敬之的态度相对游移。

　　第四次全国文代会的召开之前,主旨报告的起草是最为重要的,主旨报告要体现出中共中央对于全国文艺工作的指导思想、方针政策、目标任务,也包含着对此前三十年间文艺工作的基本判断和认识。这些对于新时期以来的文艺工作的开展是极为重要的。关于报告的起草,最初由林默涵主持,也已经基本完成了初稿。但是后来胡耀邦决定由周扬接手起草报告。徐庆全曾认真细致地比较过林默涵的草稿与周扬等新的起草小组的写作的明显差别。这个差别背后也代表了当时的中共中央对于前三十年文艺政策的基本认识和判断。

　　后来在"惜春派"与"偏'左'派"的分歧、博弈、调整中,第四次文代会终于召开。在文代会开幕式上,邓小平代表党中央所作的《祝词》明确提到:"我们要继续坚持毛泽东同志提出的文艺为最广大的人民群众、首先为工农兵服务的方向,坚持百花齐放、推陈出新、洋为中用、古为今用的方针,在艺术创作上提倡不同形式和风格的自由发展,在艺术理论上提倡不同观点和学派的自由讨论。列宁说过,在文学事业中,'绝对必须保证有个人创造性和个人爱好的广阔天地,有思想和幻想、形式和内容的广阔天地'。围绕着实现四个现代化的共同目标,文艺路子要越走越宽,在正确的创作思想的指导下,文艺题材和表现手法要日益丰富多彩,敢于创新。要防止和克服单调刻板、机械划一的公式化概念化倾向。"①而周扬的大会报告也重新确认了文艺与政治的关系,明确指出:"党对文艺工作的正确领导,应当是依靠群众包括尊重专家的群众路线的领导,应当是力求由外行变为内行,按照艺术规律办事的实事求是的领导,而绝不应当是凭主观意志发号施令的家长式的领导。"②

　　邓小平的祝词和周扬的报告,都提出了如何加强和改善党对文艺工作的领导方式的问题,都在一定程度上确认对文艺创作规律的尊重。这种重新的确认,为后来保障文学创作、批评的主体性的肯定提供了可能,也为作家的主体地位的确立提供了可能。

　　加强和改善党对文艺工作的领导,而这种领导当然必须借助文艺体制的重建来实现。而文艺体制又具体体现在党的宣传部门、文化机构(如宣传部、文化部)的工作和运行中。具体到"依靠群众包括尊重专家的群众路线的领导,应当是力求由外行变为内行"的领导和调控,必然要求对各级文联、

---

　　①　邓小平:《在中国文艺学术工作者第四次代表大会上的祝词》,《邓小平文选(第二卷)》,人民出版社 1994 年版,第 210—211 页。

　　②　周扬:《继往开来,繁荣社会主义新时期的文艺》,《文艺报》1979 年 11、12 期合刊。

作协以及其他协会的重新建立、强化和正常运作。

　　周扬在第四次文代会上的报告更为具体详细地确认了中国文联的性质，文联的"各个协会是各类文学艺术工作者自愿结合、独立主动地进行学习和艺术实践，促进艺术创作、理论批评和国际文化交流的专业团体"，应该"真正体现人民团体的性质"①。这一性质的确认，其意义是非常突出的。这种性质为"作为作家联合体的作家协会开始淡化官方组织机构色彩，承担起很多维护作家权利、经济利益等民间机构功能作用"隐含了制度性的保障空间。同时，这种定位也为二十世纪八十年代中期就已初现端倪的文艺体制转轨，特别是二十世纪九十年代以后的文学界中的官方与民间、大众与精英、计划与市场等互动、位移、转换提供了可能，为作协等机构后来如何在文学大众化、市场化的潮流中调适预留了空间。

　　当然，文联、作协等协会的这种民间性质的有限确认，毕竟在二十世纪八十年代初还更多的是一种政治性的表述而已。在二十世纪八十年代初，已经在"文革"期间被打烂砸碎的文学体制及其功能，最急迫的是需要借助于政治的力量进行重组和建构。所以，应该看到，在党和政府的期待中，中国文联、作协等实际的性质，更近于一种思想宣传和政治动员的组织。所以，在政治的视野中，重建之后的文艺体制，包含着两个层面的角色：一是负责文艺宣传功能的发挥；一是负责出版、演出、创作等事务性的组织。前者接近意识形态宣传部门，后者近于文化管理部门。所以，在具体工作中，文联、作协等机构的运行往往隐含着宣传部和文化部的意志。这一文学体制的宣传和管理的官方性质，尤其突出地表现在"文革"结束之后和二十世纪八十年代中期第五次作代会召开之前的历史阶段。

　　中国文联、中国作协和其他协会的相继恢复重组，以及各级文联、协会的陆续恢复，对于党和国家在"文革"结束之后重新发挥对文艺的调控、引导及组织起到了保障作用。文联和作协的体制和运作机制处处体现和强化着党的领导功能。中国文联第三届全国委员会第三次扩大会议上，时任中宣部副部长、文化部部长的黄镇就指出："全国文联是全国文学艺术团体的联合组织。中国作家协会及其他协会，是文艺界各部门的专业性团体。它们都是全国性的从事革命文艺工作的专业性团体，是党在文艺战线不可缺少

---

① 周扬：《继往开来，繁荣社会主义新时期的文艺》，《文艺报》1979 年第 11、12 期合刊。

的助手。"①而周扬则在表述了文联作协的民间团体性质之后,更强调:"文联各协会应该在党的领导下进行工作。"②对此,《中国文学艺术界联合会章程》对文联的宗旨给予了更明确的规定:"本会的任务是团结全国文艺界,在中国共产党的领导和马克思列宁主义、毛泽东思想的指导下,实践文艺为人民服务为社会主义服务的方向,发展和繁荣社会主义文艺事业。"③

　　有了性质的明确规定,围绕这一性质和任务,文联和作协就建立起相应的架构设置、机构调整、人事安排、活动组织、任务归属等一系列的机制,作为文学制度的有形的建设就得以切实地体现。第四次文代会召开之前,我们就看到,十一届三中全会之后文代会筹备工作之所以迟迟未能展开,其中制度上的原因就在于文联、作协等文学建制的不明确。李季、张光年等一些热心推动作协重建的文艺界人士都曾有过"找不到组织"的抱怨④。

　　自第四次文代会的召开始,文学制度就基本上恢复建立起来了,并一直延续下来。曾有学者通过张光年的日记对此后的第四次作代会筹备工作中的党的领导作用的发挥和运作过程进行过较为详细的梳理:

　　　　作家协会的重要工作如人事安排、机构调整及会议的举办(包括是否召开、召开的时间、规模、规格、议程及讲话稿)等等,便都是由党的组织,而不是由理事会来决定的。当时担任中国作家协会党组书记和副主席的张光年关于作协"四大"的日记,对此有着生动而详尽的记载,如:"唐、束转告人事安排小组对作协主席团、书记处、顾问组、常务理事已有初步名单"(1984 年 2 月 21 日)、"上午人事安排小组郝一民、王慧敏、刘林三同志来,向我和冯牧、朱子奇、唐达成就作协'四大'时主席(巴金)、第一副主席(丁玲)、副主席(艾青等十人)、书记处(常务唐达成,书记朱子奇等人)、顾问组(沙汀、谢冰心等若干人)、常务理事(三四十人)预选名单做了说明,征求意见。我表示基本同意,但就上述名单

_____

①　黄镇:《在毛主席革命文艺路线指引下,为繁荣社会主义文艺创作而奋斗》,《文艺报》1978年第 1 期。

②　周扬:《继往开来,繁荣社会主义新时期的文艺》,《文艺报》1979 年第 11、12 期合刊。

③　中国文学艺术界联合会:《中国文学艺术界联合会章程》,中国文学艺术界联合会编:《中国文学艺术工作者第四次代表大会文集》,四川人民出版社 1980 年版,第 382 页。

④　参见刘锡诚:《真理标准讨论与新时期文学的命运》,《红岩》1999 年第 1 期;张光年:《惜春文谈》,上海文艺出版社 1993 年版,第 12、14 页。

中及几个地方提出参考意见……郝表示将带回去研究,这次未提对下届党组名单的考虑"(1984 年 2 月 27 日)、"下午三时到沙滩参加党组会。原以为要讨论短篇评奖、纪念老舍等问题,哪知应人事安排小组要求,临时改为讨论作协下届常务理事及顾问组名单……我和党组同志提出一些修补意见,提供该组参考。回家后想起,这份名单埋藏着不利于安定团结的根苗,心里很是不安"(1984 年 3 月 9 日)、"我写了两页给耀邦同志信,请他审阅报告送审全文,下届党组名单初步拟……达成另抄两份,内容相同,分送仲勋、启立同志……我还另写了一封很客气的信,附送审稿请胡乔木批改后掷还"(1984 年 12 月 4 日)、"上午偕王蒙、唐达成去中南海勤政殿,参加耀邦同志主持的中央书记处工作会议,讨论:1.作协'四大'报告送审稿;2.作协人事安排;3.中央谁去大会讲话。"(1984 年 12 月 20 日。冯牧、荒煤、贺敬之等作协副主席"列席"会议,主席团中唯一的非党成员巴金未能"列席")可以看出,这些重要事务基本上是在作协"党组"(而不是"主席"和"理事会")与"党中央"之间不断"磨合"并由中央最后形成"决定"的。在整个国家的文学体制中具有重要地位和影响的全国作协如此,实际上,地方党委一样对当地的作协工作起着决定性的作用,如张光年的日记关于天津作协的选举便有这样的记载:"市委建议的候选人都当选了……"(1982 年 1 月 5 日)。①

上述引文所叙述的是 1984 年年底为筹备中国作协第四次会员代表大会的召开而进行的若干准备工作。实际上,早在 1981 年 12 月 18 日至 22日,中国作协第三届理事会第二次会议在北京举行。来自全国的 100 多位理事就文艺创作、出版以及作协工作交换了意见。会上选举巴金为中国作协主席,宣布聘请叶圣陶、肖三、胡风等 9 位老作家为中国作协顾问和调整后的中国作协书记处书记名单。

有了如张光年日记中所载的这些充分的酝酿和准备工作,第四次作代会方顺利召开。不仅作协的主席团成员、理事会成员等人事安排与选举方面党有着明确的领导作用,党组掌握着作协的日常运作大小事务,而且"协会的'领导机构''理事会'和'主席团'的人员构成也体现出了'党员'的绝对

---

① 　许志英、丁帆主编:《中国新时期小说主潮(上卷)》,人民文学出版社 2002 年版,第 27 页。

优势"①。有学者还对中国作协第三届理事会和第四届理事会成员的身份进行了统计：

> 在理事会的139名（不包括保留的4名港、澳、台名额）理事中，除了朱红兵和德格·格桑旺堆未能查实外，共有党员108人，占总人数的77.70%。在主席团的14名成员中，除茅盾和巴金为非党员外，其余12名成员均为党员，占总人数的85.71%。
>
> 1984年12月至1985年1月召开的作协"四大"，共选出理事230名，主席团由"主席""副主席"和"主席团委员"组成。主席巴金为非党员。11名副主席中，除陆文夫外，其余10人均为党员，占90.91%。19名主席团委员中，除叶君健外，其余18人也都是党员，占94.74%。在共有31人组成的主席团中，共有党员28人，占总人数的90.32%，处于绝对优势。这样一来，党对重新建构的作协体制的坚强领导，便有了可靠的制度基础。②

党不仅通过党组发挥着对文联、作协的领导作用，而且通过主席团、理事会，乃至会员中的党员成员的数量，实现了党的领导作用的影响和发挥。这在很大程度上就确保了党的组织机制领导机制与作协、文联的作家的专业化的组织融为一体，你中有我，我中有你，从而从根本上保证了党对文学制度的密切联系、互动。这种强有力的而又无处不在的渗透，大大强化了党对文学的领导。比如1982年，这一年是《在延安文艺座谈会上的讲话》发表40周年，全国各文学机构通过各种方式进行纪念和学习。系列活动中，《人民日报》在5月23日首次公开发表了《毛泽东同志给文艺界人士的十五封信（一九三九年——一九四九年）》，并发表了陈云1943年3月29日在中共党的文艺工作者会议上的讲话《关于党的文艺工作者的两个倾向问题》。根据报道，我们看到许多文艺工作者公开撰文表示，陈云同志四十年前的讲话中提出的"一不要特殊、二不要自大"，对于当前的文艺界仍有重大的现实指导意义。只有克服特殊、自大，才能从根本上解决文艺界存在的不正之风和不

---

①② 何言宏：《中国书写：当代知识分子写作与现代性研究》，中央编译出版社2002年版，第30页。

良倾向。比如罗荪发表的体会文章题目就是《首先是一个普通党员》，文章说，陈云同志在讲话中提出了一个重要的原则问题：党的文艺工作者，应当首先把自己看成是一个普通党员，而不应该首先把自己看成是一个文化人。这应该是对每一个党的文艺工作者的很实际的党性锻炼，只有真正做一个普通党员，一个普通劳动者，然后才能更好地成为一个为人民服务、为社会主义服务的文艺工作者。①

第二节　文学干部的制造

二十世纪五十年代初建立的文学制度，后来在历次政治运动中渐次破坏，体制中的作家也逐个被抛到原有的制度之外，受到程度不同的迫害、压制，特别是在"文革"期间，原有的文学制度被彻底打破，绝大多数作家因其"文化的原罪"纷纷成了专政的对象。于是出现了这样的历史吊诡："十七年"期间建立的文学制度本来是为了对文学及作家实现管控、引导，而在经历了"文革"的彻底破坏之后，重建文学制度反成了经历"文革"的作家们的迫切愿望。因为在规制被破坏而触底之后，原来的文学制度反而成了作家权利的可能的保障。

随着文学制度的重建，作家就被重新安排在这个文学制度中的各个方面和层次。根据不同的分层，从而获得相应的利益分配，当然也相应地承担着不同的义务。于是，在这个重建的分配机制中，不同层级的人也就在"作家"的名号之外，又多了一个身份，即文学干部（或者文学官员）。正如有学者所言：

随着"新时期"文学体制的重新建构，这些人员纷纷返回体制，重新担任了文学领导工作。

文学领导干部有"国家的"和"地方的"两个基本层次。国家的文学

---

① 　参见罗荪：《首先是一个普通党员》，《光明日报》1982 年 7 月 1 日。

领导干部主要有：①党的意识形态领导人。是党和国家领导人中分管意识形态工作的负责人；②党、政、军思想文化工作领导部门的负责人。如中共中央宣传部、国家文化部、中国人民解放军总政治部文化部的领导人；③国家级文学团体及文学报刊的负责人；④主要依据党的文学方针和文学政策，根据上级领导干部的指示从事文学批评工作的"政策性批评"家。

文学领导干部的主要职能，是按照党在不同时期的文学方针和文学政策，根据党的"下级服从上级，全党服从中央"的组织原则进行文学活动的组织、协调和管理工作，正如张光年所说的，是管理性的"说服"工作，而不是可能超越既定方针的"探索"。由于对党的文学方针和文学政策及上级领导的指示精神在理解和执行上的偏差，也由于各自独特的工作经验、工作方法甚至个性特征，文学领导干部们在实际工作中，往往会有一定的、也是正常的意见分歧，这些分歧，如果仅仅局限于他们的内部，自然不会影响文学创作实践，但是，作为文学发展的体制性空间，这些分歧一旦通过会议和媒体等渠道在文学界以至整个社会进行扩散，便会形成所谓的"乍暖还寒"和时紧时松的社会文化氛围，并且直接影响作家的创作心态，对于刚刚走出"文革"、文学工作者还心有余悸的当时的文学界，情况更是如此。①

可以说，作家的重新体制化，给整个文学的走向乃至作家个人带来了极大的影响，甚至说，"文革"结束之后的新时期文学的巨大转型都与此相关。

作家的重新体制化，使作为文学干部的作家在一定程度上重新获得了长期以来已经失去的尊严。我们知道从1949年以后不断加强的思想改造、反右斗争，直至"文革"的极端推进，将知识人（文艺界是重灾区，所以作家也自然首当其冲）的思想、意识作为资产阶级和小资产阶级的思想进行了持续的批斗和解构，几十年来的这种运动摧毁了包括作家在内的知识分子的自我意识，作家作为知识分子和文化人士的尊严荡然无存。从沈从文在二十世纪五十年代初的自我否定和精神崩溃，到俞平伯等人在"五七"干校劳作时期对农村的讴歌和自我的改造，都明显体现出作家自我意识的放弃和崩

---

① 何言宏：《中国书写：当代知识分子写作与现代性研究》，中央编译出版社2002年版，第31页。

塌。即使是左翼作家中的激进一支，最初有胡风、丁玲、冯雪峰的相继被批，陆定一、周扬、林默涵、张光年等1949年以后被认为是毛泽东文艺政策的实施者和推行者的一批文化人也陆续折戟沉沙。"五四"以来的自由主义作家和三十年代左翼文人都未能逃脱被批斗和否定的命运。所以"文革"期间，作家的自我意识被彻底击溃，而要获得应有身份认可和尊严，作家又不得不借助体制的重建。有学者曾指出，八十年代的"初期阶段（1977—1983）是毛泽东时代文学制度的转变期。随着毛泽东去世，邓小平经济改革的执政策略得以确立，正常的社会秩序得以恢复，文化界开展了轰轰烈烈的思想解放运动，以肃清'文革'时期的'极左'思潮。原来被定性为右派的作家和知识分子纷纷平反，重新参与新时期的文学建设，他们的创作给文学带来了复苏和繁荣。原先被破坏的各级文联组织和作家协会陆续恢复，文联和作协成员重新回到体制之中，一面受到体制的辖制，有组织地参加学习座谈和各种讨论会，一面享受体制的优待，重新获得政府的津贴和社会的尊重"①。

　　而到八十年代中后期，特别是第四次作代会召开之后，随着社会改革开放的推进、商品经济的发展，以及文艺体制改革的推进，已经在体制中获得相应身份和利益的作家，开始出现了新的追求，对文学创作主体意识的觉醒和强化，文学体制改革的呼声也越来越高，"中期阶段（1984—1989）是文学制度震荡期，当改革进入发展期，文化界的思想更加活跃和开放，市场经济影响下的文学制度开始骚动和裂变，行政命令式的创作计划被取消，政治学习的次数开始减少，文学评奖制度恢复，作家有了更多的创作自由。在经历了有关文艺与政治关系问题的论争，'人道主义'的论争，'朦胧诗'的论争和'现代派'问题的论争之后，文学的政治功能被弱化，作家们的文学观念更加自觉，文学的主体地位更加突出。80年代中前期民间文学刊物纷纷涌现，自费出版物大量增加，冲击了政府文化体制的权威地位，虽然政治环境未有太大的变化，主流媒体仍然强调意识形态对文学创作不可忽视的影响，但随着改革开放的深入发展，西方文化思潮接连涌入，审美观念不断开放，艺术探索呈现出异常活跃的氛围。'寻根文学'、'现代派文学'构成80年代文坛前所未有的繁荣景观，文学与政治的紧密关系不断松动，不少作家开始了走向'民间'的旅程。此时，经济改革也让长期处于'精神饥渴'状态的知识分

---

① 刘学明：《从"毛泽东时代"到"后毛泽东时代"》，《云南大学学报》2007年第1期。

子感受到来自物质贫困的压力,一些作家试图摆脱传统体制的束缚,离开单位,下海经商,或者成为自由职业者,或者成为业余文化人。文学刊物不同程度参与经济活动,商业广告和有偿宣传成为文化界经济创收的重要手段。经济的力量改变着人们的生活,文学的社会教化功能和道德严肃性被消解,许多作家卷入市场经济的浪潮中,变成了'码字的匠人'"①。

文学干部,因其在体制内的分工层级不同,有着非常复杂的身份。但是,体制却给这种身份的认定提供了一个标准化的区分方式。这个统一的判断方式,一方面体现为从上级到下级的阶层化的领导方式;一方面体现在从核心到外围的逐渐扩展、环环相套的影响的组织方式。

首先看第一种方式,与整个国家体制相对应的,文学体制也存在着从国家到地方、从上级到下级的层层领导。这种体制的建构和加强,实际上更大程度是对"十七年"文学制度的一种恢复和重建。而在新时期以来更具历史特点的文学体制的新建设,主要体现在第二种横向的调控和引导的方式上。

其次,从核心到外围的逐步扩展环环相扣的影响和领导方式,这是非常重要的文学体制的设计,从核心到边缘,始终发挥着核心的辐射作用,也保持着边缘朝向中心的向心力,同时核心与边缘之间还可能保持相对的距离和弹性空间。

鉴于"十七年"和"文革"期间文学控制的失误和"极左"错误,新时期以来,党中央和文艺的主管部门已经意识到改善和加强党对文艺的领导方式的必要性和迫切性。从邓小平在第四次文代会的祝词,到胡耀邦在召开剧本座谈会上的谈话,特别是胡启立在第四次作代会的祝词,以及周扬、陈荒煤、冯牧等人在多次相关的文艺会议上的发言和表态,我们明显地看到从党的领导层到文艺界的领导层,大都认识到并逐步开展改变领导方式的实践和革新。所以,与"十七年"时期作家完全单一化的制度安排不完全相同,新时期的文学制度有了新的推进。这主要体现在三个方面。第一,在与绝对的纵向的等级制度相并行,文联、作协还增设了名誉性质的制度性安排,对于很多老作家、资深的人士给予必要的名誉性的安慰,这种名誉安排,意味着某种程度的政治待遇和相关的社会声誉。第二,允许在制度等级之外的空间,存在一些具有一定知名度、拥有一定的经济资源的作家,他们并不完

---

① 刘学明:《从"毛泽东时代"到"后毛泽东时代"》,《云南大学学报》2007 年第 1 期。

全依附于作协、文联等制度，而是存在于市场或者其他职业中。这一现象尤其是八十年代中期以后开始逐渐显露。比如，1984 年 2 月 19 日《光明日报》报道：河北省泊头市文庙公社尹圈大队和邻村的 16 名青年，于 1982 年 7 月成立了《朝花》诗社，近年来，该诗社出了 8 期社刊，在繁荣诗歌创作方面作出了可喜的成绩。《诗刊》第 5 期转载了这篇报导，并公布河北省委书记高扬给诗社社员的一封信《给农村青年诗歌作者的几点希望》。1984 年 12 月 12 日，由万元户熊德光、龙江林发起创办的"嘉陵江农民文学社"。有 50 多位农民业余作者参加文学社。第三，还有数量众多的研究协会的产生，也作为一种边缘性的外围团体，发挥着相应的组织化作用。据《中国文学研究年鉴(1985)》的"全国性文艺理论和中国文学研究团体简介"部分介绍，截至 1985 年全国性的学会和研究团体共有 28 个，包括文艺理论研究会、全国马列文艺论著研究会、中国古代文学理论学会、中国现代文学研究会、中国当代文学研究会、全国毛泽东文艺思想研究会，等等。这应该不是完全统计，如果考虑到还有各个省市自治区的地方性文学研究团体、各个行业的研究团体，数量恐怕会更多。

那么，从边缘到核心的这种向心力，或者说从核心到边缘的影响和调控力是依靠什么发挥和保持的？持续保持和发挥这种影响力，其因素至少有几个方面。第一，依靠文学话语的重新建构，也就是说充分发挥"主旋律"的影响作用。关于文学的话语的转换，从最初"十七年"和"文革"时期的革命话语的单一模式和文艺为政治的单一关系，转化为"现代化建设"的民族国家叙事话语和文艺为人民服务的关系模式。这一新的模式，与前者相比，更重要的是存在多层次和多方面的空间，而不是单核的唯一的。于是，国家体制的纳入与否以及等级如何，就不是唯一的考量标准了。"作家等级的形成，不再以是否被纳入国家单位体制为'核心/边缘'界限，也不再单纯以行政级别为内部等级，而是以与现代民族国家叙事的亲疏关系为区隔标志。由此，核心作家、次级作家与外围作家的系统序列，也就成为当代作家身份的'真正秘密'，不但印证了目前中国体制转型对作家身份的重新安排，也证实着当代作家对自身的想象。而这种后革命时代新一体化策略，是在后现代的历史语境中又一次形成的文学场域内部的新'等级制度'。"①第二，充

————————

① 吴义勤主编：《文学制度改革与中国新时期文学》，文化艺术出版社 2013 年版，第 48 页。

分运用会议的组织化功能。第三,发挥评奖的激励作用。第四,文学批评的引导功能,也在适当的时候进行否定性批评,以达到清除和抵制某些不符合要求的创作倾向。关于后几方面的因素,在接下来的几个章节会逐一介绍。

除了上述纵向和横向两种组织方式以外,文联和作协机构,还通过对机构内部的成员(会员)的章程、公约等近似行业规制的制定,最大程度上使得文学体制与每个作家成员发生关系。比如于 1982 年 6 月 19 日至 25 日在北京召开的中国文学艺术界联合会第四届全国委员会第二次会议上通过的《文艺工作者公约》。《公约》内容如下:

一　热爱祖国,忠于人民,坚持四项基本原则,全心全意为人民服务,为社会主义服务,正确地贯彻"百花齐放,百家争鸣"的方针,为社会主义精神文明多作贡献。

二　认真学习马克思列宁主义、毛泽东思想,深入新时期人民群众的斗争生活,不断提高思想觉悟和社会责任感,和广大的人民群众相结合。

三　加强艺术修养,磨炼艺术技巧,批判地学习中外文化遗产,用人类创造的知识成果丰富自己的头脑,不断提高为人民服务的专业水平。

四　解放思想,实事求是,勇于探索,勇于创新,精心地从事艺术创造,力戒粗制滥造,努力用具有高度思想艺术质量和鲜明民族特色的精神食粮满足人民的文化需要。

五　正确对待文艺批评,虚心听取群众意见,要敢于坚持真理,也要勇于修正错误。

六　注重职业道德,端正思想作风。提倡谦虚谨慎,反对骄傲自满。自觉抵制资产阶级思想、封建残余思想和各种不正之风的侵蚀,做一个有理想、讲道德、守纪律、勤恳朴实、品格高尚的文艺工作者。

七　加强文艺队伍的团结。积极开展批评和自我批评。开阔胸襟,顾全大局。反对极端个人主义,反对自由主义,反对派性,反对门户之见。提倡文人相亲,反对文人相轻。老中青三代人都要互相尊重,互相爱护,互相学习,互相帮助。

八　扶植新生力量,鼓励后来居上,做壮大和发展社会主义文艺队伍的促进派。①

中国文学艺术界联合会第四届全国委员会第二次会议上，"大会秘书长冯牧还专门就《文艺工作者公约》（草案）作了说明。他说，这个公约是根据我国社会主义现代化建设的需要，根据社会主义精神文明建设的需要，结合当前文艺界的实际情况由文艺工作者自己提出来的。委员们认为在当前的情况下，文艺工作者应当树立共产主义理想，增强社会责任感，提倡和注重职业道德，特别是对党员作家艺术家，应当有更高的要求"②。

于是，新时期初期的文学机构重建，通过自上而下的纵向的层层领导和横向的环环相扣的影响，在整个机构和体制的层层运作中，进行着文学创作、批评等生产链条的统一发动。于是，在这样的建构中，"文学的社会影响力达到前所未有的程度。文学的轰动效应一方面反映了政治对文学钳制后造成的审美饥渴，另一方面也可以看出毛泽东时代的文学制度带来的强大的社会功能，作家将自己的创作自觉地与社会变革的现实联系起来，文学也通过政体的组织机制和传媒机制发挥出最大的社会影响力"③。

第三节　文学生产的动员

前文所述，文学机构的重组与再造，将作家进行组织化和体制化。而文学机构的重建，其目的并不仅仅在于将作家体制化，更为重要的，是通过组织化的建设，实现对文学生产进行组织化，从而加强和发挥党对文学的领导。对于文学体制内的作家而言，"必须从党与社会主义文化事业的高度来理解与把握自己的文学活动，必须具有明确而坚定的党性立场与党性意识，这是他从事文学活动的根基与基础"④，通过对作家的体制自觉，发挥党对文学的动员作用，进而再次实现党对文学的领导。正如列宁所说的："这不

①②　《文艺报》1982 年第 8 期。

③　刘学明：《从"毛泽东时代"到"后毛泽东时代"》，《云南大学学报》2007 年第 1 期。

④　张永清：《改革开放 30 年作家身份的社会学透视》，《文学评论》2010 年第 1 期。

只是说，对于社会主义无产阶级，写作事业不能是个人或集团的赚钱工具，而且根本不能是与无产阶级总的事业无关的个人事业。无党性的写作者滚开！超人的写作者滚开！写作事业应当成为无产阶级总的事业的一部分，成为由全体工人阶级的整个觉悟的先锋队所开动的一部巨大的社会民主主义机器的'齿轮和螺丝钉'。写作事业应当成为社会民主党有组织的、有计划的、统一的党的工作的一个组成部分。……写作事业无论如何必须成为同其他部分紧密联系着的社会民主党工作的一部分。报纸应当成为各个党组织的机关报。写作者一定要参加到各个党组织中去。出版社和发行所、书店和阅览室、图书馆和各种书报营业所，都应当成为党的机构，向党报告无产阶级事业的生气勃勃的精神，带到这一切工作中去，无一例外，从而使'作家管写，读者管读'这个俄国古老的、半奥勃洛摩夫式的、半商业性的原则完全没有立足之地。"①

　　通观二十世纪八十年代的文学，我们可以清晰地看到，党和政府通过宣传部门、文联、作协以及报纸杂志社等体制性机构不断地进行文学生产的动员、调控、引导。这其中包括对文学创作方向的规约引导、对文学创作风格、主题、内容的调控，对文学创作的即时性任务的要求，对不符合政治局势需要的创作倾向的讨论、批评乃至批判，对异端作家的批评教育说服，等等。

　　一、文学创作的规划与引导。党往往通过文学机构及宣传部门对文学的创作进行规划。这种方式，最能体现计划经济时代的特点，当然也是文学制度最明显的功能之一。比如，1980 年 2 月 24 日至 3 月 14 日，中央专门召开了全国省市自治区文化局长会议，这次会议"总结了粉碎'四人帮'以后三年多来的文化艺术工作，讨论了新时期文化艺术工作的方针、任务和政策，规划今明两年的文化艺术工作"②。通过从中央到地方的各级文化部门的发动，实现对文艺创作的方向和任务的调控引导。这次会议召开的背景是，在十一届三中全会召开后，党中央认为对于以"四人帮"为代表的"文革""极左"路线的揭批的历史任务基本完成，当下的政治任务已经需要调整到新的时期的现代化建设中来了，而作为现代化建设的部门之一的文学，其生产也理应汇入整个建设的大洪流中，朝着共同的方向推进。于是，我们看到，不

---

①　列宁：《党的组织和党的出版物》，《红旗》1982 年第 22 期。
②　田明：《一九八〇年文学纪事》，中国社会科学院文学研究所《中国文学研究年鉴》编辑委员会编：《中国文学研究年鉴(1981)》，中国社会科学出版社 1982 年版，第 451 页。

仅仅是文化部门召开会议，与此同时，中国作协也应声而动。中国作协于当年的2月28日，在北京举行座谈会，座谈会的内容是组织雷加、吴伯箫、秦兆阳、菡子、李纳、丁宁等作家介绍他们去厂矿农村生活的体会。此次座谈会的目的和任务非常明确，即通过上述几位作家个人体会的介绍和宣讲，引导和发动全国更多的作家自觉地深入生活，投入新时期的现代化建设中去，从而创作出反映现代化建设新风貌的作品。这种发动与号召，对于作协下属各地组织的动员作用是明显的。比如河南省作协就曾组织作家访问团奔赴巩县农村参观访问，他们向专业户、重点户询问了农村发生变化后的情况，搜集了创作素材。

党对文艺的领导，有的时候是通过作协、文联之上的专门的行政管理部门或宣传部门进行动员的。比如，1982年4月7日至17日，文化部电影局在北京专门举行"全国故事片厂电影文学编辑工作会议"，来自全国多个电影制片厂的文学编辑与会。在会上文学编辑就提高电影文学编辑和电影文学刊物工作的水平等问题展开讨论。特别是，这次会议上，时任中共中央宣传部部长的邓力群发表了讲话，"希望文艺家多到基层去，深入群众生活"①。1982年10月4日，山西省委宣传部、省军区政治部等单位联合召开首次全省军事题材创作会议，围绕加强军事题材创作和评论等问题讨论。

有的时候，是其他相关的党政部门与作协联合召开相关会议，发动和指导文学创作的进行。如1982年4月9日至5月11日，在一月有余的时间里，国家民委和中国作协在昆明联合主办针对少数民族作者的创作读书会，来自15个省、市、自治区18个民族的35位作者参加了读书会。1984年10月25日，中国作协、团中央在京联合召开城市改革青年积极分子与在京作家座谈会。会议发出呼吁，"文学应该与我们的改革时代相适应"，"作家要用手中笔的力量来感召青年一代投身改革"。②冯牧等人和14位青年改革积极分子参加座谈会。1986年8月25日至30日，总政文化部、中国作协在京召开革命战争题材文学创作座谈会。与会50多人就当前军事文学如何全方位突破、革命战争作品如何注入当代意识及如何认识战争文学中的人

---

① 田明、郭斌：《一九八二年文学纪事》，中国社会科学院文学研究所《中国文学研究年鉴》编辑委员会编：《中国文学研究年鉴（1983）》，中国文艺联合出版公司1984年版。

② 田明、郭斌：《一九八四年文学纪事》，中国社会科学院文学研究所《中国文学研究年鉴》编辑委员会编：《中国文学研究年鉴（1985）》，中国文联出版公司1986年版。

性与阶级性等问题交换了意见。

更为典型的例子是,张锲的长篇小说《改革者》在《当代》第 5 期发表后,国家经济体制改革委员会理论组、《当代》编辑部和中国青年报社于 1982 年 12 月 17 日联合召开了"张锲的长篇小说《改革者》座谈会"。与会者一致提出文学要着重反映当前改革和反改革的斗争。1982 年 12 月 22 日,中央媒体《人民日报》专门以《首都经济界和文艺界同志座谈〈改革者〉》为题就此次座谈会进行了报道。报道称:"国家经济体制改革委员会副主任童大林说:它(指《改革者》)至少有两点值得我们注意:一、这部作品的主题和情节,触及了当前经济体制改革中的重要问题,反映的矛盾相当尖锐,因而不能不引起我们的思索;二、作品反映了当前改革中的人物关系,反映了改革中两种力量的较量。……体现了当前改革的潮流。……我们的文艺创作,要和生活发生更密切的联系。从题材来说,要大力反映当代生活,特别是政治生活、经济生活和精神生活中的重大事件和动向;从主题来说,要敢于接触生活尖锐矛盾,敢于提出问题,而不要回避矛盾,掩盖矛盾。"①作为作协代表的冯牧在发言中也说,《改革者》"表现了作者对社会主义现代化建设的热情和责任感,显示了生活的新的趋向,这是某些作家所缺乏的。……我们既反对'题材决定论',也反对'题材无差别'论"②。一部刚刚发表的作品之所以引起如此大的重视,从根本上说,并非是张锲《改革者》作品本身的艺术性使然,而主要是因为它和党对"改革文学"的倡导有关。而之所以在新时期初大力倡导"改革文学",是缘于当时的政治形势和历史任务。"文革"结束最初的几年里,对"文革"进行揭露批判的"伤痕文学""反思文学"确实与当时拨乱反正的政治任务相合拍,但是随着新时期的转型初步完成,历史又面临新的政治任务,面对这一新的局面,党和政府必然需要动员文学从原来的对"文革"的揭露、对历史的反思,转变为对现实改革的描绘反映、对未来的展望。

对不良倾向的批评,也是保证引导的重要方面。比如八十年代初对《苦恋》《骗子》等作品的批评即是典型的例子。还有,1987 年 2 月 20 日,国家民族事务委员会、中国作协邀请部分在京藏族代表,就《人民文学》1987 年 1—2 期合刊上发表马建小说《亮出你的舌苔或空空荡荡》一事专门召开座谈会。唐达成代表中国作协书记处宣布《人民文学》主编刘心武停职检查、《人

① ② 《首都经济界和文艺界同志座谈〈改革者〉》,《人民日报》1982 年 12 月 22 日。

民文学》编辑部作出公开检查等项决定。21 日,《人民日报》刊登评论员文章《接受严重教训、端正文艺方向》。

二、组织和强化政治理论学习。作为国家体制的一个侧面,文学机构与其他体制内的机构一样,往往担负着组织和加强理论学习的任务,以确保党的精神、方针、路线等即时传达给体制中的成员,在这样的强化过程中,使体制内的成员保持对主导思想的自觉一致,确保成员的行为和思考不至于偏离或者偏离太远。

文学机构对政治理论学习的组织作用,首先表现在对党和国家重大会议精神的及时传达贯彻。试举一例。中国共产党第十二次全国代表大会于 1982 年 9 月 1 日至 11 日在北京召开。邓小平正是在这次大会上正式提出了"建设有中国特色的社会主义"的新命题。而胡耀邦代表第十一届中央委员会向大会作了题为《全面开创社会主义现代化建设新局面》的报告。报告提出了党在新时期的总任务,即团结全国各族人民,自力更生,艰苦奋斗,逐步实现工业、农业、国防和科学技术的现代化,把我国建设成为具有高度文明、高度民主的社会主义现代化强国。报告从经济建设、思想建设、政治建设和党的建设等方面,完整系统地提出了全面建设社会主义的纲领和各项方针政策。①会议闭幕五天后的 1982 年 9 月 16 日,中国文联和中国作协就连续举行学习、宣传、贯彻党的十二大精神报告会,邀请出席十二大的代表阳翰笙、张光年等宣讲十二大精神,畅谈心得体会。中国文联和中国作协的这次报告会,在文学体制中发挥着必要的引导作用,特别是体现出必要的象征意义。于是,此次报告会之后,各省、市、自治区的文艺界也相继召开学习十二大精神报告会、座谈会。对于作为体制组成部分的作协而言,这是一种常规的机制。类似地,中共十三大召开以后,1987 年 11 月 5 日中国文联和中国作协等 13 个单位在京联合举办学习十三大文件精神、促进文艺工作繁荣发展座谈会。文艺界 200 多名知名人士就如何追随和表现改革生活问题等进行讨论。

文联、作协等文学体制的动员和组织作用,还表现为应对相关重大理论问题,或者有着巨大争议的理论话题,引导体制中的成员参与讨论,并最终提供一个符合需要的结论和方向。在八十年代初,特别是 1983 年关于人道主义和异化问题的争论是当时理论界最为热点的话题。在诸多的讨论中,

① 参见胡耀邦:《全面开创社会主义现代化建设新局面》,《人民日报》1982 年 9 月 3 日。

出现了各种不同的看法和观点。而人道主义和异化问题与如何看待马克思主义有着密切的联系,也直接关系到对马克思主义这一指导思想的理论定位和重新认识的政治性问题。面对持续时间长、波及面广的讨论,胡乔木1984年1月3日在中央党校作了题为《关于人道主义和异化问题》的讲话。讲话发表之后,北京市作协自2月8日起连续组织学习胡乔木《关于人道主义和异化问题》的讨论会。2月29日,《人民日报》专题报道了讨论会的情况。3月3日,《光明日报》社邀请北京、天津部分理论工作者讨论胡乔木的文章《关于人道主义和异化问题》①。3月11日至13日,中国文联、中国作协邀请在京的文艺工作者40余人召开座谈会,讨论胡乔木的文章《关于人道主义和异化问题》,4月17日新华社播发了座谈会的专题报道。报道称:"到会同志认为,胡乔木同志的重要文章明确地把作为世界观和历史观的人道主义同作为伦理原则和道德规范的人道主义区别开来,阐明了唯物史观和唯心史观的根本区别,批评了对异化这个概念的滥用,强调了宣传社会主义人道主义的重要性。这个对于澄清前一阶段的某些思想混乱,指导我国的社会主义文艺实践,有着重要的意义。"②紧接着全国省市自治区文艺团体均先后召开了关于学习胡乔木文章的座谈讨论会。

　　在每次重大事件发生之后,文联、作协等相关机构也要组织理论学习,确保机制内部成员的政治方向。比如,1987年1月21日,中国作协召集首都部分作家、诗人和评论家,就"坚持四项基本原则、反对资产阶级自由化思潮问题进行学习座谈"。1989年6月28日,中国文联召开学习中共中央十三届四中全会公报及有关文件的座谈会,在京的中国文联执行主席团成员、全委、名誉全委出席该会议。后续的报道称:"与会者一致拥护四中全会的决议,拥护经过四中全会调整后的以江泽民同志为总书记的党中央新的领导核心。"③同日,中国作协召开有党组书记处成员和各单位主要负责人参加的干部会议,"大家对四中全会的各项决议表示坚决拥护"。1989年7月6至7日,中宣部在京召开会议,对前一时期的状况进行了回顾与反思,中

---

　　①　1984年3月5日,《光明日报》以《只有坚持历史唯物主义才能更好地回答现实生活提出的问题》为题,报道了座谈会情况。

　　②　《中国文联和中国作协联合举行人道主义和异化问题座谈会》,《文艺报》1984年第4期;《文艺创作中要更好地反映社会主义人道主义》,《人民日报》1984年4月8日。

　　③　陈文新:《中国文学编年史(当代卷)》,湖南人民出版社2006年版,第472页。

宣部部长王忍之参会并讲话，与会者"一致认为要繁荣和发展社会主义文艺，必须坚持四项基本原则，切实反对资产阶级自由化"①。

文联、作协及各级相关机构所开办的专门性讲习班、学习班、创作班等，也起到重要的理论引导作用。这些学习班将组织化的功能渗透到学员的选取等各个环节中。开设这些学习班，除了被录取（入选）的学员进行政治理论、文学理论的学习以外，从体制化的效应来看，更重要的作用是会对体制内的成员起到榜样的引导作用，这实质上是一种激励机制的体现。文学机制中成员的入选，因其稀缺性，而带有一种荣誉性质或者政治认可。取得了这样的资格，会意味着未来或许将在文学体制中从边缘走向核心的可能。所以，这种差别化的遴选，会给体制中的所有成员带来一种方向性的激励和引领。比如：1984 年 3 月中国作协文学讲习所第八期文学创作班在北京开学。这次创作班的学制为两年，被遴选进入学习班的作家共 43 位，如邓刚、甘铁生、赵本夫、朱苏进等，应该是比较少的。而且后来的事实也证明，这个学习班的进修经历对这些作家中的多数人在文学体制中的发展带来实际的促进。类似的其他进修班、读书班等，也都在不同程度上发挥着这样的效用。如 1982 年 3 月 10 日中国作家协会文学讲习所第七期编辑、评论班在北京开学，学期为九个半月。1982 年 3 月 23 日至 5 月 6 日，文化部在北京举办文艺理论学习班。

三、全国文代会、作代会和各级文代会、作代会的召开，都是重要的组织、激励和调控的方式。这些会议的召开，不仅是机制的正常运作的表现，也不仅仅起到领导机构的调整、日常工作的讨论等作用，这都是显在的作用。而是通过会议，能够对机制内的成员进行凝聚，不断地激发成员对机制的认同，这是潜在的效应。同时，在会议召开的过程中，仪式化的程序、形式，会对作家产生召唤，暗示着机制内部成员与非机制内的人的区别，并产生对机制内部其他成员的效法作用。1982 年 6 月 19 日至 25 日在北京召开的中国文学艺术界联合会第四届全国委员会第二次会议上，文联副主席夏衍致辞，文联主席周扬讲话，副主席阳翰笙作全国文联会务工作报告的说明。周扬在讲话中明确要求，要把中央精神同我们的具体工作紧密结合起来，用中央精神分析、研究、指导我们的工作。文联委员们讨论了《关于文艺

---

① 　陈文新：《中国文学编年史（当代卷）》，湖南人民出版社 2006 年版，第 472 页。

工作的若干意见》,并且委员们纷纷表示:"作家、艺术家要反映这个新时期,就应该研究新情况,就要重新学习,学习马克思主义,学习社会。现在要在文艺界养成一种积极学习马列、学习社会的风气。只有确立了马克思主义的世界观,才能抵制种种错误思想的侵蚀,才能做到用人类最先进的思想——共产主义思想武装自己的头脑。"①特别是,会议的非常重要的内容是理论学习,"会议期间委员们学习了《毛泽东同志给文艺界人士的十五封信》和陈云同志的《关于党的文艺工作者的两个倾向问题》等文件"。"大会一致通过了……关于增补朱穆之、吴冷西、舒同、胡风、沈从文、布赫、夏川、吴伯箫、郑奕奏为全国委员会委员的决议;关于设立中国文联书记处的决议和文艺工作者公约。"②

　　要提及的是,会议结束后,中宣部、文化部联合为近 700 名文艺工作者举行了茶会,党和国家领导人王震、韦国清、彭冲、万里、习仲勋、王任重、胡乔木、薄一波等出席茶话会。由此亦可见出党和国家上层对文学机构的极端重视。再如,1984 年 12 月 29 日至 1985 年 1 月 5 日,中国作协召开第四次代表大会,党和国家领导人胡耀邦、万里、习仲勋等出席开幕式。1986 年11 月 8 日至 13 日,中国作协第四届理事会第二次会议在北京召开,胡耀邦、习仲勋、胡启立、薄一波、宋任穷等也会见了与会人员。

　　四、组织学术讨论会,探讨热点,动员文学创作推助文学热点的形成,这也是文学机构的组织化功能的重要体现。纵观整个八十年代,党对文学创作潮流与方向的引领中,书写社会主义新时期建设、描绘改革开放,是最集中和迫切的要求。所以,我们看到各级宣传主管部门、文化管理部门、文学机构等多次通过组织座谈会、动员会、组织作家下基层体验采风等多种方式,大力提倡和推进"改革文学"的潮流。比如,1984 年 5 月 12 日,福建省委宣传部召开"文艺创作如何反映改革"座谈会,与会者认为,要以改革者的胆识和"真正艺术家的勇气"去描绘变革的现实生活。1984 年 7 月 2 日至 10 日,安徽省文联在安徽屯溪市召开"改革题材文学"学术讨论会。与会者探讨了"改革题材文学"的发生、发展及其在新时期文学中的历史地位。与会者表示"新时期文学紧跟时代前进的脚步,与时代精神同步。所以当现实生活发生历史性

---

① 　钟枚:《中国文学艺术界联合会第四届全国委员会第二次会议》,《文艺报》1982 年第 8 期。
② 　《文艺报》1982 年第 8 期。

的变化,从拨乱反正到变革、建设四化,文学主题随之出现转移,即从偏重历史回顾、审视和反思,转向了对现实变革的关注、探索和思考。针对目前评论界、创作界有人提出的提倡'改革题材文学'是过去'写中心、画中心、演中心、唱中心'的翻版,是'赶浪头'。大家认为,它把改革题材文学与过去的'写中心'等同起来,又走到了另一个极端"。与会者就"改革题材文学"怎样进一步深化和提高进行了讨论,认为"反映民族心理的变革,应当成为这类题材文学的重要课题"。"文学创作要特别重视反映改革中各种观念特别是价值观念、道德观念的变化。要在价值观念的变化中,写出新的社会性格,显示出生活的流向。""应当理直气壮地为'改革题材文学'鸣锣开道,推波助澜。"①

在此前后,1984 年 7 月 4 日至 25 日,文化部在京举办 1984 年全国现代题材戏曲、话剧、歌剧观摩演出会。李先念、王任重等党和国家领导人分别观看了部分演出节目。结束时,大会评选出各剧目的获奖作品。同时,召开了"现代题材戏曲创作座谈会"和"话剧创作座谈会"。两个座谈会就戏剧艺术"努力再现四化建设沸腾的生活,塑造社会主义创业者改革者的形象"②等问题进行了讨论。

各级作协也利用不同的方式,推动改革文学的创作。比如,1985 年 9 月 6 日至 7 日,首届内蒙古企业家、作家、艺术家恳谈会在呼和浩特市召开。全区 30 多家厂矿、公司的企业家与 20 多位作家进行了情况交流。企业家希望和欢迎作家投身于改革的洪流中去,以反映改革者的心声。1987 年 7 月 14 日,中国作协、中华文学基金会和《中国企业家》杂志社联合在京举办了作家与企业家联谊座谈会,就文学如何反映改革、文学自身的改革、文化建设与经济建设如何相互促进等问题进行交流切磋。1987 年 9 月 10 日,中国作协北京分会在京召开作家、企业家座谈会,探讨如何突破改革题材现有描写模式、准确把握纷纭复杂的改革过程中的人们的心态变化等问题。

---

① 石衍:《"改革题材文学"学术讨论会略述》,《文学评论》1984 年第 5 期。

② 胡耀邦语。田明、郭斌:《一九八四年文学纪事》,中国社会科学院文学研究所《中国文学研究年鉴》编辑委员会编:《中国文学研究年鉴(1985)》,中国文联出版公司 1986 年版。

第三章　文学媒体的恢复与繁荣

随着"文革"的结束,文学机构逐渐重建,一些出版机构也陆续恢复。"文革"结束之初,中央高层为了清除"文革"政治势力、文化势力和观念的影响,有必要借助报刊传媒来宣传和社会动员。新时期初期是中国当代文学史中非常少有的政治与文学不谋而合的时期,文学的变革、人的复苏觉醒与现实的变革、政治的重新调整在"文革"结束之初的那段时期若合符节,共同为了思想解放而走到了一起。正如冯牧等人在总结新时期头几年的文学趋势时所说的,文学从来没有像这段时间这样与社会现实、社会主义四化建设紧密联系在了一起。

随着"文革"渐行渐远,思想解放运动日益扩大,新的官僚机构的建立和日趋稳定,文学与政治的蜜月期走向结束。对"文革"及"十七年"期间的回顾、总结、反思的不断深入,使文学创作中出现了突破原来既定的政治方向和范围,偶尔出现挑战政治禁忌或者溢出体制边界的某些倾向。一方面,文学媒体为这些作品提供了发表的平台;另一方面,媒体也成为党进行文学性质的宣传、方向的引导、批评的展开的重要阵地。

第一节　文学媒体的复刊、新创

原来被停刊的文学杂志、报纸陆续复刊,一些新的专门性的文学期刊不断创刊,报纸也开辟了文学副刊,关注文学动向、文艺论争。"'新时期'之初'欣欣向荣'的文学局面的重要标志便是一大批停刊于'文化大革命'时期的文学媒体的陆续'恢复'以及新媒体的不断创办。这些重要的媒体主要有：《世界文学》(1977 年 10 月)、《文学评论》(1978 年 2 月)、《钟山》(1978 年 3 月)、《文艺报》(1978 年 7 月)、《十月》(1978 年 8 月)、《收获》(1979 年 1 月)、《文艺研究》(1979 年 5 月)和《散文》(1980 年 1 月)等，而在当时的创作界最有影响的文学刊物《人民文学》和《诗刊》却在'四人帮'粉碎之前的 1976 年 1 月便已复刊。"①

统观二十世纪八十年代初新刊物的创办，1980 年至 1981 年是一个新办刊物出现的高潮期。据笔者不完全观察，仅这两年间就出现如下新创办的文学刊物：

1980 年 1 月，中国剧协主办的《外国戏剧》(季刊)创刊；

1980 年 1 月，百花文艺出版社编辑出版的《散文》(月刊)创刊；

1980 年 1 月，四川剧协主办的《戏剧与电影》(月刊)创刊；

1980 年 1 月，《芙蓉》在湖南创刊；

1980 年 1 月，西安市文联主办《长安》(月刊)正式出刊；

1980 年 1 月，大型儿童文学丛刊《朝花》由人民文学出版社编辑出版；

1980 年 2 月，北京师范大学苏联文学编辑部主办《苏联文学》创刊；

1980 年 2 月，上海艺术研究所主办的《新剧作》(双月刊)创刊；

1980 年 3 月，黄钢、安岗等主编的《时代的报告》杂志②在北京创刊；

1980 年 3 月，大型外国文学丛刊《译林》在江苏创刊；

1980 年 5 月，《小说季刊》创刊；

1980 年 6 月，由全国高等学校文艺理论研究会主办的《文艺理论研究》创刊；

1980 年 6 月，山东人民出版社编辑的《柳泉》、儿童文学丛刊《小溪流》创刊；

1980 年 7 月，安徽省文学艺术研究所主办、以发表艺术理论为主的《艺谭》(季刊)创刊；

---

① 何言宏：《中国书写：当代知识分子写作与现代性问题》，中央编译出版社 2002 年版，第 34 页。

② 以发表报告文学为主的综合性季刊，创刊号上发表该刊评论员文章《"在社会的档案里"向我们提出了什么问题？》，刊登了何其芳遗著《毛泽东之歌》等。

　　1980 年 7 月,《天山》文艺丛刊在乌鲁木齐创刊;

　　1981 年 3 月,全国美国文学研究会编辑的《美国文学丛刊》在济南创刊;

　　1981 年 3 月,《文学少年》在沈阳创刊;

　　1981 年 3 月,《儿童文学选刊》在北京创刊;

　　1981 年 4 月,《文学报》(周报)在上海创刊;

　　1981 年 4 月,电影文学期刊《电影新时代》在西安创刊;

　　1981 年 4 月,《青年作家》在成都创刊;

　　1981 年 5 月,《小说界》在上海创刊,《创作》在贵阳创刊,《莽原》在郑州创刊,文学季刊《海峡》在福州创刊。

　　由于新办刊物不断涌现,《文艺报》曾专门做了一个调查。调查显示,截至 1981 年 5 月,全国省地市级文艺期刊共 634 种,其中省级以上 320 多种,"在二十九个省市自治区中,拥有文艺期刊最多的是北京市,共有各种文艺门类期刊七十一种;其次是河南,四十一种;上海三十八种;云南河北同为三十一种;文艺期刊种类繁多,文学期刊占有较大比重,廿九省市中,廿七个省市办有专业文学刊物"①。由此可见,不仅仅是国家级的文学刊物在恢复,体现文学重新回到中心、成为社会热点的标志之一的是地方性文学报刊如雨后春笋般地出现。还需要指出的是,从八十年代中期开始,一些文学刊物也尝试进行办刊方式的改革,比如 1984 年 11 月 28 日,《中国文学》在京举行创刊招待会,宣布刊物为民办公助、自负盈亏的大型文学双月刊。

　　文学局面的复苏和繁荣,不仅仅体现在各级各类文学刊物的恢复和新创上,也表现在文学出版工作的重新启动上。"在 70 年代末,思想文化界对中外各个历史时期的理论、文学著作的翻译、介绍,最初是重印五六十年代的出版物——主要是 19 世纪以前的古典文学理论和文学创作。60 年代前期,一些出版社(商务印书馆、中华书局、作家出版社、人民文学出版社、上海人民出版社等)出版的供'参考'或供'批判'的理论和文学著作,也大都重印发行,如'汉译世界学术名著丛书''现代外国资产阶级哲学资料选辑'等。"②

---

　　① 参见《光明日报》1981 年 5 月 22 日的相关报道。

　　② 洪子诚:《中国当代文学史》,北京大学出版社 1999 年版,第 228 页。

　　文学出版的恢复体现在重获自由的作家的文集的再出版上。比如，1982 年由花城出版社和三联书店香港分店联合出版的《沈从文文集》。同时出版的还有《郁达夫文集》。八十年代的文学出版中，《中国新文艺大系（1976—1982）》的编辑与出版是一个重头戏。此辑共编为 23 集 27 卷，约 2000 万字，每卷平均约 80 万字，十六开本，分精装、平装两种，于 1984 年第四季陆续出版。该大系总编委会以周扬为总顾问，陈荒煤、冯牧、李庚为正副总主编，各集均按文学艺术的门类及体裁分为若干专集，各集均有主编撰写的导言。这套大系不仅详尽地展示了新文艺运动的成果，还为系统地研讨、总结文学艺术发展的规律和历史经验提供了丰富的资料。

　　近现代文学的作品、思潮、现象等史料也逐渐地被重新结集出版。如中国社科院文学所现代文学研究室编的《左联回忆录》（上、下册）由中国社会科学出版社 1982 年 5 月出版。我国历史上最悠久的一份报纸《申报》（全套）由上海书店影印自 1982 年起陆续出版。特别需要指出的是，规模宏大的《中国当代文学研究资料丛书》到 1985 年为止，已出版作家研究专集达 45 本之多。包括郭沫若、茅盾、巴金、曹禺、赵树理、柳青、孙犁、沙汀、艾青、田间、陈学昭、吴祖光、徐迟、刘白羽、秦牧、贺敬之、杜鹏程、姚雪垠、魏巍、王蒙、王汶石、陈白尘、闻捷、徐怀中、王愿坚、陆柱国、李瑛、茹志鹃、胡可、黎汝清、谌容、李准、周民震、韦其麟、莎红、蹇先艾、廖公弦等。专辑中有作家传略、作家谈生平与创作资料、对作家的重要评论、作家创作纪年和作品与评论索引、作家生活照片与手迹等。这套丛书由中国社科院文学研究所与复旦大学、杭州大学、苏州大学等 33 所高校、研究机构共同协作，由解放军文艺出版社、福建人民出版社以及江苏、浙江、四川、湖北、湖南、贵州等地的 20 余家出版社承担出版。[①]

　　当然，更多的是当代作家作品，特别是新时期以来的文学创作的发表与出版。据 1984 年 9 月 9 日《光明日报》的报道，长篇小说创作 1980 年至 1983 年每年平均 100 部，中篇小说创作 1983 年为 800 部。短篇小说创作 1978 年以来每年均在万篇左右。另外，《1978 年全国优秀短篇小说评选作

---

　　① 参见方亮：《当代文学研究鸟瞰》，中国社会科学院文学研究所《中国文学研究年鉴》编辑委员会编：《中国文学研究年鉴(1986)》，中国文联出版公司 1988 年版，第 90—91 页。

品集》由人民文学出版社 1980 年 1 月出版。后来每年在全国优秀短篇小说评选之后，都会结集出版，产生了较大的文学影响。

第二节　作为体制的出版

随着改革开放的启动和推进，文艺领导机制的改革，党对文学的领导开始越来越多地借助文学媒体来发挥。与此前"十七年"和"文革"时期的政治性的和群众运动式的批判不同，新时期以来文学的领导，更多地体现为通过讨论、批评和树立榜样的方式来引导和激励文学朝着党所需要的方向推进。正是因为领导文学的方式的改变，文学媒体在文学制度中的作用更加凸显出来。

文学媒体作为文学体制中极为重要的组成部门，是党的声音在文学界发布传达的重要通道。而这种党的声音的传达方式，或者说领导文学的意图的实现方式，在新时期的新的形势下有了多种变化和调整。

第一，通过专门性的政策性和法律规章性的制度建设，来实现对文学媒体和出版领域的规约和限制，从而使得文学出版成为整个新时期社会主义建设的"齿轮和螺丝钉"。正如列宁所说的，"写作事业应当成为无产阶级总的事业的一部分，成为由全体工人阶级的整个觉悟的先锋队所开动的一部巨大的社会民主主义机器的'齿轮和螺丝钉'。写作事业应当成为社会民主党有组织的、有计划的、统一的党的工作的一个组成部分"①。列宁的《党的组织和党的出版物》的思路，总体上来说，一直是党领导文艺事业的一个指导性原则，新时期也并不例外。所以，我们看到，1982 年 11 月 16 日《红旗》第 22 期发表了列宁《党的组织和党的出版物》的新译文。列宁的这篇文章明确地指出："出版物应当成为党的出版物。与资产阶级的习气相反，与资产阶级企业主的即商人的报刊相反，与资产阶级写作上的名位主义和个人主义、'老爷式的无政府主义'和唯利是图相反，社会主义无产阶级应当提出党的出版物的原则，发展这个原则，并且尽可能以完备和完整的形式实现这

个原则。""全部社会民主主义出版物都应当成为党的出版物。一切报纸、杂志、出版社等等都应当立即着手改组工作,以便造成这样的局面,即它们都能以这种或那种方式完全参加到这些或那些党组织中去。只有这样,'社会民主主义'出版物才名副其实。只有这样,它才能尽到自己的责任。只有这样,它即使在资产阶级社会范围内也能摆脱资产阶级的奴役,同真正先进的、彻底革命的阶级的运动汇合起来。"

由此,党和政府制定了一系列的规章制度,以期在办刊的理念和运作机制等方面确保文学媒体保持正确的政治方向。首先应提及的是,1981 年 1 月 29 日颁布的《中共中央关于当前报刊新闻广播宣传方针的决定》。该决定要求报刊等传媒"必须无条件地同中央保持政治上的一致","必须接受和服从党的领导","必须严格按照十一届三中全会以来党的路线、方针政策进行宣传","要认真进行关于四项基本原则的宣传","要认真宣传坚持党的领导和改善党的领导","要加强组织纪律性"等。①这一系列政治性的规定,作为根本性的指导思想和原则,是不容许文学媒体突破和溢出的。一旦溢出,就可能会被认为是"非法"和具有"危险"倾向的举动而被惩罚,甚至被取缔。1981 年 2 月 20 日,中共中央又颁布了《中共中央、国务院关于处理非法刊物非法组织和有关问题的指示》。这个《指示》明确指出:"所谓非法刊物和非法组织,就是指违反宪法和法律,以及反对四项基本原则为宗旨的刊物和组织。"因为其具有危险的倾向,"决不允许其以任何方式活动,以任何方式印刷出版发行,达到合法化、公开化"②。

第二,由国家级的机构(如中宣部、文化部、中国文联、中国作协等)或者地方各级的文学机构来组织专门的文学期刊、出版机构的行业会议进行方向性的引领。这是文学媒体和出版机构经常采用的有效方式。

"文革"结束之后文学媒体纷纷恢复和创刊,全国出现了数量巨大、特色各异的文学刊物。鉴于这种新的文学出版形势,如何更好地引导各类文学媒体遵循政治正确的方向,就成为党要考虑的重要问题。于是,在 1980 年 4 月 26 日至 5 月 10 日,由中国作家协会召集的全国文学期刊编辑工作会议

---

① 参见中共中央文献研究室编:《三中全会以来重要文献选编》(下),人民出版社 1982 年版,第 87—95 页。

② 参见中共中央文献研究室编:《三中全会以来重要文献选编》(下),中央文献出版社,2011 年版,第 45—52 页。

在北京召开。全国省、市级以上文学期刊、丛刊代表及部分出版社的代表140多人,代表了全国各地各级各类的 107 种文学刊物出席此会。会议由陈荒煤主持,王任重、周扬、夏衍、贺敬之、陈荒煤讲话。这次会议虽然是由中国作协召集和举办,但是从其出席的领导身份可以看出,这是由作协承办的表达党对文学媒体期许的官方行为。正如周扬的大会讲话中明确说的那样:"这次开会,就是表明党中央十分关怀我们的文学期刊和文学出版工作,要把这项工作提到我们的议事日程上来,以加强和改进党的领导。"①会议提出,编辑要想办法丰富文艺作品的社会效果,去陶冶读者的思想感情,给读者伦理道德的、增长智慧的、启发幻想的、滋润心灵等的精神食粮。另外还要改善文艺批评,活跃文艺批评的空气。会议要求编辑部要经常召开读者座谈会,了解读者的思想和意见,召开理论座谈会,把不同的意见刊登出来。

特别是需要注意的是,会议还提出了极为具体的建议:1.建议每年进行一次刊物评选,对办得好的刊物,要给予一定的奖励。2.希望成立文艺期刊编辑工作者协会。3.制定一个编辑工作条例。4.为了改善党对文艺的领导,建议中央党校开设文艺课。5.建议作协和有关单位办《文学月刊》《文学资料》《文学动态》等内部刊物。6.对文艺界的问题,除开会解决以外,是否也能做些调查研究。7.希望中国文联每年召开一次文联工作会议,研究解决一些地方文联工作中的问题。②从这些建议中可以看出,党要求文学刊物发挥其作为文学体制的组织功能。通过刊物评选、文艺期刊编辑工作者协会、编辑工作条例的制定等措施,一方面激励文学媒体向着正确的方向和政治的"核心"靠拢,一方面借助条例制定、协会的创设来加强对文学编辑工作者的体制化管理。

此次会议上,周扬作了题为《站好岗哨,当好园丁》的讲话。周扬给文学期刊工作的重要性进行了这样的定位:"文学刊物,在党的思想工作、宣传工作中处于一个十分重要的地位。""思想工作是一切工作的先行""文学刊物是个重要的思想阵地""报刊是我们党的思想阵地"。由于文学期刊的极端重要的政治地位,文学编辑工作者其责任也必将是重大的,周扬说:"文艺刊物既是思想阵地,又是百花园地;我们的编辑既要当好思想界的战士,又要

---

① 周扬:《站好岗哨,当好园丁》,《文艺报》1980 年第 7 期。
② 参见《全国文学期刊编辑工作会议》,中国社会科学院文学研究所《中国文学研究年鉴》编辑委员会编:《中国文学研究年鉴(1981 年)》,中国社会科学出版社 1982 年版,第 266 页。

当好文艺界的园丁。"①具体到文学编辑如何担负其责任，如何"站好岗哨，当好园丁"，周扬认为要执行好"双百方针"，他说：

> "百花齐放、百家争鸣"方针，从一九五六年党中央和毛泽东同志提出来后，经过了几次反复和挫折，遭受过林彪、"四人帮"彻底践踏。他们实行的是封建法西斯文化专制主义，怎么可能容许"双百方针"？现在粉碎了"四人帮"，扫除了实行这个方针的最大障碍，我们又有了正反两个方面的经验，今后不管碰到多少新的困难、阻力和挫折，我们一定要贯彻执行这个方针。……代表极左思潮或思想僵化的人，他们是要反对或不赞成这个方针的，有的人巴不得这个方针失败。代表自由主义思潮的人，则从右的方面来败坏这个方针。
>
> "左"和"右"都是对领导思想倾向讲的，这是政治的概念，对作品的批评一般不要用这类概念，而应采取思想评论、艺术评论的方式，允许充分的自由讨论，可以批评，也可以反批评。从领导思想的角度来说，对文艺工作，我们既要反对粗暴干涉，也要反对放任自流。粗暴干涉和自由放任，看来好像是相反的，其实是相通的。因为不能横加干涉，就放任自流，放任自流出了问题就振振有词地横加干涉，说明这种干涉之有理。这样，我们文学艺术怎么能健康地、自由地发展呢？要加强党对文艺工作的领导，就要改善这种领导，遇事多同群众，包括文艺工作者商量，虚心倾听他们的意见。不要把文艺看得太神秘，也不要看得太简单。关于思想问题、艺术问题，我们只能采取平等的、同志式的商讨的态度，不可一意孤行。涉及重大政治性、原则性的问题，党和政府就必须过问，不能听之任之。我们口头上批评了文学期刊的某篇文章，某篇报道，或者发了内部通报，以引起大家注意，这不能说是"粗暴干涉"，也不能说是违反双百方针。②

周扬还提出，党和政府有关部门要重视文学编辑工作，要解决文学出版工作的条件，"在这方面我们也要有些立法，定些条例。……使大家有法可

---

① 周扬：《站好岗哨，当好园丁》，《文艺报》1980 年第 7 期。
② 周扬：《站好岗哨，当好园丁（一九八○年五月五日在全国文学期刊编辑工作会议上的讲话）》，中国社会科学院文学研究所《中国文学研究年鉴》编辑委员会编：《中国文学研究年鉴（1981年）》，中国社会科学出版社 1982 年版。

依,有规可循"①。

第三,文学媒体通过讲话、发言、评论员文章、社论等传达具有官方色彩的声音,从而实现对文学体制内成员的引领和舆论的积极引导。

比如在人道主义和异化问题的论争中,胡乔木代表官方作出的具有结论性质的《关于人道主义和异化问题》的讲话于 1984 年 1 月 3 日《理论月刊》第 2 期发表,以及《人民日报》(1 月 27 日)、《红旗》杂志(第 2 期)等报刊转载之后,作为国家级的文学媒体《文艺报》从第 3 期(1984 年 3 月 7 日)开始刊登文艺理论工作者学习胡乔木《关于人道主义和异化问题》的文章,如魏易的《维护和促进社会主义文艺的健康发展》、唐挚的《文学中的人性与人道主义问题》、陈涌的《人性、人道主义和我们》等。

而呼应表现社会主义改革时期新人新事的"改革文学"的倡导过程中,媒体发表社论和评论员文章,作为一种引导。比如《人民日报》在 1984 年 4 月 2 日专门发表评论员文章《努力反映变革的农村现实》,文章要求作家们"热情地投身到伟大时代生活的潮流中","创作出无愧于我们时代的优秀作品"。

第四,文学媒体组织座谈会和评论栏目,呼应文艺政策的需要。这是文学媒体最常采用的一种引导和呼吁的方式,特别是新时期以来,在改善对文艺领导的形势下,运用这种座谈会的软性方式,更易让作家、评论家和读者接受,从而达到引导的效果。比如《文艺报》和《人民文学》编辑部 1984 年 3 月 1 日至 7 日在河北涿县联合召开农村题材小说创作座谈会,讨论如何反映变革中的农村生活,创造具有时代特征的农民形象等问题。为此《人民日报》发表了题为《努力反映变革中的农村现实》的评论员文章。《文艺报》第 4 期则刊登座谈会纪要《农村在变革中,文学要大步走》,并且从这一期起至第 7 期开辟"怎样表现变革中的农村生活"讨论专栏。《十月》编辑部 1985 年 1 月 24 日召开矫健反映农村变革生活的长篇小说《河魂》(载《十月》1984 年第 6 期)讨论会。

这些座谈会、栏目设置,在一定意义上,其重点并不完全在于讨论的结果如何,得出什么结论,其意义更体现在讨论的主题和倾向性上。主题的明确,就完全可以起到宣示的效果。比如 1984 年 3 月 20 日,光明日报社召开文艺座谈会,讨论的主题是"文艺应该怎样更好地反映改革的现实"。同年 5 月,《文学评论》编辑部邀请北京地区的文学编辑召开的座谈会的命题是

---

① 　周扬:《站好岗哨,当好园丁》,《文艺报》1980 年第 7 期。

"文学与时代共脉搏"。《小说家》编辑部 1984 年 7 月 1 日至 31 日在北戴河举办笔会，讨论围绕着"文学创作如何适应改革与开放的形势"的问题进行。1984 年 7 月 7 日，《文艺报》第 7 期以"改革浪潮与报告文学"为题，约请乔迈等 4 人就怎样反映现实生活以及有关创作问题发表意见。1984 年 7 月 15 日至 8 月 10 日，《啄木鸟》编辑部在烟台举办笔会。蒋子龙、白刃、古华、邓刚、叶文玲、顾笑言、航鹰、冯苓植等应邀参加，就通过文艺形势宣传社会主义法制、塑造人民公安战士的形象展开研讨。从上述主题可见，这些座谈会的用意和期许是一目了然的。

反映某一主题或热点的栏目的组织，也是发挥文学体制影响的方式之一。比如《文汇报》副刊《文艺百家》，从 1984 年 4 月 7 日起开辟"文艺创作如何深刻反映改革"讨论专栏。《山东文学》从 1984 年第 8 期起开辟"农村变革与文学创作"讨论专栏。《文艺报》从 1985 年第 1 期起开辟"怎样看待文艺、出版界的一个新现象"专栏，就如何看待社会上大量出现的武侠、言情、侦破小说问题进行了讨论。

第五，正面的倡导之外，文学媒体必要的时候会从反面对若干溢出边界的作品倾向进行批评甚至批判。这首先表现在文学媒体的自我批评的行为上，而这自我批评或批判的选择背后，在于文学机制的无形之手的操控。二十世纪七八十年代之交，政治空气乍暖还寒的钟摆过程中，很多刊物往往进退失据，常有刊物发表一些溢出边界的作品。对此，发表过这些作品的刊物在接到外在的某种指令后迫于压力而进行的自我批评，这往往对于其他刊物或者文学机制中的各部门发挥了更有效的警戒作用。比如《花溪》杂志 1981 年第 10 期发表编辑部文章《开展批评和自我批评，繁荣社会主义文艺创作》，文章检查了该刊"存在的资产阶级自由化倾向"，表示"决心在党的六中全会精神的指引下，办好刊物"。

除了媒体的自我批判，更普遍的做法则是文学媒体有组织地发表相关的批评或批判性的文章，对个别具有"不良倾向"或"危险苗头"的"异端"作品作家进行批评和警示。这个方面比较典型的例子是关于《苦恋》的批判。"《苦恋》事件"出现之后，《文艺报》发表了唐因、唐达成联合署名的一篇批判性文章《论〈苦恋〉的错误倾向》。文章指出，《苦恋》"无论在思想内容和艺术表现上，都存在着严重的错误和缺陷。剧本的思想错误，是当前一部分人中间的那种背离党的领导、背离社会主义道路的错误思潮，在文艺创作中的突出表现。……作品的基本情节……使人不能不得出这样的印象:共产党不好,社会主义制度不好"。文章还从细节入手,认为"在剧本的许多描写和这个大问号中,旧社会和社会主义社会的本质区别消失了,我们的社会制度和'四人帮'的罪行被混同起来;于是剧本把应该指向林、江反革命集团的控诉,变成了对于党所领导的社会主义祖国的严重怀疑和嗟怨"。"剧本两次出现的关于佛像的隐喻式的描写……作品写老和尚的'哲理'和凌晨光的幻觉,寓意何在呢? 不言而喻,这是在将革命领袖喻为佛像,意在讽喻由于'神'的统治,才发生了十年内乱。……它企图用一个简单的比喻来概括一种复杂的历史现象,而这比喻本身又是不正确的。"所以,"最根本的,是对党、对社会主义采取了完全错误的态度。……《苦恋》这种政治思想错误,不是一种偶然的、孤立的现象,它恰恰是十年内乱中社会上滋生的那种无政府主义思潮以及当前的资产阶级自由化思想在创作中的反映"。同期的《文艺报》还发表了白桦本人的表态性的自我批评《关于〈苦恋〉的通信——致〈解放军报〉、〈文艺报〉编辑部》,这篇通信说:"通过《解放军报》和《文艺报》,我读到许多关于《苦恋》的批评文章,这些文章充分体现了全国人民对党的文艺事业的负责态度,和对我个人的爱护。"然后,白桦表达了此后要进行改正错误、自我提高的决心:"今后我将深入到沸腾的生活中去,认真观察研究大转折时期的社会生活,熟悉一切人。同时也要提高马列主义理论水平,加强党性锻炼,坚持党的四项基本原则,讴歌为共产主义理想、为振兴中华而奋斗的生活主流,讴歌中国人民军队在战争和社会主义建设中的丰功伟绩,真正做到对历史、对人民、对党负责。"①

　　类似地,在1990年,《文艺报》组织了对于刘再复的文学观念的批判文章。其中尤具代表性的是马龙潜1990年12月15日发表在《文艺报》上的《评"文体革命"论》。马龙潜针对刘再复《论80年代文学批评的文体革命》的观点进行了系统的批判。刘再复的《论80年代文学批评的文体革命》认为:"在十一届三中全会之前有两个方面把文学批评家们的思路拖入十分狭隘的道路……就是它的思维方式、批评方法的固定化。""这种文体一旦规范化并与教条主义相结合,便成为一种(文化专制性质的)理论格式。我国教条主义泛滥期间,这种文体模式几乎成为普遍的文体模式。"在申明了自己

---

　　①　《文艺报》1982年第1期。

的基本立场之后，刘再复阐述了他的文体革命的理论。这个理论的基本内容包括："一项是在很大的程度上改变了文学批评的语言符号系统，开辟了新的概念范畴体系；另一项是改变基本思维格式，这种思维格式包括思维结构、思维方式和批评的基本思路等。这是更重要的变革。"对此，马龙潜的《评"文体革命"论》认为，这会把马克思主义文艺学的概念范畴系统彻底打乱，把马克思主义文艺学的基本思维结构彻底冲破，不断地引起人们对马克思主义文艺学理论的怀疑、反感乃至憎恶，进而彻底否定马克思主义文艺学基本观念及其理论体系，最终用文学主体性的理论取代其统摄和主宰中国文艺学发展的地位。这就是"文体革命"论的本质，也是刘再复近年来所致力于舆论上和价值上的导向。马龙潜说：对马克思主义文艺学基本观念的公然抵制，甚至肆无忌惮地攻击的情况，呈愈强愈烈之势，以至形成了一种气候。这些抵制和批判，基本上是刘再复文学主体性理论和文体革命论的观点和思路的重复和延伸。马甚至认为，"从一定的意义上说，以'文体革命'论为终结点的刘再复的文艺思想，确实为资产阶级自由化思潮的泛滥……提供了思想理论上的支持和准备，这也是我们对'文体革命'论，不能不给予足够重视的根本原因"。

第三节　多元空间的有限开创

以往文学媒体的恢复和新的媒体的创办，从一开始都是依托于党的领导和支持进行的，而且党和政府又通过规章制度的设置、文学制度的建设以及主导思想原则的强化（如四项基本原则的一再强调）等进行领导和管控。正如有学者指出的，"党对文学媒体的领导首先便体现于它们的恢复和创办方面，没有党的领导和关怀，它们的恢复和创办显然是无法实现的"，"在文学媒体的恢复和创办之后的具体运作方面，党也在实行着自己的坚强领导"①。

尽管党对文学出版的领导如此渗透于方方面面，但是这并不是说文学

---

① 许志英、丁帆主编：《中国新时期小说主潮（上）》，人民文学出版社2002年版，第35页。

媒体完全没有自己的自主空间。事实上,在具体的办刊和出版运作过程中,文学媒体毕竟还是有一定的自由空间度,在与主导思想相一致的情况下,文学出版、发表等活动存在着一定多元性的可能。

这种有限的多元的开创,一方面来自二十世纪八十年代独特的政治和文化语境。在八十年代思想解放的推进过程中,党的上层在推进改革开放的路线方针等方面还处于探索阶段,政治的导向和政策的制定,有的时候会呈现出一定的反复,党的领导层内部的论争也在一定程度上存在着,所以文学媒体在这样的特殊语境下,在这样的思想解放的大潮中,时常呈现出或多或少、或隐或显的溢出性,其在文学方面的实践有时候会表现出相当的先锋性。

另一方面,有限的多元空间的开创,还得益于"文革"结束之后改革开放的社会环境的多元性。在改革开放的过程中,思想空前地活跃。文学界、思想界等开始将眼光放得更加开阔。在这样的环境下,突破了"文革"和"十七年"期间的一体化一元性的话语限制,西方的现代主义的创作、学术等著述被逐渐地翻译和引介。这个时候,很多"文革"期间只是作为内部阅读的书籍开始被出版社出版发行,更多的著述也被翻译进来。对于中国传统文化的认知,也突破了原有的"陈旧""落后""反动"的认识窠臼,可以更加理性地客观地对待。而政治严格管控之外的某些民间乡野的小传统,也借助于作家知识分子曾经的"下放"劳动或者知青经历而进入文学创作和学术研究关注的视野当中。于是,在单纯的文学创作范畴中,文学已经开始获得"文革"乃至"十七年"时期没有过的宽容和自由。

第三个方面,有限的多元空间的开创,还源于新时期党的部分领导层开始反思并逐渐抛弃"文革"期间在文学和思想领导方面的"极左"路线和做法,抛弃以往那种"戴帽子""打棍子"等上纲上线的政治批判方式,开始尝试采取平等的、讨论的、批评的领导方法,切实改善党对文艺工作的领导方式。

基于上述几个方面的原因,与此前相比,"文革"结束之后的八十年代文学媒体顺应着改革开放和思想解放的时代潮流和理想主义氛围,开创了相对多元化的文学空间。

这一有限的多元文学空间,首先体现为,文学媒体为文学论争提供了组织化的平台。所以,我们看到与此前及此后的当代文学阶段相比,八十年代的文学论争无论是在次数上还是在影响的广度上都是最为突出的。应该说文学论争的频繁与否、深度如何，是一个时期文学繁荣与否的表征。而在如此频繁的文学论争的背后，除了当时的文学还处于社会的话语中心的原因之外，文学媒体的投入和组织，也是不容忽略的原因。

文学媒体为文学论争提供组织化的平台的方式，也有多种。其一，组织和发表文学评论。比如 1984 年 3 月 28 日，《十月》编辑部在北京召开讨论会，讨论张贤亮的反映知识分子世界观改造历程的中篇系列小说《绿化树》（载《十月》1984 年第 2 期）。《文艺报》《光明日报》等报刊就《绿化树》反映知识分子与工农结合、改造世界观这一历程的真实性问题及其人物形象的塑造、评价等展开了热烈的争鸣探讨。在上述多家文学媒体的组织和推动下，仅 1984 年一年就发表关于《绿化树》的评论文章计有 40 余篇。蔡田明对此有较为详细的评述：《绿化树》引起争议较多的一个问题是，人们今天如何站在时代思想高度去描写和评价中国当代知识分子曾经走过的与工农结合、改造世界观的生活历程。这个问题的实质是作家在创作中如何处理好"时代思想高度与历史生活真实"的关系。一些评论者认为，作家在《绿化树》的描写和评价中，残存着贬低知识分子的"左"的影响或痕迹。他们指出，《绿化树》在关于知识分子的描写方面有严重缺陷[1]。有的文章指出，《绿化树》对知识分子的改造过程，对"苦难的'神圣化'和对农民的'神圣化'，"其根本原因，"与其说这里也有着'左'的影响和痕迹，不如更深刻地从一代人的文化心理结构中去探讨"。[2] 关于《绿化树》的争议中较为热烈的另一个问题，是如何看待主人公章永璘与马缨花的爱情描写、如何评价马缨花这一女性形象。[3]

还有对此前的作品的再评价。1983 年有一部分具有探索性质的创作曾经受到批评，比如《杨月月与萨特之研究》（谌容，《人民文学》1983 年 8 月号）、《诺日朗》（杨炼，《上海文学》1983 年第 5 期）、《车站》（高行健，《十月》1983 年第 3 期）等，而到了 1984 年，在文学媒体的推动和组织下，开始对这

---

① 参见《本报召开〈绿化树〉讨论会》，《文艺报》1984 年第 11 期。

② 黄子平：《我读〈绿化树〉》，《文艺报》1984 年第 11 期。当然，黄子平的思路是有启发性的，但是，他将这种原因归于俄罗斯文学中的农民神圣化和知识分子的忏悔等因素，恐怕是缘木求鱼的。

③ 蔡思明：《作品争鸣概述》，中国社会科学院文学研究所《中国文学研究年鉴》编辑委员会编：《中国文学研究年鉴(1985)》，中国文联出版公司 1986 年版，第 231 页。

部分作品进行讨论和再评价。媒体的这一举动,具有重要意义,可以看作是部分文学媒体在探索和坚持文学评价自主空间的努力和尝试。关于《杨月月与萨特之研究》的争议,主要是在四川《当代文坛》上展开的。一种意见认为,这部作品"客观上宣扬了人生毫无意义、现实是荒谬的、不合理的这样一些存在主义思想"①。有的论者批评作品的表现形式,认为作者在叙述一个普通中国家庭充满纠葛的故事里,插进关于萨特的议论,"不仅搅乱了这个故事的连贯性,而且给通篇小说洒上一层思辨之雾"②。但较多论者持肯定态度。《车站》以及组诗《诺日朗》以其实验性和探索性在当时引起较大反应。在这场再讨论中,批评者把《诺日朗》作为在"崛起"理论下写作的新的"崛起"诗歌,认为诗作不仅晦涩,而且通过"男神"的形象表现了一系列与社会主义精神完全背道而驰的错误思想倾向。③一些论者提出反批评意见,认为关于《诺日朗》的批判指责,是不符合作品实际的。④

其二,助推文学潮流或研讨文学热点。比如 1984 年左右在文学评论方面和小说流派研究的热潮中,对风俗画小说的探讨最为突出。其中文学杂志的推动作用是非常明显的。这当中,《钟山》编辑部曾集中编发了汪曾祺、姜滇、吴调公、章品镇、丁帆、许志英等作家评论家的文章。尤其是丁帆、徐兆淮发表在《文学评论》上的《新时期风俗画小说纵横谈》,产生了很大的影响,此文被认为是"可以反映出这一研究的水平。此文对于新时期风俗画小说的类型、特点、代表作家、作品,以及风俗画小说的提高等问题所发表的意见,都是经过认真思考的"⑤。

文学媒体对文学潮流和热点的推动,有时候也体现在一些概念或理念的集中提出和讨论上。我们知道,"新生代诗"又称"第三代诗"或"朦胧后诗",泛指继"朦胧诗"后出现的一代诗人的作品。而这个诗人群体的首次集中亮相,就得益于"两报大展"。所谓"两报大展",指的就是 1986 年 10 月 21日《诗歌报》和《深圳青年报》联合刊出的《中国诗坛(1986)现代诗群体大

---

① 江源:《杨月月与萨特之研究的探讨》,《当代文坛》1984 年第 1 期。
② 吴亮:《评〈杨月月与萨特之研究〉》,《当代文坛》1984 年第 6 期。
③ 参见《关于组诗〈诺日朗〉的争议》,《作品与争鸣》1984 年第 12 期。
④ 石天河:《重评〈诺日朗〉》,《当代文坛》1984 年第 9 期。
⑤ 蔡毅:《当代文学研究概况》,中国社会科学院文学研究所《中国文学研究年鉴》编辑委员会编:《中国文学研究年鉴(1985)》,中国文联出版公司 1986 年版,第 223 页。

展》。该"大展"共展出"非非主义"等现代诗群体 65 个，并发表了各诗派的宣言，同时刊出了 116 位诗人的 148 首诗作。其规模和力度是非常突出的，在当时的诗歌界产生了较大影响。

文学期刊还会就某些影响较大或者具有潜力、前景看好的作家进行专门的研讨。比如《十月》编辑部 1984 年 8 月曾邀请北京部分文艺评论工作者座谈当时还是"陕西青年作家"的贾平凹近一年来发表的反映农村变革的三部中篇小说：《小月前本》《鸡窝洼的人家》《腊月·正月》。与会的评论家认为，贾平凹艰辛地寻找着自己的创作道路，在追求中曾走过一段迂回曲折的路程。近两年来，他在陕南十多个县深入生活，感受到农村变革的巨大声浪。他力图在自己的作品中通过人物的思想感情、伦理道德观念、价值观念的变化、他们的追求和向往，折射出社会的变革。贾平凹以隽丽、灵秀的笔调写出了一系列时代气息强烈的作品，有很多经验值得总结、推广。还有人提出，从他的作品中，我们看到了农村的过去和现在，可以成为认识当下农村的一面镜子。贾平凹本人也应邀与会。在会上贾平凹谈了近两年在农村深入生活的感受和心情。他说自己必须在写作中尽量忠实于生活，今后在深入生活中，还要继续加强马列主义的学习，多借鉴一些优秀作品，争取写得更好一些。

在二十世纪八十年代中期，关于文学研究的新的理论观念和新的方法论的引进和提出，成为非常突出的现象。某种理论或理念方法的提出，有时候会成为一个学术界都瞩目的热点。而与这个热点的形成相配合的，甚至说在很大程度上推动热点形成的力量之一，是文学媒体①。比如 1984 年、1985 年间突现的关于"文学的主体性问题"的论争，这一八十年代中期的重要理论热潮的形成与文学媒体是分不开的。就这场讨论的兴起而言，应该说《文学评论》杂志发挥着首要的作用，《文学评论》1984 年第 3 期发表了刘再复的论文《论人物性格的二重组合原理》。该文发表后引起许多反响和争议。为了扩大影响，《文学评论》在第 6 期刊登了关于刘文引起争议的综合报导。除了《文学评论》杂志之外，在这个过程中，多家刊物都在推出刘再复的观点和著述。刘再复关于《性格组合论》一书的片段论述还在《文艺报》

---

① 如 1984 年 4 月 19 日《当代文艺思潮》编辑部在厦门大学召开座谈会，着重就新技术革命形势下文艺学的现代化问题等进行了讨论。该刊从第一期起陆续发表多篇用"三论"方法（信息论、控制论、系统论）研究文艺学的文章。

《中国社会科学》《读书》等刊物上发表。这其中,《文艺报》从第 9 期起就刘文提出的问题开辟关于"复杂性格"问题的讨论专栏。而《文学评论》在1985 年第 4～6 期专门开辟《我的文学观》专栏,讨论文学观念问题,共发表8 篇文章。这 8 篇文章,除了《论"二十世纪中国文学"》《论文学批评的当代意识》《美文的沙漠》等不是直接论述文学的特征而是讲文学领域的三个具体问题以外,其他 5 篇都侧重讨论文学内在的和主体性的特征。比如鲁枢元的《用心理学的眼光看文学》(《文学评论》1985 年第 4 期)从心理学的角度就本体论、创作论、价值论三个方面阐明了其文学观念。他在"本体论:物理世界与心理世界"的部分,认为物理世界之外的心理世界则"是一种主观的精神状态","文学家眼中的世界,是一个心理的世界"。在"创作论:模仿自然与表现心灵"部分,他说作家的"上帝"并不是别的,"恰恰又只能是文学家本人"。在"价值论:干预生活与干预灵魂"的部分,鲁枢元认为文学的职能在于"干预"人的灵魂。同时,他驳斥了新出现的"文艺为经济服务""文艺为科学服务"的口号。在他看来,文学独特的作用在于满足人们在心灵上的需求。而孙绍振的《形象的三维结构和作家的内在自由》(《文学评论》1985年第 4 期)则从七个方面论述了自己的文学观。第一,"能不能以生活与艺术的矛盾为出发点"。他对"美是生活,形象是生活的反映"这个命题提出疑问,他认为"创作之所以称得上是创作,就是从摆脱对生活的被动依附开始的。只有摆脱了被动状态,重视生活与艺术的矛盾,作家才可能获得创作所必需的内在的自由"。第二,"形象并不单纯由生活构成,形象的胚胎产生于生活和自我的二维结构"。第三,"情感自由的程度决定创造力的大小,感受力大于观察力是作家获得内在自由的首要条件"。第四,"失去自我的危机普遍存在,找到自我是艺术创造的入门"。第五,"获得阐明自我的'黑暗的感觉'的能力"。第六,"生活的本质和自我的本质的不平衡和调节"。"形象的价值不但取决于它所表现的生活的本质,而且取决于它所表现的自我本质的深度和广度。"第七,"从二维结构的胚胎形象到三维结构的成熟风格"。紧接着在《文学评论》第 6 期,刘再复推出了他的《论文学的主体性》,由此引起了陈涌等人的反驳和争鸣①。所以,在这个重要论争中,媒体的组织、助推的作用相当

---

① 　参见王淑秧:《关于文学观念的讨论》,中国社会科学院文学研究所《中国文学研究年鉴》编辑委员会编:《中国文学研究年鉴(1986)》,中国文联出版公司 1988 年版。

明显。

在文化热的二十世纪八十年代中期,地域文化的热议以及派生出的相关概念,在一定意义上说,也是文学媒体与文学批评家的一次重要的"合谋"。比如,得都市风气之先的《上海文学》于 1985 年第 8 期载文呼吁作家"写出有'上海味'的城市文学",然后该刊围绕这一问题组织了一批讨论。而在以反映农村生活见长并具有重大影响的"山药蛋"流派的故乡山西太原,1985 年竟然也出现了一家专门倡导"城市文学"的刊物,刊名就叫《城市文学》。"城市文学"这一命题在 1987 年受到了文学界的更大关注。这一年,黑龙江省的《文艺评论》发表了两组 8 篇有关"城市文学"的系列文章,其中一个系列还延续到下一年。而山西太原的《城市文学》月刊在 1987 年关于城市文学概念的举措更加积极主动甚至频繁,此刊开辟了"城市小说邀请赛"专栏,举行了"第二届中国城市诗展",召开了"城市诗讨论会""城市文学理论讨论会",发表了评论"城市小说"和"城市诗"的文章。除上述几个刊物外,《小说选刊》《天津文学》《文学自由谈》《文论报》《芳草》等,亦有文章发表,从各个角度探讨"城市文学"问题。另外,关于"新写实主义小说"的推出、"重写文学史"理论的倡导等都与文学媒体的推动有着密切甚至直接的关系。

其三,为文学的自由论争提供客观的讨论平台。这种客观的立场,对于文学媒体而言,是非常宝贵的。这样的平台的提供,对于文学理论问题讨论的深入和创作的健康推进是有益的。

在二十世纪八十年代中期形成的所谓"寻根文学思潮"的热潮,在一定程度上与文学媒体的推波助澜有着很明显的关系。而且应该说,"寻根文学"在当时的讨论是有着不同的声音的,远不是后来的叙述那样偏于倡导的声音。而这多声部的并存,很大程度上在于文学媒体提供了不偏不倚的自由的讨论空间(当然,这个相对自由的客观的立场之所以能为文学媒体所坚持,也与这场讨论本身更具纯粹的理论讨论性质而与现实无涉的特点有关)。

一般认为,"寻根"理念的明确提出始于 1984 年。李陀的《创作通信》中,较早使用了"寻根"概念,并表达了与此后寻"根"论者大体相似的思想意向。他说:我要"去'寻根'。我渴望有一天能够用我的已经忘掉了许多的达翰尔语结结巴巴地和乡亲们谈天,去体验达翰尔文化给我的激动"①。而

---

① 李陀:《创作通信》,《人民文学》1984 年第 3 期。

"寻根"在1985年开始"发热",体现在这一年时间里突然集中发表了一批文章:"全国大约有十余家中央和地方的文艺报刊,相继发表近三十篇文章,《文艺报》《作家》等还特辟专栏,香港《文汇报》也予以关注,文学寻'根'问题的讨论,在社会上广泛地展开。"①后来的研究者多引用韩少功、阿城、郑义、李杭育、贾平凹、郑万隆、张炜等人的文章和观点,事实上这几位的意见具有高度的相似性和同构性。我们知道,韩少功认为:"文学有根,文学之根应深植于民族传统文化的土壤里,根不深,则叶难茂。"对这样的寻"根",他进一步解释道:"不是出于一种廉价的恋旧情绪和地方观念,不是对歇后语之类浅薄的爱好,而是一种对民族的重新认识,一种审美意识中潜在历史因素的苏醒,一种追求和把握人世无限感和永恒感的对象化的表现。"②阿城的《文化制约着人类》指出,我们的文学之所以难以进入世界先进文学之林,"根据是中国文学尚没有建立在一个广泛深厚的文化开掘之中","'五四'运动在社会变革中有着不容否定的进步意义,但它较全面地对民族文化的虚无主义态度,加上中国社会一直动荡不安,使民族文化断裂,延续至今。'文化大革命'更其彻底,把民族文化判给阶级文化,横扫一遍,我们差点连遮羞布都没有了"。郑义的看法与阿城颇近似。他的《跨越文化断裂带》一文对"五四"运动也表示了批评意向。郑万隆在《现代小说的历史意识》③一文中指出,当代文学的寻根,就是要求作家"面对着时代的变革,面对着社会生活错综复杂的内在矛盾,面对着文明与野蛮的交叉对立","不断开掘自己脚下的'文化岩层'",从而根本上杜绝"将社会生活纯净化,将历史运动纯净化的倾向"。李杭育说,"我以为我们民族文化之精华,更多地保留在中原规范之外。规范的、传统的'根',大都枯死了。'五四'以来我们不断地在清除着这些枯根,决不让它复活。规范之外的,才是我们所需要的'根',因为它们分布在广阔的大地,深植于民间的沃土"④。

　　然而,事实上,我们如果系统清理那个时期的文学期刊上关于"寻根"思潮的讨论就会发现,文学期刊是较为客观地为不同的观点和声音提供平台

---

　　①　蔡毅:《文学"寻根"说一览》,中国社会科学院文学研究所《中国文学研究年鉴》编辑委员会编:《中国文学研究年鉴(1986)》,中国文联出版公司1988年版。

　　②　韩少功:《文学的"根"》,《作家》1985年第4期。

　　③　《小说潮》1985年7期。

　　④　李杭育:《理一理我们的"根"》,《作家》1985年9期。

的，只是后来的文学史书写往往遮蔽掉了文学期刊所提供的多种声音。

在讨论中，与作家的一边倒的倾向"寻根"甚至批评"五四"不同，一些理论家、评论家和作家，则更采取了冷静的、审慎的分析态度，如李泽厚、刘心武、陈辽、向描、陈丹晨、王东明、刘火等。李泽厚就对这种文学思潮表达了异议："为什么一定都要在少有人迹的林野中、洞穴中、沙漠中而不在千军万马中、日常世俗中去描写那战斗、那人性、那人生之谜呢？"①刘心武则指出，对中国当代许多中青年作家来说，对拉美文学的"欧美化"一面，往往印象不深，而对其另一面——对本乡本土的原始文化的发掘与消融，却印象强烈，故而一议及拉美文学的成功，对其寻到拉美本土的印加文化、玛雅文化之"根"，钦佩之情油然而生，并不禁怦然心动。②刘火则明确对郑义、阿城的观点提出质疑，特别是不同意郑义他们关于"五四"运动造成文化断裂的那种论断。钱念孙认为，"寻根热"存在三个难点：第一，寻"根"者们各自有着自己的着眼点和落脚点，即使同一作家在不同作品内寻"根"的表现也不相同；第二，对于当代意识，寻根有恋旧之嫌；第三，寻根论的理论主张和创作实践，多有牴牾、矛盾之处。③陈骏涛提出，"一个敏感而又现实的问题摆在每一个寻根者的面前，如何处理好时代精神和民族文化的关系"④？ 特别是，白描的观点更代表对"寻根"热的一种深度的质询：寻根"有两种潜在的倾向值得注意：一个就是有可能导致产生对外来文化、对多种营养抵触、排斥的情绪""另一种倾向，就是对现实生活的回避态度"。⑤ 而王东明1985年9月21日在《文艺报》上发表的《文化意识的强化与当代意识的弱化》，对由于寻"根"会不会导致"当代意识的弱化"表示担忧。他指出"一些作品弥漫着一种崇古慕俗的情绪"。所以，由此可见，对于"寻根"思潮的兴起，是有着诸多的尖锐的文学理论论争的，文学媒体在其中扮演了重要的推动者的角色，这样才可能使讨论有深化的可能。

八十年代的《文学评论》一度在文学和思想的研究中扮演着非常重要的角色，很多新锐的和具有争议的话题、理论是从此刊推出的，一些话题和讨

---

① 李泽厚：《两点祝愿》，《文艺报》1985年7月22日。
② 参见刘心武：《从"单质文学"到"合金文学"》，《作家》1985年7期。
③ 参见钱念孙：《文学之根的多向伸展和寻根眼光的扩大》，《文艺报》1985年11月9日。
④ 陈骏涛：《寻"根"：一股新的文学潮头》，《青春》1985年7期。
⑤ 白描：《文学的根在生活的土壤之中》，《文学报》1985年9月21日。

论的热点的形成背后也常会看到它的身影。这与此后逐渐完全学院派的风格很不相同。《文学评论》杂志曾从 1988 年第 2 期始，开设了"行进中的沉思"的专栏。在专栏的第 1 期，附上了编者的按语："知不足才能有所为。为了更坚实的前进，为了加快步伐追上去，到了我们正视自身在探索中不足的一面的时候了。我们对未来充满信心。自信的同时，更需要有深沉的自省精神。自省，可以使我们的探索免于陷入盲目、封闭的窘境，可以使我们的学术研究不断走向深化。本刊从这一期起特辟'行进中的沉思'一栏，刊载作家、理论家、批评家说困惑、谈不足、论问题的'冷静'之作。视角、文体……当然不拘；自我回顾抑或议论他人……一概欢迎。"该专栏首期刊载的文章是陈燕谷、靳大成的长文《刘再复现象批判——兼论中国当代文化思潮中的浮士德精神》。文章认为，批评中所应有的"批判"意义，即马克思和恩格斯在《德意志意识形态》《神圣家族》等著作中所使用的"批判"的意义，亦即对人生思考、哲学思辨、价值判断的前提假定本身能否成立的批判，应该得以恢复和张扬。另外，像《文艺报》理论版在 1987 年曾组织了一场关于新时期文学"向内转"的学术讨论，这也都体现出文学媒体呼应文学潮流，推进文学理论的深入，从而发挥文学制度的应有理论与批评建树的功能的特点。

当然，这些有限的多元文学空间的开拓和保持，也是有着不能忽略的前提的，即"文学为人民服务、文学为社会主义服务"的二为方向以及"坚持四项基本原则"的前提。正如张光年说的，"我们的刊物……都应当在为人民服务、为社会主义服务这个共同方向下面，力求表现出自己的特色"，具有不同特色的文学媒体的"竞赛"，应当是"四项基本原则指导下的社会主义文学健康的自由竞赛"。①所以，"媒体的'个性探索'一旦超越了为其所限定的'前提'，便会招致严厉的批评、整肃，直至'取缔'"②。

---

① 张光年：《惜春文谈》，上海文艺出版社 1993 年版，第 59 页。
② 许志英、丁帆主编：《中国新时期小说主潮（上）》，人民文学出版社 2002 年版，第 36 页。

第四章　文学评奖的新创设

从"十七年"及"文革"到新时期的二十世纪八十年代,党对文学的领导权的加强的根本目的并没有变化,变化的是文学领导的方式。

"十七年文学延续了延安文学的传统,党和政府一方面通过作协、文联的组织机构来领导、管理文学创作、出版和评价,另一方面采取直接干预的方式,实施着对文学的文化领导权管理功能","十七年文学依然被束缚在政治意识形态的战车之上,无论文学创作还是文学批评都显现着非文学的存在方式和形态"。① 所以,我们看到从二十世纪五十年初到"文革",在文艺界发动的群众性批判运动从来未曾消歇,而这些群众性的运动式的大批判,其背后都与某些领导人的好恶、指示或直接干预有关。

到了二十世纪八十年代,尽管说党的领导人直接过问文学创作的情况依然存在,但是这种情况并不如此前那么普遍了,而且更多的是作为领导人的个人意愿表达的。除个别情况,领导人的好恶、意志并不能完全和根本上去影响作品和创作。特别是二十世纪八十年代初期和中期,因为全国从上到下,从党内到党外,普遍存在着对"文革""极左"思潮和"极左"方式的批判和排斥,所以党对文艺的直接干预和粗暴的批判并不多见。

所以,对文学的评价的主导性因素,原来的单一的党和政府力量逐渐开始有所松动和扩展,渐渐地,学院、民间、市场、阅读受众也都会在一定程度上影响着文学的评价。当然,"这绝不是意味着党和政府的力量退出文学场域,文学与政治意识形态已经两不相干了。正如福柯、布迪厄等人对文化艺术场域的分析一样,当代政治意识形态以一种更加隐蔽、有效的方式参与文

---

① 吴义勤主编:《文学制度改革与中国新时期文学》,文化艺术出版社 2013 年版,第55页。

学艺术的生产、传播和接收,实现着文化领导权的潜在存在"①。这种潜在的更加隐蔽的引导和影响方式之一,即是文学评奖体制的创设和有效展开。

第一节   文学引导方式的变化

　　新时期以来乃至当代文学史上的文学评奖是从 1978 年的全国优秀短篇小说评奖②开始的。"1978 年以前,与文学艺术不断遭到批判和清理形成鲜明对比的是,它在奖项设立上严重匮乏。材料表明,就小说领域而言,在 1978 年全国优秀短篇小说评选之前,我国仅有三部小说作品获奖,他们是:丁玲的《太阳照在桑干河上》、周立波的《暴风骤雨》,分别获得'斯大林文学奖'二三等奖;胡万春的《骨肉》,获'国际文艺竞赛奖'。它们都不是自己国家设立的文学奖。1978 年之前,其他艺术门类全国性的奖项仅有:'全国少年儿童文艺创作奖',电影的'文化部奖'和'百花奖'等少数奖项。"③

　　全国优秀短篇小说评奖活动从设立一直持续到二十世纪八十年代后期。稍后又有了全国优秀中篇小说评奖、茅盾文学奖评奖等。二十世纪八十年代初中期,各类、各级的文学评奖更是纷纷设立,不仅各个省级、地市级

---

　　①　吴义勤主编:《文学制度改革与中国新时期文学》,文化艺术出版社 2013 年版,第56页。

　　②　1978 年全国优秀短篇小说评选当选作品有:《班主任》,刘心武,《人民文学》1977 年第 11 期;《神圣的使命》,王亚平,《人民文学》1978 年第 9 期;《窗口》,莫伸,《人民文学》1978 年第 1 期;《我们的军长》,邓友梅,《上海文艺》1978 年第 7 期;《湘江一夜》,周立波,《人民文学》1978 年第 7 期;《足迹》,王愿坚,《人民文学》1977 年第 7 期;《顶凌下种》,成一,《汾水》1978 年第 1 期;《愿你听到这支歌》,李陀,《人民文学》1978 年第 12 期;《弦上的梦》,宗璞,《人民文学》1978 年第 12 期;《伤痕》,卢新华,《文汇报》1978 年 8 月 11 日;《从森林里来的孩子》,张洁,《北京文艺》1978 年第 7 期;《骑手为什么歌唱母亲》,张承志,《人民文学》1978 年第 10 期;《辣椒》,张有德,《人民文学》1978 年第 4 期;《取经》,贾大山,《河北文艺》1977 年第 4 期;《满月儿》,贾平凹,《上海文艺》1978 年底 3 期;《最宝贵的》,王蒙,《作品》1978 年第 7 期;《献身》,陆文夫,《人民文学》1978 年第 4 期;《墓场与鲜花》,肖平,《上海文艺》1978 年第 11 期;《眼镜》,刘富道,《人民文学》1978 年第 2 期;《姻缘》,孔捷生,《作品》1978 年第 8 期;《抱玉岩》,祝兴义,《安徽文艺》1978 年第 7 期;《"不称心"的姐夫》,关庚寅,《鸭绿江》1978 年第 7 期;《看守日记》,齐平,《解放军文艺》1978 年第 12 期;《芙瑞达》,于土,《广东文艺》1978 年第 1 期;《珊瑚岛上的死光》,童恩正,《人民文学》1978 年第 8 期。

　　③　孟繁华:《1978:激情岁月》,山东教育出版社 1998 年版,第 238 页。

的文学机构（作协、文联）设立奖项，很多杂志、报纸也都进行着各种文学评奖。可见，不仅"从1978年开始的文学评奖到80年代中期，文学评奖已经在文学各个门类中确立了"①，而且可以说文学评奖已经在文学体制中的各个层级、各个部门中确立了。

　　仅就全国范围的评奖而言，影响较大的有：从1978年开始每年进行的全国优秀短篇小说评奖（这个评奖活动几乎贯穿于整个二十世纪八十年代文学），在八十年代评了三届的茅盾文学奖，全国少年儿童文艺创作评奖，始于1981年的全国优秀中篇小说奖、全国优秀报告文学奖、全国优秀新诗评奖。文化部、中国剧协联合举办"一九八〇——一九八一年全国话剧、戏曲、歌剧优秀剧本评奖"，全国少数民族文学创作评奖，中国电影金鸡奖评奖，《大众电影》百花奖，全国优秀散文（集）杂文（集）评奖。

　　除了全国性的文学评奖之外，各个文学体制中的部门也在积极推动和举办文学评奖。就1981和1982年而言，据不完全统计，仅报社、期刊社组织的文学评奖活动就有：文艺报优秀中篇小说评奖②、全国职工1981年短篇小说、独幕话剧征文评奖（工人日报社）、"'五四'青年文学奖"短篇小说奖（中国青年报社）、《解放军文艺》1981年优秀作品奖、《当代》文学奖、《儿童文学》1981年优秀作品评奖、《十月》文学奖、《北京文学》1981年优秀作品评选、《北京晚报》"一分钟小说"征文评奖、《河北文学》1981年优秀短篇小说奖、《山西文学》1981年优秀短篇小说评奖、《鸭绿江》1981年作品奖、《绿野》1981年新人奖、《萌芽》文学创作荣誉奖1981年度奖、《雨花》文学奖、青春文学奖、《安徽文学》1981年佳作奖、《福建文学》1981年优秀短篇小说评选、《星火》1981年小说诗歌评选、《山东文学》1981年优秀短篇小说评奖、《芳草》1981年小说评奖、《芙蓉》文学奖、《湖南日报·朝晖》文艺副刊纪念《讲话》征文作品评奖、《南方日报·南粤》文艺副刊1981年小说、散文、诗歌、报告文学评奖、《广西文学》1980—1981年优秀作品评奖、星星诗歌创作奖、《延河》优秀短篇小说评奖、《飞天》1981年短篇小说奖、《新疆文学》1980—

---

①　吴义勤主编：《文学制度改革与中国新时期文学》，文化艺术出版社2013年版，第56页。

②　文艺报中篇小说奖（1977—1980年）一等奖的获奖作品有：《人到中年》，谌容，《收获》1980年第1期；《在没有航标的河流上》，叶蔚林，《芙蓉》1980年第3期；《天云山传奇》，鲁彦周，《清明》1979年第1期；《犯人李铜钟的故事》，张一弓，《收获》1980年第1期；《蝴蝶》，王蒙，《十月》1980年第4期。

1981 年优秀作品评奖。

在文学体制中,各省、市、自治区的文联、作协作为文学体制中的不同层级也都呼应、推动和参与文学评奖。还以 1981 年和 1982 年为例,部分省、市、自治区设立了名目多样的文艺奖项,比如内蒙古自治区文学戏剧电影创作奖、内蒙古自治区首届民族民间文学奖、辽宁省 1981 年优秀文艺作品奖、吉林省 1981 年文学创作奖、上海儿童文学园丁奖第一届评奖、江苏少年儿童文艺创作奖、浙江省 1980 年文艺作品评奖、山东省 1981 年文学评奖、河南省 1981 年优秀文学作品、广东省 1981 年新人新作评奖、广西少数民族文学创作评奖、贵州省少数民族文学创作评奖、贵州省首届文艺评论奖、西藏自治区 1981 年度优秀文学作品奖、甘肃省首届少数民族文学作品评奖,等等。

上述统计还只是就二十世纪八十年代之初的两年间,如果统观整个八十年代文学,文学评奖的数量、范围就更大了。如此丰富、多样、频繁的评奖之所以发生,毫无疑问首先来自官方的倡导、肯定和包容。也就是说,进入新时期,文学评奖成了官方非常积极进行推动的一项制度化的文学生产激励措施。在整个八十年代文学制度的建设和运作中,文学评奖发挥着非常重要的作用。

在当代文学制度史的发展过程中看,八十年代文学评奖的设置和兴起推行,是一次重要的创举,一次明显的转型。"奖励制度的设立,毕竟体现了人类对创造性精神生产的尊重和倡导,体现了人类对文化积累和文明发展的热情渴求。"①甚至有学者说:"1978 年文学评奖制度的建立无疑是'新时期'以来我国文学制度现代化探索的一个主要面向。"②从制度建设的转型角度来看,文学评奖的设立确实是一次极为重要的探索。这一转型,使得官方对文学发展的评价和管控,从原来的单一的批判性、否定性和惩治性的方式,转变为一种奖励性、肯定性和引导性的激励。这使得党对文学的政治要求和方向性规定,通过一种更加温和的、包容的当然也是更易贴近文学审美特性的积极渠道来实现。在这个意义上讲,"文学评奖就是一种在新的文化政治语境下实践文化领导权的积极有效形式,是党和政府通过作协等中介

---

① 孟繁华:《1978:激情岁月》,山东教育出版社 1998 年版,第 239 页。
② 范国英:《茅盾文学奖的文学制度研究》,中国社会科学出版社 2009 年版,第 2 页。

机构来引领文艺的具有新质的政治文化实践,是从单一粗暴干预文艺的专断式向客观科学的专家式的现代转型"①。

第二节　"引力"与"斥力":评奖的期待效应

尽管"奖励制度的设立,毕竟体现了人类对创造性精神生产的尊重和倡导,体现了人类对文化积累和文明发展的热情渴求",但是就官方的文学制度设计的最初动因而言,是想通过鼓励倡导去肯定一种文学方向,排斥另一种倾向,从而在隐性和宏观的层面建立起符合需要的文学的"磁场"。这一磁场中,在"引力"和"斥力"的双重作用下,符合体制需要的美学原则得以确立。德国学者菲舍尔·科勒克曾说过:"社会制度限制自由更主要的是通过以下途径:期待、希望和欢迎某一类创作,排斥、鄙视另一类创作……甚至文学奖也能起到类似的作用","每种文学奖、每项文学任务都在自身敛藏着腐蚀文学自由的危险"。② 因为"奖励制度是鼓励文学艺术创作发展繁荣的重要机制之一,也是意识形态按照自己的意图,以权威的形式对文学艺术的导引和召唤。因此文学艺术的奖励制度具有明确的意识形态性,权力话语以隐蔽的方式与此发生联系,它毫不掩饰地表达着主流意识形态的意图和标准,它通过奖励制度喻示着自己的主张和原则"③。

接下来的问题是,文学评奖作为文学制度建设的重要面向,其是如何发挥着对文学的制度性的规约和导引的?

这种规约和导引,首先体现在文学评奖的发起组织的机构和运作的机制中。文学评奖由谁发起,由谁来设立,对于文学作品的选择和评审起到至关重要的影响作用。统观二十世纪八十年代的文学奖项,其发起和设立的机构几乎全是新时期以来得以恢复和重建的文学体制中的部门。

---

①　吴义勤主编:《文学制度改革与中国新时期文学》,文化艺术出版社 2013 年版,第56 页。

②　[德]菲舍尔·科勒克:《文学社会学》,张英进、于沛编:《现当代西方文艺社会学探索》,海峡文艺出版社 1987 年版,第 38 页。

③　孟繁华:《1978:激情岁月》,山东教育出版社 1998 年版,第 238 页。

文学评奖设立的机构主要有以下几种。第一种，作为文学制度重要组成部门的文学媒体。以二十世纪八十年代初在全国范围影响最大的评奖"全国优秀短篇小说评选"为例，我们看到这个奖项是由《人民文学》最初发起和组织的。在 1978 年至 1984 年这 7 年间，《人民文学》每年一度进行着全国优秀短篇小说评奖。此外，在这期间，《人民文学》还进行过儿童文学评奖（1 次）、中篇小说评奖（2 次）、报告文学评奖（3 次）、新诗评奖（2 次）。类似地，《文艺报》也在 1980 年第 11 期刊登该社举办的"文艺报中篇小说奖（1976.10—1980.12）"的启事，而《诗刊》同年第 11 期发布了该社举办"一九七九至一九八○年全国新诗创作评奖"启事。《十月》编辑部亦曾设立"《十月》文学奖"。这些文学媒体本来就属于整个文学体制中的一环，在很大程度上，文学评奖也是作为文学创作方向的导引的方式而出现的。第二种设立机构是作协、文联等文学机构。其中影响最大的则属于茅盾文学奖。第三种是中央直属以及各地方所属的宣传文化部门所设立的政府奖、官方奖。比如文化部、中国剧协联合举办的"一九八○——一九八一年全国话剧、戏曲、歌剧优秀剧本评奖"等。

由此可见，这三种设立和组织评奖的机构，无论是哪种都或多或少、或潜在或显在地体现了党对文学方向的指认：文学评奖"不仅是进行表扬，还要有所倡导，应当全面地体现党的文艺方针政策，体现时代的要求和人民的愿望"①，入选的作品要符合"有利于四个现代化、安定团结、鼓起信心、战胜困难"的标准。

为了能更好地保证这种目标和意愿的实现，那么文学评奖的设立和组织机构的选择就成为关键的问题。还以在八十年代初影响广泛的"全国优秀短篇小说评选"为例，之所以是由《人民文学》来发起组织，绝不是偶然的。要说明这个问题，我们还得回到"文革"结束最初两年的历史现场中。那个时期，整个社会从官方的政治需要到民间的社会情绪，都呼吁着文学在揭批"文革"的任务中突进。于是，树立符合这一历史任务的要求的文学作品的榜样性作用，使其能够产生更为巨大的影响，就成为首要的问题。而谁能当其重任？《人民文学》以其特殊的地位和影响，自然是最好的选择。"在这一

---

① 《欣欣向荣又一春：记 1979 年全国优秀短篇小说评选活动》，《人民文学》编辑部编：《1979 年全国优秀短篇小说评选获奖作品集》，上海文艺出版社 1982 年版，第 562 页。

局势下，亟需一个拥有更加强大的政治资源，能够引领文学批评风气、带动价值判断转变的角色来承担这一历史任务，行使其'一言九鼎'的历史使命。而此时，《人民文学》无疑是最为合适的领导者。"①"《人民文学》的政治地位和政治性格与生俱来。它天生就与国家（最高）权力挂钩，同时也拥有了至高无上的文学界权威或权力"，"特殊的政治同样赋予了《人民文学》不凡的文学抱负，而实现其文学抱负同样也成为《人民文学》的特殊政治——或可谓之'文学政治'。与国家权力政治有所不同的是，《人民文学》主要担当的是文学的使命和责任，还有权利。如果没有了文学的使命和责任以及权利的自觉，《人民文学》的政治也就要落空了""直到今天为止，《人民文学》直接、亲自书写文学史的担当意识，也并没有因为刊物格局的巨变而弱化"。②"由于《人民文学》身为'国刊'，居于中枢地位，这一活动所传递出的信息就相当程度上代表了国家权力的意志和方向，而又由于其自身的文学属性，这一活动就又显现出了对文学主体性的捍卫与召唤。"③

　　与此相似的，茅盾文学奖的设立和运作，是依托于中国作协书记处的。我们看到，茅盾文学奖评委会的组成，按照规定，"主任、副主任人选由中国作协书记处提名。委员人选由中共作协书记处提出候选名单，以随机抽取的方式，从候选名单中产生。候选名单一般应为评委人数的两倍以上。主任、副主任以及委员名单产生后，应由中共作协书记处批准，报请有关主管部门备案"。甚至，第一届茅盾文学奖的评委会评委，更是由中国作协主席团全体成员担任④。具体操办茅盾文学奖评奖的评奖办公室，实际也是由中国作协下设的，在具体的运行中，评奖办公室在开评前向中国作协各团体

---

　　①③　李丹：《"一九七八年全国优秀短篇小说评选"对于当代文学批评的意义》，《当代作家评论》2012 年第 3 期。

　　②　吴俊：《〈人民文学〉的政治性格和"文学政治"策略》，《文艺争鸣》2009 年第 10 期。

　　④　第一届（1977—1981）茅盾文学奖评奖委员会组成情况是：主任委员巴金；委员 15 人，分别为丁玲、韦君宜、孔罗荪、冯至、冯牧、艾青、刘白羽、张光年、沙汀、陈企霞、陈荒煤、欧阳山、贺敬之、铁依甫江、谢永旺。第二届（1982—1984）评委会组成情况是：主任委员巴金；副主任委员张光年、冯牧；委员 16 人，分别为丁玲、乌热尔图、刘白羽、许觉民、朱寨、陆文夫、陈荒煤、陈涌、林默涵、胡采、唐因、顾骧、黄秋耘、康濯、谢永旺、韶华。后来随着形势发展，"作为文学奖的主办者，中国作家协会书记处、茅盾文学奖评奖委员会及评奖办公室，面对来自方方面面的质疑、批判与诟病，也相应地、力所能及地进行了'回应'：一是渐次改革每一届的评委会构成。由乌热尔图于 1986 年提案、直到 2003 年才正式定稿的《茅盾文学奖评奖条例（修订稿）》规定，评委会主任与副主任人选由中国作家协会书记处提名，委员人选由书记处提出候选名单，且候选人数应二倍于每届评奖总数，然后随机抽取，但要保证 1/3 以上京外评委"（任东华：《茅盾文学奖研究》，中国社会科学出版社 2011 年版，第 18 页）。

会员单位、全国各有关出版单位和大型文艺杂志社发出通知，征集符合要求的参评作品。

中国作协乃是国家一级的文学管理运行机构，从 1949 年以来在文学体制中一直处于极为特殊的枢纽性地位。中国作协操办茅盾文学奖能够很好地领会和贯彻官方对于文学生产的导向作用，同时又能够充分发挥其在作协系统的强大组织功能，调动下属各地方的作协机构及相关的文学媒体机构的积极性（因为大多数地方性的文学期刊都属于本地区作协、文联机构的下级单位或者挂靠单位）。如此一来，通过中国作协的领导和组织，能够迅速有效地动员全国将符合要求的文学作品提交参评。

而这里的"符合要求"一条，涉及两个重要问题。一是每一项文学评奖设立的主导思想，二是每一项文学评奖的评审标准。而党和国家对于文学生产和文学审美标准的规约和导引，也在这两方面有了重要的体现。

其实，主导思想，往往就是评奖的政治原则。所以，设立一项文学评奖的主导思想，是判断和规约作品是否符合该项奖励的方向性要求的首要原则。我们来看第一届全国优秀短篇小说奖的评选目的，就能清楚这一点。在全国优秀短篇小说奖启动之初，《人民文学》1978 年第 10 期刊发了"本刊举办一九七八年全国优秀短篇小说评选启事"。启事明确宣称此次评选的目的是："及时反映工农兵群众抓纲治国、努力实现社会主义现代化的火热斗争；促进文学创作题材、风格上的百花齐放；促进文学创作新生力量思想上、艺术上的锻炼和成长；让短篇小说迅速繁荣起来，带动各种文学创作日益繁荣兴旺。"评选标准往往是政治思想和艺术审美的指标。我们来看1978 年全国优秀短篇小说奖的评选标准，即"凡从生活出发、符合六条政治标准①，艺术上具有独创性的作品，不拘题材、风格、皆可推荐。提倡那些能够鼓舞群众为新时期总任务而奋斗的优秀产品"②。很明显，全国优秀短篇小说评选的主旨，是在实施符合当时政治和国家形势需要的文学生产的遴选，

---

① "六条政治标准"即："有利于团结全国各族人民；有利于社会主义改造和社会主义建设；有利于巩固人民民主专政；有利于巩固民主集中制；有利于巩固共产党的领导；有利于社会主义的国际团结和全世界爱好和平人民的国际团结。"（毛泽东：《关于正确处理人民内部矛盾的问题》，《人民日报》1957 年 6 月 19 日）毛泽东还说，"这六条标准中，最重要的是社会主义道路和党的领导两条"。

② 如果我们再参照刘锡诚后来披露的内部资料《一九七八年全国优秀短篇小说评选的初步设想》更可直观地看出此项文学评奖的主导者的动因和初衷。参见刘锡诚：《饯腊催耕——大地回春前后的张光年》，《新文学史料》1998 年第 3 期。

进而通过榜样的树立和指认,同时在客观上达到对不符合上述要求的文学创作的排斥和扭转的效果。

我们再来看茅盾文学奖的主导思想和入选标准的制定。第一届茅盾文学奖最初并没有来得及制定详细的条例,从 1986 年乌热尔图提出建议,直到 2003 年《茅盾文学奖评奖条例(修订稿)》才正式定稿。尽管如此,"虽然每届都有变动,但它的基本原则却得到遵循"①。基于此,我们且以《茅盾文学奖评奖条例(修订稿)》为例,来看其设立奖项的主导思想。《茅盾文学奖评奖条例(修订稿)》规定:

> 茅盾文学奖评选工作,以马列主义、毛泽东思想、邓小平理论和"三个代表"重要思想为指针,坚持文艺为人民服务、为社会主义服务的方向,贯彻百花齐放、百家争鸣的方针,弘扬主旋律,提倡多样化,坚持导向性、公正性、群众性,注重鼓励关注现实生活、体现时代精神的创作,推出具有深刻思想内容和丰厚审美意蕴的长篇小说。②

可见茅盾文学奖从设立到后来的历届评审,基本上都遵循着坚持党的方针、坚持"二为"方向、弘扬主旋律、关注现实、体现时代精神的大原则。而茅盾文学奖的评选标准,也完全基于上述设定:

> 1. 坚持思想性和艺术性完美统一的原则。所选作品应有利于倡导爱国主义、集体主义、社会主义的思想和精神;有利于倡导改革开放和现代化建设的思想和精神;有利于倡导民族团结、社会进步、人民幸福的思想和精神;有利于倡导用诚实劳动争取美好生活的思想和精神。对于深刻反映现实生活,较好地体现时代精神和历史发展趋势,塑造社会主义新人形象的作品,尤应重点关注。要兼顾题材、主题、风格的多样化。
> 2. 要重视作品的艺术品位。鼓励在继承我国优秀传统文化和借鉴外国优秀文化基础上的探索和创新,鼓励那些具有中国作风和中国气派,为人民大众所喜闻乐见,具有艺术感染力的佳作。③

---

① 任东华:《茅盾文学奖研究》,中国社会科学出版社 2011 年版,第 33 页。
②③ 《茅盾文学奖评奖条例(2003 年修订稿)》,《文艺报》2003 年 6 月 26 日。

　　所以,所谓的"符合要求",即是入选作品要符合上述所设定的思想原则和政治标准。有着这个原则性的要求,那么在评奖的过程中,"主导思想""评选标准"就成为衡量作品的尺子和筛子。所有的具体运行规则和细节,都必须围绕着这两个原则性的规定。如此一来,文学评奖就成了按照某种统一的规则和尺度来评价和判断文学作品的"游戏"。在这个"游戏"当中,"引力"与"斥力"双重效用就能实现。

　　通过评奖来发挥对文学的规约和导引,还体现在文学评奖的后续效应方面。这种后续的效应尤其表现在评奖出炉后的表彰总结过程中。比如每届茅盾文学奖评奖结束之后往往召开盛大的颁奖仪式。特别是二十世纪八十年代初的颁奖仪式,其规格之高、规模之大都是其他文学评奖无法企及的。比如,首届茅盾文学奖评奖完成后,于 1982 年 12 月 15 日举行了授奖大会。我们看到,此次授奖大会的举办地点是人民大会堂,而出席大会者,除了中国文联、中国作协的领导成员、获奖作家之外,更有党和政府主管文化宣传等部门的领导人,如宋任穷、邓力群、李一氓等,这是官方对于茅盾文学奖评奖的高度重视和肯定的一种表示。周扬在大会上作了讲话。[1]在后续报道中,我们看到,《人民日报》专门为此发表了评论员文章《祝长篇小说繁荣发展》[2]。类似地,在 1982 年 1 月 4 日召开的全国少数民族文学创作评奖发奖大会上,王震、乌兰夫、赛福鼎等党和国家领导人也有出席。1984 年 3 月 19 日,中国作协召开 1983 年全国优秀短篇小说发奖大会,周扬在会上作了讲话《要有"真正艺术家的勇气"》。1985 年 4 月 2 日,中国作协隆重举行了第三届全国优秀报告文学奖、优秀中篇小说奖和第七届全国优秀短篇小说奖授奖大会。

　　从上述颁奖大会的规格等可以看出党和国家对文学奖如此重视,那么这对于地方一级的文学机构就会产生有效的激励。比如鲁彦周的中篇小说《天云山传奇》[3]、张弦的短篇小说《被爱情遗忘的角落》[4]获得全国的相关文学奖之后,1981 年 6 月 6 日,安徽省召开了文艺界庆贺文学创作获奖大会,专门为鲁彦周、张弦等 11 位作者在全国获奖进行大力的表彰。安徽省委第

---

[1]　《茅盾文学奖首届授奖大会及长篇小说创作座谈会》,《文艺报》1983 年第 1 期。

[2]　《人民日报》1982 年 12 月 16 日。

[3]　获《文艺报》中篇小说奖(1977—1980 年)。

[4]　获 1980 年全国优秀短篇小说奖。

一书记张劲夫出席表彰会且作了题为《为繁荣社会主义新时期的文艺而努力》的讲话。1981 年 6 月 23 日,河北省文联、文化局也召开祝贺河北省优秀文艺作品获奖大会,表彰张学梦的《现代化和我们自己》等 37 篇作品在全国评奖活动中获奖。另如,1982 年 4 月 9 日,湖南省文艺创作授奖大会举行,为张扬的《第二次握手》、韩少功的《月兰》等 370 篇作品获奖庆祝。

如此大规模高层次的隆重表彰会,不仅对其他的文学评奖起到示范作用,就获奖者个体而言,受到高度的表扬推崇,隐含着一种巨大的政治性确认和鼓励,获奖者自然会备感荣光,未来更可能会继续朝着符合官方期待的方向更加努力。比如周克芹在首届茅盾文学奖颁奖大会上代表获奖作家发言时就表示,"如果说我们有了一点成绩,应该归功于党""今后我们要不断地提高自己的政治素质,保持清醒的马克思主义头脑,坚持和发展革命现实主义的创作方法,长期坚持深入生活,把自己置身于生活斗争的旋涡的中心""我们的艺术触觉在任何时候都能感受到时代脉搏的跳动、生活前进的声音,艺术地展示生活的美好的前景""才能创作出无愧于我们这个伟大时代的长篇作品,才能完成建设社会主义精神文明中文学所担负的重要任务"。①

入选者被制度确认和鼓励,除了给入选者带来更大的激励之外,更为重要和关键的是,这种高度的表彰运作,会对体制中的其他每个作家成员产生有效的引导和召唤。有学者曾在分析 1978 年的全国优秀短篇小说评奖时意识到:"这次评奖也使一批作家确立了自己在当代文学上的位置,……成为'文革'后文学界最为活跃的作家,他们的创作给文坛以深刻的影响,并构成这一时代文学成就的一部分","评奖的入选,在不同程度上也给这些作家的创作带来了影响,社会的承认和举荐,带来荣誉的同时,也无形地规约和左右了他们未来的选择"。② 所以,在这个意义上,不仅获奖作品审美特点、主题内容会对此后的文学创作产生示范作用,获奖作家的创作风格乃至立场选择也会对周边作家产生示范性,而获奖作家个体的选择往往会被赋予整体性的和方向性的期许。于是朝着文学评奖所认同的趋向,就会成为文

---

① 《首届"茅盾文学奖"授奖大会在北京举行》,《文艺报》1983 年第 1 期。
② 孟繁华:《1978:激情岁月》,山东教育出版社 1998 年版,第 240 页。

学体制中成员自觉不自觉的追求①。

　　成功的文学评奖制造，是最强有力的文学评价机制。上述可见，从评奖的发动、到评审的进行、再到颁奖大会的召开，文学评奖在整个组织化的过程中，在每个环节都充分体现了其示范性、引导性。于是，在整个文学制度的建构中，文学评奖作为一个"磁场"，通过具有极强导向作用的激励，对"磁场"中的每个个体发挥着"引力"和"斥力"的双重效果。

第三节　边缘游走：评奖的自性诉求

　　前文着重论述了文学评奖作为文学制度的重要方面对文学发展产生的外部规约和导引。这是本章所论问题的主要方面。当然，任何事物都不止一面，都有其两面甚至多面。所以，我们必须承认，文学评奖作为文学机制中相对独立和富有自身特色的建构，其在运作的全部过程中，也肯定会遵循着此种机制本身的规律，从而保持某种程度的自律性。而这种自律性的保持，体现在对文学创作的影响方面则是——文学评奖不可能完全排斥文学自性的诉求。

　　在一定程度上，文学评奖毕竟会最终体现出文学自身对审美特性的某种追求。比如1978年全国优秀短篇小说评选的初选阶段，"初选的20篇作品，基本上都是从生活出发，在取材上冲破不少禁区，在风格、手法上也大都各有特点，可以说都有不同程度的独创性。20篇作品中，写爱情生活的篇数最多，而反映工农业战线斗争生活的篇数较少，直接反映向'四化'进军的

---

　　① 黄发有曾指出："在中国的文学奖项中，茅盾文学奖的影响最大，对作家最具有诱惑力，其价值导向对于作家的改塑也最为典型，也确实催生了不少为获奖而写作的长篇小说。在二十世纪八十年代的获奖文本中，张洁的《沉重的翅膀》的经历可谓一波三折。作品在《十月》1981年第4、5期连载后，产生巨大反响，批评意见也接踵而至，'当时来自上面的批评意见就多达一百四十余条，有的批评很严厉，已经上纲到政治性错误'，编辑家韦君宜反复劝说作者进行必要的修改，'又很有耐心地亲自找胡乔木、邓力群等领导同志，为这部长篇小说做必要的解释和沟通工作'。这样，1984年出版的第四次修订的《沉重的翅膀》，已经是'大改百余处、小改上千处'，并以此获得了第二届茅盾文学奖。"见黄发有：《以文学的名义》，《社会科学》2009年第3期。

作品则连一篇也没有"①。由此可知,文学评奖一旦设立,就不能不遵循其公信力和权威性的追求,在其运行过程中,也就必然会有着一种朝向文学自身审美特质的内驱力规约着文学评奖。而从 1978 年全国优秀短篇小说评选最终公布的小说篇目来看,其对文学审美性的要求绝对没有放弃。按照评选启事的说明,评选的目的是"及时反映工农兵群众抓纲治国、努力实现社会主义现代化的火热斗争",而从评选的结果来看,入选的大多数作品并没有完全遵循这一原则。在一定意义上说,这可以看作是文学评奖对文学审美自性的某种程度的捍卫。

至于影响最大,也为人所批评和诟病最多的茅盾文学奖,在一定意义上,也不能不兼顾到对文学审美自性的要求。关于茅盾文学奖的诟病,最集中地体现在对茅盾文学奖的"史诗情结"的批评上,比如洪治纲的《无边的质疑》②和王彬彬的《史诗情结的阴魂不散》③等。黄发有也尖锐地指出:"茅盾文学奖不仅钟情于史诗风格的作品,而且其获奖作品大多体现出宏大叙事的旨趣。不管是历史题材的还是现实题材的,都追求大场面、大气象,强调高屋建瓴的总体把握,力求揭示历史规律与时代精神,在思维路线上强调概括和归纳,注重对必然性、最高法则、绝对真理的形象化阐释,却忽略了对复杂性和差异性的审美观照。因为一味求大,多数作品都不无理念化倾向,教化和认识价值的膨胀削弱了作品的审美感染力,对于社会意识的敏感遮蔽了对于人性和灵魂的洞察。求大的倾向必然导致鸿篇巨制的盛行,反观历届的茅盾文学奖,系列化或多部头创作的获奖比例是惊人的。"④这些批评观点都很有见地,且颇具针对性。但是在承认和肯定学者们这些质疑和批评声音的同时,我们也可以从另外一个面向去思考:在众多文学评奖中为什么是茅盾文学奖成为最符合官方对国族叙事的要求的文学评奖,而且在新时期文学中最为人所瞩目? 除了中国作协的操办等具体的体制性外部原因外,还有没有某种文学审美特性本身的原因?

在一定程度上,影响茅盾文学奖评审过程的,除了文学体制的引导功能、文学界最强力和最具组织化功能的文学机构中国作协等外部因素之

① 刘锡诚:《在文坛边缘上:编辑手记》,河南大学出版社 2004 年版,第 188 页。
② 《当代作家评论》1999 年第 5 期。
③ 《钟山》2001 年第 2 期。
④ 黄发有:《以文学的名义》,《社会科学》2009 年第 3 期。

外,不能完全否认茅盾文学奖从设立之初也有着自己文学审美风格特征的一贯坚持。关于这个问题,应该从茅盾自己的文学创作风格的特征上去考虑。茅盾本人从民国时期文学创作就充分显示了其追求宏大叙事、追求史诗性建构的特点,并形成了现代文学创作中的一种脉络和传统。换句话说,如果没有官方的召唤,茅盾的创作自身也会体现出对社会和历史宏大叙事的热情。问题在于,茅盾个人文学创作所呈现的这种“社会—历史”特征和史诗性美学追求,恰恰符合了新时期国家民族的现代化的宏大叙事的需要。换句话说,在这个意义上,茅盾的文学特征和创作追求,与党和政府对文学生产方向的要求和期待合拍了,政治性的要求与茅盾式文学追求在新时期的时间基点上和国族叙事的内容基点上一致起来了。由此看来,即便是茅盾文学奖,也不能完全否认其文学自性因素的存在。当然,问题的关键是,当这种茅盾式文学的追求作为文学风格之一种自由生长,是完全合理的,可是如果作为唯一的一种模式或尺度来倡导,必然会带来弊端。

文学评奖作为一种颇富弹性的制度性建设,在一定程度上还体现出对文学评价、接受的民主化、科学化实践的认同。比如 1978 年启动的全国优秀短篇小说评奖,“《人民文学》在公布评奖启事的后边都同时附有一个‘全国优秀短篇小说推荐表’,来为喜爱文学的群众提供参与文学评奖、表达自己的文学趣味与喜好的机会”①。这种机制的设置在当代文学中是一个创举。根据刘锡诚披露的“仅供领导参考,不公开发表”的《1978 年全国优秀短篇小说评选的初步设想》可以知道,在评奖启动之前,就已经有了这样的计划:

> 采取专家与群众相结合的方式。请各地文艺刊物、出版社和报纸文艺副刊推荐并发表消息;在《文艺报》及其他报刊发消息;在《人民文学》上发启事(在本刊十月号上登“启事”,并附《评选意见表》),发动广大群众推荐。
> 《人民文学》要安排专人负责初选,提出初选篇目,交评委会审定。初步设想每年选出优秀短篇小说二十篇左右,按质量分别为一、二、三

---

① 吴义勤主编:《文学制度改革与中国新时期文学》,文化艺术出版社 2013 年版,第 57 页。

等。在明年三月号《人民文学》上公布评选结果,并酌情给当选者精神上和物质上的奖励。①

这是一个设计方案,问题的关键是能否切实遵循。刘锡诚对此做了确认,他说:"群众推荐与专家评选相结合,是这次评选的一个突出特点。这一举措,得到了广大读者的热烈反响,纷纷投票推荐自己认为优秀的短篇小说作品,到 1979 年 2 月 10 日,编辑部总共收到群众来信 10 751 封,投票20 838 张,推荐作品 1 285 篇。真可谓盛况空前。群众投票多的作品,编辑部在初选时,优先考虑。但也顾及了读者意见会出现某种片面性的可能,如地区和读者文化水准的差异有可能导致确属优秀的作品而在群众中得票甚少的情况。编辑部把得票 300 张以上的作品(除《醒来吧,弟弟》外)全部入选,共 12 篇。另外,又在群众中得票并不很多的优秀作品中选了 8 篇,加起来共 20 篇。编辑部把这 20 篇作为'优秀小说初选篇目'送给评委审阅。"②

更能说明编辑部初选时对群众推荐意见的尊重的材料,是当时编辑部给评委的那封附信。根据刘锡诚的抄录,我们知道,附信对 20 篇初选篇目作了详细说明,其中一段是这样说的:"评选工作如何体现'百花齐放'的方针?我们认为,'百花齐放'方针的基本精神,是鼓励作者充分发挥各自的创造性。而初选的 20 篇作品,基本上都是从生活出发,在取材上冲破不少禁区,在风格、手法上也大都各有特点,可以说都有不同程度的独创性。20篇作品中,写爱情生活的篇数最多,而反映工农业战线斗争生活的篇数较少,直接反映向'四化'进军的作品则连一篇也没有。我们考虑,如果在题材上求平衡,降低质量要求,使某些作品入选,这样做是不妥当的。"③特别需要注意的是,附信显示,编辑部初选人员明确表达了这样的意见:如果不考虑群众的投票,而"在题材上求平衡,降低质量要求,使某些作品入选,这样做是不妥当的"。

同时,从这封附信的第七条和第八条说明来看,编辑部初选过程中更多地是以群众的投票为选择的首要标准:

---

① 《1978 年全国优秀短篇小说评选的初步设想(此件仅供领导参考,不公开发表)》,刘锡诚:《饯腊催耕——大地回春前后的张光年》,《新文学史料》1998 年第 3 期。

② 刘锡诚:《在文坛边缘上:编辑手记》,河南大学出版社 2004 年版,第 187 页。

③ 同上书,第 188—189 页。

（七）初选的 20 篇作品，仅仅是从 6 种刊物和一种报纸副刊上选出的，而《人民文学》上发表的作品又占了较大的比例，这样做是否合适？我们经过反复讨论，认为如果在这问题上考虑过多，势必影响入选作品的质量。因此对初选篇目没有再做调整。

（八）在初选篇目中，刘心武同志的作品占据了两篇（《班主任》和《爱情的位置》），是否合适？我们认为从作品质量、社会影响以及群众投票的情况来看，这样做毕竟合适。①

尽管无缘看到当年初选的 20 篇作品的具体目录，但从初选原则的说明上，可以大致判断初选篇目的情况。我们知道，最终评选结果是 25 篇作品获奖，获奖篇目有所增加，刊物的范围便有所扩大，刘心武的一篇作品获奖。但是，如果把最终获奖结果也按照前引初选说明的分类进行分析的话，就会发现，在入选作品的内容侧重、选录刊物的比例、1977 年和 1978 年作品所占比例等几个方面都大致保持了初选篇目所介绍的面貌。由此，基本上可以得出一个判断：1978 年的全国优秀短篇小说评选，在初选阶段是在较大程度上尊重了群众投票的结果的，体现了读者的呼声，而最终公布的结果，虽有所调整，但整体上来看也遵循了"群众推荐与专家评选相结合"的评选原则。

正是因为此次评选是基于读者的投票推荐，茅盾在 1978 年全国优秀短篇小说评选发奖大会上讲话时有过意味深长的表述，他说："这次优秀短篇小说评奖活动，的确是空前的，过去没有做过。这工作只有在打倒'四人帮'之后，才有可能搞起来。"②毫无疑问，茅盾的这句话表达的是对这种文学评奖机制的认同。对此举，袁鹰也给予了高度评价，群众性评选是"中华人民共和国成立三十年来的一个创举"，"是文艺民主的具体实践之一"。③

这种群众性的民主化的文学评奖做法，1978 年之后依然被延续下来，且影响更大，参与范围更广。比如 1979 年全国优秀短篇小说评选中，从启事发布后"一百天内共收到'选票'二十五万七千八百八十五张，比上次增长

---

① 刘锡诚：《在文坛边缘上：编辑手记》，河南大学出版社 2004 年版，第 187 页。
② 茅盾：《在一九七八年全国优秀短篇小说评选发奖大会上的讲话》，《人民文学》1979 年第 4 期。
③ 袁鹰：《第一簇报春花》，《人民文学》1979 年第 4 期。

十二倍以上"①。1980 年全国优秀短篇小说评选时，"共有四十万零三百五十三张，比七九年增长近六成，为七八年推荐票数的二十倍，真是盛况空间"②。1981 年全国优秀短篇小说评选，"收到三十六万九千一百八十六张"③。1982 年全国优秀短篇小说评选，"收到推荐票三十七万一千九百一十一张"④。正如有学者观察的那样，"在 1978 年至 1982 年的短篇小说评奖中，群众选票从中起了决定性作用"。⑤ 比如 1979 年全国优秀短篇小说评奖当选作品的前五篇《乔厂长上任记》《小镇上的将军》《剪辑错了的故事》《内奸》《李顺大造屋》"既是得'票'最多的，又是受到评委一致赞赏的切近现实社会课题之作"。刘白羽在评议中说："《乔厂长上任记》得了那么多票，说明人民的渴望，对文学关怀而且有要求。"⑥1980 年，"大部分是得'票'最多和较多的。按得'票'顺序排列的前十二名，只有一篇没能入选。其原因，也只是考虑到对蝉联三届者应有更高的要求"⑦。

除了全国优秀短篇小说评选外，很多其他的评选活动，也采取了群众性的方式。比如"从 1984 年起，《人民文学》发起'我最喜爱的作品'推选活动，内容包括短篇、中篇、报告文学、诗歌、散文、童话、寓言、创作谈等，以更广的文学涵盖面，推进了此前一年一度的全国优秀短篇小说评奖活动。这一推选活动一直持续到 1988 年"。⑧

通过上述举例，我们可以看到，在文学评奖的运作中，评奖自身的机制在一定程度上发挥着独立性。但是综合前述论证，我们知道，评奖结果的出炉，其实是在政治、文学、个人、群众等众多力量的平衡和博弈过程中最终实现的，所以在这个意义上，有学者作出"文学在评奖过程中实现着文化领导权从个别人手中开始转向对大众的民主化诉求，从而在政治意识形态退隐时刻在民主化的纬度中确立自身的合法性，以及在大众和专家双重评价视

---

① 《欣欣向荣又一春——记一九七九年全国优秀短篇小说评选活动》，《人民文学》1980 年第 4 期。
② 《第三个丰收年——记一九八〇年全国优秀短篇小说评选活动》，《人民文学》1981 年第 4 期。
③ 《喜看百花争妍——记一九八一年全国优秀短篇小说评选活动》，《人民文学》1982 年第 4 期。
④ 《更上一层楼——记一九八二年全国优秀短篇小说评选活动》，《人民文学》1983 年第 4 期。
⑤ 黄发有：《以文学的名义》，《社会科学》2009 年第 3 期。
⑥ 崔道怡：《春花秋月系相思——短篇小说评奖琐忆（一）》，《小说家》1999 年第 1 期。
⑦ 崔道怡：《第三个丰收年——短篇小说评奖琐忆（二）》，《小说家》1999 年第 2 期。
⑧ 李萱：《新时期〈人民文学〉评奖/征稿启事研究》，《青岛大学师范学院学报》2007 年第 4 期。

野下的科学性追求中重新建构自身权威性"①的判断稍显乐观,而如下的表述或许更加理性:"当时的评奖组织者既想将这次活动进行地公开、公正,又想尊重主流话语的文艺准则,于是采取了'民主'与'集中'相呼应的办法,先是'群众推选'、'专家投票',最后由'有关部门'平衡的选拔过程。最终确定的获奖篇目是多方、多维博弈的结果,想面面俱到是不可能的,只能寻求利益的最大化——'并不直接言说'而确立权威。"②

---

① 吴义勤主编:《文学制度改革与中国新时期文学》,文化艺术出版社 2013 年版,第57 页。
② 刘巍:《1978—1986:当代小说评奖的涉渡之舟》,《小说评论》2014 年第 3 期。平衡的结果,则是对文学标准的丧失,所以文学评奖最好的结果只能是有一个"最不坏的选择"。正如有学者指出的,"文学评奖是不同的政治倾向、审美判断、文化趣味相互撞击的过程,评委们在求同存异的妥协中,往往牺牲了那些艺术特色最鲜明、形式探索最激进的作品,成全了那些四平八稳的、能被普遍接受的作品,因而,中庸趣味的作品往往能最终胜出"。见黄发有:《以文学的名义》,《社会科学》2009 年第 3 期。

第五章　文学批评的艰难重建

文艺批评作为文学制度的重要方面，发挥着非常不容忽视的引导、影响、修正文学创作方向的作用。尤其是新时期以来在作协等一系列文学体制重建之后，文学批评就作为高层控制文学创作发展、调整和引导文学创作潮流方向的重要方式和途径，被日益强调。

纵观"文革"结束之后二十世纪八十年代的文学批评发展，由最初的自由爆发，到官方的鼓励合拍，到体制的宏观调整引导，再到批判自由化、"清除精神污染"等"剪毒草""灌佳木"运动的加强，文学批评逐渐被引导至官方规定的方向上。随着政治气氛的松紧变化，文学批评也在暴露、干预与倡导之间摇摆。这种钟摆现象是随着政治的钟摆而进行的。

第一节　个性色彩的复苏

总体上看，尽管文学批评在重建的过程中有蹒跚，有摇摆，显得并不轻松，但可以说二十世纪八十年代的文学批评在整个当代文学批评中是显得最为繁荣和最为瞩目显赫的。正如李洁非说的那样："'八十年代文学'最令人印象深刻之处，是理论批评的强劲表现"，"'八十年代文学'在创作方面表现出色，但比较而言，理论批评的跨越式发展似乎更是'八十年代文学'的独到之处。我们既可以与过去做这种比较，也可以跟以后相比较。在过去30年，文艺政策大量挤占乃至完全替代了理论批评。而九十年代后，在市场化的冲击下，理论批评在文学关系中失位明显，话语权大半被媒体编辑、记者褫夺。共和国文学上下 60 年,唯独在'八十年代'理论批评做到了与创作并驾齐驱,甚而略占优势"。① 这种突出的现象,并不是某一个学者的判断,而是一种共识。李洁非还以《新中国六十年文学大系·60 年文学评论精选》为例,做了简单的对比,在选入该集的 38 篇论文里,"文革"结束之后到 80 年代末这段时期里共有 17 篇,占的比重是最大的②。

"文革"结束之后,八十年代文学批评的突出表现,还并不主要是因为数量多,更为重要的原因是,新时期以来八十年代的文学批评具有鲜明的特点,体现出此前没有、此后的二十多年间也未再现的特色。

新时期以来八十年代的文学批评最突出的特点,是文学批评的个体化和个性化凸显。在八十年代涌现出来的批评家个性色彩非常强烈。这种个性化的趋势,首先体现在涌现出一批充满活力的中青年批评家群体。这些批评家有着各自的价值立场,有着相当尖锐的锋芒和理论建构的野心。"1985 年前,中年批评家便构筑了有力的阵容,刘再复、陈丹晨、阎纲、雷达、谢冕、李子云、周介人……他们的'破冰之旅',为理论批评的兴盛打开了局面。而在 1985 年前后,新一代的青年批评家群体崛起。"③ 有了这样有力的和富有朝气的批评家群体,我们看到八十年代的文学批评在文学观念上实现了对一元化模式的突破。于是,重新建立"人的文学观念"才成为可能。这种新的文学批评观念的推进到了刘再复等人提出"文学史固然也是人的社会风俗史、人的时代风貌史,但就其最深刻的意义上说,它是人的心理发展史、人的灵魂发展史"④的 1985 年,达到了高潮。

文学批评的个体化和个性化趋势一方面来自文学批评家的追求,另一方面也与文学批评媒体的鼓舞和推助相关。二十世纪八十年代的文学媒体在文学批评的组织与发动过程中常常体现出开拓、逐新的大胆举动。比如《中国青年报》在 1982 年 5 月 9 日曾发表《〈辣椒〉告读者》启事,公布即将开展评选最差影片的消息。虽然三个月之后的 8 月 15 日,该报刊登了《〈辣椒〉再告读者——关于评选"最差"故事片情况的汇报》,称"经过反复研究,

---

①③　李洁非、杨劼:《共和国文学生产方式》,社会科学文献出版社 2011 年版,第 185 页。

②　何向阳:《新中国六十年文学大系·60 年文学评论精选》,长江文艺出版社 2009 年版。其实稍一浏览目录就可以发现,还有数位八十年代有代表性的反响很大的批评家和批评文章未被收入。如果考虑此因素的话,八十年代的文学批评入选数量还会增加。

④　刘再复:《文学研究应以人为思维中心》,《文汇报》1985 年 7 月 8 日。

改变原来的计划,不再评选'最差'影片"。"最差"影片评选的设想未能实现,尽管如此,此举毕竟表明了当时相当一批文学媒体在批评界活跃过程中的姿态和倾向。这种姿态和举措为文学批评中的论战、争鸣的活跃提供了平台。

由此可见,新时期以来二十世纪八十年代的文学批评具有另一个突出的特点,即文学争鸣的活跃自由。在八十年代,文学批评界的争鸣讨论是最为热烈的,甚至多次出现针锋相对的论战。而且,频繁的争鸣、论战中,大多数是在比较正常的学术层面进行的。举例来说,1984 年、1985 年间,关于一些作品的争鸣就显得颇为热烈甚至尖锐①。其中尤以张贤亮的《绿化树》等争议最大,批评意见几乎针锋相对。高嵩认为《绿化树》"是一部极为优秀的作品,是中国革命文学继《太阳照在桑干河上》《暴风骤雨》、艾青诗歌和歌剧《白毛女》为代表的一些历史丰碑之后,代表三中全会以来文学创作最新水平的又一群丰碑当中突兀挺立的一座"②。有人则基本上全然否定这部作品,认为《绿化树》"虚假",是"一种装饰着许多的小真实的大虚假",指责作家颠倒了历史事实,"曲解了爱国主义,又粉饰了'极左'路线"。③另外,有学者还直接批评了从维熙的《雪落黄河静无声》,认为小说没有将"左"倾路线与"祖国"区分开来,对爱国主义做了不正确的理解,因而导向对女主人公描写和评价的失误。④李贵仁的《〈商州〉得失谈》也曾对贾平凹小说创作的问题进行坦率而尖锐的评述。⑤

于是,在某些相对宽松的阶段,批评的锋芒被大大激发。比如二十世纪八十年代末期出现了所谓"骂派批评"的倡导和争议。"骂派批评"的发端,源自《文学自由谈》杂志的推助。《文学自由谈》1988 年第 1 期《卷首絮语》有言:"当前我国的文学存在着严重的创作与评论脱节的倾向,特别是批评界很少能尖锐地介入创作,并对创作中出现的问题给予及时的批评。相反,那种庸俗的极尽吹捧的谄媚文学,却畅行于我们的评坛(包括本刊在内),……

---

① 参见方亮:《当代文学研究鸟瞰》,中国社会科学院文学研究所《中国文学研究年鉴》编辑委员会编:《中国文学研究年鉴(1986)》,中国文联出版公司 1988 年版。

② 高嵩:《脱毛之隼在长天搏击——论张贤亮的小说》,《朔方》1985 年第 1 期。

③ 高尔泰:《〈绿化树〉印象记》,《青年作家》1985 年第 10 期。高还认为,自己与作家的分歧是"价值观的分歧"。

④ 参见高尔泰:《愿将忧国泪,来演丽人行》,《读书》1985 年第 5 期。

⑤ 《文学家》1984 年第 4 期。

我们有志于改变这种窘况久矣,今年我们将加强具体性的文学批评。本期首先推出一组批评性强的文章,意在作出新的尝试。把松散的文学批评力量凝聚起来,使之成为一个切实对创作有所促进的批评实体。"《文学自由谈》从当年第 1 期开始创设《直言不讳》一栏,绝大多数挑剔性、否定性的尖锐批评文章,都发在这个栏目中①。当年第 2 期的《卷首絮语》又呼吁:"这几年的文学批评似乎是越来越软化,或像有的同志所说,'甜'得有点儿发腻了!""龙年伊始,我刊稍有革新之意,就赢得了广大作者与读者的热烈反响,纷纷来信来稿⋯⋯我们衷心期望能有更多这样坦率而尖锐的批评。当然,文学批评应该是多向的,'骂派'未必都对,'捧派'更非全错,只要言之有理,就可以展开争鸣、讨论研究。""骂派批评"是一种形象概念,有人指出,"骂派批评"其实是"用带有科学性的挑剔性的眼光来看文学现象","这也是牵涉到一个对象问题,骂什么,挑剔什么,我们挑剔的眼光视野应该开阔一点。如果某个作家、作品很有代表性,就应该进入我们的视野。如果只用文学的标准来挑剔的话,值得骂的太少"。②

　　尽管说,二十世纪八十年代的文学批评有失之偏激的问题,或许也有稍显空洞和笼统的瑕疵,或许少了一些敦厚持重,但是从另一个方面来看,八十年代文学批评总体上体现出的元气淋漓、生机勃勃的气魄是此后的文学批评未曾复现的。这种激情的理想主义和灼人的生命投入,恰恰是八十年代文学个性色彩的集中体现,也是那一代文学批评最宝贵的探索。所以有

---

　　①　该刊 1988 年发表的此类文章大致有:贺绍俊、潘凯雄的《毫无节制的〈红蝗〉》,木弓的《〈金牧场〉的危机在哪里》,罗强烈的《〈极地之侧〉的叙事批判》,刘枫的《人格二重性艺术探讨的偏斜——对〈隐形伴侣〉的质疑》(以上第 1 期);陈墨的《失败的文本——评小说〈三寸金莲〉》、何志云的《对无主题的主题寻找及剖析——〈无主题变奏〉的社会学批评札记》、丁卫的《莫言及其感觉的宿命》(以上第 2 期);王殊的《〈棋王〉中文学退归的潜流》、丁宁的《泭化与礼赞——肖复兴长篇近作一瞥》、胡平的《瀚海/纯批评》(以上第 3 期);曹万生的《新时期文学中的封建意识——对三部爆炸性小说的剖析》、吴秉杰的《浪漫激情中的传统血液——对张贤亮小说的主题分析》、邓善洁的《蒋子丹的颜色》、王彬彬的《假作真时真亦假——读〈红橄榄〉》(以上第 4 期);陈炎的《弱者的哲学——由阿城小说引起的文化反思》、应悍的《王蒙:少叨叨!》、吴秉杰的《刘心武的纪实小说略评》、龚丘克的《无法弥补却必须承认的缺憾——对本届小说评奖的一点看法》(以上第 5 期);张放的《〈随想录〉评价的思考》、茉莉的《男人的肋骨——张贤亮笔下的女性形象批判》、杨国良的《也谈中国作家与当代世界——与刘心武商榷》、周佩红、朱士信的《分化中现象的碰撞——关于纪实文学热的对话》(以上第 6 期)。
　　②　冯骥才、林大中等:《对当前文学批评的思索(上)——北京青年批评家一日谈》,王绯整理《文学自由谈》1988 年第 1 期。

学者指出，"文革"结束之后涌现的批评家"群体不单在思想方式和文学观念上，基本完成从整一化向个人化转变，而且理论批评在他们手中也开始变成智力、才赋乃至性情自由表达的工具，成为一种自觉的文体，带来了对批评方式及语言日益主动的意识和探索"①。有了如此的批评群体的推动，朱寨也认为，"文艺批评在拨乱反正中又重新回到了健康发展的轨道上，文学批评成了真正文学的批评"②。钱谷融《面向文学，面向未来》一文对二十世纪八十年代中期之前的上海的文学批评状况所作的评论，相当程度上也可以作为对当时整个评论界的评价："从非文学的批评转向文学的批评，这是个历史性的批评观念的根本变革"，"在追求审美和艺术分析的批评中，评论家们力图摆脱习惯的旧模式、旧观念，全身心地投入作品创造的形象体系和艺术结构之中，不断加深着对作品独特性的掘进深度。并且努力形成自己独特的评论风格，开始习惯于用自己的声音、自己的语言，阐述自己对作品奥秘的发现"，"那些比较精彩的评论中，我们常常不仅可以感觉到作品的独特情韵，也同时可以观照到一个焕发着评论者主体精神的活生生的自我。从这种主体精神的屏幕上，映现出作品的美学价值、认识价值和功利价值，从而也促进了读者对作品的深度理解和总体把握"。③ 所以，激情的理想主义、灼人的生命投入、切实的当下关怀，不仅仅是八十年代文学批评的特征，也是八十年代文学的特征、八十年代的时代特征，而这个特征也恰恰回归了文学批评的应有真义。借用"理论是灰色的，而生命之树常青"这句耳熟能详的话，文学批评如果是基于生命的，则批评亦将常青。

　　"文革"结束之后的八十年代文学批评，借助整个时代的氛围，具有了巨大的社会影响力。八十年代的文学批评甚至常常溢出了文学的范围，而产生更为广泛的思想影响。必须指出，八十年代文学批评引起广泛的社会关注，与此前 30 年间的那种群众运动式文艺批判所产生的影响不同，后者的社会影响的形成是通过政治组织发动的，而前者的影响来自社会对文学及文学所包含的理想主义、社会关怀的寄托。所以，我们看到八十年代之初"关于电影《武训传》批判和一九五八年新民歌运动的评价问题"的讨论批评

---

① 李洁非、杨劼：《共和国文学生产方式》，社会科学文献出版社 2011 年版，第 185 页。
② 朱寨：《导言》，《中国新文艺大系（1976—1982）理论二集》，中国文联出版公司 1986 年版，第 8 页。
③ 《文汇报》1985 年 7 月 23 日。

以及"关于诗的美学原则""关于新时期文学创作中人情、人性和人道主义问题""关于塑造社会主义新人形象问题""关于文艺创作如何表现爱情问题"等系列的讨论批评,都不是文学圈或学院派的自我操练、自娱自乐,而是有着深切的关怀或现实的针对性的。这些相关的讨论批评,也因其或是在总结反思过去的问题,或是思考探索如何回应现实和未来,都引起了很大的关注。同时,相继出现的"关于文学与政治的关系问题""关于主体性问题""关于新的方法观念"的讨论批评等,更是为社会所瞩目,从而产生了更为广泛的社会影响。

这些热点大都是在学术层面通过正常的文学批评进行的,至少在最初发动讨论时是如此。比如引起激烈论争的"文学的主体性问题",讨论双方虽然针锋相对,但是都在讨论的正常范围内,文学批评是他们借助的最主要的方式。正如何西来后来评述的那样,"围绕着文学的主体性问题,存在着尖锐的意见分歧与观念对立,形成了1986年文艺理论界的一场主要论争。论争一方的主要代表是刘再复,另一方的主要代表是陈涌。卷进这场论争中的中年文艺理论家,人数不少。此外,还有一批理论界的新人。……真正形成论争,却要从1986年4月《红旗》杂志发表陈涌《文艺学方法论问题》算起。应该说,这是新时期文学观念变革的历史进程中涉及范围最广、影响最大、持续时间最久的一场论争,它的发展方向,不仅可以用来标示文学观念变革的方向,而且将引发人们作更深邃的思考与探究,从而加快文学观念变革的步伐,深化这一变革的内涵"①。如果不是后来的政治形势的遽变,或许这场论争依然会保持在学理层面。

当然,必须要指出的是,"文革"结束之后八十年代文学批评的兴起,文学批评热情的被激发,文学评论的繁荣,有一个最初的原因和动力是不能忽略的,即来自上层的激励和引导。新时期之初,一些文艺界的领导人在公开场合多次提出要重视文艺评论工作,要积极发挥文艺评论的作用,重要的文学媒体、极具影响力的文学机构都在进行文艺批评的发动和组织。朱寨曾回顾"文革"结束之后提倡文艺评论的情况:"虽然一批被打成'毒草'的作品和被定为'修正主义'的理论,政治上得到了平反,但长期形成的观念,'余

---

① 何西来:《前言》,中国社会科学院文学研究所《中国文学研究年鉴》编辑委员会编:《中国文学研究年鉴(1987)》,中国文联出版公司1989年版,第2页。

毒'、'余悸'，还是文艺创作前进的羁绊，必须从思想理论上来清除。"①

正是因为有关方面意识到文学批评对于文学创作发展方向的重要影响，所以文学批评的解放得到了官方的肯定和鼓励。比如 1981 年 5 月 24 日，《光明日报》发表评论员文章《开展文艺评论、繁荣文艺创作》。文章提出，要努力提高文艺批评的水平，改进文艺批评的方法，要使文艺批评即文艺评论经常化、正常化。全国思想战线座谈会召开不久，1981 年 9 月 25 日，"鲁迅诞生一百周年纪念大会"在北京人民大会堂举行。这次大会召开得也极为隆重，由邓颖超主持大会，胡耀邦在会上作了讲话。胡耀邦借这次大会的机缘，重新提及两个问题，一是关于文艺批评的方式问题，二是提出要辩证地对待文艺创作。胡耀邦说：

> 要促进文艺的健康发展，正确地开展批评和自我批评是十分必要的。现在的情况是，好些优秀的作品，得不到应有的表扬，而某些很坏的作品，则受不到有力的批评和谴责。……有些同志和朋友虽然知道文艺批评的重要性，但是过于忧心忡忡，老是担心刚刚恢复过来的文艺欣欣向荣的局面会被打下去。这些同志和朋友看问题不大全面，缺少两点：第一是缺少一点辩证法。如果我们让恶草和佳花并长，而不作必要的斗争，那我们的文艺只能是一个混乱的局面。第二是没有充分估计到我们党已经正确地总结了在发展文艺批评工作中的正反两方面的经验，因而始终注意和能够消除来自任何方面的干扰。
>
> 党中央已经并将继续精心指导全党，对文艺界、理论界、出版界、新闻界发表过严重错误言论的人们，采取分析态度，区分不同情况，加以正确对待。
>
> 有些同志曾经做过许多好事，写过许多好的作品，由于一时迷误，也发表了有害的作品。我们既不能因此否定他的成就和贡献，也不能因为他有过成就和贡献，就放任他的有害作品。还有些同志，因为过去受了冤屈，吃了苦头，有点情绪，这是可以理解的。如果因此抱着对党对社会主义制度怨恨的情绪来观察社会，写成作

---

① 朱寨：《导言》，《中国新文艺大系(1976—1982)理论二集》，中国文联出版公司 1986 年版，第 8 页。

品,那就是极错误的了。我们应当通过说服和批评,帮助他们把自己的有害作品修改好或索性废弃。

……是不是还有一种人,这种人骨子里从来就是仇恨新中国,仇恨社会主义,仇恨我们党。新社会也有这样的人……我们党认为,这种人,哪怕是极少数的、个别的,我们也决不能丧失应有的警惕性,小看他们的危害。对这种人的反革命罪行,必须绳之以法。①

可见,在胡耀邦的讲话中,指出要对作品采取辩证的态度去看待,不能一棒打死,彻底否定,而且要采取说服和批评的方式,帮助作家。胡耀邦的讲话,可以看作是官方对文艺批评的一定程度上的鼓励。

朱寨曾高度评价了文学批评的作用:"《拨乱反正,开展创造性的文学研究批评工作》是最早提出这方面问题的。作者'周柯',是代表《文学评论》编辑部发言的笔名。那时(一九七八年三月)《文艺报》还没有复刊,全国文艺刊物也寥若晨星,率先提出问题的任务就不能不落在他们的肩上。"②继《文学评论丛刊》1981年"当代作家评论专号之一"后,1982年继续推出"当代作家评论专号之二",收入论谌容、刘绍棠、张贤亮、肖平、鲁彦周、彭荆风、叶蔚林、李瑛、雷抒雁、陈建功、金河、母国政、王安忆、孔捷生、陈世旭、莫应丰、陈忠实、刘富道、韩少功、白先勇、陈映真等的文章,对他们各自的创作特色、个性、成就及其对中国当代文学的贡献作探讨。再如《人到中年》发表之后,《光明日报》较早发表丹晨的评论文章,认为《人到中年》塑造的陆文婷大夫形象是"一个光彩照人的社会主义新人形象"③。后来《文汇报》上发表晓晨的文章《不要给生活蒙上一层阴影》,对丹晨的文章提出异议④,由此引起了对小说《人到中年》的广泛讨论。这些倡导和实践,都在很大程度上推动了文学批评的制度化建设。所以朱寨曾用文学化的形象的语言比喻文学批评在拨乱反正过程中的作用:"文学创作的潮流,并不是一粉碎'四人帮'就如同长江出三峡,一路平阔,倒是像长江激流在三峡中迂回奔突。在文学创作

---

① 胡耀邦:《在鲁迅诞生一百周年纪念大会上的讲话》,《人民日报》1981年9月26日。
② 朱寨:《导言》,《中国新文艺大系(1976—1982)理论二集》,中国文联出版公司1986年版,第8页。
③ 丹晨:《一个平凡的新人形象》,《光明日报》1980年3月26日。
④ 《文汇报》1980年7月2日。

每一回旋前进的阶梯关隘，文学批评都起了推波助澜、探索前程的作用。从来没有这么多年度和阶段的文学回顾和展望的文学批评。频频回顾，不断前瞻，一方面说明文艺创作在日新月异地前进，另一方面也说明文学批评对文学创作的关切推助。"①

第二节　批评为何而鸣？

一、对政治的倚赖与挣脱

如前所述，文学批评的重建是在试图挣脱原来一元化、单一声部的状况的过程中推进的。而这个过程，也是与政治发生复杂纠缠的过程。所以，我们看到，文学批评与讨论争鸣，在"文革"结束后至八十年代之初，最为集中的问题自然是"文艺与政治的关系"。

"文革"刚刚结束的一段时期里，文学批评发挥了对于文艺的"极左"路线的批判作用，体现出挣脱以往的"文艺为政治服务""文艺从属于政治"的冲动和趋势。朱寨曾说：

> 紧接在以《班主任》为代表的"伤痕文学"之后，出现了别开生面的《乔厂长上任记》。这标志着文学创作的又一个新的突破。……但也有人持相反的观点，作出相反的评价，公开批评指责，甚至连作者也被否定，因此又引起了一场不小的风波。我们的文学批评使《乔厂长上任记》和乔光朴在文学创作上的地位得到了充分的肯定，排除了阻塞，使积蓄待发的一股创作激流喷吐奔突。仅在话剧舞台上就相继出现了《未来在召唤》《灰色王国的黎明》等切中时弊、针砭痼疾、召唤黎明、振聋发聩的作品。
>
> 《剪辑错了的故事》《犯人李铜钟的故事》的出现，反映了文学创作在向生活深处掘进的现实主义的深化。但作者们进入的这个题材领

---

① 　朱寨：《导言》，《中国新文艺大系(1976—1982)理论二集》，中国文联出版公司 1986 年版，第 8 页。

域,是长期讳莫如深的禁区,就在他们涉步的时候,还是令人却步的危险地带。特别是《犯人李铜钟的故事》,如果以"暴露文学"来衡量,它可以够得上"典型"。……作者惴惴不安,读者忧心忡忡,又有妨碍"安定团结"之嫌的非议……在疑虑和冷落中,我们的文学批评工作者拍案而起,仗义执言,首先从法律与道义、组织服从与临时应变、动公仓与救民于悬命、英雄与罪犯等一切可能受攻击的矛盾之点上,布阵迎战。①

这里,朱寨运用形象的文学语言描述了"文革"结束最初的时期文学批评对于原有政治路线、文学观念的颠覆和批判的作用。这种文学批评表现出的战斗性的姿态,其矛头所指当然还是"文革"遗留的政治观念,实质上是属于"文艺和政治关系"中的一种选择,更深层看,可以说这一时期的文学批评实践是依赖政治化的姿态来冲破原有的政治禁锢。而一旦这个任务完成或基本完成,随着文学创作的发展和文学理论批评的推进深入,文学批评就必然会面临着从理论的高度去反思和理清"文艺和政治关系"这一命题。

1979 年 1 月,《戏剧艺术》发表陈恭敏的《工具论还是反映论——关于文艺与政治的关系》。文章对"文艺是阶级斗争的工具"之说提出了质疑。而在《工具论还是反映论——关于文艺与政治的关系》发表的半年前,陈丹晨、吴泰昌发表了《评"文艺创作都要写阶级斗争"》一文,此文已经明确地将"文艺创作都要写阶级斗争"这种提法,列为"文革"期间"最惯用最典型的假左真右的反动文艺谬论之一"。《工具论还是反映论——关于文艺与政治的关系》发表之后的 4 月,《上海文学》发表了评论员文章《为文艺正名——驳"文艺是阶级斗争的工具"说》。几乎与此同时,钟惦棐的《电影文学断想》被认为"是一篇真正拨乱反正的文章"。② 钟惦棐指出,长期以来影响电影创作的是无视电影创作的艺术特点和功能,要求电影创作比其他艺术创作更加是"看得见并摸得着的'齿轮和螺丝钉'",电影创作(其实也包括其他艺术创作)为革命服务,也就是艺术与政治关系的"和弦论"。钟惦棐提出,文艺与政治的关系不应该是机械的一致,并说"过去把'不同步'视为'脱离政治'、'闹独立性',其实是狭义地理解政治,也是狭义地理解文艺,特别是电

---

① 朱寨:《导言》,《中国新文艺大系(1976—1982)理论二集》,中国文联出版公司 1986 年版,第 9—10 页。

② 同上书,第 8 页。

影。结果对政治和文艺尤其是电影都无好处"。关于电影创作题材、风格、样式的多样化问题，除了政治民主的前提，他认为真正的现实主义创作方法，题材风格必须是多样的，因为真正来自生活，来自对生活的真切感受，"它本身就是不同质的"。对于创作的"源"与"流"的片面理解，他也提出了纠正意见："说生活是'源'，其余都是'流'。作为认识论，是对的；作为文学艺术的方法论，其实际情况，就往往复杂得多。"①这些看法其实已经接近于关于"文艺与生活""文艺的源泉"等重要理论的重释了。

1979 年 10 月 30 日，邓小平《在中国文学艺术工作者第四次代表大会上的祝词》明确提出："衙门作风必须抛弃，在文艺创作、文艺批评领域的行政命令必须废止。如果把这类东西看作是坚持党的领导，其结果，只能走向事情的反面。"在这样的背景下，从 1979 年底开始，关于文艺与政治关系的理论讨论，就集中地展开了。特别是《人民日报》《文艺报》等开始组织了大规模的理论探讨。②《文学评论》也在 1980 年第 1 期开辟"文艺和政治关系问题的讨论"专栏③。

随着对文艺与政治关系讨论的更加深入，文学批评必然会触及文学

---

① 钟惦棐：《电影文学断想》，《文学评论》1979 年第 4 期。

② 类似的文学评论文章有很多，如：《对作家要宽容》，程代熙，《羊城晚报》1980 年 3 月 14 日；《对文艺不要横加干涉》，沙童，《红旗》1980 年第 18 期；《文艺政策随想》，陈辽，《星火》1980 年第 11 期；《漫谈文艺工作领导者的责任》，耿恭让，《奔流》1980 年第 3 期；《坚持和改善党对文艺的领导》，顾骧，《文艺报》1980 年第 6 期；《不要横加干涉》，何孔周，《文艺报》1980 年第 7 期；《给作家以更多的自由》，王琦，《文艺报》1980 年第 12 期；《改善党对文艺的领导，把文艺事业搞活》，傅佑、马秀清，《人民日报》1980 年 9 月 17 日；《文艺立法刻不容缓》，黄秋耘，《羊城晚报》1980 年 9 月 26 日；《文艺创作的领导，不同于物质生产的领导》，陈白尘，《文艺理论研究》1980 年第 2 期；《文艺体制一定要改革》，蓝光，《人民日报》1980 年 10 月 4 日；《只强调经济规律来领导文艺行吗?》古元，《人民日报》1980 年 10 月 4 日；《文艺领域不能容忍官僚主义》，黄宗江，《人民日报》1980 年 10 月 4 日；《文艺要立法》，鲁军，《人民日报》1980 年 10 月 4 日；《管得太具体，文艺没希望》，赵丹，《人民日报》1980 年 10 月 8 日；《放手支持改革，不要统得过死》，何俊英，《人民日报》1980 年 10 月 8 日；《怎样把文艺工作搞活》，巴金、叶圣陶、夏衍、林默涵、贺绿汀、刘白羽、罗荪勖、王朝闻、陈登科、谢铁骊，《文艺报》1980 年第 10 期；《领导要改善，体制要改革》，李准，《人民日报》1980 年 10 月 29 日；《文艺政策要放宽》，戴白夜，《人民日报》1980 年 10 月 29 日；《艺术问题不能下级服从上级》，刘效炎，《辽宁日报》1980 年 12 月 1 日；《"重视"之忧》，王若望，《光明日报》1980 年 12 月 7 日；《提倡用社会方式领导，不要搞层层审查制度》，钱英郁、齐英才、李天济，《文汇报》1980 年 12 月 15 日；《文艺体制应当科学化、民主化》，郑伯农，《红旗》1980 年第 24 期；《不要横加干涉》，王若望，《雨花》1980 年第 1 期；《"御用……"之类》，王若望，《安徽文学》1980 年第 12 期。

③ 发表罗荪的《文艺·生活·政治》、梅林的《文艺和政治是上层建筑范畴内的问题》等文章，同期还刊登了刘梦溪的《关于发展马克思主义文艺学的几点意见》、夏衍《一些早该忘却而未能忘却的事》等。

中关于人性、人道主义等问题。在文学批评中如何处理这一问题,引起了文学批评界的关注和讨论,继而又引发官方对此问题的最终阐释。这个问题最初是由《文学评论》1981 年第 1 期刊登了俞建章《论当代文学创作的人道主义潮流》引起的。从 1982 年开始,关于文学中的人性和人道主义问题的文章就已经多了起来,有 30 余篇。在初期自由讨论的阶段,刘锡诚的评论代表了一种意见,刘锡诚认为,新时期文学中的人道主义思想经历了两个发展阶段:以卢新华的《伤痕》、从维熙的《大墙下的红玉兰》和宗璞的《三生石》"开始出现的仅仅是人的尊严与人的人格这样的思想。接着又扩展到人的价值、人的个性、人的全面发展以及所谓人的异化问题"。而冯骥才的《啊!》、谌容的《真真假假》、韦君宜的《洗礼》、刘心武的《如意》等"向伦理道德领域里的扩展,可以说是新时期文学中的人道主义思想的第二层次",这类作品探讨了"政治利害与道德观念的冲突""敢于描写包括爱情、婚姻、家庭"问题。①而相反的意见则认为,把那个仅适用于特定范围和意义的人道主义主题,视为近几年来整个文学创作的基本主题和当代文学的主潮,这显然是以偏概全的观点,不符合这几年文学运动的实际。并指出"如果说,这几年我国存在着一股不可逆转的浩荡的文学潮流的话,那么,它就是革命现实主义的深入发展"②。"从评论与实践两个方面看,异化论都不能给文艺发展以正确的指导。"③在一定程度上,当时因为很多重要的理论问题没有突破,所以文学批评在挣脱与重建过程出现了很多不同的甚至对立的意见,也常出现一些游移反复。比如戴厚英的长篇小说《人啊,人!》出版后,文学批评界出现了很多争论。特别是关于作品中的人道主义问题。一种意见认为,作品是揭露阶级斗争扩大化的错误,主张对同志要关心、爱护、同情,要宽大为怀,并没有宣扬"人类之爱""超阶级的爱",不能说它宣扬资产阶级人道主义。另一种意见说"马克思主义包容了人道主义,是最彻底、最革命的人道主义",把马克思主义与人道主义画上等号,这种"探索"的结论却是错误的。有的认为,作者把医治精神创伤,改造人的灵魂,推进社会发展,寄托于恢复人道主义的尊严,企求于人性的复归,这在理论上讲不过去,实践中行不通。人道

---

① 刘锡诚:《谈新时期文学中的人道主义问题》,《文学评论》1982 年第 4 期。
② 陈传才、杜元明:《也论文学创作的人道主义问题》,《文学评论》1982 年第 1 期。
③ 计永佑:《异化论质疑——也谈异化论与当前文艺创作》,《时代的报告》1981 年第 4 期。

主义和人性论从来就不可能拯救社会、解放人类。有的则认为,人道主义不是医治创伤的"药方",却是不可少的"药材",在人性受到摧残后的今天,提倡人性复归,有着重大现实意义。

关于人道主义和异化问题,后来周扬和胡乔木在观念上产生龃龉,最终胡乔木获得了对此阐释的话语权威,这个问题的讨论才最后落定。但是最后的解决方案,并不完全是文学批评和理论探讨的结果,所以这个理论问题应该说并未得到解决。最终的结局,又一次地表明文学批评的挣脱的受挫。

二、有意味的"形式":文学批评话语的建构

文学批评中一度热烈的关于人道主义、异化问题的论争,最终由胡乔木的权威解释一锤定音,这个最终的结局对于文学批评的发展产生了何种影响?其后续的效应和影响的表现之一,是文学批评由原来专注于观念突破、思想理论突破,开始转向对于文学"形式"的关注了。换句话说,文学批评由原来对于文学之"义理"的关心,转向了对文学之"辞章"之热衷。其最直接的结果是"方法论热"的起势,且随之而来的"向内转""先锋文学"等都不能不说与此相关。其而言之,二十世纪八十年代后期文学批评所提出的"文体革命",所推出的"新写实主义"等概念,背后也隐含着向"纯"文学转向的某种无奈。对此,李洁非曾指出:"在'八十年代'的条件下,文学直接突破某些观念,实际上是不可能的。正因此,不谈'内容'只谈'形式',似乎就是一个可行的方案。"①而"'形式'问题在八十年代的意味格外复杂。……最主要的一点恐怕是'形式'问题对于'八十年代文学'具有工具革命的意味","所谓工具革命,是相对于思想革命而言"。②

我们知道,1984 年 1 月 3 日,胡乔木在中央党校作题为《关于人道主义和异化问题》的讲话。《理论月刊》第 2 期发表了这个讲话的修订稿。《人民日报》(1 月 27 日)、《红旗》杂志(第 2 期)等报刊转载了讲话全文。而我们看到,关于文学研究方法问题讨论、探索及运用新的方法来进行文学批评的热潮都是从 1984 年开始的新动向。其中最为突出的特点是引进自然科学乃

---

① 李洁非、杨劼:《共和国文学生产方式》,社会科学文献出版社 2011 年版,第 190 页。
② 同上书,第 189 页。

至横断学科的方法论原则①。从耗散结构理论、范式理论直到系统论、信息论、控制论等,都被拿来操练,同时试图从心理学、社会学方法和范畴来对文学进行创新的文章也并不少见。这些尝试都引进了新的方法,如系统论、耗散结构理论、模糊集合概念等运用在具体的文本批评中。在这期间,林兴宅的《论阿 Q 性格系统》、刘再复的《论人物性格二重组合原理》及《论人物性格的模糊性与明确性》、鲁枢元等人的文艺心理学探索等都引起了反响。对于这一热潮的兴起,李洁非说:"自从周扬批判后有关在人道主义基础上重建文学意识形态的想法实际上就告一段落了,也不得不告一段落。文学工作者不再从总的思想上寻求突破性成果,而转到了文学理论下层或局部问题。文学新方法讨论表达的意思实际是,不去触动文学体系核心内容,不谈文学的基本观念,只谈局部问题,例如解读作品、人物的方式方法。"②

　　问题从来不是一面的,任何一种历史选择的后续效应也不是唯一的。在人道主义受挫之后兴起的文学方法论的大讨论,给文学的理论研究和批评实践的学理化、纯粹性的发展提供了可能。从客观的效果上看,这为文学自身的理论话语的建构与推进起到了意想不到的作用。对此何西来有自己的评价:

　　　　文学研究方法的更新和文学观念的变革,逐渐拓展了研究者的视野,使他们开始从原先单一、僵化、陈旧的教条主义思维模式中解放出来。特别是系统论方法被引进文学研究领域之后,人们不再把文学现象仅仅看做是政治和经济的简单摹写或反映;……刘再复《文学研究思维空间的拓展》(《读书》1985 年第 2 期、3 期)一文,就是从方法论的高度对这些新的研究角度的评价。他对近些年文学研究方法的变化趋势,作了四点概括:(一)由外到内;(二)由一到多;(三)由微观分析到宏

----

①　林兴宅认为:"传统的文学研究大多是就文学本身来研究文学","较少越出研究对象自身进行横向和纵向的宏观思考,较少研究文学与其周围系统的复杂联系,也较少运用其他学科的知识、概念和方法对文学进行多侧面、多层次的综合考察。文学现象基本上是作为封闭系统处理的,其研究的广度和深度受到很大局限。"(林兴宅:《科技革命的启示》,《文艺评论》1984 年第 6 期)鲁枢元则指出,"在我国文艺理论研究中开始出现人文科学与自然科学的相互渗透、横跨多类学科的综合研究","但真正的理论创见并不会轻易取得。有一些文章,花费了不少笔墨,最后不过是换一套'名词'解说了一些众所周知的理论常识"。见鲁枢元:《关于创作心境模糊性问题的通信》,《文艺报》,1984 年第 11 期。

②　李洁非、杨劼:《共和国文学生产方式》,社会科学文献出版社 2011 年版,第 190 页。

观整合；(四)由封闭体系到开放体系。加上他在文章开头讲的由破到立，应该是五点。他后来又补充了两点：由静态到动态；由物到人。①

同时何西来还提到，"在我国，文化学和文化史的研究，自从五十年代梁漱溟、吴文藻等被批判之后，虽然不能说已成'绝学'，至少已很少有人问津了。近年来，学术界出于对'文化大革命'的历史教训的反思，处于社会变革的文化战略构想的需要，出于建设社会主义精神文明的实际要求，产生了对于文化问题的浓厚兴趣"②。

此后先锋文学批评的兴起与热炒，也是对有意味的形式的一种借助。在1987年中，批评界对于现代派创作的评论研究成为热点。比如关于残雪的评论，就有王绯《在梦的妊娠中痛苦痉挛——残雪小说启悟》(《文学评论》1987.5)、程德培《折磨着残雪的梦》(《上海文学》1987.6)、赵玖《残雪的方式》(《上海文论》1987.4)、何立伟的《关于残雪女士》(《作家》1987.2)；关于马原的小说评论，则主要有吴亮《马原的叙述圈套》(《当代作家评论》1987.3)、许振强《马原小说评析》(《文学评论》1987.5)等，另外还有如许振强、马原《关于〈冈底斯的诱惑〉的对话》(《当代作家评论》1987.5)、吴方《〈冈底斯的诱惑〉与复调世界的展开》(《文艺研究》1985.6)，等等。

类似地，"新写实"小说的批评概念的推出与倡导也是在"规避"中的探寻尝试。大致从1987年开始，相继出现的诸如方方的《风景》、池莉的《烦恼人生》、刘震云的《新兵连》《单位》等作品，其艺术底色与此前现代色彩的"先锋"小说不同，与传统的现实主义的理想色彩也迥异。这引起了批评家的关注。比较早地注意到这个特色的批评家中，雷达在《探究生存本相　展示原色的魅力》③一文中对此类作品的特点有所梳理。王干则称之为"后现代主义"的诞生④。而最早明确提出"新写实主义"概念的当属于徐兆淮、丁帆⑤。徐兆淮、丁帆后来又撰文提出："新写实主义小说在主体内涵与人物选择上的这种变

---

① 何西来：《文艺大趋势》，湖南文艺出版社，1987年版，第89—90页。
② 同上书，第91页。
③ 《文艺报》1989年3月26日。
④ 王干：《"后现代主义"的诞生》，《钟山》1989年第2期。
⑤ 早在《文学评论》杂志1989年第1期专门发表的综述《旋转的文坛》(现实主义与先锋派文学研讨会纪要)中，徐兆淮和丁帆的发言就已经明确提出"新写实"的命名。

化,是与新的社会思潮和文学思潮紧密相关的,从横向上看,它是在改革开放的大背景下,在马列主义反映论的基础上,吸收、借鉴、融汇了各种新的哲学、历史、文化的心理等思想潮流的产物,从纵向看,它既是对传统现实主义的继承,更是对过去那种虚假的理想化和英雄化的一种强烈的反叛。"①同时又有了张韧的评论②。《钟山》编辑部在 1989 年第 3 期开辟"新写实小说大联展"专栏,"卷首语"为"新写实"的价值取向及其特征作了较为宽泛的界定③。

《钟山》明确倡导之后,《小说评论》《文学评论》《文论报》《文艺报》《小说月报》《当代文坛》《文艺争鸣》《上海文学》《文学自由谈》等,甚至《人民日报》等都纷纷组稿或发表相关的倡导、研究、商榷文章。其中有的报刊还发表有关"新写实"小说座谈会的纪要、通讯、综述等。比如《文学评论》在 1991 年第 3 期刊发了《"新写实"小说座谈辑录》,《小说评论》也积极推动这一创作潮流,该刊在首先发表徐兆淮、丁帆《思潮精神技法——新写实主义小说初探》之后,还推出了《新写实作家、评论家谈新写实》④。

总体上看,从二十世纪八十年代中期开始,文学批评界与理论界出现"方法热""文化热""主体论"以及"先锋形式热",表明文学批评在借助形式而进行的规避,同时给文学的批评和研究的推进提供了契机。何西来在1989 年出版的《中国文学研究年鉴(1987)》的前言中就说,"近几年,文学观念的变革经历了三次历史性的冲击:一次是方法论的冲击,一次是主体论的冲击,还有一次,便是'文化热'的冲击。方法论的冲击,使文学观念变革找

---

① 徐兆淮、丁帆:《思潮精神技法——新写实主义小说初探》,《小说评论》1989 年第 6 期。

② 张韧:《生存本相的勘探与失落——新写实小说得失论》,《文艺报》1989 年 5 月 27 日。

③ 《钟山》杂志上面首先推出的新写实联展,及卷首语,可以看作是徐、丁二人第一次明确的思考。此"新写实小说大联展"专栏的卷首语,对新写实的价值取向和特征有过这样的说明和界定:"所谓新写实小说,简单地说,就是不同于历史上已有的现实主义,也不同于现代主义'先锋派'文学,而是近几年小说创作低谷中出现的一种新的文学倾向,这些新写实小说的创作方法仍是以写实为主要特征,但特别注重现实生活原生态的还原,真诚直面现实,直面人生,虽然从总体的文学精神来看新写实小说仍可划归为现实主义的大范畴,但无疑具有了一种新的开放性和包容性,善于吸收、借鉴现代主义各种流派在艺术上的长处。""不仅具有鲜明的当代意识,还分明渗透着强烈的历史意识和哲学意识,但它减褪了过去伪现实主义那种直露、急功近利的政治性色彩,而追求一种更为丰厚更为博大的文学境界。"《钟山》推出联展之后,还刊发了系列理论研究文章,比如陈骏涛《写实小说,从传统到现代的转化》(《钟山》1990 年第 1 期)、准准《时代呼唤着新写实小说》(《钟山》1990年第 1 期)、吴调公《从深沉心态看历史浸润》(《钟山》1990 年第 2 期)、陈思和《自然主义与生存意识》(《钟山》1990 年第 4 期)。

④ 《小说评论》1991 年第 3 期。

到了第一个理想的突破口"，"主体论的冲击，是文学观念变革进一步走上了自觉的标志"，"至于文化热的冲击，则深化了文学观念变革的层次，扩展了文学观念变革的思路和视野"。①

第三节　文学批评的规训功能

前文已经谈及，"文革"结束之后文学批评的发动兴起，与官方的倡导、激励有着直接的关系。而文学体制之所以提倡文学批评，看重的是文学批评对符合体制要求的文学创作内涵的阐释，以及对若干"不良"甚至"错误"倾向的作品的否定性判断。官方将文学批评作为引导、规约文学生产和发展方向的中介，这决定了文学批评在文学制度中必然要呼应制度的召唤与期待。

"文革"之后的最初几年，文学批评作为发挥拨乱反正思想解放的效用的诸多途径中的一个，经历了控诉、批判"极左"路线，呼吁思想解放的阶段。随着形势的变化，官方对于文学批评的期待和要求也有所不同。这一变化，尤其是在 1981 年的十一届六中全会召开之后更明显。十一届六中全会通过了《关于中华人民共和国成立以来党的若干历史问题的决议》，中共中央认为这个文件"为统一全党、全军、全国各族人民的思想认识，提供了科学的理论依据"，从而在思想上已经"完成了拨乱反正的历史任务，澄清了理论上的大是大非问题"。如果说，十一届六中全会召开之前，官方对于文学批评的期待，更侧重于对"文革"的批判的话，十一届六中全会召开，尤其是同年举行的全国思想战线问题座谈会之后，文学批评则被赋予了另一重期待：抵制批评资产阶级自由化倾向，克服文艺界乃至整个文化思想战线的涣散软弱状况。

因此，随着思想的渐趋统一，对文学批评的规约也会有所强化。于是，从 1981 年开始，文学制度中的上层部门对文学批评的任务、方向就逐渐进行倡导或指挥。1981 年 11 月 4 日，《人民日报》发表评论员文章《认真讨论

---

① 何西来：《前言》，中国社会科学院文学研究所《中国文学研究年鉴》编辑委员会编：《中国文学研究年鉴(1987)》，中国文联出版公司 1989 年版，第 6 页。

一下文艺创作中表现爱情的问题》，指出"文艺创作描写爱情生活要提高人们的思想品德和境界精神，纠正不真实、不健康的倾向"。紧接着，11 日的《人民日报》又发表一篇综述《提高社会责任感，正确描写爱情》，该文明确地对文艺评论提出了要求："要加强文艺评论，推荐佳作，批评错误，澄清思想和艺术是非"，"要努力学习马克思主义、列宁主义和毛泽东思想，要认真领会和贯彻中央领导同志最近一个时期以来关于文艺问题的讲话、批示精神"。与此相呼应，1981 年 11 月 26 日，《光明日报》在"关于文艺创作如何表现爱情的讨论"的专栏，刊登四篇文章，从不同方面评论张抗抗的《北极光》、白峰溪的话剧《明月初照人》。

不仅如此，地方的媒体、机构也在发挥着文学批评的规约和引导的功能，比如 1981 年 12 月 31 日《吉林日报》发表石海的文章《应该从中汲取什么教训？——评曲有源同志的某些政治抒情诗》，文章对曲有源的《为了明天的回想》（《长春》1980.12）、《新时期的"造反大军"》（《江城》1979 年第 9—10 期合刊）等诗提出批评。

根据不同作家作品的倾向与性质，文学批评在批判的过程中也会有所区别。比如诗人孙静轩受到的批评相对而言就比曲有源更重一些。孙静轩曾有诗作《一个幽灵在中国大地上游荡》在《长安》1981 年第 1 期发表。后来在四川省思想战线座谈会上，孙静轩接受读者对其长诗《一个幽灵在中国大地上游荡》的批判意见，并且作了自我批评。接着 1981 年 11 月 10 日的《人民日报》对此作了报道。《文艺报》第 22 期还发表了孙静轩的自我批评文章《危险的倾向、深刻的教训》。

当然，当时影响最大的是通过文学批评方式对白桦的《苦恋》的规训与批判。1981 年 4 月 20 日，《解放军报》发表特约评论员文章《四项基本原则不容违反——评电影文学剧本〈苦恋〉》。21 日，《时代的报告》出版增刊，刊登了该刊电影观察员的文章《〈苦恋〉的是非，谁与评说》及该刊文艺评论员黄钢的文章《这是一部什么样的"电影诗"?》，并全文转载了《苦恋》剧本。《十月》第 6 期发表了黎平评《苦恋》的文章《从艺术看〈苦恋〉的政治倾向》，并加编者按。1981 年 10 月 7 日，唐因、唐达成的评论文章《论〈苦恋〉的错误倾向》在《文艺报》第 19 期发表。同日，《人民日报》转载了此文。

唐因、唐达成的《论〈苦恋〉的错误倾向》批评说：

无论在思想内容和艺术表现上，都存在着严重的错误和缺陷。剧本的思想错误，是当前一部分人中间的那种背离党的领导、背离社会主义道路的错误思潮，在文艺创作中的突出表现。

……在剧本的许多描写和这个大问号中，旧社会和社会主义社会的本质区别消失了，我们的社会制度和"四人帮"的罪行被混同起来；于是剧本把应该指向林、江反革命集团的控诉，变成了对于党所领导的社会主义祖国的严重怀疑和嗟怨。

在末尾，文章又进一步提升了批评的力度，指出这是一种错误思想的反映："《苦恋》这种政治思想错误，不是一种偶然的、孤立的现象，它恰恰是十年内乱中社会上滋生的那种无政府主义思潮以及当前的资产阶级自由化思想在创作中的反映。"

这一系列的批评文章的"组合拳"般的推出，当然不是偶然的，这背后有着明显的组织性。1981年12月23日，《解放军报》刊登了白桦的《关于〈苦恋〉的通信——致〈解放军报〉、〈文艺报〉编辑部》。通信中，白桦也表达了自我批判的态度。《文艺报》全文登载了白桦的"通信"，《人民日报》也转载了全文。

由此可见，唐因、唐达成等人的文学批评，从正面对创作中"不良倾向"和越轨的可能给予了批判、揭示和纠正，而白桦的"通信"则从另一面表达了对此前批评意见的接受态度。在这样的"批评与被批评"以及"批评与自我批评"中，文学批评的政治规训功能便发挥出来。这种批评双方之间有来有往的互动，并不完全是个人的文学观念的冲突。因为这种批评与被批评的双方及其行为带有很大程度的表态性质，或者说"表演性质"。而整个批评运作的推动和操作来自个体之外的体制的意志，因此，无论是批评者还是被批评者，他们的文学批评文章也都少有个人的意见，更多地体现的是政治的意愿或者体制的期待。

观察二十世纪八十年代文学批评的过程中，我们不时会看到一些文学批评，其指认倾向背后，带有较强的政治规约性。这是党对文学制度内成员释放的某种信息，通过反向的警示，来实现对文学的引导。比如1982年1月15日《长城》文学丛刊从第1期开辟专栏，讨论杨东明的中篇小说《失去的，永远失去了》。紧接着，《中国青年报》《河北日报》《光明日报》等报刊先后发表文章批评这篇作品，批评文章普遍指责此作"格调低下、宣扬色情"。为此,作者杨东明在《长城》第 3 期上作了《失误和教训》的自我检讨。1982 年 2 月 8 日,《光明日报》发表了批评礼平的中篇小说《晚霞消失的时候》(《十月》1981 年第 1 期)的文章,《文艺报》《中国青年报》《文汇报》《青年文学》等报刊也相继刊文,对这部作品提出批评,而批评大多集中指责这篇小说"宣扬宗教信仰主义"。1982 年 3 月 8 日,《地质报》摘登关于贾平凹的中篇小说《二月杏》(《长城》1981 年 4 期)评论座谈会上的发言。《工人日报》《北京文学》《人民日报》等报刊先后发表文章,对这部反映地质工人生活的作品的"不健康思想"提出批评。1982 年 4 月,《文艺报》第四期发表易言的《评〈波动〉及其他》,文章认为《波动》(《长江》1981年第 1 期)的出现"受到存在主义思潮和存在主义文学的影响"。类似的还有,1982 年 4 月 29 日,广东省作协和《作品》编辑部联合召开座谈会,批评遇罗锦的长篇小说《春天的童话》(《花城》第 1 期),指出这是一部"发泄私愤、具有资产阶级腐蚀性"的作品。《北京晚报》《文艺报》《中国青年报》《羊城晚报》《工人日报》《文汇报》《作品与争鸣》《解放军报》《人民日报》等报刊先后发表文学批评《春天的童话》这部作品。1982 年 10 月 15 日,《光明日报》发表张晓林的《爱情描写中一个值得注意的问题》,文章批评了《爱,是不能忘记的》《公开的情书》《飞向远方》等作品,认为这些作品在反映爱情婚姻生活的倾向上是存在问题的。1982 年 10 月 22 日,《云南日报》发表了王甸的《必须对发表"评〈太阳花〉"一文进行严肃批评》。文章指出,《民族文学评论》第三辑发表的文思海的评论《太阳花》一文有"严重的政治错误","违背了党的十一届六中全会精神"。接着,《中国青年报》(1982 年 9 月 26 日)、《文学报》(1982 年 11 月 18 日)、《边疆文艺》(1982年第 12 期)也发表了批评文章。

在文学体制中,文艺评论制度运行的主要任务,在于批评和指出"不良倾向",同时也在于对符合要求或体现方向的文学进行肯定和倡扬。[①]比如在 1982 年问世的作品中,李存葆的《高山下的花环》"产生了最广泛、最强烈

---

① 1984 年 4 月 22—26 日,河北省文艺评论工作座谈会在石家庄召开,集中讨论了如何发展新时期文艺评论的问题。此次会上,河北省委书记高占祥强调文艺评论的主要任务是"剪除恶草"和"灌溉佳花"。

的反响"①。冯牧的评论《最瑰丽的和最美好的——读中篇小说〈高山下的花环〉》(《十月》1982 年第 6 期)给予极高的评价。这部小说之所以引起如此大轰动和反响,是因为这部小说在这个时期恰恰符合了主导思想所要求,不仅在表现新人、正面的形象、主旋律化,同时在人物塑造上突破此前"文革"那种高大全型创作模式的艺术特征,更重要的是,其与对越自卫反击战有关,《高山下的花环》的发表正逢其时。

1982 年、1983 年推出了大批倡导写"社会主义新人"形象的论文和批评文章。随着推进,这种对新人形象的认识开始具体化,于是到了 1984 年前后出现了要塑造和描写社会主义事业中的改革者形象、改革家形象的一系列明确倡导。这种改革者新人形象,有工业战线的改革者,也包括农村的改革者。相关文学评论文章如《关于描写农村新人问题浅议》(缪俊杰,《山东文学》1984 年第 5 期)、《文学作品应该讴歌时代的代表》(杨成潜,《海燕》1984 年第 5 期)、《描写开会与改革者形象塑造》(张春生、张宜雷,《当代文艺思潮》1984 年第 4 期)、《改革者形象应具有新人风貌和远大理想》(贺敬之,《文学报》1984 年 6 月 7 日)、《需要有更多的艺术发现——塑造改革家形象问题浅议》(缪俊杰,《光明日报》1984 年 4 月 12 日)、《深入火热生活　塑造改革家形象》(程树榛,《光明日报》1984 年 5 月 10 日)、《把激情献给开拓改革者》(杜若,《作家》1984 年第 8 期),等等。

文学批评的热点的形成或者有些重要问题的讨论,都与现实有着直接的呼应关系。在二十世纪八十年代末,有批评家呼吁要加强和发展马克思主义文艺批评。比如 1989 年 8 月 1 日,张炯在《光明日报》发表题为《大力推进马克思主义的文学研究和批评》的文章。文章认为:"新时期以来我国文学可谓空前繁荣,但也惊人地驳杂,由于资产阶级自由化思潮的泛滥,不仅严重干扰社会主义文学的健康发展,还给广大读者带来心灵的损害。因而,在马克思主义指导下,大力加强文学研究,推进文学批评,极其必要。"张炯说:"为了坚持四项基本原则,反对资产阶级自由化,当前文学研究与批评领域,以下几个问题特别值得人们深切注意。"这些问题是:"第一,在开拓文学研究和批评的多种角度和宽阔视野时,应坚持思想标准和艺术标准的统

---

① 　陈全荣:《当代文学研究一瞥》,中国社会科学院文学研究所《中国文学研究年鉴》编辑委员会编:《中国文学研究年鉴(1983)》,中国文艺联合出版公司 1984 年版,第 88 页。

一。""第二,在对文学史深入反思和重新评价时,应坚持当代意识与历史主义的统一。""第三,在发展当代文学理论建设时,应坚持马克思主义与当代文学实践的统一。"验之于当时的社会政治环境,可以说张炯这篇批评文章,本身就是政治对文学批评进行规训、文学批评呼应这种规训的例证。

第六章 二十世纪九十年代：
市场空间与自由幻象

第一节 自由及其幻象：作家的身份变换与认同困惑

二十世纪九十年代是个意味深长的年代。它尚未远去，但已经成为当代思想文化讨论中一个难以绕开的源点，许多问题可以溯源于此，或在此中找到重大明显变异的迹象。改革的步伐愈加坚定；中国日益深入世界市场的竞争之中，知识生产和学术活动已经成为全球化过程的一个部分；人文知识分子从启蒙的立场后撤，思想讨论和学术表达日趋细分和精密，知识进入了职业化的快速通道。①在此过程中，人文价值共识的松垮形成了九十年代刺目的精神症候，"人文精神大讨论"骤然兴起表明了人文知识分子共同感觉到了问题的压迫性，而它无法导向某种具体价值重建的结局，也拉开了一个认同困惑的时代帷幕。九十年代的人文知识分子面对的问题的复杂性超出了他们所熟悉的历史，许多意想不到的社会或思想的角落，刺出了让人措手不及的尖锐矛盾。二十世纪九十年代的思想生活，围绕着某些重量级的矛盾或对抗展开，例如"社会主义国家和独立的批判知识分子同时面临市场原教旨主义—新自由主义的挑战；中国政治和文化主体性面临全球后现代转向的挑战；中国的思想话语和制度面临以第二类大众社会为形式的民主（市场的商品力量而非革命政党是这一民主主要的动员力量）的挑战"，"先

---

① 参见汪晖：《当代中国的思想状况与现代性问题》，汪晖：《死火重温》，人民文学出版社 2000 年版，第 42—44 页。

前既定的思想和文化政治联盟转变成了新的、时常是料想不到的派别"。①
文学在这次文化场域的激烈重组中被抛到了边缘，狄更斯"这是最好的时
代，这是最坏的时代"颇为精准地形容了大多数作家所面临的境遇。主体的
身份问题首先彰显，是否要重新选择自己的身份？ 有哪些可供选择的文化
身份？ 选择怎样的自我身份？ 如何表达自我的身份重建？ 一系列的文学现
象就此进入文学史的叙述，也留下了这个时代特有的文化信息。

奔向体制外的原野：身份自由的诱惑

市场化的兴起带动了文学制度的重构，直接撬动了关于作家身份的规
范。在九十年代之前，作家始终被置于组织的体系之内。关于共和国文学
的一整套组织体系完整成形于二十世纪五十年代，但中国共产党建立并领
导文学组织的行动则远比这个时间更早，1930 年成立的"中国左翼作家联
盟"就是例证。1947 年 7 月 23 日成立于北平的"中华全国文学工作者协
会"，在 1953 年 10 月正式更名为日后大众熟悉的"中国作家协会"，成为五
十年代之后最有影响力和代表性的作家组织。若论及文学组织建立的构
想，1942 年毛泽东《在延安文艺座谈会上的讲话》已经足够清晰地表达了文
学组织化的逻辑和理由。总之，在五十年代之后，文学制度和政治制度无缝
对接，作家的价值立场、文学叙述、身份认同乃至自我想象都必须符合意识
形态的预设。这种规范的合法性和合理性，来自历史穿过血与火之后的授
权，作家的甄别、安置、管理、使用，体现了权力意志的强大和自信。尽管中
国作家协会明确属于"人民团体"性质，但在这类组织中担任不同层级领导
的作家，都有着官员的级别与身份，也就拥有组织赋予的象征资本。在文学
与政治一体化的时代中，这种象征资本传达出政治肯定的信息，赋予作家本
人及其文学叙述以鲜明的文化优越性，也提供了经济和物质生活的保障乃
至于余裕。在五十年代之前，文学制度提供的经济待遇不单纯以货币形式
表现，"供给制"反映出军事化、物质匮乏背景下对作家的特殊优待。共和国
成立之后，供给制与工资制相结合，"历史上首先出现领工资的作家或以作

---

① 张旭东：《全球化与文化政治：90 年代中国与 20 世纪的终结》，朱羽等译，北京大学出版社
2014 年版，第 22—23 页。

家身份拿工资的人群"①。因此,加入中国作家协会等文学组织,就将自己置身于社会主义革命的伟大进程之中,不符合乃至游离于这个大方向的文学叙述动机,首先就必须面对组织的思想规范和自己的生计考量。从这个意义上说,文学组织赋予作家的创作自由是有其政治前提的。然而,随着九十年代中国社会市场化进程的全面铺开,作家们逐步感受到了叙述空间的扩大,作为体制人的身份也出现了变化的可能。

　　组织外的社会空间开始散发出诱惑的气息。意识形态的要求已经降低为一种底线而非设置某种引导性的标高,市场愈发自如地左右着文学叙述的方向,稿酬、销量、读者趣味等词汇重新变得重要。1990 年 6 月 15 日,国家版权局发出《关于适当提高书籍稿酬的通知》;1992 年 1 月,国家版权局发出《关于颁布著作权许可使用合同标准式样的通知》,重新肯定了版税制度。到 1993 年、1994 年的时候,几乎所有的作家,尤其是作品畅销的作家都普遍要求出版社以版税付酬。②文学刊物作为原先的意识形态阵地,在1993 年发生了明显的消费化变革。有研究仔细梳理了这一年中各种报刊的扩版和改版:《参考消息》《光明日报》《经济日报》《中国青年报》《解放日报》《文汇报》等重量级报刊扩大版面,为经济发展带来的广告业提供版面,而纯文学期刊则纷纷转向综合性文化刊物的经营,其实质就是为了增强趣味性以打开销路。济南的《文学评论家》改为《文学世界》;作家出版社新创的《作家文摘》要为读者"提供文化快餐";《河北文学》改为《当代人》,增设"青春调色板""爱情变化球""家庭录像""新潮一族"等栏目;云南的《滇池》增设"都市风采""女性的天空"等栏目。同时,许多报纸开辟了周末版,如《中国文化报》的《文化周末》《北京日报》的《京华周末》《中国体育报》的《新周刊》《中国妇女报》的《伴你》《北京青年报》的《青年周末》等,都是休闲娱乐的文字空间。③高稿酬的心理刺激、摆脱规范的自由想象、独立经营的成就感,使文学从业者脱离组织的生存变得充满诱惑。

　　一批作家就此奔向体制外的原野,自由成了最鲜明的旗号。翻检一下十年二十年前的文学史记录,作家离职在九十年代似乎成为风尚。1992 年 4

①　李洁非:《文学史微观察》,生活·读书·新知三联书店 2014 年版,第 25 页。

②　参见邵燕君:《倾斜的文学场——当代文学生产机制的市场化转型》,江苏人民出版社 2003年版,第 13 页。

③　参见张志忠:《1993:世纪末的喧哗》,山东教育出版社 1998 年版,第 310—311 页。

月,王小波辞去中国人民大学会计系的教职,成为自由作家。同年,供职于安徽省作家协会的潘军挂职停薪下海南。韩东1982年毕业于山东大学哲学系后在西安、南京两地大学教过马列主义,也在1992年辞职。余华1993年8月调离嘉兴市文联并定居北京,开始职业写作,同年辞去公职的还有陈卫和后来创办"长安影视公司"的杨争光。1989年毕业于东南大学动力系的朱文在1994年辞去公职,同年辞职的还有在华艺出版社工作的丁天。吴晨骏于1995年底从电力研究所辞去公职。1996年李冯辞去广西大学的教职。1994年调到河海大学任教的朱朱于1998年辞职。在九十年代有过辞职经历的还有西飏、张旻、魏微、王小妮、徐敬亚、刘继明等作家。①如果稍微把时限放宽一些,就可以看到更多的离职者,如2001年北村从福建省文学艺术界联合会离职成了独立作家。虽然不能完全依赖作家自述来判断他的整个精神世界,但如果有较多的作家自述都表达了某种近似的立场,那么至少这种作家的主体姿态在当时是存在的。向往无拘无束的自由生活,就是离职作家们对自己的行为给出的共同性解释。韩东的说法带有强烈的反抗色彩,"就是在一个体制下生活,有人管着你,这个很可怕,还有什么上级下级,有领导,还要开会,还要守纪律,要为一些非常虚无的事情浪费生命。这些事情我觉得和我的天性不相容"②。朱朱则认为公职所具有的道德压迫感和官僚习气令自己无法忍受:"如果在一座大学里面不尽职的话,很明显对自己构成一种道德的压力,这是最主要的原因。在另一方面,我对这座大学给每一位教师设定的环境感到失望,他们的任何合理要求终将去面对一种很冷漠的官僚的产物,在这个现实里你感受自己早已死去,但你又是最后知道这个噩耗的人。"③王小妮的解释很简单,"原先我是在一家国家级的电影制片厂工作,本来是不错的。突然有一天,单位要求坐班,我就受不了了。我这个人就是这样,自由惯了"④。吴晨骏

　　① 此段描述主要来源于三部著作,分别是汪继芳的《"断裂":世纪末的文学事故——自由作家访谈录》(江苏文艺出版社2000年版)、张钧的《小说的立场——新生代作家访谈录》(广西师范大学出版社2001年版)和黄发有的《准个体时代的写作》(上海三联书店2002年版)。在某些细节上,这些资料并不一致。如韩东的辞职时间,汪继芳的《"断裂":世纪末的文学事故——自由作家访谈录》中记录韩东的原话为"1982年毕业到1993年辞职,一共在单位里待了十年。西安二年,南京八年"(第210页)。黄发有的《准个体时代的写作》则说,"韩东1992年辞去南京某高校的马列教员职位"(第49页)。

　　② 汪继芳:《"断裂":世纪末的文学事故——自由作家访谈录》,江苏文艺出版社2000年版,第211页。

　　③ 同上书,第141页。

　　④ 王洪、陈洁:《职业作家生存状态报告》,《中华读书报》1988年7月29日。

以"价值观不同"概括辞职的缘由，"可能不管怎么样都不行吧。主要可能是价值观不一样吧"①。吴晨骏暗示，单位的"价值观"至少构成了对写作自由的无形压迫。李银河认为"自由度"只是王小波辞职的数个原因之一，"有几个原因，首先是经济情况允许，出国有一些积蓄，另外没有孩子，没有后顾之忧；其次是与个性有关，在单位人际关系不容易处好，在大学任教，课时不多，每周也就几节课，但他还是觉得与创作互相打扰。辞职就可以'躲进小楼成一统'，有了自由的创作空间"。但正是辞职造就了后来的王小波，"辞职以后的五年，是他一生中精神最为愉快、创作最为丰富的一段时期。没有了束缚，可以独立思考"②。诸多离职的解释中，数西飔的最为模糊，但也不难体会到对"管束"的反感："我曾经一直尝试工作，但最后没能坚持下来。当然，我最后辞职还是有些偶然。原来作协给了创作假，每月领 150 元，单位可以不去。但后来单位不同意我请创作假，勒令我回去上班。当时我想我这人早晚是要辞职的，长痛不如短痛，于是就一刀两断了。"③原因有差异，情绪有强弱，但"自由"始终是这批作家谈论离职时绕不开的主题。有趣的是，离职的作家们基本都是通过描述对不自由的不满来反证自己对自由的向往，这样的修辞策略体现出了"自由"观念背后隐藏着的反抗性。

资本的毛细管作用：市场掌控下的身份自由

　　离开体制之后的作家需要自己独立谋生，身份变化能否让他们在新的时代语境中如鱼得水？汪继芳的采访留下了这样的记录："陈卫辞职后，在常州生活的那段时间里非常窘迫，每顿就去食堂打一个青菜吃。好在有画家金锋的接济，才勉强维持生活。有时，他吃住就在金锋家里。一次，金锋去外地多日，忘了关照陈卫，饥饿的陈卫，找到了一堆胡萝卜，于是，他守着这堆胡萝卜，挨过了几天。"自由不会自动带来生活的余裕，也不会自然地激发创作的井喷。辞职五年之后，陈卫坦承自己"已经失去了工作的能力"，而他的创作也并没有明显的起色，发表过的作品不过 10 万字。汪继芳还发现，"在南京这帮自由作家里，唯一过着正常家庭生活"的吴晨骏，其生活的

---

　　① 汪继芳：《"断裂"：世纪末的文学事故——自由作家访谈录》，江苏文艺出版社 2000 年版，第79 页。

　　② 王洪、陈洁：《职业作家生存状态报告》，《中华读书报》1998 年 7 月 29 日。

　　③ 张钧：《小说的立场——新生代作家访谈录》，广西师范大学出版社 2001 年版，第169 页。

基石竟是母亲赠送的住房。①如果辞去公职是为了写作条件的更为宽松,那么许多作家会发现解决生存的压力也不见得轻松。他们所置身的九十年代文化场域,资本的力量已经无孔不入。物质生活的富裕或窘迫看得见,而物质生活对作家心理和创作产生的影响就隐蔽得多。王汎森在研究清代的文化禁制时用"毛细管作用"来形容外部浸润性压迫对个体文化心理产生的深刻影响,这些心理压迫虽难以言明、难以描画,却使当时的文人以及文化从业者都产生了明显的"自我压抑",文人的自我约束、自我删改进一步扩大了文化禁制的效力,从而形成了那一时代的文化面貌。②相比清代的文化禁制,二十世纪九十年代市场经济的价值取向对作家的影响更为隐形而强大。南京自由作家群体性的窘迫说明,离开体制不意味着摆脱写作的外在困境,它可能带来了另一批更麻烦的问题。同样在九十年代,另外一些作家迅速地跃过了是否脱掉"体制"的外套的问题,他们更在意如何重新选择或丰富文学在市场时代的生存方式。投身影视文化产业,是这批作家表现出的共有认同。

　　无论是否离开体制,许多作家都在九十年代有过一种新身份:编剧。先锋文学的领军人物马原自述,1992 年"先完成了改编自己小说为电视剧本,12 集。之后为这部剧集拍电视搞服务赚钱集资。剧集暂时未拍。……人很忙。忙不出什么名堂"③。"赚钱"是最为简洁和有力的理由。陈村说自己在九十年代写过两个"已经卖出"的电影文学剧本,他坦言"不大喜欢写剧本"。④张旻同样不太认可自己投身影视的身份选择,但他在表达不认可时的犹豫勾勒出了经济力量的身形:"前段时候由于跟人搞电影,小说写作停了,电影没有搞成,最近又要重新开始写小说,以后会不会有变化,现在说不清楚。"⑤刘恒承认"编剧"是一种身份的妥协,但他在对文化未来走势的判断中淡化了这种身份妥协的矛盾性。"对于我来说这是一种自然而然的结果。作为编剧,我没有太多的主动权,我写剧本实际上也是对现实的妥协。……作为一种现代的表达方式,电影已经成为一种越来越重要的艺术,

　　① 参见汪继芳:《"断裂":世纪末的文学事故——自由作家访谈录》,江苏文艺出版社 2000 年版,第 13、18、76、80 页。

　　② 参见王汎森:《权力的毛细管作用:清代的思想、学术与心态》,北京大学出版社 2015 年版,第 345—442 页。

　　③ 马原:《虚构》,长江文艺出版社 1993 年版,第 414 页。

　　④ 参见张英:《文学的力量:当代著名作家访谈录》,民族出版社 2000 年版,第 98 页。

　　⑤ 张钧:《小说的立场——新生代作家访谈录》,广西师范大学出版社 2001 年版,第 150 页。

到了二十一世纪,作家的声音会越来越小,现代的传媒工具的影响会越来越大,仅仅依靠文字本身来传递信息是远远不够的了。所以,作家没有理由孤芳自赏。"①许多作家都还在创作与赚钱的苦恼中转圈时,刘恒明确肯定了影视创作者的身份价值,也使影视产业中与文学有明确关联的"编剧"身份,增加了作为"自由"创作类型之一的底气。当然,也有作家并非为了经济利益而参与影视剧制作,意识形态对文化力量的引导也是影视剧生产的重要因素。1991 年中国人民解放军总参谋部成立了电视艺术中心后,上级决定把解放军军事五项队的事迹拍成电视剧,尚在总参政治部文化部工作的莫言就接受任务,创作了四集电视剧本《神圣的军旗》。②当然,从总体上看,九十年代作家兼职"编剧"基本是被市场经济力量所决定的,作家身份的这种位移,说明资本因素整体性地改变了作家的价值认同。"商品关系变为一种具有'幽灵般的对象性'的物,这不会停止在满足需要的各种对象向商品的转化上。它在人的整个意识上留下它的印记:它的特征和能力不再同人的有机统一相联系,而是表现为人'占有'和'出卖'的一些'物',像外部世界的各种不同对象一样。根据自然规律,人们相互关系的任何形式,人使他的肉体和心灵的特征发挥作用的任何能力,越来越屈从于这种物化形式。"③卢卡奇描绘的商品关系之于肉体和心灵上的作用,也恰是一种资本的"毛细管作用"。

比作家个体参与影视剧本创作更有力地表明市场资本对文学创作的掌控的,是九十年代出现的影视剧制作方组织和调动知名作家参与脚本创作的现象。1993 年,张艺谋以命题作文的方式约请 6 位作家写武则天,分别是苏童的《紫檀木球》(刊发于《大家》创刊号),北村的《武则天——迷津中的国王》(刊发于《小说家》1994 年第 4 期),格非的《武则天》(刊发于《江南》1994 年第 1期),赵玫的《则天大圣皇帝》、须兰的《谁想毒死我》(均由中国开明出版社出单行本),钮海燕的《中国女皇》(由中国社会出版社出单行本)。④张艺谋的"武则天"是在多种剧本中挑选或组合一种最好的可能,而杨争光的方式则是诸多作

---

① 参见张英:《文学的力量:当代著名作家访谈录》,民族出版社 2000 年版,第 80 页。

② 参见杨永革、周余霖:《莫言 20 多年军旅生涯:部队永远是我家》,http://news.sohu.com/20121017/n355064865.shtml。

③ [匈]卢卡奇:《历史与阶级意识——关于马克思主义辩证法的研究》,杜章智、任立、燕宏远译,商务印书馆 1999 年版,第 167 页。

④ 吴义勤主编:《文学制度改革与中国新时期文学》,文化艺术出版社 2013 年版,第 184 页。

家分别承包一个剧本的某个部分。杨争光于 1993 年创办的"长安影视公司"集写、编、拍摄、制作、销售于一体,22 集电视连续剧《中国模特》"当时找到了文坛正走红的十一个作家,一人负责两集剧本创作。参与者有贾平凹、苏童、叶兆言、格非、余华、刘毅然等作家,每人分开写,但到剧本出来后,风格差异太大"①。无论是张艺谋还是杨争光,都能调动当时已经具有相当象征资本的作家为其影视生产服务。这两份名单都出现了苏童和格非,更有趣的是,其时处于体制之中的作家占了这两份名单的大多数,除了苏童和格非,还有贾平凹、叶兆言、北村、刘毅然、赵玫等。这可以说明,资本的力量已经足以跨越体制内外。相比体制内或体制外的显性身份,影视剧写手是许多作家临时的、潜在的却又更为实质性的一种文化身份。在某些作家身上,"影视剧写手"的身份还可以进一步升级,如作家张贤亮 1992 年之后创办了宁夏华夏西部影视城公司并担任董事长,身份的文化属性和资本属性在张贤亮身上统一了。

体制内作家和影视剧写手两种身份的共存,表明作家在自觉或不自觉地调试诸种文化身份之间的冲突。布尔迪厄曾指出经济资本和象征资本的矛盾统一:坚定地积累艺术性而暂时牺牲经济利益的做法,终将在获取象征资本后得到更为丰厚的经济回报。他如是描述文化语境资本化时的情景:"'资产阶级'世界从未以如此严厉的方式表明它的价值和它控制合法化手段的野心,无论在艺术领域还是文学领域。'资产阶级'世界通过报纸和拙劣的作家,力图推行一种丧失尊严的和有损名誉的文化生产。没有文化、全都浸淫在虚伪和掺假之中的暴发户体制;讨好整个报界刊登和宣传的最平庸的文学作品;新的经济主宰者的庸俗物质主义;一大批作家和艺术家的卑躬屈膝的谄媚;这一切都引起了作家们的鄙视和厌恶。"②结合九十年代作家们的现实选择,这番描述除了指明"自由作家"身份无法摆脱的市场属性,还暗示了资本身份之外精神身份的复杂性。

变换的外套:包裹着价值分歧的身份自由

身份是职业的客观外在符号,也指价值立场的认同选择,某种意义上,

---

① 张英:《文学的力量:当代著名作家访谈录》,民族出版社 2000 年版,第 242—243 页。

② [法]皮埃尔·布尔迪厄:《艺术的法则:文学场的生成与结构》,刘晖译,中央编译出版社 2011 年版,第 14—15 页。

后者的重量远远大于前者。职业身份如同价值认同的面具，两者在本质上可能毫无关联：一个厨师可能是一个潜藏的秉持极端种族主义立场的恐怖分子。仅就作家客观身份的变化来谈变化，容易陷入身份变化不同属性的描摹而忽略了身份变化包含的价值认同变迁①，况且，九十年代的作家已经指出了职业身份变迁与作家精神立场无关的可能性。夏商说，经商和写小说"它们之间没有任何关系"②。赵刚说自己的离职也无关于写小说："说赵刚是为了写作从单位辞职了什么的，其实也不是这么回事儿，实际上我就是想游手好闲，就习惯这种生活。哪怕不写东西，我也还是不乐意去干活，只要自己能活下去的话。"③必须肯定九十年代作家客观身份变化之于主体的文化意义，也必须看到作家客观身份变化之外的广阔空间，这就是作家精神立场的分歧和困惑。

　　九十年代明显区别于八十年代的特征之一，就是九十年代文化共同体意识的碎片化。"八十年代有基本的社会共识和思想共识，有基本的价值指向，九十年代则必须在分化和对立中把握某种总体性。八十年代……我们从哪里来、要到哪里去还是基本清楚的，或者说还没有发生总体性的疑虑，也就是说还有一种方向感和集体认同感。九十年代这种方向感和认同感受到了越来越大的挑战，已经不再是不言自明的东西，而是对内对外都需要费力去辩解和争论。"④文学作为意识形态惯常的表现窗口，自然陷入时代的价值迷惘。在价值认同的意义层面上，九十年代的文学叙述呈现出几种鲜明的价值趋向，这就是作家主体认同意义上的身份变迁。

　　对终极意义的追问拉开了九十年代的帷幕。某种意义上，追问终极意义是作家与新时代的文化潮流正面撞击的结果。面对物欲膨胀、金钱至上

---

　　①　有研究对二十世纪九十年代作家身份变化作出了不同视角和文化属性的阐释。如房伟在《作家身份危机制度变革与文学新变》中提出，九十年代"作家身份结构，也就由'核心/边缘'结构，转变为一个由'核心''次级核心'与'外围'组成，相对稳定的同心圆式作家身份组织与认证结构"（吴义勤主编：《文学制度改革与中国新时期文学》，文化艺术出版社 2013 年版，第 47 页）。张永清提出了"事业型、职业型、产业型以及混合型"的分类模式（张永清：《改革开放 30 年作家身份的社会学透视》，《文学评论》2010 年第 1 期）。

　　②　参见张钧：《小说的立场——新生代作家访谈录》，广西师范大学出版社 2001 年版，第 181 页。

　　③　汪继芳：《"断裂"：世纪末的文学事故——自由作家访谈录》，江苏文艺出版社 2000 年版，第 105 页。

　　④　张旭东：《全球化与文化政治：90 年代中国与 20 世纪的终结》，朱羽等译，北京大学出版社 2014 年版，中文版代序第 16 页。

的流行世俗观念,一批作家表明了自己的愤怒与抵抗,并试图提供新的人生价值观。"宗教在最好的情况下总是承载着非同寻常的抵抗性力量。在没有被驯化为现况的神圣华盖,和没有被消耗于自相冲突的权力争夺时,宗教是以抵抗为生的。宗教的主要抵抗是反对同一性。"①宗教信仰作为文化抵抗的资源进入作家们的叙述,成为文化身份的一种符号。提起九十年代的信仰叙述,北村和张承志都无法绕开。北村于 1992 年 3 月 10 日皈依基督,《施洗的河》标志着他叙述方式和目标的转折。细心的读者可以发觉,北村的信仰叙事中活跃着各类知识分子的身影,然而知识、道德、经验理性和艺术诗性都无法回答小说中的知识分子们对人生终极价值的追问。"为什么活着?"北村的答案是基督信仰。北村的信仰叙事以生存意义的焦虑与求索为叙述主线,以"信"或"不信"作最后的价值判断,以基督的信和爱为恒定的轴心,然而,北村的描述仅仅是复杂的世相关系中的一种可能。北村在简化信仰问题的同时又放大了信仰与理性之间的对立,他让不同类型的知识先后在意义焦虑的逼迫下完成皈依,但知识转向信仰的一刹那仍然不可言说。②较之于北村,张承志引起的争议更为激烈。1991 年问世的《心灵史》号称"必须贫苦才能信仰",将精神与世俗某种意义上的差别放大为不可共存的对立,显示出信仰叙事激进与偏执的面相。如果将 1989 年 3 月 26 日海子的卧轨和 1991 年 9 月戈麦的投水也视为文学的一种叙事,那么这就是以生命书写对终极意义的追问:"诗人死于向思维、精神、体验的极限的冲击中那直面真理后却只能无言的撕裂感和绝望感。"③

文学叙述向个人经验和世俗价值的回归,是九十年代文学另一股清晰的价值取向。文化共同理想的碎化,商业气息的弥漫和大众文化的兴盛,为九十年代"新写实""晚生代""女性写作"等现象提供了温床。源起于八十年代后期的"新写实主义"确立了世俗生活的文化意义,进入九十年代之后,刘震云的《一地鸡毛》、方方的《桃花灿烂》《行云流水》、池莉的《你是一条河》等作品延续了八十年代新写实主义对个体日常状态和生活细节的热衷,但《行

---

① 　[美]特雷西:《诠释学·宗教·希望——多元性与含混性》,冯川译,上海三联书店 1998 年版,第 137 页。

② 　参见陈舒劼:《价值的焦虑:二十世纪九十年代以来中国小说中的知识分子叙述》,安徽人民出版社 2009 年版,第 156 页。

③ 　王岳川:《中国镜像:90 年代文化研究》,中央编译出版社 2001 年版,第 222 页。

云流水》这样的小说已经不似八十年代"新写实主义"那般强调叙述情感的"零度状态"，而是出现了包裹着悲剧意味的轻喜剧化叙事。另一批也曾被称为"新写实"作家的刘恒、李锐、杨争光，"他们对一些特殊生存境遇的表现，尤为强调叙述意识和叙述语言，从艺术表现方法方面对经典现实主义做出超越。他们的叙述意识、叙述语言与先锋派相去不远"①。"新写实"的内部分歧提示，近似的价值趋向之中仍可能存有明显的差异。比如说，"女性写作"的个体性更依赖其性别经验的基础，而"晚生代"的个体性则愿意强调小说的"边缘性"色彩和"反叛性"基调。然而，九十年代文学的个体化倾向中同样潜伏着重大的价值危机："共同的经验崩溃了，狂欢的个体将通过何种方式在进行经验交流？……总体上来说，个体真实观的出场的确是对那些遭受压抑已久的个体经验以及封闭日久的经验域一个极大的解放，然而，对集体话语的排斥与放逐，带来的个体间交流的难题也许将是旷日持久的。"②当然，此问题的解决或许超出了九十年代文学的能力。

　　九十年代文学中要提到的重要价值面相，还应当包括向意识形态靠拢、力图在主旋律价值框架内阐释社会问题的文学观念。"现实主义冲击波"，包括反腐在内的社会问题小说，是这一价值立场的主要载体。"现实主义冲击波"主要在转型期社会问题的层面上关注个体的生活状态，流露出续接毛泽东《在延安文艺座谈会上的讲话》的精神传统的努力。谈歌在九十年代时就说："我现在理解小说，也就是站在大众的角度上。小说第一是小说，其次才是别的什么哲学、政治、经济等等。"③相对于"先锋"作家群和"晚生代"作家群，文学审美与接受的"人民性"在"现实主义冲击波"作家那里重新得到了重视。"平民意识……这条原则就是要解决给谁写，写给谁看的问题。这个问题解决不好，小说的命运就难测了。……不管什么时代，大众需要小说为自己代言。如果小说家们不愿意，那么大众就会把小说和小说家们扔掉，像扔掉一件破衣服。"④从主题的确立、情节的选择和人物的设计等诸多环节上，都可以看到"现实主义冲击波"对意识形态需求的想象，以及将这种想

---

① 陈晓明：《九十年代：文学怎样对"现在"说话》，《守望剩余的文学性》，新星出版社2013年版，第100页。

② 许志英、丁帆主编：《中国新时期小说主潮》，人民文学出版社2002年版，第656页。

③ 谈歌：《小说与什么接轨》，《城市热风》，百花洲文艺出版社1997年版，第2页。

④ 同上书，第3、4页。

象置于时代转型的社会矛盾中加以表述的努力。仅就此而言,张平、陆天明、周梅森的反腐小说也可以纳入其中。张平曾如是评价自己的创作:"一是在作品的社会性和艺术性的选择上,我更多地选择了社会性;二是在普通读者和精英读者之间,我更倾向于普通读者;还有一点,我选择的一直是现实题材,近距离地直面现实,直面改革。关注现实,关注时代,这既是我的写作方式,也是我的写作立场。"①尽管这些作品或多或少地存在清官意识,存在着以道德情感覆盖问题的复杂矛盾,但也可以视为是现实主义传统在新时代语境中存有缺憾的努力。

自由之后的再选择

无论如何,二十世纪九十年代将身份选择的自主权交到了作家自己的手里。随着时间的推移,作家对自我文化身份选择的可能性也日渐繁多。1994年中国大陆以域名". cn"正式加入国际互联网,为网络文学在新世纪的兴盛提供了前提。1999年,"榕树下"开始连续三年举办"网络原创文学作品奖"的评选,网易公司也开始举办"中国网络文学奖",并邀请王蒙、王安忆、贾平凹、余华等知名作家担任评委,中国网络文学发展出现了第一个高潮。②网络文学包含的诸多价值趋向在新世纪中较为全面地表现出来,网络写作的机制进一步增添了作家身份选择的自由度。新世纪中,作家身份混杂、模糊和不稳定的特点越发明显。研究者已经注意到了作家身份的流动性和多重性。"后革命时代新的一体化文学策略,使作家身份处于流动状态"③,"绝大部分作家兼有两种乃至三种身份类型"④。张继由业余作家转为济南市文联专业作家,再变为市场化电视剧自由撰稿人,最后又成为沈阳军区专业作家。⑤这样跳转于诸多身份间的作家也不在少数。

有趣的是,在体制的大门打开数年之后,许多作家又争先恐后地挤回体制之中。资料表明,2001年12月中国作家协会第六次全国代表大会后,连

---

① 张平:《天网》,人民文学出版社2009年版,《自序》第1—2页。

② 参见周志雄:《网络文学的兴起——中国网络文学发展文献史料辑》,人民出版社2014年版,第316、318页。

③ 吴义勤主编:《文学制度改革与中国新时期文学》,文化艺术出版社2013年版,第53页。

④ 张永清:《改革开放30年作家身份的社会学透视》,《文学评论》2010年第1期。

⑤ 参见吴义勤主编:《文学制度改革与中国新时期文学》,文化艺术出版社2013年版,第50页。

续两年申请入会的作家都突破了 800 人，2003 年度中国作协会员审批工作结束后，中国作协会员总数已逾 7 000 人。到 2009 年 12 月，中国作协官方网站上的数据是"现有团体会员 44 个，个人会员 9 301 人"①。即便自由的市场空间已经打开，回到组织怀抱也还是许多文学从业者的渴望。"进入编制，成为编内、在册的作家，比之于作为个体在市场上打拼、靠稿费吃饭，远为踏实、牢靠、旱涝保收。近来这种制度虽不再覆盖整个文学，面目亦不完整如初，但遗韵犹存，且仍是想从事文学的人心中首选"，"真正自甘其外的少之又少"，"'八五新潮'一代，本悉数身在体制外，逮于今日，未入'彀中'者百不及一"。② 与其说这是体制与作家相互妥协的表现，不如说作家相对体面地接受了体制的要求。因生存问题而悄然作出自我改变，原不是什么值得大惊小怪的事情，况且进入体制之后，前方的宏阔可能大大超出了他们原先的想象。知识分子原本就有着为体制提供服务的传统习惯，新世纪中作家身份的再选择，归根结底还是要落到他们文化认同的叙述表现上。

第二节　文学出版转型与期刊改制

　　二十世纪九十年代，随着现代化实践的全面推进和深入，中国的思想意识、文化态势、价值理念等也随之进入一个复杂的转型期。在商品经济和市场化潮流的引领下，中国社会的多重领域开启了前所未有的变革时代。而在文学领域，这样的转型和变革同样不能避免，自然地，与文学密切相关的出版及期刊也面临着这一历史的巨变。

　　据相关研究，其实早在二十世纪八十年代，中国的出版业机制已经开始了逐渐的转轨，其中最主要体现在图书发行上。1980 年 12 月，国家出版局发出《建议有计划有步骤地发展集体所有制和个体所有制的书店、书摊和书

---

① 《2003 年度中国作协会员审批工作胜利完成》，http://www.chinawriter.com.cn/zw/2003/2003-10-29/5067.html；《中国作家协会简介》，http://www.chinawriter.com.cn/zxjg/zxjj.shtml。需要说明的是，2009 年的数据在 2015 年 12 月本文写作时仍未更新。

② 李洁非：《文学史微观察》，生活·读书·新知三联书店 2014 年版，第 25、30—31 页。

贩》的通知,意味着民营书业具有了合法性;1982 年 6 月文化部召开全国图书发行体制改革座谈会,确立具体的改革措施:改一贯包销为多种购销形式,出版社自办征订批销,大力支持出版社自办发行,积极发展集体书店,适当发展个体书店,过去新华书店独家经营的体制被打破;1988 年,进一步放权承包,放开发行渠道,放开购销形式和折扣,推动横向联合。同时,为了提供相应的法律保障,1985 年,国务院设立国家版权局;1988 年 4 月,《中华人民共和国出版法》起草小组在北京成立,这一系列举措为出版业的转轨提供了相对良好的生态环境。①

　　1992 年 12 月,也即党的十四大闭幕之后的两个月,全国新闻出版局长会议召开,时任署长宋木文作了题为《贯彻十四大精神,把新闻出版事业推向一个新的发展阶段》的报告。党的十四大确立了中国经济体制改革的目标是建立社会主义市场经济体制,因此这个报告中也明确提出要逐步建立适应社会主义市场经济体制的出版体制。这标志着中国出版改革进入新的发展阶段。1993 年,十四届三中全会通过《中共中央关于建立社会主义市场经济体制若干问题的决定》,勾画出社会主义市场经济的基本框架,与此同时,国家对图书市场逐步放开,图书作为商品开始走向市场,出版社自办发行的观念和机制逐步形成。1994 年,新闻出版署提出出版业的发展要从以规模数量增长为主要特征的阶段向以优质高效为主要特征的阶段转移,从体制上要从传统的事业管理为主转向产业管理为主,进一步探索建立现代企业制度。②1997 年,党的十五大将“公有制为主体、多种所有制经济共同发展”明确为社会主义初级阶段的基本经济制度,同时提出“新闻出版业要加强管理,优化结构,提高质量”,中国的出版业由此也进入初步繁荣的发展阶段。

　　在经历了几十年的计划经济时代之后,面对市场经济的大潮,文学出版转型和期刊改制也是势在必行的了。1993 年,评论家朱向前在《1993:卷入市场以后的文学流变》一文中写道:“毫无疑问,全面走向市场的中国当代社会必将急遽改变我国的传统文学生态环境和价值取向。质言之,文学作品的商品属性将得到前所未有的正视、重视乃至一段时间内过分

---

① 参见谢刚:《出版体制转轨与新时期文学的转型》,《江海学刊》2004 年第 6 期。
② 参见张春:《论二十世纪八十年代以来文学出版观念的变迁》,《学术界》2012 年第 6 期。

的夸大与强调。大部分文学生产力将逐渐从政治辐射下走出而卷入经济轨道运作，其意识形态色彩会日渐淡化而商业气息将愈加浓厚。这不是谁喜欢不喜欢、情愿不情愿的事，这是时代的潮流。留给作家个人的权利仅仅是选择与被选择，而个人与社会双向选择的结果便导致文学的分化。"①

而在这种市场化的影响和催生下，文学出版的确呈现出了欣欣向荣的繁盛局面。据有关方面报道，1993 年不仅是大量严肃文学刊物的"创刊年"，各大小报纸的"扩版年"，还是近千家刊物的"创刊年"，而且不论是创刊的、扩版的还是转向的，其宗旨都瞄准了大众化、纪实化和生活类三大特点。也就是说，1993 年的文学市场（包括图书）对通俗性作品的需求量将呈几何级数剧增。②

然而，与单纯的物质产品追求不同，文学毕竟是更高层面的精神化产物，它即便是成为市场经济中的商品，也应该留有其高贵的思想品质。1993 年的"人文精神"讨论是九十年代一个重要的思想事件。而这一事件的发生即是对这一时代的现实状况和精神状态的反思和警醒。在《旷野上的废墟——文学和人文精神的危机》一文中，王晓明表达了他对九十年代人文精神状况的看法："今天，文学的危机已经非常明显，文学杂志纷纷转向，新作品的质量普遍下降，有鉴赏力的读者日益减少，作家和批评家当中发现自己选错了行当，于是踊跃'下海'的人，倒越来越多。"③因此，面对着市场潮流的冲击和商品化的侵袭，文学需要表现出其"特立独行"的一面。诗人公刘即对这种市场化下的文学生产表达了自己的质疑和愤怒：

> 在实行市场化的号召声中，中国文学，似乎已经后来居上，比商品更商品了，并且正在向畸形的中国股市学习，——一边"炒"，一边投机；其特点是，后期运作能量，大大超过了前期（创作本身）的劳动投入。一部《□□》，即其典型。
>
> ……
>
> 由于个体书商的全力豢养，同时由于部分作家的加盟，出现了一支

---

①②　参见朱向前：《1993：卷入市场以后的文学流变——从"王朔现象"说开去》，《当代文学研究资料与信息》1993 年第 2 期。

③　王晓明：《旷野上的废墟——文学和人文精神的危机》，《上海文学》1993 年第 6 期。

庞大的队伍——"写字儿的"。因之，地摊上有了坚决拒绝降温的老"热点"（色情、暴力），也有了不断变化的新"热点"（武侠、演义、玩股、逃税、风水、看相、卜卦、人际关系、特异功能、高层秘闻、社会黑幕等等）。"写字儿的"一族已然成了气候，他们的座右铭是，"一瓶胶水一把刀，抄了剪，剪了抄，红蓝墨水舍得浇。"①

如果说九十年代的文学出版转型与期刊改制是顺应时代发展趋势的一次适时的变革，那么在这一变革过程中所呈现出来的文学的过度商品化、价值取向的偏移、文学审美的堕落等，则是一种不适的表现。王晓明说："二十世纪九十年代至今的中国文学与以往（1950—1990 年间）的一个最重要的不同，就是它所置身的整个社会的文化生产机制（包括作为它的一部分的文学生产机制），发生了根本的变化。"②是的，在九十年代的时代境遇中，文学生产机制也不得不面临新的变化和挑战，而不管是主动迎接还是被动接受，我们都无法无视这一变化所同时带来的文学面貌的"换新颜"。如此，文学出版的转型和期刊的改制也是顺理成章的了。

操作与运作：文学出版转型的时代观念

麦克卢汉在谈及媒介的效用时讲道："一切媒介都要重新塑造它们所触及的一切生活形态。"③正是因为知道媒介的重要性，因此自新中国成立以来，国家对所有媒介都统一管理，尽管在不同的时期干预和控制的程度会有所不同。有研究者指出，自新中国成立到"文化大革命"结束，这段时期出版业的一个显著特点就是全国的统一集中管理，国营出版社逐渐成为出版业的主导力量，党和国家制订了一整套相应的出版制度，使出版成为体制内的生产行为。这段时期的文学出版主要特征是为国家政治服务，集中表现为计划出版，文学书籍、报刊和期刊的出版全部由国家统一分配。④

同时，这一时期的出版机构基本上是按照中央、地方等行政级别的格局

---

① 转引自张志忠：《1993：世纪末的喧哗》，山东教育出版社 1998 年版，第 3—4 页。

② 王晓明：《面对新的文学生产机制》，《文艺理论研究》2003 年第 2 期。

③ ［加拿大］马歇尔·麦克卢汉：《理解媒介》，何道宽译，译林出版社 2011 年版，第71 页。

④ 参见胡友峰、郑晓锋：《论中国当代文学出版观念的变迁》，《浙江工商大学学报》2015 年第 3 期。

设置的。国家级文学出版社主要有人民文学出版社、作家出版社等。省市级文艺出版社主要有上海文艺出版社、长江文艺出版社、百花文艺出版社、春风文艺出版社、江苏文艺出版社等。而这也体现了国家对于文学出版的高度重视和有效控制。

"文革"结束以后，在从乱到治的痛苦摸索中，出版业也开始摆脱政治的附属地位而不断寻求新的发展之路，并尝试有计划、有步骤地向市场经济过渡。然而，在相当长的一段时间里，由于受意识形态余威的影响，这种过渡并不顺利，甚至也有倒退。国家对于出版行业的放松并不意味着放任不管，只是相应地改变了策略而已，所以归根结底还是仍然以计划经济的出版模式为主，同时有限地向市场开放。而这种局面直到九十年代才得到了较大的改观。

在经历了八十年代的准备和过渡之后，出版业在九十年代真正迎来了生机和挑战。面对新的经济形势和市场环境，面对着时代思潮的巨变，出版观念也不得不适时做出相应的调整和改变。而过去的统购统销模式，发行与销售并不在出版流程中的计划经济的出版模式，已经很难在市场经济体制下维持下去了。在市场经济体制下，出版社已经由国家包办转向自负盈亏，出版业也开始迈向市场的轨道，接受商品经济的挑战和洗礼。可以说，九十年代以后，对于大部分出版社来说，其出版策略基本上已经完全倒向市场。而九十年代出版领域所出现的各种新策略、新现象、新问题，都与这一时期出版观念的变化有关。

即以我们上文提到的 1993 年为例，这一年在出版业出现了很多在当时引起轰动的现象和事件。比如"梁凤仪旋风""陕军东征""周洪卖身""布老虎"诞生、深圳文稿竞价等都是在这一年发生的。其实我们仔细分析一下，这些事件的发生，一方面是当时时代潮流的折射和反映，另一方面也体现了变革时代人们思想的混乱和游移。"梁凤仪旋风"表现出的是一种快，"旋风"，来也匆匆去也匆匆，是典型的快餐文化的表现；"陕军东征"和"布老虎"诞生体现的是一种出版的规模化和集团化，这也是九十年代文学出版市场化的一个重要特征。在这种规模化效应的催发下，出版业都试图以此来吸引读者的注意，比如人民文学出版社的"茅盾文学奖获奖书系"和"探索者"丛书，作家出版社的"新状态小说文库"和"都市系列"，华艺出版社的"晚生代丛书"和"宏艺文库"，中国青年出版社的"90 年代长篇小说系列"，华侨出版社的"新生代小说系列",上海文艺出版社的"小说界文库",江苏文艺出版社的"文集"系列、"九月丛书"和"边缘文丛",长江文艺出版社的"九头鸟长篇小说文库",云南人民出版社的"她们"文学丛书,河北教育出版社的"红罂粟"丛书,花城出版社的"先锋长篇小说丛书",长春出版社的"新生代长篇小说文库",山东文艺出版社的"东岳文库",等等。①而"周洪卖身"和深圳文稿竞价则体现出了在市场经济潮流的冲击下,文学的严肃性受到了极为严峻的挑衅,文学作为人类精神产品所蕴含的思想价值,在商品化的挤压下,也不得不披上了金钱的外衣,多了许多文学之外的赤裸裸的意味。

　　具体来说,这种出版观念的变化主要体现在三个方面:一是出版角色的变化;二是出版策略的变化;三是出版理念的变化。

　　首先谈一下出版角色的变化。二十世纪八十年代出版业经历过转轨后,出版在文学生产中所扮演的角色发生了根本性转换,出版社不再是针对作者的监管者,也不直接参与创作,他们和作者的关系是合作伙伴,或者是作者的经纪人,他们之间通过合作,共同获得文化或经济资本。出版商不仅关注作者写作的环节,还包括社会调查、信息搜取、策划、广告、销售发行等整个流程,对作者的写作,仅仅起到引导、促成的作用。②如果说在八十年代及至以前的出版业当中,出版者是"指挥官"与"裁判员"的角色,那么到了九十年代的文学出版中,这一角色发生了较大的变化,他更多地像是一个"组织者"或者"联络员",出版者、作者、读者之间不是上下的层次分明,而是平行的、有着紧密联系的一个有效"团队"。作为出版者,你要考虑市场,要尊重作者,也要想到读者,重要的是遵循市场的规律,而不是按自我的喜好和意识形态诉求来决定出版的方向。它们之间的关系不是松散地各自为营,而是要紧密联系在一起,共同应对市场规律的挑战,有福同享,有难同当。

　　其次来看出版策略的变化。随着市场经济在九十年代的风起云涌,图书的发行销售、市场反应逐渐成为选题、编辑工作的指挥棒。计划体制下各自为政的选题、编辑、发行等出版环节在新的出版理念下相辅相成,全能型的、全局式的出版策划日益显示出其重要性。品牌竞争与宣传包装成为出

---

　　①　参见黄发有:《文学出版与90年代小说》,《文艺争鸣》2002年第4期。

　　②　参见谢刚:《出版体制转轨与新时期文学的转型》,《江海学刊》2004年第6期。

版机构抢占市场份额的重要手段。①即以占有文学出版份额最多的文艺出版社为例，可以说，出版策划是二十世纪九十年代文艺出版社最为重要的图书运作模式。这种出版策划模式也是文艺出版社走向市场的话语策略。据相关资料显示：1992 年，华艺出版社首次出版了《王朔文集》，并且首次实行了版税付酬制度，这给当时的出版界重大的启示。1992 年，长江文艺出版社策划出版了"跨世纪文丛"，前后出版五辑，共 70 余部作品，包括苏童、池莉、刘震云、贾平凹、刘恒等著名作家的作品。这部文丛以强烈的品牌意识将纯文学作品推入市场，尽管编者自称"从美学—历史的角度来选择"作家作品，但也意识到了个别作家的创作"带有相当强烈的表象化和欲望化的倾向"。这些作品以中国当代著名作家的代表作为选题，采取兼容性的作家选择和排列方式，融合先锋、现代派、新写实等各种写作风格于一体，是纯文学作品市场化的积极尝试。随后，1993 年，春风文艺出版社推出了"布老虎丛书"，它以全新的出版模式，进行了一系列大胆的探索，并取得了前所未有的成功。一时间，它给中国文学市场注入了新鲜的力量，作为中国文学的"加温剂"，给长篇小说带来了前所未有的繁荣局面。从 1993 年《苦界》高调出版，到 1996 年"金布老虎爱情小说"繁盛一时，再到 1999 年"《上海宝贝》事件"的低谷，"布老虎丛书"成为九十年代中国畅销书发展的缩影。②九十年代的文学出版，改变了计划经济时代编辑、印刷、发行各自为战的状况，出版者也充分利用各种新媒体进行炒作，从而赢得大众的关注和青睐，并通过制造种种"文学事件"来推动文学的市场化，以此获得利益的最大化。

最后是出版理念的变化。在九十年代的文学场中，文学出版的理念发生了翻天覆地的变化，许多曾经不能想也不敢想的出版理念，在新的时代里变得极为简单，也极为容易了。图书出版首先看重的是能否赢得市场、赢得读者，而在这个前提下进行相关的"操作"和"运作"。比如在谈到"畅销书"的生产时，策划者即讲道：

> 初期的时候，我们找十个名作家，签合同，大家来作一种书，要求书

---

① 参见黄发有：《文学出版与 90 年代小说》，《文艺争鸣》2002 年第 4 期。
② 参见周根红：《文艺出版社转型与中国当代文学生态》，《中国出版》2013 年第 2 期。

的档次比较高。当时,我提出一个观点:我不会包装一部作品,也不会包装一个作家,我要包装一种思想,只有包装思想才有长久的生命力,这就是"创造永恒,书写崇高,还大众一个梦想"。所以签合同的时候要求,第一,必须写现代城市生活;第二,必须有一个好读、耐读的故事;第三,要有一定的理想主义色彩。而理想主义……是一种人与人之间的真诚、正直、善良和爱,它是带有母题性质的理想主义,能给人以希望和明快的东西,我认为作品应该是这样的。这不是我们个人作为一个出版者的追求,或是一种审美追求,我认为,这是一种畅销因素,而不是别的。

我们的出版理念……是"书写崇高,创造永恒,还大众一个梦想",而且我们把这个梦想分成好多好多的东西,甚至把这种梦想分解成故事、人物、情感、语言,以及它的高潮在哪里,怎么唤醒这个梦想。

我和每个作者签约,并不是在他小说写完之后,在他写小说之前,我必须和他谈,他把故事讲给我听,我把这故事放在脑子里反复了好几遍,横向比较,纵向比较,比较完之后,我觉得你故事里面哪个地方是最重要的支点,而且这个支点里面包含着一个大的艺术境界,有可能这个艺术境界是感人的,情感冲击比较大,给人一种长久的回味,这就是小说的主题,小说的力量,也是经典小说的魅力所在。了解了这些并讨论了写法之后才签合同。①

这样的出版理念在以前的任何时期,似乎是不可想象的,也是不可能的,然而,在九十年代及至当下,它已经成为一种司空见惯的出版运行模式,并获得了空前的成功。然而,在九十年代中国的历史语境中,本应自主的"文学"却成了"文学"出版的操作对象,读者市场主导下的文学出版开始以"操作"的方式主导文学。也正是在形形色色的"文学"操作之中,文学的自主性遭受着伤害。文学经由对出版的屈服从而在实质上屈服于读者市场。②

特别是九十年代中期以后,随着出版行业竞争的加剧,特别是民营出版

---

① 　张胜友、安波舜、阿正:《畅销书的内涵与运作(上)》,《出版广角》1999 年第 2 期。

② 　参见何言宏:《出版主导的文学操作——对于二十世纪九十年代以来中国文学的一种回望》,《扬子江评论》2007 年第 2 期。

日渐兴盛，许多出版社为了获得商业上的成功，而不惜"铤而走险"，"'打擦边球'和'走钢丝'的出版行为逐渐增多，性与暴力等犯禁主题成为文学赢得商业成功的主要法宝。而所谓的'少年写作'不仅没有经过文学期刊的检验，而且一提笔就写长篇小说。出版的周期不断缩短，速成与速效成了出版的主导性潮流，粗制滥造蔓延成风，艺术标准向商业目的妥协"。① 在这样的出版环境中，文学出版的品质可想而知。文学出版转型面临问题种种，那文学期刊的改制又如何呢？

改制与限制：文学期刊的双重境遇

在走向市场化的九十年代，与文学出版相比，文学期刊所面临的挑战有其严重性，一方面要改且不得不改，但另一方面又处处受到制约和限制。我们先看挑战性，这个可以从一组已有的研究数据来证明：

> 据《文艺报》统计：1957 年，全国有文学艺术刊物 83 种，每月发行 340 万册（《文艺报》1957 年第 7 期）；而到了 80 年代中期，文学期刊的种类则飞涨到近 600 种，翻了七倍多，发行总数近 25 亿册，翻了近 70 余倍（《文艺报》1986 年 5 月 6 日）。如《人民文学》月发行量曾达到 150 万份，《收获》120 万份，《当代》80 万份，就连青海省的《青海湖》、云南省的《个旧文艺》这些边远省市地区的文学期刊都可以发行到 30 万份左右。80 年代的文学期刊，无论是种类之多，还是发行量之大都高居中国期刊业之首，据统计，当时文艺期刊品种数约占全国期刊总数的八分之一，而印数则占全国期刊总印数的五分之一，足见读者之众，影响力之大。②

八十年代文学的繁荣与这一时期的文学期刊的种类之多和影响之大应该是有着千丝万缕的联系的。而到了九十年代，在多种作用力的交互影响下，文学期刊的繁盛局面发生了瞬间的翻转，从此进入一种灰暗的边缘化境遇。

---

① 黄发有：《文学传媒与"文革"后文学生态》，《当代作家评论》2006 年第 5 期。
② 潘凯雄：《从"岁月流金"到"铅华洗尽"》——对新时期以来文学期刊发展与嬗变的观察与思考》，《扬子江评论》2014 年第 3 期。

即这一时期文学期刊单品的发行总册数大大下降,文学期刊在 80 年代那种单期多则上百万、少则几十万的"盛世"几近绝迹,最多的单期不过三四十万,能维持在月发行五万份左右当属幸事,而绝大部分文学期刊的单期发行数已下滑至万份以下,有的甚至只剩千余册。伴随着发行量的下滑,其社会影响力必然日渐式微。无怪乎一些文学期刊的从业者在谈到自己的生存状态时不无悲凉地慨叹:我们被边缘化了。尽管笔者更愿意用"常态化"来描述 90 年代以来中国文学期刊的生存现状与嬗变,但比之于 80 年代文学期刊在中国大陆的那段流金岁月,边缘化三字的描述倒也大致不谬,且生动形象。①

而实际上这种被动的局面并不是九十年代一下子就形成的,而是有着一个缓慢的、潜在的变化过程。有研究者即指出:"大部分省级的文学期刊从 1983 年出版模式调整开始发行量就急剧下降,在二十世纪八十年代中后期,特别是 1984 年 12 月 29 日国务院发布《关于对期刊出版发行实行自负盈亏的通知》的规定后,多数的期刊失去了经费的保障,难以为继。在内外因素的共同作用下,80 年代中期,文学期刊出现了初步的分化和转换,部分省级的文学期刊处于观望状态,地市级的文学期刊几乎都开始向'通俗化'迈进,而依靠出版社的文学期刊则开始发力,由于有出版社的市场化运作的经验和资金保障,出版社的文学期刊则成为'纯文学'发表的集散地。"②

与九十年代商业气息浓重的文学出版相比,文学期刊虽然也面临着从计划到市场转变的困境,终因其复杂性(主办单位不同、期刊性质不同等)而始终处于一种艰难的改制处境中,这一时期的文学期刊中虽然有好多期刊进行了改制,但在文学界有影响力的重要的文学期刊,其性质并未发生改变,而它们也最终成为"纯文学"最后的守望地。鲁迅在《摩罗诗力说》中说:"由纯文学上言之,则以一切美术之本质,皆在使观听之人,为之兴感怡悦。文章为美术之一,质当亦然,与个人暨邦国之存,无所系属,实利离尽,究理弗存。故其为效,益智不如史乘,诚人不如格言,致富不如工商,弋功名不如

①　潘凯雄:《从"岁月流金"到"铅华洗尽"——对新时期以来文学期刊发展与嬗变的观察与思考》,《扬子江评论》2014 年第 3 期。

②　胡友峰、郑晓锋:《论中国当代文学出版观念的变迁》,《浙江工商大学学报》2015 年第 3 期。

卒业之券。"①即便是在市场化的潮流之中，由于这些重要文学期刊的存在，对"纯文学"的坚持也一直部分地存在着，而这种非功利性的、纯粹的审美思想，对于这个世俗化的时代来说，是极其难能可贵的。在这个过程中，文学期刊经历过物质条件短缺的困难，面对过意识形态控制的困局，遭受过计划体制出版模式的严重挑战，甚至不得不接受渐次被边缘化的残酷现实，然而，它毕竟还是部分地获得了"保障"，在众多文学期刊纷纷倒闭的九十年代，我们依然能从那些孤独坚守的身影中，体味到执拗的思想品质，看得到文学的美好和希望。

　　一方面是市场化的通俗化潮流，一方面是纯文学的旗帜高举，在这种举棋难定的时代困境中，文学期刊对于自身的定位也面临着前所未有的挑战。刚刚从意识形态牢笼中解脱出来的办刊自主性，似乎又陷入了市场化生产的旋涡之中。布迪厄说："文化生产场的自主程度，体现在外部等级化原则在多大程度上服从内部等级化原则：自主程度越高，象征力量的关系越有利于最不依赖需求的生产者，场的两级之间的鸿沟越深，也就是有限生产的次场和大生产的次场之间的鸿沟越深。在有限生产的次场中生产者的主顾只有其他生产者，后者也是他们的直接竞争者，而大生产的次场在象征意义上受到排斥，失去信用。"②通俗化和纯文学的坚守，体现的正是这种内在的矛盾性，纯文学的领地其实已经严重地被通俗文学侵犯和占有了，然而纯文学作家又不甘如此就范，于是奋起反击，对通俗文学及大众文化予以各种抵制和批判。

　　但是文学期刊所面对的挑战是有限的，尽管在相当长一段时间内，文学期刊都曾面临过资金的短缺问题，但最终还是从各个方面赢得了相应的"保障"，不管是政府财政拨款，还是商业的资助，总之是能够维持其正常的运营的。而这也相应地保障了刊物的质量和其文学的质地，因此它所面对的商业化的挑战与文学出版比较来，境况要稍好一些。与完全追求市场化的文学出版相比，文学期刊的改制还是限制在一定的范围之内的，甚至有时候依然难以摆脱意识形态的影响。比如 1997 年的《人民文学》，其新年寄语即是："以优秀的作品鼓舞人"是社会主义文学的光荣使

---

①　鲁迅：《摩罗诗力说》，鲁迅著：《鲁迅全集》第 1 卷，人民文学出版社 2005 年版，第 73 页。

②　［法］皮埃尔·布迪厄：《艺术的法则——文学场的生成和结构》，刘晖译，中央编译出版社，2001 年版，第 265 页。

命、高度责任感,作家作品力求贴近人民、贴近生活,弘扬正气,净化人的心灵和情操。①

　　这不能不说是文学期刊改制过程中的限制性表现,而在编辑策略上,尽管与计划经济时代的完全服务于国家相比,有了很大的变化,但是其改变并未有实质性的进展。在这里,有一个年份特别值得注意,那就是 1998 年。1998 年,朱文、韩东发起"断裂问卷",以《断裂:一份问卷与五十六份答案》为题在《北京文学》上发表。问卷发表后,文坛上掀起一场轩然大波。对于这次事件,韩东说:"不是炒作,而是一次行为。炒作的方式总是平庸乏味,甚至卑劣,无条件地服务于其利益目的,在今天通常是金钱。……行为则以行为本身为目的,整个过程必须是生动有力的,它是创造性的、艺术的,它不是表演,而是演出本身。"②在此,不对这个事件作评价,但有必要指出的是,这一次事件的发生,是与《北京文学》这个期刊紧密联系在一起的。文学事件和文学期刊在九十年代的时代背景下,有意或者是无意地进行了一次"合谋",并且达到了预想的效果。而这种模式其实在更早及以后的很长时间里,是文学期刊常用的一种编辑策略。

　　　　1994 年 4 月,《钟山》与理论刊物《文艺争鸣》合作,为"新状态文学"鸣锣开道;《北京文学》在 1994 年第 1 期举起"新体验小说"的大旗;《上海文学》在 1994 年倡导"文化关怀小说"后,又与《佛山文学》联手推出"新市民小说联展",1996 年又推出了"现实主义冲击波"专栏;《青年文学》从 1994 年至 1997 年开设"60 年代出生作家作品联展"栏目,1998 年还开设"文学方阵"栏目,集束性地刊登某一地区的作家作品;1995 年 3 月,《作家》、《钟山》、《大家》、《山花》共同开设"联网四重奏"栏目,在同一个月份共同发表同一个作家的作品,意在推出文学新人,评论报纸《作家报》随后加入,在刊发联网作品的月份里配发评论专版;从 1996 年开始,《小说界》、《芙蓉》、《山花》等杂志先后开设专门发表 70 年代出生作家作品的栏目,《作家》在 1998 年第 8 期推出了"70 年代出生的女作家小说专号";1999 年,《时代文学》、《作家》、《青年文学》联袂

---

①　《人民文学》1997 年第 1 期。

②　韩东:《备忘:有关断裂行为问卷的回答》,《北京文学》1998 年 10 期。

举办"后先锋小说联展"，并且配发脱离文本的理论主张……①

其实这样的编辑策略，在九十年代的时代语境中无可厚非，尽管他们自己并不承认，但既成的事实是不容狡辩的，对此，有研究者评论道：

> 身在 90 年代，他们谙熟市场的潜规则，必须用一场闹剧式的"狂欢仪式"，借助于一种极端化话语，才能引起注意，一般的话语是不会有任何反响的。应该说，广泛的"非议"正是他们想要的效果。这就使整个事件颇具意味，他们试图借助于大众文化传播的特点来达到反对启蒙秩序与消费文化的目的，而批判鲁迅，否定权威的期刊杂志，都只是此一"表演"过程中的一个符号和隐喻。②

然而，我们同时要承认的事实是，与文学出版的商业化所带来的轰动效应相比，文学期刊的策划和影响是十分有限的，即便是进入文学史的视野之中，也往往局限于一小部分研究领域。当然，这样说并不意味着文学期刊不需要改变，在九十年代的市场化潮流中，任何事物都不能免于其自身的调整。文学期刊也需要市场化的运作和宣传，《青年文学》的编辑对此表示："九十年代，人们的文学热情受到了非文学非文字传媒的强烈冲击，文学刊物以不断创新的旗号、林林总总的招牌来应对，尽管文学殿堂不可避免地沦陷为文学小卖部，但这种局部的努力，表明刊物不仅仅是一种编辑行为，而更是一种运作和操作（甚至炒作）。"③当然在这个改变的过程中，我们要经历一些时代带给我们的阵痛。面对着这种局面，《红岩》主编谢宜春不无沉重地讲道："沉重的经济压力，也让文学期刊的老总们再也无法静下心专心致志地去构建雕饰他的艺术殿堂了。我们已习惯清贫，并不惧怕寒酸的尴尬，但是他们唯恐刊物在他们手上寿终正寝。文学是他们的钟爱，编辑工作是他们心甘情愿投入终生的事业，刊物上凝聚着他们的心血与生命。他们

---

① 黄发有：《九十年代以来的文学期刊改制》，《南方文坛》2007 年第 5 期。

② 梁鸿：《暧昧的"民间"："断裂问卷"与 90 年代文学的转向——90 年代文学现象考察之一》，《文艺争鸣》2009 年第 6 期。

③ 晓麦：《文学期刊就是主体行为》，《青年文学》2000 年第 1 期。

无法面对终刊那样的感伤局面。"①

　　具体来说，期刊的改制也是千变万化的，但对于文学期刊来说，大都是定位上的调整，而根本性的变化其实并没有到来。正如有研究者所说：

　　　　归纳起来，90 年代以后文学期刊的定位调整大致有五条路径：一是由"纯"向"杂"转变，即在保留一定文学板块的同时，走泛文学乃至文化路线，试图使期刊具有针对性地直面鲜活的现实社会，走出单一的文学小圈子；二是打破区域界限，特别是地方性的文学期刊突破区域办刊思路，以开放的视野与国家整体的文学态势接轨；三是走个性特色鲜明的"专"与"特"之路，对目标读者进行细分，从大众传播转化成针对某一特定人群的传播；四是变一刊为"一刊多版"，试图拓展刊物的生存空间，在保留文学版的同时，开辟若干新的试验园区；五是干脆弃文学而另觅文化、娱乐、综合、新闻等其他门类。②

　　伊格尔顿说："艺术可以如恩格斯所说，是与经济基础关系最为'间接'的社会生产，但是，从另一种意义上，也是经济基础的一部分；它像别的东西一样，是一种经济方面的实践，一类商品生产。"③然而，如果具体到实际的现实境况来说，作为商品生产的文学期刊在九十年代的市场化潮流中渐渐地走进一条"死胡同"。

　　即以我们上述所提到的 1998 年为例。整个九十年代，尤其是 1998 年和 1999 年被称为中国期刊的改版年，特别是 1998 年，可以说是文学期刊运行最为艰难的一年，只此一年就有不少昔日在期刊界占据重要位置的文学期刊停刊整顿。据不完全统计，仅 1998 年更名和申报更名的刊物就至少有154 种。《昆仑》《漓江》《小说》相继宣布停刊，被称为"天鹅之死"。随后陆续停刊的还有《湖南文学》《东海》等省级文学期刊。而那些期刊界的幸存者，也大多步履维艰地苦苦支撑。面对着这种前所未有的困境，为了适应时代潮流的发展，为了化解市场的种种危机，为了突出重围获得新生，众多文

　　①　谢宜春：《悲壮的努力》，《北方文学》1999 年第 12 期。

　　②　潘凯雄：《从"岁月流金"到"铅华洗尽"——对新时期以来文学期刊发展与嬗变的观察与思考》，《扬子江评论》2014 年第 3 期。

　　③　［英］伊格尔顿：《马克思主义与文学批评》，文宝译，人民文学出版社 1980 年版，第 58 页。

学期刊纷纷树立起改制(或称"改版")的旗号。

可以说，这一时期的期刊改制，主要是这些文学期刊通过策划一些热点和对一些现象的综合，来有意地引起一些炒作的噱头，从而形成一种文学现象，并在报纸及新兴媒体的作用下将文学现象转化为文学思潮。虽然口头上称之是注重为作家读者服务，但归根结底，受益的仍然是作家和期刊。受众的需要虽然被大大强化，但是在市场化的潮流中，在新媒体技术的迅疾发展下，文学期刊已经不是大众读者的首选。而其唯一可以被认可的是：它们依然坚守在"纯文学"的阵地上，并且努力维持纯文学的品格和品位。

"在生态学的视野当中，文学固有的等级关系应该被深刻质疑，我们不能用单一标准来判断复杂多样的文学的价值，我们必须把共同历史时空中的所有文学存在当成有机的生命系统，平等地看待它们的存在价值，而不是唯我独尊地以一种价值形态排斥其他的价值形态，只有这样，我们才能看清每一种文学形态在功能系统中的独特位置，才能维持文学的总量与结构平衡。"①的确，文学生态的维持需要多样性，但是在市场化经济的潮流之中，我们不能一味地屈从于市场的准则而忽略了文学的审美标准和艺术趣味。文学可以是一种商品，但其附属的价值应该是有思想性的、有艺术性的，而不能仅仅是赤裸裸的金钱的代表。在商品化的经济准则下，我们更应该尊重文学的创作准则和艺术标准，不管我们如何强调文学的政治功能和娱乐功能，对于文学的独立性的坚持都是要坚守的底线，这是不容侵犯和质疑的。由此，我们才能保证文学创作的自由，才能让文学在一种良性的生态中获得一种健康、诗意的栖息。

多元中的持守：文学期刊的必然趋势

布迪厄说："在高度分化的社会里，社会世界是由大量具有相对自主性的社会小世界构成的，这些社会小世界就是具有自身逻辑和必然性的客观关系的空间，而这些小世界自身特有的逻辑和必然性也不可化约成支配其他场域运作的那些逻辑和必然性。"②而文学这个巨大的场域，在现实的中

---

① 黄发有：《媒体制造》，山东文艺出版社 2005 年版，第 7 页。

② ［法］皮埃尔·布迪厄：《实践与反思》，李猛等译，中央编译出版社 2004 年版，第 134 页。

国文化语境中,其实也各自具有独特的空间,不管是纯文学的被边缘,还是通俗文学的迅疾膨胀,它们都不会取代彼此而一家独大地发展下去。不管是文学出版的商业化选择,还是文学期刊对于纯文学的坚守,它们都为自己赢得了独立的生存世界,而这也显示了文学的多元化是市场经济潮流下的必然发展趋势。

当然,与此同时,我们亦不能天真地以为,如果放任自流,文学的发展定会是一片美丽的天空。任何时候,都要遵守文学的创作规律,认同文学作为一门艺术的思想价值,只有这样,才能在市场化的潮流中保持清醒,以免走向"媚俗"的歧路。

> 到了九十年代,文学的商业与娱乐功能不断地得到复原,同时呈现出失控的媚俗倾向,媒体在摆脱了过分严厉的政治控制的情境之中,商业趣味抑制了审美趣味的自由生长,审美的多样性让位于消费美学的单一性。因此,媒体"制造"文学的冲动过于强烈,显然会窒息文学多种可能性的自然生长。而且,文学发展从一个极端走向另一个极端的震荡,无法营造一个宽松的环境,让文学在连续性的、自由竞争的、多元共存的,在正常的新陈代谢中平稳过渡的环境中走向繁荣。在文学的精神生态中,各种力量必须在相互制约中相互依存,如果某种力量成为绝对强势的权力,不管这种力量是政治、商业还是传媒,权力意志都必然使文学自身的规律遭到破坏,文学的独立性遭到摧毁性的打击,文学的形态将变得单一、僵化,被纳入森严的等级体系,依附性的和寄生性的工具化写作也必然带来文化的污染。①

不管在什么时代,都要避免从一种极端走向另一种极端,即便在文学被边缘化的时代,也完全没有必要过度悲观,文学的繁荣和落寞,仅仅是一个时代精神状况的表征,我们可以面对文学的辉煌,同样也可以接受它的"彷徨"和"失落"。

---

① 黄发有:《文学传媒与"文革"后文学生态》,《当代作家评论》2006 年第 5 期。

第三节 大众、主流、知识分子文化的对峙与合谋

进入二十世纪九十年代,中国社会从社会政治主导型转变为商品经济主导型。在此之前,中国的社会形态虽都是绝对的社会政治主导型社会,但在具体表现形态上,还可以划分明显的两个时期,一是 1949 年到 1976 年这一时期,也就是当代文学中的"十七年"文学时期与"文革"文学时期;二是"文革"结束到八十年代末,这既是主流意识形态命名的历史的新时期,也是当代文学史所谓的新时期文学的初期。新时期初期,普通民众、知识分子、主流意识形态在告别政治运动追求现代化的美好前景方面形成了牢固的共识。但这一共识随着知识分子的话语和现实诉求与执政者的政治建构主张发生严重冲突而结束。此后,经过调整的主流意识形态大踏步为市场经济铺路搭桥,催生了中国的商业时代。知识分子在八十年代末期遭遇分崩离析之后迅速分化,或坚持、或缄默、或隐遁、或自足、或融入,林林总总,再也无法汇聚成一片统一的话语阵营。散乱之际,已经被消费时代的洪水紧紧裹挟。与此同时,市场这只大手也无孔不入地伸进了刚刚获得温饱的民众(并不是全部获得温饱)的钱包。九十年代以后,主流意识形态、知识分子话语、大众话语,很多时候并不是面目分明的,而是以众生喧哗的形态出现。

二十世纪九十年代大众文化、消费文学的发生

1. 现代化的后果、消费社会与文学的商品化

二十世纪八十年代,中国启动了剧烈的现代化进程。1992 年,中共十四大正式确立了"市场经济"的合法性。都市化进程、大众传播媒介的发达是中国现代化与市场化的两大后果,而这两点也是消费社会的主要特征。现代化的两面性,一面是生产力的大幅跃进带来的经济快速增长及前所未有的都市化,对于中国而言,这样的现代化结果便是工业文明长驱直入驾临中国人的乡土社会生存状态,现代化的另一面则是文化形态的迅速去知识分子精英化与迅速大众化。电视,这一大众文化的重要媒介与表征进入千家万户,极富象征性地说明了中国人的生活方式从以政治为中心转向休闲

与娱乐。九十年代后,电视在中国迅速普及。"1997 年全国电视观众抽样调查的数据表明:至 1996 年年底,报纸、广播、电视已成为影响最大的三种传播媒介。其中电视人口 10.94 亿,电视机拥有量 3.17 亿台,城市居民平均收看 15 套节目,农村观众平均收看 6 套节目,这些数字由于不久以后省、直辖市节目纷纷'上星',城市有线台相继开播,而被不断刷新。到 1997 年 6 月底,中国有线电视网络家庭用户比例达 34.5%,平均收视时间 131 分钟。1999 年,有线网络总长已达 300 多万公里,有线电视用户达 7 700 万户,电视人口覆盖率达 91.35%,中央台和 31 个省区、直辖市的广播电视节目实现卫星传送。"①"到 1999 年,中国经国家广电总局批准的有线电视台约有 1 380 座,各类有线电视系统 4 000 多个,全国有线电视用户约 8 500 万户,已是世界第一位。"②上海人民广播电台、上海电视台、东方广播电台、广东电视台、上海电台、为争夺观众、听众,24 小时播出节目;市场化的效应十分明显。"③看电视成为中国人不可或缺的一种生活方式时,大众文化显然已经降临中国。央视春晚的全民狂欢与《渴望》的热播可以看作是中国大众文化兴起的两大标志性事件。1983 年央视第一届春晚引起全国轰动,但从以上统计数据可以看出,八十年代拥有电视的家庭还属于少数,而进入九十年代,电视基本已经普及,央视春晚几乎成为春节的代名词。一档来自意识形态宣传喉舌部门的娱乐节目与中国人的传统节日的同构性实在再明显不过地表现了大众文化与主流文化的共生性与彼此倚重。"以其特定的黄金时间段、强大的演出和制作阵容以及垄断性的传播平台,代表着中国大众文化的最高水平,成为过去近三十年来中国民众每年除夕夜的首选。而这种习惯性的选择与代表中国传统的合家团聚紧密地纠结在一起,成为一种神圣的仪式。春节联欢晚会建立在中国民众极度贫乏的文化生活基础之上,它既是传统中国迅速现代化的产物,又是这一进程中重要的里程碑式的事件——娱乐在某一特定场合成为国有媒体最重要的任务,将这一嬗变置入中国正在发生剧变的宏大背景之下,我们便可以发现与之共同构成的中国社会波澜壮阔的革命性图景。……作为由特定制作人在特定时间通过特定渠道播出的娱乐节目,春晚始终保持着它的娱乐功能和它

---

①③ 蔡敏:《二十世纪九十年代中国传媒文化转型研究》,四川大学博士论文,2003 年。

②   周艳琼、白木:《有线电视网在中国》,《中国有线电视》2015 年第 7 期。

背后若隐若现的意识形态功能,其娱乐功能的稳定性与国家政治经济生活的风云变幻形成了巨大的张力。"④

　　1990年,大型室内情景剧《渴望》播出后万人空巷,好人伦理与好人道德以电视剧女主人公刘慧芳形象的深入人心与主题歌《好人一生平安》风靡南北而成为全国民众的生活准则,好人的泪水与温情抚慰治愈了社会巨大动荡过后1990年全国民众迷茫的内心。1991年李瑞环接见《渴望》剧组,肯定《渴望》的创作模式与主题内涵,大众文化被主流意识形态接纳或者说大众文化与主流意识形态的彼此借重可见一斑。

　　与《渴望》有关,同时又是1990年代文学中绕不过去的话题人物,就是作家王朔。王朔担任《渴望》的策划,且电视剧最初灵感来自王朔的小说《刘慧芳》,早在1988年,王朔的小说被拍成了四部电影在全国上映,分别是由同名小说改编的电影《顽主》《一半是海水,一半是火焰》,由小说《浮出海面》改编的电影《轮回》,由《橡皮人》改编的电影《大喘气》。那一年被称作是电影界的"王朔年",文学作品进入电影市场,作家本人进入电影市场,王朔的触电与捞金魄力,当时任何一个作家都难以与之比肩。文学的消费性第一次如此公开地呈现在公众面前,并且如此公开地刺激着体制内的所谓纯文学作家的神经。王蒙、张贤亮等饱受政治运动之苦的归来作家纷纷对王朔的生存方式表示赞同,张抗抗等王朔的同龄作家也对王朔的选择心羡不已。1993年,上海宗福先、陈村等33名作家成立了稿酬协议组织,签署对影视剧本最低稿酬明码标价的"九三·一"约定,该约定规定电影剧本每部15 000元,电视剧单剧每集3 000元,多本每集2 000元。此外,老作家李准以30 000元价格将其作品卖给谢晋的公司,史铁生的一个短篇小说在深圳的文稿竞买会上,获得了8 000元的高价。⑤文学告别了长久以来的纯粹面目,以商品的面貌出现。

　　与此同时,报纸、杂志等传统媒介在城市生活中仍然以新的面目扩张自身的发展空间。1990年以前,全国只有10来家报纸办有"周末版",到1992年下半年,中国的周末版、星期刊、月末刊、增刊、连同晚报及生活类、娱乐类报纸,已经超过"文革"前公开发行报纸的总和。到1994年,具有周末版的报纸已经有400多家。与之相关的重要背景是1994年开始,改变之前的周

---

④　刘琴:《电视娱乐文化与中国的消费化进程》,《新闻界》2011年第5期。
⑤　参见祁述裕:《市场经济下的中国文学艺术》,北京大学出版社1998年版,第36页。

六下午和周日一天休息的休息制度,改为周六周日双休日休息制。报纸周末版的盛行推动了生活随笔类、旅游养生类文字的大量产生,"小女人散文"适时出现,文学彻底进入消费时代。

2. 文学:从群众的喜闻乐见到大众的狂欢

自 1942 年毛泽东《在延安文艺座谈会上的讲话》成为当代文学的金科玉律以来,文学作品为群众所喜闻乐见一直是当代作家必须遵循的形式的意识形态性。群众、喜闻乐见成为毛泽东时代文学为政治服务主张的关键词。"群众"强调对文学受众的政治要求,家庭出身的根正苗红、阶级立场的敌我阵营自觉站队、思想观念的绝对与党一致,这是成为群众的必备条件,不是每一个人都可以是意识形态宣传中的群众,意识形态中的群众的对立面就是阶级敌人。为群众所喜闻乐见的文学作品当然必须是站立在思想意识形态宣传的前沿阵地,以群众能够接受的通俗化、说唱化形式,进行政策、口号的灌输与教育。为了实现政策、口号等意识形态的宣传目的,文学作品形式就必须大众化、通俗化、简单化。而进入市场经济时代,文学作品的受众群体——大众,与群众的含义有交集但也有巨大的不同,大众是现代文化、后现代文化的产物,它是由消费媒介催生的消费群体,大众身上具有消费性、盲目性与媚俗性。为群众所喜闻乐见更多的是指向民间文艺(folk culture)学习,而大众文化则是现代文化工业催生的大众流行文化(popular culture)。

鲍德里亚对消费社会的媚俗特质和身体消费做过精彩分析,他认为:"媚俗的激增,是由工业备份、平民化导致的,在物品层次上,是由借自一切记录(过去的、新兴的、异国的、民间的、未来主义的)的截然不同的符号和'现成'符号的不断无序增加造成的;它在消费社会社会学现实中的基础,便是'大众文化'。这是一个流动的社会:广大阶级的人们沿着社会等级发展,终于达到更高的地位并同时提出了文化需求,而这种需求就是需要用符号来炫耀这一地位。"①对于二十世纪九十年代的中国而言,新崛起的阶层就是市民阶层及所谓的中产阶级。九十年代邱华栋的小说人物都穿着价值十几万港币的阿曼尼时装。华伦天奴、杰尼亚、连卡佛几乎是显贵女人的服饰招牌,还有精美无比的沙驰手袋或意大利古姿手袋,姬仙蒂娅、兰蔻香水;男士则身着圣·罗兰上装、意大利软皮鞋,沙驰包里得体地露出手机天

---

① ［法］鲍德里亚:《消费社会》,刘成富译,南京大学出版社 2006 年版,第 113 页。

线。市场经济时代富起来的中产阶级的身份认同需要通过消费名牌时装来完成。

　　"身体"更是九十年代文学的关键词之一，个人化写作潮流中的女性书写把身体经验与对男性逻各斯反抗并置确实显现了难能可贵的他者的抗争，但随后却沦入商业化的被男性观看的旧圈套。"在消费的全套装备中，有一种比其他一切都更美丽、更珍贵、更光彩夺目的物品——它比负载了全部内涵的汽车还要负载了更沉重的内涵。这便是身体。在经历了一千年的清教传统之后，对它作为身体和性解放符号的'重新发现'，它（特别是女性身体，应该研究一下这是为什么）在广告、时尚、大众文化中的完全出场——人们给它套上的卫生保健学、营养学、医疗学的光环，时时萦绕心头的对青春、美貌、阳刚/阴柔之气的追求，以及附带的护理、饮食制度、健身实践和包裹着它的快感神话——今天的一切都证明身体变成了救赎物品。在这一心理和意识形态功能中它彻底取代了灵魂。"① 二十世纪九十年代所谓美女作家现象的出现就是文学消费、身体消费的典型性例证。卫慧是九十年代女性写作的代表人物。其成名作《上海宝贝》的炒作过程就把女性作为看点与卖点。从封面设计到签名售书活动，卫慧本人以身体的"行为艺术"引来青春男女里三层外三层充满期待和渴望的目光。引来万千目光的小说封面更是作者本人的有意设计："我请北京的化妆师李奇潞在我的皮肤上写下书名和作者名。"小说广告语分别是："一部女性写给女性的身心体验小说""一部半自传体小说""一部发生在上海秘密花园的另类情爱小说"②。小说宣传炒作和小说内容遥相呼应，激发起读者强烈的消费欲望。与卫慧本人作为自己小说封面一样，九十年代以来，各类期刊杂志的封面人物发生了从生产型偶像到各类消费型偶像的转变，其中最为主要的就是封面女郎的风靡。"封面女郎的美，从某种意义上说，不再是一种形式的、审美的特质，而是一种视觉商品化程式的特质，甚至是一种美女拜物教的特质，因此一般的形式美学分析在这里是不起作用，因为审美的表意法则在封面女郎呈现中转化为一系列商业手法和俗套。"③

---

①　[法]鲍德里亚：《消费社会》，刘成富译，南京大学出版社 2006 年版，第 113 页。

②　林宋瑜：《吊诡的合谋："美女作家"与大众文化》，《南方文坛》2009 年第 5 期。

③　周宪：《论作为象征符号的封面女郎》，《艺术百家》2006 年第 3 期。

3. 文学生产、传播的市场化路线与作家的市场化生存

1949 年后,中国当代文学进入"一体化"时代,文学的生产与传播都是意识形态生产的重要部分,具有从上到下的严密的管理体制与程序。在文学生产环节,"出版总署、文化部和中宣部都会根据经济和政治的发展需要对出版机构和出版政策进行调整,通过业务指导、书刊审查等形式维持文学出版事业的秩序"①,并形成了请示报告制度与审批制度及出版审核制度。也就是说,文学出版物需要提交意识形态部门进行政治审核,合格才能出版。②在文学传播方面,也由新华书店统一运作管理。"据 1949 年 10 月份的统计,全国共有新华书店总分支店 735 个;至 1950 年 10 月时统计,增加为 1 039 个;截至 1952 年 6 月底为止,全国共有新华书店 1 086 个。"③对新华书店这样的推进速度,国家出版总署认为依然非常不足,对此提出了非常明确的意见。"新华书店是国家统一的书刊发行机关,必须注意充实其领导力量,积极扩充分支机构。争取在 1954 年前达到每一个县市都普遍设立支店,至 1957 年全国分支店应达到 2 400 个。"④这样严密的文学生产、传播制度一直延续到二十世纪八十年代。八十年代中期开始,文学的生产传播方式开始改变。1984 年,国务院颁布了《国务院关于对期刊出版实行自负盈亏的通知》:

> 一、中央、国务院各部门,中央各群众团体,各省、自治区、直辖市机关团体,全国各科研单位、高等院校,办好本部门、本单位指导工作、发表科研论著、推广应用技术的期刊,是自己业务、科研工作的重要组成部分。各部门、各单位对这些期刊要加强领导,促进其努力提高质量,使之发挥应有的作用。这些期刊原则上要做到保本经营,在未做到之前,仍可由主办单位给予定额补贴。一个单位确需同时办几个刊物的,也可以盈补亏。

---

　　①② 参见王秀涛:《中国当代文学生产与传播制度研究》,文化艺术出版社 2013 年版,第 61 页。

　　③ 《新华书店总店关于全国书刊发行网的基本情况及今后扩充和调整发行网的办法》,1952 年 9 月 22 日。中国出版科学研究所、中央档案馆编:《中华人民共和国出版史料》,中国书籍出版社 1998 年版,第 214 页。

　　④ 同上书,第 222 页。

二、为了繁荣社会主义文艺创作，中央一级各文学、艺术门类可各有一个作为创作园地的期刊，中国作家协会可有两个大型文学期刊，各省、自治区、直辖市可有一、两个作为文艺创作园地的期刊，这些期刊也应做到保本经营，在未做到之前，仍可由主办单位给予定额补贴。省、自治区、直辖市以下的行署、市、县办的文艺期刊，一律不准用行政事业费给予补贴。

……

五、上述各类继续补贴的期刊，要实行独立的经济核算（人员、行政开支均应计入成本），积极改善经营管理，精打细算，杜绝浪费，努力提高质量，扩大发行，逐步减少亏损，争取尽早实现自负盈亏。

六、凡超出本部门、本单位业务、学科范围的期刊，以及本通知一、二、三条规定限额以外的各种期刊，要实行独立核算，自负盈亏，一律不得给予补贴，现有的补贴从一九八五年一月一日起一律取消。

七、鉴于纸张提价，印刷、发行费用增加，期刊可根据国务院批准的图书、报刊调价规定，本着保本薄利的原则合理调价。

八、目前，很多单位用公费为负责人和干部订阅报刊，造成很大浪费。今后除图书馆、阅览室、资料室、文化室、办公室正常需要的部分报刊和职工集体阅读的报纸以外，其他任何单位都不得用公费给个人订阅报刊。①

自负盈亏意味着文学的生产、传播进入市场轨道。1988 年，在文化部、国家工商总局联合发布的《关于加强文化市场管理工作的通知》中，"文化市场"这一表述被官方第一次使用，表明文化市场得到了正式认可。同年，中宣部和新闻出版署联合发出了《关于当前出版社改革的若干意见》和《关于当前图书发行体制改革的意见》，提出改革的目标是建立和发展开放式的、效率高的、充满活力的图书发行体制，在完善和发展"一主三多一少"的基础上推行"三放一联"，即放权承包，搞活国营书店；放开批发渠道，搞活图书市场；放开购销形式和发行折扣，搞活购销机制；推行横向经济联合，发展各种出版发行企业群体和企业集团。1995 年颁布了《关于书号总量宏观调控的

① 《国务院关于对期刊出版实行自负盈亏的通知》，1984 年 12 月 19 日。

通知》,该通知的基本原则是:建立书号发放的激励机制,根据出版社表现情况,将其分为优秀、良好出版社,一般出版社和出现严重问题出版社三档。两年考核一次,决定书号的使用数量。对表现好的出版社免于控制。1991 年这一年,中国书刊发行业协会组织了一次全国优秀畅销书评选活动,"畅销书排行榜"也被引进到了国内。1997 年 1 月 24 日的《中国图书商报》刊载了 1996 年发行量最大的书,实际上就是一个年度畅销书排行榜;1997 年 3 月 7 日的《中国图书商报》把 1997 年 1 月全国畅销书分为文艺类和非文艺类两类,按照销售册数由大到小列出了前十本(套)图书,并注明"本排行榜根据全国 30 个大中城市新华书店中心门市部销售数据综合而成"①。

　　针对文学期刊"断奶"政策施行的不彻底,1998 年,上述 1984 年期刊自负盈亏的政策再次重申。当时,全国几百种文学期刊中,发行量超过万份的不足 10％,大多数只有几千份、几百份。1999 年,文学期刊经历最大的改版风潮,但由于入场晚、经验缺乏、体制限制等多方原因,这次改版并没有取得多少成效,相反,"不改等死,一改准死"一时成为不少改版期刊的生动写照。②文学期刊走向刊企联姻与通俗化改版的道路。前者无法保证资助资金的长足投入,企业的利润及企业领导人的更迭是刊企联姻中遇到的最大问题,也难以避免地要为资助企业做宣传。后者通俗化的道路可能会暂时得到好处,但很多通俗化的刊物都走向了奇观化、色情化,最终被新闻出版署收回了刊号,彻底寿终正寝。

　　与期刊的四处化缘相呼应,文学出版社在二十世纪九十年代的境况可以称得上惨淡经营,放下出版纯文学的高傲身段,进入市场化的运行轨道。这方面很有代表性的是人民文学出版社的市场转型。人民文学出版社绝对是中国当代文学的孵化器,但到了九十年代,光环也已经不再。1992 年,人民文学出版社推出梁凤仪小说系列,引发"梁凤仪热",2000 年,出版全球风靡的畅销书《哈利·波特》,之后人民文学出版社出版大量影视同期书如《大明宫词》《橘子红了》《大宅门》等,在一片争议声中,老出版社在市场压力下改革突围这样的声音最终占据了多数,可见,在市场经济时代,"好卖原则"

---

① 蔡敏:《二十世纪九十年代中国传媒文化转型研究》,四川大学博士论文,2003 年。

② 参见邵燕君:《新世纪文学脉象》,安徽教育出版社 2011 年版,第 13 页。

取代"好书原则"得到了广泛认同。①除人民文学出版社的断断续续不成系统的市场化路线之外，也有的文学出版社明确进入市场化生存。最典型的如春风文艺出版社，该社推出的"布老虎"丛书赢得了巨大的市场利润，标志着当代文学的市场化路线从自发阶段进入了自觉阶段。②

除了期刊、出版社之外，作家也进入市场化生产之中，最重要的表现便是作家的触电现象，如果说王朔的触电还令作家们欲说还羞，进入九十年代几乎所有的纯文学作家都被电影改编一网打尽。③对于很多纯文学出身的作家来讲，常常置身于做编剧卖钱和写作纯文学在文学史上占据一席之地的两难处境。比如，朱苏进曾说："最初是谢晋导演请我编写《鸦片战争》电影剧本，从此开始被拖下水，到现在也没浮上来。就好比是雅鲁藏布江的水，你伸进去一个手指，想浅尝辄止，没想到一下被吸进去一个手臂，你赶紧想把手臂拔出来，结果你已整个人掉进江水里。就这么一个裹挟力极大的处境。"④

大众文化与主流文化的彼此借重与互渗

1. "红色经典"的卷土重来

1986 年，崔健以摇滚形式翻唱革命歌曲《南泥湾》，被当作"红歌黄唱"的资产阶级自由化遭到封杀。但到了 1990 年，随着"毛泽东热"，"红太阳系列"歌曲（包括《天上太阳红彤彤》《红太阳照边疆》《十送红军》《花篮的花儿香》《北京的金山上》）风靡全国。"采用带有流行歌曲特点的伴奏和唱法，在制作唱片、磁带时采用联唱方式，有意无意对他们自己提出的红色经典中的经典一词进行了一定程度的反讽和解构，在抚昔与思今之间形成了饶有趣味的组合。"⑤除了红色歌曲被改编外，1997 年，人民文学出版社出版"红色经典丛书"，早在 1986 年春晚，《红灯记》《智取威虎山》选段在"文革"后第一次公开出现在公众视野中，巴金等作家对此进行了严厉的批判。"红色经典"的影视化改编愈演愈烈。1990 年《红灯记》全本复排，其他样板戏也陆

---

① 参见邵燕君：《倾斜的文学场：当代文学生产机制的市场化转型》，江苏人民出版社 2003 年版，第 126 页。

② 同上书，第 139 页。

③ 参见黄发有：《中国当代文学的传媒研究》，人民文学出版社 2014 年版，第 412 页。

④ 同上书，第 412 页。

⑤ 杨鼎：《"后革命"时代的革命历史影视剧研究》，浙江大学博士学位论文，2007 年。

续全本复排。2000 年后"红色经典"的电视改编进入高潮,2004 年电视剧《林海雪原》问世,之后《敌后武工队》(2005)、《红色娘子军》(2005)、《苦菜花》(2005)、《野火春风斗古城》(2006)、《冰山上的来客》(2006)、《铁道游击队》(2006)、《沙家浜》(2006)、《霓虹灯下的哨兵》(2007)相继走上电视屏幕。"红色经典"卷土重来,有不可抵挡之势。这些"十七年"时期的革命历史题材小说与"文革"时期的革命样板戏在二十世纪九十年代被允许出现以及出现以后很多受到观众的热烈欢迎,表明了大众文化语境中的消费主义把新时期以来获得的启蒙思想瓦解得所剩无几。另外,这些"红色经典"的影视化改编方式与主流意识形态管理部门的管理方式,这二者之间的互动也可以观照到九十年代主流文化与大众文化的遭遇方式。电视剧《林海雪原》的改编在"红色经典"的改编路径中很有象征意味,一则很多电视都朝着该剧的改编方式走,二则这种改编引起了主流意识管理部门与观众的复杂反应。电视剧中的杨子荣的平民性和匪气被放大加强,杨子荣成为一个有缺点的英雄,少剑波和"小白鸽"的爱情也被渲染放大。其他电视剧也大都依此路径,选择俊男靓女演员出演红色经典中的主要英雄人物,如由许晴演阿庆嫂。加大或增添主要英雄人物的感情戏码,改编带来的结果是其匪气、侠气及情爱戏成为吸引年轻观众的亮点,却遭到对这些经典烂熟于心的中年老年观众的质疑。对此,2004 年 4 月至 5 月间国家广电总局两次下文,对"红色经典"的改编做出指示。4 月 9 日下发《关于认真对待"红色经典"改编电视剧有关问题的通知》要求各省级广播影视管理部门要加强对"红色经典"剧目的审查把关工作。5 月 25 日,又下发了《关于"红色经典"改编电视剧审查管理的通知》,要求经省级审查机构初审后均报送广电总局电视剧司终审,并由广电总局颁发"电视剧发行许可证",否则一律不准播出。

2. 主旋律文艺的通俗化包装

主旋律是国家意识形态调整的产物。借助新的资源、技术,从经典的毛泽东时代的社会主义意识形态转变到市场经济的"有中国特色的社会主义"的"新意识形态"。① 从 1995 年开始,"主旋律"长篇小说创作在相当长时间内是出版工作的重点工程。1995 年,江泽民提出抓好文学创作中的"三件

---

①　参见刘复生:《历史的浮桥——世纪之交"主旋律"小说研究》,河南大学出版社 2005 年版,第 9 页。

大事",1996年中宣部就这一问题进行专题研究,1997年新闻出版署指示争取当年出版10部优秀长篇小说。在中央行政力量的强力推进下,长篇小说,尤其是官场政治题材的长篇小说得到空前繁荣,如《中国制造》(周梅森)、《突出重围》(柳建伟)、《抉择》(张平)等作家作品。由于获得奖项,尤其是在与影视合作上,尽显官方重点支持,保障重点拍摄,出版社受益的情况下也是全力配合,在大众媒介大力积极宣传。在官方政策、资金、资本全方位的打造下,这些长篇小说有了不俗表现,挤进畅销书排行榜中。其中《突出重围》到2002年已经累积销售20万册。《省委书记》《大雪无痕》《国家公诉》《绝对权力》《至高利益》这些反映当下官场中的政治斗争的文学作品,在表现反腐败与腐败的斗争中,曲折、复杂、惊险、跌宕的情节设置,既反映了这是真实的现实生活,也告诉读者现实生活的残酷性,还满足了读者的心理和情感的期待。以悬念性来增强故事性,激发读者的阅读兴趣,避免事件发展的平淡无味,小说也因此而变得好看。为了使正义得到伸张,邪恶得到惩罚,这类小说中,常常设立正义与邪恶的对立、权与法的冲突、情与理的矛盾。最后,代表广大人民群众利益、社会公义和国家法律威严的权力机关或个人,坚持秉公执法,不枉私情,依法治国,集民意、法律制裁于一身,将以权谋私的贪官和唯利是图的奸商绳之以法。为了满足读者消费心理,美女、金钱、时尚、性爱、暴力等都是吸引读者的畅销因素。这种以国家权力推进,迎合广大人民的期盼,出版社宣传造势,形成畅销书销售热潮,是出版社最佳营销手段。①比如刘醒龙的小说《分享艰难》中孔太平从乡到县到省的任职学习过程中,穿插着大量性爱描写。这些女人有三陪女,有省里高官的女儿,她们身份多样,但都对孔太平有独钟。《村支书》写方支书和小林的对话时,充满了暧昧的轻浮气味:

　　方支书说:"其实,我真的很喜欢你。"说着就捉住了小林的一只手。小林忙说:"方支书你别这样,我不是那种贱女人。"方支书猛地一愣,然后把手抓得更紧了,说:"你怎么这样想?我是说我女儿若没死她一定和你长得一模一样,甚至更漂亮。我心里一直把你当作女儿待。"

---

① 参见李庆勇:《穿行在艺术女神与经济巨人之间——1990年代以来的文学类畅销书研究》,吉林大学博士学位论文,2012年。

这种制造噱头走向油滑的细节就是为了引起读者的兴趣。谈歌、关仁山的作品都有类似的特点,每每写到商人形象的吃喝嫖赌和力挽狂澜的孔太平们的"女人缘",前者为九十年代改革阵痛期的观点说项,后者则为了隐匿真正应该负责的国家而凸显厂长、镇长、党委书记们的忍辱负重与苦情。故事结构、人物形象设置表现了强烈的意识形态性质。虽然写实地裸露了转型之际民众从计划经济时代平均主义的普遍贫困,到市场经济时代开启之时被迫"分享艰难"后的困境,但每一篇结局都无一例外地以善恶对比、道德感化、道德激情来完成与剥夺的和解,每一篇都无一例外地以国家之名、民众之名抒发以厂为家、以国为家的廉价的激情,唯一的揭示黑暗的锋芒也湮灭在舍己为厂、为国的可疑的悲壮中。

3. 大众文化的意识形态印记

与主旋律文艺的通俗化包装对应,是大众文化的意识形态印记,在二十世纪九十年代,很难在主流文化、大众文化之间找出明晰的分水岭。很多时候,他们都是彼此借重、融合,互相吸纳的。比如1998年风靡全国的流行歌曲《相约九八》,虽然由香港、内地著名歌星所唱,但它首唱于春晚,并且是在香港回归一周年之际,所以其演唱者身份的选择就不无香港内地一家亲的政治意味。而1999年从春晚走红的流行歌曲《常回家看看》,不久之后就获得了中宣部所办的"五个一工程奖",其对孝的观念的唯美演绎和对归家心情的悠长咏叹,也可以看到国家意识形态对这首歌挥发出的家国同构功能的看重及在型塑国家向心力之际对孝道的借用。此外,1990年至2000年,表现古代封建帝王的影视作品批量问世,这些影视作品表现的时段主要集中在汉唐与明清两个时期,前者如《唐明皇》(1990)、《唐太宗李世民》(1993)、《汉武大帝》(2004)、《大汉天子》《贞观之治》(2006)、《贞观长歌》(2007)等,后者如《雍正王朝》(1997)、《康熙王朝》(2001)、《乾隆王朝》(2002)等。这些影视剧大多改编于历史小说家的小说作品,因此研究者对于当代历史小说的明清叙事的研究观点放在这里也是适用的:"愈来愈多的作家把目光投向中国晚近的这充满风云变幻的历史时空。这是因为明清鼎革之际社会矛盾和文化纠葛的尖锐复杂,与当下中国社会的大变革和文化转型有许多脉息呼应之处。"①此外,我们还可以发现,电视剧情有独钟的汉

---

① 吴秀明:《当代历史小说中的明清叙事》,《文学评论》2002年第4期。

武帝、唐太宗、清代前期帝王，不仅代表这些朝代本身的鼎盛时期，也是中国历史最为鼎盛的时期，因此，对于辉煌历史的反复诉说和难以忘怀，表现了经济快速发展以后中国民族主义意识形态的迅猛抬头。我们知道，正是在1996年，一本名叫《中国可以说不》的书横空出世，引来万众瞩目。两相对照，不难发现，托古拟今的盛世欢歌的高昂与天下帝国的怀旧悖论式地纠缠在一起。

知识分子与启蒙的缺席

在知识分子还没有从与主流意识形态的蜜月合作突然结束遭遇惨痛中醒转过来之际的二十世纪九十年代初，市场经济意识形态长驱直入，金钱成为时代的主宰。中国知识分子在稍稍摆脱政治的宰制不久之后，又遭遇消费文化的熔炼。自我思想启蒙尚未完成，丝毫谈不上经济独立的中国知识分子在双重的贫弱中被金元潮流击打、裹挟甚至吞噬。二十世纪九十年代文学的"欲望"横行，九十年代写作的荧幕至上，九十年代作家的长篇冲动，无一不呈现着九十年代文学生态的急功近利。而文学批评的圈子化、文学批评的颂歌化、文学批评的媒体化，无一不显示着九十年代文学批评生态的利益均沾状态。急功近利与利益均沾不仅是九十年代文学的主要特征，也是九十年代思想文化的主要特征。

大众文化、主流文化、知识分子文化自九十年代起就不再界限分明。主流意识形态包裹着大众文化的外衣，流行文化处处显示着主流意识形态话语的渗透，二者在抵牾与借重之间日益寻找到了一种合适的尺度。知识分子的话语诉求不断遭到消费意识形态的消解，也时刻进入主流意识形态的收编，主流意识形态因为有大众流行文化的形式与规则的润色，不仅没有削弱，反而以一种水银泻地的方式成为更无所不在的意识形态机器。知识分子受到了大众文化与主流意识形态的双重夹击，也由于知识分子文化的退守，知识分子成为彻底的边缘者。大众在九十年代"被描摹成新时代的主体，更重要的是，借助于这一形象的塑造过程，90年代生产出了与其秩序相一致的文化话语：这一话语的基础是实用主义，实践主导是欲望主义，结构原则是原子个人主义，崇尚对象是消费主义；它奉行的是赤裸裸的犬儒主义生活哲学：既然现存秩序强大无比，那么，在自我安全第一的原则下，不轻易去抗争，不随意去改变，以认同对方来换取对方的认同，就被认为是一种明智。这一套话语在 90 年代是如此的深入人心，它与这一时代政治主流意识形态与消费主义意识形态（此二者不但已逐渐取得合法性地位，而且还渐成支配性话语）相结合，潜在成为了另一种意识形态"①。这是确评。消费文化、大众文化之所以成为主宰意识形态，不是因为消费文化、大众文化本身不可以存在，相反，消费文化、大众文化的存在与流行在某种意义上而言是时代的进步，但知识分子对消费文化、大众文化只是一味避让或投入，丝毫没有批判式的介入，这只能导致知识分子本身也成为大众文化生产中的一分子的可悲结局。

---

① 王世诚：《断裂时代的肯定性写作（上）》，《扬子江评论》2008 年第 5 期。

第六编

新世纪：文学制度的新变

第一章　新世纪中国发展格局对文学制度的影响

　　总体看来,新世纪的第一个十年中,中国大陆基本的格局是继续"中国特色的社会主义"文化制度的加强、完善和延伸,尽管出现了新的现象和特征,但并未出现一条明显的文化分界线。在二十世纪末,公众文化领域和国家政策层面都涌动着一种"世纪末"的总结趋势,但就具体文化发展看来,一种文化裂变的嘉年华并未出现,各项政策法规和文化制度跟随经济变革平稳推进,文学生态环境未发生明显变更。但文学制度有了新的发展,在二十世纪九十年代文学制度的基础上,呈现出深化和复杂化特征。

　　2000 年 2 月 25 日,江泽民在广东省考察时比较全面地阐述了党的"三个代表"重要思想,其中关于文化的是中国共产党始终代表"中国先进文化的前进方向",在新世纪进一步密切了文化和党政的联系。

　　2001 年 11 月 10 日,中国加入世贸组织,"入世"加剧了中国文化和经济全球化的步伐,使新世纪的文化也在市场经济的洪流中与经济的关系日益密切。

　　在这样的政治经济环境之下,商品经济对文学影响巨大,文学产业化的步伐逐渐加快,以新武侠小说为代表,在创作和流通领域形成了新的游戏规则。在西部大开发战略之下,"西部文学"稳步发展,以对生活稳扎稳打的书写和日益快餐化的东部写作形成差别,为实现共同发展,东西部文学交流日益增多。随着经济发展中贫富悬殊的扩大,出现了明显的阶层问题,底层文学成为作家关注的焦点,其中下岗问题、打工问题,为底层书写提供了丰富的素材。在城市化的快速推进之中,城市中的文化政策对文学生态产生极大影响,随着作家的城乡意识逐渐变化,新世纪文学呈现出了不同的风貌。

第一节　文化产业化与文学制度

在新世纪商品经济带动下,文学逐渐被纳入制度化、产业化的链条,一方面为文学发展注入多元化的活力,另一方面也成为出版精品的桎梏。而文学教育在作文评奖的机制下,也出现了可喜可忧的多重问题。

一、文学产业化推进下的利与弊

文化产业政策是指政府为促进和规范文化产业发展而制定和实施的一系列政策,它既是以"文化产业"为政策对象的国家产业政策的重要组成部分,又具有不同于一般产业政策的复杂性和特殊性:兼具经济属性和很强的政治意识形态。

从二十世纪八十年代开始,我国政府出台了大量促进和规范文化产业发展的政策措施,出于对文化的重视,每年都有新的政策不断出台。从新世纪的宏观政策来看,2006 年的《中国国民经济和社会发展"十一五"规划纲要》提出了"完善文化产业政策,促进民族文化产业发展,引导和规范非公有制经济进入文化产业,形成以公有制为主体、多种所有制共同发展的文化产业格局和民族文化为主体、吸收外来有益文化的文化市场格局。加强文化市场综合执法和对互联网的管理,坚持扫黄打非,营造扶持健康文化、改造落后文化、抵制腐朽文化的社会环境。积极倡导企业文化建设"。从文化产业的形成、监管等角度对其进行了整体构建。2011 年,国务院发布第 594 号国务院令,出台了经 3 月 16 日国务院第 147 次常务会议通过的关于修改《出版管理条例》的决定,对《出版管理条例》中第一条、第十条、第四十八条中的"出版事业"修改为"出版产业和出版事业"。因此,在文化领域,文化的产业化已经成为政府推动的重点,政策的关注与倾斜将大大推动文化产业的形成与发展。2012 年 2 月 15 日,中共中央办公厅、国务院办公厅印发了《国家"十二五"时期文化改革发展规划纲要》,纲要在"构建现代文化产业体系"时所提出八项重点任务,其中的首要任务是"发展重点文化产业。以文化创意、影视制作、出版发行、印刷复制、广告、演艺娱乐、文化会展、数字内容和动漫等产业为重点,加大扶持力度,完善产业政策体系,实现跨越式发展"。2012 年《纲要》的出台标志着政府对文化产业全面发展的重视,我国针对文学产业的政策正在以文字、影视、展演为依托一步步走向深入化、立体化。

此外,财政部、国家税务总局 2007 年发布的《关于调整音像制品和电子出版物进口环节增值税税率的通知》(财关税〔2007〕65 号)、新闻出版总署 2012 年发布的《关于进一步加强学术著作出版规范的通知》(新出政发〔2012〕11 号)、国家新闻出版广电总局 2015 年发布的《内部资料性出版物管理办法》(总局令第 2 号)等政策规定,都从市场管理、财税管理等方面对文学艺术从传播层面进行了有效而明确的制度规定。

这些政策对文化产业的发展无疑会起到规范、引导和提升的作用,使文化产业大范围崛起且出现井喷式发展。但发展是把双刃剑,优点存在的同时必有不容忽视的缺点。杨吉华在谈到我国文化产业的问题时用了六个字来进行概括:"缺、弱、变、散、乱、粗"。"缺"就是政策的缺失,文化产业的很多方向和细节政策尚未覆盖;"弱"是政策对产业的扶持力度不够,没有给产业免除后顾之忧;"变"是政策多变,缺乏必要的稳定性,让许多产业处于观望态度或混乱局面;"散"是政策重点不突出,政策针对性不强;"乱"是政策不统一,缺乏必要的协调性;"粗"是政策过于粗线条,可操作性不强。①这些缺点很大程度上源于政府经验不足,政策推行之时尚未考虑周全。这些必然导致我国文化产业发展的问题。

第一,文学的身份与版权问题。在这个消费主义盛行的时代,文学从艺术沦为一种待价而沽的商品,文化产业已经形成了一条"生产—流通—消费"的产业链。文学传播的载体从纸本逐渐过渡到手机、电脑等电子设备,以及网络这种新兴且当今已经趋于常态化的文学承载形式。由于管理的缺乏,以网络为依托的文学创作以及网络文学的产业化都存在很大问题。在中国当代文学研究会第 18 届学术年会上,中南大学的禹建湘探讨了这些问题,他认为,"产业化是网络文学生产与消费最基本的存在方式,产业化促进了网络文学不断创新,也有负面效应,如网络侵权、版权争执、格调低下等都给网络文学带来了伤害"②。

第二,产业链条的滚动下文学性的缺失问题。文学产生的方式从过去

①　参见杨吉华:《文化产业政策研究》,中共中央党校博士毕业生论文,2007 年。
②　阳燕:《文学新变与文化自信——中国当代文学研究会第 18 届学术年会概述》,《中文论坛》2015 年第 1 辑。

个性化的独立生产转变为批量化的大规模制作,这两种方式存在着极大区别,孙桂荣曾指出:"传统文学是一种'作者文学',强调有感而发,依据写作者才情、趣味选择相应的写作类型,产业化写作则基本依据'顾客就是上帝'、'消费终端决定一切'的商业化原则,变成了以买方为中心的'读者文学',根据市场调查,读者喜欢什么就生产什么。"①因此,产业化模式下的文学时代成了一个读者决定的时代,这种以消费为目的的文学作品,选题难度大大下降,循环周期大大缩短,运营成本大大减少,良莠不齐的作品呈井喷式呈现,为这个链条源源不断地提供着原料,但这种繁荣景象是令人担忧的:艺术本就具有其独立的价值,而文学本身也具有远离产业的属性,当文学被市场绑架,成为失去独立性的商业厂商的一环,是否意味着文学创造力的丧失?这是其一。当"作者文学"真的被"读者文学"所取代,作家的作用和服务的机器又有何差别?层次各异的读者是否有能力把控文学的走向?这是其二。对这些问题,研究者试图找出自己的答案:方习文在分析过文学商品属性、文学生产空间传媒化等文学产业化的具体表现之后,曾认真探讨过文学产业化后文学发展的问题,为当下文学产业化中存在的困境提出了一条解决路径——追求"文学创意",他认为应当"运用创意思维,以多元和系统的方式从事文学活动与创作,实现对于文学意蕴及其作用的强化,增进其文化价值与经济价值",而"'文学创意'的出现,文学才能顺利地实现从过去'失却轰动效应'到今天作为'产业'的华丽转身"②。方习文的提法企图以"创意"两个字实现推动文学本身发展和吸引读者眼球的一箭双雕,这未免过于理想化,在产业链条滚滚行进的过程中,是否有时间、有空间发现和呈现自己的创意,仍是当前作家在实际创作中的一个重要困惑。

　　第三,严肃文学被产业化的通俗文学挤占后,阅读中的思考空间存在不足的问题。在文学产业化进程中,文学的创作目的从引人思考的严肃性,开始沦为让人放松的娱乐性,在高压力的工作环境下,放松本无可厚非,但从创作来看,当前的文学产业化链条下,简单轻松的机械复制成了最主要的传播手段,在点击率和更新字数为标准的生存压力下,作家很难再静下心来写一本书,而是为获取利润成为码字工人,以多字数的连载收取阅读费用,失

---

　　①　孙桂荣:《给新世纪文学批评写一份真正的悼词?——文学产业化之后的批评困境》,《南方文坛》2011 年第 3 期。

　　②　方习文:《文化产业背景下文学的发展问题》,《中州学刊》2012 年第 6 期。

去了精心打磨的空间和心情；从文学的阅读来看，广大读者对趣味性故事的喜爱、对生活高压下休闲娱乐的需要导致大量阅读目光投注到虚构性的通俗小说之上，甚至直接把注意力从文字转移到更加简单直白的电影、电视、电子游戏之中，困难文学阅读的快感将无处呈现；当注水的商业化长篇层出不穷，真正书写生命、引发人们对生存状态进行思考的严肃文学的生存空间将大大压缩，好作品的出现将更加困难重重。

由此可见，消费潮流下的文学产业化危机四伏，由此引领的文学将走向何方尚待考量。

二、文学产业的形成机制——以二十一世纪大陆新武侠小说为例

武侠小说自古以来就是中国小说中极重要的一大类别，与中国传统文化息息相关。根据《现代汉语词典》的解释，"武侠"即指代侠客，"武侠小说"指的是"主要写侠客、义士行侠仗义故事的小说"①。除了"武侠小说"这一称谓以外，还有"豪侠小说""侠义小说""剑侠小说""儿女英雄小说""武林小说"等诸多称谓②。虽然称谓不同，但小说基本情节都是练武之人行侠之事，所以在中国人的观念里，有"武"有"侠"的小说都能被涵盖于武侠小说的范围之内。

（一）新武侠小说的沿革发展

武侠小说真正作为通俗小说得到广泛流传是从民国的时候开始的，所谓"旧派武侠小说"包括还珠楼主的《蜀山剑侠传》《青城十九侠》，宫白羽的《十二金钱镖》《黄花劫》，郑证因的《鹰爪王》八部曲，等等，其庸俗的内容和单一的艺术形式受到许多有识之士的抨击。直到二十世纪六七十年代，被称为"新派武侠三大家"的金庸、梁羽生、古龙对武侠小说进行了创新和拓展，形成所谓"新派武侠小说"，才将武侠小说的水准发展到巅峰。

当代新武侠的兴起是建立在互联网深入民间、网站数量越来越多、网民人数与日俱增的这三个重要基础上的。2001 年，网络武侠联盟因"榕树下"的"侠客山庄"牵头发起，各大武侠论坛相互联合而成功成立，这标志着二十一世纪新武侠在网络的基础上已形成简单的规模，并且在逐步走向繁荣。

---

① 中国社会科学院语言研究所词典编辑室编：《现代汉语词典（第 6 版）》，商务印书馆 2012 年版，第 1382 页。

② 罗立群：《中国武侠小说史》，花山文艺出版社 2006 年版，第 36、37 页。

　　二十一世纪大陆新武侠的概念是在 2004 年由韩云波和《今古传奇·武侠版》半月刊共同提出的,并简称为"大陆新武侠"①。二十一世纪新武侠的发展与网络息息相关,网络为武侠小说提供了一个自由平等的平台,没有出版社、杂志社严格的编辑审核,每个人都可以编织自己的武侠梦。文学网站的蓬勃发展也为网络武侠小说的传播奠定了基础。文学网站作为网络文学发展的重要平台,"不仅担负着发布、传播网络文学作品的责任,而且跟传统文学生产中的出版社和文学期刊一样,承担着培养网络写手(作家)的任务,同时还主动与传统纸媒相融合,从事出版工作"②。武侠小说的类型也分为了传统武侠、谐趣武侠、浪子异侠、古典仙侠、奇幻修真、现代修真等几个方面。神魔、修真系列的玄幻小说长期以来占据各大网站榜首,点击量往往超过千万。

　　"玄幻"一词,最早出自黄易的小说《月魔》,1988 年香港"聚贤馆"出版这部小说时,赵善琪在该书的序言中写道:"一个集玄幻、科学和文学于一身的崭新品种宣告诞生了,这个小说品种我们称之为'玄幻'小说。"③黄易认为,向远古追寻是魔幻,向未来拓展是科幻,科幻加魔幻则是玄幻。④玄幻小说涵盖的文本种类很多,简单而言可以大致分为七类:一、跨越时空类;二、考古探险类,如天下霸唱的《鬼吹灯》;三、异界争霸类;四、新志怪奇谈类;五、武侠玄幻类,把武侠和神鬼熔于一炉,具有传奇色彩;六、惊悚悬疑类;七、科幻玄幻类。⑤所以玄幻并不等于武侠,新产生的武侠玄幻小说与传统武侠也有着区别。"玄幻"是大陆新武侠的一个重要特征,以《诛仙》为代表的此类武侠玄幻类小说,其实是融合了中国上古神话传说与西方魔幻主义的新武侠小说,在想象的基础上比之传统金、古、梁的小说更具有虚拟美学性。

（二）新武侠小说的媒介依托

　　尽管大陆新武侠小说在二十世纪九十年代中期就开始发展,但其形成一定规模和影响力仍然是在二十一世纪。期刊、图书、网络这三大文学的主要媒介都对大陆新武侠的发展形成了巨大影响,本文试对这三条脉络进行梳理。

　　①　韩云波:《论 21 世纪大陆新武侠》,《西南师范大学学报》(人文社会科学版)2004 年 7 月第 30 卷第 4 期。
　　②　参见苏晓芳:《网络与新世纪文学》,中国社会科学出版社 2011 年版,第 9 页。
　　③　转引自叶永烈:《奇幻热、玄幻热与科幻文学》,《中华读书报》2005 年 8 月 3 日。
　　④　参见韩云波:《论 90 年代"后金庸"新武侠小说文体实验》,《重庆大学学报》2005 年第 4 期。
　　⑤　参见杨剑龙等:《新世纪初的文化语境与文学现象》,中央编译出版社 2012 年版,第 117、118 页。

1. 期刊

2001 年 9 月,最具有影响力的武侠杂志《今古传奇·武侠版》创刊,标志着大陆纸质媒介武侠小说创作复兴的开始。2002 年,《热风·武侠故事》《中华传奇·大武侠》创刊,2004 年《新武侠》创刊,各大武侠杂志纷纷创刊连载原创小说,表明新一轮武侠小说创作热潮已经到来。在国内期刊市场竞争日益激烈、各期刊发行量连年下降的情况下,武侠杂志月销量却居高不下,每月达 50 余万册。

这几本武侠的内容都主要包含以下几个方面。

第一,港台著名武侠小说家的作品选刊。以《今古传奇·武侠版》为例,台湾作家温瑞安和香港作家黄易的作品都在杂志上长篇连载。

《今古传奇·武侠版》刊载武侠小说家作品情况表

作家	连载信息
	《山字经》中篇,2001 年试刊号,总第 1 期
	《少年无情 1》,2004 年第 23 期,总第 65 期
	《少年无情 2》,2005 年第 1 期,总第 67 期
	《少年无情 3》,2005 年第 3 期,总第 69 期
	《少年无情 4》,2005 年第 5 期,总第 71 期
	《少年无情 5》,2005 年第 8 期,总第 74 期
	《少年无情 6》,2005 年第 10 期,总第 76 期
	《少年无情 7》,2005 年第 14 期,总第 80 期
	《少年无情 8》,2005 年第 15 期,总第 81 期
	《少年无情 9》,2005 年第 16 期,总第 82 期
温瑞安	《少年无情 10》,2005 年第 17 期,总第 83 期
	《少年无情 11》,2005 年第 18 期,总第 84 期
	《少年无情 12》,2005 年第 19 期,总第 85 期
	《少年无情 13》,2005 年第 20 期,总第 86 期
	《少年无情 14》,2005 年第 22 期,总第 88 期
	《少年无情 15》,2005 年第 23 期,总第 89 期
	《少年无情 16》,2005 年第 24 期,总第 90 期
	《少年无情 17》,2006 年第 1 期,总第 91 期
	《少年无情 18》,2006 年第 2 期,总第 93 期
	《少年无情 19》,2006 年第 3 期,总第 94 期
	《少年无情 20》,2006 年第 4 期,总第 95 期

作家	连载信息
黄　易	《边荒传说 1》,2004 年第 5 期,总第 47 期
	《边荒传说 2》,2004 年第 6 期,总第 48 期
	《边荒传说 3》,2004 年第 7 期,总第 49 期
	《边荒传说 4》,2004 年第 8 期,总第 50 期
	《边荒传说 5》,2004 年第 9 期,总第 51 期
	《边荒传说 6》,2004 年第 10 期,总第 52 期
	《边荒传说 7》,2004 年第 11 期,总第 53 期
	《边荒传说 8》,2004 年第 12 期,总第 54 期
	《边荒传说 9》,2004 年第 13 期,总第 55 期
	《边荒传说 10》,2004 年第 14 期,总第 56 期
	《边荒传说 11》,2004 年第 15 期,总第 57 期
	《边荒传说 12》,2004 年第 16 期,总第 58 期
	《边荒传说 13》,2004 年第 17 期,总第 59 期
古　龙	《剑气书香(下)》,2006 年第 18 期,总第 116 期

第二,港台新人作家武侠作品选刊。香港的作家敖飞扬、台湾的作家九把刀都曾在《今古传奇·武侠版》上发表过作品。九把刀风靡内地的武侠作品《功夫》2004 年在《今古传奇·武侠版》上刊登,他获台湾第一届可米瑞智百万电视小说奖首奖的作品《少林寺第八铜人》也在《今古传奇·武侠版》2005 年月末版第 2 期上刊登出来。港台新人作家与大陆新人作家的作品同时选刊,让读者能同时体味大陆与港台不同武侠文化的魅力,感受不一样的江湖世界,也让大陆新武侠作家在多元文化的交融中不断学习和进步。

第三,大陆优秀新武侠作品选刊。除了小缎、燕垒生、王晴川、凤歌、时未寒、方白羽等男性作家以外,还涌现了沧月、沈璎璎、步非烟等一大批女作家,为武侠增添了“柔情”。以他们为代表的武侠小说创作队伍大都是首先在网络上开始创作生涯的,而且整体素质较高,绝大部分人都是名校毕业,还有不少人有硕士、博士学位,虽然是非文学专业,但他们的思维方式与知识领域将武侠的世界更大地拓宽,融入更多新鲜的元素。例如凤歌的《昆仑》以数学为切入点,演述了科学知识和科学智慧的巨大魅力,展现出中西结合、古今结合的特点。

第四，武侠评论选刊。叶洪生、冯湘湘、曹霁等人曾在《今古传奇·武侠版》上发表过不少评论，对象包括金庸、古龙、倪匡以及其他新武侠作家，让大陆读者对于武侠小说有了更多的了解。武侠杂志的销售对象主要是大中学生和其他武侠爱好者，在二十一世纪初，金庸、古龙、梁羽生、温瑞安、倪匡等大家的作品还未在大陆得到广泛流传，武侠杂志作为武侠小说发表传输的平台，其中选刊的大家作品及大家作品评论让大陆读者亲身感受或创立了一个"盛世江湖"。

这些武侠杂志培养出了大量大陆新武侠作家特别是女作家，显示出大陆新武侠不同于港台新武侠的风格特色和巨大发展潜力。即使武侠杂志与IT行业、电影道具行业、武术团体、武术学校等进行多层次合作，但因为电子媒体的冲击，2009年12月，《热风·武侠故事》长篇专号正式停刊，恢复为半月刊，其余几家武侠杂志销量也大不如前。《今古传奇·武侠版》更是将市场与网络新媒体结合，在发行纸质刊物的同时也发行了电子刊物。

遗憾的是，截至2016年，除了《今古传奇·武侠版》仍在继续发行以外，其余都已经改版或停刊。这说明在新世纪的文学机制下，文学杂志作为载体，在文学产业中的位置在逐渐下降。

2. 图书

2005年，团结出版社出版了凤歌的《昆仑》，长江文艺出版社出版了"中国新武侠典藏书系"，新世界出版社出版了沧月的《剑歌》，朝华出版社出版了萧鼎的《诛仙》，等等。图书出版的兴盛，标志着当代大陆新武侠网络、期刊、图书多元市场的形成。

武侠小说的图书市场发展主要呈现以下三种情况：一、作者通过武侠杂志先发表作品，获得人气以后开始结集出版实体书；二、作者首先在原创门户网站上发表作品，经过编辑认可后由网站与出版社联系，签约出版作品；三、作者出名以后，出版社主动向作者约稿出版。

总体而言，相比武侠杂志市场的逐渐萎靡，图书市场表现为扩大趋势。越来越多的作者寻求作品的签约出版，原因是一方面可以证明作品较于网络上或杂志上其他作品而言要相对出色；另一方面出版可以让作者获得稳定的版税收入，可以更好地从事小说创作。

3. 网络

二十世纪九十年代末至二十一世纪初期，作者在网络上连载原创武侠小说是没有收入的,往往出于兴趣爱好,所以这时的原创作者较少,出名的一些作者也都转换阵地去了武侠杂志。直到网络收费制度流行开了,网络上才涌现了一大批原创武侠玄幻写手,他们有的是以此为职业,有的是在工作之余赚取额外收入,都是看好网络市场的发展才投身进来。

到 2016 年为止,国内的原创文学门户网站有 300 多家,但比较出名的原创武侠小说网站为以下 10 家。

2015 年中国十大文学网站排名①

网站	总排名	Alexa 周排名②	谷歌 PR 值③	反链数④
起点中文网(www. qidian. com)	1	1 362	7	19 300
17K 小说网(www. 17K. com)	2	3 679	7	3 296
纵横中文网(www. zongheng. com)	3	12 677	7	6 028
晋江文学城(www. jjwxc. net)	4	2 476	6	2 122
潇湘书院(www. xxsy. net)	5	9 932	7	6 095
新浪读书(book. sina. com. cn)	6	14	8	2 542
豆瓣读书(book. douban. com)	7	119	7	1 001
小说阅读网(www. readnovel. com)	8	13 275	6	6 785
红袖添香(www. hongxiu. com)	9	66 935	7	6 679
起点女生网(www. qdmm. com)	10	7 728	5	2 852

在这些文学门户网站里,武侠小说和言情小说是最受欢迎的类型,不仅读者众多,作者基数也十分庞大。读者可以向喜欢的作者送道具、红包,最后获得的经济利益由网站和作者分成(一般为五五分或四六分),每天更新还有勤奋奖励。较高的人气和还不错的收入使得越来越多的人投身于网络

---

① 制表信息来源:http://www. phbang. cn,访问时间 2016 年 6 月 14 日。
② Alexa 排名是指网站的世界排名,主要分为综合排名和分类排名,Alexa 提供了包括综合排名、到访量排名、页面访问量排名等多个评价指标信息,大多数人把它当作当前较为权威的网站访问量评价指标。
③ PR 值全称为 PageRank(网页级别),用来表现网页等级的一个标准,级别分别是 0 到 10,是 Google 用于评测一个网页“重要性”的一种方法。PR 值越高说明该网页越受欢迎(越重要)。
④ 反链数就是指从别的网站导入到某网站的链接数量,可以给网站带来不错的流量。

文学市场，网络武侠市场依旧十分繁荣。

从以上来看，产业化运行的新武侠小说最重要的媒介已从纸媒转移到了网络，这成为当前文学产业运行的一个重要特点。

（三）新武侠小说的商品化特征

以"消费性"为特点的二十一世纪大陆新武侠也有传统武侠小说不可替代的优势。其经济价值超过了传统小说。当代文化产业的高速发展，使得新武侠形成了"网络电子书—实体出版书—游戏/影视剧/动漫/音频—衍生文化产品"的产业链，一部成功的武侠作品带来的经济效益是十分丰厚的，近年来的"IP 热"更加让武侠作品的经济价值得到体现。大陆新武侠对文化产业的贡献主要体现在以下几点。

第一，对传统出版业的革新和发展。传统出版业以往都以文字内容为主，而大陆新武侠出版商为了吸引更多读者的目光，会在封面设计、赠品上下很大工夫，这使得出版物里的画报越来越精致，独家签名赠品的附送也较纸媒与网络媒体更多一些优势。虽然现在电子书大量流行，但成名的新武侠作家仍会注重作品的出版与流传，凭借篇幅和字数优势在版税上超过大部分大陆知名作家，甚至超过了港台著名武侠作家，在图书出版销售领域独占鳌头。

大陆部分新武侠作家近年版税收入一览表①

作　　家	代表作品	年龄	籍　　贯	2012 年版税	2013 年版税	2014 年版税	2015 年版税
唐家三少	《斗罗大陆》	35	北　　京	3 300 万	2 650 万	5 000 万	11 000 万
江　　南	《龙族》	39	安徽舒城	1 005 万	2 550 万	1 700 万	3 200 万
玄　　色	《武林萌主》	31	辽宁沈阳	230 万	230 万	700 万	1 100 万
辰　　东	《完美世界》	35	北　　京	800 万	1 000 万	2 800 万	3 800 万
我吃西红柿	《星辰变》	29	江苏扬州	2 100 万	1 300 万	<300 万	<1 000 万
天蚕土豆	《斗破苍穹》	27	四川德阳	1 800 万	2 000 万	2 550 万	4 600 万
血　　红	《光明纪元》	37	湖南常德	1 400 万	1 450 万	1 100 万	<1 000 万

---

① 根据"作家榜"官方网站信息制表，主页网址：http://www.zuojiabang.cn。访问时间 2016年 4 月 21 日，制表时间 2016 年。

内地部分作家近年版税收入一览表①

作　家	代表作品	年龄	籍　贯	2012 年版税	2013 年版税	2014 年版税	2015 年版税
莫　言	《蛙》	61	山东高密	2 150 万	2 400 万	650 万	<100 万
余　华	《活着》	55	浙江海盐	<100 万	330 万	265 万	360 万
贾平凹	《带灯》	64	陕西丹凤	<100 万	135 万	150 万	<100 万
苏　童	《黄雀记》	53	江苏苏州	<100 万	110 万	<100 万	<100 万
郑渊洁	《皮皮鲁总动员》	60	山西临汾	2 600 万	1 800 万	1 900 万	1 900 万
杨红樱	《笑猫日记》	53	四川成都	2 000 万	1 750 万	1 850 万	1 830 万
冯　唐	《万物生长》	44	北　京	<100 万	295 万	250 万	520 万
刘慈欣	《三体》	52	山西阳泉	<100 万	370 万	<100 万	1 000 万
曹文轩	《草房子》	61	江苏盐城	<100 万	380 万	730 万	860 万
姜　戎	《狼图腾》	69	北　京	<100 万	120 万	195 万	480 万
张嘉佳	《从你的全世界路过》	35	江苏南通	<100 万	<100 万	1 950 万	1 400 万

港台部分作家近年版税收入一览表②

作　家	代表作品	年龄	籍　贯	2012 年版税	2013 年版税	2014 年版税	2015 年版税
金　庸	《神雕侠侣》	91	浙江海宁	<100 万	<100 万	330 万	850 万
龙应台	《目送》	63	中国台湾	<100 万	270 万	550 万	870 万
张德芬	《遇见未知的自己》	53	中国台湾	<100 万	790 万	450 万	780 万
张小娴	《面包树上的女人》	49	中国香港	<100 万	1 400 万	315 万	275 万
黄　易	《日月当空》	64	广西防城	240 万	<100 万	<100 万	<100 万

　　作家版税收入是文化产业化程度考察的重要样本。在以上表格中,纯文学作家与通俗文学作家的版税收入,从文化产业的角度反映了文学制度受商品经济因素影响的不同状况,这也是考察文学生态和文学接受特征的重要参照。

　　第二,由小说改编的文化产品不仅在国内畅销,在国外也受到热捧,其流行程度远远超过同期在国外流传的其他小说类型。二十世纪以来,中西

---

　　①②　根据"作家榜"官方网站信息制表,主页网址:http://www.zuojiabang.cn。访问时间2016 年 4 月 21 日,制表时间 2016 年。

文化交流一直处于不平等状态，中国在努力地学习西方甚至想赶超西方，大量吸收外来文化，相比之下，中国文化的对外传播却相对落后。进入二十一世纪以后，这种状况虽然有所改变，但仍然没有从根本上解决问题。国外的文学作品、文化产品不断涌入中国，占领大部分文化产业市场，中国的文学作品在西方却被边缘化对待，文化产品的输出也大大小于西方文化产品的输入。与纯文学在海外的边缘化不同，二十一世纪大陆新武侠文本改编成的电影、电视剧以及游戏和动漫都在海外有较大的影响力。

21 世纪初网游改编出口情况表①

公司名称	大陆新武侠小说	改编游戏	出　口　情　况
完美时空（完美世界）	辰东《完美世界》	《完美世界》《完美世界国际版》	2006 年 6 月，大型 3D 网游《完美世界国际版》签约至中国香港、澳门、台湾地区（2006 年 12 月商业运营）
			2006 年 7 月，大型 3D 网游《完美世界国际版》出口日本，成为首款正式进军日本的国产网络游戏
			2006 年 8 月，大型 3D 网游《完美世界国际版》出口越南
			2006 年 12 月，大型 3D 网游《完美世界国际版》出口马来西亚、菲律宾、新加坡、韩国和巴西
			2007 年 8 月，大型 3D 网游《完美世界国际版》出口印度尼西亚和俄罗斯
			2008 年 7 月，《完美世界国际版》出口至欧洲约 40 个国家
	萧鼎《诛仙》	《诛仙》《诛仙 2》《诛仙 3》《梦幻诛仙》	2007 年，3D RPG 网游《诛仙》出口越南、马来西亚和新加坡
			2008 年 4 月，3D RPG 网游《诛仙》进入日本和中国台湾市场
			2008 年 7 月，3D RPG 网游《诛仙》出口菲律宾
			2008 年 12 月，3D RPG 网游《诛仙》出口韩国

---

① 该表据各公司产品运营网络信息整理而成。

公司名称	大陆新武侠小说	改编游戏	出　口　情　况
金山软件公司下属游戏工作室西山居	步非烟《剑侠情缘》	《剑侠情缘网络版》《剑侠情缘Ⅱ Online》《剑侠情缘Ⅲ Online》《剑侠情缘 web》《剑侠情缘外传·月影传说》	2004 年进军中国台湾、马来西亚等地市场
			2005 年 6 月，登陆越南，占领越南网游80％市场份额
			2009 年 11 月，"剑网 3"在马来西亚开始运营
			2011 年 12 月，《剑侠情缘Ⅲ Online》在韩国公测，占据韩国国内大型搜索网站搜索排行第一

　　《21 世纪初网游改编出口情况表》说明武侠小说和文化产业已经在当时结构成为一个成功的产业链，文学通过深度商业化，渗透进了当代生活。

　　据不完全统计，2013 年中国自主研发网络游戏市场销售收入达到476.6亿元人民币，其中大部分原创游戏由大陆新武侠小说改编而来，优秀新武侠小说的知识版权被各大游戏公司争相购买，武侠小说的游戏改编已经成为热潮，极大地带动了武侠小说文化产业的发展。

　　总的来说，二十一世纪大陆新武侠小说作为通俗文学的一大类别，虽然商品化和市场化特征比较明显，但许多小说家也在文学性方面不断探索，融入中国古典诗词、琴棋书画、风水、自然科学等多方面的知识，增强小说的文学素养，希望能打造出大陆新武侠的经典之作。

（四）　新武侠小说常用的文化产业模式

　　二十一世纪大陆新武侠小说作为文化产品，其附加价值涵盖了满足一切精神文化的创造性活动，与电影、电视剧、广播、游戏等娱乐产业关系紧密，甚至可以作为娱乐产业发展产业链的基础。优秀的大陆新武侠小说具有更大的传播价值，每一次改编过程，都是对于武侠小说原有文化精神的一种补充，使其呈现出多元的形态。

　　早在二十世纪后期，我国电视剧、电影就有许多根据小说改编的优秀作品。严肃小说如苏童的《妻妾成群》被张艺谋改编成电影《大红灯笼高高挂》，于 1991 年上映；由莫言小说《红高粱》改编、张艺谋执导的同名电影于1987 年上映；除此以外还有很多优秀的小说进行了影视剧的改编。而通俗小说进行影视剧和游戏改编的就更多了,金庸、古龙、梁羽生、琼瑶、黄易、温瑞安等人都有大量作品得到了影视剧改编,可见通俗小说与严肃的纯文学小说在影视剧商品化中并没有多少区别,而优秀的严肃小说通过影视剧的改编可以使其中的文学精神得到更广泛的传播,扩大纯文学的影响力。

进入二十一世纪以后,得益于互联网的发展,中国小说的产业链相对于二十世纪末更完善了一些,优秀的作品除了进行影视剧改编以外,还会被进一步改编成游戏或者电子书在网上传播,衍生的文化创意产品也在初步发展。

二十一世纪新武侠小说主要的产业链模式就是"小说(电子付费文本)—图书出版—影视剧改编—游戏改编—文化创意产品",这几个环节的顺序和存在并非是一成不变的,有的武侠小说如《秦时明月》能同时拥有几个环节,有的武侠小说也可能直接由游戏启发而进行创作,如步非烟的《剑侠情缘》。总之,大陆新武侠小说的产业链模式比较单薄,即使有改编也往往照搬原著,很难进行文化精神的再创造,这在一定程度上影响了新武侠小说的产业化发展。

与其他二十一世纪大陆新武侠小说相比较,《秦时明月》在产业发展上显得更为成熟。《秦时明月》动漫至今已经拓展出了一条较完整的动漫产业链,其衍生产品涵盖图书、音像、文具、玩具、食品、时尚数码等丰富种类,包括漫画、原著小说、DVD、VCD、CD 音像制品、布绒娃娃、幻彩收藏卡片、兵器收藏模型、机关兽智力拼装模型、秦时明月手机外壳、秦时明月 USB port-hub 等。《秦时明月》同名页游于 2010 年正式上线,RPG 手机游戏《秦时明月 2》也于 2014 年正式登场,改编电影《秦时明月之龙腾万里》于 2014 年 7 月上映,斩获 6 000 万暑期票房,由陆毅、陈妍希、蒋劲夫、胡冰卿等主演的同名电视剧《秦时明月》也获得不错的收视率。《秦时明月》系列由武侠小说开始经过不断产品化、精致化,带动了"武侠"题材文化产业的发展。

到 2016 年 4 月为止,《秦时明月》动画已被翻译成英语(正式译名为"*The Legend of Qin*"。"Qinsmoon"仅作为官网地址名)、法语、德语、西班牙语、意大利语、阿拉伯语、俄语共 7 种语言,发行至美国、加拿大、法国、俄罗斯、意大利、西班牙等全球 37 个国家及地区[①]。自 2007 年大型武侠 3D 动画《秦时明

---

① 来源:https://baike.baidu.com/item/秦时明月/31792。

月》登上荧屏,新媒体的点击量突破 20 亿次,更获得了法国戛纳电视节亚洲展映会最佳作品、日本动漫产业白皮书推荐、美国 AUTODESK 最佳作品、亚洲电视节 3D 最佳推荐影片奖等诸多国际大奖。"秦时明月"已成为当下"中国最具影响力"的原创动画品牌之一。

据《秦时明月》总导演沈乐平所言,《秦时明月》动漫七部总投资预计达 1 亿元,其经济收益除了电影票房以外,主要来自以下几个方面。

第一,图书音像方面,原著小说及漫画、原声大碟的收入。漫画又分为三种,一种是与动画片剧情贴合的动画截屏漫画书,一种是与著名漫画家孙家裕老师合作的《秦时明月》Q 版漫画《秦时明月 Fun 剧场》,还有就是众多漫迷期待已久的手绘版漫画。

第二,电视动画发行收入。2011 年,土豆网以 1 200 万买得《秦时明月》动漫第四部《万里长城》的网络独播权,2013 年,土豆网以更高金额买断第五部与第六部的网络独播权,到 2015 年末为止,《秦时明月》前四部的网络点击量已超 20 亿次。

第三,游戏授权收入,主要分为以下 6 个游戏:2D 页游《秦时明月 SNS》;3D 页游《秦时明月 WEB》;2D 手游《秦时明月 Mobile》和《秦时明月 Q 传》;3D 手游《秦时明月 2》和《新秦时明月》。据透露,"手游每日收入在 90 万元左右,单月突破 2 700 万元"[1]。

第四,广告代言收入。如《秦时明月》动画片中的主角天明与剑圣盖聂代言的生记花生脆果系列学生食品,这个产品目前已经在华东地区 1 万多个销售点投放[2]。

第五,真人电视剧授权收入。《秦时明月》电视剧收视率首播日达 0.530%,网络点击量虽然远远没达到预计中的火热程度,受到不少原著粉的批评,但与其他电视剧相比还是具有优势。

第六,衍生产品收入。《秦时明月》的衍生产品涵盖面很广,有虚拟产品,也有实体产品,以制作精良取胜。下表列入其部分产品及价格,以玄机官方商城[3]定价为准,说明文学形象衍生产品的种类繁多,与时尚有深度融合,读者群与消费群叠加的商业效应值得关注。

① 王晓妍:《经典动漫游戏改编潮》,《中国出版传媒商报》2014 年 5 月 27 日第 009 版。
② 参见李岩:《〈秦时明月〉如何收回亿元投资?》,《北京商报》2008 年 10 月 13 日第 C06 版。
③ 来源:https://shop34763222.taobao.com/。

《秦时明月》衍生产品表

	产　品　名　称	价格（人民币）
实体	水木芳华古风创意笔记本文具办公绘本	35
	超细纤维棉毛巾动漫人物超柔吸水浴巾周边	39
	墨语防护口罩纯棉动漫防雾霾 PM2.5	29.8
	动漫人物款鼠标垫超大电脑办公键盘游戏桌垫	58
	高月姬如千泷赤练古风折扇	29.9
	楚霸破阵霸王枪墨眉钱夹卡通动漫周边短款钱包	69
	万叶飞花少司命动漫男女雨伞	99.8
	炫影屏触摸 led 防水手表卫庄少司命电子运动表	108
	灵彩手机保护壳 iPhone4s 小米三星	59
	儒家兵家水杯陶瓷杯马克杯	49
	赤血芳心故梦无尘赤练 925 银手链饰品	149
虚拟	主题（唯美风、酷炫风……）	不同手机品牌收费不同
	壁纸	免费
	电子日历	免费

　　《秦时明月》作为国产武侠动画的典范，不仅集知识性、故事性、艺术性于一体，极具中国武侠特色，其造型、动作、剧情、音乐制作也都十分精良，有难得的历史深度和哲学内涵。它的产业模式发展在中国而言算是比较成功的，其他武侠作品的产业化模式都还有所欠缺，如萧鼎《诛仙》和果果的《花千骨》虽然经历了电影、电视剧和游戏的改编，但并未引起较大影响；步非烟的《剑侠情缘》就游戏产业而言经济效益很高，但其他方面却难以发展……遗憾的是，《秦时明月》在国内的影响力并没有延续到国际市场上，仍然缺少一些全球性的共识性文化和精神特征，这也是其产业模式无法与外国通俗小说相抗衡的原因。

（五）　新武侠小说与外国通俗小说文化产业模式比较

　　在科学技术迅猛发展的二十一世纪，文化软实力的重要性不言而喻，文化产业在国家经济中所占比重也越来越大，"文化产业必将构成经济进步的新形象"①。小说作为文学的重要组成部分，在文化传播上也展现出其特殊

---

　　①　汤丽萍、殷瑜等：《世界文化产业案例选析》，四川大学出版社 2005 年版，第 41 页。

作用。事实上,早在中国开始重视通俗小说的文化产业链的时候,欧美国家的小说产业链已经发展得非常成熟了。

以英国女作家 J. K. 罗琳的《哈利·波特》魔法系列为例,这套小说在全球 200 多个国家和地区热销,累计销量超过 4 亿册,在包括电影、游戏、道具、玩具、景点、主题游乐园等方面形成了庞大的产业链,除此以外还接受广告代言,并最终形成一条价值上千亿美元的小说产业链。《哈利·波特》最有价值的产业模式体现在以下几个方面。

第一,电影改编。《哈利·波特》电影票房取得这么高的收入,不仅缘于《哈利·波特》作为全球畅销小说所带来的影响力,还要归功于电影拍摄与发行方——美国在线时代华纳公司的精美包装、制作和强大的市场宣传营销。据悉,时代华纳公司为拍摄《哈利·波特》系列,每部电影投资都过亿美元,每部电影单纯用于宣传的费用也高达 5 000 万美元,更是组建起了世界一流的拍摄制作班底,让电影的成功得到质量保证。

《哈利·波特》系列电影票房收入表①

电影名称	北美票房收入(美元)	全球票房收入(美元)
《哈利·波特与魔法石》	317 575 550	974 733 550
《哈利·波特与密室》	261 988 482	878 643 482
《哈利·波特与阿兹卡班的囚徒》	249 541 069	795 634 069
《哈利·波特与火焰杯》	290 013 036	895 921 036
《哈利·波特与凤凰社》	292 004 738	938 212 738
《哈利·波特与混血王子》	301 959 197	933 959 197
《哈利·波特与死亡圣器(上)》	295 001 070	955 417 476
《哈利·波特与死亡圣器(下)》	378 180 621	1 324 880 621
总　　计	2 386 263 763	7 697 402 169

第二,文具、玩具、服装等衍生产品。全球三家最大的玩具制造商美泰(Mattel)、乐高(Lego)与孩之宝(Hasbro),都分别以 5 000 万—8 000 万美元不等的价格,购买到《哈利·波特》系列玩具与文具的特许经营权,市场上

---

① 郑同波:《文化产业商业模式研究——以哈利·波特为例》,太原科技大学硕士论文,2013年,第 36 页。

已出现"哈利·波特"万花筒、铅笔盒、飞天扫帚、魔法帽等 500 多种玩具与文具。魔法学院的服装、哈利·波特的隐身衣等都曾引起热销狂潮，已然形成一个服装品牌。据统计，《哈利·波特》的衍生品已经超过 1 万种，并且有稳定的客户群。

第三，主题公园。"哈利·波特主题公园"目标游客为 7 岁到 67 岁的所有人群，设有游乐、互动景点、商店、特色餐厅及其他魔法世界中带给人们新奇体验的项目，由小说作者 J.K.罗琳亲自参与设计，费时 3 年建成，于 2010 年 6 月 18 日正式开门迎客，耗资 2 亿美元。主题公园既可以让游客感受人间烟火气息，又可以尽情体验小说或电影中的魔法世界，对此罗琳也表示："这令人十分激动，我想影迷和书迷们绝不会失望。"

总而言之，在小说与市场策划营销的共同配合下，《哈利·波特》的文化魅力可见一斑。优秀的小说作品固然重要，但如果将小说打造成商业文化品牌，更离不开好的产业模式和宣传手段。

除《哈利·波特》系列以外，其他小说产业也在全球得到广泛传播，如美国作家迈克尔·克莱顿讲恐龙故事的《侏罗纪公园》、美国作家斯蒂芬妮·梅尔讲吸血鬼故事的《暮光之城》、美国作家苏珊·柯林斯的《饥饿游戏》、英国作家约翰·罗纳德·瑞尔·托尔金的《魔戒》（英文名为"*The Lord of the Rings*"，又译为《指环王》）……这些作品无一例外都建立起较成熟的产业模式，而中国在小说产业化方面做的力度还不够，虽然最近掀起 IP 狂潮，许多小说被改编为电影、电视剧或者游戏，也制作了一些周边衍生产品，但远远不能和国外这些 IP 营销模式相媲美。除了中国小说本身全球影响力较弱以外，也和中国产业化过于注重明星效应而忽视产品质量有关。

新武侠小说的产业模式一般为"小说—图书—电影—电视剧—游戏—文化创意产品"，虽然外国通俗小说的发展模式也大致为这几个环节，但其发展与其所获得的经济效益是新武侠小说很难达到的水平。综合政府政策、国家经济发展水平以及文化精神传播这几个因素，可发现新武侠小说产业与外国通俗小说产业的差异主要体现在以下几个方面。

第一，小说文本的优秀程度。评判一个小说文本是否优秀有很多标准，但是其基本点都是一样的：能够有一种打动人心的力量，充满人性的光辉。新武侠小说中称得上经典的作品很少，其原因不在于篇幅巨大，也不在于虚拟性写作，而是许多作品过于重视情节的精彩刺激，却缺乏了对人性的深层次理解。纵观西方比较著名的一些通俗小说,其能在全球化中广泛传播最大的影响力就是人性的魅力、人物形象的魅力。

第二,政府政策的支持。相比较而言,目前美国经济的增长有 1/4 来自知识产权,我国在知识产权建设方面仍有很大的提升空间:"复制版税和公共借阅版税多见于发达国家的著作权法规中,在我国没有相关规定。"①所以二十一世纪大陆新武侠小说盗版和侵权现象十分普遍,这不仅给作者的权益造成损害,降低作者的创作热情,同时盗版内容的复制拼贴也使得小说产品质量下降,造成网络原创武侠小说的畸形发展。

第三,产业化的质量。就大陆新武侠的产业链而言,明星效应在产业链中显得尤为重要,不论是影视剧表演还是游戏代言,明星所占提成比重很大,而真正用于作品的制作和宣传的费用被压缩。中国影视业的现状是明星占大头,特效及后期制作成本加起来只占总成本的 30%～40%,而在好莱坞,给演员、编剧等人的酬劳只占总成本的 30%～45%,所以国产产品质量很难得到保障。二十一世纪大陆新武侠作品中,以《花千骨》为例,其制作人曾坦言,好莱坞的制作团队太贵,为了省钱,不重要的角色便找国内特效团队来制作,重要角色"糖宝"则请的是韩国的特效制作团队,但由于制作"糖宝"每一秒的花费就达 4 000 元,一分钟就是 24 万,所以和"糖宝"特效有关的部分也被删减,改由真人演出。大陆新武侠在产业化质量方面难以达到欧美的水准,明星效应固然在传播上有优势,但是能展现出作品的精神风貌的好制作才是影视剧改编中最重要的环节,大陆新武侠影视剧作品方面不免有些顾此失彼。

第四,全球共识性的文化特征。中华民族是一个特别重视历史底蕴的民族,就史书的数量和其分类而言,是世界上其他民族难以比拟的,所以中国的作品不论是通俗作品还是纯文学作品都会或多或少地包含历史的厚重感,带有中华民族独特的文化色彩。汉字在世界上的流行程度无法与英文相媲美,中文在翻译成其他语言上具有一定的劣势,中华文化的博大精通和深邃性也很难让其他民族的人简单直接地去理解,这也导致了中国的小说通常需要很多的知识积累才可以读懂。"武"这一点全世界都能理解,但中国的武侠小说的武术招式并不仅局限在躯体上,还有其他的武器。武者能

---

① 吴玲玲:《网络文学的产业链分析及其发展趋向》,浙江工业大学硕士论文,2012 年,第 11 页。

修炼"内功"，那么世间万物只要作者有心都可以成为武者的攻击武器，国外的通俗小说没有"内功"这个概念，他们也很难理解中国人基于中医科学的"筋脉观"。二十一世纪大陆新武侠小说基本与传统武侠类似，在武器的基础上会自行开创出各种各样的内功心法，作者还会以传统名著或者诗词曲赋来命名，显得小说更有文学性，但诸如"风萧萧兮易水寒""兼爱非攻""凌波飞燕""道法自然，唯礼匡之"等武功名字，没学过中文的人很难体会其中韵味。至于"义"的观点全球范围内的分歧就更大，中国武侠思想中若是关于君臣之义的，仍然是"君要臣死，臣不得不死"，例如《秦时明月》中樊於期为了燕太子丹而死，这才称得上是大义，但西方大多信基督教，没有轮回的世界观，所以对于"义"的理解和中国武侠小说有些出入，使得大陆新武侠小说的全球共识性特征没有那么明显，大陆新武侠除了游戏以外，产业链其他部分很难在海外传播。

　　就目前的文化产业形式而言，每个国家都旨在发展自己特色的产业模式，美国的好莱坞和迪士尼、日本的动漫产业、韩国的游戏产业及娱乐业都各自创立其一套产业链模式，获得巨大的经济利益，而中国目前的产业模式大多为模仿其他国家，不仅个性化特征比较弱，成效也不高。武侠文化作为中国独特的文化，无疑是具有强大市场竞争力的文化产业。以往金、古、梁的武侠小说虽然大部分被改编成了电视剧、电影或者游戏，但由于缺乏更有效的市场营销手段，在二十一世纪影响逐渐衰弱，且没有达到全球化的程度。同样是中国特色的文化概念"功夫"和"熊猫"，在中国没能发展成文化品牌，却被好莱坞打造成了全球热门。

　　在当今这个互联网引领下的新媒体时代，中国新武侠与新媒体已经形成了较为紧密的关系，但在国际的浪潮中依然不够强大，如何打造更成熟的武侠小说产业链模式，如何让中国武侠小说更好地走进国际市场，这是政府、产业家、作者、批评者迫切需要思考的问题。

三、作文大赛与文学教育产业——以新概念作文大赛为例

　　对于青少年来说，作文大赛是一个展示自己文学风采的好舞台。新世纪中国内地的作文大赛种类繁多，当前比较权威的比赛包括新概念作文大赛、创新作文大赛、叶圣陶杯、语文报杯、中国中学生作文大赛、中国少年作家杯等。这已经成为激发青少年创作活力，发掘创作人才的有力途径，也为

具有文学特长的孩子提供了上名校接受优等文学教育的机会。

但这一看似美好的机制背后却蕴藏危机。

为了吸引选手参赛,当下大多作文比赛打出的口号是:其获奖者可获得自主招生推荐资格。这一点对中学生来说至关重要——2003 年开始,教育部推行自主招生,通过高校自己组织的招生笔试和面试后,考生可享受降低 10 分甚至降至一本线录取的优待。2015 年,参加自主招生的高校高达 93 所之多,改变了"一考定终身"的弊端,让有才华的考生即使在综合分数上有所欠缺或者高考发挥失常,依然保有上名校的希望。

这些名目繁多的作文大赛一方面作为对传统语文教育的革新和补充,增强了青少年对文学的重视,为青少年提供了新的发展机会;一方面也与升学应试联手,给青少年增加了负担,为起步时期的创作增加了功利的色彩。

比如,作为作文比赛鼻祖的"新概念作文大赛",一开始是以桀骜的姿态登场的。1998 年,主要面对青少年学生发行的文学刊物《萌芽》,以《教育怎么办》为主题,组织了一系列文章,希望以人文、审美、灵活和创造的理念来解救因为实施标准化考试而被量化、失去活力与创造力的语文学科,切实提升孩子们的创作热情。呼吁是不够的,不久后,《萌芽》联合北京大学、复旦大学、华东师范大学、南京大学、南开大学、山东大学、厦门大学共 7 所全国重点大学发起了"新概念作文大赛",以此作为该理念的制度保证。大赛全程免费,聘请国内一流的作家、编辑、学者担任评委,为了激发学生兴趣,免于遗珠之憾,初赛作品不设题目、体裁等任何限制,仅仅要求字数控制在 5 千字以内,参赛者年龄在 30 岁以下。大赛的复赛则分考场举行,为保障公平,考题在各主办方提交的多套方案中以无记名投票方式选出,并全程由公证员公证。

新概念作文大赛在二十世纪九十年代末提出了"新思维""新表达""真体验"的倡导,希望还原一个充满想象力、创作力的语文教育,这是非常难得的。在这样的理念下,1999 年,来自上海松江的高中生韩寒以一篇《杯中窥人》获得了"全国首届新概念作文比赛"一等奖,2000 年,韩寒再度获得了这个大赛的二等奖。值得瞩目的是,在获得二等奖的同一年,因期末考试七科不合格而留级的韩寒从高中退学,并出版了一部题为《三重门》的小说成为青春文学崛起的标志性作品。按照以往一考定终身的制度,韩寒很难有因写作特长而成名成才的机会,其经历引发了关于素质教育时代全才培养和专才培养的激烈讨论。接下来的 2001 和 2002 年,叛逆于中国教育体制之外的韩寒先后出版文集《零下一度》、小说《像少年啦飞驰》,且均获得全国图书畅销排行榜第一名的好成绩。无独有偶,2001 年,来自四川自贡的高中生郭敬明以《假如明天没有太阳》获得了第三届"新概念作文比赛"一等奖,第二年他又以《我们最后的校园民谣》再度夺冠,吸引了众多目光,在依靠大赛成名之后,2003 年 1 月,他顺利出版了小说《幻城》,获得了文艺社科类图书销售排行榜前三的成绩,从此也在青春文学中占领了一席之地。

如今,韩寒、郭敬明在某种程度上已经成为"新概念作文大赛""青春文学"的符号,其出道时"偶像作家"的身份也引发了 2004 年关于"80 后"作家定位问题的集体讨论——怎样看待"80 后"的"偶像写作"与"实力写作"成为理论家关注和争议的焦点。该论争的起点源于"80 后"写手张佳玮在《中华图书商报·书评周刊》发表的一篇《"80 后"写作:你认为什么是文学?》,文中评论以韩寒、郭敬明等为代表的"80 后"青春文学的繁荣只是商业包装的假象,是一种被造星之后的"偶像派"写作,其成名本无可厚非,却因此将一批脚踏实地富有创造力的写作者如李傻傻、胡坚、小饭、张佳玮、蒋峰等遮蔽。此后,这场讨论在网上持续发酵,对写作冲动和市场冲动这一矛盾的取舍成为关键问题。实质上,作文比赛和青春文学都只是一个发泄口,这场论争可以看作消费主义时代出现的严肃文学与通俗文学的普遍矛盾在"80 后"这个年龄阶段的反映。

以作文比赛成名,在新世纪初掀起波澜的韩寒、郭敬明等人实质上只是个例。除了他们,新概念作文大赛还产生了大量优秀选手,但他们大多并没有像韩寒、郭敬明一样走上写作的道路。作文大赛成为了大多数高中生升学加分的一条路径。第一届大赛的陈佳勇、宋静茹、王越、杨倩、吴迪、李佳、刘嘉骏分别被北京大学、南开大学、南京大学、华东师范大学等免试录取,在之后每年的高校自主招生中,都有比赛的优胜者获得优待。10 年来,新概念作文大赛的高校合作力量从原来的 7 所陆续扩大为 13 所,清华大学、浙江大学、中山大学、北京师范大学、武汉大学、中国人民大学纷纷加入联合主办单位队伍,大赛由此与高校产生了难以分割的关联,因为其对升学的重要性,被誉为中国"语文奥林匹克"。

由于比赛所能带来的明显功利好处,不少学生开始研究考题、评分标准、评委喜好,甚至以郭敬明、韩寒为蓝本创作"新概念体"。而在 2001 年,连续举办四届"新概念"作文大奖赛的《萌芽》开办了"新概念"学校,打出旗号招收热爱文学的中学生,培养足以通过这一场比赛晋升的人才。这些,彻底将这场原本与应试教育唱着反调的作文大赛变为了另一场应试教育,由于学生们对文学的创作多了升学、商业、发行等多方面的考虑,原本自由的想象力勃发的文字变成了戴着镣铐的舞蹈。

当文学比赛与升学制度相连,原有的初心似乎已经沦丧。

由此可以看到,在当下文学的产业化链条与机制化运行之中仍然存在许多令人深思的问题。

当下文学研究大多处于"内部研究"和"外部研究"的割裂状态,对作品本身的解读和对其产生环境——如文学制度、文学生产过程等并未有机结合,文学研究和文化研究之间存在壁垒,这并不利于对一个作品进行全面深入的探讨。在文学与环境紧密结合的当下,文学研究只有将文本细读、文献整理、调查访谈、政策分析等有机地结合起来,才能真正了解一部作品当中和背后的含义。因此,对文学环境、文学制度的关心是必要的,只有这样对文学有内外兼具的整体把握,才能从发展沿革上理清文学现状产生的原因和文学发展的可能走向,对文学的将来形成自己的预期。

第二节　西部开发与"西部文学"的崛起

一、西部大开发下"西部文学"的处境

中华大地幅员辽阔,不同的地理环境诞生不同的民风、民俗和艺术风格,文学和文化都因地域的区别而产生了别具魅力的独特性。

从地域角度考察文学的风物特征、语言风格是中国自古以来就有的方式:《诗经》的十五国风即从地域风俗的角度将民间采集的歌谣进行分类,《左传》中吴公子季札也在观乐时做出过王风"思而不惧",豳风"乐而不淫",魏风"大而婉、俭而易"的评价。到了汉魏六朝时期,文人多以南北来划分文学地域,认为北人长于气概,南人长于情怀。除了传统使然外,从地域角度研究我国文学也是诚实地面对中国文学整体风貌的必要研究形式。

客观来说,"西部文学"本身也是自古存在的,远的有唐代的"边塞诗",

如王维的《使至塞上》："单车欲问边，属国过居延。征蓬出汉塞，归雁入胡天。大漠孤烟直，长河落日圆。萧关逢候骑，都护在燕然。"近的，二十世纪五六十年代曾产生西南、西北的"边疆诗"，如公刘的《我穿过勐罕平原》："我穿过勐罕平原/整个心灵都被诗句充满/每踩一踩这块土地/就感觉到音乐/感觉到辉煌的太阳/感到生命的呐喊。"那个年代的西部各地各有其文学领导者，如王蒙、闻捷之于新疆作家群，唐祈、李季之于甘肃作家群，昌耀之于青海作家群，张贤亮之于宁夏作家群，他们以才华和号召力，在一定程度上保障了西部文学的发展。自新时期以来至今，中国西部更是涌现出了贾平凹、陈忠实、高建群、杨志军、张贤亮、路遥、阿来等享誉全国的优秀作家，创作出了《秦腔》《白鹿原》《最后一个匈奴》《藏獒》《绿化树》《平凡的世界》《尘埃落定》等享誉全国的作品。

虽然作品并不缺乏数量和质量，但与"东部文学"的迅猛发展相关照之下的"西部文学"却在相当长时间内并没有形成独立而清晰的概念。"西部文学"概念的最早提出，始于 1985 年前后的《当代文艺思潮》发表的一组文章，但由于刊物的停刊，并未引起波澜和取得地位。二十世纪八十年代出现的关于"西部诗歌"的讨论，《新疆文学》为了"西部文学"流入主流视野而改名的《中国西部文学》，也因为既缺乏商业性和政治性，而没有在学界获得期待的回声。

直到新世纪以来"西部大开发"战略的正式提出，"西部文学"这一文学类别才以昂扬姿态跃入中国主流文学的视野。

2001 年 1 月，国务院成立了西部地区开发小组，3 月正式成立国务院西部开发办。"西部大开发"正式成为我国的一项国家政策，其目的在于，把东部沿海地区的剩余经济发展能力，用以提高西部地区的经济和社会发展水平，巩固国防。西部大开发确定的区域范围包括重庆市、四川省、陕西省、甘肃省、青海省、云南省、贵州省、广西壮族自治区、内蒙古自治区、宁夏回族自治区、新疆维吾尔自治区、西藏自治区、恩施土家族苗族自治州、湘西土家族苗族自治州；在民族涵盖上，包括汉、藏、蒙古、回、维吾尔、哈萨克、东乡、裕固等多个民族。总体规划可按 50 年划分为三个阶段：奠定基础阶段、加速发展阶段和现代化阶段。从 2001 年到 2010 年的基础阶段，重点放在调整结构，搞好生态环境、科技教育等基础建设，建立和完善市场体制，培育特色产业增长点。

除了对政治和经济上的重视，对西部大开发进程中的西部文化建设，政府提出了要求,给予了保障:2006 年 12 月 8 日,国务院常务会议审议并在原则上通过《西部大开发"十一五"规划》。其中,第八条指出"加强农村和城市社区基层公共文化设施和服务网络建设,继续实施西新工程、村村通广播电视、农村电影放映工程和文化信息资源共享工程,加强乡镇综合文化站等基层文化设施建设,推进民族民间传统文化保护、抢救性文物保护、重大文化自然遗产保护设施建设。扶持农村业余文化队伍。加强城乡社区体育设施建设,开展全民健身活动,保护发展民族民间体育。加快发展文化产业和体育产业,进一步完善文化产业政策,充分发挥少数民族文化特色优势,加快培育骨干文化企业,增强文化产品国际竞争力",从基础设施、文化队伍、文化产业建设等方面绘制了西部文化的发展蓝图。2012 年 2 月 20 日,国务院正式批复同意国家发改委组织编制的《西部大开发"十二五"规划》,提出要"大力发展具有地方和民族特色的文化创意、影视制作、演艺娱乐、出版发行和会展等文化产业,培育一批有特色、有品牌、有实力的文化骨干企业,建设一批文化产业基地和产业园区",在前一阶段发展的基础上进一步指出了影视、出版、会展等文化发展形势,对文化产业的发展提出了更大规模的构想。

在此基础上,"西部文学"作为西部文化的重要组成部分,成为人们关注的焦点。2010 年,中共甘肃省委副书记仲兆隆在甘肃省文学艺术界联合会第四代表大会上以《牢牢把握先进文化的前进方向,在西部大开发中再造甘肃文艺的新辉煌》为题发表讲话,将西部大开发作为文学腾飞的推动力,指出要"实施西部大开发战略,推动我省各项事业全面发展,迎接新世纪中华民族全面振兴的关键时期"①。在"西部大开发"战略提出后不久的 2001 年 10 月 13 日到 14 日,"西部开发与繁荣少数民族文学论坛"在国家民委、重庆市委市政府和中国作协的推动下在重庆召开,成为新世纪、新千年全国少数民族作家的第一次盛会。该会议从官方的角度明确了以"西部文学"为"西部大开发"提供优秀精神食粮,为中国发展和社会进步服务的任务,并从作协角度提出会一如既往地重视和关心少数民族作家的创作,办好少数民族文学最高奖"骏马奖",办好全国性文学期刊《民族文学》,重视少数民族文学的翻译和出版,为少数民族作家提供出国交流的机会。

① 参见仲兆隆:《牢牢把握先进文化的前进方向,在西部大开发中再造甘肃文艺的新辉煌》,《飞天》2000 年第 11 期。

西部大开发战略为"西部文学"的崛起提供了契机,没有经济政策的支持,"西部文学"的开发很难有进展,而"西部文学"也能从文化上为西部大开发提供助力,为此,张天佑提出要"理性地梳理并为其把脉治病,让其雄起于文坛,辉煌于江湖,是开发西部的需要,也是中国文坛的需要"①。由此可见,在张天佑看来,作为中国在地域及文化上不可缺少的一部分的"西部文学"的发展,是西部开发和中国文坛发展的共同需要。吉狄马加也认识到"我国广大的西部地区,蕴藏着丰富的矿藏。对文学来说,西部地区也是一个极具开发潜力的文学富矿"②,从题材、资源等角度展现了"西部文学"的发展空间。而于宏、胡沛萍在《立足乡村　坚守西部　开掘民族精神——论新世纪西部作家的创作资源》一文中,则提出了"面对西部大开发引发的巨大社会变迁这一时代背景,西部作家需要解决好如何利用自身丰富的创作资源这一根本性的问题,以图西部文学的持续发展和不断繁荣"③。西部在历史、文化、民俗和地理风貌上都具有独特韵味,只有抓住并运用好这些素材,才能使"西部文学"的品牌就此竖立起来,实现不断向前的发展。

二、"西部文学"的精神意蕴

西部地域广阔而人口稀少,自然环境相对东部来说十分恶劣。这里没有小桥流水的惬意,北风卷地、漫天黄沙的生存条件让人们学会了豪爽与忍耐,呈现出顽强的生命力与百折不挠的勇气。

在这严酷的环境里,"西部文学"所展现的风貌与东部的细腻温婉、纸醉金迷大不一样,跃然纸上的是生命最初的粗粝质感。正如雪漠写于2000年的《大漠祭》中老顺常挂在嘴边的一句话:"老天爷给个啥,我就能受个啥。他能给,我就能受。"

"西部文学"最为引人注目的就是一种原生态的美感。这种美感从二十世纪九十年代陈忠实的《白鹿原》中处处迸发着压抑着的生命原力即已得到呈现。进入新世纪,这种爆发似乎和缓了很多,但对生命的坚持从未减弱。

---

① 张天佑:《雄起,西部文学》,《阳关》2000年第5期。
② 吉狄马加:《在西部大开发中进一步繁荣少数民族文学创作——在"西部开发与繁荣少数民族文学论坛"闭幕式上的讲话》,《民族文学》2001年第12期。
③ 于宏、胡沛萍:《立足乡村　坚守西部　开掘民族精神——论新世纪西部作家的创作资源》,《西藏民族学院学报》(哲学社会科学版)2013年第1期。

雪漠的《大漠祭》对凉州文化进行着原生态的呈现,他以平淡的口吻重视地记录着沙漠地区的农民生活,看起来微不足道的琐事如水滴石穿,深深地蕴含着一代人活着的艰辛与无奈,雪漠的苦难表达在看似冷峻中深入,并在字里行间暗含着苦难的归因:这种无助与无奈并不源于老天爷,而是源于城市对乡村的侵蚀和掠夺。2005 年,贾平凹出版了《高兴》一书,这部书中农村和城市的天堑比《大漠祭》彰显得更为明显:以一个肾为隐喻,一步步描绘出西安城拾荒农民工在城市夹缝中的举步维艰,名为"高兴"实是苍凉。然而西部文学不仅限于呈现苦难与忍受,生命经验里往往有沉默就有爆发,对西部人民来说,隐忍之后是更加地要强,杨志军的《藏獒》一书里就蕴含着这种刚强不屈的力量,他是这样定位自己草原上的父亲的:"他的性格里带有藏獒的风格:越碰越坚,越要越强。父亲就像一只真正的藏獒那样,冲着前面飞奔而来的危险狂吼一声……"《藏獒》里所呈现的父亲的形象即是大多西部男人的形象:高大威猛,充满英雄意识。西部文学中这样的作品还有很多,如董立勃的《白豆》《米香》,范稳的《水乳大地》等。在荒漠与艰难之中,西部人民没有自怨自艾,而是用善良、淳朴展现出自然与灵性的碰撞,展现出对宗教的虔诚信仰,展现出什么是坚强,什么是大爱。

"西部文学"的第二个特征是对生态的关注。在社会发展的洪潮里,原本孤单脆弱的乡村受到了城市化的严重冲击,对离开过的乡间人来说,这里不再是温暖宁静的精神饭依,而成了逃不出或回不去的破败景观。而就西部发展来看,由于起步较晚,乡村受城市化的冲击相对较小,作家依然有机会触碰到日益稀缺的原始生态,在眼看着其消失前发出振臂疾呼,再加上西部的独特风情,富有地域特色的西部生态文学应运而生。最为典型的是阿来,他以诗歌、散文、小说等多种文体记录着他看到的现实。在诗歌《歌唱自己的草原》中,阿来曾赞美脚下的土地:"鹿群饮水,吃草/在天下众水的故土/羚羊在四时不断的花香中奔跑/天啊,赐给我们的正午尽善尽美/赐给我们双眼皮毛漾动的动物/犄角优美,身手矫健"。在这样的西部地区,人与自然不是对抗关系,而是一种灵性的相通关系,通过鹿群、水、花香,人们实现着"天人合一"的理想。很大程度上,这种虔诚与敬畏来自藏传佛教和伊斯兰教的生命观,当安宁逐渐被打破,环境逐渐被破坏,西部人会像看到好朋友受伤般痛心不已。阿来的长篇散文《大地的阶梯》即是这种心痛的声音,他将笔触伸向大渡河流域、岷江流域、嘉陵江流域的众多村落,记录下了一座座村落的破败,以悲凉的眼光眼看着现代文明的功利步伐将自然的美好破坏殆尽。在小说上,阿来的《空山》《遥远的温泉》亦是对大森林中的树木因经济利益一棵棵被拉走、天国般的温泉因旅游开发不复存在这些让人痛心的景象的记录。社会向前发展,而人类对大自然却不再心存敬畏,挥起斧头,拿起屠刀,西部作家以见证者的身份将一笔笔美好的消逝遗存在了笔墨里,成为一幅幅历史的标本。

正是因为远离政治、经济中心,"西部文学"的发展相对较慢,也正是得益于这种远离,西部的天空格外高远,作家得以坚守自己的立场,稳扎稳打地观察和书写生活本来的面貌。

三、东西部文学的审美互训

正如西方文明对东方的想象,东部中国也对广袤神秘的西部存在着诸多想象,"西部文学"在中国这样一个共同想象体之中充满着异质性,而其民族、文化、宗教的异质性正是西部文学的重要特征。在当下的消费主义大潮之中,西部文学作家让想象回归到西部土地本身,始终坚守人的主题,将西部的独特风物和人情融入作品之中,增强了作品的审美内涵和精神底蕴,形成了一道坚守的独特风景,为现代人颓废的精神注入阳刚之气。

相对来说,在消费文化和西方思潮冲击下的东部文学发展较快,形式较为多样,与东部的商业化与都市化下的光怪陆离相比,西部可算一块悲壮而苍凉、神秘而安详的土地,郭文斌曾这样描绘宁夏的西海固:"对于西海固,大多数人只抓住了它'尖锐'的一面,'苦'和'烈'的一面,却没有认识到西海固的'寓言'性,没有看到它深藏不露的'微笑'。当然也就不能表达它的博大、神秘、宁静和安详。"①西部自有独特的哲学和审美情趣,作为大中华文化的一部分,李天道、李媛看到,与东部文学相比,"西部文学的审美精神呈现出多元特征。西部文学的建设,对中华审美文化的建设具有举足轻重的影响。发扬西部文学雄健、刚强、深厚、苍凉、幽默、诙谐的审美精神,对当代中华审美文化的建设具有非常重要的意义"②。

博尔赫斯说:"作家应当寻找他们各自国家的题材,是专断的新概念,我

---

① 郭文斌:《回家的路:我的文字》,《文艺报》2004 年 6 月 3 日。
② 李天道、李媛:《西部文学审美精神的突出表征与多元体现》,《当代文坛》2010 年第 6 期。

们应当把宇宙看做我们的遗产,任何题材都可以尝试,不能因为自己是阿根廷人而囿于阿根廷特色:因为阿根廷人是预先注定的,在那种情况下,无论如何,我们总是阿根廷人。如果硬要去写什么民族特色,那么,这样的阿根廷人必然是做作的,是一个假面具。"①文学本无东西部之分,面对中国如此幅员辽阔的土地和丰富多彩的民俗民情,一个作家应以博大的胸怀感受地域特征,包容地域差别,然而必须承认的是,受一个人生活环境的影响,其所知所感毕竟有限。

为了增进东西部作家的彼此了解,2009 年中国作协发起了东西部地区作协"结对子"活动,目前已有上海和新疆、江苏和宁夏、山东和西藏、浙江和青海、广东和内蒙古、湖南和新疆生产建设兵团、湖北和延边共 7 对 14 家东西部地区作协建立了"结对子"关系。其活动包括以下几个方面。

首先,以东部地域为主联合培训青年作家:以培训作家为己任的浙江文学院持续多年招收青海学员;上海市作协与新疆作协共同举办多届新疆少数民族作家创意写作培训班;江苏省作协每年邀请 8 名宁夏作家参加江苏作家读书研讨班;广东省作协多次邀请内蒙古作家赴粤参加培训,这些交流实现了不同民族、不同文化、不同地域的牵手。其次,来而不往非礼也,东西部地区的作家常举行多种多样的"互访"活动,互换曾经熟悉的场域,让西部作家领略江南水乡的微雨清风,让东部作家赴西部感受大漠的黄沙遍地。两地不同的风物促进着创作灵感的迸发,如 2013 年山东作家赴藏采风后,简默创作了 5 万多字的长篇散文《西藏不完全手记》,朱建信、许晨收集大量当地素材创作了报告文学《情寄日喀则》。而为了弥补短暂采风的缺憾,作协甚至为作家提供长期免费住宿,建立定点深入机制。最后,在作品的交流上,文学刊物也常刊发对方的作品,如《上海文学》在 2011 年 7 月推出"新疆作家专号",浙江《诗江南》在 2013 年 7 月出版"青海诗歌专号",各结对子的省份也定期寄送刊物给对方。

在中国作协的牵头下,这些结对子活动从体制角度给予了东西部作家相互交流、相互深入的空间和机会,虽然文化的浸染需要长时间的潜移默化,短时间的文化互训不一定能起到理想的效果,但交流和情谊能让东西部

①　[阿根廷]博尔赫斯:《博尔赫斯文集》(文论自述卷),王永年等译,海南国际新闻出版中心1996 年版,第 85、90 页。

文学形成共同发展的希望。结对子活动毕竟只是一个外形，东西部作家真正需要的是"神"的交流，是对各自美学特征和审美情感的捕捉、把握和内化。

从研究角度来看，西部本身人文资源很多，包括少数民族人文资源、中国传统历史人文资源等，"西部文学"蕴含丰富，可以从历史、文化、地理、民俗等种种角度入手。

李继凯的《中国西部文学研究三十年》对"西部文学"自 1985 年前后提出以来在理论研究方面取得的成就做了归纳，同时也指出"西部文学"研究有待"开发"的广阔空间：

一是对"西部文学"研究的整体性把握依然不够。"西部文学研究整体还相当薄弱，某些初步形成的论点论据都还显得很脆弱……需要批评主体性、学术创新意识等的进一步加强。"

二是学者本身对西部生活的了解不够。"学者要深入生活和作品文本进行真正的体验和'钻研'，从而避免学术浮躁。"

三是研究的文学理论和方法不够新颖。"西部文学包括具体作家作品研究，都可以尝试运用各种文学理论方法来进行'实验性解读'，观念方法的更新或重组，也往往可以带来源源不断的学术灵感和课题。"[1]

此外，还应关注的是"西部文学"发展与政治经济机制之间的关系，其勃发依托于政治的倡导，而如若失去这种依托，是否依然能以"人"为基本关注点，越走越远，这依然是一个问题。

第三节　新的经济环境与底层文学

一、底层和底层文学

新世纪以来，随着社会结构转型，反映人口收入的基尼系数不断扩大，"失业下岗""三农问题""打工潮""农民工"等新名词逐渐出现，社会分层已经成为

---

① 　李继凯：《中国西部文学研究三十年》，《文学评论》2008 年第 4 期。

一种客观存在。2002年,陆学艺主编的《当代中国社会阶层研究报告》对我国社会阶层作了全新的概括,以职业分类为基础,以组织资源、经济资源和文化资源占有状况作为划分阶层的标准,把当今中国社会群体划分为十大阶层五大等级。十大阶层是:国家与社会管理者阶层、经理人员阶层、私营企业主阶层、专业技术人员阶层、办事人员阶层、个体工商户阶层、商业服务员工阶层、产业工人阶层、农业劳动者阶层、城乡无业失业半失业者阶层。五大社会等级是:上层、中上层、中中层、中下层、底层。各阶层间从财富占有到社会资源分配都悬殊巨大。按照这个报告来看,中国当前的社会阶层已经形成,底层包括服务者、工人、农民、失业半失业者。对于"底层"的概念,王晓华从政治、经济、文化三个层面,作了以下定义:"(1)政治学层面——处于权利阶梯的最下端,难以依靠尚不完善的体制性力量保护自己的利益,缺乏行使权利的自觉性和有效路径;(2)经济层面——生产资料和生活资料匮乏,没有在市场经济体系中进行博弈的资本,只能维系最低限度的生存;(3)文化层面——既无充分的话语权,又普遍不具备完整表达自身的能力,因而需要他人代言。"综上,在当前的社会机制下,"底层"具有物质贫困和精神失语的两个基本特点。

斯皮瓦克在《属下能够说话吗?》一文中,将"下层"解读为"属下",认为"属下"是极端贫困的一群,是不能"发声"的。[1]因而从文学机制来看,要摆脱失语状况就需要形成代言者,但同时,由于长期的贫困与不公,底层的思想常常具有一种叛逆性,葛兰西在《狱中札记》中说,"底层"是包括农民在内的从属阶级,国内翻译为"下层集团""下层阶级"。[2]底层不仅不认同主流,也怀疑精英,对知识分子的代言行为表示质疑。关于底层文学的书写者之争由来已久,在中国,让文艺界将目光集中在了"底层"这一概念之上的是2004年《天涯》杂志发表的关于"底层"表述的刘旭的文章和与蔡翔的对话。之后的几年,围绕"底层能否自我表述""底层文学的创作方法和美学倾向"的问题,文艺界展开了持续讨论,《上海文学》《小说选刊》《北京文学》等文学刊物,《文学评论》《文艺理论与批评》等全国最重要的一些理论刊物均有涉及。这是一场对过分注重形式和技巧的"纯文学"的反拨,也是中国文学注目普通人、重新建立与现实联系的一种新风向。

---

[1]　[印]斯皮瓦克:《属下能够说话吗?》,李应志编译:《解构的文化政治实践(斯皮瓦克后殖民文化批评研究)》,上海三联书店2008年版,第215页。

[2]　[意]葛兰西:《狱中札记》,曹雷雨等译,中国社会科学出版社2000年版,第18页。

对于"底层文学"，学界大多采取比较宽泛的概念，认为"底层文学"是由底层作者或其他阶层作者书写的表现底层人物生存境遇和精神世界的一种作品。李云雷在他的《"底层文学"在新世纪的崛起》中从内容、形式、写作态度、传统等多个层面具体进行了表述："在内容上，它主要描写底层生活中的人与事；在形式上，它以现实主义为主，但并不排斥艺术上的创新与探索；在写作态度上，它是一种严肃认真的艺术创造，对现实持一种反思、批判的态度，对底层有着同情与悲悯之心，但背后可以有不同的思想资源；在传统上，它主要继承了20世纪左翼文学与民主主义、自由主义文学的传统，但又融入了新的思想与新的创造。"①

新世"底层文学"与中国原有的文学传统有较深渊源：第一，继承了"五四"文学的启蒙精神，关注和同情下层人民，呈现出"人的文学"的标准，正如赵学勇、梁波所说的"底层叙事完全可以从'五四'以来的现实主义文学传统庞大深厚的根系中获得丰富的精神滋养，由鲁迅开创的'五四'现实主义文学传统以现代启蒙精神为核心价值构成，他对底层民众的书写，既有知识分子的道德同情与怜悯，更不乏清醒的忧患意识与责任担当，而后者则是新世纪底层叙事最为缺乏的"②。第二，在关怀大众、认清阶层、立场批判、笔法浪漫的左翼文学中吸收了营养，刘继明、李云雷、何言宏等提出并补充了指向"底层文学"的"新左翼文学"的概念，认为新世纪"底层文学"是1930年代左翼思想在当下的复苏。第三，面向大众，不少在"通俗文学"中吸收笔法，但最终指向的是宏大叙事。

二、社会机制与底层文学的创作

随着阶层的固化，社会分配的不均，社会矛盾和问题持续增多，新世纪底层文学成为了反映社会矛盾的一面镜子，反映着方方面面的问题。现就下岗问题和打工问题进行着重分析：

（一）下岗文学

二十世纪九十年代，由于国有经济的改组、计划经济向市场经济的转移，中国迎来了第一波下岗潮，1998年至2000年，全国国有企业下岗工人

---

① 李云雷：《"底层文学"在新世纪的崛起》，《天涯》2008年第1期。
② 赵学勇、梁波：《新世纪："底层叙事"的流变与省思》，《学术月刊》2011年第10期。

2 137万人,主要分布在老工业基地和经济欠发达地区,集中于纺织、机械、煤炭等行业。2001 年年末仍有下岗职工 515.4 万人。新世纪以来,随着中国经济下滑,外资企业撤出中国,出现了下岗潮再现的风险。下岗职工由于普遍年龄较大,再就业前景差,工作岗位普遍不佳,收入很低,没有生活保障,子女就学、突生大病、发生意外等需要大笔用钱的状况常使一个家庭陷入困境。

改革造成了工人身份的失落,物质上陷入贫困,精神上陷入虚无,下岗文学也随之产生,或呈现生活的穷困,或展现精神的危机,或表达自强自救的良好祝愿。代表作家包括梁晓声、曹征路、榛子、叶弥、方格子、毕淑敏、令俊等。

作品敏锐地发现了下岗工人的身心变化。有的因身份的缺失而失去了底气,榛子的《且看满城灯火》中的工人从刚入职时拥有的挥斥方遒的气概到下岗后只能默默无闻乃至出卖肉体的无奈,"且看满城灯火,敢为谁家天下? 看我工人阶级!"的豪言壮语变成了最后的一时语噎。曹征路的《那儿》中,小舅朱伟国所在的矿机厂面临倒闭,小舅作为工人代表不断上访,得到的却不是支持而是冷嘲热讽,最终走向了自杀,《那儿》被称为了"工人阶级的伤痕文学",一个时代的工人阶级关于"主人公"的梦想也随着这一自杀而破灭。有的因物质的贫困而走向了深渊,如刘继明的《我们夫妇之间》,一对下岗职工原想重整旗鼓却四处碰壁,最终女方只能走向卖淫,可悲的是,原本觉得不舒服的丈夫在生活的逼迫下只能选择配合妻子,甚至接送妻子卖淫。有的陷入心灵的空虚,鬼子的《上午打瞌睡的女孩》中的母亲在经历了由风光到下岗的落差之后,以变态地找寻出走的丈夫作为她的精神支柱。

下岗文学,正视改革问题,照出了改革路上作为经济政策的牺牲品的下岗工人们陷入底层生活的苦难。

(二) 打工文学

打工文学是以"打工"为题材,反映打工者群体的生活状况的文学作品,包括小说、诗歌、报告文学、散文、剧作等。其作者广义上涵盖打工者和文人作家两个群体,狭义上仅包括打工者,范围主要在中国沿海开放城市。最早将其作为一个概念提出的,是深圳特区文化研究中心主任杨宏海。

打工文学是中国工业发展和城市兴起的产物,是中国社会转型中一份特殊的精神记录。1979 年 4 月,邓小平首次提出要开办"出口特区",1980 年,改名"经济特区",并在深圳、珠海、汕头、厦门开始实施,以减免关税等特殊的经济政策、措施和管理体制,发展外向型经济,鼓励外商投资。由于就业机会增多,工资相对较高,大批打工者涌入经济特区,出现了"打工潮"。1985 年 2 月,中共中央、国务院决定把长江三角洲、珠江三角洲和闽南厦门、漳州、泉州三角地区开辟为沿海经济开发区,更是加快经济发展,使打工范围在沿海扩大。1992 年邓小平在南方讲话中强调:改革开放的胆子要大一些,敢于试验,不能像小脚女人一样。看准了的,就大胆地试,大胆地闯。同时他把深圳的经验归于一个"闯"字,更是掀起了南下打工与创业的新高潮。

在沿海开发的制度刺激之下,大批涌现的打工者逐渐成为一个群体,反映其生存状况的文学、音乐、影视相继兴起。在文学上,其主要阵地包括 1982 年创刊的作为改革开放窗口的深圳《特区文学》、1988 年深圳市宝安区文化局主办的被誉为打工文学的"黄埔军校"的《大鹏湾》杂志等。此外,大量打工文学作品刊登在全国各地的杂志上,如《人民文学》《中国作家》《作品与争鸣》《小说选刊》《小说界》《山花》《北京文学》《诗刊》《诗选刊》《诗歌报》等,还开办了自己的网站,较有影响力的包括中国打工作家网、打工作家网、打工文学联网,等等。

在深圳这个外来人口远远超过原住人口的城市里,打工文学的兴起一方面源于在社会变革中需要寻求情感抒发与共鸣的生机勃勃的作者和读者群体,另一方面也有赖于重视文化发展的市政府对其的大力扶持。

从创作上来看,打工文学经历了从幼稚到成熟、由边缘到主流的过程。1984 年,深圳《特区文学》刊发了深圳打工者林坚的短篇小说《深夜,海边有一个人》,反映社会变革时期打工者的生存状况和竞争压力,开了全国打工文学的滥觞。这一时期打工文学的主体矛盾丛生:一方面思念故乡,一方面又因自己的外地身份而处于弱势;一方面因在城乡差异中无所适从而抗拒着城市,一方面又想在城市中立足和成功,因此,常常在文中控诉制度的不合理和生活的苦难,呈现"走出了乡村,走不进城市"的心灵历程。在 1992 年邓小平南方讲话之后,海天出版社推出"打工文学系列丛书",包含了报告文学集《青春寻梦》,安子的《青春驿站——深圳打工妹写真》,林坚、张伟明的《青春之旅》等 8 部作品,"打工文学"随着"打工潮"的到来形成了一个高峰。其中,当年 20 岁左右的打工妹安子的《青春驿站》通过 16 个打工妹的故事呈现了打工妹执着不懈的努力和迷茫疲惫的状态,引起了极大的情感共鸣,被誉为"打工文学的一朵报春花"。与二十世纪八十年代相比,九十年代的打工文学作者逐渐适应了打工的生活,从"小我"的呢喃中抽离出来,开始对打工现象平静而客观地书写,展现其多面性。文笔渐渐成熟的作品有王十月的《深圳有大爱》、何真宗的《纪念碑》、赵美萍的《苦难,是一所人生的大学》、朱学仕的《两年赚了100万》、李樱子的《垃圾人》等,他们的创作不是为了编故事,而是为了抒发自己和周围人内心的"不平",饱含生命的质感和颤动的热情。随着王十月、塞壬、肖相风等相继走入作协,获得"鲁迅文学奖""人民文学奖"等,打工文学进入中国文学主流。

从机制上看,改革开放以来的宏观经济政策让大量打工者聚集沿海,为打工文学的发展提供了海量的作者、读者与素材。新世纪以来,2003年确定"文化立市"发展理念的深圳市政府也对打工文学给予了极大的重视和支持。2005年,共青团中央等单位设立了针对进城务工青年的"鲲鹏文学奖",打工文学受到官方认可,进入主流视野;同年11月,深圳市文联、宝安区宣传部等单位联合主办了首届"全国打工文学论坛",主题是为打工文学正名,此后,每年都会围绕一个主题举办一次论坛,至今已经11届,发现了大量优秀的打工文学作家作品。2008年,《宝安日报》推出了《打工文学》周刊,面向广大草根读者,以较高频次为文学新人提供了创作平台。由此,打工文学逐渐成为深圳市的一张文化名片。深圳形成了不少打工文学作家村,如龙华镇,70多平方公里的村落汇集了约200位作家,他们与其说是悠闲者不如说是待业者,在相互扶持中坚持自己的喜好,还有集体写作的宝安31区,改变了文学独立写作的形式。这些作者早已不同于本雅明式街头流浪者的生活现状,而是睡在集体宿舍和工棚里、在最简陋的环境中创作了最富有原生态的作品。打工文学走上市场化的道路,相关歌曲、影视、报告文学作品大量涌现,为打工文学的传播与影响开拓了新路径。其中歌曲包括李进的《你在他乡还好吗》、李春波的《一封家书》、甘萍的《大哥你好吗》、陈星的《流浪歌》《望故乡》《离家的孩子》等,影视作品包括赵本山主演的《叶落归根》、管虎导演的《生存之民工》、张纪中制片的《民工》、王宝强主演的《人在囧途》、2009年播出的35集电视剧《蜗居》等。目前,深圳市宝安区有2 000余名业余作家,500余名骨干作家,近20人进入中国作协。

2013年2月,花城出版社出版了柳冬妩的《从乡村到城市的精神胎记——打工文学整体观察》,分为5卷共80万字,是全国首部打工文学研究著作,打工文学正式进入研究视野。

　　一卷卷的打工文学，虽然质量上良莠不齐，但其胜在情真意切，沉淀着大批打工者如同候鸟在城市与家乡之间来来往往的艰难守望。

　　底层文学直面血泪，较为准确地把握住了当下的制度与时代的脉搏，但也存在着较多问题：第一，人物脸谱化，城乡之间呈现尖锐的二元对立，城市成了财富和冷酷的代表，而乡村却既让人怀念又难以回归；第二，情节同质化，女性多沦为卖淫女，面对难以承受的苦难，主角多选择自杀，将问题的解决简单化，粗暴地呈现一个悲剧结局；第三，文学质量好坏夹杂，手法和技巧都有待突破。

第四节　城市化中的文学制度变革

一、中国城市文学的发展

　　城市文学并非所有涉及城市生活的文学，而是一种城市专属的体验和想象方式。

　　西方的城市文学可以一直追溯到古希腊的"城邦文学"和"文艺复兴"时期被标准命名的"城市文学"，可中国并没有这样的传统。中国第一批城市文学一般被认为产生于二十世纪三十年代的上海，那时的上海已经成为国际化大都市和世界第五大城市，以"海派文学"为代表的创作被认为是中国现当代文学中最早的都市描述，他们运用隐喻、象征等现代手法在光怪陆离的声色犬马中展现着上海都市人的无意识、潜意识，偏于心理刻画和手法雕琢，然而并没有以集中的城市展现表现出都市本身的特征。与十九世纪波德莱尔笔下的巴黎相比，二十世纪中国作家对城市书写的现代性与指向性应当是可疑的：巴黎帮助波德莱尔看见了城市中的捡垃圾者、妓女等可以视为家园的"游手好闲者"，他不是把他们作为社会问题和物化景观来批判，而是作为探险、珍爱和栖息之所；北京或上海却只能让王鲁彦、许杰、潘训、许钦文、彭家煌、施蛰存、沈从文等中国作家看见穷困的乡下人和猥琐的城里人，让刘呐鸥和穆时英看见并无切实生命和灵魂的欲望载体。本雅明对十九世纪巴黎脱离了对城市作老套的"生理学"讲述的波德莱尔大加赞赏，认为波德莱尔与大城市的资产阶级不同,在阶级论和阶层论的城市人群中看见了"物",并赋予它们生命。"人群"也是被阶级论观点物化的一个文学存在。按照本雅明的观点,雨果与波德莱尔对待"人群"的不同姿态,应是"写城市的文学"与"城市文学"的根本区别,这集中体现在他们与城市人群的关系上:"在跟随雨果的大众和雨果跟随的大众中都没有波德莱尔。"①雨果小说中的人群是数字本质的,可以推论鲁迅作品中的乡村人群和城镇"看客"也同样带有明显的物化痕迹,但波德莱尔的诗性在人群中安居,这个由捡垃圾者和游手好闲者组成的客观景观,成为现代都市的一个诗学宇宙,这种美学走向在中国的都市书写中一开始就是缺乏的。

1949 年后,"城市书写"被卷入"社会主义建设"的宏大叙事之中,在热火朝天的上山下乡运动之中,作家对农村的关注远远高于城市,因而乡土文学的数量和质量都远远高于都市文学。而二十世纪八九十年代的"伤痕文学""新写实文学"也未能将城市纳入主流之中。

从城市化快速发展的二十世纪八九十年代来看,以上海为代表的中国大都市在二十世纪三十年代迅速国际化、在五十年代以后的长期休克后于九十年代再次迅猛崛起,但文学视野和理念上并没有呈现长足进步,这足以证明一个超级都会的建立,可能仅仅需要十几年时间,甚至更短,而都市文化的聚合与成熟却需要更长时间——它与遥远的传统和周边的乡村文化的衔接是微妙和密切的,不会像建筑学意义上的城市那样一夜美梦成真。中国经济发展的长期滞后状态导致现代城市建设一直在"赶工"模式中进行,城市化因缺乏相应的城市文化的支撑而一直处于跛行状态,甚至"城市化"本身就在破坏城市文化。由于"城市化"中"城市文化"的偏废,"城市"在很大程度上是作为一种简单的建筑现象存在的,"城市文化"还停留在对西方商业街区的模仿和文学想象中,是文化偏废格局中的一道幻景。

二、新世纪的城市文学运行机制

新世纪以来中国的城市化快速发展,2011 年 12 月,中国社会蓝皮书发布,中国城镇人口占总人口的比重将首次超过 50%,标志着中国城市化首次

---

① [德]本雅明:《发达资本主义时代的抒情诗人:论波德莱尔》,张旭东、魏文生译,生活·读书·新知三联书店 1989 年版,第 84 页。

突破50%、城市覆盖面的增加、城市人口比重的加大，使中国城市文学的生长具备了更加深厚的根基。中国现当代文学史上的现代城市版图上，除了王安忆、潘向黎、郭敬明等仍在书写着的新上海的变迁，邱华栋、徐则臣以外地人的眼光对北京进行的新的诠释外，作家对城市的注目大大拓展了范围，作家与城市之间也出现了和居住地相关的对应关系，如冯骥才与天津，阿成、迟子建与哈尔滨，方方、池莉与武汉，陆文夫、范小青与苏州，韩东、鲁羊与南京，何顿、盛可以与长沙，张欣、张梅、黄咏梅与广州，习斗与沈阳，贾平凹与西安，慕容雪村与成都，莫怀戚与重庆等，地域性的文学书写为城市增加了新的韵味。

雷达认为，新世纪以来文学的最大变化"在文学重心的转移：都市正在取代乡村成为文学想象的中心"①。蒋述卓也提出，"城市文学在二十世纪九十年代的强劲崛起，已经改变了整个中国文坛的面貌，形成城市文学、乡土文学两极对立的文学格局"②。二十世纪九十年代末，李洁非判断中国已经完成了由乡向城的文化轴心的转换，并言之凿凿地宣称："毫无疑问，中国进入了一个城市时代：城市社会是当下中国社会的轴心，城市文化是当下中国的轴心。"③

而事实上，中国现代意义上的"都市文学"离西方萌芽期的都市文学的审美高度，仍有较明显的差距。本雅明在波德莱尔阐释中发现的城市文化与文学的深度呼应，形成了都市文学的文本认证、文化认证及写作主体认证的标准，也形成了都市文学的美学标准。在中国，从北岛、多多、陆忆敏等人的诗歌，到过士行等人的剧作，以及王安忆、韩东等人的小说，还很少有文本能够脱离把城市作为意象符号或叙事场景的窠臼，与遥远的本雅明体系形成文学领域的对话关系。

新世纪小说与城市化形成一种相辅相成的关系：一方面，城市化带来的炫目发展为文学的创作提供了大量素材，让人应接不暇；另一方面，作家也在试图以构想中的城市为现实中的城市带来推动。在创作上，作家们的笔墨往往集中在这样几个方面：

第一，贫富两极的割裂。

城市化带来了"朱门酒肉臭，路有冻死骨"的贫富两极。一方面形成了

---

① 雷达：《新世纪十年中国文学的形势》，《文艺争鸣》2010年第2期。
② 蒋述卓：《城市文学：21世纪文学空间的新展望》，《中国文学研究》2000年第4期。
③ 李洁非：《城市像框》，山西教育出版社1999年版，第9页。

物质和精神上都极度匮乏的社会底层,下岗工人、农民工等在生存线上不断挣扎,如尤凤伟的《泥鳅》、孙惠芬的《民工》、陈应松的《太平狗》;另一方面也带来了物质极大丰富、人性却不断迷失的下层,如慕容雪村的《成都,今夜请将我遗忘》、余华的《兄弟》、叶兆言《我们的心多么顽固》等,都表现出了纸醉金迷的生活中人的贪婪和欲望,以及精神上的冷漠空虚。

第二,道德的失范与沦丧。

伴随着改革的深入,社会冲突不断彰显,带着对社会的反思,都市文学的笔墨主要集中在两种人身上。第一是官员,王跃文的《梅次故事》、许春樵的《放下武器》、周梅森的《我主沉浮》等,将社会矛盾与公平丧失归结于官场腐败,官官相护。第二是知识分子,他们代表着一个时代的良知,阎连科的《风雅颂》、阿袁的《顾博士的婚姻经济学》、张者的《桃李》、邱华栋的《教授》等,都对知识分子责任的缺失和道德的沦丧有所调侃或揭露。

第三,婚姻的琐碎与不幸。

当今的婚姻越来越脆弱,2015 年 6 月 10 日,国家民政部发布《2014 年社会服务发展统计公报》,公报显示,2014 年依法办理离婚 363.7 万对,比上年增长 3.9%,离婚率为 2.7‰,比上年增加 0.1 个千分点。其中民政部门登记离婚 295.7 万对,法院办理离婚 67.9 万对。在诱惑众多、婚姻不易的艰难立场下,出现了方方的《琴断口》、迟子建的《第三地晚餐》、东西的《猜到尽头》等作品。

第四,对城市生态的关注。

"自上世纪 80 年代生态文学兴起,城市在生态批判中的角色具有双重属性,一是被作为环境恶化的典型样本,二是被当成生态问题爆发的罪魁,城市同时承担生态灾难的果和因,文学文本也围绕这双重属性展开城市意象的塑造。"[①]八十年代城市生态文学开始出现,包括沙青的两部报告文学——写于 1986 年的《北京失去平衡》和写于 1987 年的《皇皇都城》,对北京严重缺水、垃圾围城等环境问题提出了反思。2001 年吴岗的《善待家园》以 10 座海滨城市为例书写着海水倒灌的生态危机,2004 年哲夫更是推出了"江河三部曲"——《长江生态报告》《黄河生态报告》《淮河生态报告》,显

---

① 黄仲山:《生态文学与城市文学的融合困境——反思当代生态文学中的城市意象建构》,《浙江学刊》2015 年第 6 期。

示出城市对水资源触目惊心的污染。城市成为污染的发源地，作家陈应松曾在一次访谈中对比城乡生态："在城市，你会看得太伤心，土地与水域被蚕食，河流污染，空气糟糕，人群拥挤，但乡村许多地方还保留了原始的面貌，水也有清澈的，大片的野地还未被开垦，荒芜在那里，被上帝遗忘的地方一定有它的合理之处，它接近远古的景色和天地之德，也接近最古老的幸福。"①

　　然而，在以上创作中，作家们往往将城市作为"女性文学""历史文学""官场文学"等的背景，并不会将笔墨投注在城市本身。在研究上，学界对中国城市文化和城市文学研究的最大误区是，研究者往往只在叙事对象方面注意了文本的城市时空与文化因素，城乡文化与叙事主体的相关性却迟迟没有建立起来。而到了二十一世纪的第一个十年，民工流动使文学中的"城市异乡者"大量出现，他们与"城市小说"中的"小市民"分享以建筑地标和消费场景为标志的中国当代城市空间，成为城市中庞大的无法界定城乡身份的"灰色人群"。城市成为这些小说的主要叙事场景，随着社会制度的变革，城市为这些游离在乡土之外的务工者提供的生活依据越来越多，他们也在城市中找到了更多的归属感。批评界也逐渐产生了对这一部分文学作品命名的疑虑：它们到底是乡土小说，还是城市小说？

三、农民工问题探究

　　农民工，指身在城市从事非农业工作的农村户口的工人，是农村劳动力转移、中国由农业社会向现代社会转变的特有现象。据国家统计局发布的《2014 年全国农民工监测调查报告》显示，2014 年全国农民工总量为 27 395万人，比上年增加 501 万人，增长 1.9％。其中，外出农民工 16 821 万人，比上年增加 211 万人，增长 1.3％；本地农民工 10 574 万人，增加 290 万人，增长 2.8％。他们以初中文化的男性居多，生活贫困、环境恶劣、处于社会的最底层。由于没有发言权，农民工的处境艰难，常在背井离乡经历了高强度的劳动后仍被拖欠工资，农民工子女也难以在城市缴纳高额的借读费，只能留在农村由祖辈监护，出现了大量留守儿童问题。新世纪以来，政府发布了一系列文件，如 2003 年的《关于切实解决建设领域拖欠工程款问题的通知》《工伤保险条例》《关于进一步做好进城务工就业农民子女义务教育工作的

---

① 　陈应松、张艳梅：《在大地和时代深处呼喊——陈应松访谈录》，《百家评论》2014 年第 2 期。

意见》等。2003 年以后,《人民文学》《十月》《当代》《收获》《北京文学》等也刊发了系列相关作品,包括迟子建的《踏着月光的行板》、罗伟章的《我们的路》《大嫂谣》、孙惠芬的《歇马山庄的两个女人》等。

在对农民工的书写中,一方面,作家惯于挖掘农民工的苦难,书写农民工面对城市的悲哀。迟子建的《踏着月光的行板》以坐火车的细节呈现出社会对农民工尊重的缺失,又以老板的狗有单独的房间而主角却在城市连自己的一张床都没有呈现出贫富的悬殊与生活的不公。陈应松的《马嘶岭血案》讲述两个乡下人跟着勘探队员进山做挑夫,干着最累的活,好奇地张望着属于城市的随身听、手机、巧克力,想交流时遭到拒绝,最终在极大的孤独和心理不平衡下将屠刀挥向了整个勘探队,把社会矛盾激发下的一个可怕故事冷峻地呈现在读者面前。李铭的《幸福的火车》里写一对在城市开饭店的农村姐妹,原本的天真无邪被城市磨尽之后,走上了出卖肉体之路。刘继明的《放声歌唱》中,农民工要不到自己的血汗钱,爬上楼顶跳他们特有的"跳丧舞",可笑又可悲。他们在城市底层,面对压迫、不公、不尊重,卑贱而无奈地活着。另一方面,作家们也常从回望乡土的视角,书写农民工面对家园的无奈。王祥夫的《五张犁》写农民五张犁在村里地被征后仍到原先的土地干活,把地种得很特别,被人骂作神经病,最后因为要种花,之前的心血通通白费,失去土地的无奈、绝望跃然纸上。

近年来对农民工子女的书写也持续增加,王大进的《花自飘零水自流》中,父母外出打工,两个读小学的女儿被奶奶看管,过早进入成人世界而缺少大人翼护的她们在突如其来的"偷钱"污蔑面前难以承受压力,茫然、担心、恐惧、孤独、委屈,最终选择了自杀;范小青的《父亲还在渔隐街》中高考后进城寻父的小女孩最终发现很多人都活在了失根的状态,哪怕是被带入城市的小孩;如王祥夫的《狂奔》中那个住在公共厕所的男孩,也因为难以承受同学的讥笑嘲讽而离开了世界。

农民工文学呈现了城乡间的差异与对立,直面问题,但并没有试图寻求解决之法,常以简单的死亡粗暴了结。

文学研究者和文化研究者都必须对一个事实保持清醒:中国还没有形成(或许从未形成)对文学构成风格滋养的都市文化,也从未出现过已经成为某些研究者研究对象的"都市文学"。中国"都市文学"在很长一个阶段内,仍将是一个文学风格变更的期许,一个奢侈的理论假想。

第二章　文化制度沿革与文学制度的新变

新世纪的文学机制正在悄然发生变化。

随着文学网站和文学社区的构建,网络文学日益成为一种重要的文学形式,网络文学产业化的运行、监管制度的建立,对网络文学的稳健发展都具有必要性。随着影视业的发展,影视制作与作家之间形成了新的关系,影视改编将文学接受置入一种新的格局之中,对当代文学生态产生着重要影响。民刊,已经成为当代诗歌得以流传的重要形式,民刊官刊化、民刊对体制内文学制度的补足,都成为值得关注的话题。在当前的文学评奖中,官方奖项评选和颁发过程亟待调整,民间奖项需要通过文学观念的调整获得更大的公信力。从文学激励角度来看,调整后的两者都将大大有助于文学创作质量和积极性的提高。

第一节　网络文化机制与网络文学

一、网络文学的定义

一直以来,学界对是否存在"网络文学"、什么是"网络文学"存在着激烈的讨论,中南大学教授欧阳友权在他的《新世纪以来的网络文学研究综述》中试图以首届网络文学研讨会上提出的"层面定义法"以三个层次加以定义:"广义上的网络文学指经电子处理后所有上网的文学作品";"中观层面上之发布于互联网上的原创文学";"狭义上说,最能体现网络文学本性的是网络超文本链接和多媒体制作的作品……不能下载出版做媒介转换,一旦离开网络就不能生存"。①

当下学界多以中观层面上的定义,即用电脑创作、在互联网上首发的作品作为网络文学探讨的边界。

二、文学网站的运营机制分析——以起点中文网为例

在当下中国,网络文学网站包括起点中文网、17K小说网、创世中文网、纵横中文网、小说阅读网、晋江文学城、言情小说吧、潇湘书院、红袖添香等等。其中,起点中文网以丰富的作家作品资源及可观的人气堪居行业第一。从2015年第一季度来看,其38.4%的用户覆盖率是第二名17K小说网的两倍多。网络人气小说TOP50的覆盖率也以56%远超第二名纵横中文网的12%。这个2002年正式建立并一步步走向壮大的文学网站为中国网络文学模式的研究提供了一个很好的范本。

2015年第1季度网络文学网站用户覆盖率一览②

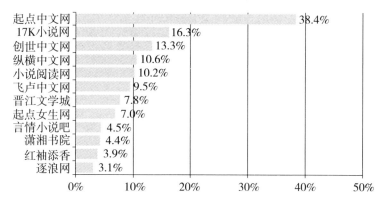

起点中文网	38.4%
17K小说网	16.3%
创世中文网	13.3%
纵横中文网	10.6%
小说阅读网	10.2%
飞卢中文网	9.5%
晋江文学城	7.8%
起点女生网	7.0%
言情小说吧	4.5%
潇湘书院	4.4%
红袖添香	3.9%
逐浪网	3.1%

(一)创建阶段

2001年11月,宝剑锋等爱好玄幻的作者在西陆论坛建立玄幻文学协会,2002年5月,玄幻文学协会筹备成立文学性质的个人网站,将其改名为原

---

① 欧阳友权:《新世纪以来网络文学研究综述》,《当代文坛》2007年第1期。

② 本表相关信息基于2015年第1季度27.5万PC端活跃数字消费者的互联网行为监测结果。中国数字消费用户雷达采用易观智库自主研发的enfoTech技术,可帮助人们有效了解数字消费者在PC上的行为轨迹。

2015 年第 1 季度中国网络人气小说 TOP50 覆盖率①

- ■起点中文网 56.0%
- 纵横中文网 12.0%
- ▨17K小说网 12.0%
- ■创世中文网 12.0%
- ▨逐浪小说网 2.0%
- ■晋江文学城 2.0%
- ▨3G书城 2.0%
- ■塔读文学 2.0%

创文学协会——起点中文网,简称起点中文网,同年 6 月,第一版网站的推出标志着起点中文网的正式成立。

此时,在中国文学网站之中,处于盟主地位、作为中国原创小说门户网站的是 2000 年成立的幻剑书盟。2003 年 6 月,幻剑组建北京幻剑书盟科技发展有限公司,进入商业化探索和转型阶段,但由于 2003 年改版中对用户考虑的欠缺与在文学化和商业化道路选择上的犹豫不定,流失了大批作者和读者。虽然 2003 年以奇幻、武侠小说闯入前列,但因为商业运行的问题终究后劲不足。

与此同时,起点中文网在 2003 年 5 月至 8 月的网站第二版则大获成功,加入贴近书友的阅读设置,此后三个多月流量飞涨,2003 年 9 月,起点书库收录原创作品 300 部,次年收录量再翻一倍,2003 年 10 月参加 2003 年全国个人网站大赛获得第一名,仅两年时间就在文学网站中占据了重要地位。

起点中文网的崛起得益于以下几个条件:第一,网络时代信息的通达为网站的建成提供了现实条件;第二,志同道合者的相互联盟为网站提供了力量基础;第三,人性化的用户设计为网站争取到了宝贵人气。

（二） 发展阶段

经过了起步阶段的积累,起点中文网的步步前行依赖于机制上的不断创新,以对读者习惯的培养和作者的激励制度为主。

---

① 中国网络人气小说 TOP50 由易观智库通过对主流网络文学网站的人气作品排名得出。覆盖率为主流文学网站覆盖 TOP50 作品数量的占比。相关信息从上市公司财务报告、专家访谈、厂商深访、易观智库数据监测产品以及易观智库推算模型得出。

1. VIP 制度的建立

由于空间费用越来越昂贵，为了维持运营，文学网站不得不寻找赚钱办法。

2002 年，读写网是第一个实行网上收阅读费的玄幻书站，开辟了一条盈利新思路。声明"为推动原创文学发展，本网计划向作者支付网络刊载稿酬，欢迎原创作品加入"。2002 年年底，在中华杨和苏明璞等网络写手的推动下，"明杨·全球中文品书网"首次提出 VIP 概念，但稿酬压得比较低，对原创作者没有形成吸引力。

2003 年 5 月，起点中文网第二版问世后立即启动了 VIP 计划，大大加速商业化模式，起点采用了全额支付的制度，在会员的订阅下，VIP 优秀作品达到 10 元/千字的稿费水平，订阅成绩最好的作者首月已经收入超过千元的稿费。2003 年底，起点宣布"VIP 计划中订阅最高的作品已经达到 20 元/千字稿费级别"，高稿酬吸引了大批优秀原创作者，并将起点中文网访问量带入了世界 500 强行列，国内排名前 100，2004 年春节后超过幻剑流量，成为玄幻文学第一网站。4 月 1 日新版 VIP 服务器推出，作品数从最初的 23 部增加到 100 部，稿酬最高达到 40 元/千字。天鹰、翠微居等网站纷纷开始效仿实施 VIP，幻剑书盟则直到 2004 年年底才启动 VIP，一年后难以占据先机，成绩惨不忍睹。

可以说，正是 VIP 机制的抢先实施，以及提高稿费的长远眼光，让起点得以在短时间内积累大量作者和读者资源。

目前起点的 VIP 制度中，读者可按 3 分到 5 分每千字的价格购买 VIP 章节的阅读权，并在购买月票后给自己喜欢的作品投票。

针对作者的奖励则分为以下几个方面。

第一，全勤奖：对已上架作品的 VIP 章节，每天的更新字数都达到规定要求。具体为每日更新 VIP 正文字数 5 000 字（含）以上，即可获得每月 500 元的奖金。每日更新 VIP 正文字数 10 000 字（含）以上，即可获得每月 1 000 元的奖金（不累加，按最高标准发放）。若某日因故没有更新，次日更新的最低标准应为 15 000 字（冲击 500 元奖金）、30 000 字（冲击 1 000 元奖金）。第二，月票奖：包括新书月票奖（当月上架）、老书月票奖（非当月上架），要求排名前十，且更新字数不低于"完本奖励计划"的规定。具体金额为：第一名：人民币 1 万元；第二、三名：各人民币 6 000 元；第四至六名：各人民币

3 000 元;第七至十名:各人民币 1 000 元。第三,起点分类作品月票奖。按照 VIP 已上架作品所属大类划分,在该类别每月月票榜截止后排行在前 6 名,更新字数符合"完本奖励计划"最低更新标准,且月票票数超过 500 票的作品即可获得分类作品月票奖,奖金为人民币 1 000 元,奖金将会同当月稿费一同发放。起点六大类作品分别指:玄幻·奇幻、武侠·仙侠、都市、历史·军事、游戏·竞技、科幻·灵异。第四,打赏奖励。该作品当月所有打赏收入的 50%,将会在下月与稿费一同汇给作者。第五,催更奖励。该作品当月所有催更票收入的 50%,将会在下月与稿费一同汇给作者。

在这样的机制之下,全勤奖保障着作者更新的速度和网站源源不断的活力,月票奖则以读者的选择监督着作品的质量。而打赏奖励、催更奖励则以读者和作者互动的形式增添着两者的黏着度。

17K 小说网也采取类似制度,无疑,VIP 制度既保障了网站的正常运行,又刺激了作者的创作活力,这种快餐式的文学书写与这个快节奏的消费时代十分契合。可真正好的作品是需要时间打磨的,VIP 机制下的网络写作让作者为了赚钱而在作品里大量注水,难以产生好的作品,且读者的眼光各异,倾向于娱乐化阅读,大大挤压了严肃的好作品的生存空间。

2.作家培养制度

除了 VIP 制度给予的经济保障外,起点还推出了一系列作家培养制度,主要体现在以下几个方面。

第一,大量的资金支持。对签约作家来说,既有最低的生活保障,又有高额的资金奖励,可以衣食无忧,安心创作。2005 年 6 月,起点职业作家百万年薪计划启动,7 月当月稿酬发放突破 100 万,12 月累计支付稿酬 1 500 万;2006 年 8 月,"半年奖"奖金达 150 万,且开始实施"天道酬勤作者保障计划""天行健作者支持计划"等一系列针对不同作者的写作保障计划,为网络作家提供最低收入保障和医疗服务。2007 年,开启了"千万亿计划",举办"千人培训""万元保障""亿元基金"等活动。

第二,对写作能力的培训和提升。为签约作家举办免费且高质的研修班,为作家提供国际交流机会,并安排旗下作家加入作家协会,进入主流文学视野。2004 年 12 月,起点举办"起点原创文学之旅";2007 年 4 月,首届网络文学创作高级研修班分四个学期进行,一共 40 天,前后历时 2 年,学费 2.1 万全部由网站承担。2007 年,网站与韩国、越南相关机构达成协议,定时互相学习访问。2010 年,网络写手唐家三少成功进入中国作协,2011 年8 月,盛大文学安排 10 位网络写手与茅盾文学奖评委结对子,到 2013 年,盛大文学旗下共有 7 名签约网络写手进入中国作协。

其他网站也有相应的培训机制,如 17K 小说网也曾联合鲁迅文学院开办鲁迅文学院网络文学作家培训班等。这些举措不论从金钱收入还是从个人发展上,都对青年网络文学作家产生了极大的吸引力,但也正是因为这样的机制,文学创作的动机开始变得不够纯粹。

3. 资源整合

起点中文网在 2004 年 10 月 8 日被盛大网络收购。

2008 年 7 月成立的盛大文学有限公司,又纳入了晋江原创网、红袖添香网等原创网站,对广告、实体出版、影视改编、动漫改编等领域均有涉足,成为业内最大写作阅读平台。

2015 年第 1 季度,腾讯文学与盛大文学整合为"阅文集团",吴文辉担任阅文集团 CEO。统一管理和运营的文学网站包括起点中文网、创世中文网、潇湘书院、红袖添香、小说阅读网、云起书院等,各网站每年都会有大量作品的各类版权售出,涵盖出版、动漫、影视、游戏等多个领域。改编的著名影视剧主要有《搜索》《步步惊心》《裸婚时代》《琅琊榜》等,此外《莽荒纪》《斗破苍穹》《择天记》《吞噬星空》《傲世九重天》等小说均已被改编成游戏,形成了一艘巨大的网络文学航母。

杰姆逊说道:"到了后现代主义阶段,文化已经完全大众化了,高雅文化与通俗文化、纯文学与通俗文学的距离在消失,商品化进入文化,意味着艺术作品正成为商品,甚至理论也成为商品。当然这并不是说那些理论家们用自己的理论来发财,而是说商品化的逻辑已经影响到人们的思维。"①网络文学和商业盈利紧紧捆绑,一方面建构了网络文学价值规范,推动了网络原创的发展(优秀的作品才值得付费),培养了读者的阅读习惯,从影视等多方面拓展了文学的可能性;另一方面,大量网络作者为生存而迎合读者口味,拖拉作品长度,只敢在情节的吸引力上下功夫而不敢以多方位的技法加强作品的深度和阅读难度,因而质量不高,且这种浏览式的追求刺激的阅读

---

① [美]弗雷德里克·杰姆逊:《后现代主义与文化理论》,唐小兵译,陕西师范大学出版社1987 年版,第 148 页。

方式冲击了读者对经典的深入阅读的能力和兴趣。

三、网络文学的创作机制分析

网络文学的发展呈现出文学网站和个人博客两种载体。

（一）文学网站与网络小说创作

网络文学创作从台湾的痞子蔡开始。1998 年，台湾成功大学水利研究所博士痞子蔡（原名蔡智恒）在大学 BBS 上发表一篇 5 万字小说《第一次的亲密接触》，书写网恋，出版后备受关注，连续 22 个月位居大陆畅销书排行榜，先后被改编成电影、电视剧等。《第一次的亲密接触》成功后，痞子蔡又先后出版了《孔雀森林》《暖暖》《爱尔兰咖啡》等反映时代生活的都市言情作品，可算是中国网络文学第一人，被称为"终南捷径痞子蔡，网上出名天下卖"。

大陆网络文学创作的开端当属慕容雪村，2002 年 9 月，慕容雪村在天涯上发布了小说《成都，今夜请将我遗忘》，点击量迅速飙升至 16 万次，小说摹写了一群 70 后成都青年迷茫与挣扎的青春，虽然文笔欠佳，但呈现出一种残酷的真实，引发了以都市生活为背景的网络文学热。2003 年，慕容雪村获得中国新锐版年度网络风云人物称号，《成都，今夜请将我遗忘》的影视改编权被以 50 万元人民币招标转让。

截至 2012 年，有分量的文学网站的包括幻剑书盟、榕树下、起点中文网、红袖添香、17K 小说网、新浪读书、天涯、猫扑、小说阅读、云文学、创世中文、华语文学、纵横中文、晋江文学网、腾讯文学云起书院、榕树下、熊猫看书、潇湘书院等，其创作大致有以下特征。

1. 海量化、通俗化

据中国互联网络信息中心统计报告显示，截至 2012 年 12 月底，我国网民规模达到 5.64 亿，网络文学用户 2.33 亿，网络文学使用率为 41.4%，在 5 亿多网民中，有超过 2 000 万人上网写作，约 200 万人成为网站注册写手，通过网络写作获得经济收入的已达 10 万人，职业或半职业写作人群超过 3 万人，文学网站及移动平台在线作品日更新超过 2 亿字节，一个大型网站原创作品的日更新量可达数千万甚至上亿汉字。[①]2015 年，单单起点中文网的注册作者总数已达 113.2 万人，拥有的作品总量达 135 万册。

---

① 欧阳友权：《当下网络文学的十个关键词》，《求是学刊》2013 年第 3 期。

网络文学读者以工人/服务员/营业员以及学生居多,分别占 25.8% 和 22.6%,可以算是草根阶层。

网络作家"菜刀姓李"分析道:"传统文学和网络文学真正不同的地方只是在于决定作品命运的人变了:以前是编辑决定作品生死,到网络上更多地是由读者来判定作品的命运,在某种程度上,写手由迎合编辑或者文学期刊变成了直接取悦读者。"网络文学读者的阅读特点是,一目十行,以休闲为目的,因而一扫而过,不会回头咀嚼,拒绝长篇幅、长句子,与求好相比更期待求新,浩渺的作品也大多处于快速生产、快速阅读、快速消失的循环之中,"更新为王"。弗洛伊德说:"群体从来不渴求真理,它们需要的是幻象和错觉;没有这些幻象和错觉,它们就无法生存。"①在读者点击率决定作品命运的环境中,网络作家"为博得更多数量的关注不得不选择毫无原则的媚俗。通过媚俗化的方式,他们把自恋发挥到了极致"②。

从历史中,范伯群、刘小源找到了网络小说创作的参照,认为"从农耕文明时代市民文学的代表冯梦龙们,到工商资本时代的张恨水们,再到信息网络时代的唐家三少们是有着血缘关联的"③。勾勒出"冯梦龙→鸳鸯蝴蝶派→网络类型小说"这条市民大众小说文学链,虽然三者分别代表木刻时代、印刷时代、信息时代,在创作方式上存在些许区别,但在内容的通俗性上具有呼应性。

网络作家一方面是自由的,作品的发表不受限制也不需完成冗杂的程序,门槛很低;另一方面又是艰难的,在庞大的基数之中难以冒尖,且要以自己的才华在以读者为中心的市场中找到平衡。

2. 同质化、娱乐化

当前网络文学具有同质化的特征,只要市场上某种类型的小说畅销,立马出现蜂拥而至的模仿者。

如在痞子蔡的《第一次的亲密接触》、李寻欢的《迷失在网络中的爱情》走红后的一段时间里,言情小说泛滥,较为出色的有校园言情小说代表辛夷坞的《致我们终将逝去的青春》、明晓溪《会有天使替我爱你》《泡沫之夏》、饶

---

① [奥]西格蒙德·弗洛伊德:《论文明》,徐洋等译,国际文化出版公司 2007 年版,第 151 页。
② 路文彬:《网络—写作:意义的解放还是死亡?》,《扬子江评论》2009 年第 5 期。
③ 范伯群、刘小源:《通俗文学的传统与网络类型小说的历史参照系》,《中国现代文学研究丛刊》2015 年第 8 期。

雪漫《校服的裙摆》等,都市言情小说包括辛夷坞的《原来你还在这里》、顾漫的《何以笙箫默》、安宁《温暖的弦》等。在金子的穿越小说《梦回大清》成功之后,桐华的清穿小说《步步惊心》、波波的《绾青丝》、月关的《回到明朝当王爷》等相继出现。中国第一部网络玄幻小说是罗森的《风姿物语》,在故事中加入超自然的想象,而后江南的《缥缈录》、萧鼎《诛仙》、沧月《镜》系列、猫腻的《庆余年》等大量涌现。此外,科幻小说包括刘慈欣的《三体》、钱莉芳《天意》,武侠小说有沧月的《听雪楼》系列、步非烟的《风月连城》,悬疑小说有蔡骏《地狱的第 19 层》、南派三叔《盗墓笔记》,职场小说有李可的《杜拉拉升职记》、崔曼莉的《沉浮》、王强的《圈子圈套》,耽美小说有风弄的《风于九天》、张漠蓝《焰祭》、海蓝《我的天使我的爱》等,都出现了大批模仿者。

同质化作品的大量出现是因为:第一,网络文学为求速度和迎合读者而相互模仿,以降低写作的难度,提高成功的概率;第二,文学网站将同质化作品进行分类后的评比,一定程度上限制了小说题材的创新。

在大量同类的作品创作中,作者们大多走着一条娱乐化的道路,路文彬撰文分析道:"写作既有的庄重与严肃因此被调侃得支离破碎。人人在享受着写作的权力游戏之时,独独忘却了应该为其所承负的起码责任。写作至此已不主要是为传达作者的思想,而是为充分宣泄作者的情绪。写作主体不复是个大我,而仅仅是个小我。宏大叙事不是不被需要了,乃是丧失了被整合的能力和机缘。"①网络文学缺少它的担当性与宏大性,更多的是以无厘头的调侃狂欢(如《悟空传》)、引人入胜的悬疑惊悚(如《盗墓笔记》)、浅浅哀伤中的自我安慰(如《致我们终将逝去的青春》)给这个娱乐至死的时代一些新的刺激。

(二) 个人博客与文、论发表

个人博客热以木子美为发端。2003 年,木子美发表性爱日记《遗情书》,成为中国点击率最高的私人网页之一。作为网络上"身体写作"的代表,引起轩然大波。而作为一种模仿,2004 年 4 月 8 日,竹影青瞳以《文字是对身体的第一次凝视,第一次慰藉》为题,开启了自己的博客。

此后,博客渐渐成为名人、文人表达自己观点的一个园地,2005 年,作家北村、蔡骏、春树、陈希我、残雪、葛红兵、王跃文、余华、余秋雨等相继开启

---

① 路文彬:《网络—写作:意义的解放还是死亡?》,《扬子江评论》2009 年第 5 期。

了自己的博客。发现了博客之中的商机后，2006 年，新浪、雅虎、网易、搜狐等知名网站也次第开通博客业务，且为博客划分了娱乐、体育、文化、情感、财经等诸多类型。为了将博客文学实体化，当红博主徐静蕾的"老徐的博客"被结集出版，但直接出书的形式反响平平。不久后，商家转换了方式，先将书籍在博客上连载，以网民在互动中反馈的意见为依据，调整后出版，成为了博客出版的主要途径。

作为一个相对自由且反馈及时的空间，博客成为一个公众人物进行论战的公开场地，较为著名的是 2006 年的"韩白之争"。白烨写了一篇评论 80 后作家作品的博客文章《80 后的现状和未来》，婉转批评韩寒作品；3 月 2 日，韩寒在自己的博客上撰文《文坛是个屁，谁都别装逼》以激烈回应。随后一个多月，以 80 后是否可被称为作家，是否已经进入文坛为主要论题，韩寒博客的每篇论战文章几乎都有千人回复，点击量超 900 万，陆天明、陆川、高晓松等公众人物陆续介入。诗歌领域，2006 年赵丽华的诗歌因生活化、口语化，被天涯、猫扑、西祠胡同等网站转发后引起了网民争论，被讥为"口水诗""梨花体"，进行歪曲恶搞。9 月 15 日，赵丽华在自己博客上发表《我要说的话》："如果把这次事件中对我个人尊严和声誉的损害忽略不计的话，对中国现代诗歌从小圈子写作走向大众视野可能算是一个契机。"这表达了她对此事的看法。2006 年 9 月 26 日，韩寒发表了《现代诗和诗人为什么还存在》等三篇文章对现代诗歌与现代诗作者极尽嘲讽，其中包括已故诗人徐志摩与海子，引来与"下半身诗人"沈浩波、杨黎、伊沙、东篱、知闲等的论战。四年后，韩寒反思了这场论战，向诗人们道歉。2014 年，乡村女诗人余秀华亦因为在博客上发表的诗歌而被《诗刊》发掘，写了十几年诗后一夜爆红，其诗歌引起了多方关注与接踵而至的好坏评价。

博客建构了一种民间发声的新形式，让每个人无门槛地成为公共的书写者，正因为其自由，一方面能在极短时间内汇集大量粉丝，形成轰动效应，让一种现象、一个话题迅速发酵；一方面也容易造成网络暴力和名誉伤害，需要有关部门及时有效地进行监管。

四、网络文学的评价机制分析

在传统文学的评价体系之中，发展多年的网络文学依然不占优势。虽然早在 2002 年 10 月，网络长篇小说《蒙面之城》就获得了国家级文学大奖

"第二届老舍文学奖",可算网络文学创作对体制内国家级大奖的首次触及,2007 年 10 月,欧阳友权教授的网络文学研究专著《数字化语境中的文艺学》获得第四届鲁迅文学奖中的文学理论评论奖,也可以算是网络文学理论在体制内获奖的滥觞。但近年来茅盾文学奖的评选结果仍显示出了网络文学与主流文学的巨大差距,昭示着网络文学仍然游离于主流文学之外:2011 年的第八届茅盾文学奖评选曾首度接纳网络文学,由新浪网、起点中文网、中文在线网等提交的 7 部作品参与评比,然而,除了 3 部冲进前 80 就此止步外,其他都籍籍无名。2015 年 8 月第九届茅盾文学奖更是惨烈,参评的 5 部网络小说没有一部冲过第一轮。由此可见,传统文学对网络文学的接纳还需要一个漫长的过程,这既与两者在评价方式上的差异相关,又说明网络文学本身的质量仍有提高的极大空间。

虽然与传统文学的较量反响平平,但网络文学自有其评价机制,网络文学内部的评奖活动办得风生水起。从 2003 年开始,新浪文学就开始组织网络文学征文大赛,此外还有 2006 年的腾讯网第二届"作家杯"原创文学大赛、2008 年的起点作家峰会、2010 年的盛大文学首届全球写作大展、2015 年的第一届网络文学双年奖等,大量的比赛让网络文学得到了充分的展示空间。且文学网站设有的排行榜本身就是一种评价机制,网站将按周或者按月向上榜的作家发放奖励。

在文学研究方面,2002 年,中南大学欧阳友权教授主持"网络文学对文学发展的影响与对策研究",是国家社科基金资助研究的第一个网络文学课题。2003 年,人民文学出版社出版了我国第一部专门研究网络文学的理论专著《网络文学论纲》(欧阳友权等著),2004 年,中南大学文学院出版第一套网络文学研究丛书,包括欧阳友权《网络文学本体论》、聂庆璞《网络叙事论》、蓝爱国和何学威的《网络文学的民间视野》、谭德晶的《网络文学批评论》、杨林的《网络文学禅意论》等。2007 年 12 月,"网络文学新视野"丛书由中国文史出版社出版发行,包括杨雨的《网络诗歌论》、苏小芳的《网络诗歌小说论》、李星辉的《网络文学语言论》、欧阳文风和王晓生的《博客文学论》、蓝爱国的《网络恶搞文化》、柏定国的《网络传播与文学》等。2007 年 12 月,欧阳友权《网络文学的学理形态》由中央文献出版社发行。2010 年马季的《网络文学透视与备忘》、2011 年曾繁亭的《网络写手论》和陈定家的《比特之境:网络时代的文学生产研究》均由中国社会科学出版社出版。

近年来,网络作家不少被纳入作协,如 2008 年湖北省作协为网络作家入会修改条件细则,2012 年长沙作协吸收 17 名网络写手入会,标志着主流文学界对网络文学正在采取接纳姿势。而全国各地相继成立网络作家协会,四家文学网站发起"中国网络作协"的行为也在当时产生了较大影响。

从评奖,到研究,再到组织的建立,网络文学在寻求官方认可的同时也为自己建立了专属的评价和集会空间。

总体而言,网络文学已经形成自己的发布空间和产业链条,自有其不同于传统文学的创作模式和发展方式,总体符合时代的发展,但文学的整体质量仍有待提高。

第二节　影视文化机制与影视文学

一、定义

影视文化具有综合性,包括电视文化和电影文化。好的影视作品需要影视文学和影视艺术两者的完美结合,前者运用文学创作的一般规律来建构情节、塑造形象、营造氛围;后者通过声画媒介,从听觉和视觉两方面赋予作品感染力与生命力。

二十世纪九十年代初,美国评论家丹尼尔·贝尔就曾指出:"目前居'统治'地位的是视觉观念。声音和景象,尤其是后者,组织了美学,统率了观众。在一个大众社会里,这几乎是不可避免的","我相信,当代文化正在变成一种视觉文化,而不是一种印刷文化,这是千真万确的事实"。① 面对中国的状况,小说家、编剧王朔也曾断言:"一个时代有一个时代的最强音,影视就是目前时代的最强音。"②这强调了影视在当下具有重要意义。周宪在分析视听文化时看到消费社会中各种文字信息对大众的包围,指出"我们与

---

① ［美］丹尼尔·贝尔:《资本主义文化矛盾》,赵一凡等译,生活·读书·新知三联书店 1992 年版,第 154—156 页。
② 白烨、王朔等:《选择的自由与文化态势》,《上海文学》1994 年第 4 期。

图像的关系与其说是'役物'关系，不如说是'物役'的关系，是一种被图像所左右的关系"①。可见，影视文化影响到了大众的生活习惯、审美方式。

从创作来看，L. 西格尔认为："改编是影视业的命根子"，"获奥斯卡最佳影片奖的影片有百分之八十五是改编的"，"在任何一年里，最受注意的电影都是改编的"。② 改编对影视来说意义非凡，文学作品是影视作品最大的素材源头。此外，文学与影视之间也呈现出相互影响的态势，影视改编对文学的要求同样影响着文学本身的创作。

二十一世纪以前，影视作品多从传统文学中发现故事，到了本世纪，网络文学的兴起为影视提供了海量的素材，渐渐成为影视改编的主要源头。

二、传统文学的改编机制

传统文学指区别于网络文学、以传统形式出版的文学样式。从四大名著到中国神话，其改编传统由来已久。细究中国传统文学的影视改编，应以金庸和琼瑶的作品影响最为广泛。

早从 1965 年开始，琼瑶作品就被改编成了电影，包括《婉君表妹》《菟丝花》《烟雨濛濛》《哑女情深》等，但影响局限在台湾。琼瑶剧真正在海峡两岸名声大震是源于 1989 年开始的与湖南电视台的合作，当时采用的模式是：台湾提供资金、技术、演员，大陆协作并获得大陆版权。通过这种形式，琼瑶和湖南电视台相继推出了《六个梦》《梅花三弄》《一帘幽梦》《苍天有泪》等经典作品，在大陆获得了一定口碑。1998 年的《还珠格格》，因引人入胜的悬念和轻松诙谐的剧情创造了至今无法超越的收视奇迹，成为写入中国电视史的一个传奇。随后十几年，琼瑶与湖南电视台又陆续推出了《情深深雨濛濛》(2001 年)、《新还珠格格》(2007 年)、《又见一帘幽梦》(2012 年)、《花非花雾非雾》(2013 年)等作品。

从机制上看，琼瑶作品走红的原因有这样几点：第一，与湖南电视台的合作使其及早占据了大陆的广大市场，获得了极高人气；第二，《还珠格格》先拍剧后出书的模式不同于以往的传统改编，由于开始只有大致剧本，不必受原有故事掣肘，且可以随时修改，提高了拍摄的灵活度。而当小说成书

---

① 周宪：《视觉文化的转向》，《学术研究》2004 年第 2 期。
② ［美］L. 西格尔：《影视艺术改编教程》，苏汶译，《世界文学》1996 年第 1 期。

后,收视率的提高和小说的销量相辅相成,被称为"后生现象",可谓开了先河。2003 年,刘震云的《手机》也采用了"先电影后小说"的方式,成为传统小说与影视剧作两种艺术形式的衍生物。第三,始终保持与时俱进且源源不断的写作热情,琼瑶的创作长达半个世纪,虽然后期的《情深深雨濛濛》比之《烟雨濛濛》、《又见一帘幽梦》比之《一帘幽梦》、《新还珠格格》比之《还珠格格》属于对自己的颠覆和改造,但始终在观众的视野里占据着时代的话题。

金庸的武侠小说可以由这两句话概括:"飞雪连天射白鹿,笑书神侠倚碧鸳",共 15 部小说,仅从电视剧来看已被翻拍近 50 次,至今《射雕英雄传》6 次、《神雕侠侣》8 次、《倚天屠龙记》7 次、《天龙八部》4 次、《笑傲江湖》7 次、《鹿鼎记》6 次,他可算与影视关系最为密切的小说家之一。金庸作品的不断翻拍陷入的是一种追求成功的机制:由于作品本身的情节紧凑、个性突出,且金庸本身是备受关注的武侠小说家,金庸作品的翻拍只用花费较小的精力就可得到较高的人气和可能性较大的成功。但观众的审美疲劳和改编的尺度大小等仍是引人关注的问题,如 2013 年于正版《笑傲江湖》将东方不败刻画为完全的女性,并与令狐冲产生爱情,曾引起观众一片哗然,这种大刀阔斧修改原著、另辟蹊径以提升收视率的方式是值得商榷的。

琼瑶和金庸某种程度上可以纳入知名通俗文学家的范畴,与影视的结合可谓顺水推舟。而长久以来,对严肃文学的改编也从未停下脚步。最为红火的在二十世纪八九十年代,文学和影视关系极为密切,好的作品不少被挖掘拍成了电影,包括张艺谋的《红高粱》(改编自莫言《红高粱家族》)、《大红灯笼高高挂》(改编自苏童《妻妾成群》)、《菊豆》(改编自刘恒《伏羲伏羲》),陈凯歌的《黄土地》(改编自柯蓝《深谷回声》)、《孩子王》(改编自阿城《孩子王》),姜文的《阳光灿烂的日子》(改编自王朔《动物凶猛》),等等。

尽管收获颇丰,但对于大多严肃文学作家而言,创作仍是他们最重要的事,影视改编只是一种手段,参与改编大多是为了生存。将自己的《活着》和《许三观卖血记》送上银幕的余华表示:"前几年搞剧本是为了温饱问题,现在这个问题解决了,也就不想再搞剧本了,毕竟写小说的思想自由度更大。"①严肃文学作家认为作品本身才是自己的名片,小说与影视剧本从根本上讲是两种文体,可以被改编的小说反而彰显了文学性的缺失,作家们希望在小说

---

① 周雪桐:《〈活着〉来了》,《北京晨报》2002 年 10 月 27 日。

的创作里找到属于自己的自由，影视改编需要配合拍摄、配合市场，某种程度上取消了创作的独立性，因此让想象力丰富的作家们感到压抑。创作了被改编为《菊豆》的《伏羲伏羲》的刘恒说："作为编剧，我没有太多主动权，我写剧本实际上也是对现实的妥协。"①诺贝尔奖获得者莫言甚至曾宣誓："绝不向电影、电视靠拢，写小说不特意追求通俗性、故事性。"②

关于文学作品的影视改编，2008 年曾发生一场论战，3 月初，评论家顾彬炮轰中国作家的剧本创作，宣称作家一旦写了剧本也就丧失了对文学的崇敬和起码的尊严。作家们的意见分为两派：作家格非认为编剧不失为一种创作，只是限制太多，不符合作家追求自由的天性；著名编剧王海鸰则觉得小说与剧本之间没有鸿沟，不用对纯文学过多捍卫。

由此可见，从整体看，传统的严肃文学作者大多希望守住"文字"这一方天地，对影视制作的积极性并不算高。

进入二十一世纪，商品经济日渐发达，哪怕原本和严肃文学关系密切的第五代导演也陆续转向了商业大片的制作，如张艺谋的《十面埋伏》、陈凯歌的《无极》。虽然偶尔仍有改编严肃文学的尝试，但多以失败告终，比如2010 年对《红楼梦》的翻拍因文化准备不足而草草了事，同年王全安改编自陈忠实的 50 万字长篇小说的《白鹿原》，因为原著本身厚重充实，而电影对情节删减过多，与读者高涨的期待不符而备受诟病。2013 年，导演冯小刚以刘震云小说改编的电影《1942》，也遭遇了票房滑铁卢。

琼瑶、金庸所代表的传统通俗文学的辉煌难以再现，而严肃文学的改编由于作者的拒斥和改编的难度也难以在快节奏、娱乐化的今天占据一席之地，因而将主位渐渐让给了网络小说。

三、网络小说的改编

CNNIC 网络文学用户调研数据显示："网络文学用户中有 79.2％的人愿意观看网络文学改编的电影、电视剧。"③这为网络小说的改编和走红提供了坚实的根基。二十一世纪以来，网络小说逐步代替传统小说成为影视

---

① 张志雄：《文学、影视谁当家？》，《中华读书报》2001 年 7 月 18 日。
② 莫言：《小说创作与影视表现》，《文史哲》2004 年第 2 期。
③ 欧阳友权：《当下网络文学的十个关键词》，《求是学刊》2003 年第 3 期。

改编的聚焦点。

在起步阶段,1998 年,痞子蔡的《第一次的亲密接触》在 2000 年和 2001 年分别被改编成电影和电视剧,成为第一部被改编的网络小说。慕容雪村写于 2002 年的《成都,今夜请将我遗忘》,也在 2006 年被改编成刘惠宁导演,秦海璐、刘仪伟、高虎等主演的同名电视剧、在 2007 年被改编成电影《请将我遗忘》。这些让网络文学改编初现锋芒。2006 年都梁小说改编的军旅题材电视剧《亮剑》、2007 年改编自六六同名小说的婆媳关系电视剧《双面胶》、展现现代人迷茫的《蜗居》,让影视创作者们渐渐放下了对网络文学的疑虑,开始大量从各大文学网站发掘富有潜力的作家作品。

2010 年是网络小说改编的井喷年,李可的《杜拉拉升职记》、匪我思存的《佳期如梦》《来不及说我爱你》、三十的《和空姐一起的日子》、明晓溪的《泡沫之夏》、瞬间倾城的《未央·沉浮》(改编为《美人心计》)、艾米的《山楂树之恋》纷纷被改编为影视剧。

2011 年网络文学口碑渐盛,桐华的清穿小说《步步惊心》在湖南卫视热播并创造出人意料的收视高峰,大丽花的《失恋三十三天》也以 900 万成本获得了 3.5 亿票房。紧接着慕容湮儿的《倾世皇妃》、匪我思存的《千山暮雪》在登上电视机银幕后都反响不俗。

而后的几年,每年都有现象级的影视作品出现,如 2012 年,流潋紫的《后宫·甄嬛传》;2013 年,辛夷坞的《致我们终将逝去的青春》;2014 年,顾漫的《何以笙箫默》《杉杉来了》,桐华的《大漠谣》(改编为《风中奇缘》);2015 年九夜茴的《匆匆那年》、蒋胜男的《芈月传》、Fresh 果果的《花千骨》、海晏的《琅琊榜》,一部部成了网友热追、热销海外的作品。

而 2016 年,天下霸唱的《鬼吹灯》、南派三叔作为《盗墓笔记》一部分的《老九门》、唐七公子的《三生三世十里桃花》、萧鼎的《诛仙》、尾鱼的《怨气撞铃》(改编成《示铃录》)、秦明的《法医秦明》等近百个网剧项目纷纷启动,又是一个网络小说改编规模宏大的年度。

网络小说改编的井喷式发展大致有以下几个原因。

第一,文学网站的制度化运营。

自从 2008 年盛大文学宣布成立,便希望构建起驱动型网络平台,从发布作品的文学网站转型为拥有出售、改编权的版权运营中心,开启"全版权运营"模式,进行线上、线下多角度运营,既包括网络小说、书评的版权生产,又包括书籍、手机、游戏、动漫、影视剧等多个维度的版权销售，争取实现"一次写，多次开发"或"一次生产、多次使用、全套服务"的多次盈利。盛大目前主要营收方式已经包含阅读收费、广告收入、无线作品开发、版权合作、线下出版和影视改编6种，打破了仅仅依靠付费阅读的局限性，扩展收入来源和产业版图，这条长长的产业链，从签约写手到储存作品到多维营销，联系紧密，层层递进，文学生产成为了其链条上的一个环节。

盛大这种运营方式的关键就是IP(版权)的产与销，既需要多而好的作品，又需要精准的营销。盛大的产权经营正是依照这个思路进行的，从盛大公布的数据来看，2011年盛大文学售出版权作品651部，其中影视改编权74部，截至2014年年底，盛大旗下共有114部网络小说被购买了影视版权，等待制作上映。而后版权价格飞涨，2012年前买走知名小说全版权只需10万元，其后一部普通小说的版权不会低于40万，知名小说单项版权则可能上百万。2016年4月15日在宁波举行的第二届中国影视文学版权拍卖大会暨九龙湖IP(知识产权)创新论坛上，《鬼吹灯》系列电影和连续剧、胡学文的《从正午升起的黄昏》等项目的交易超过3.2亿元，14部影视文学版权竞拍成交额达1.745亿元，小说《吞天记》的手游运营合作权以高达1亿元成交。与网络文学的高涨相对比的是，史铁生的名作《我的遥远的清平湾》的改编权竟遗憾流拍，可见严肃文学在影视翻拍中的遇冷。

盛大对文学的影视改编贡献颇大，与多家影视公司形成了稳定合作，比如出产了《步步惊心》的唐人影视公司，作品库中近半来自网络小说，雇佣员工专职改编。

这种产业化文学运营的制度，一方面提高了文学写作者的创作热情，使一大批优秀作品得以凭多种形式与读者见面，另一方面也造成了作品商业性的弥漫和文学性的缺失。

第二，网络文学自身的口碑和性质。

网络文学是文学大众化的一个产物，人人都是读者，人人都是作家，不论是阅读还是写作门槛都很低。这给网络文学改编带来了两大好处，其一，好的小说读者众多，原本就有较好口碑，形成"粉丝效应"，可节省大量的宣传力量；其二，其内容较为浅显，情节较为突出，改编的难度相对较小。

网络文学的改编成本相对较低,但若想达到好的效果成为一部经典作品,也需要细心打磨。2015 年的风云电视剧《琅琊榜》的制片人侯鸿亮曾经说过,选择《琅琊榜》是因为其内容本身有影视化的潜力,该团队找到文学与影视的契合点,运用长达四年的时间对原著中的人物关系、语言对白、动作细节进行打磨,正如匈牙利电影理论家贝拉·贝拉兹在《电影美学》中所说:"一个真正名副其实的影片制作在着手改编一部小说或文学作品时,就会把原著仅仅当成是未经加工的素材,从自己的艺术形式的特殊角度来对它们进行观察、加工。"①《琅琊榜》的改编从服装、镜头等各个细节都力求精细完美,可以说做到了贝拉的要求。在钻研剧本的同时,该剧选用了胡歌、刘涛等著名演员,虽然单集制作成本达到 200 万,但从一开始就引发了"粉丝"效应,再加上剧情的精心设计,收视率和口碑创造了奇迹。

由此可见,网络文学并不乏精品,善于选择,依仗好的口碑细心打磨,可以极大发挥影视文学的魅力。

但同时,网络文学的改编存在以下几个亟待改善的缺陷。

第一,内容粗糙,题材受限。

麦克·费瑟斯通说道:"艺术与日常生活之间的界限被消解了,高雅文化与大众文化之间层次分明的差异消弭了;人们沉溺于折中主义与符码混合之繁杂风格之中;赝品、东拼西凑的大杂烩、反讽、戏谑充斥于市,对文化表面的'无深度'感到欢欣鼓舞;艺术生产者的原创性特征衰微了;还有,仅存的一个假设:艺术不过是重复。"②这便说出了网络文学的特征,在拼贴与戏谑中失去了精心创作的艺术性和独特性,娱乐化快餐化,题材大量重复。网络小说的改编亦是如此,且其创作空间比小说创作更为狭窄。受市场、场地、成本制约,网络小说改编的题材多局限在这样几个方面:一是都市言情,二是家庭伦理,三是历史宫廷。前两者成本相对较低,拍摄较为简易,第三者虽在服装、道具上成本较高,但观众接受度也更高,更容易以中国特征远销海外。这样的题材相对单一,容易产生审美疲劳。网络文学在创作上相对自由,但影视改编作为另一种艺术的呈现形式则

---

① 转引自张文红:《与文学同行:从文学叙事到影视叙事》,《甘肃社会科学》2003 年第 6 期。
② [英]麦克·费瑟斯通:《消费文化与后现代主义》,刘精明译,译林出版社 2000 年版,第 11 页。

限制较多，暴力敏感题材都要被排除，有些字数太长的作品也不适合改编，因此选择的范围还是有限的，如文学网站流行的玄幻仙侠小说从投入的有效性考虑用以开发网络游戏，也是随着对网络文学的逐渐重视才得到了越来越多的改编的机会。

第二，竞争巨大，后继乏力。

据统计，2006 年，中国影视剧年制量 500 部共 13 847 集，可电视台购买力只有 70 亿上下，需求量仅 7 000 集，大大供过于求。2010 年获得"国产影视剧发行许可证"的电视剧有 436 部 14 685 集，但真正播出的只有 8 000 集，其中黄金档 3 000 集，热播仅 600 集。在"一剧两星"的政策下，竞争压力更大，哪怕极为优秀，如 2015 年在湖南卫视热播的《花千骨》，也难逃亏损的命运。

制作者只有以紧紧抓住观众心理的好剧本、好创意、好运营，才能在激烈竞争中占据一席之地。可是热门网络小说正在渐渐被买空，目前排行榜前两百的小说版权告罄，虽然作品还在源源不断地增加，可在剧情同质化、主体单一化、内容苍白化的整体特征下，要再出现一批吸引眼球的超级 IP 并非一件容易的事。

从文学的影视改编来看，传统文学在改编中的分量日益下降，而网络文学成为了影视改编的新宠。可从影视作品的长远发展来看，大多网络文学的思想内涵有限，大批量的改编虽然工程量较小，但容易造成影视质量的下降。同时，在影视剧的商业诱惑下可能出现大量为改编而书写的作品，长此以往对文学本身的发展也将形成不利影响。

第三节　新世纪中国大陆文学民刊
与文学制度的民间因素

一、民刊的概念梳理

民刊，指相对于官方的存在于民间的期刊，它有自己的独立性、实验性和前瞻性，其存在方式和精神方式都具有非体制性。

在一般概念里，民刊被认为是由一定的文学团体或个人组织编辑的、没有刊号的、没有在政府部门正式注册的、在一定范围内传播的刊物，但这是不准确的。一方面，近年来多有刊物，比如北京的《诗歌月刊·下半月刊》《诗江湖先锋档案》、成都的《诗歌档案》等，已经得到了出版社的正式出版，在出版方式上取得了合法性，形成了"民刊官刊化"的现象，但因为其突出的先锋性，本质上仍属于民刊；另一方面，文联、作协、企业、大学办的刊物，拥有体制内意识形态的，即使没有刊号，也不能称为民刊。因此，民刊应是体制外的。

除了对政治的不服从外，在运营机制上，民刊也属于和商业运作存在矛盾的独立出版。客观来说，新诗在当代文学中处于边缘地位，由于诗歌属于小众艺术，读者有限，经济效益匮乏，出版社很少愿意出版新诗，除非诗人愿意自费，书店、报刊亭也不会把新诗集摆在显眼位置，在各大报纸副刊上新诗最多只是点缀，这使得诗歌民刊难以参与商业运作之中；主观上来说，商业化意味着媚俗，这是追求独立自由的诗人所无法接受的，因此只能采用独立出版的形式。

独立出版可以带来诗人或诗人群在思想上的解放，但在刊物的发展上也存在着两大弊端：一是资金来源不稳定，由于民刊少有赞助，需要主编独资或团体内成员众筹发刊，一旦资金链断裂，难以按时按质推进；二是发行上不受保护，大多采用赠阅的形式，一旦越界就很危险。2006 年湖北的《水沫》在广州书店寄卖时，因未经新闻出版部门审批被广东新闻出版局指控，而后，湖北新闻出版局认定其为非法刊物，夹带违禁、淫秽内容，判处罚款两万元，并没收几百册《水沫》。吴幼明认为尺度把握过紧提出上诉，可上诉无效，这一具有探索性的诗刊就此夭折。

二、新世纪民刊的主要特征——以《诗歌与人》为例

独立出版的民刊对中国当代诗歌的发展具有重大意义，往往承担着诗歌美学的原生态。目前，官刊、民刊、网站被并称为当代诗歌创作的三大阵地，形成了一个较为活跃的互动空间。赵思运列举说："从二十世纪五十年代的北京大学的《广场》和《探索者》，1960 年的《星火》、70 年代的《今天》《启蒙》《中国诗歌天体星团》，到 80 年代以来的《非非》《大陆》《撒娇》《倾

向》《女子诗报》《幸存者》《大骚动》《独立》《水沫》《后天》《活塞》《今朝》《垃圾运动》《低诗歌运动》《地下》《诗70P》……这如此众多的民间刊物，构成了波澜壮阔的地下诗歌的潜流。"①刊物的层出不穷显示出这场民刊运动的盛大。

新世纪以来，较为重要的民刊还包括 2000 年沈浩波于北京创办的《下半身》、安琪和康城于福建主编的《第三说》，2001 年小引、朵朵、江南篱笆、苏省于上海与湖北主编的《或者诗歌》，2004 年任意好、阵风创刊于广东的《赶路诗刊》等。

黄礼孩的《诗歌与人》创办于广州，以一人之力坚持了十几年，被媒体称为"中国第一民刊"，该刊物具有以下特点。

第一，鲜明的编辑方针。

《诗歌与人》的方针是："做别的诗刊不敢做或遗忘的部分，从而竭力呈现一个不可重复的诗歌现场。"做不敢做的，意味着不流于俗的勇气和决心；做被遗忘的，意味着对历史的承担与发现；而对现场的重现，则体现出干预现实的气魄与责任。近年来，《诗歌与人》先后推出了"70 后""中间代""完整性写作"等载入文学史的概念，就是这种对中国新诗有所承担的方针的体现。

好的民刊往往试图"重建一种非权力化和非利益化的文化核心、级差以及组织，即文明教化的正常体系"②。因此，是否存在符合这种重建要求的鲜明有效的编辑方针，往往是民刊做好做大的关键。

后来民刊提出的卓有成效的宗旨有：沈浩波、朵渔、李红旗《下半身》杂志的"真实、具体、可把握、有意思、野蛮、性感、无遮拦"③，与刊出的作品一致，呈现出身体解放的热情与活力；简单、张永伟和森子《外省》的"对物性的反抗，对诗歌真理的追求，以及对创造精神的崇尚"④，先破后立，以精英姿态追求真理与创造；安琪、康城《第三说》的"改变既有的思维模式和表述面影，创造出你自己的声音：第三说"，呈现出民刊发出自己独特声音的呼吁；

---

① 赵思运：《从民间出版到独立出版——以近年民间诗歌传播为例》，《长沙理工大学学报（社会科学版）》2012 年第 3 期。

② 韩少功：《扁平时代的写作》，《扬子江评论》2009 年第 6 期。

③ 《下半身写作及反对上半身》，《诗刊》2002 年第 15 期。

④ 《关于〈外省〉》，《外省》2000 年 8 月创刊号。

泰王《在人间》的"诗应该以高度的手指触动隐含了无穷自发及自主的神秘不可知的时空"①，呈现出诗人面对文学应有的姿态和敬畏。鲁扬《中国当代诗歌》的"立足网络，先锋前卫，实验探索，关注当代，突出民间"，对网络、民间等几大阵地进行了强调。这些宗旨往往能开宗明义，团结一批具有类似倾向的诗人，形成一个刊物的独特气质。

也有诗刊不设立编辑方针，如四川的《人行道》《诗歌档案》《在成都》，山东的《存在者》《破碎》等，优点在于没有对诗人的创作形成局限，缺点在于对创作和团体的形成都缺乏指导意义，只是简单的作品的集合，难以长期维系。

第二，特别的编辑方式。

黄礼孩称《诗歌与人》最大的特色就是专题取胜，从创刊开始，已经推出了专辑《70年代出生诗人诗歌展》《中国大陆中间代诗人诗选》《2002中国女性诗歌大扫描》《2003中国女诗人访谈录》《最受读者喜欢的十位女诗人》《俄罗斯当代女诗人诗选》《中国当代少数民族女诗人诗选》《国外五诗人诗选》《1917—2007中国新诗漂流书》《5·12汶川地震诗歌专号》《5·12汶川地震诗歌写作反思与研究》《新诗90年序跋选集》《"完整性写作"的诗学原理》《柔刚诗歌奖专号》《安德拉德诗选》《彭燕郊诗文选》《张曙光诗选》《蓝蓝诗选》《英娜·丽斯年斯卡娅诗选》等，敏锐察觉并推出的"70后""中间代""女性诗歌""汶川地震诗歌"等诗歌集合，中西兼容，既能挖掘诗人潜质，又能把握时代脉搏，具有较广的胸怀和较大的视野。

针对刊物的选题，评论家沈奇曾说道："十年《诗歌与人》，其每每点在关节处且广披博及的独到选题，其兼容历史梳理与现实关切的独立视角，其精细设计与虔诚呈现的独在风格，无一不表明：这是一位有远大抱负和深沉脚力之诗歌朝圣者独自深入历史的书写，并已然构成进入21世纪的当代中国诗歌进程中不可忽视的历史坐标。"②他对以重大选题结构诗刊的编辑模式给予了高度评价。

江苏张冶萍的《诗家园》也以专号的推出而知名，包括"西部诗人联展"

---

① 《在人间》2000年第1期序言。
② 明飞龙：《当代诗歌史视野下的民间诗刊〈诗歌与人〉》，《扬子江评论》，2011年第5期。

"二十世纪中国民间诗人二十家专号""杨春光专号""黄翔专号""昌耀专号"
"二十世纪中国汉语现代诗大师 20 家专号""中国新边塞诗专号"，等等，既
有个体又有群体，较有眼光。《飞地》丛刊也在常规栏目外，每册聚焦一个选
题，邀请一位头条诗人和八位相关诗人发表作品并填写问卷。

第三，有效的传播方法。

《诗歌与人》由黄礼孩独立承担费用，如何以有限的印数谋取最大的
传播效应成为亟待解决的问题。黄礼孩采用限量赠送的方式，先影响有
影响力的人，再通过那些诗人、作家、评论家来扩大刊物的影响。这是一
种扩音筒式的小成本大效果的方法。走这条路线对诗刊的品质要求很
高，既要有好的作品，又要有历史的独特性，才能吸引著名文人，而这些人
本身可算是另一种权威，要获得他们的认可，对刊物本身的独立性可能有所
影响。

在以刊物赠送名人之外，黄礼孩采用的另一种方法是组织评奖。从
2005 年开始，《诗人与人》编辑部开始举办每年一届的"诗人与人·诗歌
节"，将"诗人与人·诗歌奖"授予国际范围内的一位重要诗人，目前已成为
中国范围内最有影响力的国际诗歌奖。首届颁奖给了葡萄牙当代抒情诗人
埃乌热尼奥·德·安德拉，第二届是"七月派"诗人彭燕郊，第三届是翻译
家、诗人张曙光，第四届是女诗人蓝蓝，第五届是俄罗斯诗人英娜·丽斯年
斯卡娅；第六届是瑞典诗人托马斯·特朗斯特罗姆。2011 年以来，该项诗
歌奖还褒奖了丽塔·达夫、德瑞克·沃尔科特、乔治·西尔泰什、阿多尼斯
等诗人，持续着它在中外诗坛的影响力。奖项具有国际性的辐射意义。值
得玩味的是，在向特朗斯特罗姆颁奖后不久的 2011 年，特朗斯特罗姆获得
了诺贝尔文学奖，"诗人与人·诗歌奖"的公信力由此得到了提高。而为了
增加吸引力，黄礼孩还曾请民谣歌手将诗歌谱曲，在颁奖典礼上唱出来，以
让边缘化的新诗得到大众的关注和认可。

在奖项的推进方面，康城和安琪合作的《第三说》也曾因为在 2000 年创
刊号总结"柔刚诗歌奖"十余年来成就、2001 年其所辖网站承办了"柔刚诗
歌奖"而备受关注。

三、网络与民刊的相辅相成

在网络已经成为人们的一种生活方式的今天，不少民刊背后有着诗歌

网站的支持。

诗歌网站大多承担以下任务：

承载着诗歌届的交流与论争。2000 年，南人创立"诗江湖"网站，这个集结了众多 70 后诗歌作者的网站成为同年创刊的《下半身》杂志的重要传播基地，上演过"沈韩论争"（沈浩波和韩寒）、"垃圾派 VS 下半身"等多次论争。2000 年在伊沙、黄海的努力下，坚持口语诗歌方向的《唐》和依附《唐》成立的"唐"论坛，也在 2001 年和"诗江湖论坛"集中了 2001 年网络上的大部分造势和运动。2002 年 9 月，《极光》在出版第 2 期后推出了"极光论坛"，给诗人和读者提供交流讨论的园地。2004 年，"极光论坛"举办了一场"新诗大谈论"，吸引了各方的眼光，论坛在近一周平均每天的访问量都多达 5 000 人次。

与诗刊形成相辅相成的稿源基地。2000 年 5 月康城开始制作《第三说》诗歌网站，以论坛为主，设立诗人专栏，网络诗刊和纸质诗刊《第三说》相继推出，可谓从一开始就看到了两者相辅相成的力量，此外，两大重要诗人安琪和康城的博客，也为《第三说》从理论和创作两方面进行了造势。2001 年创刊的《或者诗歌》则脱胎于"或者论坛"，第一期主要刊载"或者论坛"的作家作品，一直保持着纯洁、不张扬的态度，不参与网上骂战，做扎实的创作和评论。

此外《北方向》《回归》《极》《诗歌报》《秦》《野草》《诗界》《诗旅程》《书房》《出路》《城》《中国当代诗歌》《赶路》《6＋0》《东北亚》等创刊于 2002 至 2005 年之间的民间诗刊，纷纷建立起了自己的诗歌网站或诗歌论坛，以形成诗人和读者之间的交流空间，体现出诗歌发表园地的一种大势所趋。

在当代文学，尤其是当代诗歌的发展过程中，民刊起着保驾护航的重要作用。从机制上来看，它属于对官方文学的一种反叛，通过个人出版、网络传播等方式延续着被视为小众的当代诗歌的血脉，成为当代文学史上一种散落而桀骜的存在。

第四节　新世纪文学奖项与评价机制

文学评奖是文学制度的一个重要面向。

新世纪以来，中国的文学奖项数量繁多，从文类分可以分为小说奖、散文奖、诗歌奖、报告文学奖、文学评论奖等，从举办者分又可以分为官方奖和民间奖。文学评奖的繁荣体现着社会整体对文学的重视，在当今这样一个思想多元、作品多样的时代，文学和评奖之间既可以是一种相互促进的循环关系，又可以是一种因对权威性和合法性的不同态度而产生的矛盾关系，其结果很容易产生争议。下面将从官方和民间两个角度，试对当今的文学评奖机制与文学创作之间的关系加以阐释。

一、官方奖项

官方文学奖主要包括国家级别的奖项，如中国作家协会主办的四大奖项——"茅盾文学奖""鲁迅文学奖"、全国优秀儿童文学奖、全国少数民族文学创作"骏马奖"，以及 2000 年增设的"冯牧文学奖"（关注文学新人及军旅题材）、"姚雪垠长篇历史小说奖"等，虽然各个奖项针对的文类不尽一致，但指导思想、评奖原则、评奖过程等则具有趋同性。

作协四大奖项的指导宗旨如出一辙地涵盖了以下几点：

第一，以马列主义、毛泽东思想、邓小平理论、"三个代表"重要思想为指导；

第二，遵循文艺为人民服务、为社会主义服务的方向；

第三，贯彻"百花齐放，百家争鸣"的方针，弘扬主旋律，倡导多样化；

第四，坚持导向性、权威性、公正性。

这就树立了一种站在官方立场、弘扬主旋律的评奖基调。

在评委构成上，均设置评奖委员会，聘请在相关文类有影响的作家、理论家、评论家、文学组织工作者担任，设评奖办公室协调各方工作。

在作品征集上，拒绝个人申报，总体而言采用全国各省、市、自治区作协、各行业文协（作协）、全国各省级以上有关出版单位和大型文艺杂志社推荐；三人以上（含三人）组委或评委联名推荐；持有互联网许可证的重点文学网站（仅后期的茅盾文学奖）申报等方式。

在评奖过程上，初审分为两种，第一种是由专门的审读小组进行筛选，评委联名建议可增加备选，如鲁迅文学奖、全国优秀儿童文学奖、骏马奖、冯牧文学奖；第二种是评奖委员会在阅读和讨论的基础上选出提名作品，如茅盾文学奖、姚雪垠历史小说奖。在复审方式上，都采用评委投票形式进行，但茅盾文学奖（第八届开始）、全国优秀儿童文学奖、骏马奖采用记名投票,冯牧文学奖、姚雪垠长篇历史小说奖采用不记名,鲁迅文学奖是否记名则以少数服从多数决定,获奖作品票数不少于评委总数三分之二。

这就意味着奖项的评选在学界权威和作协的把握之下,作者的主动性和读者的发言权都比较小,由于学者和普通读者的阅读标准有所差异,很可能受大众欢迎的作品从一开始就无法入选,一旦评委的威信不够或评奖过程不够公正,结果将受到严重质疑。

除中国作协主办的几大奖项之外,我国官方奖项还有:各全国性学会举办的中国小说学会奖(中国小说学会最高奖)、冰心散文奖(中国散文学会最高奖)、徐迟报告文学奖(中国报告文学学会最高奖)、艾青诗歌奖(中国诗歌学会最高奖);地方政府举办的湖北文学奖(湖北)、齐鲁文学奖(山东);作协及出版社各大期刊社举办的人民文学奖(《人民文学》年度奖)、中国作家鄂尔多斯文学奖(《中国作家》年度奖)、郭沫若诗歌散文奖(《中国作家》双年奖)、华人青年诗人奖(中国作协诗刊社)、全国优秀小说奖和全国读者最喜爱的小说奖(中国作协《小说选刊》)、百花奖(《小说月报》)等,大多存在专家垄断、不接地气、难得人心的问题。

二、民间奖项

在传统权力之外,近年来出现了许多或企业赞助或传媒介入的文学奖项,与官方奖项在评价方式、评价结果上形成了游离,具体包括 1994 年云南人民出版社主办的大家杂志社与云南红河卷烟厂共同设置"大家·红河文学奖",2000 年 1 月在王蒙的推动下人民文学出版社设立的奖励 30 岁以下年轻作者的"春天文学奖",2003 年的华语文学传媒大奖,2004 年的《当代》文学长篇小说年度论坛等。这些打破了官方奖项的垄断,为文学评价注入新的活力。

2003 年 3 月 3 日,《南方都市报》设立"华语文学传媒大奖",以公正、独立、创造为原则,每年颁发一次,年度杰出成就奖得主个人独得 10 万元大奖,是当时以年度计中国奖金最高的纯文学大奖,也是国内第一个由国家公证人员全程公证的大奖,立志要为华语文学的发展找到新的出路。

在评奖过程上,实行推荐评委和终审评委两层评选,推荐评委由 30 余家华文文学媒体主编担任(后定为 11 位提名委员),7 名终审评委在提名作品中进行筛选,有增补权。设置了杰出成就奖、小说奖、诗人奖、散文奖、评论奖、新人奖,既有对成熟作家的褒奖,又有对新人的鼓励,以较为立体地呈现文坛的发展面貌。2003 年开始,前一年的年度成就奖分别颁给了史铁生、莫言、格非、贾平凹、韩少功、王安忆、阿来、苏童、张炜、方方、翟永明、余华、欧阳江河,都是对当代文学做出贡献的文学家。其评选较为公正,也平衡了官方和大众的口味,但仍有两点不足:其一,评审多为媒体人员,公信度不够;第二,终审评委的增补权容易因提名和终审差异较大而引来争议。

"《当代》文学奖"也是近年来较为引人注目的大奖,它由中国出版集团、人民文学出版社主办,《当代》杂志承办,2004 年首次举办,每年一评,坚持"零奖金,全透明",评奖宗旨之一就是"不为接受赠阅的专家选,只为花钱阅读的读者选","突出读者地位,适应市场消费"。2010 年改名《当代》长篇小说年度论坛",希望从评选过程开始引发大家的关注和讨论。其评奖方式融合了官方和民间的声音,由国内 54 家媒体的读书栏目提名,每家提名 6 部,排位前十的入围,再由读者进行为期 20 天的网络投票、7 位专家当着作者、读者、媒体的面记名投票,分别选出读者最佳和专家最佳。2009 年开始,评选长篇小说年度最佳和年度五佳,评选者由评论家扩展到作家、评论家、出版方、读者一起参加,引入电视选秀机制,候选篇目也从媒体扩展到了作协一同推荐,体现出与官方合作的趋势。

2004—2008《当代》文学奖获奖简况表

年　份	读者最佳	专家最佳
2004	王刚《英格力士》	王刚《英格力士》
2005	杨志军《藏獒》	贾平凹《秦腔》
2006	王海鸰《新结婚时代》	铁凝《笨花》
2007	艾米《山楂树之恋》	刘震云《我叫刘跃进》
2008	杨志军《藏獒 3》	毕飞宇《推拿》

2009—2015《当代》优秀长篇小说获奖简况表

年　份	年度最佳奖	年度五佳奖
2009	刘震云 《一句顶一万句》	刘震云的《一句顶一万句》、莫言的《蛙》、阿来的《格萨尔王》、苏童的《河岸》、张翎的《金山》
2010	迟子建 《白雪乌鸦》	迟子建《白雪乌鸦》、李师江《中文系》、宁肯《天藏》、杨争光《少年张冲六章》、张炜《你在高原》
2011	贾平凹 《古炉》	贾平凹《古炉》、格非《春尽江南》、刘慈欣《三体3：死神永生》、王安忆《天香》、严歌苓《陆犯焉识》
2012	周大新 《安魂》	周大新《安魂》、刘震云《我不是潘金莲》、格非《隐身衣》、叶广芩《状元媒》、马原《牛鬼蛇神》
2013	贾平凹 《带灯》	贾平凹《带灯》、林白《归去来辞》、黄永玉《无愁河的浪荡汉子》、韩少功《日夜书》、苏童《黄雀记》
2014	贾平凹 《老生》	贾平凹《老生》、徐则臣《耶路撒冷》、杨绛《洗澡之后》、阎真《活着之上》、严歌苓《妈阁是座城》
2015	迟子建 《群山之巅》	迟子建《群山之巅》、周大新《曲终人在》、张者《桃夭》、弋舟《我们的踟蹰》、陶纯《一座营盘》

从榜单看，2004 至 2008 年，评奖兼顾了专家和读者的意见，严肃文学和通俗文学并存。2009 年开始，以严肃文学为主，但能体现当年文学的较高水平。

此外，影响较大的民间奖项还有 1992 年设立的柔刚诗歌奖，1996 年的刘丽安诗歌奖，2009 年的郁达夫小说奖，2010 年的在场主义散文奖，2011 年的基层网络文学创作奖、中国当代诗歌奖，2012 年的延安文学奖、全国教师文学表彰奖，2013 年的路遥文学奖，2014 年的腾讯书院文学奖，等等。民间文学奖的特点是多元化地触及各种文体和各种人群，把读者放在较为重要的地位，呈现出市场、传媒对于文学的影响，但同质化较为严重，大多没有长远规划，奖金之间互相攀比，某种程度上助长了创作者的浮躁。

在当下这个市场化的环境下，如何引导读者追求高雅文学而非仅将文学作为消遣和娱乐，是弥合专家与读者意见的一条重要途径，也是鼓励文学创作、提升文学质量、扩大文学影响的必然需要。文学奖项应以公平公正和好的鉴赏力重燃读者的信心，真正成为文学的"导向和风向标"。

不论是官方奖项还是民间奖项，其设立的初衷都在鼓励作家创作，促进文学健康、有序地发展。但由于奖项背后存在的光环效应，创作目的和评奖过程往往变得不那么纯粹，这是需要各大奖项的组织者和参与者进行反思的。希望不论是官方还是民间的评奖都能不违初衷，真正守护文学的行进。

第七编

港台地区:特定时空下的文学制度

第一章 日据时期台湾文学制度

第一节 在开放与封闭之间：日据时期台湾的
出版与传媒制度

"制度"，顾名思义，强调的是在一定的历史现实条件中产生形成的规则、秩序。这个概念中最重要的层面，一是历史语境，没有适度的活动空间和行为范畴，制度没有产生的条件和调整之必要；二是人为因素，一切制度从设立到施行，渗透着个人的参与和团体的斡旋。"文学制度"的提法，则指涉与文学活动相适应的一套配合机制。"文学在其不断社会化过程中建立了一套制度形式，文学的审美意识和语言符号只有在文学制度背景中才能实现其价值意义，成为被社会所接纳和承认的精神意识。"①要言之，在文学制度的研究当中，其间对于文学社会化过程的考察是必要的。由此，在不同的时空场域下来考察不同地域文学活动背后无形之手——文学制度的运作，也必须贴近、还原适时的文学活动具体情况。日据时期台湾的文学制度具有自己的独特性，尽管在大的新文学传统范围里面，台湾文学传统与祖国大陆文学传统相互呼应，但不可否认由于地理位置的"孤悬"、文化受容的"多元"，日据时期的台湾文学在发展样貌上有着自己的地域特性。"文学制度"的概念引入，以及对文学制度在形成、发展全过程中诸方面特色的描述，乃至对文学制度诸多组成要素如文学教育、文学社团、出版传媒等方面的勾勒，可以给予读者以一个相较以往文学史做单线描述而言更加复杂、参差的立体文学生态景观，得以窥见在文学史复杂表象背后更具棱角之一面。

---

① 王本朝：《中国现代文学制度研究》，西南师范大学出版社 2002 年版，第 2 页。

　　"殖民现代性"是日据时期台湾新文学研究中的一个重要向度,是重新理解台湾新文学的发展途径的一个重要思路。日据时期台湾文学书写中的殖民现代性的情感模式、文化表征、政治寓意,都在先行的研究中得到充分的挖掘,在这些研究之上,以对文学制度的组成要素如新闻与出版体制、文学结社与活动、文学教育与高等教育体系等的考察,来深挖"殖民现代性"在日据时期台湾社会的"毛细管作用",则是以文学制度维度来观察这种"殖民现代性"表征的途径之一。文学本身的知识化,乃至制度化,必然是整个"现代"社会莅临的最终结果,与现代性的确立息息相关。"现代性"所导致的知识不断细化,造成了学科与学科边际之间不断分离,从而使得确认、定义乃至命名学科都必须有据可依。就文学而言,这种依据就是如何规定文学的边界,以及形成、规范文学的具体方面,如何从动态来将文学进行建制、规训,又从静态加以描述、定义,这就是文学制度所需要解决的问题。

　　就台湾而言,与日据时期台湾这个时空条件相吻合、相配套的文学制度的建立也是现代性所带来的制度分化的重要表征。尤其值得瞩目的,便是这种现代性是在殖民统治之下的"殖民现代性",文学制度从建立到施行,都与殖民总督府的文化监管机构有深刻联系。日据时期台湾的新闻出版和文学集刊,都必须经过台湾总督府的严苛检测,删削文字中蕴含抗日意识的部分,二十世纪三十年代台湾左翼文学期刊《台湾新文学》就常常遭遇到"食割",而不得不将版面"开天窗";日据时期台湾的文学教育,特别是最高等的大学教育机制在设计上,台湾学子素质的全面发展并不是总督府关注的重点,如何将台人的反抗意识泯灭于萌芽状态才是总督府大兴教育的重中之重,文学教育体系就需要特别设计以配合此政策;台湾既有的诗社林立,随着新文学的兴起,文学结社与活动本来应该是发展文学的重要途径,但畏惧新文学的启发民智的功效,又倚重文学宣传在思想战线上的特殊作用,台湾总督府对文学社团活动也历经了从初始的严密监视到后来的索性接手统管,要求其活动与日本"内地"政治动向相配合,来翼赞日本"国策"。日据时期台湾的文学制度,最突出的特色即在于:在殖民现代性的荫蔽之下,文学制度的生成、调试、施行、变更都与殖民现代性的公共利益、秩序理性紧密结合。可以说,在殖民现代性的左右下,日据时期台湾的文学制度作为一种范式,它在文学活动的外围结构(出版发行、文学教育、文学社团运作)的合力之下,来获取全面的整合。而在这种整合过程中,"制度"中又渗透着人为的角力因素，日据时期台湾的新闻与出版业从业者、台湾青年学子与教育业从业者、文学社团组织者与参与人员以及跟整个文学制度体系关系最直接的台湾新文学作家，他们对这套体系制度的理解、认同或者竭力斡旋乃至不服从，都向这块新兴的文学场域投下精彩的变数。

日据时期台湾的新闻发行与出版的状况，从总体而言占主导地位的是报纸（"新闻纸"）的发行。但由于新闻出版发行受制于相关规定，台湾也呈现出报纸与杂志并无严格分界的情况。比如，《台湾民报》的最早形态，即月刊杂志《台湾青年》。如果以1937年大战全面爆发为分界，可以发现台湾总督府对于新闻出版的监管力度的差异，对于新闻发行所造成的不同影响。

在日本据台之初，日本本国新闻实业家近水楼台，先行在台湾创办了第一份现代化报刊《台湾新报》（1896），报纸创始人山下秀实与适时台湾总督府总督桦山资纪有着同乡情谊，同时也将这种亲密的关系带到了这份报纸与台湾总督府之间，报纸从第3号开始成为台湾总督府的公报，刊登台湾总督府文书，发布总督府行政、司法命令，而报社每年则可以领取四千八百元的补助津贴。[①]到了1897年，另一份报纸《台湾日报》成立，与《台湾新报》展开竞争，争取台湾总督府的补助津贴，因而发生不可调和的矛盾。到了1898年，新任总督儿玉源太郎上任以后，将二报合并为《台湾日日新报》，后直接以"爱国妇人会"的名义投资加以控制，使其完全沦为殖民总督府的发声器官和御用工具；而《台湾日日新报》得益于总督府的掌控和支持，领有津贴，并透过总督府的行政力量摊派报纸发行，优哉游哉成为日据时代台湾发行形态最稳定的报纸，一直到1944年才因为战时体制新闻统管而被合并。

《台湾日日新报》的发行状况展示出殖民总督府对新闻出版的真实态度，从一开始就对新闻传媒机构多加留心并通过多种手段资以利用。《台湾新报》与《台湾日报》两报建报的契机皆源于日人企业主通过与总督的良好关系而获准发行；两报并行，原本应有的新闻自由并相互良序竞争的应有之义，被总督府的经济补贴政策所拆解，导致二报相互攻讦，一发不可收拾最终只能通过行政力量合并。而最终合并后的《台湾日日新报》，则对总督府唯命是从。总督府深谙台民此时不通日文，政令传达颇有泥阻，故《台湾日日新报》于1905年开始创立中文版，登载总督府公文，至1911年11月中文

---

① 参见王天滨：《台湾报业史》，亚太图书出版社2003年版，第36页。

版停刊,并入日文版。

　　尽管此后全岛陆陆续续有多家日报建制,《台湾日日新报》独大的局面,一直到《台湾民报》系列的定型才得以扭转。"一战"过后,新闻消费市场日益成熟,有不少刊物改制为日刊,并从海外(主要是日本本国)迁回台湾本岛发行。《台湾民报》系列报刊可上溯至1920年7月创刊于东京的月刊《台湾青年》,历经月刊《台湾》、半月刊、旬刊、周刊《台湾民报》,终于在1932年获准回台办报,并于同年4月15日创立《台湾新民报》。报纸的态度实如其141号"社论"所称的那样,"本报是台湾人唯一自主的言论机关,我们可以不客气说,一面是为台湾民众的代言者,一面是为台湾民众的指导者。故本报一贯的目的,当然要谋台湾文化的健全发达,和要计台湾民众的最大幸福"[①],谓之为"台湾人的唯一喉舌"[②],似不为过。因为《台湾民报》深受台湾本岛人民信赖以及喜爱,以至于在1928年台湾总督府不惜间接支持另一份御用的《昭和新报》与之直接对抗。

　　1937年以后,随着日本本国战争深渊的泥足深陷,战时体制下如何配合日本国内的需要,成为台湾总督府统摄岛内各行各业的指导思路,此期间六家顶尖的日报为台北的《台湾日日新报》、《台湾新民报》(1941年改名为《兴南新闻》)、台中的《台湾新闻》、台南的《台南新报》(1937年4月改名为《台湾日报》)、高雄的《高雄新报》(1941年改为日报)以及花莲的《东台湾新报》。到了1944年4月1日,台湾总督府下令将这六份日报统领合并为《台湾新报》,以达到新闻管制的最终目的。

　　日据时期台湾新闻出版的情况大致如上所梳理,而操控报刊发行的那双无形之手,便是台湾总督府的新闻出版制度。这种制度对新闻出版的掌握与控制,在不同时代有着不同的松紧度。具体而言,可以将日据时期台湾新闻出版制度分为"据台初"、"《台湾新闻纸令》颁行期"和"战时"三个阶段。根据《台湾新闻传播史》的相关研究,在据台初台湾总督府并未制定有关新闻出版的法令,而是直接援引了日本本土关于新闻出版的法令来对台湾的新闻出版活动加以约束规定。自1895年开始,台湾总督府采用在日本本土

---

　　① 《本报的使命》,《台湾新民报》第141号,1926年1月21日,东方文化书局复刻本1973年版。

　　② 参见叶荣钟:《日据下台湾政治社会运动史》第十章"台湾人的唯一喉舌——《台湾民报》",《叶荣钟全集》第1卷,晨星出版有限公司2000年版,第612页。

已经施行了 12 年、具有"新闻扑灭法"恶名之称的《新闻纸条例》,要求新闻出版首先需要获取总督府的许可,并缴纳一定的保证金。1900 年,台湾总督府另颁布了《台湾新闻纸条例》《新闻纸发行保证金规则》《台湾出版规则》等,这些规则都维持了新闻出版许可制度以及保证金制度,以确保新闻的审查权与监督权。而到了 1909 年,日本帝国议会废除了颇受争议的《新闻纸条例》,正式公布《新闻纸法》,而台湾总督府亦步亦趋,在 1917 年 12 月模仿日本本国这部法律颁布了《台湾新闻纸令》。此乃日据时期台湾新闻出版法令中最为重要的一部。此法令计三十三条,并一条附则,对台湾本岛新闻申请出版全过程进行了事无巨细的规约。法令第二、三条规定了新闻发行必须通过许可的制度,第六条则规定了保证金制度,第十条规定"发行人必须在发行之前将报纸送审总督府以及所在州厅、地方法院监察局",以确保官方对新闻内容的第一手知情、最彻底的审查以及最快速的裁断;第十一条甚至规定、限制了新闻报导的具体内容。同年,总督府另有《台湾新闻纸施行日期》《台湾新闻纸施行规则》作为配套进行解释,约定警察具有直接干涉新闻自由的权力。进入 1937 年以后,日本本土采取了"新闻统合"政策,开始将报纸杂志合并以便监督;战时体制下总督府施法日本本土相关政策,对新闻采取了统管手段,具体措施有成立国营通讯社,独家掌握供应资讯;减缓报业发展速度和规模;加强对已有报纸的监管,加大处罚力度[①];1941 年日本颁布《新闻纸等揭载制限令》《言论等临时取缔法》《言论出版集会结社取缔法》,规定适用于台湾地区,对言论压制异常严苛[②];台湾总督府在 1937 年 4 月 1 日下令所有报纸取消汉文版面,直到 1944 年采取"六合一"手段,将六份日报合为一份。

　　台湾新文学与报刊媒介载体之间的关系不容忽视,尤其是在日据时代的台湾,新文学的发轫、勃兴以及建设,都与文学刊物、报纸副刊的载体支撑密不可分。因此,对这一时期新闻出版制度的研究,在文学制度这个议题上所贡献的直接意义,就是通过对适时新闻出版监管制度松紧度的探究,来考察这个时间段内言论的自由程度以及文学活动的可伸展空间。就日据时期台湾而言,新闻出版管制、审查监督为此时总督府殖民政策的松紧度、时代

---

①　参见王天滨:《台湾新闻传播史》,亚太图书出版社 2002 年版,第 82 页。
②　参见周佳荣:《近代日本文化与思想》,商务印书馆 1985 年版,第 137 页。

气压氛围表征之风向标。文学活动固不能拔着头发离开地球,在这有限的时代氛围里面转圜、抵抗,既保全自身,亦要释放文学的能量。对此间文学活动的研究,则不能不通过这种制度的考察来加以解读。二十世纪三十年代台湾的左翼文学运动声势浩大,杨逵独力支撑《台湾新文学》刊物,坚持左翼大纛,但始终未能蔚然成风,不能不引以为憾;但是如果能联系此时殖民总督府日益收紧的新闻出版政策,以及刊物动辄遭到禁止发行处分的现状(比如,《台湾新文学》第 1 卷第 10 号"汉文创作特辑"就被官方以"内容不妥当,全体空气不好"的理由禁止发行),则或许能理解在这种动辄得咎的时代高压下这些左翼文学健将的良苦用心,而对他们的创作成就另有领悟。

　　新闻媒体作为官方与大众之间的沟通中介,"所谓媒介就是将我们在社会经验世界中的技术面和意义面同时媒合中介;透过技术与意义的中介,个别的媒体装置与编制才成为可能,技术也才能与意义、论述、解释等相接触,而成为指向社会实践的结构性场域"[①],这种"指向社会实践的结构性场域"发挥着官方与大众之间的缓冲隔离层、资讯传输带的作用。作用在文学上,媒介出版发行体制实际上规约着文学生产活动的具体形态;而对媒体出版发行在制度上的控制、引导,则会间接影响刊物所刊载的文学作品的样貌以及整体风格。通过对出版制度和审查制度的牢牢控制,权力话语机制甚至可以对不符合其期许的作品做出相应的处理。比如,在 1937 年以后,此时日本及其殖民地进入战时体制,日本内务省和情报部在 1940 年出台"出版新体制"政策,开始设法统管杂志、书籍,1943 年更是直接公布《出版事业令》,强制整合杂志。台湾作为帝国殖民地,不能不受到影响,文学生产在此时失去了依仗新闻媒体的缓冲、沟通功效,而直接为殖民论述所控制。1937 年 4 月 1 日,总督府下令逐步废除所有报刊汉文版,左翼刊物因此失却了一个发声的渠道,《台湾新文学》在不久之后废刊。但《风月报》这样本质上倾向于脱离现实的通俗文艺的刊物,则得以保留汉文版面。这一事实提示了我们注意出版机制对文学生产的选择性处理,而这种处理结果是根据不同媒介的不同功能认知来决定的。左翼刊物所具有的异端色彩使得官方必设法剪除其羽翼,目的是摧毁左翼文学建设的平台;而通俗文艺刊物这一媒介所刊载的通俗文艺作品,对殖民话语论述并无大碍,甚至有可能予以助力,则这一媒介平台可以保全。

---

① 　[日]吉见俊哉:《媒介文化论》,苏硕斌译,群学出版有限公司 2009 年版,第 2—3 页。

　　发行出版体制对文学制度影响最为重要的一点，在于这种新媒体是所有智识者参与文学、文化建设最为重要的场域。"日据时期杂志兴旺/变调史，几乎也就是文坛兴衰史；然而从现代性的追寻到本土性的维护，从汉文和日文并用到日语独存，纯文艺杂志积累了许多珍贵的文化成果"①，受制于《新闻纸法》与《台湾新闻纸令》规定的相关约束，日据时期台湾的文化出版产业虽然在总体上呈现出向上发展的态势，但是其规模确乎有限。在这有限的发展空间里，台湾文学的建设场域则主要通过报纸的副刊以及文学杂志的刊载来进行，二十世纪三十年代乡土文学论争，全程都借力于报纸杂志的媒介支持，并依托报纸杂志这一场域进行理论的实践。报纸杂志作为支撑文学活动的场域功能，此其一；另外，报纸杂志甚至可以推动某些文学实践的生发，引发相关讨论，形成艺文空间的新面目。有学者指出日本现代文学中"言文一致"书面体语言的形成，离不开报纸杂志等大众媒体的发达，②由此观诸台湾文学语言的复杂局面和现代化进程，不能不从报纸杂志的发行形态以及制度影响来加以讨论。谢春木的日文小说、张我军的现代汉语白话议论义、赖和夹杂闽南方言与汉文白话的特殊杂糅语言实验，都应和着这个报纸杂志文学场域中各个不同派别对台湾书面语建设的不同思路。

　　出版与传媒，作为现代社会文化传播与资讯流通的重要介质，开放性是其在制度建设上的应有之义；而在日据时期台湾文学场域中，这种开放性大打折扣，总督府通过严苛的《新闻纸法》与《台湾新闻纸令》，通过相关部门控制信息向公众的传播，利用经济政策、财政津贴手段不断抵消报纸间的自由竞争，达到了掌控日据时期台湾出版发行的目的，使之在整体上展示出一种封闭性的态势。这一新闻出版制度特色也毫无疑问影响着台湾文学制度的面目。台湾的新文学生产活动，最主要的媒介是报纸杂志的刊载，而非文学单行本的出版，因为日据时期台湾的出版管理制度严苛，文艺结集和出版很艰难，新文艺作家能出版单行本的寥寥无几③；文学争论、理论建设都依仗

---

① 柳书琴：《本土、现代、纯文学、主体建构：日据时期台湾新文学杂志》，《文讯》杂志 2003 年 7 月，第 16 页。

② 参见横路启子：《文学的流离与回归：三〇年代乡土文学论战》，联合文学出版社有限公司 2009 年版，第 160 页。

③ 根据梁明雄的统计，在整个二十世纪三十年代，台湾出版的单行本新文学小说作品集仅有 8 部，且多为通俗小说。见梁明雄：《日据时期台湾新文学运动研究》，文史哲出版社 1996 年版，第 393—396 页。

报刊这一特殊的传播形式,同时这一形式受宰制与殖民官方的密切监视,动
辄遭到"食割"、开天窗,而形塑了台湾左翼文学较为幽深曲折的抗议形式。

第二节　秩序与差异的强调:
日据时期台湾大学教育制度与文学教育

　　作为帝国统治施政的殖民地试验品,"台湾(人与地)只是(日本国家统
治权)支配的对象,而不视为其本国之同体构成分子"①,故而,台湾殖民地
的教育制度在这样的情状下也在不断的殖民实验中多次发生变异,但总体
而言,日据时期台湾殖民总督府施行教育的本意并不在于对台湾人的心智
予以全面关注、给予台湾住民全面发展的可能性。殖民教育的实行,毋宁说
是不愿目睹台湾人因自由发展而潜滋暗长的抗日意识,乃抢先一步夺取教
育的话语权,立意培养他们成为忠顺可靠的统治臣民。在这样的教育施政
方针之下,日据时期的台湾教育具体细则从无到有,从无方针到颇具针对
性,根据《台湾教育史》的相关归纳,大致可以分为以下四个阶段。

　　首先是 1895 年日本据台至 1919 年《台湾教育令》发布前的这一段时
期。这一时期由于台湾社会反日起义不断,台湾殖民总督府财政力量有限,
殖民政府出于功利主义的目的,重视国语学校/国语传习所的运作,此阶段
所言之"国语"即指日语。目的在于对日语进行普及以便政令的通达。此期
教育最重要的特色即是有效地建立了一种日人与台人教育双规并行的差异
制度,日人子弟沿袭日本本国教学体系,而台人子弟则依傍总督府学校官
制,这种差异制度在后来一直以不同的面目得以强化,成为日据时期台湾教
育制度最核心的特征。第二阶段在 1919 年《台湾教育令》制定后到 1922 年
《修正教育令》公布为止,随着民智的觉醒和资本主义生产逻辑对更高素质
劳动者的要求,殖民总督府在 1919 年颁行《台湾教育令》,规定了普通教育、

<hr>

① 　戴炎辉:《五十年来之台湾法制》,《台湾文化》第 5 卷第 1 期,台湾文化协进会 1949 年 7 月,
第 1 页。

实业教育、专门教育、师范教育等具体细则，但日、台学生之间的双规教育仍并行不悖，且台人教育程度远低于日人。第三阶段是 1922 年《修正教育令》公布以后至 1941 年新的《台湾教育令》（《台湾教育令中改正》）公布这段时期。因为此前的差别教育引发台湾民众普遍不满，有动摇统治根基之可能性，此期间日本文官总督田健治郎乃转而鼓吹同化，试图调和日台教育现状的差异。中等学校以上日台共学，但仍保持初等教育的差异化：日语者入小学校，非日语者入公学校。第四阶段即 1941 年新的《台湾教育令》颁行至 1945 年为止。由于战时体制，1941 年殖民总督府将初等教育机构并入国民学校，日台共学，但课程设置仍有区别。1943 年为笼络民心，全面实施国民义务教育，始照日本国内制度办理，直到台湾光复才得以终结。

由上述对日据时期台湾教育情况的梳理可以得知，日据时期台湾的教育制度始终是以差异与秩序的强化为最为重要的特征的。在这一基础之上，裹胁着"同化"的殖民动因，殖民教育不断地通过阶位的分层来达到有差异的教育实行效率。具体而言，日人、台人之间受教育的机会成本，不在于其智力水准的高低，而在于其血统的差异；即使进入教育体系的第三阶段，开始实行日台共学，也仍保有初等教育小学校与公学校的差异，使日人子弟为主的小学校在教育资源分配中占据绝对优势，在课程设置、教育水准方面打压台人子弟为主的公学校；最后，教育制度还以漠视女子，特别是台人女子的受教育权来强化这种位阶差异，直到 1928 年台北第一师范学校内公学师范部设立女子演习科，这才为女子师范教育之滥觞，女子教育发展步伐远缓于男子教育。由此可观，殖民者在教育政策上不断地强化差异与秩序，最终"始终以皇民化为最高原则，日语的推行，学校的设立，都在支撑此一原则"[①]。

如此，考察殖民教育制度中最拔尖的也最具代表性的大学（高等）教育制度与文学教育之间的关系，是体察日据时期文学制度的一个重要的切入点。因为首先，"最终决定一个国家的经济和社会发展的特性和脚步的，不是其资本或物质资源，而是这个国家的人力资源，而开发人的技能和知识的主要制度化机制，是正式的教育系统"[②]。高等教育制度下的人才的拔擢培

---

① 徐南号：《台湾教育史》，师大书苑有限公司 1993 年版，第 24—25 页。
② 羊忆蓉：《教育与国家发展：台湾经验》，桂冠图书股份有限公司 1994 年版，第 3 页。

养、文化的传承与接续,直接影响了文学知识的制度化,并由此构建起新的精英秩序,形成新的文学传统,使之成为现代社会制度的重要组成部分。①其次,文学传统的传承也同样需要借助文学教育的运作过程来得以实现,文学教育特别是高等教育中的文学教育,对文学活动本身弹性空间的培养、文学青年个体经验的成熟等有着至关重要的作用。基于这样的理由,日据时期台湾高等教育施行过程里文学教育的学制整备、台湾新文学作家的养成与台湾高等教育之间的关系,是理解这个问题的关键。

　　台湾的高等教育之起源,可能要追溯到 1899 年在医学讲习所基础上创办的五年制医学校,尽管其官制程度低于日本本岛的医专,但勉强可以算上高等学校。此一事实可见台湾殖民者对高等教育的重视,实际上仍出于实用、应急的考量。二十世纪二十年代,总督府陆续完善了几个高等专门学校,直到 1928 年 3 月,筹备已久的"台北帝国大学"正式成立,发展出包括文政学部在内的五个学部,扭转了台湾岛内之前高等教育只有专科层次的尴尬。根据"台北帝国大学讲座令"(1928)公布的相关情况,台北帝国大学创设之初的文政学部设立有"国语学·国文学""东洋史学""哲学·哲学史""心理学""土俗学人种学""宪法""行政法"讲席各一②,台北帝大采取这种讲席制度,由讲席构成了学部,专职的教授分列讲席,其下再添置助教授及助手各一人,由此构建教学研究机构。经过多次"讲席调整",文政学部作为台北帝大的文科教学研究部门,分为哲学科、史学科、文学科、政学科四门。1929 年确立了东洋文学、西洋文学、国史学、政治学·政治史、法律哲学各一个讲席。各个讲席下招生名额不一,但就读政学科者为多,文史哲三科者较少。根据三十年代入学台北帝大文政学部东洋文学科的吴守礼的回忆,"我就读的文学科,定员十人,但大多只有一两人申请,当然是无条件的获准入学"③。而台北帝大的文学教育的氛围也实在不能说有多么热闹景气,"文政学部上课的情形,除了政学科学生人数较多以外,其他各科接近招生名额,人数都很少。我主修的东洋文学科,经常是我和神田教授一对一上

---

① 参见黎湘萍:《文学知识的制度化与精英秩序的建立》,《中国社会科学院研究生院学报》2006 年第 3 期。

② 参见黄新宪:《台湾教育——从日据到光复》,上海人民出版社 2012 年版,第 114—119 页。

③ 陈奇禄等:《从帝大到台大》,台湾大学出版社 2002 年版,第 13 页。

课"①。类似于中国大陆现代大学与现代文学之间的那种良性互动、相互哺育的关系②，在日据时期的台湾高等学府之中，是不明显的。

这一点毫无疑问还可以从台湾新文学健将的教育背景与台湾本岛高等教育之间的关系上得到印证。如果以日据时期活跃在台湾新文学文坛上的重要作家做一个抽样分析的话，可以发现，除了黄得时因为家庭条件优渥，毕业于台北帝大文政学部文学科以外，台湾新文学文坛其他几十位重要作家，几乎就没有台北帝大的毕业生了。而台湾新文学文坛的作家中，很多人的教育背景却与日本本土高等教育发生着千丝万缕的联系。如果特别考察以文学作为高等教育的专修学科的话，杨逵是日本大学专门部文学艺能科夜间部的学生，"我决心走上文学这条路，就是想以小说的形式来纠正被歪曲的历史，因此我十八岁到日本求学时，虽然父兄希望我学医，但我仍坚持念文学，宁愿做工也没关系"③；二十世纪三十年代入日本明治大学文艺科的巫永福则揭示出在日本文学教育的生动场景，"重建的明治大学文艺科在文豪山本有三的声望主持下，教授阵容济济，如小说家里见弓享的文学管见及文章接续词的用法，横光利一的小说论，小林秀雄的万马行空的评论，露西亚文学米川正夫的细说杜尔斯泰、杜斯妥也夫斯基，法国文学辰野隆的细说巴尔扎克、司汤达尔等"④，教学上则常带学生去参观话剧、歌舞伎，询问学生的观剧感受，培养观剧能力，巫永福感到对其文学能力的提升有极大帮助；日据时期在日本留学，从而发生"留学生文学"的台湾作家，还包括陈虚谷、王白渊、杨云萍、吴新荣、翁闹、杨炽昌、张文环、吕赫若、王昶雄等。

众多文学菁英舍近求远，远赴日本专门修习文艺，或者在日本求学期间接触文艺而走上创作路，归根结底还是由于台湾的教育体制乃至高等教育体制，从本质上是强调差异与秩序的存在的，无法给予一般文学菁英成长所需要的养分。根据相关研究资料，1928 年至 1944 年的台北帝大文政学部，

---

① 陈奇禄等：《从帝大到台大》，台湾大学出版社 2002 年版，第 14 页。

② 参见王彬彬：《中国现代大学与现代文学的相互哺育》，《社会科学》2009 年第 4 期，第 163—172 页。

③ 杨逵著，彭小妍主编：《杨逵全集》第 14 卷，文化资产保存研究中心筹备处 1998 年版，第 42 页。

④ 巫永福：《我的风霜岁月：巫永福回忆录》，望春风文化出版社 2003 年版，第 60 页。

共计有 1 315 名学生入学,其中台人只有 146 人。其他学部情况也基本是在台湾绝对人口处于劣势的日人教育资源占有绝对优势,"以彼径寸茎,荫此百尺条"。这种情况让许多上进的台人子弟无可忍耐。吴守礼回忆,"台北帝大并不是台北高校学生的最爱,家庭情况许可的人有机会都想要去日本"①。杨逵的文学梦,在台湾本土并无支撑的现实土壤,"一九二四年我所以赴日,主要原因是求知欲难以得到满足,希望到另一个广阔的天地,吸取更多的新知"②。如此种种,都说明了就文学教育这一方面而言,日本殖民统治下的台湾高等教育的无效率甚至是无作为。

已有论者指出,台湾总督府创办台北帝大的真正动机在于对在台日人,希望他们在台就学,减少回流日本;对台人子弟,希望他们就地入学,以免赴日赴中国大陆,接受反日思想;对日本本国,建立台北帝大有利于加强南中国和东南亚研究,促进帝国"南进"。③基于此,蒋渭水早在台北帝大正式设立前就对其倡设多有抵触。④台北帝大这样的高等教育机构,实际上扮演着辅助日本南进国策的执行而提供相关研究资讯的角色。"其学术研究成果往往成为台湾总督府和日本政府决策之重要参考,但对于提升台人教育水准则作用不大。"⑤

有这样的根本动因,台湾本岛的高等教育对新文学的发展和文学知识的制度化所产生的影响力有限,也是可以理解的了。其实,从台湾总督府的教育制度方针大略中强调日台之间的秩序与差异这一个层面,就可以看到这对台湾文学发展的深刻创伤。在殖民总督府高等学制整备中,教育本义所应有的启蒙要素与台湾总督府所希冀的治下顺民之间,充满了难堪的矛盾。早在 1915 年,总督府法制局长官高桥作卫就主张抑制殖民地的高等教育:"土人已能理解高度之思想,如更授予抽象之教育,助长其提升文明意识,徒促进土人之自觉心,增加不平之念,对施设每生障害,而造成统治之困难。"⑥到了非办高等教育不可的时候,继续延续教育制度中的这种差异与

①　陈奇禄等:《从帝大到台大》,台湾大学出版社 2002 年版,第 13 页。

②　杨逵著,彭小妍主编:《杨逵全集》第 14 卷,文化资产保存研究中心筹备处 1998 年版,第 59 页。

③　龚放:《日据时期台湾教育政策的演变》,《台湾研究集刊》1996 年第 3 期。

④　参见蒋渭水:《反对建设台湾大学》,《台湾民报》第 2 卷第 18 号,1924 年 9 月 21 日;《排斥愚民政策要求人格教育》,《台湾民报》第 80 号,1925 年 11 月 22 日;《打破榨取的教育政策　反对移入日本学生　要求教育机会均等》,《台湾民报》第 175 号,1927 年 9 月 25 日。

⑤　欧素瑛:《传承与创新:战后初期台湾大学的再出发》,台湾古籍出版有限公司 2006 年版,第 4 页。

⑥　转引自吴密察:《台湾近代史研究》,稻乡出版社 1990 年版,第 152—153 页。

秩序，是总督府运转高等教育制度的核心理念。一方面这种理念满足了殖民政府的施政要求，另一方面它也有效地控制了被殖民者受教育的程度与水准。如果联想到战后台湾大学特别是台湾大学外文系与"现代主义"文学之间的那种深入骨髓的密切联系，再回首看日据时代的台湾本土大学制度与新文学之间的这种较为淡漠的相互关系，不能不深为殖民强权的差异、秩序的制度强调对丰富文学经验的灼伤而深感痛惜。

第三节　从"呼应"到"动员"：
日据时期台湾的文学组织活动情况

　　文学结社与社团活动一直以来就是日据时期台湾文学运动的重要构成方式。台湾日据时期，无论是新文学运动的发轫和成熟，还是古典文学延续斯文的尝试，文学社团的组织活动在其间厥功甚伟。台湾传统古典诗社在日据时期林立，声势达到顶峰，台北的瀛社、台中的栎社和台南的南社合称台湾三大诗社。传统诗社尽管多数抱持着"维系斯文"的主观动因，但日本当局则以古典诗文唱酬、奖赏作为怀柔安抚上层传统知识分子的既定策略，并加派日本官员"自愿"加入诗社成为社员，实际上却暗中施行监视诗社活动情况的职能。由此之故，传统知识分子的"维系斯文"的主观动因往往不能达成，是故"时移事往，诗社也可成为文人逃避现实、游戏文字的所在，或更成为殖民政府怀柔士子的管道"①，在文学功能上，古典诗社的启蒙作用非常有限，如许俊雅指出，"在台湾文学发展史中，旧诗曾是最接近群众的，但在启蒙大众文化上，却也是最疏远的"②。由此，对群众的教育启蒙这个社会功能在日据时期台湾文学场域中，更依赖于新文学的传播与活动。自二十世纪二十年代初期留日台湾学生受到中国大陆"五四"运动的鼓舞，创立"新民会"，刊行会刊《台湾青年》开始，台湾的新文学社团活动就因此展开，从此在台湾的文学版图中投射出文学组织活动的轨迹。

----

① 　王德威、黄美娥：《台湾：从文学看历史》，麦田出版社 2005 年版，第 84 页。
② 　许俊雅：《黑暗中的追寻——栎社研究》，东方出版中心 2006 年版，第 8 页。

　　具体而言,日据时期台湾新文学的组织活动情况可以按照十年一代的状况,粗略划分为二十年代以报纸副刊为主要场域的自由的文学结合、三十年代以文艺刊物为基地的文学社团间的呼应与联合,以及四十年代战时体制下文学机构的文学动员三个不同的阶段。从总体的倾向上来看,随着时间的推移,上层权力中枢对于文学组织活动的监管逐渐收紧,从放任发展到动员控制,文学活动也日益走向高度的组织制度化,成为参与社会运动、切合时局、配合“国策”的重要工具,展示出对现实的强烈关注以及迫切的规范企图,尤其以“皇民化”时期的文学社团活动为显著标志。从二十年代“台湾文化协会”的机关志《台湾》到“台湾文艺联盟”的机关刊物《台湾文艺》(1934—1936),再到战争时期的“台湾文学奉公会”的机关刊物《台湾文艺》(1944—1945),虽然刊物的名称有相似或相同之处,但在刊物性质和刊物组织运作的方式上,全然迥不相侔。而在这种文学机构组织的制度化影响下,不但文学生产的方式发生了更迭,连作家的身份也随之产生了微妙的变化。

　　二十世纪二十年代的台湾新文学尚处于发育期,新文学短篇小说的创作仍显稚拙,文学组织活动需要报刊的副刊刊载来加以支持,独立的文学刊物的匮乏,显然制约了作家相互竞作而获取交流发展的机缘。此期间报纸副刊上,多转载大陆新文学的作品,如胡适的《终身大事》(《台湾民报》第1、2号),鲁迅的《狂人日记》(《台湾民报》第55、56号)等。这样的转载一方面固然可以填充尚布满空缺的岛内艺文氛围,另一方面转载这些相对而言较为成熟的新文学作品,也在间接上提供岛内作家以创作之启发,力求达到壮大新文学活动声势之目的。本阶段的文学组织活动以作家的自由发展为主,以报纸特别是《台湾民报》副刊作为发展的重要场域。在这个阶段最值得瞩目的文学组织活动乃是1925年由杨云萍、江梦笔二人所合力创办的文学刊物《人人》,这份刊物虽然只刊行了两期便告终结,但其刊行流通本身即意味着台湾作家开始谋求互动、联合的最初努力。如刊物发刊词所说那样,“一个人必不能尽作以自用、必赖人人相互之力、所以举凡地球上一切,都是人人所当有而所当用的、简直说一句、人生的定义、是享有地球的物、以助生活、延长生命、人生的义务、是以艺术、作地球的物、尽人生造物进化的功课、所谓人生艺术主义”,强调个人力量的有限度,显示出行刊的诉求乃谋取文友声应一致的努力,“但是现在的文艺、多属美感的之装饰文艺、(现在所谓艺术是游民阶级所生的产物）不是理感的之实用文艺、致使文艺之力微微、人人这个杂志、是要发挥文艺的价值、行文艺的使命、所以卷号题作人人、藏有理感的之文艺的意义存在其间、唯以地球是人人共有为信条、而以这人人杂志是人人共有权的杂志"①。《人人》刊载了张我军（一郎）的诗歌《乱都之恋》中的部分、翁泽生（泽生）的诗歌《思念郎》，显示出沟通台湾本岛与中国大陆之间文艺潮流的努力，另如许俊雅指出，《人人》第二号的作品很可能展示了新竹"白话诗研究会"同人创作成果，可以说刊物"越出了台北的空间局限"，展示了谋求呼应、征集文友、共襄新文学盛举的构思。

　　《人人》刊物的文学组织活动，直接展示了二十世纪三十年代整个台湾文坛文学组织生态的基本面目，那就是在文艺组织上"嘤其鸣矣，求其友声"，即寻求呼应和联合，这是三十年代台湾新文学阵营中文学活动中显著的组织制式。创作的成熟必然会引发具有相近创作理念作家的聚会，发展出不同特色风格的文学团体，而不同文学团体之间的相互交流沟通也使得彼此间意识到谋求大合作能给予整个文化艺术界创作生态以大发展的可能性。由是，这些文学社团如星团般共同建构起了一个完整的文学星图。这个以寻求"文学呼应"为嚆矢的文学组织活动，最后以完成"文学组织的联合"为重要诉求。从 1931 年彰化"南音社"刊行文学刊物《南音》以来，三十年代的台湾新文学文坛的活动几乎都以一社一刊的配合方式来发声。1933年在日本的台湾留学生成立"台湾艺术研究会"，刊行会刊《福尔摩沙》；同年10 月受这份刊物的启发，本岛台湾作家于台北成立"台湾文艺协会"，刊行《先发部队》（第二期改名为《第一线》）；这些刊物以及刊物背后运作的文学团体虽然意识形态光谱各不相同，但囿于各自规模有限，所能带来的文学能量亦有限度，并且遭受着严苛的殖民地政府文化审查，乃至删削、废刊的处理。因此促成文学界此时大联合的议程也被提出来。直到 1934 年 5 月在台中，台湾作家始成立一个具有全岛性规模的文学团体"台湾文艺联盟"。组织人之一的张深切回忆说："民国 23 年，赖明宏和几位朋友劝我组织一个文艺团体来替代政治活动。我看左翼组织已经被摧毁，自治联盟也陷于生死浮沉的田地，生怕台湾民众意气消沉，不得不决意承担这个带有政治性的文

---

① 器人：《发刊词》，《人人》创刊号，1925 年 3 月 11 日。

艺活动。我们计划组织文艺团体的消息一传,全岛各地起了热烈反应……"①可见这个联盟的成立,的确有其文艺上乃至政治方面的诉求。而台湾文艺联盟于年底开始刊行机关刊物《台湾文艺》,宣称"我们的方针不偏不党","我们希望把这本杂志办到能够深入识字阶级的大众里头去",此阶段台湾文艺界空前团结,艺文氛围再度高涨,可想而知。同时,台湾文艺联盟将之前的文学团体进行包容和改组,成为其下分部,如前述"台湾艺术研究会"即于1935年成为"台湾文艺联盟东京支部"。"台湾文艺联盟"的横跨台湾南北地理区域乃至接受不同立场的作家容纳其间,无疑是其寻求联合的明证;此外透过东京支部在日本与日本左翼文坛、中国旅日左翼作家的活动,"台湾文艺联盟"还构架了一个具有东亚视阈的文学交流管道,中国内地的左翼诗人雷石榆在《台湾文艺》的创作与座谈,见证了此期间文学组织活动中台湾文坛寻求以文会友、发展文艺的急切努力。另外特别需要注意的地方在于,这种文学的联合虽有一定程度的政治诉求,却并非完全政治体制化的文学机构,文学的"呼应"与"联合",固然是有着聚集力量谋取文学繁荣的希冀,但通过联合来获得个人在文学上的进步却是此类"联合"的题中应有之义。如果联盟内作家因为文艺理念的扞格龃龉,勉强以组织的完整性来要求会员的一致支援反而有违联盟成立本意。在台湾文艺联盟成立伊始,就有会员指出,"文艺必须坚守自由独立的立场,不需要这种不分畛域、一统天下的聚会"②,显示出难能可贵的文学上的自审精神。1935年年底,杨逵对于《台湾文艺》刊物渐渐趋于纯文艺性的书写,并兼带更为重视日文创作的倾向表示不满,脱离《台湾文艺》而自行创办《台湾新文学》,主张文艺写实性,在当时虽然遭受了"分裂联盟"的指摘,但如果以文学实绩的检验来看,《台湾新文学》显示出一种不同于《台湾文艺》的、更趋近于现实主义思考的文学实践活动,也由此发展延续了台湾左翼刊物中的抗议精神。更何况在1936年《台湾文艺》停刊后,《台湾新文学》乃成为彼时台湾人唯一之文艺刊物。这个事件提醒我们注意到文学组织运作机制中充满灵动的、人事运作的向度,文学组织的活动并不是全然铁板一块,文学组织的联合也并不完全是凝滞不动的,它在一个大包围之下,充满了各不相同的小包围,而这些小

---

① 张深切:《里程碑》,《张深切全集》第12卷,文经出版社1998年版,第609—610页。
② 陈芳明:《左翼台湾:殖民地文学运动史论》,麦田出版社2007年版,第104页。

包围之间因为人事运作、文学理念、思维方式的各各不同而具有张力，这种张力可以诱发文学结盟的深化，亦可以让这种结盟发生分裂。

在 1937 年以后，日本的战时体制带动使得殖民地台湾亦必须卷入战争动员中。总督小林跻造提出"皇民化、工业化、南进基地化"的施政策略，台湾从此成为战线前沿之重要基地。而此阶段的文学组织活动在这样的政治运动的大背景下，也不能不发生一定程度的变异。1937 年恰是《台湾新文学》终刊的年份，也是"七七事变"爆发的时刻。此后"皇民化"运动渐次开展，对台人的思想控制也透过"皇民奉公会""台湾文学奉公会""日本文学报国会台湾支部"等组织来进行殖民地文学运作，"台湾文学奉公会"会长山本就曾放言："……近代战争的本质乃是总力战，不能全凭武力克敌。身处后方的我们在感谢前方将士们的劳苦功高的同时，也必须深切体认身为总力战战士的职责……在后方的战士们的任务，就是扩大生产以求增强战力……原本文学的看家本领，就是对国民大众的思想动之以情，使其归趋于一致的方向。所谓一致的方向，当然是指文学人有幸生而为皇民，就必须与国家的走向形影不离。"①一语道出"文学"必须与战争配合的原委：通过"皇民文学"的写作来实现总动员以求"八纮一宇"②的实现。"皇民文学"成为此时文学制作生产的热点，"皇民文化"以相关文艺生产被纳入殖民话语论述的范畴，被裁定具有巨大的渗透力和号召力而格外受到垂青。由此，进入战争体制的台湾文学组织活动最主要的"动作"即是"动员"。如李文卿指出的那样，适时殖民政府"看准文学家们对于国民精神养成具有强大的影响及指导力，当局特别希望作家们能够运用自己的指导力，成为国民运动的推进队，特别是在统合东亚的宣传上，更需要文化界的投入"③，1943 年"台湾文学奉公会"的设立是此阶段文学组织制度中最为重要的一环，同年成立的"日本文学报国会台湾支部"也借倚这个团体来宣示自己的文学统制功能。而在这之前，台湾文坛仍有不少战时的文学社团集群，如 1939 年成立的台湾文艺家协会及《文艺台湾》、1941 年张文环主倡的"启文社"及其刊物《台

---

① 台湾文学社：《记"台湾决战文学会议"》，《台湾文学》1943 年 12 月第 4 卷第 1 号。译文参见黄英哲主编：《日治时期台湾文艺评论集杂志编》第 4 册，台湾文学馆筹备处 2006 年版，第 341 页。

② "八纮一宇"意即"天下一家"，是第二次世界大战期间日本为将"大东亚共荣圈"以及侵略战争合理化所使用的政治标语。

③ 李文卿：《八纮一宇到大东亚共荣圈：台湾决战文学总动员》，张锦忠、黄锦树编：《重写台湾文学史》，麦田出版社 2007 年版，第 252 页。

湾文学》。而在 1943 年 4 月"台湾文学奉公会"成立以后,该会要求"文学者挺身担任思想战,文化战尖兵,以文学完成奉仕之臣节"①,是故,在该会主办的"台湾决战文学会议"上,两份刊物被合并另组为《台湾文艺》,完成了文学上的合流,力求实现总动员。至此由"台湾文学奉公会"主导文学动员的组织运作机制完全生成。三次"大东亚文学者大会"中台湾代表的拔擢参与,此期间形形色色文学座谈会的举办,《决战台湾小说集》乾、坤两卷的编撰都展示出这种积极的文学动员乃至文学活动的控制,由此将此阶段的文学组织活动的"翼赞体制化"落实。

　　日据时期台湾文学中,殖民性与现代性的两难困境一直以来就是知识分子必须直面的问题。殖民地知识分子在殖民话语环境中品尝体味到了"落后"的含义,并发愿奋起直追。但"现代性"夹带"殖民性"的副作用,使得知识分子也不能不直面同化所可能带来的恶果。因此,在现代文学的变革中,"殖民现代性"对日据时期台湾文学制度的规训作用也就显示出来。通过对日据时期台湾文学制度中最为重要的几个向度新闻与出版制度、高等教育制度、文学结社活动情况的考察,我们可以发现,每一个文学制度的组成要素所具有的特质与倾向性的形成,都与殖民总督府为主的权力话语论述主体的操控息息相关。这种文学制度的形成机制以及它对适时文学生态的制衡作用,无疑可以放置在殖民现代性的体认中加以感受。

　　张我军在《致台湾青年的一封信》(1924 年 4 月 6 日,载《台湾民报》2 卷7 号)里面,断言"往日的文明已经宣告破产,而各种新道德、新思想、新制度等等方在萌芽之时",这揭开了文学变革之序幕,也点出了包括文学制度在内的社会新变所生发的条件——"往日文明"的破产,以及在这之上的"现代性的莅临"。新文学运动所造就的思想启蒙、社会文化环境的升温以及各种"翻新驱后"文艺思潮的涌入,在"殖民现代性"下形塑的文学制度过筛之后,使得台湾新文学的发展形成了自己独特的风貌。殖民地下的出版与传媒制度,在开敞与封闭之间为新文学的发展不断斡旋生存空间;秩序与差异强调下的殖民地文学教育,迫使大多数文学菁英远走他乡,在帝国心脏东京等地留学修习,滋养自己的文学心灵;殖民机制下的文学结社以及活动从呼应到动员,在谋求团结的目的下被殖民强权论述利用为文学动员的尖兵,这是殖

---

　　① 　许雪姬、薛化元:《台湾历史辞典》,远流出版事业股份有限公司 2004 年版,第 1080 页。

民地子民无可奈何的运命。职是之故，如果要对日据时期台湾的文学制度进行一个统摄式的概观论述，则"殖民现代性"的毛细管作用对此时文学制度的生成与形塑效率密不可分。对日据时期台湾文学制度各个组成要素的量化考察，也是观察这种殖民现代性如何作用于文学生产全过程的途径之一。在这个意义上或许可以说，日据时期台湾的文学制度，不妨是认识日据时期台湾殖民现代性表征的一个重要维度。

第二章　二十世纪五十至七十年代
台湾文学制度

1949 年 12 月,国民党当局退踞台湾之后,痛定思痛,认为在大陆溃败的原因中,宣传的失败是一个相当重要的因素,正如国民党外交官员蒋廷黻所感慨的:"在大陆时期,国民党握到的是军权和政权,共产党握到的是笔权,而结果是笔权打垮了军权和政权。"①因此加强对文艺工作的掌握,成为台湾国民党政权文艺工作的主要目标。尽管从民间到官方在相当长一个时期内不断提出各种文艺口号或文艺路线,成立各样的文艺组织和文艺团体,发动一次又一次的文艺运动,但正式的形诸文字的文艺政策的出现,要算 1967 年 11 月 21 日国民党九届五中全会上通过颁布的《当前文艺政策》。在这之后的一段时间内,国民党又先后于 1968 年 5 月、1977 年 8 月、1981 年 12 月召开三次文艺座谈会,以加强对文艺工作的领导。1981 年 11 月 11 日,台湾行政当局文化建设委员会建立,结束了以党领政、以党决定文艺政策的时代。

第一节　文艺政策的倡导和文艺政策的制定

一、"反共"文艺政策的倡导

1949 年 10 月 19 日,《新生副刊》刊登了一篇署名巴人的《袖手旁观

①　李牧:《新文学运动历程中的观念年代——试探 50 年代"自由中国"文学创作的思路及其所产生的影响》,《文讯》第 9 期,1984 年 3 月,第 147 页。

论》文章，警告台湾文艺界应在国共的斗争中袖手旁观，否则中共攻陷台湾必不"稳妥"。作为回应，时任国民党宣传部门负责人的任卓宣邀请孙陵撰写"保卫大台湾歌"，歌词刊登在台湾各报，算是台湾文坛"反共"文学的第一声。同年11月16日，《民族副刊》创刊号上，编辑孙陵发表《文艺工作者底当前任务——展开战斗，反击敌人》一文，成为"反共"文艺的第一篇论文。随后《新生副刊》也刊发一系列的文章并举办座谈会，达成"战斗性第一，趣味性第二"的办报原则。①以此，一股"反共"的、战斗的文艺思潮开始在台湾全面展开，如《"中央日报"》《"中华日报"》《全民日报》《公论报》《经济时报》等副刊都放大了征稿范围，容纳有"反共抗俄"意识的文艺作品，至于纯文艺刊物，如《半月文艺》《宝岛文艺》《野风》等，亦走向战斗性文艺之路，在文艺界蔚然形成一个新风潮。②

面对这股由下而上的文艺风潮，国民党当局顺势推波助澜了这股潮流。1949年年底，在国民党党内会上，蒋介石决定成立文奖会，以实质的奖励办法，鼓舞作家从事"反共抗俄"的文艺写作。1950年3月文奖会成立，张道藩任主任委员，聘请罗家伦、狄膺等为委员，展开对文艺创作的奖助。③1950年8月5日，国民党"中央改造委员会"成立，在其下设立"第四组"，负责党义理论的阐扬及对文化运动的策划。④在《本党现阶段政治主张》中，国民党表示"推展三民主义教育和三民主义文化运动"⑤。这为国民党的文艺政策指引了一个方向，即三民主义教育和文化运动是其主旨。

1951年11月，蒋介石表示"必须推行精神教育、生产教育和文武合一教育，建立三民主义的'救国'教育"⑥。1952年元旦，蒋介石倡导"文艺改革，使文学、美术、音乐、戏剧、电影之内容符合革命'建国'的要求"⑦。张道藩为文附和："文艺理论，由内容到形式还没建立起来，没有形成写作的重

---

① ② 参见刘心皇：《导言——"自由中国"文学三十年》，《当代中国新文学大系——史料与索引》，天视出版公司1981年版，第28页。

③ 参见赵友培：《文坛先进张道藩》，重光文艺出版社1975年版，第295页。

④ 参见许福明：《中国国民党的改造（1950—1952）》，正中书局1986年版，第53—68页。

⑤ 蒋介石：《本党现阶段政治主张》，中国国民党"中央"改造委员会：《本党改造案》，"中央"[改造委员会]文物供应社印，1951年版。

⑥ 蒋介石：《改造教育与变化气质》，秦孝仪编：《"总统"蒋公思想言论总集·演讲》24卷，中国国民党"中央委员会"党史委员会1984年版，第265—271页。

⑦ 蒋介石：《告全国军民同胞书》（1952年元月一日），秦孝仪编：《"总统"蒋公思想言论总集·书告》33卷，中国国民党"中央委员会"党史委员会1984年版，第1—5页。

心,没有造成文艺的主流,没有给广大青年作家指出了努力的途径……"①其后,蒋介石为文艺创作指示路径:"在建设三民主义新台湾与'新中国'之目标下,戮力文化建设,发扬文艺功能。"②张道藩为文呼吁:"给三民主义文艺创造出新形式来。"③不久,王集丛的旧作《三民主义文学论》由帕米尔书店再版,第四组负责人萧自诚也认为:"文艺创作……自然是以三民主义和当前国策为根据。"④在此基础之上,1952 年 8 月,国民党中央改造委员会曾拟定《本党现阶段文艺工作纲领草案》,这份草案是国民党在台湾最早的文艺相关议案,不过就整个台湾文艺工作的推广和发展来看,这份草案并未产生重大影响。⑤

从 1949 年 11 月保卫大台湾歌词的出现,"反共"文学发出第一声呼喊,到 1952 年年底,时间差不多过去了三年,但其间并未出现几部出色的作品,"反共"文学处于一种低迷的状态。针对这种现状,1953 年初,张道藩提出应对之道:"其一,努力学习已有的文艺杰作的艺术,向中国传统文艺多学习,向欧美各民主国家当代的文艺杰作多学习,向一切民间的文艺作品多学习;其二,运用慧心,不迷不惑在二十世纪六十年代,努力创造新形式与新艺术。"⑥针对此,彭歌认为"反共"文艺的低迷是由于现行文艺政策的不够开放,政府要做的应是"应该果决地,勇敢地修正现行的文艺政策,要让每一位作家,以他个人的本位为中心,以实际的生活与群体相结合,去创作内容更坚实的作品来"⑦。其后,在第四组召开的"中央"宣传会议上,在张道藩指示下,陈纪滢、赵友培执笔,提出《现阶段的文艺政策》,在原则方面提出四点要求;在文艺工作实施要点方面则指出七点准则⑧,"可惜只是一个议案,归档了事"⑨。正如张道藩所言,"我们的'政府',并不愿像苏俄那样对文艺实施严厉的统制,因为深知文艺严厉的统制,是利少弊多的"⑩。正是这种既

---

① 张道藩:《一年来"自由中国"文艺的发展》,《文艺创作》第 9 期,1952 年 1 月 1 日。
② 《联合报》第一版,1952 年 5 月 4 日。
③ 张道藩:《论当前文艺创作三个问题》,《文艺创作》创刊周年纪念特刊,1952 年 5 月 1 日。
④ 萧自诚:《掀起新的文艺思潮》,《文艺创作》第 14 期,1952 年 6 月 1 日。
⑤ 参见《中国国民党"中央改造委员会"会议决议案汇编》,第 396 次会议,1952 年 9 月 8 日。
⑥ 张道藩:《论当前"自由中国"文艺发展的方向》,《文艺创作》第 21 期,1953 年 1 月 1 日。
⑦ 彭歌:《当前文艺发展方向的探讨》,《文艺创作》第 22 期,1953 年 2 月 1 日。
⑧ 参见赵友培:《道藩先生与文艺政策》,《"中国"语文》,第 27 卷第 1 期,1970 年 7 月 1 日。
⑨ 赵友培:《文坛先进张道藩》,重光文艺出版社 1975 年版,第 488—489 页。
⑩ 张道藩:《论文艺作战与反攻》,《文艺创作》第 25 期,1953 年 5 月 1 日。

欲使文艺发挥"反共"宣传战斗作用,又不想制订明确方针政策加以限定文艺创作,所谓半抱琵琶半遮面的态度,使得国民党在此一阶段的文艺政策停留在一种只言片语的状态,因而也就未能对当时台湾的文艺理论与文艺创作产生多大的引导作用。

二、民生主义社会文艺政策的提倡

1952 年 10 月,国民党第七次"全国"代表大会,通过议案《恭请总裁执笔续完三民主义案》。1953 年 11 月 14 日,国民党七届三中全会,蒋介石发表《民生主义育乐两篇补述》,提出民生主义社会文艺政策的思路。蒋认为文学的商业化使得文学市场中充斥了"黄色的"和"赤色的"作品,阻碍了文学的真挚和优美,在"反共抗俄"的时局中,蒋所期见的是纯真和优美的文艺作品,及表扬民族文化的作品。①张道藩认为《补述》中所谈到的文艺政策,仍然是原则性的指示,需要经过一定的程序,使它成为具体的条文,才能有效地执行。②

蒋的《补述》发表之后,在台湾文艺界引起强烈反应。"中国文艺协会"组织研读讨论,召开会议 24 次之多,发表文章 30 万字,并发表《"中国文艺协会"全体会员研读"总统"手著〈民生主义育乐两篇补述〉心得与建议》一文,主动建议:"根据'总统'指示,探求民生主义社会文艺政策,指明'中国'文艺发展的正确方向,建立新的文艺理论体系和创作方法。"③葛贤宁也为文响应:"文艺作家了解军事,多学武艺,身心修养达到健康后,在战时可多产生描写战斗的作品,可多产生含有民族意识及战斗意识的文艺,足以启发广大国民的爱国热忱,鼓舞千万军人牺牲奋斗的精神,在平时可多产生纯正真挚的文艺,有补于政治教化。"④

与此同时,张道藩则试图从理论上完善和强化蒋的民生主义社会文艺政策论述。首先是通过《三民主义文艺论》一文,阐述了文艺的本质特质在于纯真优美,在于发掘与表现宇宙人生的真善美;文艺是文化的重要部门和

---

① 参见蒋介石:《民生主义育乐两篇补述》,秦孝仪主编:《"总统"蒋公思想言论总集·专著》卷 3,中国国民党"中央委员会"党史委员会 1984 年版,第 245—246 页。

② 参见赵友培:《文坛先进张道藩》,重光文艺出版社 1975 年版,第 486 页。

③ "中国"文艺协会编印:《文协十年》,1960 年版,第 188—189 页。

④ 葛贤宁:《论文艺与武艺的结合》,《幼狮文艺》第 1 期,1954 年 3 月 29 日。

最高阶层,是为着表扬民族文化;阐释了文学创作的写实主义;阐述了文艺
形式的错综变化和通俗化,文艺形式的优美与创造。其后又通过《略述民生
主义社会的文艺政策》一文,具体阐释了蒋的文艺政策观。同时张道藩也以
不再回避"文艺政策"的态度指出"所谓文艺政策,不限定是消极的统制,同
样也有积极的倡导。……倡导中若有民主的包容,则与文艺的发展更有百
利而无一害"①,呼应了王集丛的"明定文艺发展方向妨害自由吗?"正如王
所表示的:"我们认为明定文艺发展的方向,不仅不会妨害作家和文艺的自
由,而且可以使那些企图利用文艺来祸国殃民的败类无所施其诡计。"②因此,
在《略述》一文中,张道藩也就指出了民生主义社会文艺政策的四个要点:"一
方面防止各种不良文艺的损害国民心理的健康,一方面扶持纯真而优美的文
艺作正常的发展,一方面要政府与本党尽倡导的责任;一方面要求文艺作家们
作最好的努力。"③蒋介石也就在1954年文艺节的讲话中,明确了文艺战斗方
向的呼吁:"大家都要以文化斗士自居,……要使我们的笔杆成为锐利的枪支,
我们的文学成为坚实的炮弹,……共同向革命救国的大道勇往迈进。"④

　　正是在这样的唱和之下,1954年7~8月,以"中国文艺协会"为主要力
量,发起了一场文化清洁运动。7月26日,陈纪滢以"某文化人士"在《"中
央日报"》发表文章,呼吁社会各界致力扑灭文艺界与新闻界中"赤色、黄色、
黑色"等三种毒害。8月9日,台湾各报共同发表了《"自由中国"各界为推
行文化清洁运动力行除三害宣言》,宣言上签名者包括文教界、政经人士
500余人及115个民间社团,宣言发表不及1个月,个人签名者已达200余
万人,团体签名者则有300余家单位。⑤

　　陈纪滢认为,文化清洁运动的结果是,把黄色与灰色的文章面貌予以无
情的揭破,使十种有勒索嫌疑的刊物被罚停刊。从此之后,内幕性的新闻出
版品一蹶不振,同时也端正了文学作品的写作方向。使作家们懍于文艺工
作的神圣,不容以贩卖色情与勒索诈欺社会。⑥这表明,蒋介石所提倡的民

　　① 张道藩:《论述民生主义社会的文艺政策》,《文艺创作》第37期,1954年5月1日。
　　② 王集丛:《"中国"文艺发展的方向问题》,《文艺创作》第25期,1953年5月1日。
　　③ 张道藩:《略述民生主义社会的文艺政策》。
　　④ 《联合报》第三版,1954年5月5日。
　　⑤ 参见陈纪滢:《文艺运动二十五年》,重光文艺出版社1978年版,第76—77页。
　　⑥ 参见陈纪滢:《六十年来"我国"文艺思潮的演变》,《百年来"中国"文艺的发展》,重光文艺
出版社1977年版,第109页。

生主义社会的文艺政策，在某种程度上得到一定的推动和实施。

三、文艺政策的新动向——战斗文艺的提倡

1953 年 8 月，"中国青年写作协会"第一次全体会员大会中，高明提出"战斗文艺"一词，并称"战斗文艺就是争生存的文艺"①。1954 年 10 月 29 日，国民党第七届"中央委员会"会议，拟订"现阶段展开文艺战斗工作要点"。1954 年 12 月 20 日，蒋介石将"展开'反共'文艺战斗工作"列入"明年度所应切实推行的施政方针"②，这是"战斗文艺"见诸官方宣示的第一次。张道藩撰文说明蒋"向'全国'文艺界发出'战斗文艺'的号召，是确认要赢得这一场战斗，必须彻底动员精神与物质的一切力量，而文艺是战斗的号角，攻心的主要武器"③。

1955 年，第四组主任马星野主持，拟订《战斗文艺方案》④，1955 年 12 月 30 日，国民党第七届"中央常务委员会"第 163 次会议决议"展开'反共'文艺战斗工作实施方案草案"⑤修正通过。1956 年 1 月 25 日，国民党第七届"中央常务委员会"第二次会议修正案通过《展开"反共"文艺战斗工作实施方案》，提出"战斗文艺"的实施要项⑥，可说是"中国国民党文艺政策的始基"⑦。

从 1954 年"战斗文艺"口号的提出，至 1956 年 1 月《展开"反共"文艺战斗工作实施方案》的通过，经过三年有余的时间，"战斗文艺"运动才由厚植基础，发展成为健康写实的文艺创作，其中以 1955 年一年间最为鼎盛，各种论述产量最丰富。有王集丛和葛贤宁理论专著的出版，《文坛》《军中文艺》《文艺月报》《台湾新生报》《民族报》副刊都曾发行"战斗文艺笔谈专辑"，《文艺创作》也有大量战斗文艺的作品。⑧其中《文坛》于 1955 年 2 月出刊的 3 卷 5 期，号召"战斗文艺"笔谈，以 12 个子题征求讨论，之后连续五期刊登来

---

① 王庆麟：《青年笔阵》，幼狮文化公司 1981 年版，第 20 页。

② 蒋介石：《推行革命实践运动的回顾并提示今后施政方针》，秦孝仪主编：《"总统"蒋公思想言论总集・演讲》卷 26，中国国民党"中央委员会"党史委员会 1984 年版，第 202 页。

③ 张道藩：《战斗文艺新展望》，《文艺创作》第 57 期，1956 年 1 月 1 日。

④ 参见赵友培：《文坛先进张道藩》，重光文艺出版社 1975 年版，第 486—488 页。

⑤ 参见《展开"反共"文艺战斗工作实施方案》，中国国民党"中央委员会"第四组，1853 号《46 年文化工作指导小组案・"反共"文艺战斗工作实施方案》，国民党党史馆藏。

⑥ 《文艺政策汇编》，"中华民国""中央"第四组编印，1968 年版，第 1—9 页。

⑦ 尹雪曼总编纂：《"中华民国"文艺史》，正中书局 1975 年版，第 978 页。

⑧ 参见陈纪滢：《文艺运动二十五年》，重光文艺出版社 1978 年版，第 96 页。

稿,除此之外,还出版一套 10 本的"战斗文艺丛书"。①

　　"战斗文艺"政策的推行方式和"文化清洁运动"有很大不同,"文化清洁运动"由"文协"出面发起、主导,但"战斗文艺"直接由国民党当局及国民党介入、推动。当然,具有民间身份的"文协"也充分投入,"文协"几乎成了"战斗文艺"政策的重要执行单位。除了积极响应"战斗文艺"运动号召,发动会员创作战斗文艺外,还协助"战斗文艺丛书"出版,此外,还举行各种"战斗文艺"座谈、广播,更办理"战斗文艺晚会"。②

　　"战斗文艺"运动尽管在运作方式上和文化清洁运动大不相同,但精神内涵大同小异,如"继续并扩大推行文化清洁运动",它是"国家"文艺制度的重要指标,《展开"反共"文艺战斗工作实施方案》中六大工作目标的第二、第三项及八大基本工作的第三项,都是"国家"以奖金补助"反共"的文艺作品和文艺团体的重要依据。如果说蒋介石的《民生主义育乐两篇补述》一文是指出国民党对文艺的看法,"文化清洁运动"则加以引申,大举反赤、黄、黑三害,但也只是消极地反,而"战斗文艺"则是积极地提出一种文艺主张,以此来建立文艺创作的"法定"风格。至此"台湾文艺的发展,有了统一的目标,有了明确的创作路线,有了切实可行的方案"③。

　　继《展开"反共"文艺战斗工作实施方案》之后,1956 年国民党第七届"中央委员会"第七次全体会议修正通过《对于"五院"从政主管同志工作报告之决议案》中,提出"战斗文艺应积极推行";1957 年在《对于党务工作报告之决议案》中,也有条文"全面推进战斗文艺"。④

　　1964 年 11 月,国民党召开"第二次新闻工作会议",通过"加强新闻与文艺工作合作,以扩大文艺战斗功能,促进反攻大业案"⑤。1965 年 4 月,台湾第一届"国军"文艺大会通过"倡导革命文艺思潮,以求高度发挥战斗文艺的功能"为宗旨来推行"国军"新文艺运动。1966 年 3 月,国民党九届三中全会通

　　①　参见应凤凰:《五○年代文学出版显影》,台北县政府文化局 2006 年版,第 86—87 页。
　　②　"中国"文艺协会编印:《文协十年》,1960 年版,第 79—86 页。
　　③　尹雪曼:《"国军"新文艺运动的成就》,《中国新文学史论》,"中央"文物供应社 1983 年版,第 246 页。
　　④　《中国国民党第七届"中央委员会"第七次全体会议党务工作报告》,陈鹏仁主编:《中国国民党党务发展史料——党务工作报告》,近代中国出版社 1997 年版,第 134 页。
　　⑤　《加强新闻与文艺工作合作,以扩大文艺战斗功能,促进反攻大业案》,"中华民国""中央"第四组编印:《文艺政策汇编》,1968 年版,第 10—13 页。

过"强化战斗文艺领导方案"①。1967 年 11 月 21 日,国民党九届五中全会通过《当前文艺政策》②,至此一份完整的形诸文字的文艺政策真正产生。

四、军中文艺的倡导及"国军"新文艺运动

1950 年起蒋经国以克难运动的方式,在军中发起文艺运动。1950 年,"国军"军中的传播媒体如报刊、广播电台等数度邀请社会知名作家和军中爱好文艺的官兵举行座谈,或做专题录音广播,对军中官兵学习文艺、接触文艺的鼓舞,产生了莫大的作用。

1951 年元旦,"国军克难英雄"在台北聚会,台湾"国防部总政治部"邀请了社会知名作家和军中文艺工作者,举行"克难英雄访问大会";1951 年 5 月,"国防部总政治部"发表《敬告文艺界人士》③,号召社会知名的文艺作家支持"文艺到军中去运动";1952 年 6 月,"国防部总政治部"举办"军中文化示范营",提出了"兵写兵、兵唱兵、兵演兵、兵画兵"口号④;1953 年,"文化示范营"扩展到台湾陆、海、空、联勤、宪兵各司令部,并从这一年起,举办"国军文化康乐大竞赛",大大刺激了军中文艺创作;1954 年元月,"国防部总政治部"出版发行《军中文艺》月刊,成为后来军中官兵吸收写作模式的媒体。

1955 年,"国防部总政治部"响应蒋介石的"战斗文艺"号召,举行战斗文艺座谈会,应邀之文艺作家,会后均有专论发表,更促进军中爱好文艺者的信心,从事以战斗经验为题材的文艺创作。《军中文艺》接着举办"战斗文艺笔谈",发表专文,对战斗文艺的理论基础,奠立了宏规,促使军中文艺由被动进入主动。1956 年,军中除继续举办"国军文化康乐大竞赛",还扩大举行"军中文艺奖金征稿",又将军中文艺的领域再予拓宽,将军中文艺的大门完全敞开,热诚地欢迎社会上知名作家直接参与辅导,并将《军中文艺》更名为《革命文艺》,聘请当时知名的文艺作家如赵友培、王蓝、王平陵等人为

---

① 《强化战斗文艺领导方案》,"中华民国""中央"第四组编印:《文艺政策汇编》,1968 年版,第 14—21 页。

② 《当前文艺政策》,收录于《文学思潮》第 1 期,1978 年 4 月 10 日,第 270—275 页。

③ 《敬告文艺界人士》,《"中央日报"》,1951 年 5 月 4 日。

④ "行政院文化建设委员会"编印:《光复后台湾地区文坛大事纪要》(增订本),1995 年版,第 50 页。

编辑委员。这些作家的作品,也使《革命文艺》的内容大为充实,水准大为提高,成为军中爱好文艺者争相阅读的一本刊物。

1958 年 12 月中旬,军中和社会的文艺作家组成"文艺作家前线访问团",前往金门战地访问,事后印成《井与灯》小说集一册,其中军中作家的作品占了一半以上。1959 年初,"政治部"邀请社会和军中文艺作家,携带两千多册文艺书刊,访问马祖前线,事后出版《海与天》专辑一部,为《井与灯》之姐妹作。从这一年开始,台湾岛内的报纸杂志所发表的文艺作品,往往以战斗的军中文艺为主。

1961 年,蒋介石发出"革新、动员、战斗"的号召,军中以此号召为主题创作众多文艺作品,《革命文艺》也举办"九三军人节"征文,响应号召。1962 年 3 月,《革命文艺》改名为《新文艺》。这表明,军中文艺在成长过程中向前迈进了一大步。其后,新文艺社就如何实践新文艺运动加以论证,发表社论《如何实践新文艺运动》,指出具体办法,如制定推行办法、发表正式宣言、增列文艺经费等①。随后,社论《论新文艺的本质与风格》进一步对新文艺进行论证②。赵友培也从新文艺的时代性、民族性、社会性等方面撰文加以论述,以此加深社会各界人士对新文艺的认识和理解,来推动新文艺运动。③

在新文艺运动推展的声浪中,各级部队响应号召,通过举行座谈会,举办"国军"文艺展览,《新文艺》及军中各报刊举办文艺奖金征文,举办作家座谈交谊及设置文艺沙龙举办各种文艺活动的方式,使得新文艺运动很快奠立了基础,取得良好的成绩。除此之外,还设置文艺函授奖学金,以辅导写作,获得官兵极佳的反映。④

1963 年 11 月,三军文艺作家组成文艺工作队,访问金门前线,撰写甚多作品,后集结出版《金马故事》。1964 年,军中文艺成长更是显著,"总政治作战部"举办"文化列车",元旦起自台北出发,巡回全岛展出 56 天,参观人数达 140 万人。3 月 29 日青年节起,又组成"军中文化服务团",以数来

---

① 社论《如何实践新文艺运动》,《新文艺》第 73 期,1962 年 4 月号,第 2 页。
② 社论《论新文艺的本质与风格》,《新文艺》第 74 期,1962 年 5 月号,第 2 页。
③ 赵友培:《新文艺的时代性》《新文艺的民族性》《新文艺的社会性》,《新文艺》第 74 期、75 期,78 期,1962 年 5 月、6 月、9 月号。
④ 参见虹西方:《一年来军中文艺的回顾》,《新文艺》第 82 期,1963 年 1 月号,第 5 页。

宝、街头剧、资料展览等形式向金马外岛及台湾本岛各县市民众展开服务,所有项目均为军中作家创作。

1965 年 4 月 8 日至 9 日,"国军"文艺大会在台北举行,蒋介石亲临大会致训,揭橥"国军"新文艺运动的 12 条推行纲领①,这 12 条纲领,成为后来"国军"文艺运动的圭臬。大会通过了"国军第一届文艺大会宣言",提出了新文艺运动的三点方针。②当时的"国防部长"蒋经国,也对大会提出了三点期望。大会讨论通过制定了"国军新文艺运动推行纲要""国军文艺金像奖设置规定""国军文艺工作辅导委员会组织规程""国军新文艺执行计划""国军新文艺运动工作进度表""国军新文艺金像奖五十四年评选作品要点"以及十项分业议案和十二项一般案。③新文艺运动至此走向一个新的高潮阶段。

五、三次文艺座谈会与文艺研讨会

1968 年 5 月 27 至 29 日,中国国民党为策进《当前文艺政策》的有效推行,举行为期三天的"第一届'全国'文艺会谈";邀集"全国"文艺工作者 400 余人,对有关文艺各部门的重大问题,于研讨后获得了共同的认识和具体的结论,通过十七议案暨"总决议文"。蒋介石以一个"仁"字,昭示台湾文艺界去积极地开创"三民主义新文艺运动"④。

自 1968 年起,台湾三军各总部先后分别成立新文艺辅导分会及战斗文艺工作队,并自筹经费,设置军中文艺奖,每年定期举办竞赛。按照蒋介石的训示"在总体战中,一切的文艺必须为"反共"为作。"1969 年 9 月,中国国民党为加强各种党部的文艺工作,另行颁订《本党各级组织开展文艺工作实施办法》,至 1971 年,国民党各级党部针对各自情况,在举办文艺征文、文艺座谈、文宣工作观摩,建立文化工作队,成立业余性合唱团,增强党办刊物的文艺专栏各方面,皆已有显著的成就。⑤

1971 年 2 月 9 日,中国国民党为了检讨"文艺政策"的施行情形,召开了

---

① 新文艺社:《"总统"对我们的训示》,《新文艺》第 110 期,1965 年 5 月号,第 6—7 页。

② 《"国军"第一届大会宣言》,《新文艺》第 110 期,1965 年 5 月号,第 16—17 页。

③ 《"国军"新文艺运动推行纲要》,《新文艺》第 111 期,1965 年 6 月号,第 6—9 页。

④ 蒋介石:《对"全国"文艺界人士举行"文艺会谈"书面致词》,秦孝仪总编:《"总统"蒋公思想言论总集·书面致词》卷 40,中国国民党"中央委员会"党史委员会 1984 年版,第 232 页。

⑤ 中国国民党"中央委员会"第四组编印:《中央文艺工作研讨会实录》(党内文书),1971 年版,第 12—13 页。

一次"中央文艺工作研讨会",对当时的文艺工作所存在的若干问题,加以详尽的发掘和研讨。最后,以继续贯彻战斗文艺运动、建立三民主义的文艺理论体系与创作路线及发挥以"仁"为极致的中国文化精义①作为未来文艺工作的准则和方针。1974 年,由"教育部"创设"国家文艺基金会",具体而实际地推动各项文艺奖助工作。

1977 年 8 月 29 至 30 日,为检讨重新修订订于 1967 年的《当前文艺政策》及端正文艺创作的路线、引导文艺的正常发展,中国国民党召开"第二届全国文艺会谈",会期两天,与会的文艺工作者二百余人,对《当前文艺政策》,作了一番检讨与修正。②从第二次文艺会谈"总决议文"我们可以看到,当时文艺工作的要点在于紧密配合"反共""国策",紧密配合"中华文化复兴运动",但有一点不容忽视,即如何因应"乡土文学论战"的展开,如何扭转全民对文学的认识,如何打击奴役的唯物的阶级斗争的文艺的寓意,在文件中隐隐出现。

1981 年 11 月,"中华民国中央政府"在"行政院"下设"文化建设委员会",以代替 1972 年被撤销的"教育部文化局",负责策划、推动各项文艺工作。③1981 年 12 月,中国国民党发动有关机构如"国家文艺基金会",召开"第三届全国文艺会谈";会期两天,与会之作家、艺术家及文艺工作者 900余人,规模盛大,讨论范围宽广④,是研究与创作、理论与表演、作家与专家的一次大集合。筹备委员会有针对性地提出几个议案,如建议成立文艺研究资料及服务中心;建议筹措设置文艺作家出版循环基金,以鼓励对优良文艺作品及翻译之出版;建议续编《"中华民国"文艺史》;建议审定《"中国"现代文学书目总编》,并协助及早出版等。最后大会通过增订《"中华民国"文艺史》,以及筹设"文艺资料服务中心"等议案。

---

① 《论中国国民党的文艺运动》,尹雪曼:《中国新文学史论》,"中央"文物供应社 1983 年版,第 240—241 页。

② "中华民国中央委员会"文化工作会编印:《第二次文艺会谈实录》,1977 年版,第5页。

③ 《论中国国民党的文艺运动》,尹雪曼:《中国新文学史论》,"中央"文物供应社 1983 年版,第 241 页。

④ 《附件(二):分组研讨会出席人名单》,"中央委员会"文化工作组编印:《"全国"第三次文艺会谈实录》,1982 年版,第 115 页。

第二节　文艺团体和文艺组织的建立与活动

自国民党当局迁台,于整军经武的同时,对文艺的提倡和辅导非常重视,除积极辅导成立各民间文艺社团外,还通过此种文艺社团,协助推展"文艺到军中去"的运动。其中影响较大的有"中华文艺奖金委员会""中国文艺协会""中国青年写作协会""中国妇女写作协会"及一些相关团体等。

1950 年 3 月,"中华文艺奖金委员会"成立,随后登报征稿。"中华文艺奖金委员会"有两种奖励办法,一种是每年有一次评选奖金,在各部门中选择若干名赠予较优奖金;另一种是平常投稿,经录取后付予稿费,介绍至各报刊发表。后来"中国文艺协会"的杂志《文艺创作》出版,作品就由该刊刊用。

为了推动文艺运动的发展,1950 年 5 月 4 日,150 余名文艺工作者齐集台北中山堂,成立"中国文艺协会",并发表第一次大会宣言。文艺协会成立之后,在举办各种文艺研习辅导机构、举办各种定期文艺社会活动、倡导推动各项文艺运动工作等方面都做了许多相应的努力。除了推广社会文艺运动,"文协"还推展军中文艺运动,在倡导推展军中文艺工作方面,举行军中文艺广播座谈,致力文艺到军中去运动,协助倡行军中战斗文艺,还举行大量的军中访问慰劳活动。

"文协"组织的活动中,当以文化清洁运动较为浩大和有影响力。此外面对 1957、1958 年间台湾不良商贩的猖獗盗印,1959 年 7 月 19 日,当时"副总统"陈诚召见"中国文艺协会"会员多人,询问写作生活及文艺界近况,"文协"成员对盗印恶风作了报告。陈诚异常注意,允诺交有关机关研究处分办法。1959 年 9 月 24 日,"中国文艺协会"主要负责人应台湾"内政部"邀请,讨论如何修改出版法等问题。后来台湾出版法的修订,就采用了这次讨论的多项意见。①

"中国文艺协会"除发起推动文化清洁运动及遏阻盗印恶风外,还推行战斗文艺运动。1955 年,蒋介石发出战斗文艺的号召,"中国文艺协会"积

---

① 陈纪滢:《文艺运动二十五年》,重光文艺出版社 1976 年版,第 95 页。

极响应,首先发动会员讨论战斗文艺的理论基础,然后实践战斗文艺的创作。同时发动《文艺创作》《文坛》《文艺月刊》《军中文艺》《幼狮文艺》等刊物,大量刊载这类作品。

"中国青年写作协会"成立于1953年8月2日。该会工作要项为辅导大专院校青年成立分会,提倡"文艺到学校去",主办各种青年文艺刊物,以座谈讲演等方式推进研究工作,举办文艺广播、写作竞赛及作品展览,举办音乐、舞蹈、"国剧"、话剧欣赏等活动。其中,从1955年起,每年暑期举办青年文艺训练并访问军中和农村,其影响尤为普遍而深远。

"中国妇女写作协会",其前身为台湾省妇女写作协会(简称"省妇协"),于1955年5月成立。此会以鼓励妇女写作、发扬"中华文化"等为创作宗旨,参加会员170余人。根据"省妇协"编印的《妇女创作集》第一辑中提示,该会创立的宗旨是:本会以鼓励妇女写作,研究妇女问题,以实践三民主义,增强"反共"抗俄力量为成立之宗旨。任务是组成笔的队伍,把笔杆练成枪杆,作为心理作战的尖兵,铺成军事反攻的道路。1969年,"省妇协"改为"中国妇女写作协会",该会工作要项为出版妇女作家文集,奖助会员出版单行本,参观各项经济建设,举行各种座谈会,举办与友邦女作家交换访问等。

"省妇协"陆续出版一系列的会员个人文集与集体创作的作品,横跨诗歌、散文、小说等文类,集体创作的部分,包括《妇女创作集》一至七集,如王琰如、张雪茵编成《金门·马祖·澎湖》及《二十年来的台湾妇女》《妇女创作集》,堪称战后初期女性文学的精华,亦为"省妇协"女作家群创的璀璨晶体。其中《二十年来的台湾妇女》则由"省妇协"负责筹划,邀请各界妇女鸿硕为编辑委员,由10多位女作家搜集资料、撰文,分别就政治、经济、文化各类别,记录了台湾光复后20年来各行各业妇女的成就。

从1955年成立到1969年改名为"中国妇女写作协会","省妇协"主要活动为举办写作研究座谈会、妇女写作竞赛、编印妇女丛书、筹办妇女联谊等多项工作,形成一股沛然莫之能挡的女性潮流。作为一个清一色女作家团体,其无形之中拓展了五十年代"反共"文学僵固的研究范畴与研究主题,开启了台湾女性文学在五十年代文学中的诸多面向,包括外省移民内部的差异性与异质性,以及女性结盟与女性书写的意义等。

此外还有其他各类团体和组织。

"中华民国笔会"是国际笔会的分会,1925年在上海成立,1957年6

月,在台北复会。该会工作要项:邀请国际作家来台访问,推派代表先后赴西德参加总会第 30 届大会,赴巴西参加总会第 31 届大会,赴挪威参加总会第 32 届大会,赴美国参加总会第 34 届大会,赴非洲参加总会第 35届,赴法国参加总会第 36 届大会,赴韩国参加总会第 37 届大会,赴菲律宾参加区域性的第一次亚洲作家会议,赴泰国参加区域性的第二次亚洲作家会议,1970 年 6 月在台北主办区域性的第三届亚洲作家会议,以促进国际文艺交流。

"中国语文学会"成立于 1954 年 4 月,该会工作要项:出版《"中国"语文》月刊,按期分增"全国"中小学团体会员,设置"中国"语文通讯研究部,义务为中小学国语文教师解答问题,举办中等以上学校学生作文竞赛及新时代儿童创作展览,发行青年活页文选,指导青年写作,研究并协助修订中小学国语文课程标准,以奠定文学教育的基础,成立"中国"语文研究中心,进行语文与文学的专题研究等。

"中国新诗学会",其前身为"中国"诗人联谊会,于 1957 年 6 月成立,该会工作要项:协助会员出版诗集,经常举办联谊及研究活动,每年举办诗人节庆祝大会并奖励青年诗人,参加国际诗人集会,致力于新诗学术上的研究等。

"中华国乐会",成立于 1953 年 4 月,该会工作要项:训练"国乐"人才,编印"国乐"书谱,征集"国乐"资料,改良及创制乐器,派员外出访问、讲学、演奏,组团外出演出,指导华侨"国乐"社团,邀请并招待外籍音乐专家来台,与台湾以外地区交换音乐资料。

"中华民国音乐学会",成立于 1957 年 3 月,该会工作要项:主办历届庆祝音乐节活动,及管弦乐示范演奏,举办中兴音乐会、艺术歌曲比赛及"中国"歌谣演唱会,协助台湾省教育厅推广乐教,及"国立"编印馆审定音乐统一译名,参加国际音乐组织,出席有关音乐会议,组团访问东南亚地区,接待韩国及菲律宾音乐访问团,推荐青年音乐人才外出深造等。

"中国美术协会",成立于 1951 年 7 月,致力于"反共"美术活动,一度停顿会务,后于 1970 年 3 月恢复工作。

"中华民国画学会",原名"中国画学会",成立于 1958 年 3 月,该会工作要项:每年举行"全国"水彩画展,展出世界各地水彩画家作品,在日本、菲律宾、越南等国家举行"中华民国"水彩画家作品联展,编印水彩画集,奖助青年水彩画家,协助会员举行个人画展等。

"中国书法学会",成立于 1962 年 9 月,工作要项:主办书法学术演讲会,举行书法竞赛及书法展览,组织访问团赴日,促进国际书法进步与交流等。

"中国摄影学会"于 1953 年 3 月在台北复会。该会工作要项:举办摄影实习,专题讲座,会员年终成绩展览,参加国际影展,联络华侨摄影团体,宣扬"中国"文化,协助各机关团体学校评选摄影作品及举办各种影展,发行会刊,适时转播国际影展消息,介绍摄影学新书,按月举办各种学术演讲,举办慈善或劳军影展等。

"中国版画学会"成立于 1970 年 3 月,工作要项:团结台湾版画界人士,研究发展版画艺术创建"中国版画"的民族风格等。

"中华民国舞蹈学会"成立于 1964 年 5 月,其前身为民族舞蹈推行委员会,工作要项:每年举办全省民族舞蹈大竞赛,经常举办民族舞蹈欣赏晚会,出版民族舞蹈专书,辅导舞蹈社团外出表演等。

"中国国剧欣赏委员会"成立于 1963 年 8 月,工作要项:审查"国剧"剧本,审订"国剧"剧目,辅导"国剧"演出,组织"国剧"访问团赴日参加东亚艺术表演大会等。

"中国话剧欣赏演出委员会"成立于 1962 年 11 月,工作要项:策励学校剧团成长,经常与数十所大专院校剧社密切联系,介绍西洋文学创作,倡导学术研究风气,使东西文艺思潮趋于汇合,发动会友凭券欣赏演出,遍及社会各阶层,增强剧人团结,策励从业人员进修,定期举行座谈会。

"中华民国电影戏剧协会"成立于 1956 年 2 月,工作要项:展开影剧劳军运动,举办救济"八七"水灾大公演、支援港九影剧自由总会筹募工作基金义演,举办地方戏剧座谈会,考察各国影业中心,促进台湾地区影剧事业之发展与进步,加强岛内外影片的交流,并实施演员交换拍片的办法,等等。

"中华民国编剧学会"成立于 1970 年 4 月,工作要项:成立优良剧本供应中心,举办编剧人员进修,安排会员前往军中、工厂及农村参观,以吸收编剧题材等。

文艺社团直接属于台湾省和台北市的,以音乐、美术、舞蹈、戏剧等团体为数最多,各有其不同的贡献。此外,台湾大专院校也成立各种文艺社团,从事文艺活动,以增进课外生活的情趣。

第三节　"出版法"及出版状况

1947 年 5 月 16 日，魏道明在台湾各界庆祝省政府成立大会上，正式宣告"戒严"与"清乡"的结束，以及新闻、图书、邮电检查与交通通信军事管制的撤销，将新闻杂志的管制带回原有的"出版法"体制。8 月 1 日，台湾省政府发布《台湾省新闻处组织规程》，让先前撤废的宣传委员会得以新闻处的面貌出现。

1950 年 11 月，台湾当局为使出版品的审查有所依据，要求法规制定部门从速完成程序，一面又提供修正意见，结果针对过去"出版法"缺点，决定六项修正要点：一、发扬"宪法"精神；二、加强出版保障；三、积极奖励出版；四、放宽登记限制；五、简化行政管理；六、减轻处罚规定。

1951 年 2 月设立新闻政策讨论会，分为设计研究、调查联络两组。重点工作包括研讨"出版法"修正草案，提供意见送主管部门参考，拟定当前新闻政策，筹设新闻进修班，以及拟定改善报纸发行办法，邀请台湾省各报社负责发行工作同志讨论，并将决议交由省新闻处执行。1952 年 3 月 25 日修正通过。1953 年 4 月 9 日，公布新"出版法"，1958 年 6 月 26 日加以修正，1973 年 8 月，因出版行政主管部门更改，又将有关条文加以修正，即为台湾现行"出版法"。

二十世纪五十年代，台湾的出版社数量维持在 500 家以内，到了六十年代有 1 200 家左右。在此阶段中，由于国民党来台，原先一些设置在大陆的出版社，也随之来台重新设立；在日据时代所留下来的出版社，也纷纷改名。而在五十年代中，国民党公营出版事业是此时的出版主力，无论在出版种类、数量或发行市场上，都占有极大的优势。从图书出版种类来看，文艺图书是此一时期的主角。

五十年代早期阶段，最主要的几个出版社的重点在于印刷古书籍以及翻印西方图书，作家从事出版的活动不是很活跃。这一时期，尽管台湾局势不稳，经济困难，还是有不少作家愿意排除困难，独资成立小规模的文学出版社——这些作家在财务上并不宽裕，既没有专业的经营观念，也没有出版社的经历。他们所以乐于投入大量的劳力，以手工业方式经营，目的只是为自己出版作品：但愿自己辛苦写成的文字能付印成书，同时也为作家朋友提供出版机会。

国民党迁台后，书局来源断绝，改以翻印旧版书籍。而台湾与祖国大陆交通断绝，使得原有图书与底版无法输入，各书局不得不向各地搜购或向图书馆等处借用存书，照相翻印，以充实岛内市场，并供应岛外。

在翻译书籍方面，主要移译各国科学文艺重要著作，以促进文化交流，并提高学术水准的工作，1957年以后台湾当局与民间对于译述工作更为重视。幼狮书店、徐氏基金会、广文书局、维新书局等所出版自然科学、社会科学、体育、医导、卫生译作千余册。台湾教育主管部门及编译馆也从事译述工作。

在杂志经营方面，因为政治因素而来台的新闻文化界人士，集资或独立创办杂志。而此时台湾当局为节约新闻用纸，严格限制发行报纸登记证，使得原本有志于新闻事业者，退而求其次，集中于杂志方面，以发展抱负。杂志种类及数量为之增加，在创作方面，自1949年来台的许多年轻作家，经过十年左右的养息，生活渐趋安定，创作大盛。童年时代来台的，也已成长，开始狂热于写作，但报纸限制，杂志又不多，可供发表的园地有限。

1960年至1970年间，以皇冠出版社为首的出版社带领台湾掀起一股出版风潮。由于琼瑶小说崛起，并且普及深入到当时台湾的许多角落，从而缔造了以皇冠出版社为首的出版界王国，不但捧起琼瑶成为岛内外最具知名度的作家，像张爱玲、华严、冯冯、司马中原、聂华苓等作家的作品也都朝着系列出版的方向发展。这期间正处于台湾本岛从农业社会进入工业社会的转型时期，出版界扮演了领导文化上升的角色，同时也为出版文化注入一剂开创风气的强心剂。

1970年之后，台湾的经济、教育建设等成效的展现，营造出更有利于出版事业发展的外在环境。1976年，台湾整体的经济趋于成长，对外贸易盈余不断扩张，人民所得年年提高，购买力提升。经济提升之外，基础教育的普及使得具备阅读能力的人口增加，促成图书出版事业的成长。1968年台湾开始实施九年义务教育，具备阅读能力的人口大增，促成图书市场潜在的购买力。接受大学教育的年轻人于七十年代大量进入出版业，如王荣文成立远流出版社、蔡浪涯成立好时年出版社。这些生力军饶富活力，打破大陆来台出版社，文人学者与党、公营机构独霸的局面。

此时台湾当局对于出版事业的态度由管理监控转为奖励辅导，有力促成台湾图书出版事业快速发展。1973 年，主管出版事业的机关由出版事业管理处转至新闻出版事业处，前者着重于出版事业的管理，后者则辅以奖励与补助。1973 年修订的"出版法"中明确出版事业奖励及保障的相关条例。1976 年设立"金鼎奖"以奖励优良出版事业出版品，1982 年发行图书礼券，这些措施都为图书出版事业创造更有利的发展空间。

在图书出版者越来越有能力从事资金和设备上的投资，以及大套书的利润较丰厚的情况下，有越来越多的图书出版，带动二十世纪七十年代末到八十年代初出版大套书的热潮，使整个图书出版市场显得生机勃勃，出现难得的繁荣景象。"书系"的发展也在这时候开始，早期的书系以"丛书"或"文库"为名，而纳入同一丛书的书籍，彼此之间并无共性。直到八十年代，将大套书的出版经营中获得的企业观念，应用在丛书出版上，因此另以"书系"或"路线"称呼。

1949 至 1953 年，台湾当局对报业采取节约用纸政策，先限定报纸篇幅为一张半，后又停止核发报纸登记证，故自 1953 年起，再无新报创刊，形成报业市场的独占局面。

自 1954 年到 1967 年，报业有三个显著现象：1. 报纸篇幅增加为两张半，起因是台湾造纸工业已有基础、新闻纸不必完全仰赖进口，且各报的广告又无法容纳。2.《联合报》与《征信新闻报》这两大民营报在新闻、言论、副刊和专刊方面展开激烈竞争，处处想要出奇制胜，使国民党当局经营的报纸市场逐渐狭隘；同时社会新闻尤其是犯罪新闻泛滥，使台湾报业在采编政策上有很大的改变，大资本的办报要求也日益显著。3. 地方报崛起。

1968 年到 1978 年是台湾报团形成时期，比较大陆时期的报业集中经营更有咄咄逼人之势。其时台湾的报团可分为军报团、党报团、省府报团、联合报团和时报团五个单元。军报团包括：《青年战士报》《思诚报》《正气"中华"报》《马祖日报》和《"建国"日报》五家，各自经营。党报团是《"中央"》和《"中华南北"》两报，也是分开经营。省府报团是《新生》《新闻》两报。联合报团是《联合报》《经济日报》《世界报》和《民生报》。时报团是《"中国时报"》《时报周刊》《时报杂志》和《工商时报》。

大体而言 1950 至 1970 年代，台湾的报业发展就整体而言，有下列特色。

其一，发行量增加。台湾报业因无稽核制，故销数迄今尚无正式统计，但报纸销数确有增加。据统计,1971 年为 130 万份,1977 年为 210 万份,1980 年为 350 万份,平均约 5 个人拥有一份报。报纸已从士大夫阶级的圈子突围,深入小市民阶层。另外,报纸篇幅也自 1975 年增加为三大张,但除了台湾的《"中国时报"》《联合报》外,各报均感广告不足。

其二,广告业绩上升。广告为报纸的主要财源,广告收入增加,可直接促进报业繁荣。20 世纪 60 至 70 年代,报纸广告收入增加率达 19 倍,1960 年为 10 239 万元,1970 年为 51 080 万,1977 年为 194 150 万元。广告总额虽有增加,但各报所得分配颇有参差,《联合报》《"中国时报"》两大民营报以"缩版""分版""换版"等方式,提高广告版面运用率,故其广告量最大,使得晚报与地方性报纸经营愈趋困难。

其三,印刷设备更新。1950 年 6 月,《"中央日报"》首先使用美国高速高斯印报纸,1954 年《新生报》启用日本池具高速多色输转机;1970 年代后,除少数几家外,报纸的印刷几乎全以彩色透印设备续作更新,现在为电脑排版取代。

第四节　大学教育和文学机制、文学评论

就二十世纪五十年代的台湾而言,在文学教育上,官方认为过去教育失败的原因在于"忽视'国家'观念、民族思想和道德教育",以及未能实现三民主义,故民族精神教育、生产劳动教育、文武合一教育便成为官方文学政策的重心。1952 年颁布"台湾省各级学校加强民族教育实施纲要",作为文教活动的指导方针。1952 年颁布"戡乱时期高中以上学校学生精神军事体格及技能训练纲要",就高等教育的大专院校,增加共同必修课,如中国近代史、国际组织及国际形势、三民主义、俄帝侵略中国史等科。[①]因此,文学教育在配合"反共抗俄"基本"国策"的指导下,教科书内容的安排呈现了浓厚的时代色彩。文艺方面,鉴于三十年代文学的左翼色彩,官方严格把关,查

---

① 《第三次教育年鉴》,"教育部"教育年鉴编纂委员会 1957 年版,第 14 页。

禁封锁,无论是日据时期的赖和、杨逵、杨守愚、朱点人等具有写实主义色彩的作家,还是"五四"以来如鲁迅、巴金、茅盾、萧军、萧红等有社会主义倾向的作家,都是禁止阅读的对象。

文学教育的目标当以必修课程的指定为参照,在不同历史阶段,必修课程的增删有效着体现官方的意图。国民党来台后,为配合"反共复国"的"国策",修订八学院七十二学系,分别公布于 1956 年、1958 年。其后为适合学生的个别发展,减少必修科目,使最低与最高学分之间距离加大,各系至少维持一百四十二学分,修订八学院 104 学系,分别公布于1964 年、1965 年。1971 年 7 月至 1972 年 8 月,再次修订八学院一百五十二学系的必修科目,1977 年又公布修订除各学系酌增"研究方法"为必修外,大学本科各学系亦兼顾与各研究所共同科目学分之关系,各学系与研究所课程之改进亦应注意参考评鉴资料;修订了八学院一百九十二学系的必修科目表。①

从上述几次修订的情况来看,基本的必修科目获得共识:包括历代文选、中国文学史、中国哲学史、诗选、词选、曲选、专书选读、文字学、声韵学、训诂学等科目,必修科目分数增加,以符合课程内容实际需要,初步建构起往后数十年台湾各大专院校中文系课程设置的基本框架,高等教育中的中国文学教育在台湾土地上扎根。

1967 年 11 月,中国国民党九届五中全会制订并通过《当前文艺政策》,其中第廿五条:切实改进大专院校文艺系科的教材与教法。台湾第五次"全国"教育会议决议:增设现代文学系。"教育部"文艺课程小组通过:创设文艺系②。至 1970 年 2 月,在一次重要的文艺简报中,台湾众文艺团体提出一项建议:请"教育部"积极革新文艺教育,于教育委员会增聘委员,成立文艺教育研究小组,从根本上革新各级学校有关文艺的课程,达到"为创造而教育"的目标。③从 1970 年 4 月至 1971 年 6 月,《"中央日报"》副刊陆续发表讨

---

① 林姿君:《台湾大学语文教学及其相关问题初探 1949—1960》,台湾大学硕士论文,2007年,第 35 页。

② 赵友培:《文学教育的前途在创造》,《大学文学教育论战集》,"中华日报"出版社 1973 年版,第 345 页。

③ 《大学文学教育论战集——中文系和文艺系的问题》,"中华日报"出版社 1973 年版,第8 页。

论中国文学系分组问题的文章,1972 年台湾"教育部"批准成立"文艺组课程修订委员会"①,经过两次会议讨论,拟出包括十七科目八十四学分的文艺系必修课程。1972 年 11 月 25 日,文艺系课程修订委员会第二次会议正式通过。至此文学教育在台湾正式确立自己的一席之地。1973 年 1 月,台湾教育主管部门决定准许大学文学院内设立文艺系。

在复兴中国传统文化的号召下,国民党对战后台湾文学及文学批评的场域的干涉,主要体现在文学产生机制的掌控、教育方向的主导方面。如"中华文艺奖金委员会"(简称"文奖会"),其奖助对象以撰写"反共"题材的作家为主,而接踵成立的"中国文艺协会"的主导人张道藩及陈纪滢都是国民党要员,他们与文艺活动的结合说明了官方权力正式介入文学的场域中,国民党的文艺政策与活动方针,均通过"中国文艺协会"执行。"文奖会"的奖金吸引了大批作家从事"反共"文学的书写,这表明文学论述话语是否有"反共题材"成为文学优劣的标准。不仅如此,当时诸多报纸是"反共"作品发表的主阵地,大量官方非官方的杂志也是"反共"文学发表的园地,说明当时创作、阅读"反共"文学人数之众。在判断是否为"反共"文学作品时,官方自有一套评审的标准,所有的文学作品都必须受到严格的思想与道德检验,才能公开发表。这套标准算不上真正的文学批评,但在当时的文学机制下,便是"文学批评"的标准。

这一套"文学批评"的标准,有其源头及承继,1942 年张道藩在文章《我们所需要的文艺政策》中,便提出文学创作的"六不""五要"诉求。1953 年,蒋介石通过文章《民生主义育乐两篇补述》,提出其评判文学的标准,赤色的、黄色的、黑色的作品充斥市场是一种失败,当摒弃。以此"中国文艺协会"响应其旨意,1954 年掀起一场文化清洁运动,要扑灭的便是赤色的毒、黄色的害、黑色的罪,正是在这样的"文学批评"标准下,郭良蕙的《心锁》被查禁,郭良蕙本人被开除出"中国文艺协会"。由此可以看出,在官方控制下,五十年代的台湾文学批评基本上沦为思想检查。在这样的体制下,五十年代台湾并没有专业的文学批评,文学批评要到六十年代以后才开始走上轨道。但在此重重掩蔽中,学院派文学评论家的潜滋暗长,为六十年代的文

① 卢申芳:《大学文学教育催生者邢光祖谈文艺系成立经过》,赵友培:《大学文学教育论战集》,《中华日报》社 1973 年版,第363 页。

学批评的冲破云翳埋下伏笔。

二十世纪六十年代,在西方文学理论引入之前,台湾有胡适强调的政府不干涉的,放任自由的,没有文艺辅导机构的,自由、解放、强调个人精神的文学①。也有1953年接任《"自由中国"》文艺栏编辑、承续自由主义精神的聂华苓,在文艺栏目中有意接纳"反共"文学以外的创作,为日后现代主义文学在题材和艺术技巧创新的实验上,做了开路的工作。②但首先在文学领域中实践自由主义精神的当推《文学杂志》,其创办宗旨和文学态度是:让我们说老实话。③夏志清借西方现代主义两位大文学家——波德莱尔和艾略特,指出文学杂志的发展方向,在于"对人生的奥秘处有更深的认识"④。《文学杂志》在译介西方文学理论方面不遗余力,同时更实际地运用在文学批评上面。夏济安用西方的理论,务求客观评析文学作品,希望以实际行动,唤醒作家对文学及创作的重视。《评彭歌的〈落月〉兼论现代小说》便是夏济安以西洋方法评析现代小说的第一篇。⑤随后便有夏志清以现代主义来评析作家作品的《张爱玲的短篇小说》一文。

1960年《文学杂志》停刊,台大外文系学生创办了《现代文学》。《文学杂志》中西方理论的译介是单篇的,到了《现代文学》则形成有系统的专辑。《现代文学》继《文学杂志》成为六十年代的文学典范,西洋文学的批评方式,通过《现代文学》在学院中迅速延展开来。1965年夏济安在美去世,其文学理念便由夏志清继续在台湾推行。夏氏兄弟新批评的引介,使现代主义作家开始自我要求文字的提炼,以及细读的讲究。诗人余光中、叶维廉、洛夫、杨牧既介入新批评的活动,也以新批评的标准来要求自己的创作活动,小说家王文兴、白先勇、七等生更是忠实地遵循新批评的纪律,在创作与细读两方面都获得丰收。

不过,有意识、有自觉且有系统地全面引介新批评的人是颜元叔,颜试图通过这种批评方法,建立起真正的文学批评。⑥为了这个目标,颜推行课

---

① 胡适:《"中国"文艺复兴·人的文学·自由的文学》,《文坛》季刊1958年第2期。
② 郭淑雅:《"自由中国"与聂华苓文学》,静宜大学硕士论文,2001年。
③ 《文学杂志》第一卷第一期,1956年6月,第70页。
④ 夏志清:《文学·思想·智慧》,《文学杂志》第四卷第一期,1958年3月。
⑤ 苏益芳:《夏志清与战后台湾的现代文学批评》,政治大学硕士论文,2004年,第11页。
⑥ 参见颜元叔:《朝向一个文学理论的建立》,《谈民族文学》,学生书局1973年版。

程改革,并成立比较文学博士班,先后创办并主持《"中外文学"》《淡江评论》等杂志,试图将文学批评学科化。1969 年年初,《新批评学派的文学理论与手法》刊登于《幼狮文艺》,完整介绍新批评的源流、方法,成为台湾认识新批评理论的重要来源,其他如《就文学论文学》等篇章也都试图将新批评的原则带入文学批评,新批评的第一原则就是文学论文学。① 在这波引介声潮中,《西洋文学批评史》中译本出版,除引介理论,颜元叔也实际示范新批评的操作方式,从西方的小说、戏剧,到中国的古典诗、现代诗乃至现代小说都有所涉及。 在颜元叔拨浪弄声的过程中,恰逢当时台湾各学院重新审视治学与批评的风气,颇受新生代诗人及研究者的欢迎,叶维廉、张汉良、柯庆明、蔡英俊等人都投身其中。 与此同时,岛外学者同样有所呼应,身在美国的梅祖麟、高友工运用新批评的方法发表关于唐诗的研究,三篇英语论文《析杜甫秋兴——试从语言学批评入手》《唐诗的语法、用字与意象》《唐诗的语意、隐喻与典故》先后发表于《燕京学报》,其中前两篇很快被翻译成中文,刊登于《"中外文学"》1972 年 11 月号及 1973 年 3、4、5 月号。这些批评文章一方面推展新批评的知名度,一方面示范如何运用新批评进行文学批评。

　　新批评这种里应外合、遥相呼应的情形,尤其是颜元叔唯西方是尚、过度推崇西方文论的态度在台湾岛内很快引起学界论战。1973 年 9 月,叶嘉莹在《"中外文学"》发表《漫谈中国旧诗的传统——为现代批评风气下旧诗传统所面临之危机进一言》,文章的主旨在对当时的文学批评者运用"西方新文学理论"探讨"中国古典旧诗"的现象提出一些意见。颜元叔于 1973 年12 月发表《现代主义与历史主义——兼答叶嘉莹女士》一文作为回应,除了为自己辩驳,同时也在昭告并重申其所操持的研究方法的效能和作用。尽管叶嘉莹未作回答,但中西两套文学批评话语,在战后台湾首次正面对话、交锋,开启了相互的碰撞。

　　1976 年 2 月,夏志清在《"中国时报"》发表《追念钱锺书先生——兼谈中国古典文学研究之新趋向》一文,表达对当时台湾运用西方新方法研究中国古典文学的不满。② 颜元叔随即以《印象主义的复辟?》一文作出回应,认

---

① 颜元叔:《就文学论文学》,《谈民族文学》,学生书局 1973 年版,第 48 页。
② 夏志清:《追念钱锺书先生》,《人的文学》,纯文学出版社 1977 年版,第 185—188 页。

为夏还停留在传统文学以鉴赏为批评的阶段。[①]夏志清对此作了回应,发表《劝学篇——专覆颜元叔教授》一文[②],认为古典没有过时,批评无法科学化。颜元叔则以《亲爱的夏教授》[③]一文进行回应,认为台湾需要新批评,这一方法的引进,对中国古典文学研究将会有所助益。

双方争论的结果是,颜元叔逐渐淡出台湾文坛,夏志清则站稳脚跟,并凭借两大报文学奖的公开评审制,隔海指导台湾文坛小说界、批评界的走向,使其人生的文学批评,在七十年代至八十年代中期,取代颜元叔的新式文学批评,成为台湾文坛的思想主流,占据台湾文学批评场域的重要位置。[④]

文学创作无涉政治,文学批评亦然,标榜为文学而文学、强调文学内在价值的新批评,在这波现代主义风潮中登场丝毫不令人意外,除了对纯文学的追求,以及自保的工具外,新批评同时也作为一种美援新技术与现代化的想象,以及一种科学、先进的隐喻而存在,新批评在台湾的功能及意义是多面而驳杂的。

在"反共"氛围与美苏对峙的时代浪潮中,台湾及其知识分子一面倒地接受美国的所有——看得见的美援、技术,看不见的观念、主义,甚至是整套的思考模式。国民党肃清"左倾"势力的影响在此彻底暴露,曾是中国现代主流的反帝左翼道路的断绝,致使台湾失落了一种历史视野:落后国家如何同时挣扎在现代化与民族独立的双重历史任务中,这便使得台湾社会毫无悬念、亦步亦趋地走上与美国完全相同的道路;这同时也造成了台湾将追求西方(物质、知识、精神)当成进步象征的风气,使得台湾在实际的经济方面,乃至文化、思维、心灵、集体潜意识等方面,都成了美国的附庸。乃至当下,从西方(美国)引进新思潮在台湾文化界往往也还是象征着前卫和进步,具有强大的符号功能。

大学的办学模式与文学批评的关系何在? 文学批评存在于大学此一实存的建制中,必然也确实受其影响,在文化传承模式中,文学批评的意义在于对文化遗产中的杰作进行阐释,知识生产模式看似由科学垄断,但在竞争的氛围中,却造就了批评的进步与创新,在此模式主导的学界中,撰写批评

---

① 颜元叔:《印象主义的复辟?》,《"中国时报"》1976 年 3 月 10—11 日。

② 夏志清:《劝学篇——专覆颜元叔教授》,《"中国时报"》1976 年 4 月 16—17 日。

③ 颜元叔:《亲爱的夏教授》,《"中国时报"》1976 年 5 月 7—8 日。

④ 苏益芳:《夏志清与战后台湾的现代文学批评》,台湾政治大学硕士论文,2004 年。

文章就是要创造一种知识,被讨论的文本成为起点,进而提出的创见才是关键,这同时也是我们现在所熟悉的学院学术生产意义下的文学批评。可以这么说,以大学为知识产生场所的模式,改变了文学批评的功能,赋予它创新知识的角色。

第三章 二十世纪八十年代以来台湾文学制度

　　二十世纪八十年代以来,台湾社会最重大的转变是从威严体制末期的政治改革到"解严"后多元文化生态的形成,在这一过程中文化政策的制定、文学出版传播的方式、文学评价机制及文学观念等与此前思想管制严格的时代相比有巨大差异。一是政治"解严"前后文学所受到的政治约束减少,官方机构调整对文艺的管控方式,文学出版或期刊等大都在市场选择中进行自我调适;二是虽然市场化在"解严"之后成为台湾文学发展最重要的影响力,但政治意识形态也是影响文学创作、评价机制、文学观念养成等层面极为重要的存在,不过政治意识形态的影响更注意引导和渗透,比如特定主题的文学征奖或不同理念引导下的文学研讨或出版,学院派文学研究机构的设立及各种类型的文学史出版也在某些层面呼应或渗透了意识形态的影响;三是在市场经济冲击、大众文学及网络文学盛行的语境中,当局也通过各种方式加强对精英文学的扶持和推动,同时引导并补助网络优良出版品。但市场化和政治意识形态也往往以混合的方式共同掌控文学的发展。

第一节　以"文建会"为中心的文艺规划与指引

　　二十世纪八十年代前期,台湾在政治体制改革时期,当局逐渐放松对文艺的管控,各种文艺政策的制定及指导主要由1981年成立的官方机构"文建会"承担,该机构是台湾管理文化事务的最高机关,负责文化建设和文化政策的制定,在 2012 年升格为文化主管部门。"文建会"在成立初期以补助和奖励文艺事业为主,举办各种文艺活动,极少出台政策性的规划文件,如 1987 年的"加强文化建设方案"只是比较笼统地提出对文化机构、文化资产及艺术相关的指导。80 年代"文建会"的特征被陈其南称为"现代主义"时期,文艺活动等内容偏重"精致艺术"注意"都会上层需求"①,值得注意的是"文建会"所举办的一些研讨会如 1988 年 12 月和《中央日报》联合举办"现代文学讨论会"、1989 年举办的"当代中国文化研讨会",皆传递了重要的信息。首先"现代文学讨论会"意味着过往文学研究只偏重古典文学的局面有所改变,现代文学及台湾文学进入研究视域,同时也表明文艺逐渐摆脱了为政治服务、从属于政治的局面。而"文建会"的文化活动在二十世纪九十年代以来的社会语境中,则体现出极大的转变,体现在文学引导层面是本土关怀与本土意识增强,如 1991 年支持《文讯》杂志规划执行了"各县市艺文环境调查",调查推促了一系列与之相关的文艺活动,如"乡土与文学——台湾地区区域文学会议"的召开。此次会议记录由文讯杂志社主编出版,李瑞腾在序言中指出此次研讨会的构想"是在各县市文艺环境调查之后形成的,可以说是前一计划的深化,和各县市在"文建会"指导下进行县市籍作家资料的建档,以及有计划地出版作家作品集相呼应"②。可以说这是一次从上而下的发掘各地方文学资源的活动,带动了此后各县市文艺政策对本地文学传统、作品奖助出版等的侧重,在此影响下二十世纪九十年代中期以后多个县市出版了地方文学史,如《台中县文学发展史》(1995 年)、《彰化县文学发展史》(1997 年)、《嘉义地区古典文学发展史》(1999 年)等,也是当下台湾各县市地方文学奖兴盛发展的背景。而在机构组织与文化管理层面,"文建会"也由此前的"无政策"转入加强调整的阶段,如 1992 年行政主管部门提出多项文化建设方案,由"经济建设委员会"讨论通过,内容包括由当局设立"现代文学资料馆"与"文艺之家"的议案,二者均属"六年国建"中的文化建设部分。在 1993 年之后"文建会"进入转型期,加强了文艺事业发展的规划和管理,如 1994 年将此前设立"现代文学资料馆"的计划调整到"文化资产保存研究中心计划"之中,设立"文学史料组"以整理相关文学资料,1996

---

① 参见刘永逸:《台湾政党轮替前后文化政策之研究》,台湾师范大学硕士论文,2008 年,第 19 页。

② 李瑞腾:《〈乡土与文学——台湾地区区域文学会议实录〉序》,《文讯丛刊》,1994 年版。

年成立了主要职责为赞助、奖励并培养、推动民间文艺工作者和团体的"'国家'文化艺术基金会"。

到 1998 年"文建会"才有比较明确的文艺政策,制定了对文化发展具有引导性的《文化白皮书》,对台湾文学传统的重建、加强文学教育、文学发展空间的规划都有明晰的定位,比如推动成立专门的文学机构、清理台湾文学经验、提高文学预算、协助各县市提升文学能力等。这些政策性的引导,可以看出文化建设中对文学的重视,但在文学观念上虽然强调文学的台湾经验等,但总体的文学观念还是注重传统,强调"华人",而在 2000 年民进党执政之后,文学的侧重点则进入对台湾文学本土传统的挖掘与梳理,如台北、高雄等地的"文学步道"设置,将对台湾文学有贡献的作家生平简介及其代表作中的文句刻在路上以供阅读,而对作家的遴选则强烈突出了本土色彩,入选的作家主要是沈光文、赖和、陈虚谷、蔡秋桐、吴浊流、钟理和、林亨泰、叶石涛等。因而朱天心曾在给父亲的小说写序时,对此遴选标准慨叹:"父亲,在台湾活过五十年,娶苗栗女子,作品近四十部……我真希望有人告诉我,是因为他的作品不够多,不够好,住得不够久,不够与台湾有关系,而不是,他是如此的政治不正确。"①

2004 年,"文建会"又公布了经过多次研讨座谈而形成的《文化白皮书》,在对比英美、欧洲及日本等多个国家的文化策略之后,认为台湾应该设立文化主管部门以更好发展台湾文化事业,而其根本观点则是"一'国'文化惟有获得'国民'民主观认同及肯定之后,方能求拓展国际文化情谊,建起国际文化声誉"②,文化观念及视野都与此前发生变化,出台新的文化政策,如对"文化创意产业"的推动可以看出对市场的依赖和侧重,而强调"国民"的文化认同及文化的国际性,则从两个方面影响了文学的发展,一是文学创作中对文化主体性的表达更注重台湾的地方性,二是将文学作为重构文化认同与提升台湾地方文化国际化的重要方式。有论者曾就不同政党执政时期的"文建会"风格进行对比,认为国民党时期的"文建会",积极补助外省籍相关的文化或电影艺术等,是"忠党爱国"的文艺政策;民进党时期的文艺政策

---

① 朱天心:《〈华太平家传〉的作者与我》,朱西甯:《华太平家传》,联合文学出版社 2002 年版,第 11 页。

② "行政院(台湾省)文化建设委员会":《文化白皮书 2004》,"行政院文化建设委员会",2004 年版,第 28 页。

则是积极补助各种地方形态、地方文化的发展,是设法"独立"的文艺政策,并使得台湾各大学或台湾文化所受到的补助形态在 21 世纪开始分为两种截然不同的面貌。①根据台湾 2006 年"'国'科会人文处的'中文学门热门及前瞻学术研究议题调查计划'调查报告"的统计,台湾文学在研究计划、期刊论文的发表及学术研讨会方面均占有优势,呈现出"热门"的景象。

2000 年以后的这种文化语境,到新一轮的政党更替,又呈现出变貌。有论者认为马英九"政府"对台湾主权的定位模糊,回到 2000 年以前国民党执政时期的模糊策略。② 关于对文化的看法,马英九在 2009 年 10 月指出:"台湾人用台湾的空间,用台湾的人力,发展出一个丰富中华文化的模式,这就是发展了一个具有台湾特色的'中华'文化。"③在 2010 年就职两周年时,马英九再次强调"一套具有台湾特色的'中华'文化",到 2012 年马英九连任"总统"后在就职演说中又强调"要把文化看做'国力'",同年 5 月在为'文化部'揭牌时,马英九期许"文化部"发扬"台湾特色的中华文化"④。以此,可以看出不同政党执政时期文化观念的差异,马英九重新强调"中华文化",试图在这一文化理念之下涵括台湾历史及当下的复杂性,以文化凝聚多族群的认同。这一认知直接影响了近几年来台湾文化政策的导向及文学的发展,如马英九的著作《原乡精神?台湾的典范故事》通过人物典范、历史事件与台湾经验的展现试图形塑新的台湾论述。而 2012 年设立的"文化部",在前期"文建会"对文化政策制定与管理文化事业的基础上,整合资源重新组构,时任"行政院文建会"主任委员的黄碧端认为,"文化部"不仅肩负传承与发扬传统文化的任务,也必须致力于累积文化活力,创造属于台湾人的文化认同感及归属感,其核心理念是以文化生活美学、文化平权、文化多样性等为主⑤。不同政党以文化政策的方式建构不同的文化认知,2000 年以后的政党轮替,造成政治影响下的文化资源重新分配,曾经在某个时期的文化主导者转而成为新一时期的边缘者,而另一种政治文化观念的影响则让作家

---

① 参见周庆华:《后全球时代的语文教育》,台东大学出版社 2011 年版,第 178—179 页。

② 参见邱垂正、童振源:《陈水扁"政府"与马英九"政府"的"中国"战略之比较与检讨》,《战略:台湾"国家安全"政策评论》2008 年第 1 期,第 86 页。

③ 《马英九表示要打造具有台湾特色的"中华"文化》,"中国台湾网",www.taiwan.cn。

④ 杜燕、董会峰:《台"文化部"挂牌 马英九冀发扬中华文化》,"中国新闻网",www.chinanews.com。

⑤ 黄碧端:《推动筹设文化部的基本构想》,《研考双月刊》2009 年 6 月第 33 卷第 3 期,第 94—95 页。

的位置微妙地被调整或翻转，如曾经被女儿感叹"政治不正确"的作家朱西甯则在 2014 年以"小说的冶金者"为名在台湾文学馆进行捐赠展。

第二节　政治意识与市场化影响下的台湾文学媒介

二十世纪八十年代以来，台湾文学期刊的创刊和发展、文学书籍的编纂和出版主要受到政治意识形态及市场化的影响，这两个影响因素也呈现出交集互替的样态。在二十世纪八十年代前期，对书籍出版的监管主要有两种形式，一是由台湾警备总部根据出版法的条例进行管制，二是国民党以非正式的渠道进行干涉。这一时期"对报禁和出版管制的批评增多，曾有多位'立法委员'对此提出质疑。但当局均以台湾处于非常时期，'国家'要从社会长远与社会安定计，避免恶性竞争等为由，暂不接受新报纸登记。同时，对所谓有严重违规行为的报纸依然严加处置"①。而在八十年代中后期台湾开始推行"宪政改革"，"出版法"的控制力减弱，在 1988 年解除了"报禁"之后，"警总"退出出版品管制，对出版物的管理主要由"出版法"及新闻局承担，政治对出版的约束减弱，新闻的空间扩大——"解禁后媒体显然在社会中扮演一个强而有力的角色。以往媒体似乎在跟着主导的政治力量运作，现在却扮演一个主导的角色，和政治力并行"②。在这种语境下，出版相对自由，台湾迎来出版业的迅猛发展，在"报禁"解除之前，台湾地区的报纸不过 31 家且主要由当局力量掌控，"报禁"解除后的较短时间内就有 200 多家报社登记。而从报纸的发行来看，1987 年达到 390 万份，而到报禁解除的1988 年就达到 400 万份。③报业迅速发展对文学的主要影响是报纸副刊的发展，报纸副刊在八十年代中后期成为文学传播的重要途径之一，但此时的副刊文学已经不再是七十年代的样貌，而是在市场语境中的大众化。同样

---

① 辛广伟：《台湾出版史》，河北教育出版社 2000 年版，第 281 页。
② 封德屏：《报禁解除之后：新闻空间扩大、尺度放宽、加速政治民主化》，《文讯》1989 年第 40期，第 18 页。
③ 参见赖光临：《检视八〇年代的报业》，《文讯》1989 年第 50 期，第 27 页。

受到"报禁"解除的影响,至 1989 年,台湾杂志就有 4 040 种①,与此相对应的是文艺期刊在"解严"前后的转变,伴随政治"解严",军中文艺期刊进入衰亡时期,如创刊于 1962 年的《新文艺》于 1987 年停办,而七十年代较有影响力的党、军联合出资创办的《文艺月刊》也在"解严"后停刊。出版环境的变化,也同时将文学期刊的生存、文学出版的导向推向市场,因而虽然创刊或复刊的纯文学杂志不少,但能够长期维持下去并非易事,如创刊于 1982 年的《文学界》在 1989 年停刊,1986 年 9 月复刊的《文星》杂志仅仅维持两年即再度停刊等。市场对文学的挑战尤其体现在报纸副刊的经营策略上,林淇瀁曾指出八十年代台湾所有的副刊都带有"大众文化"的烙印,且他以副刊主编的身份指出进入九十年代文学副刊陷入无以为继的困境②。

　　此外,根据《文讯》杂志的报道,在"解严"之后,为了适应日渐繁重的出版品审查工作,台湾新闻主管部门成立"出版品咨询委员会",分别针对台湾及大陆的出版品进行管理。③但随着多元文化空间的形成,人们对言论自由的渴求进一步增强,呼吁废除"出版法",在九十年代后期,新闻局多次主持对"出版法"存废问题的讨论,对"出版法"进行修订,"1999 年 1 月,台湾'立法院'废除了出版法,台湾的出版经营进入了完全商业化阶段"④。"出版法"废止后出版社的注册相对容易,到 2000 年台湾的出版社约有 7 000 多家,出版活跃。在"出版法"被废止前后,台湾杂志出版开启新的发展阶段,业界联合增强,对期刊的发行和发展等方面的调控主要由民间组织进行,如"台北地区的杂志业者为了进一步加强合作,遂于 1996 年 12 月 18 日成立了台北市杂志商业同业公会"⑤,是与当局进行产业政策咨询与沟通的重要桥梁,约有八成以上市场精英杂志是其会员。可以看出杂志不仅出版自由,且管理也是以民间组织的自发调节为主,当局对人文出版类的要求主要自 2004 年 12 月施行的"新闻局"新出台的"出版品及录影节目带分级管理办法",但对大陆地区出版品的引进则有较多规定,需要申请,并有数额等方面

---

① 参见邵培仁:《大众传媒通论》,浙江大学出版社 2005 年版,第 112 页。
② 参见林淇瀁:《书写与拼图——台湾文学传播现象研究》,麦田出版社 2001 年版,第 49—53 页。
③ 参见《台湾文讯》,《文讯》1989 年第 40 期,第 25 页。
④ 辛广伟:《世界出版业·中国台湾卷》,世界图书出版公司北京公司 2000 年版,第 19 页。
⑤ 同上书,第 34 页。

的限定。"出版法"废除之后的十余年间,台湾的出版业有了更自由自主的发展空间。

二十世纪八十年代以后,渐趋宽松的出版环境,以及台湾后工业社会中文化生产与商品营销间的结合使得雅俗之间、纯文学与大众文学之间的距离缩短或关系变得暧昧起来,出版品的市场取向增强,对出版发行、文艺期刊的生存及作家的文化身份、作品出版等带来新的冲击。从出版及发行的权力分割来说,当相对自由的出版环境形成之时,文学媒介对文学资源的占有额和调配权也出现新的分配样貌。报纸副刊尤其是《联合副刊》及《人间副刊》在七八十年代之交是文坛的焦点,足以掀起文学运动、就样板作家,但在八十年代中期以降,副刊的权力核心不断被新兴起的各种文学/文化杂志及中大型出版社所建立的消费链所分割①,尤其是新兴的出版商也在发掘文学资源的商业利益,"非官方系统的中小型民间出版社将出版的重点锁定在文学类书籍,部分出版商已经逐渐具有独立培植新锐作家的能力"②,如在尔雅出版的年度小说选之外,八十年代还出现了 9 种文学选集。这种年度文学选的热潮大约在八九十年代之交衰亡,其原因"一方面因为其功能被八九十年代交替期间的大系编选热所取代,另一方面则是出版商注意到它在消费市场上的挫败,并没有换得期望中的等值商誉"③。而从另一个角度来看,新兴的出版商所争取的出版资源及其营造的出版模式背后最主要的推动力量还是经济价值,因而一旦年度文学选的模式不能获取商誉,出版商的出版策略就会调整。此外,文学期刊依然具有较大的影响力,如创刊于1984 年的《联合文学》月刊,依托《联合报》及联合文学出版社的资源成为八十年代中后期对台湾文学极具影响力的文学期刊,在介绍当代中外文学及发掘新生力量方面都有可观成绩。但同时文艺期刊面临更严重的生存压力,以文艺资讯型杂志《文讯》为例,1983 年 7 月创刊时隶属于国民党"中央文化工作会",虽有宣传文化工作的任务,但历任主编都有"文学性"的追求,对文学史料的发掘整理、对文学活动的推促、对文学传播的关注等,对台湾文学的发展和研究都有一定影响,属于依靠官方资助不求盈利的刊物。但在 2003 年元旦,国民党停止了对《文讯》的经费资助,《文讯》一度陷于停办

---

① 参见林耀德:《当代文学评论大系·文学现象卷》,正中书局 1993 年版,第 554 页。

② 林耀德:《导论》,《当代文学评论大系·文学现象卷》,正中书局 1993 年版,第 27 页。

③ 同上书,第 28 页。

危机,最后成为民营刊物由"财团法人台湾文学发展基金会"支持,脱离官方依靠后的《文讯》也必须在文学与市场之间寻求平衡,初期主要依赖募款生存,直到 2008 年才真正独立运营。

在市场对文艺期刊、文学出版及发行的影响之外,八十年代以来台湾不同理念影响下的政治意识也影响着文学的发展。八十年代初期,延续七十年代乡土文学论战的影响,台湾文学界对文学的认知有不同的表述,有"边疆文学""第三世界殖民文学""在台湾的'中国'文学""台湾意识"为主的"台湾文学"等,这背后显示的是界定者不同的政治理念。其中强调台湾文学主体性及本土性的文学观念得到进一步强化并通过各种方式进行建构,1982年创刊的《文学界》即尝试对"台湾文学"进行重新定义,郑炯明在征稿启事中指出:"处于时局多变的八十年代的台湾文坛,要如何才能确切地捕捉属于这块土地的灵魂悸动,记录它的子民的喜怒哀乐,应是每位从事文学创作者所面临的迫切课题。"①叶石涛在《文学界》第一期发表的《台湾小说的远景》强调台湾小说的"自主性",并提出"台湾文学是居住在台湾岛上的中国人建立的文学"以对海峡两岸文学的差异性分析试图梳理出台湾文学的独特性。②彭瑞金在《文学界》第二期发表了本土立场更为鲜明的《台湾文学应以本土化为首要课题》,而在 1984 年,宋冬阳更进一步强调台湾意识为主的台湾文学则浸染了较多的政治意识形态。对"台湾文学"界定的差异,也影响了各个出版社对选集的编选,如九歌版、前卫版、尔雅版的年度选集,在中心与去中心、本土与非本土的预设立场的争执下,"冒出水火不相容的文学选本,将历史上渊源有自的'选学'传统带进意识形态的纠葛中,看不出文学这个角度的回顾与检视"③。而至"解严"之后,对台湾文学本土性或台湾意识的强调与八十年代初相比更为强烈,自立报系以媒体的力量于 1989 年 1月举办"台湾文学写作坊",聘请当时的一些作家和文学评论研究者进行诗歌、散文、小说、文学概论、文学史等课程的讲授,并进行专题演讲,如李乔的"台湾文学的回顾"、林双不的"台湾文学的几个基本概念"等,这是在台湾的台湾文学研究没有正式成立研究机构之时,在本土思维之中对台湾文学的

---

① 《文学界》第一集封底,1982 年 1 月。

② 参见叶石涛:《台湾小说的远景》,《文学界·评论部分》,1982 年第 1 集,第 2 页。

③ 游唤:《八〇年代台湾文学之变质》,收入林耀德主编:《当代文学评论大系·文学现象卷》,正中书局 1993 年版,第 232 页。

梳理和强调。彭瑞金则指出"随着视距的解冻现象,台湾作家为此时此地的台湾人创作台湾观点的台湾文学,其正当性与正确性,已经不再劳烦任何人呶呶不休"①,这一定位非常强烈地预示要建构台湾意识为主的台湾文学,并充满了强烈的排他性。进入二十世纪九十年代,延续这种思路,《台湾文艺》开始公开建构独立意识的台湾文学,并将之定位成新的"国家文学"。1991 年 12 月《文学台湾》季刊创刊,成为九十年代台湾本土文学与本土论述的重要据点。而自叶石涛的《台湾文学史纲》在 1987 年正式出版以来,台湾学者在本土意识推促下重新书写建构台湾文学史或发表相关论文、出版相关作品集的活动日趋活跃,从出版社到报刊形成以本土意识为主的文学生产与传播链,具影响力的出版社如前卫出版社、春晖出版社等,本土意识的报刊如《台湾通讯》《台湾文艺》《自立晚报》《台湾时报》等。2000 年以后政党轮替、政策性的倾斜和政治风向的转变,更促使这一脉络的文学一时成为"主流"。

　　讨论台湾文学媒介的发展,尤其不可忽略的是二十世纪九十年代以来随着网络资讯技术的迅速发展,网络成为新的出版、传播与阅读媒介,使得文学的样貌发生巨大变化。自台湾作家蔡智恒于 1997 年在网上连载《第一次的亲密接触》引起网友关注后,其网上写作又以实体书的形式在海峡两岸出版并热销,很快又被拍成电影,这一网络—实体—影视的发展模式成为后来网络书写获利或营销的重要方式之一;同年在台湾"虎扑"论坛上起家的罗森的作品《风姿物语》也引起强烈反响,海峡两岸网络写手进行大量模仿创作,推促了日后网络文学类型化的形成。不仅出版商以敏锐的市场嗅觉开始与网络文学进行多方互动,许多纯文学作者或精英作家也以不同的方式在网络上现身,如近年来引起热议的"后乡土/新乡土"的小说家们,在2003 年集体结盟组建的"小说家读者"写作社群,是新型的网络同人作家群体;而如台湾《"中国时报"》开设的"中时部落格"则聚集了很多知名作家,如张大春、骆以军等开设博客,以此为平台推介自己的新作、谈论创作感受、与读者交流等。与此同时,网络也成为经典文学典藏与传播的新方式,纸质图书翻做成电子书籍,或建构经典作家的主页融汇作品、评论、影音等以供查阅。因而,针对这一情况,为推促网络出版物的精良,活络华文电子书市场,

----

① 彭瑞金:《台湾新文学运动四十年》,自立晚报社文化出版部 1991 年版,第 17 页。

台湾"文化部"也以各种措施推动优良图书的网络化,如对各类经典书籍、获奖图书进行电子化储存,以网络平台进行多媒体互动推广。网络所聚集的青年群体及其所培养的大众阅读习惯,很大程度上冲击了传统纸媒文学的生产与传播。

第三节　文学社群的多元发展:文学团体与研究机构

蔡源煌曾指出:"一九八〇年代,在泛消费社会的情况下,文学逐渐走上大众化、商业化之路,从事文学生产的人口锐减。老的文学社团大部分已经失去创造力,而新的文学团体也寥寥无几。新进作家多以自由投稿的方式,四处试探发表作品的园地。"①这一时期,文学团体的活力及影响力有所下降,但"解严"后的文化语境也为文学提供了更自由的空间,不少新结盟或成立的文学团体依然具有旺盛的生命力。而相对文学创作团体的松散,文学研究机构在二十世纪八十年代以后取得了较好的发展,文学研究的对象不再只是古典文学,中国现当代文学、台湾文学开始进入研究视域且成为研究的热点。这一方面源于学术自由的空间提升,一方面也与多元文化环境及海峡两岸频繁的文化互动有关,这种情形也更新了海峡两岸以往对中国现当代文学观念的认知。

就文学团体来说,成立于二十世纪五十年代曾影响台湾文学发展的重要文学团体在八十年代面临转型的问题,不少都调整了文艺策略以适应变化了的时代。如"中国文艺协会"在"解严"后放弃了"反共"职责,转向推动文艺与教育发展,注重文学的当下问题,在九十年代举办了一系列关注"当前"的文学研讨会;"中国青年写作协会"及其刊物《幼狮文艺》依然发挥重要作用,在林耀德担任青年写作协会秘书长期间(1989—1996 年),该协会所举办的一系列学术研讨会,关注台湾文学的新貌,主题有八十年代台湾文学

---

① 蔡源煌:《轻舟已过万重山——回顾八〇年代的文学气候》,《文讯》1989 年第 50 期,第 8 页。

(1990)、当代台湾通俗文学(1991)、当代台湾女性文学(1992)、当代台湾政治文学(1993)、当代台湾都市文学(1994)、当代台湾情色文学(1996)等,改编了"中国青年写作协会"的性格,也带动了一系列重新思考当代台湾文学并且付诸理论化的论述,掀起台湾"新世代文学风潮"①。此外,一些新成立的文学团体则带有更鲜明的时代文化的特征,如1987年由台湾作家发起成立的"台湾笔会",初成立时的会员大约有160人,其宗旨在于"保障作家人权,缔造台湾新文化"。所谓"台湾新文化"其实是在本土意识支配之下的文化观念再塑,该会的会长如杨青矗、陈千武、钟肇政、李敏勇、李魁贤、郑清文、李乔等,大多具有鲜明的本土文学观念,也是二十世纪八九十年代台湾本土文学重要的推动者。"台湾笔会"在"解严"后影响扩大,成立了不同的分会,其中较有影响力的如"台湾笔会盐分地带分会"等。相对这种语境,大专院校的学生文艺团体也体现出不同倾向的活力,如1989年南部7所大学院校的14个文艺性社团组成"南部地区大学院校文艺性社团联谊会",以尽速推出"南部文艺共同体"的构想,同时也是对文化资讯集中在北部的一种反拨②,带有以边缘抵抗中心的意味。在多元文化语境中,文学的发展在文学类型、写作方式、文体形式等层面也体现出新的样貌,因而特定作者群在独特的创作与需求中也成立了一些新型的文学团体,如1998年11月台大教授江文瑜发起成立台湾第一个女性诗社"女鲸诗社",决定每半年出版一本诗集,创刊号为"诗在女鲸跃身击浪时",整合女性诗人在现代诗坛的力量;成立于2002年的"台湾推理作家协会"聚焦推理文学的推广、创作和交流,并设置推理文学奖,推出不定期Mook《歧路岛》,如首期为台湾推理作家协会精选出的会员未出版的短篇小说合集,就是以特定的文学类型进行联合与集结以整合资源寻求发展。而以网络平台为主的"台湾极短篇作家协会",则表现了近年来小说体式及阅读方式的变化,此协会对"极短篇"的解释是:比短篇更短的小说,又名小小说、微小说、掌小说、袖珍小说、瞬间小说、迷你小说等。极短篇是台湾的文类称呼方式,通常在2 000字以下,该协会所称的"极短篇",包含"极短篇"和"最短篇"。该协会有自己的会刊,可以以PDF的格式在网上阅读或下载,刊登文学创作的同时还刊登相关研究论文,以鼓

---

① 参见刘纪蕙:《林耀德现象与台湾文学史的后现代转折:从〈时间龙〉的虚拟暴力熟悉谈起》,《孤儿·女神·负面书写:文化符号的症状式阅读》,立绪事业文化公司2000年版。

② 参见《台湾文讯》,《文讯》1989年第41期,第68页。

励极短篇文学创作、文学理论及文学批评的发展。也可以将新近出现的与推理及极短篇相关的协会看作是特定文学群体的聚集,通过网络、期刊等多种方式以期待扩大影响力。

相对于这一时期文学社团影响力的下降,多样化的文学机构从文学引导、补助、推广及研究的层面推动了新的文学观念的建构,也试图通过多种途径为文学的发展提供保障和引导。从属性来看,这些文学机构主要分为官方机构、民间机构及半官半民性质的机构。官方机构主要分为政府机构和高校或科研系统的文学机构,较具影响力的有专门麇集保存台湾文学史料的机构"台湾文学馆",由文化主管部门在 1997 年筹备设立,2003 年 10 月开馆运营。其职能除收藏保存资料、进行文学研究之外,还"透过展览、活动、推广教育等方式,使文学亲近民众,带动文化发展"①,有文学刊物如《台湾文学史料集刊》《台湾文学研究学报》等,并举办"台湾文学奖"评比活动,近年来对台湾文学研究及文学创作的推动起到重要作用。在"解严"之后的文化语境中,在台湾民间出版等各项事务繁荣发展的推动下,民间文学机构也有了较好的发展,如成立于 2003 年 5 月的"台湾文学发展基金会",在国民党宣布对《文讯》杂志提供经费支持之后,由文化界人士自发组成,以支持台湾文学的传播、研究和保存。除出版发行《文讯》之外,还承办了多种当局委托的专案,如两次承办"文建会"《"中华民国"作家作品目录》的新编和重编、连续四年承办"文建会"委托的《台湾文学年鉴》的编写、承办台湾文学馆委托的"台湾现当代作家评论资料目录"等重要的文学事务。成立于 1996年的"'国家'文化艺术基金会"主要基金来源是由文化主管部门依据"'国家'文化艺术基金会设置条例"所捐助的资金为本金,同时通过民间捐助推动各项事务的发展,属于半官半民性质的文艺机构,主要职责为赞助、奖励并培养、推动民间文艺工作者和团体,就文学方面而言,包括对创作、展览、研习、研讨会等多种形式的奖助或推动。由此可以看到,多样化的文艺机构实际上在看似多元无序的文学发展中,起到了重要的引导及调节作用。

---

① 来源:"国立"台湾文学馆官网:http://www.nmtl.gov.tw。

第四节　引导与建构：文学奖与文学补助计划的发展

作为重要的评价机制，文学奖在台湾当代文学的发展中占据重要的位置，常常是青年作者进入文坛的重要途径，也是出版社遴选作品的参考，同时也是建构新的美学原则、影响文学阅读与创作、调节文学资源分配的重要方式。从二十世纪八十年代至今，台湾"文学奖"由原来较为单一的样貌发展到多元并存的形态，"从'国家机器'、民间社团、法人机构到媒体，乃至于各级学校、私人刊物，大大小小，性质互异，种类繁多，每一类都具有权力的性质"①。而奖项的设立或评选标准也渗透了各种因素，这其中有传统文学力量的介入，有市场化的需要，有政治意识形态的左右、地方性的考量等，也出现了官方以保护文学发展的方式引导各种文学奖的设置与评选，因而背后的支持力量使得不同的文学奖在审美趣味和评判导向等方面呈现出不同的文化理念或价值诉求。

就二十世纪八十年代以来台湾文学生态来看，影响最大的文学奖依然是设立于七十年代中后期的"《联合报》小说奖"和"《时报》文学奖"，在七十年代末至八十年代的台湾文坛，大部分作家都经由两大报系的文学奖进入文坛，这两个文学奖则被称为是"跨入文坛的传统仪式""转大人"的文学成年仪式之一②。就文学奖出身的作家而言与前此世代也产生了不一样的写作特征，"与报社的结盟对这批新生代作家的美学取向和专业视野产生了重大的意义"③，如 1980 年《联合报》文学小说大奖的获奖作品萧丽红的《千江有水千江月》，一度成为畅销作品，而这一部小说的文化特征及审美观念聚合了八十年代台湾文化语境中的多重元素，恰恰印证了"与报社结盟"取向的胜利。文学奖获奖作品往往也成为被模仿的对象，而参赛者也常常会在创作投稿中考量评审的标准或取向，因而文学奖往往能够引导某种类型或

---

① 　向阳：《海上的波浪：小论文学奖与文学发展的关联》，《文讯》2003 年 12 月第 218 期，第 38 页。

② 　参见钟文音：《美丽的苦痛》，大田出版社 2004 年版，第 82 页。

③ 　张诵圣：《文学场域的变迁》，联合文学出版社 2001 年版，第 56 页。

风格的文学创作,如八十年代两大报系获奖的作品形成政治小说的风潮。而在两大报系获奖进入文坛的作家们在日后一度成为文学创作的主力,如张大春、朱天文、朱天心、苏伟贞、洪醒夫、黄凡、张贵兴、林清玄、李昂、东年、骆以军、袁哲生、黄锦树、邱妙津、张启疆、钟文音等。此外,"自立报系百万元小说奖"、《"中华日报"》的"中华文学奖""'中央日报'文学奖"等构成了台湾八十年代报刊文学奖的繁盛,报刊文学奖成为影响文学生态的重要场域。而在九十年代中后期,报系文学奖在文坛的影响力也随着台湾各类文学奖的增设及媒体生态的改变受到挑战与分解,在各种文学奖的冲击下,经典性的文学奖影响力受到分散,但也推促其进入转型期,如"联合报文学奖"自认已达成阶段任务,2014 年起转型为"联合报文学大奖"每年评选一位攀登高峰的作家,奖金 101 万新台币,设立宗旨是在适应新的文艺环境的情况下,奖励优秀华文作家写出更具影响力的文学作品。其中各县市纷纷设立的"地方文学奖"产生较大影响,"地方文学奖"在体现各县市政府行为对地方文化的干预和指导的同时,也努力以文学创作凸显更细致的地方性与"在地"感,在形塑台湾地域文化、鼓励奖助知名作者的创作及推动文学新人的创作方面都起到了重要作用。台湾较早以"地方"观念而设立的"地方文学奖"是 1993 年由台南县政府主办,县文化局与财团法人台南县文化基金会共同承办的"南瀛文学奖",每年 7 月征稿,虽然也设立如传统诗和文学部落格这种兼顾多种文学类型的奖项,但其宗旨即为"挖掘及培植地方文学人才,建立南瀛文学特色"。随后,台湾各县市兴起设立"地方文学奖"的热潮,先后有"南投县文学奖"(南投县)、"桃园文艺创作奖"(桃园县)、"梦花文学奖"(苗栗县)、"矿溪文学奖"(彰化县)、"菊岛文学奖"(澎湖县)等。二十世纪九十年代台湾有 16 个县市设立地方文学奖,而至政党轮替的 2000 年前后,又有 7 个县市①陆续设立地方性的文学奖,"地方文学奖"终于"遍地"开花。虽然"地方文学奖"的作用,在台湾文学整体局面中并不能像两大报系的文学奖那样成为影响台湾文学生态的关键因素,但"地方文学奖"经过制度性的价值确认对推举本地文学青年,以及引领当地青年人进入文学创作领域提供了捷径,对于以地方特征为主要内容的具有乡土气息的文学作品创作也起到了一定的推动作用,这也在一定程度上消解了两大报系文学奖

---

① 　分别是新竹、台东、基隆、宜兰、金门、台北、云林。

所建立的美学倾向——对中心如台北或大都市风尚的推崇。各县市"文化局"或各种官方机构在此过程中起到了关键的作用,官方以体制性的调控通过"文学奖"对"地方"进行意识形态渗透,而"文学奖"在成为文化活动标杆的同时,也因其所带来的文化资源等象征性资本吸引着众多参与者的激情投入,进而形成一种特殊的地域性的文化运作空间,在强化"地方"观念、形塑地域特殊性以对抗资讯发达的现代社会对传统及地方差异性的覆盖或忽视起到一定作用。但对"地方"的过度强调也造成文学的"类型化"发展——文学书写被拘泥在对某一特定地域的风土人情的再现,虽然延续了传统乡土文学的样貌,却束缚了创作者的思维,得奖作品题材重复的现象频出,杨翠曾指出近年来台湾文学奖的共同现象即为:得奖者高度重叠,虽然作品素质都有所提升,但特别优秀的未见,台湾文坛需要很会得奖的作者,更需要真挚动人的作家①。如此多的文学奖使得参赛作品具有同质性,并且培养了很多以获奖为目的的游动性写作者,过度泛滥的地方文学奖培养的不是作家或文学风气,而是一种功利心理。

在市场的刺激下,文学的发展面临极大挑战,在这种情况下台湾文学的发展亟需政府机构及社会团体支持和辅助,政府举办的文学奖和补助计划很大程度上维系并引导了文学的发展,同时也比较注重以政策的方式引导调整民间文艺的发展。如"文建会优良文学奖"对文学杂志的支持,如在1998年获奖的杂志有《联合文学》《中外文学》《文讯》《文学台湾》《幼狮文艺》《明道文艺》等,台湾文学馆也设置了"优良文学杂志补助"以推动文学杂志的发展。此外,还有多样化的对创作进行的引导与补助,如"'国家'文化艺术基金会"以补助或奖助的形式对文学的引导,在2004年开始"长篇小说创作发表专案补助计划",为写作者提供生活费和出版、宣传方面的资助,以活络长篇小说创作的文学环境。被誉为台湾文艺界最高荣誉的"'国家'文艺奖",每年评选一次,奖励主要针对有卓越型及累积性成就,且持续创作或展演之杰出的文艺工作者,获奖者奖励奖金新台币100万元,文学方面的得奖者如第一届(1997)的周梦蝶、第二届至第十七届的获得者为黄春明、钟肇政、杨牧、叶石涛、陈千武、白先勇、林亨泰、郑清文、李乔、李敏勇、施叔青、王

① 高雄市政府文化局:《撤退路线:2007打狗文学奖得奖作品辑二》,远景出版事业有限公司2007年版,第186页。

文兴、七等生、陈若曦、林良、宋泽莱，涵括了有成就的作家及研究者。而台湾文学馆在 2005 年以来主办的"台湾文学奖"也是较具综合性的文学奖助，包括创作类、图书类等奖助，在激励文学创作的同时，也以甄选、建构文学经典，提升台湾文学品质为目的。可以看出，台湾文学奖的多样性及复杂性，两大报系文学奖所培养的作家群体、地方文学奖走出的以书写地方为主的作者们、小说专案补助的引导性、政府机构以奖助方式对经典谱系的树立等，都体现出无论哪一种文学奖的设立，都具有非常鲜明的目的性，从不同的角度或以不同的方式进行文学建构或目的性的调控。

第五节 文化观念的变化与大学文学教育的发展

"中华民国宪法"有关教育文化的规定是："教育文化，应发展'国民'之民族精神、自治精神、'国民'道德、健全体格、科学及生活智能"[1]，而在大学教育中，台湾"高等教育法"总则第一条规定"大学以研究学术，培育人才，提升文化，服务社会，促进'国家'发展为宗旨"[2]，台湾的文学教育在这一总体规范内，更体现出台湾社会文化建构过程中对文学的期待与形塑，文学教育体系的设置与变动尤其反映了文化认知的变迁及文学掌控权的再分配与重组。二十世纪八十年代以来台湾高等院校的文学课程设置随着文化观念的变化发生了巨大变化。在八十年代，随着政治及社会文化语境的变化，台湾的教育改革也在多重力量的推促下进行，尤其是在野政治力量、民间教改力量及社会中产阶级所结集形成的社会力量，因而 1980 年行政主管部门颁布《复兴基地重要建设方案》，在文化教育建设方面提出了一系列具体措施，其中指出应该充实研究所，改进大学教育，并提高学术研究水平。[3]1982 年开始对"大学法"进行调整，内容主要涉及开放私人办学等，但基本未涉及大学

---

① 参见台湾地区"中华民国宪法"第 158 条规定。
② 来源：http://law.moj.gov.tw/LawClass/LawAll.aspx?PCode＝H0030001。
③ 张宝蓉：《台湾高等学校专业设置与调整研究——劳动力市场的视角》，厦门大学出版社 2011 年版，第 116 页。

民主与自由①，到政治"解严"后多元社会格局形成，对高等教育的改革诉求进一步提升，1994 年对相关规章制度的修订有效推动了台湾大学教育的理念。尤其值得注意的是 1994 年"大学法"修订之后，当局逐渐放松对高等教育发展的控制，教育主管部门放松了对大学的管理，不仅大学在组织、招生、人事管理与师资聘任等方面获得极大的自治权，而且学位的设置及课程组织与设计都由大学自主决定，确定了大学自治和学术自主的原则。二十世纪九十年代中后期以来高等学校自主性的增强也使得文学学科及院系、研究所设置的格局发生了变化，高等院校中新设立不少与台湾文学研究相关的系所，使得在文学教育领域中，中文学科的设置及课程设置不再以中国文学系为主而偏重古典文学。这一转变与八十年代台湾文化界关于"台湾意识论战"与"台湾文学正名论"争论与探讨有关，不少具有本土意识的文学工作者对"台湾文学"的重新界定在很大程度上冲击了 1949 年以后在官方文化主导之下所形塑的"中国文学"观念。因而，随着政治文化语境的变化，高等学校自主权的扩大以及台湾文学研究的热涨，自九十年代后期以来台湾高等院校掀起设立台湾文学系所的热潮，如同台湾政治大学对台湾文学所简介的背景中所指出的："伴随着知识经济的到来，'全国'的教育政策也开始进行调整。长期以来，台湾教育政策过于忽视台湾历史、文学、语言、文化等方面的训练。近几年来，'我国'对于本土文化的教育品质，已受到注意而加强改造提升。台湾文学研究所的设立，乃是呼应教育政策的重大调整。"②

台湾首设"台湾文学系"的高校是私立性质的真理大学（原名为淡水工商管理学院），于 1997 年经台湾教育主管部门核准开风气之先，其筹备成立的设想与宗主最初与以文学教育传播、建构台湾文学主体意识有极大关系，早在 1995 年，当时的校长叶能哲曾说"我要创办台湾第一，世界第一个台湾文学系……承传台湾文学，以重建台湾文学主体性"③。1995 年关于在大学成立台湾文学系的讨论成为热议话题，主要针对的是当时"教育部"拟扩大中文系，将中文系细化成中国文学组、中国语言组、中国哲学组、中国思想组的计划。这一系列承续中国文学教育与中国文化观念传播的举措引起具有

---

① 李莉方：《二战后台湾高等教育立法之演变及其动因探微》，《世界教育信息》，2016 年第 14 期。

② "政治大学台湾文学所"主页 http://tailit.nccu.edu.tw/about/pages.php?ID＝about4。

③ "真理大学台湾文学系"主页 http://mttl.mtwww.mt.au.edu.tw。

强烈本土意识的学者极度不满,"'台湾笔会'与众多文化团体联手,邀请一批文化界人士和民意代表,到'立法院'举办公听会、记者会,强烈要求教育部门允许在各大专院校建立'台湾文学系'"①,在舆论压力下,是否开设台湾文学系进入官方考量范畴之中,真理大学经由一年多的筹划通过多次向教育主管部门提请申请,最后获批成立"台湾文学系",于 1997 年以联招的方式招生。此外,1998 年成功大学向"教育部"提出设立"台湾文学研究所硕士班",并于 2000 年正式以学校为基地成立"台湾文学研究所",同年获准增设"台湾文学系"大学部暨博士班计划。而 2000 年以后,由于政党更迭,政治观念的变化,新一届领导机构鼓吹本土文化建设,教育主管部门也以各种方式鼓励公立高等院校设立台湾文学系所,且在《教育政策白皮书》中指出,鼓励筹设台湾文学系所的目的之一是"培育母语师资",这种鼓励政策带有极其强烈的政治意识形态,却影响了台湾高校文学教育的发展。此后,台湾"清华大学"、台北师范学院、静宜大学、台湾大学、中兴大学、中正大学、政治大学等纷纷设立台湾文学系所,台湾文学进入高等院校以文学教育的方式进行学科性的建构与传播,取得合法性的位置。

从课程设置来看,新世纪以来台湾高校中陆续增设的台湾文学系所主要是以强调台湾本土语言、文学与文化为基础进行教学与研究,如台湾大学的课程分为古典与近代文学、日据时期台湾文学、战后台湾文学与文化、台湾语言、文学与文学史专题、原住民与民间文学研究、文学理论与研究方法等几个部分;而台湾清华大学所开设的课程有台湾文学史、台湾古典文学、原住民文学、日治时期台湾文学、战后台湾文学、现当代文学、战后女性文学、台湾电影、台湾戏剧等,同时也开设殖民主义与文学生产、文化研究理论、叙事社会学、女性主义/性别文化等理论性课程。中兴大学台湾文学与跨国文化研究所以"培育在国际场域台湾文化传播知识深耕的社会精英"为目标,将课程设置分成几大部分:"基础课程",主要包括台湾文学史专题、台湾文学研究的重要议题等;"台湾文学与跨国研究",主要包括跨国脉络下的台湾古典文学研究、台湾文学与中国文学比较、东亚殖民与后殖民文学、台湾与亚洲大众文学研究等;"文学与翻译"部分则主要包括台湾文学英译选读与翻译习作、台湾文学与文化翻译、台湾与第三世界文学等;"文类与文

---

① 古远清:《为什么台湾高校纷纷成立"台湾文学系"》,《台声》2003 年第 8 期,第 15 页。

本",主要包括:台湾古典文学专题、日治时期台湾文学专题等各类专题;"文学与文化研究",主要包括台湾客家文学与文化、台湾原住民文学与文化、台湾文学传播专题、台湾文学与生态环境研究等。从表面上看,台湾文学系所的课程设置较多,涵括层面广,学科建设渐趋完善,但在学科发展与独立性层面依然面临很多挑战与困境。一方面,不断设立的台湾文学系所及台湾文学研究热潮,导致台湾高等院校中根基深厚的"中国文学系"进行一些调整,改变原本以古典文学教学为主导的原则,加重现代文学的比例;另一方面,中国文学与台湾文学的关系、两者的区隔与差异、台湾文学学科的独立性等问题一直存有争议,曾有论者就台湾文学系所的现状与未来提出如下看法:从教育影响力来说,即便有十余年的台湾文学教育,绝大多数台文系所的师生却仍看不懂,甚至是不屑台湾语文的书写与创作;从学科独立性来看,台文系与中文系的区别不大,在师资、课程与研究领域方面有很多相同和相通之处。①并且,台湾文学系虽然课程设置多样,但在经典性的教科书层面却非常不系统甚至缺位,如从事台湾文学研究及教学的陈建忠就曾指出:"一个没有教科书的系所,学生与社会大众又要如何自我认同?"但他基于台湾文学如何教育文学人才又提出应该把焦点放在"文学"上,"除了台湾文学的专业外,不仅要学习中国文学,更要认识世界文学,因为他们都是'文学'这个大家族中的重要成员"②。这也从另一方面说明台湾文学与中国文学之间的密切关联。虽然,自二十世纪九十年代中后期以来,台湾高等院校中的文学教育由于台文系所的设置改变了过去几十年文学教育的版图,"中国文学系"看似在政治意识形态影响下呈现出阶段性的"弱化",但其依然在整体的文学教育中占据主导位置,"中国文学系"所在高校硕博班的设置比例远远高于台湾文学系。

---

①　蒋为文:《一个没有市场区隔的学系!?——论台湾文学系所的现状与未来》,《台湾文学馆通讯》2009 年 8 月第 24 期。

②　陈建忠:《谁能让台文系拥有一部文学史:我的忏梦录》,《台湾文学馆通讯》2009 年 8 月第 24 期,第 13 页。

第四章　香港文学制度/机制

第一节　香港文学制度/机制的产生背景和历史沿革

香港文学在中国近代以来的文学版图中是个特殊的存在。自 1842 年《中英南京条约》签订之后，香港开始受英国的殖民统治，直到 1997 年才回归中国。在香港历史上，1842 年的《中英南京条约》、1860 年的《北京条约》和 1898 年的《展拓香港界址条例》，对香港殖民地历史的形成产生了根本性的影响。1941 年日军占领香港直至 1945 年日本投降，是香港历史中的一段特殊时期。1945 年后香港重归英国治下，直至 1984 年中国和英国签署《中英联合声明》。1984 年后香港进入"回归"过渡期，1997 年 7 月 1 日，香港回归中国。

香港文学，顾名思义，就是产生在香港这块土地上的文学——关于香港文学的定义，学术界众说纷纭，莫衷一是，笔者在这里如此"顾名思义"，采用的是各种说法中的"最大公约数"。香港文学究竟从何时开始——也就是香港文学的起源，至今学界也并无绝对权威的说法。刘以鬯的《香港文学的起点》一文（发表于 1995 年 1 月 3 日）和刘登翰主编的《香港文学史》，都以 1874 年王韬创办《循环日报》副刊作为香港文学的起点①；而黄维樑在《香港文学再探》一书中，则把 1853 年面世的中文期刊《遐迩贯珍》、1874 年创刊的《循环日报》、1900 年创办的《中国日报》、1907 年出版的《小说世界》和《新小说丛》以及数年后面世的《妙谛小说》和《双声》，都视为是香港文学的早期

---

① 刘以鬯：《香港文学的起点》，《畅谈香港文学》，香港获益出版事业有限公司 2002 年版，第 19 页；刘登翰主编：《香港文学史》，人民文学出版社 1999 年版，第 55—56 页。

存在①——黄维樑没有给出一个具体的时间"起点"，显然是他觉得在这个问题上，并不是很容易下结论的。

虽然香港文学在"范围"（什么样的文学是香港文学）和"时间"（从何时开始出现香港文学）上都还具有不确定性（学界没有定论），但香港文学总的一种"质"的规定性还是明确的，那就是香港文学是产生在香港这个地方、与香港近代以来的历史密切相关的一种文学。

香港在清代原为中国新安县治下的一个小渔村，在受英国殖民统治之前，香港本无严格意义上专属自己的文学，此时如有香港文学，也只是中国文学的一部分，其独特性并不突出，香港文学真正具有"香港文学"特性，应当是在香港受英国殖民统治之后，因为从此以后，香港文学所植根的土壤和赖以生存、发展的环境，与原先的中国环境有了一定的差别——且不说外来统治者的治理观念和统治方式有所变更，就是在对文学的理解认识和控制手段上，也与香港在中国治下时有了不同。虽然由于异族统治者对文学的观念、态度和管理方式，决定了英国殖民当局对香港文学的影响并没有迅速、普遍地波及香港文学的各个方面，但一个多世纪过去后，香港文学受殖民当局影响的痕迹，还是有迹可循的。仅就统治当局对文学的管控形态，以及由此产生的文学制度/体制而言，相对于中国大陆和台湾地区，香港文学就显现出特有的宽容、松散的特质。

无论是在大陆，还是在台湾地区，文学在近代以来都难以摆脱与"政治""剪不断、理还乱"的密切关联性。在中国大陆，从晚清的"诗界革命""小说界革命"，到五四时期的"文学革命""人的文学"；从二十世纪二三十年代的"革命文学""左翼文学"到三四十年代的"抗战文学"；从五十年代的各类文学运动，到六七十年代的"'文革'文学"；从七八十年代的"伤痕文学""改革文学"，到八十年代以后的各种"先锋文学""探索文学"……这各式各样的文学形态背后，都凸显或隐现着政治力量在其中发挥的决定性作用。在台湾地区，从二十世纪二十年代"新文学"的兴起，到三十年代"左翼文学"的发达；从三四十年代"皇民文学"的出现，到五十年代"反共文学"的倡导；从六十年代"现代主义"的兴盛，到七十年代"乡土文学"的崛起；从"解严"后文学多元化的发展，到其后分离主义文学的猖獗……在台湾文学的百

---

① 参见黄维樑：《香港文学再探》，香江出版有限公司1996年版，第3—4页。

年发展历程中,"政治"对文学的介入和影响深度,一点都不亚于中国大陆文学。

与大陆和台湾地区比起来,香港文学与政治的关系,在英国殖民统治时期,要显得较为松散,形成这种现象的主要原因,一方面在于香港这块土地本身的历史形态;另一方面,也许是更重要的方面,在于英国殖民当局对文学的"管控"方式,与中国大陆和台湾地区的"政治化控制"方式,有着极大的不同。

英国在获得了香港的实际控制权后,将英国的管理体制引入香港。根据港英政府 1879 年的一份年度施政报告可发现,港英殖民当局对香港的统治和管理,注重的是如下 13 个方面:(1)警察;(2)监狱;(3)法院;(4)港务;(5)获得资助的学校;(6)税收和支出;(7)邮局;(8)政府教育;(9)关于香港政府教育的增加条款;(10)法院准备受理的和开始审理的案例;(11)植物园和种植园;(12)对 1879 与 1880 年度税收和支出的比较陈述;(13)殖民地外科医生和其他环境卫生报告。从这 13 个方面中可以看出,对于文学的"领导、规划和控制",并不在港英当局的管制范围之内——这也许也与英国社会对文学的理解有关:文学是一种审美行为、精神活动,而不是政治活动和政府行为。

港英当局不以"政治控制"的方式介入"文学"这一思路(政策),具有一定的稳定性和持续性,从 1879 年到 1919 年,再到 1937 年,通过比较可发现,港英当局的年度施政报告虽然分类越来越具体,内容越来越细致,但其总体框架基本不变,"文学"从来没有被列入单独一类或一项,进入殖民当局管制或管理的范围。港英当局对香港采取这样的统治方式,使得文学在香港有了一块自由发展的土壤——只要不触犯港英当局的相关"法律",文学在香港从理论上讲似乎可以自由存在和任意书写。

1941 年 12 月至 1945 年 8 月,香港被日军占领。在此期间,日军对包括文学在内的一切活动有严格的规定。在颁布于 1942 年 2 月 20 日的《香港占领地总督矶谷廉介告谕》中,有如下威胁字眼:"现尔各居民应忍耐艰苦,善体圣战之意义,切戒淫放恣,在皇军治下,奋发努力,对于时局多所贡献。凡尔民众,如能革除故态陋习,挺身自励,一秉东洋精神,完成大东亚兴隆伟业者,本督当以知己待之。其有违反道义,不守围范者,乃东亚万众之公敌,非我皇土之民。无论国籍,无论人种,本督当以军律处治,绝不宽恕。"在这样的政治高压下,香港文学"自由存在和任意书写"的空间,被大大压缩。

1945 年战后,英国恢复了在香港的殖民统治。日本总督紧箍咒式的"告谕",自然成为废纸。香港文学似乎又恢复了过去那种"自由存在和任意书写"的状态——香港历史上在英国殖民统治下,"左""中""右"三种不同政治立场和意识形态色彩的文学,能够并存共生,显然与港英殖民当局对文学相对"放任"的"管理"方式密切相关。有意思的是,港英当局直到 1974 年 2 月,才确立中文的法定地位。在《1974 年法定语文条例》中,港英当局宣告"本条例旨在规定香港之法定语文及其地位与应用",在第三条第 1 款中,有如下内容:"兹宣布英文及中文为香港之法定语文,以供政府或任何公职人员与公众人士之间在公事上往来之用",在第 2 款中则有如下内容:"法定语文均具有同等地位,在为本条第(1)款所定目标而使用时,除本条例另有规定外,亦均享有应用上之同等待遇。"不过,虽然此时宣布中文与英文具有同等地位成为法定语文,但在同一个条例中的第五条第 2 款,却又有如下规定:"在下列法庭之审讯,须以英文进行:最高法院上诉法庭;最高法院原诉法庭;地方法院;及未列入附表之其他法庭"——也就是说,在具有裁决权的法院系统(特别是具有终审权的最高法院),英文仍然才是真正的"官方语言"。

了解了这一点就可知道,1974 年以前的香港,在港英当局治下,中文(包括中文书写的香港文学)基本上没有进入香港殖民统治者的"法眼",在此情境下,说香港文学在香港的生存环境是一种"放任"状态,香港文学可以自由存在和任意书写(只要不违反法律),应当是符合香港文学的实际的。

1997 年 7 月,香港回归。香港政府在编印《香港 1997 年度报告》时,共列 26 大类,所有栏目如下。

一九九六年大事纪要:(1)香港历史;(2)宪制和行政;(3)法律制度;(4)过渡安排;(5)经济;(6)财政和金融;(7)工商业;(8)就业;(9)渔农业和矿产;(10)教育;(11)卫生;(12)社会福利;(13)房屋;(14)土地、公共工程和公用事业;(15)运输;(16)机场核心计划;(17)港口发展;(18)公共秩序;(19)三军和军团;(20)旅行和旅游;(21)通讯和大众传播事业;(22)宗教和风俗;(23)康乐、体育和艺术;(24)环境;(25)人口和入境事务;(26)历史。

纵观这整个 26 大类,没有发现与文学产生直接关联的相关类别,在 26 大类中,可能与文学发生关联的,大概只有"教育""通讯和大众传播事业""康乐、体育和艺术"这三大类,但文学显然在其中隐而不彰,所占比例十分有限。即便如此,回归后的香港政府在这可能与文学发生关联性的三大类中,强调的也只是如何管理日常运作,对于"思想"和"意识形态"方面的"形而上"管制和管理,仍然阙如。

文学制度中最为重要的体现,或许应当是政府部门制定的关乎文学生存、发展的有关法律、政策、规定、指导方针和规划要求,但在香港,我们至今没有发现港英当局和特区政府颁布的与文学生存、发展直接相关的法律、政策、规定、指导方针和规划要求之类的文件。如果可以将文化政策算作与文学制度相关的政策性指导,那么"香港一直以来采用的文化政策,是自由的文化政策……香港的文化政策并非像其他国家或政府般,以一套事先构思及公布的成文政策来实施……而是以具体形式、零散地体现,落实在各项政策与措施上。……香港在 1962 年大会堂成立之际,开始正式资助公共文化,1977 年有工作指引,要到 1981 年,几乎二十年之后,原行政局才总结了几条文化政策,其精神一直奉行至今"。而"在香港政治最开明的时期,具体的做法是政府透过法律和司法程序,保障文化艺术的创作与表达自由;另外按照政府的财政支付能力,提供一个积极支援发展的环境,以及开放公共空间,容许多元阐释、多元发展和自由竞争。透过民众在决策过程的参与,政府制定长远的文化发展目标凝聚价值共识,但不对文化艺术下官方的定义,也不影响具体的创作。资助公共文化艺术团体,港府一贯以放权委托的形式……政府资助文化艺术,其实亦同时扶助公民社会成长。因此,受资助的团体抨击政府,讽刺时弊,'反咬喂哺者之手'(bite the feeding hand),在香港是正常不过之事"①。

通过以上对香港自开埠(沦为殖民地)以来直至 1997 年回归之后文学环境的回顾和考察、梳理和归纳,我们基本上可以认为,香港文学的生存环境,相对于中国大陆和台湾,要来得宽松,来得自由。由于港英殖民当局和回归后的香港特区政府,对文学形态、文学走势和文学发展并没有运用政治力量,通过政府行为加以干预、规约和控制,因此香港文学——主要是指中文创作的文学——能在这样一个宽松、自由的环境下生存和发展,就具有了"百花齐放"的态势。

---

① 陈云:《香港有文化——香港的文化政策》(上卷),香港花千树出版有限公司 2008 年版,第 44—45 页。

在这样的一种政治背景和社会文化土壤中生存的香港文学，其文学制度（如果有的话，也许说文学机制更为贴切）从一开始就缺乏一种政府刚性介入的政治干预和政治管控特性，而主要以"民间"的方式，以各种文学团体、文学刊物、文学活动、文学奖项、文学出版和文学创作的形态，自然形成一种文学机制。这种机制以"民间"的面目出现（至于在"民间"面目背后有什么政治力量介入，那是另外一回事），以"自由"竞争、适者生存的"任意"姿态生长于香港社会文化环境，并由此导致了香港文学纷繁多姿、色彩斑斓、齐头共生、变化多端的基本特性。

纵观香港各个历史时期的行政特点，除了 1941 年 12 月至 1945 年 8 月日军占领时期，香港文学受到日本帝国战时体制的严格约束之外，总的来讲，香港的文学制度/机制，其形成与发展与英国殖民当局宽松的文学政策密切相关。殖民却宽松的政治环境，高度发达的资本主义经济，中西合璧的文化氛围，构成了香港文学制度/机制的背景，而这种背景由于长期的历史积淀，逐渐地也成为其独特的文学生产观念和文学存在传统。在此特殊的背景和独有的传统主导下，香港的文学制度/机制，在不同的历史时期虽然有所变化，但"少有干预""自由发展""市场主导"和"多元并存"，这就成为香港文学制度/机制的总体特点。

第二节　香港文学制度/机制的生存方式和呈现形态

香港文学的生存环境和生长背景较为特殊，因此从严格的意义上讲，其"文学制度"并没有体制化，而显得相当零散和薄弱。因为作为政治概念的"制度"，只有与政治（或政治的集中体现"政府"）发生密切关联，其功能才能产生，其作用才能发挥。可是在香港，由于主导其政治形态的港英殖民当局和回归后的特区政府，都对文化（包括文学）采取了"尽量避免干预的政策"（minimal interference），即便是作为政府机构的香港艺术发展局，其对文学的影响，也主要是通过提供资金资助的方式进行——而具体的运作，即资金的投注和分配，香港艺术发展局并没有预设立场，而依靠遴选出的委员进行评判和操作。在这样的政治架构和行政理念(也是香港文学赖以生存的环境)支配下,所谓的香港文学制度,就只能是一种由各种文学团体和文化机构、文学奖项和文学活动、文学刊物/报纸副刊和文学出版社、文学创作和重要作家,依照"自由发展"和"市场主导"原则,在竞争中自然形成的一种文学机制。这种机制,对香港文学从根本上讲并不具有约束性,因此在其内部,也很难找到其发展的内在逻辑,更多的时候,是一种以共时性形态、多元呈现的香港文学制度(机制)面貌图。

以下我们从香港主要的文学团体(以及与文学相关的文化机构)、文学奖项和文学活动、文学出版等几个方面,来展示香港文学制度/机制的具体形态①。

(一) 主要文学团体与文化机构

(1) 岛上社:香港新文学第一个正式的文学团体,成立于 1929 年,其主要成员包括侣伦、陈灵谷、谢晨光、张吻冰、张稚庐、平可等。该社创办文学刊物《铁马》和《岛上》。

(2) 文协香港分会:全名为"中华全国文艺界抗敌协会香港分会",成立于 1939 年 3 月,由中共党员廖承志策划,楼适夷、许地山、欧阳予倩、戴望舒、萧乾等筹备组建,许地山主持工作。该团体至 1941 年日军进入香港后停止活动,1945 年抗战胜利后恢复活动。曾举办"通俗文艺座谈会""鲁迅先生纪念晚会""鲁迅先生六十诞辰纪念大会"等活动,尤其值得一提的是,文协香港分会在 1939 年 5 月,组织成立过一个"文艺通讯部"(简称"文通"),主要成员有沈迈、杨奇、彭耀芬、黄德华、林莹窗等,"文通"在《"中国"晚报》开辟副刊《文艺通讯》,在《循环日报》开辟副刊《新园地》,并创办文艺半月刊《文艺青年》。此外,文协香港分会还办了两期"文艺讲习班",毕业学员先后组织了"香港文艺研究会"(1940 年 8 月)和"香港青年文艺研究社"(1940 年 10 月)。

(3) 中国文化协进会:成立于 1939 年 9 月,由国民党人士简又文组织创建,主要成员有简又文、许地山、戴望舒、温源宁、陆丹林、胡春冰等。该组织在"团结抗日"口号下开展活动,号称与"文协香港分会"为"姐妹组织"。

---

① 以下有关香港文学社团和文化机构、文学奖项和文学活动、文学刊物/副刊和文学出版的材料,许多采录自 1997 年蔡敦祺主编的《一九九七年香港文学年鉴》,该年鉴由香港文学年鉴学会于 1999 年 3 月出版。

1941 年 12 月香港沦陷后停止活动。

（4）国际笔会香港中国笔会:成立于 1955 年 3 月,是台湾中国自由笔会的姐妹组织,主要成员包括黄天石、易君左、左舜生、力匡、水建彤、罗香林、李秋生、徐速、司马长风、黄思骋、姚拓、徐东滨、燕云、丁淼等,出版《文学世界》杂志,并举办多种文学座谈会。其会员林仁超在 1955 年成立"新雷诗坛",该诗社在二十世纪五十至七十年代在香港文坛颇具影响力,重要成员包括慕容羽军、庐干之、吴瀼陵、袁毅良等,该诗社以《华侨日报》文艺副刊为基地,提倡"新诗八要",发表了大量诗作,影响遍及香港和东南亚。

（5）炉峰雅集:虽然成立于 1959 年春,但直到 1995 年才正式注册的一个文学组织,由左翼青年自发组成,但也与右翼作家来往。主要成员有金依、海辛、罗琅、吴羊璧、张君默、舒巷城、何达、郑树坚、叶灵凤、曹聚仁、侣伦、阮朗等。炉峰雅集每周一次沙龙式的茶叙,每年一次大聚会,持续了几十年,参加聚会者有罗孚、高旅、曾敏之、陈浩泉、陶然、杜渐、周蜜蜜、林湄、韩牧、梁羽生等。出版有短篇小说集《市声·泪影·微笑》、散文集《海歌·夜语·情思》以及"炉峰文丛","炉峰文丛"计有《戴脸谱的香港人》（海辛）、《罗隼选集》（罗隼）、《看雾的季节》（韩秀牧）、《丝韦随笔》（罗孚）等。

（6）国际笔会香港（英文）笔会［英文名 Hong Kong（English）P. E. N. centre］:1975 年 9 月 15 日,由国际笔会总会批准正式成立。主要成员有徐訏、熊式一、Ward S Miller、Westervelt 夫妇、刘家驹等,首任会长为徐訏,后任会长为黄康显。出版有《香港笔会》季刊（胡志伟主编）,自 1993 至 1997 年共出十一期,因黄康显和胡志伟矛盾而停刊,该笔会也因黄、胡决裂而闹出"双胞案"。

（7）香港儿童文艺协会:成立于 1981 年 11 月,是香港最重要的儿童文学团体。创会会长为何紫,重要成员有吴婵霞、阿浓、莫凤仪等。该协会的宗旨为:①建设及推广香港的文化、艺术、教育工作;②协助会员交流经验,研究有关香港儿童文艺及教育的问题;③促进国际间儿童文艺的交流;④联系会员情谊。该会成立后,举办了许多大型文艺活动,如"八三儿童文学节""阅读与写作"座谈会、"齐齐来做小作家"活动、"全港儿童故事演讲比赛""全港儿童写故事大赛""学生中文写故事大赛"等。自 1983 年起,该会举办过三届"儿童小说创作奖",并主办、参与了多次儿童文学研讨会。出版有第一届、第二届、第三届儿童文学创作奖作品集、"地球是我家"征文比赛得奖作品集等。

（8）龙香文学社（香港文学促进协会）：成立于1985年，主要成员为张诗剑、陈娟、巴桐、夏马、曾聪等，张诗剑为创社负责人。成立当年即邀请深圳作家访港——这是中国大陆改革开放之后深港文学界的第一次交流，而"推动两岸三地文学交流活动"也就成了龙香文学社的一个重要特点。1988年4月，龙香文学社创办《文学报》，影响逐步扩大。1991年2月，"龙香文学社"更名为"香港文学促进协会"，其宗旨为"促进海内外文学艺术交流；促进香港文学艺术创作的发展；促进香港社会稳定繁荣"。1994年，龙香文学社与长江文艺出版社合作出版"香港当代文学精品丛书"六卷，此外，其成员创办的香港文学报出版社、银河出版社、金陵出版社等出版"龙香文学丛书"80余种。

（9）香港作家协会（Hong Kong Writers Association）：成立于1987年6月，主要成员有倪匡、谭仲夏、胡菊人、黄维樑、梁小中、哈公、张文达、陆铿、张君默、蒋芸、冯湘湘、黄仲鸣、沈西城、陈耀南、朱莲芬、陈玉书、卜少夫、海辛、温瑞安等，前期会长为倪匡，1990年因内部纷争，导致作协分裂。作协出版会刊《作家通讯》。

（10）香港作家联会（The Federation of Hong Kong Writers）：成立于1988年1月，成立时名为"香港作家联谊会"，1992年1月改为现名。主要成员有曾敏之、何紫、李辉英、杜渐、东瑞、侣伦、胡菊人、施叔青、海辛、梅子、陈浩泉、陶然、黄维樑、黄继持、梨青、张文达、赵令扬、刘以鬯、潘耀明、璧华、颜纯钩、罗忼烈、夏婕等，曾敏之曾长期担任会长，出版会刊《作联会讯》（1990年改名为《香港作家》），1995年创办"香港作家出版社"，陆续出版"香港文学丛书"第一辑和第二辑，1997年出版《香港文学史》和《香港作家小传》。该会现任会长为潘耀明。

（11）香港青年写作协会（The Young Writers' Society of Hong Kong）：成立于1994年春，主要成员有夏婕、陈图安、何文发、郭丽容、陈若梅、冯自强、黄灿然、程翠云、吕乐、王敏等，首任会长夏婕。1994年6月出版文艺刊物《沧浪》。该社团对香港青年写作爱好者影响甚大。

（12）香港艺术发展局（简称"艺发局"）：由港英政府在1982年2月成立，属于咨询组织，1994年3月，独立的法定组织香港艺术发展局成立，取代演艺发展局，功能类似文化局，其"职责是促进和改善艺术的参与和教育，以及发展艺术的知识、实践、欣赏、接触及评论，务求提高整个社会的生活素质。具体的工作是在全港的层面上计划、推广及发放拨款支持艺术发展（工作上的艺术范围包括文学、表演、视觉和电影艺术）；为艺术发展拟定建议；为艺术发言，鼓励艺术欣赏及寻求对艺术的支持；积极实施艺术政策、计划和活动"①，"艺发局虽然有法定的政策咨询等功能，但起初的工作仍然以拨款资助为主"②，其资助方式有"计划资助""多项计划资助""一年资助"和"三年资助"等，针对的对象有大、中学校园刊物、作家个人写作计划、学术研究等。以 1997 至 1998 年这一年的"艺展局"资助的文学活动为例，资助的校园刊物及奖励计划有 30 项，资助金额为 120.469 8 万港元；资助的个人写作计划有 7 项，资助金额为 60.27 万港元；资助的研究、编纂计划有 7 项，资助金额为 119.925 万港元；资助的文学社团和出版机构共有 41 个，资助金额为 504.574 9 万港元；资助个人出版著作 110 人，资助金额 489.769 5 万港币③。历史上曾受到过"艺展局"资助的刊物则有《开卷有益》《城市文艺》《文学研究》《文学评论》《诗网络》《文学村》《纯文学》《香江文艺》《字花》等。由此可见，"艺展局"资助出版的香港作家作品数量惊人，资助出版各种香港文学的选集十分可观，此外，"艺展局"资助召开的与香港文学有关的文学活动和学术会议也颇不少，如 2006 年，"艺展局"资助举办的主要活动和召开的重要会议就有"第六届香港文学节""二十世纪中国文学的回顾与展望国际学术研讨会""寻找二十一世纪的人文情怀"香港书展、首届"城市文学节"等。由于有了"艺展局"的资助，香港文学的发展有了较为强劲和持久的经济动力和支撑，其对促进香港文学的繁荣，起了较大的作用。

（二）重要文学奖项和文学活动

（1）香港中文文学双年奖：1991 年由香港市政局设立，主要用来奖励自举办之时前两年由香港作家创作并在香港首发的优秀中文文学作品。该奖项设立的目的是表扬香港作家中的佼佼者，并鼓励他们继续创作优秀的文

---

① 陈云：《香港有文化——香港的文化政策》（上卷），香港花千树出版有限公司 2008 年版，第 321 页。

② 同上书，第 322。

③ 见《香港艺术发展局年报：九七年四月至九八年三月》，转引自一九九七年香港文学年鉴编写组蔡敦祺主编《一九九七年香港文学年鉴》，香港文学年鉴学会 1999 年 3 月出版，第 748—751 页，第 859—866 页。

学作品。该奖项分 5 个组别,分别为新诗、散文、小说、文学评论、儿童文学。评奖时接受公开报名,参选者必须持有香港身份证,参选作品必须是中文原创作品,该奖项每两年举办一次,至 2015 年已举办了 13 届,在香港文坛具有较大影响。

(2)香港青年文学奖:1972 年由香港大学和香港中文大学两校的学生会联合创办,每年举办一次,旨在推广香港青少年的文学阅读和文学写作,培养香港青少年的文学兴趣和创作实践。该奖项最初仅设新诗、散文、小说三类,增设了戏剧、文学批评、报告文学、儿童文学、翻译文学等类别。该文学奖至 2014 年已举办了 41 届,发现和培养了许多香港的青年文学人才,如廖伟棠、黄劲辉等香港作家都曾获得过此奖项。

(3)香港艺术发展局文委会(简称“艺展局文委会”)文学奖:1995 年 12月,“艺展局文委会”主席提议举办文学奖,以表扬本地作家。1997 年 5 月,邀请何福仁、黄天、王建元三位草拟详细计划书,落实文学奖计划。1997 年9～10 月,评审委员会成立并确立评审机制,经过初选和复选,1997 年 12 月30 日,第一届文学奖公布评选结果:金庸获得成就奖;西西、戴天、董桥获得创作奖;董启章、黄碧云、黄灿然、王良和获得新秀奖。

(4)新纪元全球华文青年文学奖:2000 年由香港中文大学文学院创立,该奖秉承香港中文大学“结合传统与现代,融合中国与西方”的精神,以“推动青年文学,弘扬中华文化”为宗旨,立足港澳区,兼领欧美两洲,并在华北区、华东区、华中区、华南区、台湾区及马来西亚、新加坡、菲律宾联系了多家协作单位,共同参与评选工作。该奖分短篇小说组、散文组、文学翻译组三个类别,每两年举办一次,聘请白先勇、王安忆、刘以鬯、余光中、董桥、金圣华等著名作家和学者为评委。参与该文学奖评比的青年人遍及中国大陆、台湾、香港、澳门及世界其他国家和地区,学科背景也不限于文学,许多理工科背景的青年人曾赢得大奖。该奖在全球产生了十分广泛的影响。

(5)红楼梦奖(又名世界华文长篇小说奖):2005 年由香港浸会大学文学院创立,该奖的宗旨是奖励世界各地出版成书的杰出华文长篇小说作品,借以提升华文长篇小说创作水平。该奖每两年评选一次,设立 30 万港元奖金,用以奖励 8 万字以上的优秀华文长篇小说。王德威、陈思和、黄子平、刘绍铭、郑树森、聂华苓、阿城等著名学者和作家担任评委,至今已举办 8 届,每届设“首奖”“决审团奖”和“专家推荐奖”。8 届首奖作品分别为贾平凹

《秦腔》(第一届)、莫言《生死疲劳》(第二届)、骆以军《西夏旅馆》(第三届)、王安忆《天香》(第四届)、黄碧云《烈佬传》(第五届)、阎连科《日熄》(第六届)、刘庆《唇典》(第七届)、张贵兴《野猪渡河》(第八届)。

(6)香港文学节:为了"进一步提高市民欣赏文学的兴趣和水平,并广泛展望香港的文学面貌",1997年1月4日至11日,第一届香港文学节在市政局中央图书馆举行。活动分研讨会和展览两大部分进行。研讨会议题既有香港文学总体风貌研究,也有文学体裁的专题研究,出席会议者来自美国和中国内地及香港。展览则分作家手稿、文学期刊、文学书籍、写意空间4个展区。香港文学节自1997年举办首届以来,虽然每届的主题各不相同,但其"推动香港文学创作及阅读风气、为市民提供多元化文学活动"的宗旨始终不变。文学节的内容也基本按照首届的模式,即举办研讨会、名家讲座、文学展览等。

(三)著名文学刊物/报纸副刊

在香港自开埠以来将近两个世纪的文学发展历史中,存在过的文学刊物和报纸(文学)副刊可谓不计其数。这些数量庞大的文学刊物和报纸(文学)副刊,支撑起了香港文学的半壁江山。在香港文学发展史上,著名的文学刊物/报纸副刊数量颇为可观,如早期的《循环日报》副刊"灯塔"、《大光报》副刊"大光文艺"、《南华日报》副刊"劲草"、《华侨日报》副刊"华岳"等报纸副刊以及《伴侣》《墨花》《铁马》和《岛上》等文学杂志;抗战时期的《星岛日报》副刊"星座"、《立报》副刊"言林"、《大公报》副刊"文艺"、《华商报》副刊"灯塔"、《大众日报》副刊"文化堡垒"以及《文艺阵地》等刊物;战后的《华商报》副刊"热风"、《文汇报》副刊"文艺周刊"、《大公报》副刊"文艺"以及《新晚报》《野草》月刊、《新诗歌》丛刊、《小说》月刊、《新文化丛刊》《大众文艺丛刊》等;二十世纪五十至七十年代,活跃在香港文坛上的报纸副刊和文学刊物则有《星岛晚报》副刊"星晚"、《香港时报》副刊"浅水湾"、《文汇报》副刊"采风""笔汇"、《新晚报》副刊"下午茶座""长春藤",以及《人人文学》《文艺新潮》《中国学生周报》("拓垦""新苗""穗华""诗之页"等栏目)、《海光文艺》《当代文艺》《武侠世界》等;二十世纪八十年代以后,《星岛晚报》周刊"大会堂"、《新晚报》("晚风""开卷""下午茶座""长春藤"等数种副刊)、《文汇报》("百花""采风""求知""笔汇""世说"等数种副刊)以及《香港文学》《八方》《素叶文学》《沧浪》《诗》《当代诗坛》《香港文学报》《香港作家报》(《香港作家》)、

《文学研究》《文学评论》《城市文艺》《香江文坛》《文综》等文学刊物,则成为"生产"香港文学的主要园地。限于篇幅,现在只能略举数种。

(1)《武侠世界》:创办于 1959 年 3 月,是目前香港唯一以"武侠"为号召的刊物,于 2019 年 1 月停刊。古龙、魏力、卧龙生、诸葛青云、西门丁等名家作品均在该刊登载过作品,影响力自香港辐射至东南亚乃至世界各地,曾是香港文学刊物中影响面最广的。首任主编为郑重,1996 年后由沈西城继任,在原有武侠小说的基础上,又增加了科幻、推理、灵异等类型的小说,有扩大为"泛武侠"之趋势。

(2)《香港文学》:创刊于 1985 年 1 月,创办人为刘以鬯,后陶然任总编辑,现任总编辑为周洁茹。其稿约"立足本土,兼顾海内海外;不问流派,但求作品素质"在某种意义上讲也可以视为它的办刊宗旨和风格追求。《香港文学》至今已出刊 30 多年,发表了大量作品,培养了众多香港作家,其主要特色为:①重视香港作家创作;②兼顾大陆和海外作家创作;③擅长组织专题性或作家"专辑";④注重史料收集、评论和研究为其重要组成;⑤致力培养新人;⑥胸怀开放,观念包容;⑦历史长久,为香港文学刊物中生命最长久者。以上这些特色,使其成为香港文学中最重要的文学刊物。《香港文学》还出版有《〈香港文学〉选集》等。

(3)《素叶文学》:创刊于 1980 年夏,由西西、何福仁、张灼祥、许迪锵等集资出版,轮流主编。作品以"高雅文学"为追求,其"纯文学"路线曾被讥讽为"曲高和寡,孤芳自赏",但其独特的文学品位却在二十世纪八十年代的香港文坛产生深刻影响,一度"名声远扬"。在发行该杂志的同时,素叶同仁还出版了一套"素叶文丛",共有 20 多部作品,包括马朗《焚琴的浪子》、钟玲玲《我的灿烂》等。由于刊物的"同仁"性质,出至第 25 期因打不开销路而宣布休刊。1991 年,《素叶文学》复刊,仍以原班人马为核心,作者群也基本上是素叶同仁。《素叶文学》2000 年出"二十周年纪念号"(第 68 期)后停刊。

(4)《沧浪》:创刊于 1994 年 11 月,是香港青年写作协会会刊,其办刊宗旨为"推广读书风气,提高中文写作水平"。该刊"鼓励风格多样的自由创作作品,题材不拘,园地公开,文责自负","优先采用本会会员作品",致力于发现和扶植青年作者。夏婕、何文发、叶龙英、曾敏卓、马兴国、曾志豪为其核心成员。

(5)《城市文艺》:创刊于 2006 年 2 月,该刊"以繁荣香港文艺创作为职志，以对时代有所交代、对社会有所交代、对下一代有所交代自期”，“期盼《城市文艺》成为一道桥梁，促进香港和中国内地，以及世界各地的文学交流”。该刊“以刊载香港作家的创作为主”，其座右铭为“踏实创新，和谐包容，百花齐放，繁荣香港文学艺术创作”。该刊为双月刊，主编梅子，至今已出刊逾百期。

（6）《字花》：创刊于 2006 年 4～5 月，是一本以 70 后青年人为主的文学刊物，体现了香港文学中青年一代的文学追求和独特风格。其主要成员有邓小桦、张历君、郭诗咏、江康泉、陈子谦、高俊杰、谢晓虹、韩丽珠、袁兆昌等。在创刊号的《发刊词》中，他们宣称：“《字花》将是一本高素质的综合性杂志，我们将竭力以自身所知所学所感所能，将高水准的作品呈现于读者眼前”，“《字花》是有野心的：我们会以自身的最大能量去推动帮助我们成长的文学艺术之发展，立足于我们成长的城市和时代，主动寻求两岸三地的思想和作品交流，面向具体的多元变易的全球世界，指划一个更具能量的未来”。

（7）《香港作家》：创刊于 1994 年，最初叫《香港作家报》，1998 年改为现名，由香港作家联会主办，是一本立足本土同时也向香港以外作家开放的文学杂志，其办刊宗旨为“弘扬中华文化、凝聚民族情感”，希望“在知、情、意三方面发挥积极作用”。该刊现为双月刊，曾敏之、周蜜蜜、蔡益怀等担任过该刊的社长和总编辑。该刊延续至今。

香港的报纸副刊因为种类繁多，变化亦大，这里就不一一列举（重要的报纸副刊在前面已略有介绍）。

（四）重要文学出版社

（1）新雅文化事业公司：成立于 1961 年，最初名为“新雅七彩画片公司”，1964 年改名为“新雅儿童教育出版社”，二十世纪八十年代以现名注册，是香港最大的少儿读物出版公司。1996 年 4 月，与山边社组成“山边出版社有限公司”，从事面向校园的课外读物出版。主要人物有何紫等。

（2）天地图书有限公司：创立于 1967 年，是香港著名的严肃读物出版社，拥有亦舒、李碧华、蔡澜、梁羽生等作家，出版有“天地文丛”“文学中国丛书”，在海内外产生广泛影响。曾主办“天地长篇小说创作奖”，并出版了《香港短篇小说选》五册，对香港文学（短篇小说）的发展历史，进行了编年史的整合。

（3）博益出版（集团）有限公司：创立于 1981 年 4 月，最早为“电视企业国际有限公司"（TVEI）的附属机构，现为南华早报全资拥有公司。该出版公司的创立宗旨为"推广读书风气、提高中文创作水平"，成立之初即有林燕妮、黄霑、倪匡、刘天赐、严沁等作家为之供稿，后来李英豪、邱永汉等也加入，并培养了黄易等文坛新秀。该社成立之初，曾与无线电视联合举办"小说创作奖"，发掘文学创作人才（颜纯钩为该奖首届得主）。1987年又创办《博益月刊》，力图推动文学创作，后因市场压力两年后停刊。

（4）明报出版社：在二十世纪六十年代香港武侠小说大盛之际，金庸创办明河出版社，专门出版武侠小说（后还出版连环画），至七十年代，金庸又创办明窗出版社，主要出版纯文学作品。1986年，金庸注册成立"明报出版社有限公司"，明窗成为下属的子公司，此时的明窗，曾以出版卫理斯（倪匡）的科幻小说著称，后又首创"财经小说"名重一时。香港著名作家倪匡、董桥、陶然、周蜜蜜、梁凤仪等，都曾在明报（明窗）出版社出过作品，目前，明报出版社的文学类著作日趋减少。

（5）香江出版有限公司：原称"香江出版公司"，创立于1984年，1989年转为有限公司，以出版文学艺术作品和学术论著为主，总编辑林振名。该出版社自创办时起，就坚持"纯文学"追求，得到众多作家如也斯、陶然、梅子、海辛、小思及学者黄维樑等人的大力支持，香港作家陶然、梁锡华、董启章、璧华、颜纯钩，大陆作家戴厚英、古华、谌容、高晓声、冯骥才，台湾作家林海音、余光中（也曾在香港工作生活过）等都在该出版社出过作品。"沙田文丛""传记丛书"和"香江文学评论"是该出版社的重要成果，其中一些作品被收入大中小学课本，或被改编成话剧、电视剧乃至被翻译成多种文字。

（6）勤＋缘出版社：创立于1990年，由著名财经小说家梁凤仪创办，以她在明报撰写的专栏名称命名，"勤＋缘"意指"勤奋加上缘分等于成功"。该出版社主要出版通俗文学作品和实用书籍，除了集中出版梁凤仪自己的财经小说之外，还出版过倪匡的科幻小说、李大帮的猛鬼系列小说等。1992年起，该社与大陆的人民文学出版社和台湾的林白出版社合作出版梁凤仪的财经小说，产生较大影响。1996年起，勤＋缘出版社又与影视公司合作，拍摄根据梁凤仪小说改编的电影《冲上九重天》，产生重大影响。

（7）获益出版事业有限公司：创立于1991年3月，由黄东涛（东瑞）、蔡瑞芬分任总编辑、总经理。以"获智趣·益身心"为办社宗旨，以"读者获益、作者获益、社会获益、出版社获益"为追求，除了出版优良的儿童文学作品、青少年课外读物和知识性图书外，还出版了大量的纯文学书籍。香港几代作家（阿浓、刘以鬯、东瑞、许颖娟、胡燕青）都在获益出过作品，对香港文学有较大影响。

（8）皇冠出版社（香港）有限公司：创立于1992年，由平鑫涛、琼瑶之子平云创办，出版社成立之初以出版琼瑶小说为主，香港作家陶杰、周蜜蜜、张小娴、张文达、张曼娟（曾在香港生活）、温瑞安等都在该出版社出过作品。1995年该出版社注册成立子公司"艺林出版社"，以出版武侠小说、科幻小说等通俗文学图书为主。

第三节　香港文学制度/机制的特性分析和基本评价

香港这个中国历史上受异族殖民统治时间最长、回归后又以特区形态存在的区域，其独特的历史存在导致了其文化/文学形态的特殊性。从香港文学制度/机制的产生背景、历史沿革、生存方式和呈现形态等各方面看，港英殖民当局和特区政府对香港文学在总体上采取的是"少有干预"姿态，因此香港文学制度/机制也就因了这种"少有干预"而呈现出这样一些基本特性：

（1）香港文学制度/机制从来都缺乏一个强有力的文学政策制定者和掌控者。

无论是殖民统治香港的港英当局，还是回归后的香港特区政府，都没有将"文学"纳入政治强力干预的范围之中，而是在法律框架下，给予文学充分的自由发展空间。在香港历史上，港英当局和特区政府从来没有颁布过一个有关文学发展的"指令性"或"指导性"的"纲领""文件""政策"和"条令"，而是将文学纳入教育、康乐、艺术、传播等范畴内，在不妨碍文学自主性的前提下，从精神、物质和社会心理等方面，给予支持和肯定。无论是早年的文康广播局还是后来的"艺展局"，虽然都是香港港英当局或特区政府的政府部门/机构，但它们的功能，不是对文学"指手画脚"，而是承担了咨询、经济资助以及动用行政资源协调、协助开展各项活动的功能——也就是说，政府机构中与文学发生关联的相关部门,它们的角色不是指导者、管理者,而是协助者、支持者。

(2) 香港文学制度/机制是由民间通过各种文学实践、文学活动和文学组织,自发地形成并产生合力作用,对文学走向形成规约并对文学生态产生影响。

从对香港文学制度/机制的生存方式和呈现形态的考察中,不难发现香港的文学制度或者说文学机制的形成、产生、发展、变化,都来自非官方文学力量的自发作用。无论是文学刊物和文学出版社,还是报纸副刊和文学奖项,都是"民间"力量在主导,香港的文学刊物和文学出版社大都为同仁刊物、同仁出版社,虽然有些刊物和出版社或得到媒体、企业、"艺展局"的赞助和支持,或具有内地或台湾地区背景,是海峡两岸不同政治力量在文学界的代表,但无论它们是文人间的同仁聚集,还是商界、政府机构的文化事业,乃至政治力量的文学体现,它们在香港的存在,都是依据自由发展、公平竞争的原则,在"市场"的选择和淘汰下,壮大或者衰亡。同仁性质或得到民间注资的文学刊物或出版社不必说了,即便是那些得到港英政府/香港特区政府文化部门("艺展局")资助的文学刊物或文学出版品,港英政府/香港特区政府对这些文学刊物或文学出版品的资助/介入,也少有干预,只是以观念咨询或经济资助的方式进行。至于有着内地或台湾地区背景的所谓"左派""右派"文学刊物或文学出版社,虽然有针锋相对的时候,却也有在"文学"的旗帜下和平共处甚至互相接纳的时候,而"政府"(无论是港英当局还是香港特区政府)对这些文学刊物和文学出版社,基本上采取的是"显处放任"(至于私底下是否会"暗地干预",现在因为没有史料证据,不便妄加揣测)的姿态。至于文学奖或文学活动,则基本上都是文学同仁团体、学校、民营出版社、媒体在主办这类活动,官方即使主持或参与这类活动,也只是以冠名和经济资助的方式展开,具体操作,仍然交给民间的学者(聘请学者组成专门委员会)或具体的功能部门(如图书馆)去执行。由于"政府"采取的是这样一种姿态,就使得香港的文学制度/机制从整体上、外观上看,是一种协商型的"回应式"或允许多种表达型的"描述式"形态,而不是强力控制型的"限定式"形态。

由于香港的文学制度/机制不是政府强力控制型,而是协商型或允许多元表达型,香港文学在这种制度/机制下,一方面能"自由存在和任意书写",

从作家个人到文学团体,都能够多元发展、公平竞争——这使得香港文学在面貌的丰富性和姿态的复杂性方面,有着中国大陆和台湾地区难以比肩的独特结构和多元形态;另一方面,市场的杠杆作用和读者的阅读趣味、阅读习惯和阅读期待,也在很大程度上影响着香港文学的发展走向和文学生态,这对香港文学的审美发展,当然也会产生重大影响——香港通俗文学风行,显然就与这种文学环境有关。

总而言之,香港文学制度/机制所具有的宽容性、开放性和多元性,既导致了香港文学的丰富复杂和混合多元,也形成了香港文学以市场为主导的通俗趣味和流行法则。香港文学制度/机制的这种独特性,在某种程度上,也成为香港文学区别于中国大陆文学与台湾地区文学的重要原因。